Francis Huxley

Theodor Itten · Ron Roberts

Francis Huxley

Ein Leben für die
Sozialanthropologie

Theodor Itten
Hamburg, Deutschland

Ron Roberts
London, UK

ISBN 978-3-658-38896-6   ISBN 978-3-658-38897-3 (eBook)
https://doi.org/10.1007/978-3-658-38897-3

Die Deutsche Nationalbibliothek verzeichnet diese Publikation in der Deutschen Nationalbibliografie; detaillierte bibliografische Daten sind im Internet über http://dnb.d-nb.de abrufbar.

© Der/die Herausgeber bzw. der/die Autor(en), exklusiv lizenziert an Springer Fachmedien Wiesbaden GmbH, ein Teil von Springer Nature 2022
Das Werk einschließlich aller seiner Teile ist urheberrechtlich geschützt. Jede Verwertung, die nicht ausdrücklich vom Urheberrechtsgesetz zugelassen ist, bedarf der vorherigen Zustimmung des Verlags. Das gilt insbesondere für Vervielfältigungen, Bearbeitungen, Übersetzungen, Mikroverfilmungen und die Einspeicherung und Verarbeitung in elektronischen Systemen.
Die Wiedergabe von allgemein beschreibenden Bezeichnungen, Marken, Unternehmensnamen etc. in diesem Werk bedeutet nicht, dass diese frei durch jedermann benutzt werden dürfen. Die Berechtigung zur Benutzung unterliegt, auch ohne gesonderten Hinweis hierzu, den Regeln des Markenrechts. Die Rechte des jeweiligen Zeicheninhabers sind zu beachten.
Der Verlag, die Autoren und die Herausgeber gehen davon aus, dass die Angaben und Informationen in diesem Werk zum Zeitpunkt der Veröffentlichung vollständig und korrekt sind. Weder der Verlag, noch die Autoren oder die Herausgeber übernehmen, ausdrücklich oder implizit, Gewähr für den Inhalt des Werkes, etwaige Fehler oder Äußerungen. Der Verlag bleibt im Hinblick auf geografische Zuordnungen und Gebietsbezeichnungen in veröffentlichten Karten und Institutionsadressen neutral.

Covergestaltung: deblik Berlin

Planung/Lektorat: Cori Antonia Mackrodt
Springer VS ist ein Imprint der eingetragenen Gesellschaft Springer Fachmedien Wiesbaden GmbH und ist ein Teil von Springer Nature.
Die Anschrift der Gesellschaft ist: Abraham-Lincoln-Str. 46, 65189 Wiesbaden, Germany

Für Irina Pechkan (R. R.)
Für Brian Evans und meine Enkel (T. I.)

Danksagung

Es ist uns ein Bedürfnis, uns an dieser Stelle ausdrücklich und namentlich bei all den Menschen zu bedanken, die das Erscheinen dieses Buches möglich gemacht haben, indem sie uns ihre Zeit, Zusammenarbeit, Ehrlichkeit, Offenheit, Hilfe, Großzügigkeit und Unterstützung geschenkt haben.

Familie: Susan Ray Huxley und Anthony Ray, Victoria Huxley, Trevenen Huxley, Adele Getty Huxley, Meloma Balaskas Huxley, Michael Williams.

Gastgeber in Sebastopol: Adele Getty und Michael Williams.

Literarische Beratung und Schreibcoaching: Deirdre Bair.

Netzwerkkontakte und Ermutigung: John Hemming.

Interviews in England: Bettina und Norbert Blume, Marcus Colchester, Audrey Butt Colson, Stephen Corry, Brian Evans, Robin Hanbury-Tennison, John Hemming, John Jones, Stephen Hugh-Jones, Adam Kuper, Thomas Neurath, Chris Oakley, Mina Semyon, Jill Purce, Leon Redler, Rupert Sheldrake, Cosmo Sheldrake, Fiona Watson, Paul Zeal.

Interviews in der Schweiz: René Fuerst, David Napier, Jeremy Narby, Anatol Itten, Dimitrij Itten, Raphael Itten.

Interviews in den USA: Michael Stuart Ani, Diana Conn Darling, Francesco Gaona, Diana Joos, J. Lévy, Cal Peacock, Michael G. Schwab, Loren Eugen White.

Interview in Kanada: Andrew Feldmar.

Weitere unschätzbare Unterstützung erhielten wir von: Vincent Allen, Jonathan Benthall, David Buckman, Tina Campanella, Barbara Costa, Emily Ellis, Ljiljana Filipovic, Klaus Frost, Joseph Gomes, Evelyne Gottwalz-Itten, Monique Lévi-Strauss, Emmanuelle Loyer, Marguerite Mignon-Quibel, Thomas Neurath, Alice Raymond, Anna Sander, Lucia Santa Cruz, Merry Cross.

Übersetzungen: Dörte Fuchs für ihre gewandte, behutsame und harmonische Übertragung der englischen Erstausgabe ins Deutsche, mit der sie sich dankenswerterweise in die von uns gewünschte Position der dritten Autorin dieser Biografie hineinschrieb.

Angéla Szalontainé Krasznai (Ungarisch–Deutsch), Penny Langton (Französisch–Englisch), Sérgio und Mateus Lenoir (Portugiesisch–Deutsch), Jutta Orth (Französisch–Deutsch), Rosmarie Rodwell (Französisch–Englisch).

Übersetzungsstipendium: Zur Realisierung der deutschen Ausgabe haben folgende Personen und Institutionen großzügig beigetragen: Edith Wahlandt Mettler, Ruedi Mettler, Dr. Sérgio Lenoir, Armando Mateus, Dr. Peter Gonzenbach sowie die Fakultät Business and Social Sciences der Kingston University in London (Dekan Prof. Javier Ortega).

Springer VS: Dr. Cori Antonia Mackrodt, Programmleiterin Sozial- und Kulturanthropologie, Cheflektorin Soziologie. Daniel Hawig, Books Editorial Service Humanities & Social Sciences. Thomas Bauer, Cover design.

Routledge: Katherine Ong (Commissioning Editor Anthropology), Marc Stratton (allgemeine Unterstützung), Kangan Gupa (Editorial Assistant), R. Yuga Harini (Editorial Assistant Religion & Anthropology).

Institutionen: Balliol College Oxford (John Jones, Anna Sander), *Bognor Regis Post* und *Chichester Post* (Kevin Smith), Gordonstoun School (Louise Avery, Archivarin/Bibliotheksassistentin), Survival International (Kate Holberton, Alice Raymond), Philadelphia Association, Thames & Hudson, Plon (Marguerite Mignon-Quibel), Rice University (Woodson Research Centre, Rebecca Russell sowie Trevor Egerton für stellvertretende Recherchen), St. Catherine's College (Barbara Costa, Emily Ellis, Nathalie Perret), Zoological Society of London (Tina Campanella, Lyndsey Isaac), Völkerkundemuseum Zürich (Dr. Peter Gerber), World Museum Liverpool (Marion Servat-Fredericq).

Außerdem bedanken wir uns bei Adele Getty, John Hemming, Dawn Heumann und den Provincial Archives of Saskatchewan, die uns freundlicherweise erlaubten, ihre Fotografien zu verwenden.

Offizielle Quellen

FHA	Francis Huxley Archive, 28 Sierra Del Sol, Santa Fe, New Mexico 87508
JHP	Juliette Huxley papers, 1895–1994, MS 474, Woodson Research Center, Fondren Library, Rice University
JSH	The Papers of Julian Sorell Huxley, Woodson Research Center, Fondren Library, Rice University
SCC	St. Catherine's College, Oxford, Archive Staff File
TLD	Theodor Ittens *London Diaries*

Die Interviewpartner in alphabetischer Reihenfolge

Michael Stuart Ani	Sebastopol	18.4.2018
Meloma Balaskas	per E-Mail	16.10.2018
Bettina & Norbert Blume	London	14.3.2018
Audrey Butt Colson	per Skype	9.5.2018
Marcus Colchester	per Skype	29.8.2018
Stephen Corry	per Skype	26.1.2018
Diana Conn Darling	Sebastopol	18.4.2018
Brian Evans	London	13.3.2018
Andrew Feldmar	per Skype	24.7.2018
René Fuerst	Genf	1.11.2017
Francesco Gaona	Sebastopol	26.4.2018
Adel Getty	Sebastopol	10.4.2018
Robin Hanbury-Tenison	per Skype	6.1.2018
John Hemming	London	14.3.2018
Kate Holberton	London	14.3.2018
Stephen Hugh-Jones	per Skype	24.7.2018
Susan Huxley	London	14.3.2018
Trevenen Huxley	Sebastopol	26.4.2018
Victoria Huxley	Oxford	15.3.2018
Raphael Itten	Berlin	16.10.2017
John Jones	Oxford	15.3.2018
Dorothea Joos & J. Lévy	Sebastopol	11.4.2018

Adam Kuper	Skype	31.1.2019
David Napier	Ascona	14.8.2018
Jeremy Narby	per Skype	7.2.2019
Chris Oakley	London	16.4.2018
Caroline Peacock	Sebastopol	15.4.2018
Jill Purce	London	13.3.2018
Leon Redler	per Skype	9.8.2019
Peter Rivière	per Skype	18.3.2019
Michael Schwab	per Skype	7.7.2019
Mina Semyon	London	19.3.2018
Cosmo Sheldrake	London	13.3.2018
Rupert Sheldrake	London	13.3.2018
Loren Eugen White	per Skype	15.4.2018
Michael Williams	Sebastopol	12.4.2018
Paul Zeal	London	12.3.2018

Präludium

„Verbleib des Wissenschaftlers Huxley weiter rätselhaft", titelt eine brasilianische Zeitung.[1] Wo ist Francis Huxley? Verschollen im brasilianischen Urwald, so scheint es jedenfalls. Fest steht lediglich, dass er zusammen mit dem französischen Linguisten Max Boudin und dem brasilianischen Anthropologen Darcy Ribeiro in Belém im Bundesstaat Pará aufgebrochen und dem Gurupi flussaufwärts gefolgt ist, um mitten im Amazonas-Regenwald seine erste ethnografische Feldstudie bei den Ka'apor – Nachfahren der Tupinambá – durchzuführen, deren Name wörtlich übersetzt „Bewohner des Waldes" bedeutet. Ist Francis Huxley also spurlos verschwunden?

Wie die Zeitung *Folha Vespertina* in ihrer Ausgabe vom 14. November 1951 berichtete, war Francis Huxley zuletzt am 24. Oktober gesehen worden. Die Nationale Direktion des Serviço de Proteção aos Indios (SPI), die brasilianische Organisation zum Schutz der Indigenen, schickte ein Telegramm an die regionale Aufsichtsbehörde mit der Bitte, Nachforschungen über den Verbleib des 28-jährigen englischen Anthropologen anzustellen. Dabei hatte alles so gut angefangen.

Als Francis Huxley im November 1950 mit einem Stipendium der Regierung nach Brasilien kam, um seinen soziologischen und anthropologischen Forschungsfragen nachzugehen, interessierte sich auch die Presse in São Paulo für seine Ankunft. Huxley komme von der renommierten, „noblen" britischen Traditionsuniversität Oxford, hieß es, um eine Feldstudie bei einem Amazonasstamm durchzuführen. *A Gazeta* interviewte Senhor Francis Huxley in Begleitung von Mr. Donald Darling, dem Presseattaché des britischen Konsulats. Der junge

---

[1] *Folha Vespertina*, 14.11.1951: „Misterio No Paradeiro do Cientista Huxley. Belem–Pará".

Forscher wird in diesem Interview als wissbegieriger Neffe von Aldous Huxley, einem der klügsten britischen Schriftsteller dieser Zeit, und als Sohn des berühmten Naturwissenschaftlers und ersten Generalsekretärs der UNESCO, Julian Huxley, vorgestellt. Damit ist die Tonart gesetzt. Dieser Huxley gehörte zur vierten Generation der von T. H. Huxley (1825–1895) begründeten Intellektuellendynastie, deren Mitglieder sich auf den Gebieten der Biologie, der Zoologie, der Botanik, im Gartenbau, durch Forschungsreisen sowie in Literatur und Kunst einen Namen gemacht hatten.

Obwohl der Name Huxley also weithin bekannt war, ist es doch ein wenig überraschend, dass Francis Huxley solche Schlagzeilen machte. Ja, in englischen Zeitungen war sein Name schon nach seinen Expeditionsreisen in die Arktis und nach Gambia aufgetaucht. Francis hatte für seinen Bachelor-of-Letters-Abschluss (B.Litt) in Anthropologie an der Universität Oxford die Tupinambá-Stämme (auch: Tupi) in Brasilien erforscht, und die brasilianische Regierung, die von seinen Tupi-Literaturrecherchen wusste, hatte ihn herzlich eingeladen, an der Universität São Paulo Vorlesungen in Anthropologie und Soziologie zu hören. „Warum haben Sie Südamerika und speziell die Tupi als Forschungsgebiet gewählt?", hatte ein Journalist ihn gefragt. Und er hatte geantwortet:

Um ehrlich zu sein: Die Anthropologie in Europa bevorzugt gegenwärtig Stammesvölker in Afrika, Ozeanien und Nordamerika. Weil ich es ermüdend finde, immer das Gleiche zu hören und zu lesen, habe ich beschlossen, die Ureinwohner Südamerikas zu erforschen, und die Tupi ausgewählt, über die bis jetzt am meisten geschrieben wurde (A Gazeta, São Paulo, 01.3.1951).

Und vor einem recht großen Publikum hatte er hinzugefügt, dass er diese Entscheidung nicht bereue.

Nach seinem Verschwinden vergingen Wochen ohne jede Information über seinen Verbleib. Dann schließlich konnte *O Globo,* die drittgrößte Tageszeitung Brasiliens, zum Glück vermelden: „Surgiram da Mata!" – „Sie sind aus dem Wald aufgetaucht!" Da Francis Huxleys Verschwinden solches Aufsehen erregt hatte, hielt die Presse es für wichtig, ihren Leserinnen und Lesern mitzuteilen, dass dieses beunruhigende Rätsel nun gelöst war. Ribeiro, Boudin und Huxley hatten sich sechs Monate in der Gurupi-Region und in verschiedenen Dörfern der Urubu aufgehalten und kamen um einige Erfahrungen reicher zurück – mit umfangreichem Datenmaterial und einer stattlichen Sammlung farbenprächtiger Stammesartefakte im Gepäck. *O Globo* berichtete, sie seien wohlbehalten in Belém do Pará angekommen, und brachte ein charmantes Foto von einem jung und adrett wirkenden

Francis Huxley mit Krawatte und – ganz der englische Gentleman – seinem üblichen Tweed-Jackett. Aufgrund des großen Interesses veranstalteten Francis Huxley und seine Begleiter auf dieser Reise ins Unbekannte auf Einladung des Instituts für Anthropologie in Pará und des nordamerikanischen Konsulats einen Vortragsabend, aufgelockert mit Musik von Villa-Lobos und einer Vorführung des Films *Uirapuru*. Die Nachricht von ihrer Rückkehr aus dem Urwald hatte ein großes und bunt gemischtes Publikum angezogen. Ein Journalist äußerte anschließend, Francis Huxley habe bescheiden und etwas zurückhaltend gewirkt, wenn es um seinen Vater und seinen Onkel gegangen sei, aber ansonsten kompetent, locker und unterhaltsam von seinen Erfahrungen mit den Ureinwohnern berichtet. Sein sicherer, müheloser Umgang mit Worten sollte zu einem Markenzeichen seines öffentlichen Auftretens werden und auch die von ihm begründete narrative Anthropologie prägen, in der er die Wasserläufe seines eigenen Lebens geschickt in die tropischen Ströme des Lebens jener Menschen einfließen ließ, denen er im Regenwald begegnete.

Francis Huxley war eine komplexe Persönlichkeit. Dies trifft zweifellos auf uns alle zu, da wir uns zwangsläufig mit den Zeiten und Gezeiten auseinandersetzen müssen, in denen wir uns bewegen. Wir hoffen, dass diese Erkundung von Francis Huxleys Leben und Werk als biografische Übung etwas über diese Wahrheit zu sagen hat. Es ist nicht unser Interesse, einen „Francis Huxley" zu identifizieren und festzuschreiben, der in allen Lebensphasen als konstante Persönlichkeit erscheint. Vielmehr möchten wir etwas von der emotionalen, intellektuellen und spirituellen Reise vermitteln, aus der sein langes und ereignisreiches Leben bestand, und Einblick geben in die persönlichen, familiären und erkenntnistheoretischen Konflikte, die er unterwegs zu lösen versuchte. Deshalb haben wir beschlossen, unserer Biografie die Form zweier ineinandergreifender Stränge zu geben. Der erste Strang befasst sich mit den „Tatsachen des Lebens" und schildert Francis Huxleys familiären Hintergrund, seine wichtigsten Beziehungen (familiäre, intellektuelle und romantische) und die Institutionen (schulische, wissenschaftliche, berufliche), die er durchlief. Der zweite Strang widmet sich in erster Linie den anthropologischen und psychotherapeutischen Dramen, mit denen er sich sowohl in intellektueller wie in praktischer Hinsicht auseinandersetzte. Diese beiden Stränge lassen sich naturgemäß nicht immer gänzlich unabhängig voneinander verfolgen.

Weisheit und Wissen in eine angemessene Balance zu bringen ist schwierig. Herz und Stimme befinden sich selten im Einklang miteinander. Als Angehörige der „Psy"-Professionen werden wir auch danach fragen, auf welche Weisen Francis Huxley für sein Wohlergehen sorgte (oder auch nicht). Und um den Menschen Francis Huxley zu verstehen, müssen wir versuchen, die Welt, in der er lebte – er wurde in den turbulenten 1920er-Jahren geboren – mit den inneren Welten, die sich in Reaktion darauf entwickelten, in Verbindung zu bringen. Das bedeutet auch, sich mit den Kräften und Erwartungen auseinanderzusetzen, die die soziale Landschaft, in der er aufwuchs, geprägt haben und bis heute prägen.

Weil jeder von uns sein eigenes Verhältnis zu dieser Landschaft hat, gibt es immer mehr als eine Möglichkeit, eine Geschichte zu erzählen. Deshalb werden manche Wahrheiten und Teilwahrheiten unerzählt oder ungehört bleiben. Tatsachen sind immer abhängig von dem Kontext, in dem sie gelebt und verstanden werden. Wir alle führen mehrere Leben – ein öffentliches und ein privates, ein offizielles und ein geheimes, ein anerkanntes und ein abgelehntes, ein erfülltes und ein unerfülltes. Im Bewusstsein dessen können wir das, was wir über Francis Huxley wissen und in Erfahrung bringen konnten, befragen und zu interpretieren versuchen, was in den ineinandergreifenden inneren und äußeren Welten des Menschen Francis Huxley den Wandel vorantrieb oder einen Stillstand bewirkte und mit welchen Wahrheiten erfolgreich gearbeitet wurde und mit welchen nicht. Hermione Lee zitiert in ihrer Virginia-Woolf-Biografie aus einem von Woolfs Essays: „ein Ich, das sich ständig ändert, ist ein Ich, das weiterlebt"[2]. In diesem Sinne hoffen wir, dass es uns gelungen ist, den steten Wandel in Francis Huxleys Leben auf eine Weise zu dokumentieren, die tiefgründige Fragen aufwirft: Fragen hinsichtlich der bewussten und der unbewussten Einflüsse, die nicht allein sein Leben und seine Suche nach dem Sinn prägten, sondern dem Lebensfluss jedes Menschen eine Richtung geben. Folglich ist dies eine Biografie, die Fragen zu der Gesellschaft stellt, in der Francis Huxley lebte und deren Einflüsse bis heute zum Unglück von Menschen beitragen. Wenn wir uns in die Gewässer begeben, die die Dynastie der Huxleys durchströmten, dann in der Absicht, sie mit dem vorliegenden Buch und seinem Herzstück, der Untersuchung der intergenerationellen Kräfte von Familie und Klasse, gehörig aufzuwirbeln. Wir hoffen, dass unsere Leserinnen und Leser das, was wir ihnen anzubieten haben, erhellend finden werden.

Francis Huxleys Leben ist zwangsläufig mit dem Leben seiner Vorfahren verwoben. Nicht selten geriet er ohne eigenes Verschulden in die Falle, die das Hineingeborenwerden in eine berühmte Familie mit sich bringt. Welche spezifischen Belastungen resultierten daraus, und wie verbreitet waren sie in der Familie

---

[2] Lee, H. (2006). *Virginia Woolf. Ein Leben.* Frankfurt: Fischer, S. 27.

Huxley? Wir glauben, dass seine Versuche, diese intergenerationelle Falle zu begreifen, zumindest zum Teil seinen erzählerischen Esprit wie auch seine ehrliche und empathische Haltung gegenüber anderen erklärt – eine Facette seiner Persönlichkeit, die ihn dazu brachte, die Professionen der Anthropologie und der Psychotherapie miteinander zu verbinden, und ihn an der Seite von R. D. Laing ins Zentrum der Gegenkultur der 1960er-Jahre führen sollte.

Eine seiner bemerkenswertesten Erkenntnisse, mit der er zeitlebens jonglierte, war die Einsicht, dass das menschliche Leben zwar eine kulturelle Bedeutung hat, aber durch diese niemals vollständig definiert werden kann, noch ist seine Ganzheit einer schlüssigen Erzählung zugänglich, so angestrengt wir dies auch versuchen mögen. Die Totalität des Lebens ist so unfassbar wie die letztgültige Bedeutung eines Textes. Francis Huxley war sich zeitlebens des Schattens bewusst, den unser eigener Körper wirft, nicht nur dann, wenn wir im vollen Sonnenlicht des Lebens stehen, sondern auch dann noch, wenn die Lebensprozesse schwächer werden und in die Speicher des kulturellen Gedächtnisses übergehen – schließlich war er in den oft furchteinflößenden Schatten seiner Vorfahren aufgewachsen. Die schöpferische Spannung zwischen den Lebenden und den Toten beeinflusste und inspirierte sein Denken wie seine Beziehungen zu Freund und Feind und hallte auch in seinen vielen Liebesaffären unüberhörbar wider. In mancher Hinsicht war Francis ein Meister in der Kunst des Liebens – im Umgang mit den „Pfeil' und Schleudern des wütenden Geschicks" (wie es in Shakespeares *Hamlet* heißt), die seine Beziehungen bedrohten, eher nicht.

Seine erzählerischen Fähigkeiten schliff und verfeinerte er mithilfe seiner Vorstellungskraft. Er pflegte den Appetit seiner Zuhörerinnen und Zuhörer zu wecken, indem er gerade genug Details enthüllte, bevor er sein unerschöpflich scheinendes Suggestionsvermögen einsetzte, um die dramatische Erzählung zu einem Abschluss zu bringen. Die Auflösung rückte den Kern der Geschichte häufig in einen ikonografischen familiären Fokus, war seine Familie doch ein stetig sprudelnder Quell des Merkwürdigen, Bizarren und Unkonventionellen. Seine Lieblingssentenzen – „Schönheit ist Wahrheit, und Wahrheit ist Schönheit" lautete eine, „Ein Dichter ist kein Lügner, denn er behauptet nichts" eine andere – lassen erkennen, dass er zwischen den Polen der Kunst und der Wissenschaft, abgesteckt von den illustren Mitgliedern seiner Familie, ein Mensch war, der an den unvorhersehbaren und eigensinnigen Wahrheiten der Künste mehr Gefallen fand als an den Wahrheiten der Wissenschaft.

Sein Humor trug ihn bisweilen ein gutes Stück fort von seiner ernsthafteren anthropologischen Forschung und praktischen Arbeit. So publizierte er mit *The raven und the writing desk* eine eigenwillige Biografie über den Verfasser von *Alices Abenteuer im Wunderland*, die uns mindestens so viel über die Arbeitsweise seines eigenen akribischen und zugleich spielerischen Geistes verrät wie über das Leben und die Geheimnisse von Charles L. Dodgson (alias Lewis Carroll). Was den Stil, die Eleganz, den Scharfsinn, die Tonalität und den Fluss seines Schreibens betrifft, folgte Francis Huxley seiner eigenen Melodie und seiner eigenen Regel, die da lautete: Sorgt man für den Sinn, „wird der Klang für sich selbst sorgen". Im Kreis seiner Freunde war er ein geistreicher, ja begnadeter Meister des Geschichtenerzählens, der im passenden Moment in lautes, ansteckendes Gelächter ausbrechen konnte. Doch das Lachen war oft von Traurigkeit durchsetzt, und der Bürde familiärer Schweigegebote und anderer intergenerationeller Familiengepflogenheiten konnte er sich niemals ganz entledigen.

Als er einmal seine Mutter Juliette fragte, warum sie ihm nicht früher mitgeteilt habe, dass seine Tante Margret lesbisch war, antwortete sie: „Oh, Francis, in unserer Familie pflegen wir über diese Dinge nicht zu sprechen. Bitte frag nicht, du würdest die Antwort nicht wissen wollen." Antworten, ob enthüllte oder verborgene, haben, so lernte Francis Huxley, ihren Ort im menschlichen Herzen. Wir wissen nun, dass Francis Huxley wissenshungrig war, Freude an diesem Wissen hatte und auch Klatsch und Tratsch nicht abgeneigt war, ist dieser doch ein Teil des emotionalen Gewebes, das eine Gemeinschaft zusammenhält. Lassen wir ihm hier, in diesem Präludium, das vorletzte Wort: „Sollte sich aus all dem nun irgendetwas ergeben, kann es sich nur um einen Zufall handeln, was auch immer wir mit diesem Wort meinen mögen."

Ron Roberts
Ich kam kurz nach dem offiziellen Ende meiner akademischen Laufbahn zu diesem Buchprojekt. Schon lange vor meinem Ruhestand war ich ernüchtert angesichts der Fesseln, die meine Disziplin (die Psychologie) jedem ernsthaften Versuch, die Nöte der menschlichen Existenz zu verstehen, angelegt hat. Meine Freundschaft mit der – inzwischen verstorbenen – Slawistin, Kulturtheoretikerin, Künstlerin und Schriftstellerin Svetlana Boym hatte mir wunderbare Möglichkeiten gezeigt, sich den geheimnisvollen und künstlerischen Freuden dieser Existenz zu öffnen. Etwas von ihrem Einfluss durchdringt auch die folgenden Seiten. Als ich kurz nach Svetlanas Tod mit der Arbeit an diesem Buch begann, lernte ich den Raum, den die Toten in uns und in unserem Leben einnehmen, zu sehen und auf eine neue Weise zu schätzen. Auch das hätte Eingang in dieses Buch finden können, hätten wir genügend Zeit und Raum zur Verfügung gehabt, um uns eingehend damit zu beschäftigen. Dennoch beschlossen wir, das Phänomen, dass von den Stimmen der Vorfahren eine intellektuelle und emotionale Umarmung und Umklammerung ausgehen kann,

die als Träger der Erinnerung über die Gehirne der Nachkommen hinaus Wirkung zeigt, zu einem zentralen Thema dieser Biografie zu machen. Wir betrachten das Gedächtnis als ein – nicht notwendig als solches geplantes – soziales und kollektives Unternehmen, das durch zeitlich horizontale und vertikale Beziehungen geformt wird. In gewisser Hinsicht bietet die Huxley-Dynastie eine gute Vorlage für Autorinnen und Autoren, Sozialwissenschaftlerinnen und Sozialwissenschaftler, die sich diesem Thema nähern wollen.

Ich denke, dass Francis Huxley große Fragen gestellt hat – zum Teil dieselben Fragen, die mich schon mein Leben lang beschäftigen. Im Hinblick darauf hat die Auseinandersetzung mit seinem Leben und seinen Werken mein Verständnis der Unvorhersehbarkeiten, mit denen wir alle zeitlebens zu kämpfen haben, vertieft und mir gezeigt, was für ein Privileg es ist, am Leben zu sein und diese Lebenszeit mit anderen zu teilen.

Aufgrund meines amerindischen Erbes – mein Vater wurde in Guyana geboren – bekam das Eintauchen in die Anthropologie der Amazonasvölker aus einer Insider-Perspektive für mich eine besondere Bedeutung. Gleiches gilt für die Auseinandersetzung mit den schädlichen Auswirkungen des englischen Klassensystems, denn Francis Huxleys sozialer Hintergrund unterschied sich deutlich von meinem. Im Laufe der Arbeit an diesem Buch wurde mir klar, wie negativ die Einflüsse sein können, die das elitäre Privatschulsystem auf das Leben derjenigen hat, die es durchlaufen.

Theodor Itten
Meine Recherchen für dieses Buch waren mit vielfältigen Erfahrungen verbunden. Schon früh hatten Ron und ich die Entscheidung getroffen, dass ich mich vorwiegend mit den biografischen Aspekten befassen sollte, während Ron den Fokus auf Francis' Werke legen würde. Als Nichtmuttersprachler sollte ich mich frei fühlen, ohne Selbstzensur über das zu schreiben, was wir über Francis' Leben herausgefunden hatten. Ron als Native Speaker würde das Ganze dann für unseren englischen Verlag in eine den Konventionen entsprechende sprachliche Form bringen.

Als jemand, der zum ersten Mal in seinem Leben vor der Aufgabe stand, eine Biografie zu schreiben, wollte ich mich meinem Thema teils wie ein Detektiv, teils als Forscher und Wissenschaftsautor nähern, doch weil ich ab 1976 Francis' Student und Schüler und seit 1980 mit ihm befreundet gewesen war – Francis wurde im Januar 1982 Pate meines ersten Sohnes –, waren die Bande der Vertrautheit stärker. Als Lady Juliette Huxley mir ein Exemplar ihres ersten Buchs schenkte, schrieb sie eine augenzwinkernde Widmung hinein: „für Theo, den spät adoptierten Enkel, von einer Reisenden im schwindenden Afrika. August 1982".

Einige sahen in mir eine Art „Boswell" für Francis, weil ich bereits die Festschrift zu seinem 70. Geburtstag zusammengestellt hatte. Dennoch bin ich sicher, dass Ron und ich durch einen Zufall zu diesem Buchprojekt kamen. Wahr ist, dass Michael Williams, in Francis' späteren Jahren einer seiner engen Freunde, am Neujahrstag – die ganze Familie Itten war gerade zu Gast bei Francis, Michael und seiner Frau Adele – kurz vor unserer Abreise den Wunsch äußerte, jemand möge eine Biografie über diesen außergewöhnlichen Menschen schreiben.

Die Saat ging auf. Nachdem ich meinen Nachruf auf Francis für den *Daily Telegraph* geschrieben und David Napier beim Verfassen eines weiteren Nachrufs unterstützt hatte, schickte ich Ron meinen Essay „Myth of madness" zum Lesen, mit der Bemerkung: „Da könnte sich ein Buch in der Warteschleife befinden." Und so begannen wir im März 2017 mit der Idee zu diesem Buch zu spielen. Bevor wir Routledge für die Publikation gewannen und einen Verlagsvertrag unterschreiben konnten, verfassten wir mehrere Versionen eines Exposés und trafen uns in Hamburg, um über unsere Vorstellungen von diesem Projekt zu sprechen, über die emotionalen Verwicklungen, die damit verbunden sein würden, und über das Vergnügen, ein zweites gemeinsames Buch zu schreiben.

Ausgehend von Francis, Ron und mir dehnte sich das Projekt nach und nach immer weiter aus, während wir uns tastend durch Francis' Familien-, Bekannten-, Freundes- und Kollegenkreis bewegten. Zu den fast fünfzig Interviews, die wir führten, kam eine Fülle von Material, das wir in den beiden Wochen entdeckten, die wir in Francis' Blockhaus in der Wagnon Road verbrachten. Wir ordneten diese Fülle so gut als möglich nach thematischen und chronologischen Kriterien, noch während wir Francis' Archiv durchforsteten. Anschließend trafen wir uns in New York mit der erfahrenen Biografin Deirdre Bair, die uns großzügigerweise angeboten hatte, uns in der Kunst und Praxis des biografischen Schreibens anzuleiten. Leider verstarb Deidre Bair am 20. April 2020 und konnte unser fertiges Buch nicht mehr lesen, doch die Kapitel, die wir ihr bis zum Frühjahr 2020 vorgelegt hatten, hatten ihre Zustimmung gefunden.

Über einen so vorzüglichen Schriftsteller wie Francis Huxley zu schreiben erwies sich als eine Herausforderung. Ich hatte bereits 1979 im Rahmen einer Fallstudie, die eng mit seinen bis dahin publizierten Arbeiten zusammenhing, über sein Werk zu schreiben begonnen, dennoch gab es während des Schreibprozesses immer wieder Momente der Scheu, etwa wenn ich in seinem Adressbuch blätterte oder Briefe las, die er an seine Mutter, seinen Vater, an seine Ehefrauen, seine Geliebten und an enge Freunde geschrieben hatte. Oft meinte ich zu spüren, dass er sich über meine rechte Schulter beugte und fragte: „Itten, was tust du da? Was fällt dir ein, in meinem Privatleben herumzuschnüffeln?" Dann wieder erschien er mir im Traum, kommentierte, gab bereitwillig Hinweise und verriet mir sogar Geheimnisse, die nur

Präludium	XXI

teilweise weitererzählt werden durften. In diesem Traumland gewährte er mir freien Zugang zu seiner leer stehenden Wohnung in der Wedderburn Road und zeigte sich sichtlich erfreut darüber, dass wir tatsächlich ein Buch über sein Leben schrieben. Ron und ich besaßen beide eine Postkarte mit einer Abbildung des Äskulapstabs, an dem die Schlangen der Weisheit und der Wissenschaft über- und untereinander bis hinauf zur Spitze kriechen, genau wie Francis es in seinem Buch *The dragon* beschrieben hatte.

Etliches mussten wir ausklammern oder zusammenstreichen. So hätte etwa eine eingehendere Beschäftigung mit dem Thema „Lachen und Humor im täglichen Leben" – für alle, die Francis kannten, eine augenfällige Facette seiner Persönlichkeit – ebenso fruchtbar sein können wie eine nähere Betrachtung seiner Bibliothek, die über 3000 Bände umfasste, darunter die Bücher seiner Eltern, seines Großvaters Leonard Huxley und seines Urgroßvaters T. H. Huxley. Die Frage, welchen Einfluss diese Texte auf ihn, den passionierten Leser und Rezensenten, hatten, hätte durchaus weitere Aufmerksamkeit verdient.

Weil ich in der Schweiz geboren und aufgewachsen bin (auch wenn ich ab September 1972 fast ein ganzes Jahrzehnt lang in London studiert und gearbeitet habe), war mir klar, dass ein Buch wie dieses nur im Duett mit Ron würde entstehen können, im vertrauensvollen Austausch und gemeinsamen Erkunden der Wissens- und Erfahrungstiefen, die es zu entdecken galt. Die Einblicke in Francis Huxleys literarische Kunst und Lebenskunst, die wir gewannen, waren ein wesentlicher Teil der kreativen Herausforderung, vor der wir selbst standen: eine Lebensgeschichte zu schreiben, die untrennbar mit unseren eigenen Idealen, Vorstellungen und Lebensgeschichten verwoben ist. Wie bei jedem Projekt gab es Grenzen und Vorbehalte. In meinem Fall ergaben sie sich aus meiner Biografie, in der Francis eine so bedeutende Rolle gespielt hatte, nicht allein als Mentor, väterlicher Freund und Pate meines Erstgeborenen, sondern auch als Brief- und (Telefon-)Gesprächspartner über vier Jahrzehnte, in denen wir unser Lachen, unseren Schmerz und unsere Tränen miteinander geteilt haben. Womöglich lesen Sie dieses Buch in der Hoffnung auf einige pikantere Geschichten. Auch darauf haben wir bewusst verzichtet, um nicht der Versuchung zu erliegen, Dinge in den Mittelpunkt des Interesses zu rücken, die lediglich den Teufeln des Klatsches und Spektakels gedient hätten. Schlafende Hunde dürfen weiter schlafen, wenn es wichtigere Geschichten und Fragen zu erforschen gilt. Darüber hinaus gebietet es unsere Verantwortung als Schriftsteller, die Bedürfnisse noch lebender Personen und ihr Recht auf Privatsphäre zu respektieren und zu schützen.

Die Freundschaft mit Francis war etwas Kostbares für mich, und diesen Schatz zu teilen hat die Freundschaft zwischen Ron und mir vertieft und bereichert. Nun ist der Zeitpunkt gekommen, all dies loszulassen, zu schweigen und das Buch selbst sprechen zu lassen. Natürlich hoffen wir, dass sich „aus all dem irgendetwas ergeben" mag – und dass es uns gelingt, auf den folgenden Seiten mehr als nur einen flüchtigen Eindruck von einem faszinierenden, bis zur Neige gelebten, freudvollen und gelegentlich auch schmerzhaften und schwierigen Leben zu vermitteln.

London   Ron Roberts
Hamburg   Theodor Itten
im Juni 2022

Inhaltsverzeichnis

Teil I Chronologie und Familienstammbaum

1 **Chronologie** 3

Teil II Herkunft, Familie und Heimsuchungen

2 **Die Eltern** 15
   2.1   La Maman 15
   2.2   Die Arnolds: Urgroßvater und Großeltern
         mütterlicherseits 21
   2.3   Großvater Leonard Huxley 24
   2.4   Die Politik der Familie: Julian, Juliette und Söhne 26
   2.5   Unabhängigkeit 34
   2.6   Der Bruder: Anthony Huxley 35
   2.7   Coda 37
   Literatur 38

3 **Onkel Aldous** 39
   3.1   Aldous Huxley – Kindheit und Jugend 40
   3.2   Garsington Manor und Ottoline Morrell 41
   3.3   Die Einheit der Differenz: Aldous und Francis 44
   3.4   Der Schriftsteller 46
   3.5   Geschichten erzählen 47
   3.6   Die erste LSD-Sitzung 50
   3.7   Tante Margaret 53
   3.8   Transgenerationale Wiederholungsmuster 54
   3.9   Feuer 58

	3.10	„Oh, schon gut, es ist nur ein Scherz"	59
		Literatur	61
4		**Heimsuchungen**	63
	4.1	Die Huxleys: Anfänge	63
	4.2	Erbe und Erinnerung	69
	4.3	Heimsuchungen, Dynastien und die Last der Erwartungen ...	70
	4.4	Intellektuelle Heimsuchungen 1: Angst, Überlegenheit und Eugenik	78
	4.5	Intellektuelle Heimsuchungen 2: die Conditio humana	86
		Literatur	91

Teil III   Die Tatsachen des Lebens

5		**Gordonstoun**	97
	5.1	Schulzeit	97
	5.2	Die Lappland-Expedition	105
	5.3	Amateurtheater und Familiendramen	107
		Literatur	109
6		**In der Royal Navy**	111
	6.1	Zwischenstation: Rückkehr ins Elternhaus	111
	6.2	Kriegsjahre auf der HMS *Ramillies*	112
		Literatur	115
7		**Oxford**	117
	7.1	Erste Eindrücke	117
	7.2	Balliol College	118
	7.3	Wissenschaftliche Mentoren	121
	7.4	Ein Ornithologe auf Expedition	124
	7.5	Die Gambia-Expedition	125
	7.6	Von der Ornithologie zur Anthropologie	129
		Literatur	133
8		**Liebe und Geschichte**	135
	8.1	Ferelyth: erste Liebe	135
	8.2	Oxford und die Zeit danach	140
	8.3	Liverpool und New York	141
	8.4	Ellen Huxley	144
	8.5	Joan Wescott	149
	8.6	Adriana: die erste Ehe	157

8.7	Meloma: die zweite Ehe	160
8.8	Adele: eine Ehe in Kalifornien	165
Literatur		173

Teil IV Sozialanthropologie: Auf der Suche nach der Welt

9 Anthropologie und ihre Herausforderungen ... 177
- 9.1 Aufbruch ins Unbekannte ... 177
- 9.2 Hürden und Risiken ... 178
- Literatur ... 181

10 Die Ka'apor ... 183
- 10.1 Im Herzen der Wildnis ... 183
- 10.2 Nachwirkungen ... 186
- Literatur ... 187

11 Saskatchewan ... 189
- 11.1 LSD-Bricolage ... 192
- 11.2 Spaced-out in Saskatchewan ... 198
- 11.3 Lysergsaure Scheidung ... 202
- 11.4 Auf dem Podium in Sachen LSD ... 205
- Literatur ... 207

12 Feldforschung in Haiti ... 209
- 12.1 Vor dem Aufbruch ... 209
- 12.2 Erkenntnisse und Enttäuschungen ... 212
- Literatur ... 217

13 St. Catherine's, Oxford ... 219
- 13.1 Als Research Fellow in Oxford ... 222
- 13.2 Äußere Grenzen ... 226
- 13.3 Psychoanthropologie ... 229
- 13.4 Bei der BBC ... 231
- Literatur ... 234

14 Survival International: Anthropologie und soziale Gerechtigkeit ... 237
- 14.1 Gründung und erste Aktivitäten ... 237
- 14.2 Survival International heute ... 241
- Literatur ... 244

15 Kosmologie und das Heilige 245
  15.1 Die Welt der Erscheinungen 245
  15.2 Die heilige Welt 247
  15.3 Mythen, Motive, Bedeutung und Methode 249
  15.4 Psychoanalyse, Mythos und Etymologie 252
  15.5 Die Unsichtbaren: *The invisibles* 256
  15.6 Schamanismus und das Paranormale 259
  Literatur 265

Teil V Die Conditio humana

16 Die Philadelphia Association 271
  16.1 Francis Huxley und Ronald D. Laing: Konturen einer Freundschaft 272
  16.2 Theater des Absurden 285
  16.3 Geistige Gesundheit, Wahnsinn und die PA 290
  16.4 Psychotherapie, Mythologie, Initiation 294
  Literatur 298

17 Die letzten Lebensjahre 301
  17.1 Eine persönliche Anthropologie: die Jahre ab 1983 302
  17.2 Abschied von der Pond Street 307
  17.3 Kollegen, Freunde, Anerkennung 310
  17.4 … und wieder ein Umzug 315
  17.5 Neunzig Jahre: der weise Alte mit dem Silberstab 319
  17.6 Rückblicke und Abschiede 326
  Literatur 331

18 Feld und Feder: Francis Huxley als Schriftsteller 333
  18.1 Autorschaft und Agency 333
  18.2 Die Viererbande der Anthropologie 336
  18.3 Der Buchautor Francis Huxley 340
  18.4 Essays, Rezensionen und Übersetzungen 359
  18.5 Unveröffentlichtes und Unvollendetes 366
  Literatur 369

19 Francis Huxley und die Conditio humana 373
  Literatur 385

Anhang 1: Werkbibliografie 387

Anhang 2: Anmerkungen zu Francis Huxleys Verlagen 399

Anhang 3: Allgemeine Bibliografie 409

Sachwort und Personenverzeichnis 415

Über die Autoren und Übersetzerin

Über die Autoren

Theodor Itten ist Psychotherapeut im Ruhestand. Er studierte Sozialanthropologie bei Francis Huxley, der sein Mentor und Freund wurde, und praktizierte 40 Jahre als freischaffender Psychologe und Psychotherapeut in der Schweiz. Er ist Autor mehrerer Bücher und lebt heute in Hamburg. www.ittentheodor.ch

Ron Roberts ist Diplom-Psychologe und Associate Fellow der British Psychological Society und war über 30 Jahre in der Hochschulforschung und -lehre tätig. Er ist Autor/Herausgeber von 12 Büchern und lebt derzeit in London. www.ronroberts.co.uk

Die Übersetzerin

Dörte Fuchs studierte Neuere deutsche Literaturgeschichte, Philosophie und Geschichte (M.A.) in Wuppertal und Freiburg i. Brsg. und arbeitet seit 1995 als freie Lektorin und Übersetzerin aus dem Englischen (CPE) in Freiburg.

Teil I
Chronologie und Familienstammbaum

Chronologie

Can wisdom be put in a silver rod or love in a golden bowl?

William Blake

1887 Julian Sorell Huxley (Vater) wird am 22. Juni in London geboren.
1896 Marie Juliette Baillot (Mutter) wird am 6. Dezember in Auvernier, Schweiz, geboren.
1908 Julia Frances Arnold-Huxley (Großmutter) stirbt. Julian erhält den Newdigate Prize for English Verse der Universität Oxford.
1909 Leonard Huxley (Großvater) bezieht ein Haus am Westbourne Square, London.
1912 Julian beobachtet mit seinem Bruder Trevenen das Balzverhalten des Haubentauchers in Tring, Hertfordshire, und wird wissenschaftlicher Mitarbeiter des Instituts für Biologie an der Rice University in Houston, Texas.
      Am 23. Februar heiratet Leonard Huxley Rosalind Bruce. Es ist seine zweite Ehe.
1914 Julian und Noel Trevenen Huxley (geb. 1889) befinden sich wegen ihrer Depressionen in derselben Pflegeeinrichtung. Trevenen wird sich später an einem Baum erhängen.
1915 Mademoiselle Juliette Baillot wird von Lady Ottoline Morrell (1873–1938) und ihrem Ehemann, dem liberalen Politiker Philip Morrell, als Gouvernante und Gefährtin für Tochter Julian (1906–1989) eingestellt.
      Julian Huxley wird Assistant Professor of Biology am Rice Institute.
1916 Juliette Baillot lernt Julian Huxley in Garsington Manor kennen.

1919	Juliette Baillot heiratet Julian Huxley, inzwischen Fellow am New College, Oxford.
1920	Anthony Julian Huxley (Bruder) wird am 20. Dezember geboren.
1923	Francis John Heathorn Huxley wird am 28. August in Holywell, Oxford, geboren, laut seiner Mutter „ein weiteres entzückendes Wunder, ruhig, zufrieden, mit großen graugrünen Augen und einem bezaubernden Lächeln".
1925	Julian wird auf den Lehrstuhl für Zoologie am King's College, London, berufen. Umzug nach Hampstead (Hillway 31, Holly Lodge Estate), wo die Familie Huxley die folgenden sieben Jahre lebt. Francis besucht die Vorschule von Byron House und lernt das Radfahren auf den Wegen von Hampstead Heath. Seine Gesundheit bereitet den Eltern Sorgen. Francis scheint sich jede Krankheit einzufangen, einschließlich der Bell'schen Lähmung, Keuchhusten und Augenproblemen.
1927	Francis verbringt den Winter 1927/28 mit Eltern, Großmutter und Bruder im Chalet Les Arolles oberhalb von Aigle in den Schweizer Alpen. Aldous und Maria, Cousin Matthew, D. H. Lawrence und Frieda von Richthofen stoßen dazu. Julian gibt seinen Lehrstuhl am King's College auf.
1932	Julians Affäre mit Viola Ilma kostet Juliette ihren Schlaf und ihre Gesundheit. Leonard befiehlt seinem ältesten Sohn, die Affäre zu beenden, sonst wolle er ihn „nicht mehr wiedersehen". Francis zieht sich eine rätselhafte Infektion zu, laut Juliette eine Tuberkulose, die einen chirurgischen Eingriff in Villars-sur-Ollon, Schweiz, zur Folge hat.
1933	Francis besucht die Frensham Heights School in Farnham, Surrey.
1934	Francis wechselt auf die Abinger Hill School in Dorking, Surrey.
1935	Julian wird zum Generalsekretär der Zoological Society of London ernannt, ein Amt, das er bis 1942 innehat. Die Familie bezieht das Secretary House des Zoologischen Gartens.
1937	Francis wird zum Herbst in der Internatsschule Gordonstoun in Elgin, Schottland, aufgenommen, die er bis zum Frühjahr 1942 besuchen wird. Aldous und Maria lassen sich in Los Angeles nieder.
1938	Julian wird zum Fellow der Royal Society gewählt.
1939	Anthony nimmt ein Studium am Trinity College der Universität Cambridge auf. Evakuierung der Internatsschule Gordonstoun nach Wales.

1 Chronologie

1941 Am 24. November spielt Francis den Hamlet bei einer Theateraufführung in Gordonstoun. Anders als versprochen, kommt Julian nicht zu der Aufführung.

1942 Francis wohnt wieder bei seinen Eltern im Secretary House des Zoologischen Gartens in London. Er lernt die Bildhauerin Ferelyth Howard kennen. Eintritt in die Royal Navy, der er bis Juli 1946 angehört.

Julian gibt sein Amt bei der Zoological Society auf und kauft ein Haus in der Pond Street 31, London, wo Juliette und er bis an ihr Lebensende wohnen werden.

1944 6. Juni, D-Day: Francis ist als Assistant Navigating Officer auf der HMS *Ramillies* im Ärmelkanal vor der Küste der Normandie im Einsatz.

1945 6. August: Abwurf der ersten Atombombe auf Hiroshima. Francis befindet sich auf einem Kriegsschiff, das sich auf die Invasion Japans vorbereitet.

1946 Julian wird erster Generalsekretär der UNESCO. Francis trifft Claude Lévi-Strauss.

1947 Juli: Francis studiert am Balliol College, Oxford (bis 1951), u. a. bei Peter Medawar.

Im *Life*-Magazin erscheint ein vierseitiges Porträt der Huxley-Brüder Julian und Aldous.

Julian besucht Haiti und 15 lateinamerikanische Länder im Auftrag der UNESCO.

1948 Francis leitet eine Expedition junger Wissenschaftler der Universität Oxford nach Gambia. Upper-Second-Class-Bachelorabschluss in Zoologie. Er wird Mitglied des Anthropologischen Instituts, das sein Urgroßvater T. H. Huxley mitbegründet hatte, und Emslie-Horniman-Stipendiat.

1950 Francis schließt sein Studium in Oxford bei Meyer Fortes und E. E. Evans-Pritchard mit dem Master in Sozialanthropologie ab. Im November reist er nach Brasilien, um (unterstützt durch Stipendien der brasilianischen Regierung in Kooperation mit dem British Council sowie des Department of Scientific and Industrial Research) indigene Stämme zu erforschen und darüber zu promovieren. Liebesbeziehung zu Valentine Mitchison (geb. 1930), Tochter des Labour-Politikers Dick Mitchison und der Schriftstellerin Naomi Mitchison.

1952 Juni bis November: Feldforschung in Brasilien bei den Ka'apor (auch Urubu) zusammen mit Darcy Ribeiro. Francis wird mit vielen langen Briefen an Val, seine Familie und seine Freunde buchstäblich zum „Homme de lettres".

Julian erleidet einen Nervenzusammenbruch.

1952	Francis kehrt im Frühjahr nach Großbritannien zurück, um sich bei Prof. Meyer Fortes (inzwischen in Cambridge) fachlichen Rat zu holen und weitere Studien zu betreiben. Im August erneut Abreise nach Brasilien, um mit einem Drei-Monats-Stipendium der brasilianischen Regierung seine Feldstudie abzuschließen. In Rio de Janeiro wartet er auf die Genehmigung zur Einreise ins Territorium der Ka'apor.
1953	Februar bis Juni: zweiter Forschungsaufenthalt bei den Ka'apor im brasilianischen Amazonasbecken, diesmal allein.
1954	Francis wird Assistenzkurator für Ethnografie am City of Liverpool Public Museum (bis 1955) und wohnt in der Percy Street 5. Beziehung zu Sheila.
1956	*Affable savages* erscheint. Francis erhält ein Viking-Found-Stipendium für den Besuch amerikanischer Universitäten (bis 1957).
	Im November erste LSD-Experimente. Affäre mit Ellen Huxley, der Frau seines Cousins Matthew. Francis lebt in Brooklyn Heights.
	Gervas Huxley, Aldous' Lieblingscousin, veröffentlicht sein erstes Buch: *Talking of tea*.
1957	Julian prägt den Begriff des „Transhumanismus".
1958	Feldforschung am Weyburn Mental Hospital in Saskatchewan, Kanada.
	Julian Huxley wird zum Ritter geschlagen.
1959	Francis forscht am Parapsychology Institute, New York. Organisation und Teilnahme an einer Tagung über Parapsychologie und Pharmakologie in Frankreich (6.–10. Juli). Anschließend neun Monate Feldforschung in Haiti (bis 1960). Der lange Essay *Charles Darwin – life and habits* entsteht.
	Matthew und Ellen lassen sich scheiden.
	25. November: Francis und Ellen treffen sich mit Juliette und Julian in New York.
1960	Francis wohnt vorübergehet bei seinen Eltern in der Pond Street, London.
1962	Francis lernt die Anthropologin und ehemalige Sekretärin von R. D. Laing, Joan Wescott, kennen. Er bezieht eine Wohnung in Belsize Park Gardens 18, London NW3, und übersetzt *Africa before the white man* von Henri Labouret.
1963	Francis übersetzt *Les origines de la vie* von Jules Carles. Juliette Huxley veröffentlicht ihr erstes Buch, *Wild lives of Africa*, Einleitung und Nachwort stammen von Julian Huxley.
	Oktober: Francis wird Research Fellow am Institut für Sozialanthropologie des St. Catherine's College in Oxford (bis 1968). Erste Planungen für *Anthropology and the body*.

1 Chronologie

	22. November: Aldous Huxley stirbt (am selben Tag wie J. F. Kennedy).
1964	*Peoples of the world* erscheint. Francis lernt R. D. Laing kennen.
1965	Francis organisiert zusammen mit Julian eine Tagung der Royal Society zum Thema „Verhaltensritualisierung bei Tieren und beim Menschen" (den Begriff „Verhaltensritualisierung" prägte Julian bei seiner Untersuchung des Balzverhaltens von Haubentauchern). Julian lädt R. D. Laing zur Teilnahme ein.
1966	*The invisibles* erscheint. Julian erleidet seinen letzten Nervenzusammenbruch, wird am 30. März in ein Sanatorium gebracht und mit Elektroschocktherapie behandelt. Konsultation bei R. D. Laing.
1967	Francis nimmt am „Dialectics of Liberation"-Kongress in London teil. Die BBC sendet zur Feier von Julians 80. Geburtstag ein Sonderprogramm. Laing bezieht mit Jutta Werner eine Wohnung in Belsize Park Gardens 65 A – dieselbe Straße, in der auch Francis wohnt.
1968	Francis lehrt, manchmal zusammen mit Joan Wescott, an der gut besuchten Anti-Universität in London, lernt den brasilianischen urbanen Schamanen Lourival de Freitas kennen und tritt in der renommierten Eamonn Andrews Show (ITV) auf.
1969	Francis wird Mitbegründer von Survival International und übernimmt dort ein Vorstandsamt (bis 1990). Julian und Juliette feiern ihre Goldene Hochzeit mit einem Urlaub in Jugoslawien.
1970	Francis wird Mitglied der Philadelphia Association in London (bis 1984).
1972	Francis nimmt zusammen mit Edwin Brooks, John Hemming und René Fuerst an der Mission „Tribes of the Amazon basin in Brazil 1972" teil, die von der Aborigines' Protection Society London und der brasilianischen Regierung gesponsert wird.
1973	Hochzeit mit Adriana Paula Santa Cruz am 7. April in London. Der mit Brooks, Fuerst und Hemming erstellte Band *Tribes of the Amazon Basin in Brazil* erscheint.
1974	*The way of the sacred* erscheint. Francis organisiert das Studienprogramm der Philadelphia Association.
1975	Julian Huxley stirbt am 14. Februar. Am 18. April findet eine Gedenkveranstaltung in London statt.
1976	Scheidung von Adriana am 17. September in London. *The raven and the writing desk* erscheint. November: Hochzeit mit Meloma Balaskas.

1977 Francis lebt als Autor und Privatgelehrter in der Wedderburn Road 18b, London NW3, und hält Seminare über Sozialanthropologie und Mythologie. 31. Mai: Vorlesung „Embryos and ancestors", Philadelphia Association.
1979 *The dragon – nature of spirit, spirit of nature* erscheint.
1980 Trennung von Meloma Balaskas-Huxley.
1981 Beginn der Beziehung zu Avice Simpson. Francis forscht auf Einladung von Prof. Jenner am Universitätskrankenhaus Sheffield, mit dem Ziel, die Stationen stärker nach den Vorstellungen der Philadelphia Association zu organisieren.
1982 Francis verlässt die Philadelphia Association, ebenso wie R. D. Laing, und leitet Workshops in der Schweiz über Mythologie und Riten.
1983 Francis feiert seinen 60. Geburtstag in London und hilft seiner Mutter Juliette beim Schreiben ihrer Autobiografie. Vortrag vor der Lewis Carroll Society und Workshops in Vancouver, Kanada. Gründung der Integral Therapy Association zusammen mit Leon Redler.

Avice verlässt Sheffield, um als Psychiaterin an der psychiatrischen Klinik von Aylesbury zu arbeiten.
1984 Francis lernt Adele Getty bei dem einmonatigen Retreat „The way of the warrior" in Happy Valley, Kalifornien, kennen. Trennung von Avice Simpson. Vortrag im Rahmen der renommierten Chichele Lectures in All Souls, Oxford, zum Thema „Psychoanalyse und Anthropologie". Hauptredner beim dritten internationalen Schamanismuskongress in Alpbach, Österreich. Vortrag auf der Dartington Hall Conference zum Thema „Form and freedom".

Francis lebt zeitweise mit Adele in Point Reyes Station, Kalifornien, zusammen.
1985 Juli: Hauptredner beim „Festival der Kulturen" in Interlaken, Schweiz.
1986 Februar: Francis' Londoner Wohnung wird durch einen Brand beschädigt, den ein unachtsamer Mieter verursacht hat. 25. Februar: Scheidung von Meloma.

Juliette Huxleys Autobiografie *Leaves of the tulip tree*, an deren Entstehung Francis maßgeblich beteiligt war, erscheint.

Francis heiratet Adele Marie Getty am 10. Dezember auf dem Standesamt Camden. Bis Anfang der 1990er-Jahre lebt er in Kensington, Berkeley Hills, Kalifornien, reist aber häufig zwischen London und Kalifornien hin und her. Nimmt mit Adele an einem zehntägigen Literaturfestival in Oslo teil, ihr Thema: „Tanz und Schamanismus".

Dezember: Juliette feiert ihren 90. Geburtstag.

1 Chronologie

1987   Teilnahme am Vision-Quest-Workshop in der Schweiz, zusammen mit Adele. Vortrag in St. Gallen zum Thema „The false self". Vortrag beim London Convivium über „The beauty and the beast". Gemeinsam mit R. D. Laing hält er Workshops in Vancouver, Kanada.

1989   Am 23. August stirbt R. D. Laing in St. Tropez. Francis schreibt einen Nachruf mit dem Titel: „Liberating shaman of Kingsley Hall", der am 25. August im *Guardian* erscheint, und spricht auf „Farewell"-Veranstaltungen in Zürich (21. September) und St. Gallen (22. September).

1990   *The eye – the seer and the seen* erscheint. Francis hält eine Abschiedsrede bei der Gedenkveranstaltung für R. D. Laing am 3. Januar in Piccadilly.

1990   Francis lebt in Santa Fe und verschiedenen Orten in der Umgebung. Im Oktober hält er auf einer Schamanismus-Tagung in Korea einen Vortrag.

1991   Francis hält einen Vortrag auf der The Bridge Psychedelic Conference 1991 und leitet Workshops in Berkeley und Vancouver.

1992   Francis' Bruder Anthony stirbt am 26. Dezember.
Beginn der Arbeit am Buchprojekt *The mutual self*.

1993   Francis reist nach London, um seiner Mutter Juliette nach Anthonys Tod beizustehen. Im Juli Teilnahme am „London Convivium for Archetypal Studies: A touch of Odysseus" teil. Anlässlich seines 70. Geburtstags erscheint die von T. Itten herausgegebene Festschrift *A letter to Francis Huxley*.

1994   Am 28. September stirbt Lady Juliette Baillot-Huxley 98-jährig in London.

1995   Francis verkauft den Familienwohnsitz in der Pond Street, Hampstead, und zieht mit Adele in ein Dorf im Pojoaque-Tal, New Mexico.

1996   Francis und Adele bauen ein Haus in Pojoaque (Camino Ancon 15).

1998   Herbst: Trennung von Adele Getty-Huxley. Adele kehrt nach Kalifornien zurück.

2000   3. R. D.-Laing-Tagung an der SOAS University in London; Francis hält einen Vortrag über „Laing and shamanism".

2001   Das gemeinsam mit Jeremy Narby herausgegebene Buch *Shamans through time – 500 years on the path to knowledge* erscheint.

2002   Francis leitet einen Workshop in Manaus, Brasilien.

2005   März: Umzug in die Wagnon Road 1105, Sebastopol, Kalifornien, wo Adele mit ihrem neuen Partner Michael Patrick Williams lebt. Francis bezieht ein kleines Drei-Zimmer-Holzhaus auf dem Waldgrundstück des Paars.

2006	Francis reist für einen vierwöchigen Urlaub mit Adele und Michael nach Mexiko.
2007	Adele Getty heiratet Michael Patrick Williams am 4. Oktober in Lake Tahoe.
	Bei Francis wird eine Krebserkrankung festgestellt, die mit Bestrahlungen und Chemotherapie behandelt wird. Nach einer Katarakt-Operation ist sein Gesichtsfeld für einige Zeit blau.
2012	Nach einem Autounfall, bei dem seine geliebte Hündin Cumae tödliche Verletzungen erleidet, gibt Francis das Autofahren auf.
	Francis' Onkel Andrew Fielding Huxley (1917–2012) stirbt.
2016	Ann Huxley, Anthonys erste Frau, stirbt am 2. Januar.
	Am 29. Oktober um 10.30 Uhr stirbt Francis zu Hause in der Wagnon Road, umgeben von seinen engsten Freunden Adele, Michael und Cal.

1 Chronologie

Familienstammbaum Huxley

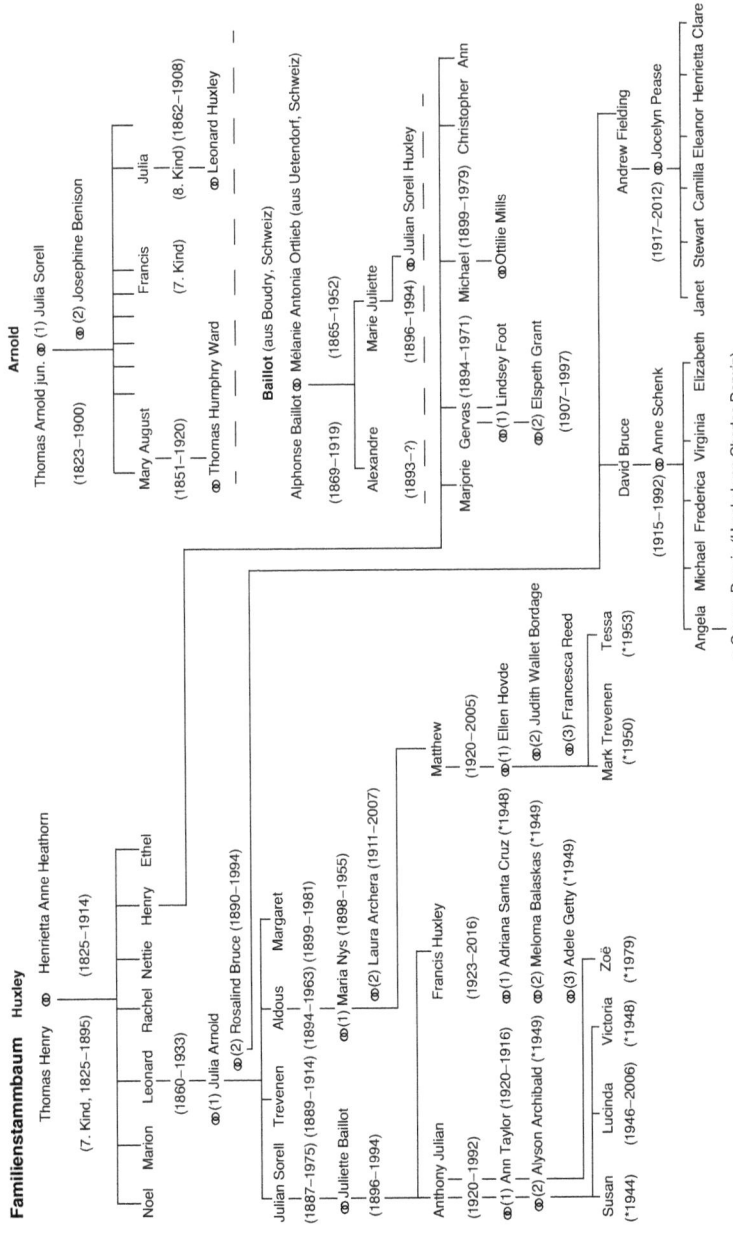

Teil II
Herkunft, Familie und Heimsuchungen

Um Francis Huxleys Interesse sowohl an der Welt der Natur als auch an der Welt der Politik nachvollziehen zu können, ist es unserer Ansicht nach notwendig, den Spuren dieser Interessen durch die dichte Reihe seiner Vorfahren hindurch zu folgen. Kein leichtes Unterfangen – und in Intellektuellenbiografien in der Regel ein vernachlässigter Aspekt. Das ist weniger ein Versäumnis der Biografinnen und Biografen, sondern meist schlicht auf die Tatsache zurückzuführen, dass nur selten so viele Informationen über den intergenerationellen Wissenskontext einer Familie verfügbar sind. Wir hoffen daher, dass dieser recht umfangreiche Teil des Buchs nicht nur Francis' intellektuellen Horizont, seinen Antrieb und seine Prägung näher beleuchten, sondern auch wichtige Fragen zur kulturellen Verortung von Wissen aufwerfen wird. Wie würdigen wir diejenigen, die es unter Mühen hervorbringen, und wie denken wir uns seine Entstehung?

Wir beginnen mit Francis' direktem familiären Umfeld: seinen Eltern. Anschließend werden wir unser Blickfeld erweitern, um die immense Bedeutung von Aldous Huxley, Francis' Onkel, und den fortdauernden, bis in die kleinsten Nischen des intellektuellen Wirkens der Familie Huxley spürbaren Einfluss seines Urgroßvaters T. H. Huxley in unsere Untersuchung einzubeziehen – einen Einfluss, der zudem weit über die intellektuelle Sphäre hinausreichte.

Die Eltern

2

Die Tatsache unserer Existenz auf dieser Erde verdanken wir der Laune des Schicksals und unseren Eltern. Diese wiederum verdanken sie ihren Eltern, unseren Großeltern, und diese vier verlängern die Ahnenreihe bis zu unseren Urgroßeltern. Wenn wir vier Generationen zurückgehen, umfasst dieser Zweig unseres Stammbaums bereits 31 Personen. Zusammengenommen können sie als eine transgenerationale Einheit betrachtet werden, in der sich verschiedene genetische, physiologische, emotionale, verhaltensbezogene und soziale Einflussfaktoren verteilen. Wo auf der Welt wir geboren werden, zu welcher Zeit und an welchem Platz in der Familie und der Gesellschaft, all das prägt unsere sich herausbildenden Überlebensstrategien und gewohnheitsmäßigen Seins- und Verhaltensweisen in dieser Welt. Was wir im späteren Leben verändern können, ist nicht der rote Faden unserer Sippe oder unseres Stamms, der unauflöslich mit uns verwoben ist, sondern die Art und Weise, in der wir die Persönlichkeit leben, zu der wir uns kontinuierlich entwickeln, und wie wir der Welt die Musik und die Sprache unserer einzigartigen Rhythmen, Werke und Liebe zurückgeben.

Im Folgenden nehmen wir uns einige Beispiele aus Francis Huxleys Ahnenreihe vor – eine wie bei jeder anthropologischen Untersuchung notwendigerweise unvollständige Sammlung.

2.1 La Maman

Lady Juliette Marie Baillot-Huxley begann den Bericht über ihr Leben mit einem Zitat von T. S. Eliot: „Each generation must translate for itself" (Jede Generation muss [die großen Werke] selbst übersetzen) (J. Huxley 1986, S. 1). Juliette wurde am 6. Dezember 1896 in dem Fischerdorf Auvernier am Neuenburgersee im Kanton Neuenburg (Neuchâtel) in der Schweiz geboren. Ihre Eltern waren Alphonse

Baillot und Mélanie Antonia Ortlieb, die älteste Tochter in einer großen Familie. Mélanies Vater Anton war Maître Ferblantier – ein Spenglermeister[1], dessen bedeutendste berufliche Leistung in der Erfindung der „couleuse" bestand: eines Behältnisses zum Kochen von Wäsche. Diese Erfindung trug zumindest eine Zeit lang zum Gedeihen des Familienbetriebs bei. Da Anton Ortlieb es jedoch nicht für nötig gehalten hatte, ein Patent für seine Erfindung anzumelden, erlangte er „weder Reichtum noch Anerkennung" (J. Huxley 1986, S. 3). Sein früher Tod infolge einer Lungenentzündung bedeutete eine schwere Bürde für seine junge Frau. Ihrer ältesten Tochter, der damals 16-jährigen Mélanie (der späteren Großmutter von Francis), kam die Aufgabe zu, sich um die jüngeren Geschwister zu kümmern. „Durch die veränderte Situation der Familie der Freuden ihrer Jugend beraubt, nahm meine Mutter ihre Verantwortung ernst und war laut ihrer jüngeren Schwester sehr streng gegenüber den Kleinen" (J. Huxley 1986, S. 3). Juliettes Großmutter machte weiter, im Vertrauen auf ihre – typisch schweizerische – Überzeugung, dass das Leben weitergehen und man es schon irgendwie schaffen würde.

„Tante Juliette", wie sie später genannt wurde, zog zum frühestmöglichen Zeitpunkt aus, um in einem angesehenen Pariser Modehaus eine Lehre als Schneiderin zu beginnen. Nach deren Abschluss ließ sie sich als selbstständige Modedesignerin in London nieder. Wann immer sie ihre ältere Schwester Mélanie zurückkehrte, die inzwischen in Neuchâtel wohnte, erlebte Mélanies Tochter Juliette „la tante" als eine glamouröse Persönlichkeit mit bezauberndem *élan vital*. „Ich wurde nach ihr benannt und erfuhr von ihr sehr viel liebevolle Zuwendung und Verständnis" (J. Huxley 1986, S. 4). Rückblickend empfand Juliette ihre Herkunftsfamilie als recht prosaisch; es habe dort wenig oder nichts gegeben, „was die Fantasie genährt oder den Hunger nach Verständnis gestillt" habe (J. Huxley 1986, S. 19).

Ihr Vater, Alphonse Baillot, war schon früh zur Waise geworden und bei seinem Onkel Emil, einem Winzer, aufgewachsen. Emil verschaffte Alphonse eine Anstellung im Büro des Notars Baillot, eines entfernten Cousins. Nach seinem damals obligatorischen Militärdienstjahr in der Schweizer Armee musste Alphonse feststellen, dass sich sein Partner Henrioux mit den ihm anvertrauten Wertpapieren abgesetzt hatte. Anstatt Konkurs anzumelden, versicherte Alphonse

---

[1] Eine Berufsbezeichnung, die auf das Zeitalter der Zünfte zurückgeht. Der Spenglermeister holte Aufträge ein, erstellte Angebote, leitete Mitarbeiter an, pflegte den Kontakt zu Kunden und war für die gesamte Abwicklung eines Auftrags verantwortlich. In gewissem Sinne kann man ein spätes Echo dieser zum Teil pädagogischen Rolle in der Leitungsposition wiederfinden, die Francis in den 1970er-Jahren beim General-Study-Programm der Philadelphia Association innehatte.

seinen Kunden, er werde ihnen jeden Rappen zurückzahlen. Was er letztendlich auch tat – mit Ausnahme der rund 50 Schweizer Franken (damals entsprach das dem Monatslohn eines Metallarbeiters), die er Tante Juliette schuldete. „Die Schuld" stürzte die junge Familie in die Armut. Alphonse fand Arbeit bei der Compagnie des Tramways, dem Verkehrsunternehmen von Neuchâtel, und verbrachte die meisten Abende außer Haus. Er wurde launisch, ungesellig und gelegentlich auch gewalttätig – eine Quelle der Angst im Leben seiner Kinder. Die Familie hörte auf, Gäste zu empfangen oder Essenseinladungen auszusprechen. Mélanie sorgte dafür, dass ihre Tochter Juliette in der Kunst des Klöppelns, Stickens und anderen kunsthandwerklichen Arbeiten ausgebildet wurde. Diese Fähigkeiten kamen Juliette später zugute, als sie sich der Bildhauerei zuwandte und ihre Stickkünste perfektionierte.

Neuchâtel
In dem Wunsch, der Armut zu entkommen, bezog die Familie eine Villa in der Nähe des Bahnhofs von Neuchâtel, Chemin Bel Air 31. Francis' Nichte Susan Ray Huxley erinnert sich an einen Besuch dort:

Ich war vier Jahre alt, als man mich dorthin brachte, damit ich meine „Great Grandmaman" kennenlernte. Ich kann mich noch an die Zugfahrt erinnern ... [E]s gab eine riesige Treppe in ihrem Haus. Sie schenkte mir einen großen grauen Elefanten aus Samtstoff. Ich erinnere mich noch lebhaft an ihren Garten, der zu einem großen Eisenbahneinschnitt hin abfiel (Interview mit S. Ray Huxley, 14.3.2018, London).

An der École Supérieure des Jeunes Filles (heute: Lycée Jean Piaget) machte die 18-jährige Juliette ihr Abitur. Alphonse hatte zu verhindern versucht, dass seine Tochter diese Schule besuchte, war aber von seiner Frau überstimmt worden. Dort lernte die junge, schöne Juliette einen englischen Studenten kennen, „zu dem sie eine sehr gefühlvolle Beziehung knüpfte" (F. Huxley 1998, S. 15). Daraufhin schickte die besorgte Mutter ihre schwärmerische Tochter kurzerhand nach London zu ihrer Tante Juliette, wo eine Vielzahl von Vergnügungen auf sie wartete, sodass die kurze Romanze ein Ende fand. Wie wir sehen werden, griff Juliette später zu einer Strategie, die der ihrer Mutter auf unheimliche Weise ähnelte, als sich ihr Sohn Francis im Alter von 18 Jahren in Ferelyth Howard verliebte, eine junge, talentierte Bildhauerin, die für seine Eltern im Londoner Zoo arbeitete.

Mélanie hatte eine Pension für junge Mädchen eröffnet, die als Sprachschülerinnen nach Neuchâtel kamen. Doch kurz nach diesem hoffnungsvollen Neustart traf ein weiteres Unglück die Familie: Alphonse versank in düstere Stimmungen, verkroch sich tagelang in seinem Bett und starb dann ganz plötzlich, erst 47-jährig. Am selben Tag, dem 28. Juli 1914, brach der Erste Weltkrieg aus. Da Alphonse tot war, schickte Mélanie Juliette erneut nach London, diesmal mit der schweren Aufgabe, den noch ungetilgten Teil der „Schuld" in Höhe von 40 Pfund zu verdienen und an Tante Juliette zurückzuzahlen. Um diesen Auftrag so schnell wie möglich erfüllen zu können, sollte sie sich eine Stelle als Gouvernante suchen.

Mit 18 Jahren verließ Juliette Neuchâtel und zog nach London zu ihrer Tante Juliette, die ihr bei der Arbeitssuche half. Sie hatten Glück und stießen auf eine Stellenanzeige von Lady Ottoline Morrell, die gerade eine Gouvernante für ihre Tochter Julian suchte. Das Vorstellungsgespräch fand im Wartesaal des Bahnhofs von Oxford statt. Die „unvergessliche" Lady Ottoline, wie Juliette sie nannte, bot ihr die Stelle als Betreuerin ihrer Tochter an – der Auftakt zu einer Serie von Ereignissen, die das schüchterne, calvinistisch erzogene Schweizer Mädchen in eine völlig andere Welt und in die Umlaufbahn von Julian Huxley katapultieren sollten. Die beiden Jahre, die sie auf dieser Stelle verbrachte, würden ihr ganzes Leben verändern.

Eine Frage jedoch blieb: Juliette fand nie heraus, weshalb gerade sie mit der Aufgabe betraut worden war, sich um „die Schuld" zu kümmern. Darüber dachte sie noch viele Jahre später gemeinsam mit Francis nach. Warum hatte ihre Mutter diesen Auftrag nicht ihrem Bruder Alexandre erteilt? Immerhin war er älter und verdiente zu diesem Zeitpunkt bereits seinen Lebensunterhalt, außerdem waren die Schulden nur durch das blinde Vertrauen ihres Vaters Alphonse entstanden.

Garsington

Der halb erblindete Aldous Huxley war nach Garsington Manor gekommen, um andere Literatur- und Kunstbegeisterte zu treffen und auf dem Anwesen von Lady Ottoline Morrell bei der Landarbeit zu helfen. Sein energiegeladener älterer Bruder Julian, der sich bereits einige berufliche Anerkennung erworben hatte, besuchte ihn dort.

In Garsington eröffnete sich auch der jungen Schweizer Gouvernante die Welt der Kunst, Literatur, Wissenschaft und Philosophie, deren aufstrebende Protagonistinnen und Protagonisten unter der Bezeichnung „Bloomsbury Group" unsterblich werden sollten. Die Gespräche drehten sich um Gemälde, Poesie, Politik und die neuesten wissenschaftlichen und philosophischen Bücher, die oft von diesen ungewöhnlichen Besucherinnen und Besuchern verfasst worden waren, mit denen Juliette nach getaner Arbeit zusammentreffen durfte. Wie selbstverständlich wurde auch über tagespolitische Themen diskutiert, manchmal sogar in Anwesenheit von Ministern sowie der vielen Kriegsdienstverweigerer, die auf dem Anwesen der Morrells ihren Arbeitsdienst ableisteten. Die führenden Köpfe der Gruppe – Lady Ottoline Morrell und ihr Mann Philip, Bertrand Russell, Virginia Woolf, Lytton

Strachey, Roger Fry, Duncan Grant und einige andere – hatten sich sämtlich dem Pazifizismus verschrieben. Juliette Huxley präsentierte in ihren Memoiren ihre eigene bezaubernde Version des Lebens auf Garsington Manor (J. Huxley 1986, S. 29–56). Sie schilderte ihre Arbeitgeberin Lady Ottoline (1873–1938) als freundliche, aber auch dominante Persönlichkeit, eine bemerkenswerte Gesellschaftsdame mittleren Alters, die Juliette völlig in ihren Bann zog. Naiv und unerfahren, was das exzentrische Verhalten anging, das Juliette in Garsington miterlebte, empfand sie das Leben dort als eine ziemliche Herausforderung. Sie zeigte jedoch, wie wir heute wissen, Courage, bemühte sich, ihr Englisch zu verbessern, erlernte die Bildhauerei und erfüllte die mit ihrer Anstellung verbundenen Pflichten zur Zufriedenheit ihrer Arbeitgeberin. Die „Schuld" wurde im Laufe der Zeit abgetragen.

In der Gesellschaft der Huxley-Brüder, der Stephen-Schwestern (Vanessa Bell und Virginia Woolf) und anderer wurde Juliette Zeugin einer Zeit der sexuellen Befreiung und erweiterte ihre eigenen Toleranzgrenzen um Verhaltensweisen, die „ihr aus ihrer schweizerischen Perspektive am Verhalten der Bloomsbury-Gäste zunächst unschicklich erschienen" (F. Huxley 1998, S. 16). Sie reagierte auf das libertäre Milieu, indem sie selbst mutiger wurde. Auf dem Dach von Garsington Manor sitzend, nicht selten nackt, überwand Juliette ihre Schüchternheit, knüpfte dauerhafte Freundschaften mit Aldous Huxley, Dorothy Brett, Marc Gertler, Bertrand Russell und D. H. Lawrence und entwickelte sogar zu Lytton Strachey und Virginia Woolf ein angenehm vertrautes Verhältnis. Lady Ottoline schrieb über Mademoiselle Baillot:

Sie ist ein großes, schlankes, sehr hübsches, schüchternes, ernstes und ruhiges Schweizer Mädchen mit blonden Zöpfen, die an den Ohren zu zwei Schnecken eingedreht sind, sie wirkte geradezu absurd jung, schien jedoch ihrer selbst sicher zu sein ... sie kam und war perfekt ... sie nahm an unserem gesamten Leben teil und war mit ihrer liebenswerten Unkompliziertheit und Intelligenz bei allen sehr beliebt. Juliette und ich sind immer gute Freundinnen geblieben. ... Ich habe sie als eine außerordentlich schöne junge Frau in Erinnerung (O. Morrell 1975, S. 34 u. Fn. 1).

Erlebnisse mit Juliette
Jede Familie ist ihren eigenen, selbst gesponnenen Narrativen ebenso unterworfen wie jenen, die jenseits der Familienbande produziert werden. All diese Geschichten werden durch den Akt des Erzählens kunstvoller oder kurioser. Von den vielen Geschichten, die über Juliette Huxley kursieren, sind zwei, die von den Töchtern ihres ältesten Sohnes Anthony stammen, besonders aufschlussreich. Susan Ray

Huxley erinnert sich an die steifen Formalitäten, die die Besuche bei ihrer Großmutter in der Pond Street begleiteten. Ihre Mutter hatte sie für den Anlass pflichtgemäß herausgeputzt:

> *Als wir klein waren, mussten wir uns mit kerzengeradem Rücken hinsetzen. Wir sollten mit Juliette Französisch sprechen. Sobald wir konnten, verließen wir den Tisch. Wir hassten diese Prozedur und gingen lieber zu Alice in die Küche. Sie erzählte uns die tollsten Geschichten. Alice war ein Goldstück. Sie hat Anthony und Francis erzogen, als sie noch klein waren* (Interview mit S. Ray Huxley, 14.3.2018, London).

Die Erinnerungen ihrer Schwester Victoria klingen ähnlich:

> *Großmutter war immer sehr streng, wenn wir sie und Großvater sonntags zum Tee besuchten. Wir mussten meist ordentliche Kleider anziehen und ermahnt werden, uns zu benehmen, und meine Mutter war sehr angespannt. Das habe ich damals nicht registriert; so etwas merkt man nicht als kleines Kind. Wir mussten gerade sitzen* (Interview mit V. Huxley, 15.3.2018, Oxford).

Victoria erinnert sich an eine ganz andere Juliette aus der Zeit, als sie selbst schon erwachsen war:

> *Ende der 1970er-Jahre gab es eine große Veränderung. Ich lebte damals in London. Meine Langzeitbeziehung war gerade zerbrochen. Granny Juliette unterstützte mich sehr, und wir lernten einander wirklich kennen. Wir haben erstaunliche Gespräche über Männer, Sex und alle möglichen Dinge geführt. Sie war eine unglaubliche Unterstützung für mich. Wir trafen uns alle vierzehn Tage. Ich ging zum Essen zu ihr, oder sie kam zu mir nach Hause. Wir lernten uns auf dieser Erwachsenenebene kennen. Sie erzählte mir viel über ihre Ehe und viele andere Dinge. Sie war wirklich sehr offen. „Susie", fragte sie mich, wenn ich mit verschiedenen Typen auftauchte, „sind die wirklich gut im Bett?" Man sollte nicht meinen, dass Großmütter einen so etwas fragen, oder? Als ich mein erstes Kind bekam, war sie sehr hilfsbereit und liebevoll. Sie half mir mit Geld und beim Einrichten des Hauses* (Interview mit V. Huxley, 15.3.2018, Oxford).

Nach Julians Tod 1975[2] begann Juliette Francis, ihrem Zweitältesten, von ihren Zweifeln hinsichtlich ihrer Ehe mit Julian zu erzählen, insbesondere von ihrem Eindruck, bei den für ihr Leben wesentlichen Entscheidungen wenig Mitspracherecht gehabt zu haben. Francis, schon immer eigenwillig im Umgang mit Zahlen, erwähnte oft, dass die fünf Häuser, in denen seine Mutter im Laufe der Zeit lebte, sämtlich die Nummer 31 trugen – zwei in der Schweiz, zwei in London und eines

---

[2] Im selben Jahr erlebte ich (T. Itten) Francis Huxley zum ersten Mal im Hörsaal.

in Paris. Es ist gut möglich, dass seine spielerische Numerologie-Obsession etwas mit den Mustern zu tun hatte, die sich im Leben seiner Mutter wiederholten. Wie etwa erkläre es sich, pflegte Francis zu fragen, dass Juliette nach der Schwester ihrer Mutter benannt worden sei und Julian nach seiner Mutter? Dass Juliette die Gouvernante von Lady Ottolines Tochter wurde, die ebenfalls Julian hieß? Und wie erkläre sich, dass sie von klein auf „la petite anglaise" genannt worden sei?

Eine Kindheitsgeschichte, die Francis oft und gern erzählte, rankte sich um das „schaurige" Schloss Valangin, das eine gute Stunde Fußmarsch entfernt nördlich von Neuchâtel lag. Für die Baillots war dieses Schloss eine Art transgenerationaler „Wallfahrtsort". Mélanie hatte ihren Kindern die noch vorhandenen Kerker und Folterkammern gezeigt – ein Erlebnis, das Juliette Schauer über den Rücken gejagt hatte. Sie wiederholte dieses „Fest des Grausens" später mit ihren beiden Söhnen, ohne sich der Tatsache bewusst zu sein, dass sie damit etwas wiederholte. Auf Francis übte das Schloss mit seiner Umgebung einen trügerischen Reiz aus. Juliette pflegte ihren schreckensgestählten Sohn anschließend mit „köstlichen *cornets a la crème*" zu verwöhnen (F. Huxley 1998, S. 15).

2.2 Die Arnolds: Urgroßvater und Großeltern mütterlicherseits

Francis' gut sortierte Bibliothek enthielt auch ein Exemplar von Meriol Trevors Biografie über seine Vorfahren mütterlicherseits, *The Arnolds – Thomas Arnold and his family* (1973). Da er dieses Kapitel der Familienhistorie gut kannte, erzählte er gern unter lautem Gelächter von der „komischen Verrücktheit" seines Urgroßvaters Tom und dessen komplizierter Beziehung zur katholischen Kirche – Erzählungen, die immer mit „Stell dir das bloß vor!" endeten (F. Huxley, persönl. Kommunikation). Thomas Arnold, der von 1828 bis 1841 Rektor der Rugby School gewesen war, hatte das private Internat zu einer Modelleinrichtung des britischen Public-School-Systems weiterentwickelt und das Vertrauensschülersystem ebenso eingeführt wie den Schulsport. Er betrachtete seine Schule als eine Gemeinschaft, und das, so Trevor, „war das Geheimnis seines Erfolgs". Thomas Arnold war dunkelhaarig, dunkeläugig und besaß eine kornische Physiognomie. Zeitgenossen schilderten ihn als sanftmütig und verträumt.

Thomas Arnold – der Urgroßvater
Thomas Arnold junior, Francis' Urgroßvater, war der dritte Sohn aus der Ehe von Thomas Arnold Senior mit Mary Penrose und der jüngere Bruder von Matthew

Arnold (1822–1888), dem berühmten Dichter und Kritiker, Autor von *Culture and Anarchy*. Als Thomas junior Julia Sorell kennenlernte, war sie 24 und er 26. Zu diesem Zeitpunkt war Julia bereits zweimal verlobt gewesen. Sie wird als leidenschaftlich und eigensinnig geschildert, mit viel Charme, aber nicht sonderlich ausgeprägtem Intellekt. Thomas scheint alles andere als ehrgeizig gewesen zu sein. Auch wenn Aktionismus nicht in seiner Natur lag, war er doch ein Idealist mit der Gabe, „seine Sorgen und Nöte sowohl zu Hause als auch im Urlaub abschütteln zu können". Bei einem solchen Urlaub, in dem er den Lake District besuchte, schloss er Freundschaft mit Wordsworth, dessen dichterische Sorgfalt und immenser Fleiß – Wordsworth schrieb jeden Tag – später von Julian wie von Francis sehr bewundert wurden. Diese Arbeitsmoral, die sich sowohl mit der Einstellung von Thomas Arnold als auch mit der von T. H. Huxley deckte, sollte sich in die Familientradition einschreiben.

Thomas Arnold war 31, als er zum ersten Mal zum Katholizismus konvertierte. An diesem Tag schleuderte seine Frau Steine in das Fenster der Kapelle, in der er in seinen neuen Glauben eingeführt wurde. Von ihren Wutausbrüchen einmal abgesehen, strahlte Francis' Urgroßmutter, wie ihre Töchter und ihr Enkel Aldous bezeugten, Güte und Liebe aus. Diese Verbindung eines heftigen Temperaments mit großer menschlicher Wärme war ein Persönlichkeitsmerkmal, das viele Menschen später auch an Francis bemerken sollten. Etliche Biografen und Biografinnen der Familie Huxley haben auf solche Ähnlichkeiten der Veranlagung zwischen verschiedenen Familienmitgliedern hingewiesen. Inwieweit diese Übereinstimmungen im Hinblick auf die Frage „Anlage oder Umwelt?" tatsächlich bedeutsam, lässt sich angesichts des Hangs sowohl der Autorinnen und Autoren wie auch verschiedener Familienmitglieder, nach solchen Übereinstimmungen zu suchen, schwerlich entscheiden – von der in der Arnold'schen wie in der Huxley'schen Linie vorhandenen Neigung, ihren Kindern die Namen ihrer Vorfahren zu geben, und den exponentiell wachsenden Möglichkeiten der projektiven Identifizierung, die ein solch komplexes System bietet, ganz zu schweigen. Auch wenn diesem Szenario bisher nur wenig Aufmerksamkeit geschenkt wurde, darf man es keinesfalls einfach ignorieren.

Obwohl Thomas als ein Mann „der Einfachheit und des Fleißes" galt, sorgte er für erhebliche Irritationen, als er sich im Alter von 42 Jahren vom Katholizismus zu lösen begann. Er zog nach Birmingham und unterrichtete dort an der Oratory School, verließ diese aber wieder, nachdem er feststellen musste, dass das dort herrschende Ethos nicht mit seinen Prinzipien übereinstimmte. Im April 1865 wechselte er nach Oxford und kehrte in den Schoß der anglikanischen Kirche zurück. Kritikern antwortete er, er habe in gutem Glauben und nicht aus Eigennutz gehandelt – was der Wahrheit entsprach, denn jedes Mal, wenn er seine Kirchenzugehörigkeit wechselte,

2.2 Die Arnolds: Urgroßvater und Großeltern mütterlicherseits

erlitt er berufliche Nachteile. Als er katholisch wurde, musste er seinen Schulratsposten in Tasmanien räumen, und sein Austritt aus der katholischen Kirche und seine Nähe zu John Henry Newmans Bildungsprojekten hatten zur Folge, dass er sich im Alter von 41 Jahren eine neue Karriere aufbauen musste. Das war jedoch noch nicht das Ende seiner Fahrt auf dem Religionskarussell. Im Jahr 1876, seinem 54. Lebensjahr, „verwirkte er seine Chance, Professor in Oxford zu werden, indem er zum Katholizismus zurückkehrte" (Trevor 1973, S. 176). Seine häufigen religiösen Sinneswandel wirkten sich zudem verheerend auf seine Beziehungen und seine finanzielle Situation aus.

Thomas Arnolds intensive Beschäftigung mit Glaubensfragen bildet einen interessanten Kontrapunkt zu T. H. Huxleys Infragestellung kirchlicher Autorität und der intellektuellen Auseinandersetzung von Julian, Aldous und Francis Huxley mit dem Ort des Heiligen im menschlichen Dasein. Suchte Thomas verzweifelt nach Anerkennung, auf welcher Seite auch immer er gerade stand? Etwas von diesem unentschiedenen Hin und Her zwischen Institutionen findet sich im Leben vieler Huxleys – bei Julian im Hinblick auf die Wissenschaft und die UNESCO, bei Aldous in Bezug auf das literarische Establishment und bei Francis in einer dezidierten Ambivalenz gegenüber der akademischen Welt.

Thomas Arnolds Frau Julia und ihre Töchter hatten die ewige Unsicherheit irgendwann satt und reagierten resigniert und verbittert auf seinen mehrfachen Wechsel von einem Glauben zum anderen. Damit war das Ende der Ehe besiegelt. 1888 tötete der Krebs die 63-jährige Julia Arnold, so wie er auch ihre Tochter, Francis' Großmutter Julia, töten sollte.

Julia Arnold – die Großmutter
Francis' Großmutter Julia Frances Arnold, die jüngere Schwester von Mary Augusta Arnold (später Mrs. Humphry Ward), der erfolgreichen viktorianischen Schriftstellerin, war das siebte der acht Kinder von Thomas Arnold und Julia Sorell. 1885 heiratete sie Leonard Huxley. Es heißt, Lewis Carroll habe seinen vier Jahre später erschienenen Roman *Sylvie and Bruno* (dt.: *Sylvie und Bruno*) für die drei Arnold-Schwestern (Mary, Lucy, Julia) geschrieben. Er machte auch Fotos von Julia. Francis' Großmutter gehörte zu den ersten sogenannten Home Students in Oxford und besuchte später das dortige Somerville College, eines der ersten Frauen-Colleges, wo sie einen ersten akademischen Grad in Englischer Literatur erwarb. Leonard studierte wie die Arnold-Brüder am Balliol College. Julia und Leonard heirateten erst, als Leonard eine Anstellung als Junior Master an der Privatschule Charterhouse in Godalming gefunden hatte. Dort wurde ihr erstes Kind geboren: Julian Sorell Huxley, Francis' Vater. Die Arnolds beeinflussten das geistige Leben unserer Tage in erster Linie über die Huxley-Enkel Julian und Aldous, deren

Leben beileibe keinem starren ererbten Muster folgte. Dieser Staffelstab eines frei schweifenden Geistes wurde zu gegebener Zeit an Francis weitergereicht.

2.3 Großvater Leonard Huxley

Leonard, 1860 geboren, verdankte seinen Namen seiner Mutter und dem Umstand, dass die ersten vier Buchstaben ein Anagramm von Noel bildeten. Sein Vater Thomas Henry (T. H.) Huxley kannte Matthew Arnold aus dem Londoner Schulausschuss. Gemeinsam dachten sie über das Warum und Weshalb eines Bildungssystems nach, das dem Wohle aller dienen könnte. T. H.s großes Interesse an Weiterentwicklung und Optimierung erstreckte sich später auch auf den häuslichen Bereich – mit tief greifenden Konsequenzen für Leonard, seine Gattin in spe, Julia Arnold, und ihre zukünftigen Kinder. T. H. war eine Respekt einflößende Instanz im Leben seiner Kinder, für die stets „ausschließlich das Beste geduldet wurde" (Clark 1968, S. 130).

Als Leonard dann seine Absicht verkündete, Julia Arnold zu heiraten – Matthews Bruder und die Tochter des Balliol-Kommilitonen Thomas Arnold –, war das ein weiterer Rückschlag für T. H.s Traum, das Leben seiner Kinder in die von ihm gewünschte Richtung zu lenken. Leonard galt als „zu jung, zu ziellos" (Desmond 1997, S. 197), und musste, als er sich nicht von seinen Heiratsplänen abbringen ließ, in eine lange Verlobungszeit einwilligen. Noch zwei Jahre später, eine Woche vor der Hochzeit, zeigten sich Leonards Eltern enttäuscht, vor allem T. H., der wie einige seiner fabianistischen Freunde der Meinung war, dass es Leonard an Ehrgeiz mangele. Nichtsdestotrotz sollte die Heirat mit Julia Arnold, einer gebildeten, starken, dynamischen Frau, Leonards Zukunftsperspektiven Flügel verleihen. T. H.s Enkel Julian machte sich später ähnliche Gedanken über seinen Sohn Francis, bis er schließlich zugab, dass Francis sich als „sehr begabt" erwiesen habe, obwohl „vielleicht wissenschaftlich nicht so gründlich wie Anthony" (J. Huxley 1974, S. 123).[3] Leonards Bruder Henry (1865–1946)

---

[3] „Francis, unser zweiter Sohn, wurde 1923 in Holywell geboren, wohin wir inzwischen umgezogen waren. Auch er erwies sich als sehr begabt – vielleicht wissenschaftlich nicht so gründlich wie Anthony, doch mit umfassenderem Vorstellungsvermögen, das ihn in abseits gelegene Gebiete menschlichen Tuns lenkte: zu Forschungen über die aussterbenden Rituale südamerikanischer Indianer; über haitischen Voodoo; über die Auswirkungen von Drogen auf das menschliche Bewußtsein; über Psychiatrie und die Wechselbeziehungen von Geist und Körper; und über paranormale Vorgänge wie Telepathie." (J. Huxley 1974, S. 123)

2.3 Großvater Leonard Huxley

eröffnete eine Arztpraxis und heiratete Sophy Stobart. Sie bekamen fünf Kinder. Gervas, einer ihrer Söhne (Aldous' Lieblingscousin) heiratete die gefeierte Schriftstellerin Elspeth Grant. Gervas' Bruder Michael gründete das *Geographic Magazine,* das etliche Jahre später Francis' Essays drucken sollte. Dieser Nebenstrang der Familiengeschichte ist bezeichnend für den Kastengeist dieser Familie, ihre überhebliche Einstellung zu familiären Erfolgen und das Netzwerk der Chancen und Möglichkeiten, das mehrere Generationen überspannte.

Leonard verbrachte 17 Jahre als bescheiden entlohnter Altphilologe an der Charterhouse School. Später machte er sich einen Namen als Journalist, Literat und stellvertretender Herausgeber des *Cornhill Magazine* sowie durch seine Biografie über seinen Vater, *Life and Letters of Thomas Henry Huxley,* die 1900 veröffentlicht und sowohl in New York als auch in London mit Beifall aufgenommen wurde. Leonard hatte fünf Jahre für die Fertigstellung gebraucht.

Nach der Aufnahme seiner Herausgebertätigkeit für das *Cornhill Magazine* zog die Familie nach Prior's Fields um, wo Leonards Frau Julia ihre Schule gründete. In den Sommerferien unternahm die Familie lange Reisen. Im Sommer 1903 wanderten sie im Berner Oberland und logierten im Hotel Rosenlaui bei Meiringen – berühmt wegen des nahe gelegenen Reichenbachfalls, einer Kaskade von sieben Wasserfällen und Schauplatz der legendären Konfrontation zwischen Sherlock Holmes und Professor Moriarty.

Laut Julian, Leonards Erstgeborenem, war sein Vater ein liebenswürdiger Mann, immer aufgelegt zu jungenhaften Späßen. Cousin Gervas fand Leonard albern – nicht die Art von Vater, zu dem man aufschaute oder an den man sich wandte, wenn man in Schwierigkeiten war. Ähnlich sah es auch Francis später. Seiner Meinung nach war sein Großvater väterlicherseits nicht in der Lage gewesen, seinen Sohn Trevenen zu verstehen und zu unterstützen, was, so Francis, Trevenens Selbstmord hätte verhindern können (mehr dazu in Kap. 4). Francis traf Leonard nur ein einziges Mal und sagte über diese Begegnung: „Er war sehr freundlich zu mir und brachte mir das Schachspielen bei" (F. Huxley 1998, S. 5).

Nach Julia Arnold Huxleys frühem Tod kümmerte sich ihre ältere Schwester, Mary Ward, um die vier Kinder Julian, Trevenen, Aldous und Margaret. Ihr eigener Sohn, Arnold Ward, war ein steter Quell des Kummers. Seine Spielsucht sorgte dafür, dass er sich immer stärker verschuldete. Mary Wards Rolle ist wichtig für unsere Geschichte, weil sie sich liebevoll um Julian kümmerte und ihre Fürsorge später auch auf Julians Söhne, Anthony und Francis, ausdehnte. Sie begegnete T. H. Huxley und seiner Frau Henrietta Anne bei mehreren Gelegenheiten und beschrieb T. H. als Menschen ohne „jeden Hauch von Bitterkeit" in seinem Wesen. Als sie ihrem Schwager Leonard bei der Übersetzung von Hausraths Neuem Testament half, verfasste T. H. eine „energische" Stellungnahme zu ihrer christlich-theistischen Haltung. Mary veröffentlichte diesen Brief später in ihren Erinnerungen. Obwohl T. H. Agnostiker war, hegte er durchaus Sympathie für christliche Empfindungen. Francis zitierte in hohem Alter gern den Kommentar seines Vaters zu Freuds These, dass

> *ein in der Kindheit erworbener Vaterkomplex die Haupt- oder alleinige Ursache für die Personifizierung der Naturgewalten als einen persönlichen Gott ist ... Mir fällt es sehr schwer, diese Sichtweise für allgemein zutreffend zu halten, da ich zwar eine gewisse Ehrfurcht gegenüber der unbegreiflichen Idee eines Gottes empfinde, aber nie an Gott als eine Person gedacht habe. Außerdem habe ich keinerlei Grund zu der Annahme, dass ich jemals einen Vaterkomplex hatte* (J. Huxley 1927, S. 107 f.).[4]

Anschließend fügte er hinzu:

> *Julians Versuch, Freud zu widerlegen, indem er ihm recht gibt, ist außerordentlich interessant, so erbärmlich er sein mag: Denn er zeigt nicht nur Freuds Blindheit gegenüber dem Großvaterkomplex, sondern wirft auch ein Licht auf das Wirken des Familiendaimons* (F. Huxley 1998, S. 5).

Seit den Tagen von Thomas Henry war der gesamte Huxley-Clan arbeitssüchtig, was den anhaltenden Einfluss und die Autorität des *pater familias* zur Genüge verdeutlicht. Von allen Söhnen und Töchtern wurde erwartet, dass sie die Fähigkeit entwickelten, sich selbst zu beschäftigen, gute schulische und universitäre Leistungen erbrachten und unentwegt an der Schärfung ihres Verstandes arbeiteten. Seit T. H. lag das Verlangen nach sozialem Vergleich bei den Huxleys in der Luft wie die Verzweiflung.

2.4 Die Politik der Familie: Julian, Juliette und Söhne

Die geistigen Welten von Julian und Aldous hatten viele Berührungspunkte. Juliette saß oft mit am Tisch, wenn die beiden miteinander diskutierten – Publikum eines „Fests des Wissens", wie sie es wohl genannt hätte. Julian hatte das starke Bedürfnis, seine junge Frau, die sich anfangs gegen seine Flirtversuche gewehrt hatte, zu erziehen. Sein Drängen, sie solle ihn heiraten, klang in ihren Ohren eher wie ein Befehl denn wie ein Wunsch. Juliettes Bauchgefühl plädierte für ein Nein, „aber Julian akzeptierte ein Nein nicht als Antwort" (F. Huxley 1999,

---

[4] Dieses Buch ist dem Andenken an seine Mutter gewidmet.

2.4 Die Politik der Familie: Julian, Juliette und Söhne

S. 14). Stolz präsentierte er seiner zukünftigen Braut sein erstes Buch, *The individual in the animal kingdom* (1912), mit der Widmung: „Für JB, um ihren Geist zu vervollkommen" (F. Huxley 1999, S. 14). Wenn Francis diese Geschichte erzählte, pflegte er die Augen zu verdrehen und hinzuzufügen: „Ist das nicht eine unglaubliche Frechheit?"

Ein Hochzeitsfoto zeigt Juliette gefasst, schön und traurig. Am Abend vor der Hochzeit, die in London stattfand, kehrte Juliette noch einmal zu ihrer Tante Juliette in die Stadt zurück, ins Haus der Familie Baillot, die sie nun verlassen würde. Der große Tag wurde der Beginn einer 56 Jahre währenden Ehe. Für Juliette war das mehr als genug. Als Witwe vertraute sie Francis an, dass sie, „wenn sie diesen letzten Teil der ‚Schuld' nicht hätte abtragen müssen, Julians Vater Leonard die vierzig Pfund, die er ihr fürsorglich und großzügig für ihre Aussteuer zur Verfügung gestellt hatte, hätte zurückzahlen können" (F. Huxley 1998, S. 17 f.). Doch das Schicksal verwehrte ihr die Freiheit, nicht schon in so jungen Jahren in den Ehestand treten zu müssen. Ihre Flitterwochen scheinen nicht besonders glücklich verlaufen zu sein. Einen Teil der Zeit verbrachten sie in Fox How im Ferienhaus der Familie Arnold, damit Julian die Möglichkeit hatte, das Balzverhalten der Haubentaucher zu beobachten.[5] Was dieser auch tat, indem er, auf dem Rücken liegend, durchs Fernglas spähte, während seine junge Ehefrau hundert Meter entfernt einsam dasaß, allein mit ihren Gedanken, „um die Vorführung nicht zu stören" (J. Huxley 1986, S. 74). Ihr sexuelles Werben umeinander wurde also durch das des Haubentauchers ersetzt – mit eifriger Unterstützung durch Julians wissenschaftlichen Egoismus. Juliette versteckte sich, so erzählte sie ihrem Sohn später, weinend hinter den Felsen.

Die Ehe war von Gegensätzlichkeiten geprägt. Julian „eroberte" Juliette schließlich und sorgte für einen „Hauptstützpunkt". Dies scheint jedoch nicht nur die Basis für die Verfolgung seiner beruflichen Ambitionen gewesen zu sein, sondern auch seine sexuelle Untreue begünstigt zu haben. Juliettes Ängste und Unsicherheiten hinsichtlich ihrer Ehe blieben bestehen. Dennoch gelang es ihnen schließlich, wie sie in ihren Memoiren schreibt, mit Beharrlichkeit „ineinander die Antwort und die Wärme unserer Liebe zu finden … tiefer als Worte und so

---

[5] Nachdem er bereits mehrere Arbeiten zum Thema „Courtship of redshank and the great crested grebe" veröffentlicht hatte (s. J.-P. Green [1978, S. 62] Bibliography of Sir Julian Huxley. In UNESCO (Hrsg.), *Julian Huxley – scientist and world citizen*, S. 53–184). Die Ergebnisse seiner Flitterwochenforschung erschienen im November 1919 unter dem Titel „Some points in the sexual habits of the little grebe, with a note on the occurrence of vocal duets in birds" in *British Birds*, 13(6), 155–158. Erst 1968 veröffentlichte Julian Huxley sein Buch *The courtship habits of the great crested grebe* mit einem Vorwort von Desmond Morris (London: Cape Editions).

eindrücklich, dass weder er noch ich ihr Leuchten je vergessen haben" (J. Huxley 1986, S. 74).

Sie ließen sich in Oxford nieder, wo Julian seine Stelle als Fellow am New College und Dozent für Zoologie und vergleichende Anatomie antrat. Es war eine aufreibende Zeit: Julian kam und ging, während Juliette sich um Anthony, ihren Erstgeborenen, kümmerte. Ihr neues Zuhause wurde zum Schauplatz von Dinnerpartys, Kollegenbesuchen, ja sogar Lehrveranstaltungen. Ihren 26. Geburtstag feierte Juliette auf einer Italienreise in Neapel, wo sie einen silbernen Talisman fand, der später über Francis' Wiege hing. In diesem Urlaub besichtigten sie Cumae, die erste antike griechische Kolonie auf italienischem Festland. Auf dem Rückweg nahm ein altes Fuhrwerk sie mit. Die Straße war sehr holprig, und Francis berichtete, dass seine Mutter ihm irgendwann „erzählte, sie sei damals mit mir schwanger gewesen und habe befürchtet, ich würde von Bord gehen" (F. Huxley 1998, S. 19). Etwas an dieser Geschichte muss Francis sehr berührt haben, denn er nannte seinen geliebten Hund Cumae, zu Ehren einer Verbindung, die damals zwischen seinem ungeborenen Ich und diesem neapolitanischen Dorf geschmiedet worden war. Laut Francis' altem Freund Michael Williams war der Vierbeiner die Liebe seines Lebens.[6]

Francis wurde am 28. August 1923 in der Holywell Street Nr. 8 in Oxford geboren, eine Gehminute vom New College entfernt. Die anfänglichen Glücksgefühle seiner Eltern hielten nicht lange an. Der Tag, an dem Julian im Labor in Ohnmacht fiel, läutete den Beginn einer Phase tiefer Depression ein. Davon war natürlich auch Juliette betroffen. Sie empfand Schuldgefühle, weil sie ihn geheiratet hatte, und fühlte sich zudem minderwertig. Ihre Schwierigkeiten miteinander vervielfachten sich, weil sie einander nicht vertrauten und keiner sich dem jeweils anderen anvertrauen konnte – etwas, das sie beide in ihrer jeweiligen Herkunftsfamilie nicht gelernt hatten.

Da sie sich nicht länger in eine romantische Idealisierung der Ehe flüchten konnten, waren sie gezwungen, ihre Partnerschaft zu akzeptieren, wie sie nun einmal war. In seiner Freizeit sang Julian im Bach-Chor, während Juliette, unterstützt von ihrer Mutter, den Kindern ihre ganze Liebe schenkte. Dabei konfligierten ihre mütterlichen Instinkte mit den angeblich wissenschaftlichen Prinzipien der Säuglingspflege, aufgestellt von Dr. Truby King, dessen Dogma, Babys seien nach strengen Zeitplänen und nicht auf Verlangen zu stillen oder zu füttern, damals einflussreich war. Kings Popularität, gestützt von den willfährigen Medien, bewirkte, dass sich die natürliche Bindung und das Vertrauen zwischen Mutter und Kind der kruden, marktförmigen Ausübung männlicher Dominanz unterzuordnen hatten.

---

[6] Persönl. Kommunikation. Francis nannte Cumae auch die „Duchess of Wagnon".

2.4 Die Politik der Familie: Julian, Juliette und Söhne

Über ihren kleinen Sohn Francis schrieb Juliette: „Er war ein weiteres entzückendes Wunder, war friedlich, zufrieden und weinte kaum je, hatte große, graugrüne Augen und ein Lächeln, das einen dahinschmelzen ließ." Für Juliette war die Geburt – erst die von Anthony und dann die von Francis – „die vielleicht tiefste Erfahrung, die eine Frau machen kann" (J. Huxley 1986, S. 106 f.).

Da das Haus groß genug war, nahm die junge Familie Untermieter auf. So wuchs Francis in eine kleine, freundliche Gemeinschaft rund um die Kernfamilie hinein, die für einen gewissen sozialen Ausgleich zum isolationsfördernden Mantra des guten Dr. King sorgte. Francis' zweite Frau Meloma Balaskas erinnerte sich im Gespräch mit uns an ihre erste Begegnung mit Juliette und lieferte eine aufschlussreiche Coda zu der Geschichte von Dr. King und den Schäden, die er zu verursachen half.

Ich war 26 Jahre alt. Francis 52. Sie ist in den 80ern. Da wir jetzt verheiratet sind, muss ich sie kennenlernen, und sie denkt: „Wer zum Teufel ...?" Wir standen uns nicht wirklich nahe, doch dadurch hatten wir eine Verbindung. Francis hatte keine besonders enge Verbindung zu seiner Familie, seinem Vater, seinem Bruder. Julian war für Francis ein schrecklicher alter, kranker Furz. Sein Vater starb, und ich übernahm das Kochen. An dem Tag, an dem Francis' Vater starb, bin ich ein bisschen zu schnell gefahren, und plötzlich war da eine Katze, wie ein Geist oder so ähnlich, und die Katze wurde getötet. Als ich zurückkam, erzählte Francis mir, dass sein Vater vor einigen Stunden gestorben war, genau zu der Zeit, als die Katze starb. Einer dieser seltsamen Momente. Er war so unkonventionell. Francis wurde so wenig genährt in seiner Kindheit. Das lag an all dem, was Dr. King seiner Mutter eingeredet hatte – fass deine Kinder nie an, es sei denn, du fütterst sie oder wechselst ihre Windeln. Später entschuldigte er sich dann öffentlich bei der ganzen Nation. Francis hat gelitten. Er wurde so furchtbar schlecht genährt (E-Mail-Interview mit M. Balaskas, 16.10.2018).

Umzug nach London

1925 wurde Julian zum Professor für Zoologie am King's College ernannt. Für Juliette bedeutete das, von ihrem „Fixstern" Lady Ottoline wegziehen zu müssen, die ihrer ehemaligen Angestellten in Zeiten der Not immer wieder beigestanden hatte. Die Familie bezog das geräumige Haus am Hillway 31 in Highgate, Nordlondon. Dort wohnten sie bis 1932, sodass Francis nur den Hügel hinaufzuschlendern brauchte, um seine Vorschule im Byron House zu erreichen. Juliette machte mit den Jungen Ausflüge nach Hampstead Heath, wo die Brüder ihre Spielzeugboote zu Wasser ließen und das Radfahren erlernten. Doch zu dieser Zeit begannen auch die Sorgen um Francis' Gesundheit. Juliette notierte, dass „er sich jede Krankheit einzufangen schien". Die Liste umfasste Masern, Keuchhusten und Augenprobleme, aber es sollte noch schlimmer kommen: Eines Morgens wachte Francis mit Anzeichen der Bell-Lähmung auf, einer speziellen Form der Fazialisparese. Juliette stand große Ängste aus, was auch daran lag, dass Julian weder die Zeit noch die Geduld aufbrachte, sich mit seinen Söhnen zu beschäftigen. Atempausen waren rar, doch hin und wieder nahm Juliettes Mutter Anthony und Francis mit nach Bel-Air in ihre Schweizer Heimat, wo sie ihnen herzliche Zuwendung und eine wunderbar unbeschwerte Zeit schenkte. Sie fand ihre beiden Enkel intelligent, abenteuerlustig und geduldig.

Juliette, überfordert und noch immer außerstande, sich Julian anzuvertrauen, war oft ängstlich und gestresst von ihren anstrengenden Pflichten, besonders im Umgang mit Francis' gesundheitlichen Problemen, die dieser selbst, zumindest von außen betrachtet, „mit einer seltsamen Geduld und Tapferkeit zu ertragen schien" (J. Huxley 1986, S. 110). Julian hingegen war meist ungeduldig und nur schlecht in der Lage, sich auf die Anforderungen der Vaterschaft einzustellen. Ein Jahr nach seiner Berufung auf den Lehrstuhl am King's College lud H. G. Wells ihn ein, zusammen mit ihm und seinem Sohn das große Buchprojekt *The science of life* zu realisieren. Die Aussicht, an diesem Schreibabenteuer teilnehmen zu können, erwies sich als zu verlockend: Julian gab mit seinem Lehrstuhl am King's College auch die damit verbundene finanzielle Sicherheit auf, um sich dem freiberuflichen Schreiben zu widmen. Seine akademischen Vorhaben verfolgte er jedoch weiter, sowohl als Honorarprofessor als auch als Fullerian Professor of Physiology an der Royal Institution. Als er 1935 zum Generalsekretär der Zoological Society of London ernannt wurde, hatte er bereits 14 Bücher verfasst.

Während der Arbeit an *The science of life* stellte er die zweifelhafte Sexualmoral seiner Altvorderen noch in den Schatten, indem er einer jungen Amerikanerin namens Viola Ilma in die USA folgte. Höchst eingenommen von sich selbst, schwor er sich, sie „mit meinem Verstand" zu erobern, und ließ seine Familie nahezu im Stich. Als Leonard Wind vom Verhalten seines Ältesten bekam, griff er umgehend ein und teilte Julian mit, dass er ihn „nicht wiederzusehen" wünsche, falls dieser nicht sofort „jeglichen Kontakt" zu seiner Geliebten „einstelle". Trotzdem „weigerte sich Julian, eine solche Bedingung zu akzeptieren, Juliette weigerte sich, in seinem Auftrag zu intervenieren, und Leonard selbst sollte schon kurz darauf über diesem nicht geheilten Bruch sterben" (F. Huxley 1998, S. 23). Als selbst ernannter Don Juan der Biologie ließ Julian auf die Liaison mit Viola Ilma eine Affäre mit der Dichterin und Schriftstellerin May Sarton folgen. Sarton fühlte sich geschmeichelt – Julian Huxley war schließlich berühmt – und spielte mit. Juliettes Reaktion auf diesen Wahnsinn von Psyche und Eros war ein gequälter Aufschrei: „Muss ich erst ins Unglück gestürzt werden, damit du glücklich sein kannst?" (F. Huxley 1999, S. 14).

Im Grunde schien sich Julian mehr für das knisternde erotische Potenzial junger Damen zu interessieren als für seine Söhne, ihre Begabungen und ihre Entwicklung.

2.4 Die Politik der Familie: Julian, Juliette und Söhne

Auch seine Bücher, Vorträge und seine öffentliche Position als Wissenschaftsvermittler waren ihm wichtiger als die Familie. Francis schilderte seinen Vater, im Guten wie im Schlechten, zusammenfassend folgendermaßen:

> *Julians Charakter beinhaltete einen zurückhaltenden, obschon merkwürdig noblen Zug: Er tratschte nicht in der Art und Weise, wie ich dieses Wort verstehe; er war nicht für Vulgaritäten zu haben ... Es war weder Bosheit in ihm, noch hegte er irgendeinen Groll gegenüber denen, die ihm schadeten; und was Juliette erschreckend fand, ihretwie seinetwegen, war sein Mangel sowohl an Einblick als auch an Interesse, was den Charakter und die Motive von Menschen betraf, ihn selbst eingeschlossen* (F. Huxley 1998, S. 2 f.).

Doppelaffären

May Sarton (1912–1995) begann nicht nur mit Julian, sondern später auch mit Juliette eine Liebesbeziehung. Francis erlaubte die Veröffentlichung von Sartons Briefen an Juliette und verfasste ein bewegendes Vorwort zu dieser Sammlung, in dem er auch Sartons letzten Besuch bei seiner Mutter – zu diesem Zeitpunkt 97 Jahre alt – schilderte. Die *ménage à trois* der beiden Huxleys mit Sarton war geprägt von Unaufrichtigkeit, heimlichen Treffen, Grausamkeiten, Egoismus, narzisstischem Elend, Schmerz und Betrug. Julian war 24 Jahre älter als May – so alt wie ihr Vater. Seine Affären mit deutlich jüngeren Frauen fanden einen späten Widerhall im Leben seines Sohnes: Dreimal heiratete Francis Frauen, die mehr als 25 Jahre jünger waren als er selbst.

Als die 25-jährige May 1937 eine Affäre mit Julian begann, war Juliette 41 und Francis 14. May durfte in dem Apartment wohnen, das die Huxleys am Whipsnade Zoo bei Dunstable besaßen. Über Juliette lernte sie beim Tee T. S. Eliot, Samuel Koteliansky, Virginia Woolf und andere Größen des Huxley-Zirkels kennen. Als May das erste Mal versuchte, Juliette zu verführen, wich diese zurück und gewährte ihr stattdessen freien Zugang zu ihrem Mann. „Julian war kein guter Liebhaber", urteilte Sarton. „Ich kam mir immer ein wenig vor wie eine Krankenschwester, nicht so sehr wie eine Geliebte. Er war neurotisch und häufig krank" (Peters 1997, S. 112). Als Lesbe begehrte sie Juliette mehr, doch trotz aller Wut, die sie empfand, ließ sie zu, dass Julian sexuelle Ansprüche an sie geltend machte. Was sie sich von Julian wünschte, war eine eher spirituelle Liebe, denn die körperliche Seite ihrer Beziehung war

> *eine Wiederholung der Hölle, wie Julian sie schaffen kann. Er hatte eine Affäre mit einer anderen Frau. Eine Erleichterung, aber furchtbar für Juliette, die nichts davon wusste. Und schrecklich für Julian, der ständig nach „Rausch und Vergnügen" suchte statt nach Liebe und wechselseitigem Verständnis* (Peters 1997, S. 125).

Um sein Gewissen zu beruhigen, schlug Julian seiner Frau vor, es ihm gleichzutun. Juliette begann schließlich eine Affäre mit Alan Best, der damals stellvertretender Direktor des Londoner Zoos war. Sehr wahrscheinlich war ihr klar, dass ihre Söhne die Neigung entwickeln könnten, dem Beispiel ihres Vaters zu folgen. Dies hatte, wie wir noch sehen werden, Konsequenzen. Ungeachtet all diesen Aufruhrs war Juliette laut Susan Huxley

> *wunderbar mit den Kindern. Sie besuchte uns in den 1970er-Jahren in Istanbul und aß und trank uns unter den Tisch. Sie brachte unseren Kindern Geschichten bei, saß stundenlang bei ihnen und las ihnen vor. Sie war eine bezaubernde Frau, die mit zunehmendem Alter sanfter wurde. Aber um eine Ehe mit Julian zu wagen, muss man wohl über eine gewisse Stärke verfügen* (Interview mit S. Ray Huxley, 14.3.2018, London).

Als Julian am Aufbau der UNESCO mitarbeitete, zogen er und Juliette von London nach Paris um. In May Sartons Augen machte der damit einhergehende Aufstieg in der High Society Juliette zu einer noch attraktiveren sexuellen Beute, und sie ruhte nicht, bis sie ihr Ziel erreicht hatte. Juliette, die noch keine sexuellen Erfahrungen mit Frauen gemacht hatte, war auf Mays Begehren nicht vorbereitet und in einem Zwiespalt – schließlich war May bis dahin Julians Geliebte gewesen. May wiederum brauchte ständig eine Muse – und häufig eine neue, meist eine Frau –, um ihre Kreativität frei fließen lassen zu können. Juliette, die sich in einer ähnlichen Situation wiederfand wie Julian vor ihr, mühte sich, ihre Gefühle im Zaum und ihre schließlich auch sexuelle Beziehung zu May Sarton geheim zu halten. Sie war sich der Gefahren bewusst, die in Mays unbeirrtem Narzissmus und ihrer gelegentlichen Unaufrichtigkeit lagen. Nachdem sie in Paris ein Liebespaar geworden waren, drohte May, Julian alles zu erzählen. Juliette war entsetzt, hatten sie doch vereinbart, ihre Affäre geheim zu halten. „Ich fühlte mich wirklich verraten", schrieb sie an May und forderte sie auf, ihre sämtlichen Briefe zu verbrennen. May hatte Samuel Koteliansky („Kot"), einem gemeinsamen Freund, ohne Rücksicht auf die Konsequenzen von ihrer Affäre erzählt. Daraufhin brachen sowohl Juliette als auch Kot den Kontakt zu ihr ab. May war außer sich, zumal ihr nun schmerzlich bewusst wurde, dass sie damit nicht nur zwei wertvolle Unterstützer verlor, sondern auch ihre Beziehungen zum literarischen Establishment.

Erst 27 Jahre später und nach Julians Tod nahm May Sarton noch einmal Kontakt zu Juliette auf. Nachdem Juliette Mays Briefe an Julian gelesen hatte, durchlebte sie „einen posthumen Schock" (Peters 1997, S. 309). Was Mays Briefe an sie selbst betraf, so hatte sie die meisten verbrannt. Als Julian tot war und die Zeit ihren Schmerz über den bitteren Verrat gelindert hatte, nahmen sie ihre Korrespondenz wieder auf. Interessanterweise erwähnte Juliette ihre Beziehung zu May in ihrer

2.4 Die Politik der Familie: Julian, Juliette und Söhne

Autobiografie nicht. Als May sie darauf ansprach, erklärte Juliette, dass sie die Seiten, auf denen May vorgekommen sei, wohl kaum wieder einfügen könne, nachdem sie sie herausgeschnitten habe. Mit diesem Akt der literarischen Exzision rächte sie sich für die Kränkungen der Vergangenheit. Als May im Oktober 1990 noch einmal nach London kam, bat Juliette Francis, sie nicht mit ihr allein zu lassen, denn „sie macht mir Angst" (Peters 1997, S. 377). Francis kam der Bitte seiner Mutter nach.

Nervenzusammenbrüche
Bevor er Juliette Baillot kennenlernte, war Julian bereits inoffiziell mit einer jungen Frau namens Kathleen Fordham verlobt gewesen. 1912 hatte er die Einladung erhalten, die Biologie-Fakultät der Rice University in Houston aufzubauen. Von seinem ersten Besuch in Texas kehrte er mit zwiespältigen Gefühlen für Kathleen zurück. Francis gab Julians Bericht über ihre nächste Begegnung folgendermaßen wieder: „Es war eine unangenehme Szene; sie zog ihren Ring vom Finger und bewarf mich damit, stand auf, küsste ein Foto von mir, das an der Wand hing, brach in Tränen aus und stürmte aus dem Haus" (F. Huxley 1998, S. 12). Daraufhin erlitt Julian einen Nervenzusammenbruch und kam in dasselbe Sanatorium, in dem sein Bruder Trev gegen seine inneren Turbulenzen kämpfte.

Julians emotionale Probleme verfolgten ihn sein Leben lang. In dieser Hinsicht war er seinem Großvater T. H. Huxley nicht unähnlich, dessen dunkle Stimmungen der Familie wohlbekannt waren. Bei beiden erschien „der schwarze Hund"[7], wie T. H. sein Problem nannte, nach längeren Phasen intensiver Arbeit. Julians düstere Stimmungen äußerten sich allerdings nicht nur in Perioden der Erschöpfung und Depression; er war auch für sein rücksichtsloses Verhalten und seine schlechte Laune berüchtigt. Als er und Juliette beispielsweise 1955 seinen Cousin Gervas besuchten, nahm Elspeth, Gervas' Frau, ihn als „unhöflich, eitel und selbstsüchtig" wahr (Nicholls 2003, S. 270). Gervas schrieb damals gerade an seinem ersten Buch, *Talking of tea*, das im darauffolgenden Jahr in die Buchhandlungen kommen sollte, im selben Jahr wie Francis' *Affable savages*.

Interessant ist, wie die Familie über diese emotionalen Probleme einiger ihrer Mitglieder dachte. Wenn Juliette ihren Mann für seine schlechte Laune tadelte, pflegte sie zu sagen, er habe einen Dämon in sich. Er hätte erwidern können: „Das wusste ich schon, als ich vier war", denn er sah es genauso. Die eigene emotionale Labilität einer scheinbar „fremden" Macht zuzuschreiben macht es natürlich nicht gerade leichter, Verantwortung für den Umgang damit zu übernehmen. Allerdings

---

[7] Obwohl diese Bezeichnung oft Winston Churchill zugeschrieben wird, hat sie eine viel längere Geschichte. Samuel Johnson beispielsweise verwendete sie schon 1779 in einem Brief an James Boswell.

ist der Kontext hier zu berücksichtigen: Julian war Biologe, wusste also um den dominierenden Einfluss der Biologie auf die Bemühungen des wissenschaftlichen Establishments, Fragen der psychischen Gesundheit in ihrer Domäne zu verorten.

Julian akzeptierte schließlich, dass er solche Nervenzusammenbrüche „hatte", die sich ihm aufdrängten wie unwillkommene Besucher. Sein erster Zusammenbruch wurde als „leichte Depression" bezeichnet und trug ihm einen Sanatoriumsaufenthalt ein. 1919, drei Monate nach seiner Heirat mit Juliette, erlitt er den nächsten Zusammenbruch. Juliette brachte ihn nach Lausanne zu Roger Vittoz, einem Schweizer Arzt, der ein einflussreiches Buch über Nervenkrankheiten geschrieben hatte. Julian galt zu diesem Zeitpunkt nicht als ernsthaft krank, auch wenn sein Zustand zu anderen Zeiten zwischen unbeirrbarer Euphorie und plötzlichem Kollaps schwankte. Vittoz, ursprünglich ein Allgemeinarzt, hatte sich auf nervöse Zustände mit psychosomatischem Bezug spezialisiert. Er praktizierte zunächst die Hypnosemethode, die er bei Dr. August Forel erlernt hatte, gab diese jedoch auf, als er zu der Ansicht gelangte, dass die Patientinnen und Patienten auf diese Weise in eine zu große Abhängigkeit von ihren Therapeuten gerieten. Vittoz wollte, dass sie ihre Autonomie fanden, und glaubte an die Selbstheilungsfähigkeit der Seele. Julian erholte sich und hatte bis zum Jahr 1944 keine weiteren Zusammenbrüche. Danach folgten noch zwei weitere, ein längerer und schwerer, der von 1951 bis 1952 dauerte, und eine letzte Episode im Jahr 1966. 1973 erlitt er einen leichten Schlaganfall, von dem er sich nur teilweise erholte. Francis berichtete, sein Vater sei danach nicht mehr derselbe gewesen und Juliette habe ihn beim Verfassen seiner zweibändigen Memoiren sehr unterstützt.

2.5 Unabhängigkeit

Angesichts des Beispiels, das ihm seine Eltern gaben, erscheint es kaum verwunderlich, dass Francis keine Kinder wollte. Als rationale Begründung führte er an, dass er den Wahnsinn dieser Familie nicht fortsetzen wolle. Wie sein Urgroßvater verleugnete Francis christliche Gefühle nicht, hatte aber wenig übrig für „Gutmenschen" und Missionare aller Glaubensrichtungen. Insofern er Dummköpfe nur schwer ertrug, stand er ganz in der Huxley-Tradition. Zugleich zeigte er jedoch Interessen, die voll auf der Linie der Arnolds lagen: Er reiste viel, kannte zahlreiche Gedichte und klassische Zitate auswendig und verfügte über ein heute selten gewordenes Maß an Klugheit und Wissen.

Adele Getty, seine dritte Ehefrau, vermutete, dass die Probleme rund um Francis' Vater viel damit zu tun hatten, dass Julian „ein wandelnder Widerspruch" gewesen sei.

> *Er [Julian] hat die Welt ganz sicher beeinflusst, sich aber nie wirklich als Vater gezeigt. Juliette hatte ebenfalls eine sehr schwere Zeit mit Julian. Sie hat auch endlos über ihn geredet. Sie hat gesagt: „Jeden Abend, wenn ich ins Bett gehe, liegt Julian auf meinem Kopfkissen." Ihre größte Angst war, dass er sie nach ihrem Tod auf der anderen Seite erwarten würde. Julian war nicht gemein oder schrecklich. Er war voller Widersprüche. Was Julians Ego und ihre Flitterwochen betrifft: Juliette fragte sich, warum sie nicht als Paar auf ihrem Zimmer waren, denn Julian beobachtete Vögel. Diese Geschichten hatten eine Wirkung auf Francis. Warum lief Juliette nicht fort oder ließ sich von Julian scheiden? Julians Affären. Einmal verfrachtete Juliette die Jungen ins Auto und fuhr mit ihnen nach Dover, um sich dort die Klippen hinunterzustürzen, entschied sich dann aber dagegen. Francis sprach oft über diese Geschichten und darüber, dass Julian es nicht vermocht hatte, ein guter Vater zu sein* (Interview mit A. Getty, 10.4.2018, Sebastopol).

Michael Schwab berichtete von einem vielsagenden Gespräch zwischen Francis und seinem Vater, von dem Francis ihm erzählt hatte. Francis hatte Julian gerade ein Exemplar seines ersten Buchs überreicht. „Vielleicht könntest du es lesen und mir sagen, was du davon hältst." Julians Antwort: „Aha." Zwei Wochen später gab Julian ihm das Buch zurück. Er hat es nie gelesen oder sich in irgendeiner Weise dazu geäußert.

2.6 Der Bruder: Anthony Huxley

Anthony und Francis standen sich nicht besonders nahe. Als sie Kinder waren, schikanierte Anthony seinen jüngeren Bruder und hörte erst damit auf, als Francis schließlich die Oberhand behielt. Francis, so erzählten uns zwei seiner Ehefrauen, habe sich durchaus ein engeres Verhältnis gewünscht, Anthony habe sie jedoch nur selten besucht, weil seine zweite Frau Alyson dies nicht gewollt habe. Anthony wohnte am anderen Ende von London. Susie, seine älteste Tochter, äußerte sich folgendermaßen über die Unterschiede zwischen den Brüdern:

> *Francis war ein jüngerer Sohn, Anthony der große Bruder, der arbeitete und für eine Familie sorgte wie ein richtiger Erwachsener. Francis dagegen mäanderte in der Welt umher. Das war natürlich faszinierend, und er führte ein wunderbares Leben. Ich glaube, Großmutter hat viel dafür getan, ihn in ihrer Nähe zu halten. Er half ihr bei der Biografie, das war also eine Art Ausgleich* (Interview mit S. Ray Huxley, 14.3.2018, London).

Wie Francis hatte auch Anthony seine Vorbehalte gegenüber Julian. Darauf angesprochen, erklärte Victoria Huxley, Anthonys dritte Tochter:

> *Oh ja, wie schon gesagt, redete Julian unaufhörlich. In seinen späteren Jahren kam einmal jemand ziemlich Berühmtes zum Tee ... Jemand sehr Gebildetes. Mein Großvater hörte nicht auf, über seine eigenen Interessen und Erfolge zu sprechen. Der Besucher ließ ihn reden. Alle anderen schwiegen. Danach waren mein Vater und Francis sehr aufgebracht* (Interview mit V. Huxley, 15.3.2018, Oxford).

Anthony Julian Huxley, Gartenbauexperte, Botaniker, Schriftsteller und Fotograf, erarbeitete sich seinen Ruf mehr mit dem Stift als mit dem Spaten. In seiner Kindheit verbrachte er, wenn er nicht im Internat war, wie Francis einen Großteil seiner Zeit im Londoner Zoo. Mit Beginn des Zweiten Weltkriegs trat Francis in die Royal Navy und Anthony in die Royal Air Force (RAF) ein. 1949, im selben Jahr, in dem Francis sein Anthropologiestudium aufnahm, begann Anthony eine 22-jährige Zusammenarbeit mit der auflagenstarken Wochenzeitschrift *Amateur Gardening*. Von 1971 an arbeitete er, wie sein Vater und sein Onkel, als freier Schriftsteller. Anthony brachte die Huxley'sche Liebe zur Natur und den Geist eines Botanikers mit und tauchte tief in das enzyklopädische Universum der Pflanzen ein. Als Autor, Coautor und Herausgeber publizierte er fast 40 Bücher. Was sein Privatleben betrifft, half Victoria Huxley uns, eine wichtige Lücke in Anthonys Lebensgeschichte zu füllen:

> *Mein Vater und meine Mutter lernten sich bei der RAF kennen. Sie mussten heiraten, weil meine Mutter mit Susan schwanger war. Beide waren damals 23 Jahre alt. Sie waren nur einen Monat auseinander. Mutter war die ältere. Als sie Juliette besuchten – der keine Frau gut genug war für ihre Söhne –, sprach diese sich für einen Schwangerschaftsabbruch aus und sagte, das lasse sich arrangieren. Julian intervenierte, als er das hörte. Er sagte, sie sollten heiraten, wenn sie sich liebten. Und so geschah es dann auch* (Interview mit V. Huxley, 15.3.2018, Oxford).

Und Victoria fuhr fort:

> *Francis erging es nicht anders, als er Ferelyth heiraten wollte. Sie wollte immer die Kontrolle haben, meine Großmutter. Sie mochte Adele, aber ich glaube, sie mochte Alyson, die zweite Frau meines Vaters, nicht. Es ging sehr schlecht aus* (Interview mit V. Huxley, 15.3.2018, Oxford).

Diese Vorkommnisse sind von erheblicher Bedeutung, und wir werden noch darauf zurückkommen, wenn wir uns eingehender mit Francis' Liebesleben befassen.

Als Anthony starb, flog ich (T. Itten), auf Adeles Wunsch hin nach London, um bei Francis zu sein und ihn zu unterstützen. Erwartungsgemäß waren er und seine Mutter sehr traurig und niedergeschlagen. Victoria berichtete:

> *Es war eine schreckliche Zeit für uns alle. Für Juliette war es furchtbar. Ich musste die Beerdigung meines Vaters organisieren. Damals war ich 44. Mein Vater besaß eine Vollmacht für meine Großmutter. Francis übernahm diese Vollmacht und wollte, dass meine Großmutter in die Nähe von New Mexico zog. Deswegen hatte ich einen heftigen Streit mit ihm. Ich sagte, man könne sie ja nicht einmal zum Flughafen bringen, so gebrechlich, wie sie sei. Deswegen war Francis ohnehin sehr aufgebracht. Es war eine sehr schlimme Phase, was unser Verhältnis zueinander betraf. Nachdem Granny gestorben war, rief er mich an oder schrieb mir und sagte, jetzt, wo sie tot sei, müssten wir uns versöhnen, was wir dann auch taten* (Interview mit V. Huxley, 15.3.2018, Oxford).

Doch die Schwierigkeiten und Komplikationen, vor die sich Victoria durch Anthonys Tod gestellt sah, reichten weit über das Zerwürfnis mit Francis in der Frage, was nun mit Juliette geschehen sollte, hinaus.

> *Wir bekamen überhaupt nichts aus dem Verkauf des Elternhauses in der Pond Street. Alles ging an Alyson. Mein Vater hatte uns bereits aus seinem Testament gestrichen, als ihre gemeinsame Tochter Zoe geboren wurde. Er rief mich eines Tages an und sagte – das war so typisch für ihn: „Ich möchte, dass du weißt, dass ich dich und deine Schwester aus meinem Testament gestrichen habe. Ich habe wieder geheiratet. Jetzt haben wir ein Kind, und alles geht an die beiden." Da mein Vater gestorben war, ging alles an Alyson* (Interview mit V. Huxley, 15.3.2018, Oxford).

2.7 Coda

In den Augen der Welt steht der Name Huxley für Geistesgröße und Korrektheit. Es darf jedoch nicht vergessen werden, dass sich alle Mitglieder der Familie zwangsläufig mit der Matrix von Glaubenssätzen, Erwartungen und Werten konfrontiert sehen, die gewissermaßen zu einem Synonym für ihr Erbe geworden ist. Eine Äußerung von Susie Huxley lässt darauf schließen, dass diese Matrix auch in ihrer Generation noch ihre Wirkung entfaltete.

> *Das einzige Mal, dass es mich wirklich betraf, also die Huxleys, war, als man sich mit mir schmücken wollte. Ich bekam diesen langen Brief von Juliette, in dem sie mich fragte, ob ich auf einer Farm in Ohio arbeiten wolle. Die Eigentümer wollten mit mir angeben, weil ich eine Huxley bin, weil Julian mir dort einen Job besorgt hat* (Interview mit S. Ray Huxley, 14.3.2018, London).

Wir sollten den Tribut nicht unterschätzen, den eine solche Wolke von Erwartungen fordert. Was Francis aus seinen Begabungen machte und wie er die

Möglichkeiten, die sich ihm boten, mit den Realitäten seiner familiären Vergangenheit vereinbarte, wird in Kap. 4 ausführlich behandelt. Doch zuvor müssen wir uns Aldous zuwenden, der von allen Mitgliedern des Huxley-Clans den vielleicht größten Einfluss auf Francis hatte.

Literatur

Clark, R. W. (1968). *The Huxleys.* London: Heinemann.
Desmond, A. (1997). *Huxley – evolution's high priest.* London: Michael Joseph.
Huxley, F. (1998). *A Huxley family album.* Unveröffentl. Manuskript. FHA.
Huxley, F. (1999). Foreword. In S. Sherman (Hrsg.), *„Dear Juliette". Letters of May Sarton to Juliette Huxley* (S. 13–16). New York: Norton.
Huxley, J. (1927). *Religion without revelation.* London: Ernest Benn.
Huxley, J. (1974). *Ein Leben für die Zukunft. Erinnerungen.* München: List.
Huxley, J. (1986). *Leaves of the tulip tree.* London: John Murray.
Morrell, O. (1975). *Ottoline at Garsington. Memoirs of Lady Ottoline Morrell 1915–1918.* Hrsg. v. R. G. Gathorne-Hardy. New York: A. A. Knopf.
Nicholls, C. S. (2003). *Elisabeth Huxley. A biography.* London: Harper Collins.
Peters, M. (1997). *May Sarton – a biography.* New York: Fawcett Columbine.
Trevor, M. (1973). *The Arnolds – Thomas Arnold and his family.* London: Bodley Head.

Onkel Aldous 3

Wenn wir Francis – als Mitglied der Huxley-Dynastie – verstehen und uns dabei nicht auf das beschränken wollen, was sich aus seinen diversen Publikationen und ihren Bezügen zu den gesammelten Werken seiner berühmten Verwandten klar erschließen lässt, müssen wir Aldous Huxley, seinen Onkel, der einen tiefgreifenden Einfluss auf Francis hatte, in unsere Untersuchung einbeziehen. Schon jetzt lässt sich festhalten, dass die Beziehung zu Aldous, eine enge und wechselseitige Bindung, Francis stärker geprägt hat als die Beziehung zu seinem eigenen Vater. Noel Annan (später Lord Annan), ein ehemaliger Offizier des militärischen Nachrichtendienstes und Autor des Nachkriegsklassikers *Our age*, in dem er die Huxleys zu den prominenten Vertretern der intellektuellen Aristokratie rechnete, sah Aldous Huxley auf einer Linie mit Robert Graves. Gemeinsam sei ihnen, so Annan, eine neue Form der rebellischen Auseinandersetzung mit Pazifismus, Faschismus und Kommunismus.

Aldous war der gefeierte Romancier, der nach Ansicht vieler ein richtungsweisendes Licht auf die Tragödien des 20. Jahrhunderts geworfen hatte. In seinem dystopischen Roman *Brave new world* (dt.: *Schöne neue Welt*) nahm er Entwicklungen wie die Methode In-vitro-Fertilisation und die Glücksproduktion mit pharmazeutischen Mitteln zur Stabilisierung der Gesellschaft vorweg. Francis schätzte die hellsichtigen Warnungen seines Onkels vor politischer Tyrannei und psychopathischer Destruktivität. Das *Life*-Magazin feierte seinen Vater Julian und seinen Onkel Aldous 1947 als „die Huxley-Brüder", die als T. H. Huxleys Enkel den Ruhm der Familie mehrten. Aldous wird als „mystischer Romancier" vorgestellt, Julian als „atheistischer Kopf der UNESCO" (The Huxley brothers 1947, S. 53–60), als nähmen die beiden vereint und janusköpfig die Mysterien unserer irdischen Existenz in den Blick. Aus den unzähligen und komplexen Fakten rund um die Person Aldous Huxley das exakte Ausmaß seines Einflusses auf das Leben seines Neffen herauszuarbeiten wäre wohl eine zu gewaltige Aufgabe – aber wir können damit beginnen, einige ausgewählte (und in ihrem Kontext betrachtete) Aspekte in Aldous' oft kommentiertem Leben hervorzuheben, von denen wir glauben, dass sie prägend auf Francis gewirkt haben.

3.1 Aldous Huxley – Kindheit und Jugend

Francis begann sein Buch *The way of the sacred* mit kompromisslosen Worten. „Wer sich nicht mit dem äußeren Schein begnügt, ist ein Wahrheitssuchender" (F. Huxley 1974, S. 6). Seit T. H. Huxley war es eine Art Familiencredo, sich mit der Welt so, wie sie uns gegeben ist, auseinanderzusetzen, auf die eigene Beobachtung zu vertrauen und den Versuchungen des „So-Tun-als-ob" und des Glaubens zu widerstehen. Francis' Vater Julian erwarb sich schon in jungen Jahren eine Identität. Man sah in ihm den angehenden Wissenschaftler, wie sein Großvater einer gewesen war, während sein Bruder Trevenen als Humanist galt und Aldous irgendwo dazwischen, vor allem aber als distanziert und kritisch wahrgenommen wurde. Julian, der seinen Vater Leonard als Vogelkundler zu übertreffen versuchte, beschäftigte sich zunehmend besessen mit der systematischen Benennung und Kategorisierung der Natur. Allen Berichten zufolge war er ein ziemlicher Tyrann, unter dem vor allem Trevenen oft zu leiden hatte.

Aldous' kritische, manchmal schroffe Haltung wurde von vielen wahrgenommen, ebenso wie seine Neigung, sich hinter ein unergründliches Lächeln zurückzuziehen. Sein Auftreten wurde schon in jungen Jahren als Beleg dafür gewertet, dass er sich für ein überlegenes Wesen hielt. Trotzdem war er beliebt, galt als witzig und unterhaltsam und verfügte über die Gabe, andere exakt zu imitieren. Wenn es um seinen Vater ging, erschien dies zuweilen wie gleichgültige Grausamkeit.

Aldous war 14, als seine Mutter Julia starb. Sie wird als eine charmante und einnehmende Lehrerin mit hohen intellektuellen Ansprüchen und undogmatischen religiösen Prinzipien geschildert. Francis schrieb, dass „sie ihren Schülern mehr Freiheiten gewährte, als es für Kinder im viktorianischen Zeitalter allgemein für gut befunden wurde" (F. Huxley 1988, S. 3). Diese Laissez-faire-Haltung war auch in den Köpfen ihrer Kinder fest verankert. In seinem Roman *Antic hay* (1923; dt. 1983: *Narrenreigen*) schildert Aldous Julias karitatives Engagement und wirft die Frage auf, warum Güte stets mit verhängnisvoller Schwäche einherzugehen scheint.

Nach Julias Tod wurden die jüngeren Kinder – Aldous, Margaret und Trevenen – innerhalb der Familie verteilt. Aldous kam zu seiner Tante Mary Humphry Ward, damals die große Romanautorin der Familie. Zu dieser Zeit erwarb sich Julian bereits Anerkennung für seine wissenschaftlichen Leistungen, und Trevenen, mittlerweile in Eton, wurde für seine Liebenswürdigkeit, seine Intelligenz und eine Sensibilität geschätzt, die sich mehr auf Menschen als auf wissenschaftliche Werke bezog. Kurz darauf erkrankte Aldous an einer Keratitis punctata – einer schweren Augeninfektion, die von seinem zufällig zu Besuch weilenden Onkel Dr. Henry Huxley zu spät erkannt wurde. Diese verspätete Diagnose verhinderte eine Heilung, sodass Aldous fast 18 Monate lang vollständig blind war. Henry Huxley kümmerte sich um Aldous' gesundheitliche Probleme, während privat engagierte Tutoren und sein älterer Bruder dafür sorgten, dass er weiter lernen konnte. Trevenen las ihm Bücher vor und unterstützte ihn beim Erlernen der Brailleschrift und beim Klavierspiel. Aldous übte den Umgang mit einer Schreibmaschine und verfasste seinen ersten Roman, den er nur Trevenen zum Lesen gab. Auffallend ist hier die Parallele zu Francis, der als Kind an der Bell-Lähmung erkrankte. Auch diese Erkrankung blieb zunächst unerkannt, mit der Folge, dass eine lebenslange Lähmung im Bereich der linken Gesichtshälfte und der Stirn zurückblieb. Doch es gibt noch mehr Parallelen im Leben der beiden: Aldous veröffentlichte drei seiner frühen Gedichte in *The Nation,* einer britischen politischen Wochenzeitung (die später mit dem *New Statesman* fusionierte), die das Copyright fälschlicherweise Leonard zuschrieb. Dasselbe widerfuhr Francis: Sein Vater Julian erhielt irrtümlich das Copyright an der ersten Taschenbuchausgabe von *Affable savages.* Außerdem studierten sowohl Aldous als auch Francis am Balliol College in Oxford.

3.2 Garsington Manor und Ottoline Morrell

Aldous war noch Student im letzten Studienjahr am Balliol, als er 1915 zum ersten Mal die Morrells in Garsington Manor besuchte. Lady Ottoline Morrell wurde von allen, die ihr begegneten, als eine höchst außergewöhnliche Frau von auffallender Erscheinung und beständiger Herzlichkeit – besonders gegenüber den unzufriedenen Künstlern und Intellektuellen, die nach Garsington strömten – beschrieben. Sie entwarf ihre eigene exzentrische Modelinie und schuf als High-Society-Gastgeberin ein unvergleichliches und einladendes Ambiente für junge Schriftstellerinnen und Schriftsteller, die, wie Aldous, in einer verwirrenden Welt Fuß zu fassen versuchten und einen gesellschaftlichen und politischen Hafen brauchten, in dem sie ankern konnten. Allerdings erwiderten sie Lady Ottolines Gastfreundschaft nicht immer so, wie diese es sich gewünscht hätte. Trotz ihrer vermeintlichen Beliebtheit wurde Ottoline Morrell von ihren Schützlingen oft karikiert; so zeichneten sowohl D. H. Lawrence in *Women in love* (dt.: *Liebende Frauen*) als auch Aldous Huxley in *Chrome yellow* (1921; dt. 1977: *Eine Gesellschaft auf dem Lande*) das wenig schmeichelhafte Bild einer frustrierten, ein wenig lächerlichen Künstlerin. Ottoline ihrerseits empfand Lawrence ungeachtet seines poetischen Flairs und seiner Verbindung zum göttlichen Unendlichen als „unduldsam" und „brutal" (Morrell 1975, S. 37). Hier stellt sich zwangsläufig die Frage, ob nicht die Unterschiedlichkeit ihres sozialen Hintergrunds sowohl Lawrences Verhalten als auch Ottolines Urteil über ihn befeuerte. Doch die Klassenproblematik wurde im Bloomsbury Circle nie direkt angesprochen. Man hatte wohl Wichtigeres auf dem Zettel. In gewisser Weise jedoch kehrte das, was auf der Bloomsbury-Tagesordnung fehlte, zurück und heizte das intellektuelle und soziale Klima, in dem Francis sich später bewegte, auf.

Es gab vieles an D. H. Lawrence, das Aldous tief beeindruckte: seine Liebe zum Leben, sein Glaube an den Primat der Instinkte und seine Freude an Haushaltstätigkeiten – etwas, das in Aldous' Umfeld gänzlich unbekannt war. Auch Lawrence' ungewöhnliche Schreibmethode faszinierte ihn: Wenn Lawrence etwas nicht gefiel, schrieb er lieber den gesamten Roman von Grund auf neu, als ihn zu überarbeiten und zu redigieren – ein weiteres Beispiel für den Primat des „Instinkts". Wie Julian fand auch Aldous seine zukünftige Ehepartnerin in Garsington, sodass Lady Ottoline die Vermutung äußerte, sie sei zu einer Partnervermittlungsagentur für die Familie Huxley geworden. Heute wissen wir, dass Juliette zunächst ein Auge auf Julians Bruder Aldous geworfen hatte. Zu ihrem Pech machte Aldous jedoch der fünf Jahre jüngeren Maria Nys den Hof, die aus Belgien nach England geflüchtet war. Nach anfänglichem Zögern ging Maria auf sein Werben ein. Möglicherweise hoffte Juliette, durch ihre Heirat mit Julian die emotionale Nähe zu Aldous aufrechterhalten zu können.

Von den Menschen, die Aldous in Garsington Manor kennenlernte (das er 1917 verließ, um eine Lehrerstelle in Eton anzunehmen), blieben viele lebenslang mit ihm und Juliette befreundet: D. H. Laurence, Bertrand Russell, Katherine Mansfield, Lytton Strachey, Clive Bell und Virginia Woolf. Die bereichernden Gespräche ebenso wie die Spannungen zwischen den so verschiedenen Romanautoren, Philosophen, Biografen, Künstlern und Dichtern beiderlei Geschlechts formten und schärften Aldous' Vorstellungskraft. Ottoline Morrell widmete Aldous ein ganzes Kapitel ihrer Memoiren. Dort schildert sie, wie er sich in Maria verliebte, nachdem die Malerin Dora Carrington, die „von einem zum anderen flatterte", ihn verschmäht hatte. Maria hingegen „saß still da, schweigsam und aufnahmebereit, mit ihrem magnolienblassen Gesicht und den schönen dunklen Augen, die einen so herzergreifend anblickten ... Das war der Magnet, der Aldous anzog" (Morrell 1975, S. 203). In glühend heißen Sommernächten

3.2 Garsington Manor und Ottoline Morrell

unterhielten sich Juliette, Aldous, Julian und Dora im Schein des Mondes und schliefen auf dem Dach von Garsington Manor.

Gegen Ende des Krieges arbeitete Aldous für das Air Board in London, einen Vorläufer des Luftfahrtministeriums, und wohnte bei seinem Vater Leonard und dessen zweiter Familie. Er hoffte, bald genug zu verdienen, um der inzwischen in Neapel weilenden Maria, die er sehr vermisste, einen Heiratsantrag machen zu können. 1919 heirateten die beiden in Belgien, ein Jahr später zogen sie nach London. Julian und Juliette heirateten im selben Jahr und ließen sich in Oxford nieder. Aldous stand der Bloomsbury-Gruppe noch näher als Juliette, auch wenn diese Verbindung nicht von Dauer sein sollte. J. G. Ballard betrachtete sie sogar als einen Grund für seinen „Niedergang". In Ballards Augen war der Bloomsbury-Kreis „jene blutleere Gruppe, die die englische Literatur heimsucht wie eine Clique an Hämophilie leidender Royals" (Ballard 2002). Aldous kam davon, weil er

> *viel tiefer im Viktorianischen Zeitalter verwurzelt war und sich durch eine reiche Mischung hoher Ideale und einen stabilen moralischen Kompass auszeichnete – etwas, das in unserer Kultur der Schlagwortphilosophie irritierend wirkt* (Ballard 2002).

Für die Figuren seines ersten, 1921 erschienenen Romans *Chrome yellow* (dt.: *Eine Gesellschaft auf dem Lande*) standen die Menschen Pate, die er in Garsington kennengelernt hatte, allerdings in verzerrter, karikierender Form. Ottoline war entsetzt und verletzt. In ihren Augen würdigte er sich damit nicht nur selbst herab, sondern machte auch sie zum Gegenstand seines grausamen Spotts. Immerhin war sie diejenige gewesen, die ihn eingeladen und ihm die einmalige Gelegenheit gegeben hatte, all diese kultivierten Menschen kennenzulernen. Und nun hatte er Äußerungen und Argumente von Bertrand Russell, Mark Gertler und anderen ohne den geringsten Versuch der Verfremdung einfach wiedergegeben. Als Aldous erfuhr, dass sie verletzt war, reagierte er mit Erstaunen und Abwehr.

> *Ich kann nicht nachvollziehen, wie irgendjemand zu der Annahme gelangen kann, mein kleines Marionettentheater sei ein Abbild des realen milieu – das ist es nämlich sehr offensichtlich nicht ... Ich schreibe etwas, das mir unmittelbar und eindeutig das zu sein scheint, was es ist. Du in deiner Welt liest eine Bedeutung hinein, die mir niemals in den Sinn gekommen wäre. Andere in ihren jeweiligen Welten entdecken darin andere Bedeutungen und andere geringschätzige Porträts von Menschen, die du gar nicht kennst* (Morrell 1975, S. 215).

3.3 Die Einheit der Differenz: Aldous und Francis

Was Ottoline Morrell unter dem Deckmantel der literarischen Gestaltung und der künstlerischen Freiheit geschehen war, erlebte auch Francis – einen unaufrichtigen literarischen Parallelismus, der die Ehre seines Neffen verletzte. Francis wurde klar, dass sein Onkel so arbeitete, wenn seine literarische Fantasie ihn im Stich ließ. Aldous' innere Distanz bedeutete, dass er gewissermaßen wie ein Zaungast am Rand stand, wenn es um die Auseinandersetzung mit der Conditio humana ging. Francis hingegen entschied sich dafür, tief in das Mysterium des Menschseins einzutauchen. Dennoch gab es da eine verborgene Symmetrie zwischen ihnen, die darin lag, wie beide in einer Art mythologischer Suchbewegung die Beziehung zwischen den Menschen und dem Heiligen zu fassen versuchten.

Diese Symmetrie veranlasst uns, einen Moment innezuhalten, um die unterschiedlichen emotionalen Geschichten und Verhältnisse zu betrachten, die die Gegenwart speisen, und die sie verbindenden logischen Zickzacklinien, die wir bis zu einem gewissen Grad erahnen können. Um eine der Biologie entlehnte Metapher zu bemühen: Zusammen verkörpern Aldous und Francis eine verhüllte Form von konvergenter intellektueller Entwicklung – so grundverschieden sie wirken mögen. Manche der schwerer zu ergründenden Werke aus Francis' Feder lassen darauf schließen, dass er sich der perversen Logik bewusst war, die solchen „Zwillingslinien" der Entwicklung zugrunde liegen kann. In *The raven and the writing desk* (1976) beispielsweise erforschte er die „Spielregeln", die Lewis Carrolls Alice bei ihrem Abstieg in den Kaninchenbau sichern. Wiederholt thematisierte er die Gesetze, die ihm zufolge in Carrolls „Spiegelwelt" gelten. Es gehe um ein „game in Anglo-Saxon attitudes"[1], dessen erste Regel laute: „Du kannst zugleich kommen und gehen, solange es dich zweimal gibt" (F. Huxley 1976, S. 35).

Vielleicht hatte Francis das Gefühl, dass er und sein Onkel Aldous komplementäre Wesen in einer Carroll'schen Spiegelwelt waren. Dazu trug sicherlich auch die Tatsache bei, dass Francis mit seinen blauen Augen und den blonden, etwas längeren Haaren, die er meist aus der hohen Stirn gekämmt trug,

---

[1] Anm. d. Übers.: In der zitierten Passage geht es um die in der angelsächsischen Tradition verankerte literarische Gattung des Nonsense, die mit systematischer, bestimmten Regeln folgender Sinnverweigerung spielt. Francis Huxley nannte dieses Spiel nach einer berühmten Passage aus Lewis Carrolls *Through the looking glass and what Alice found there* „a game in Anglo-Saxon attitudes", was in der kommentierten deutschen Fassung von G. Flemming (*Alles über Alice*, Hamburg: Europa-Verlag 2002, S. 246) mit „angelsächsisches Gebaren" übersetzt wurde („Er ist ein Angelsächsischer Kurier – und das ist Angelsächsisches Gebaren. Er zeigt es nur, wenn er heiteren Sinnes ist").

3.3 Die Einheit der Differenz: Aldous und Francis

Aldous viel ähnlicher sah als seinem Vater Julian. Man darf auch nicht vergessen, dass die Arnold-Mädchen Julia (Francis' Großmutter) und Mary Augusta Carroll persönlich gekannt hatten, als sie Kinder gewesen waren – das wusste Francis. Es gab also sehr reale historische Verbindungen zwischen den Huxleys und Lewis Carroll. Man könnte in den Wirkungen von Carrolls merkwürdigem Leben und seinen literarischen Ergüssen voller Seltsamkeiten ein Echo sehen, das über all die Jahre hinweg im bewussten wie unbewussten Leben der Huxleys nachhallte. Mit Aldous und Francis haben wir zwei Familienmitglieder, die, zugleich legitimiert und belastet durch ein gewaltiges familiäres und literarisches Erbe, ihren Weg zum Schreiben fanden, durch die Schatten ihrer inneren Neigungen hindurch. Letztere steigen als unterschwellige Mitteilungen aus den Seiten und bringen scheinbar undurchdringliche Wahrheiten zum Ausdruck, die nur erträglich werden, wenn man zwischen den Zeilen liest.

Vielleicht handelt es sich bei diesen verborgenen Linien um Fäden, die Angehörige verschiedener Generationen auf eine Weise miteinander verbinden, die sie kaum gutheißen können – Bestandteile des unbewussten Gewebes aus familiären Heimsuchungen, auf das wir noch zurückkommen werden. Hier belassen wir es zunächst bei dem Hinweis, dass sich in den so unterschiedlichen Werken von Aldous und Francis Huxley ein offenes Geheimnis verbirgt, das nicht nur ihre Beziehung zueinander betrifft, sondern auch den Erlösungsweg zur Menschwerdung, dem sie jeweils folgen. Mit anderen Worten: Aldous und Francis folgten keiner Religion ohne Offenbarung, wie Julian, sondern brachten eine „symmetrische Bindung" zum Ausdruck, die nach Offenbarung verlangt, und beide suchten sie in der Sphäre des Mysteriösen. Von R. D. Laings Werken abgesehen, sind solche Formen menschlicher Verstrickung in den Geisteswissenschaften kaum je diskutiert worden. Reflexionen über die Einheit der Gegensätze finden sich jedoch in sakralen und theologischen Schriften.

Aldous besuchte seinen Bruder Julian gelegentlich in dessen Biologielabor und sah ihm bei seinen Axolotl-Experimenten zu. Julian verabreichte den Schwanzlurchen die Schilddrüsen von Ochsen, mit dem Ergebnis, dass sie ihre Kiemen verloren und vorzeitig geschlechtsreif wurden. Die Zeitungen feierten Julian als den Entdecker des Lebenselixiers und förderten durch solchen Unsinn seine Karriere als „Wissenschaftserklärer". Aldous war immer sehr interessiert an dem, was Julian tat, und stolz auf ihn, hatte selbst jedoch eine ziemlich zwiespältige Einstellung zur Wissenschaft – mit abwechselnd utopischen und dystopischen Hoffnungen und Befürchtungen. Ein Huxley zu sein bedeutete sowohl für Aldous als auch für Francis, eine andere Haltung gegenüber der Wissenschaftsverehrung einzunehmen, die den Namen Huxley einst ins Rampenlicht befördert hatte.

3.4 Der Schriftsteller

Aldous wandte sich der Literatur zu, als seine Augenprobleme ihm eine Karriere als Mediziner versperrten. Charles Mason Holmes zufolge verlor die Wissenschaft jedoch nichts von ihrer Faszinationskraft für Aldous, der im Schatten des Vermächtnisses von T. H. Huxley aufgewachsen war. Daher sei er bestrebt gewesen, das, was er für eine wissenschaftliche Einstellung hielt, auf alles anzuwenden, was er sah, sodass er zu einem „besorgten Beobachter aller großen Probleme der Welt wurde". Dies war die treibende Kraft hinter seinen Ausflügen nach Psychedelia und lag auch seiner Überzeugung zugrunde, dass eine Regierung sich idealerweise aus einer technokratischen Elite rekrutiere. Dass Aldous der Wissenschaftsgemeinschaft ein Maß an Weisheit zuerkannte, das nicht unbedingt der Realität entsprach, kann als Versuch der Kompensation für die ihm versagt gebliebenen Optionen verstanden werden. Allerdings ergaben sich wenig Gelegenheiten, diese „Wissenschaft by proxy" als Autor quasi stellvertretend zu praktizieren.

> *Vielleicht am häufigsten vermittelt er den Eindruck eines gehetzten Berufsschriftstellers, der, zum Schreiben gezwungen, manchmal auch geldgierig, schon das nächste Buch im Kopf hatte, bevor das aktuelle fertiggestellt war; jemand, der in manchen seiner Bücher Mühe hatte, hohen literarischen Standards zu genügen* (Holmes 1970, S. x).

Die Umgebung, die Aldous sich für sein Schreiben schuf, war leider nicht immer förderlich für das Wohlbefinden anderer. Sein Enkel Trev (Mark Trevenen Huxley) erinnert sich, dass Aldous, bei aller Sympathie, den Menschen in seiner Umgebung ohne Weiteres seine Zuwendung entziehen konnte.

Es gibt zahlreiche Analysen seiner schriftstellerischen Leistungen, die ein breites Spektrum seiner Romane, Essays und Gedichte abdecken. Der Erfolg kam nicht von allein. Laut Woodcock waren die Jahre 1934 und 1935 die „unglücklichsten und unproduktivsten" in Aldous Huxleys Leben (Woodcock 2007, S. 158). Im Herbst 1935 begann er eine körperorientierte Psychotherapie bei dem Australier F. M. Alexander, dessen Ansatz – die „Alexander-Technik" – Aldous bekannt zu machen half. Alexander stellte ihn mit Self-Empowerment-Übungen zum Haltungstonus wieder her. F. M. Alexander war stark von der Arbeit des unorthodoxen Psychoanalytikers Wilhelm Reich beeinflusst, der die These aufgestellt hatte, dass muskuläre und andere körperliche Spannungsmuster physische Spuren der Konflikt- und Leidensgeschichte eines Menschen sind. Reich verdanken wir auch den ebenso inhaltsreichen wie dichten Begriff der „Sexualpolitik", der nichts von seiner Kraft verloren hat.

Juliette Huxley glaubte, dass eines der Probleme, mit denen sich Aldous als Schriftsteller konfrontiert sah, der ständige Konflikt zwischen fiktionaler und essayistischer Ausdrucksform für seine Gedanken gewesen sei. Ungeachtet dessen war Aldous schon zu seinen Lebzeiten ein höchst angesehener Autor, dessen Erkundung schriftstellerischer Ausdrucksmöglichkeiten und -formen Francis schon in jungen Jahren inspirierte. Festzuhalten ist jedoch, dass Francis im Vergleich zu Aldous eine überlegtere Haltung gegenüber den Problemen hatte, die sich aus dem Missbrauch oder der Überdehnung wissenschaftlichen Denkens ergeben können. Dennoch gab es gemeinsame Vorhaben und Interessen – nicht zuletzt auf dem Gebiet der Parapsychologie. Hier hatten sie eine gemeinsame Bekannte: Eileen Garrett, deren angebliche Gabe der Überprüfung allerdings nicht standgehalten hat. Francis berichtete von einem von Garrett organisierten internationalen Symposium an der französischen Riviera, an dem Aldous und er 1955 teilgenommen hatten – zweifellos ein attraktives Reiseziel, um die Nichtmaterialität des Daseins zu sondieren.

Bei einer der darauffolgenden Tagungen – 1959 zum Thema „The study of precognition: evidence and methods" (Die Erforschung der Präkognition: Belege und Methoden) – saß Francis im Organisationskomitee. Die Konferenz fand in New York statt, wo Francis immer mehr Zeit verbrachte, und befasste sich mit der sozialpsychologischen Methodik bei der Untersuchung von Präkognitionsphänomenen sowie der Forschungsgeschichte zu spontaner und experimenteller Präkognition. Nun erlaubte seine Position es Francis, seinem Onkel Kollegen aus seinem eigenen beruflichen Umfeld vorzustellen. Wenig später machte er sich auch in der Welt der Wissenschaft einen Namen mit einem brillanten Essay über Darwin, einer ebenso tiefgründigen wie nuancenreichen Interpretation zu einer der Leitfiguren der Wissenschaft – und genau die Art von Essay, die Aldous' Fähigkeiten zeitlebens überstiegen hätte. Zu dieser Zeit plante Francis, der tief in die darwinistische Gedankenwelt eingetaucht war, mit Ellen – die Frau seines Cousins Matthew und eine bekannte Filmemacherin – einen Film über Darwin.

3.5 Geschichten erzählen

Die Biografie ist, wie Deirdre Bair konstatierte, eine Form der kritischen Untersuchung, ein Medium, um unsere Kultur- und Geistesgeschichte zu befragen und einen deutenden Lichtstrahl in die schattigen Winkel unserer eigenen Gesellschaft und Lebensweise zu richten. In diesem Sinne könnten wir fragen, auf welche Weise genau Aldous' Leben Francis beeinflusste und in welcher Form Francis die kulturellen, philosophischen und intellektuellen Erkenntnisse und Überzeugungen seines Onkels in seine eigene Arbeit einwob.

Francis hatte schon als Vierjähriger Zeit mit seinem Onkel verbracht, als Julian und Aldous ihre Frauen und Kinder zu einem Winterurlaub in die Schweiz mitgenommen hatten. Für Unterstützung sorgte Juliettes Mutter, Granny Baillot. D. H. Lawrence und Frieda von Richthofen schlossen sich den Familien an. Francis bedauerte immer, dass er keinerlei Erinnerung an diesen Urlaub hatte. Allerdings erinnerte er sich, Aldous besucht zu haben, als dieser in Albany westlich des Piccadilly Circus wohnte. Seine Eltern hatten ihn und seinen Bruder zu solchen Besuchen mitgenommen. Als Francis 20 Jahre alt und kurz davor war, in die Royal Navy einzutreten und seine Vorstellungen vom Leben auf die raue Wirklichkeit der Erfahrung treffen zu lassen, war sein Onkel bereits der berühmteste aller Huxleys, sogar berühmter als sein Großvater Thomas Henry. Aldous war zweifellos eine machtvolle Präsenz in Francis' Jugend, und das blieb er auch dann noch, als Francis seinen eigenen Ort in der Familie und der weiteren Welt der Huxleys gefunden hatte. Vergleicht man Aldous und Francis, stellt man fest: Beide reisten gerne, um andere Lebens- und Erfahrungsweisen kennenzulernen; beide hatten das Bedürfnis, diese Lebens- und Erfahrungsweisen sowohl durch ihr Herz als auch durch ihren Verstand zu filtern und anschließend Fragen über uns als Spezies zu formulieren. Zwar führten ihre Ergebnisse nicht immer zu einem Zuwachs an Weisheit, doch die Irrtümer der Huxleys sind ebenso lehrreich wie ihre verkündeten Erfolge.

Im Laufe seines Lebens erwarb sich Francis einen Ruf als Geschichtenerzähler. Sein diesbezügliches Talent und seine Nähe zu Aldous hatten zur Folge, dass seine Eltern ihn nach Aldous' Tod fragten, ob er bereit sei, Aldous' Biografie zu schreiben. Francis lehnte ab, weil er glaubte, dass diese Aufgabe seine Fähigkeiten überstieg. Später jedoch, Mitte der 1980er-Jahre, übernahm er den Auftrag, das Drehbuch für einen biografischen Film über seinen Onkel zu verfassen.

Im Vergleich zu seinem großen, dünnen, unbeholfenen, hochintellektuellen, recht distanzierten und ein wenig zynischen Onkel gab sich Francis nicht damit zufrieden, still dazusitzen und Fakten, Ideen und die neuesten Nachrichten aus der Wissenschaft aufzusaugen. Manchmal waren die Gespräche mit seinem Onkel erzwungene Monologe, durchsetzt und hervorgerufen von Aldous' Schweigsamkeit und Schüchternheit – Folgen seiner Beinahe-Blindheit. Aldous vermochte auf diese Weise viel über die Welt aufzunehmen. Ottoline Morrell hatte einmal bemerkt, dass „Maria seine wichtigste Informationsquelle ist, wenn es um lebendige Menschen geht; tatsächlich sagte sie zu mir, er habe das Leben durch ihre Augen gesehen". Doch es ist aufschlussreich, dass Lady Ottolines Urteil über Marias Persönlichkeit nicht eben großherzig ausfiel: Sie fand Marias Beobachtungsgabe und ihre Einsicht in menschliches Verhalten und Erleben dürftig und schwach (Morrell 1975, S. 221).

3.5 Geschichten erzählen

Kurz nachdem Francis sein erstes Buch, *Affable savages*, veröffentlicht hatte, verbrachte er zwei Wochen bei Aldous und Laura (Maria war zu dieser Zeit bereits tot) in ihrem Haus in Los Angeles – „eine etwas verstörende Zeit für uns beide", wie er sagte (Dunaway 1985, S. 2). Aus dieser Zeit stammt die folgende Episode – eine von Francis' absoluten Lieblingsgeschichten, die er immer wieder gern erzählte:

> *1956 luden er und Laura mich zum Abendessen ein. Ich hatte gerade mein erstes Buch, „Affable savages", über die Amazonasindianer veröffentlicht, und Laura provozierte mich mit der Frage: „Wie sind sie denn so?" Also begann ich, Geschichten über diese Indianer zu erzählen. Ich durchforstete meine Erinnerung nach besonders bizarren und eindrucksvollen Anekdoten. Laura war entzückt. Aldous aß weiter und sagte kein Wort. Ich verabschiedete mich in dem Gefühl, in pubertäre Formen der Manie zurückgefallen zu sein und meinen lieben Onkel Aldous, den ich doch hatte beeindrucken wollen, schwer enttäuscht zu haben. Ich ärgerte mich furchtbar über mich selbst. Zwei oder drei Tage später besuchte ich Eileen Garrett, die mir berichtete, Aldous sei bei ihr gewesen, habe ihr all meine Geschichten erzählt und dabei gebrüllt vor Lachen* (F. Huxley 1999, S. 114).

In Francis' eigenes Gelächter beim Erzählen dieser Episode dürfte sich Schmerz gemischt haben. Seine Feldnotizen aus Haiti lassen den Grund dafür ahnen:

> *Wenn Aldous einmal in Fahrt kommt, was für ein wunderbarer Gesprächsfluss! Und wie klein man sich vorkommt, wenn er nicht in Fahrt kommt, nur weil er schweigt. Ich fühle mich in jedem Fall ziemlich klein, selbst wenn er redet; ich versuche immer, ähnlich zu klingen wie er, mit der Folge, dass ich dabei stets das Gefühl habe, ihn auf eine undefinierbare, aber nicht sehr freundliche Weise zu täuschen* (Dunaway 1999, S. 17).

Von der geschilderten Episode abgesehen, lernte Aldous Francis' Erfahrungen in Brasilien später sehr zu schätzen. In einem Brief an Humphry Osmond erwähnte er, dass er hoffe, vor seiner bevorstehenden Brasilienreise eine Einführung von Francis zu bekommen, und ihn um seine Unterstützung bitten werde.

Francis, der sich zu Aldous hingezogen fühlte, wusste, dass auch sein Vater den Bruder bewunderte und ihn um seine Art der Intelligenz und seinen Ruhm beneidete. Francis hoffte, dass Aldous ihm dabei helfen würde, Klarheit über seine eigenen Absichten und Pläne zu gewinnen. Gelegentlich fragte Aldous ihn, was er nach seiner Forschungsreise ins Amazonasgebiet vorhabe, aber das Ergebnis war selten zufriedenstellend. Ein echtes Gespräch mit seinem Onkel zu führen war schwierig. Wann immer Francis einen Köder auswarf: Aldous biss nur selten an. Wenn er es doch tat, war das jedes Mal ein Grund zur Freude. Beherrschte man den Trick, Aldous mit Meinungen und Tatsachen, mit Geschichten über Schönes und verschwenderische Genüsse regelrecht zu überfluten, befand er einen seiner Aufmerksamkeit für würdig. Blieb eine angemessene Antwort aus, wurde Francis von anhaltenden Unzulänglichkeitsgefühlen gequält. Da er wusste, dass Aldous Dummheit nur schwer ertrug, kam er sich letztendlich doch jedes Mal vor wie ein Dummkopf. In einer späteren Lebensphase entwickelte Francis ähnliche Angewohnheiten wie Aldous. Sein Gefühl der Minderwertigkeit gegenüber dem berühmten Onkel stimmt umso trauriger, wenn man weiß, welche Vergleiche andere ihm wichtige Menschen zogen. So erwähnte etwa Meloma Balaskas, Francis' zweite Ehefrau: „Ronnie Laing sagte zu mir, in seinen Augen sei Francis der interessantere und scharfsinnigere von beiden und habe auch mehr zu bieten als Aldous Huxley" (E-Mail-Interview mit M. Balaskas, 16.10.2018).

3.6 Die erste LSD-Sitzung

Aldous war Anhänger der Idee einer „Philosophia perennis", laut der sich die Wahrheit der Weltreligionen von einer gemeinsamen metaphysischen Basis ableitet. Er selbst definierte diese „ewige Philosophie" als „die Metaphysik, die hinter der Welt der Dinge, des Lebens und des menschlichen Geistes eine göttliche Wirklichkeit erkennt" (A. Huxley 1949, S. 11). Die Erforschung dieser zentralen heiligen Wahrheiten in seinem Buch *The perennial philosophy* (1945; dt. 1949: *Die ewige Philosophie*) wies Huxley lange vor den Swinging Sixties als jemanden aus, der danach strebte, Brücken zwischen östlichem und westlichem Denken zu bauen. Aldous ging es dabei jedoch eher um mystische Erfahrung als um irgendeine letztgültige Wirklichkeit, da Erfahrung für ihn der mutmaßlich einzige Weg war, eine letztgültige Wirklichkeit zu erkennen – eine Position, die auch R. D. Laing etliche Jahre später in *The politics of experience* (1967; dt. 1969: *Phänomenologie der Erfahrung*) einnehmen sollte.

Aldous experimentierte erstmals 1953 unter Anleitung von Dr. Humphry Osmond in Los Angeles mit Meskalin. Seine Erfahrungen und Visionen schilderte er in *The doors of perception* (1954; dt. 1954: *Die Pforten der Wahrnehmung*). Die berühmte (und berüchtigte) Rockgruppe „The Doors", eine der einflussreichsten Bands der 1960er-Jahre, trug dazu bei, Aldous' Platz in der Geschichte der Gegenkultur zu zementieren, indem sie sich nach dem Titel seines Essays benannte.

Der Briefwechsel zwischen Aldous Huxley und Humphry Osmond ist mittlerweile vollständig veröffentlicht (Bisbee et al. 2018), einschließlich des detaillierten Berichts über eine LSD-Sitzung am 7. November 1956, die in der

3.6 Die erste LSD-Sitzung

Korrespondenz zwischen Osmond, Aldous' Sohn Matthew, dessen Frau Ellen und Francis Huxley thematisiert wird. Diese Briefe sind eine wertvolle Quelle für das Verständnis von Aldous' Schilderungen. Jede Erörterung seiner Erfahrung (oder der anderer Menschen) mit veränderten Bewusstseinszuständen stößt jedoch zwangsläufig an sprachliche Grenzen. Dies gilt unabhängig davon, ob wir untersuchen wollen, wie exakt jemand die Einsichten, Ahnungen, Höhenflüge und die körperlichen, emotionalen, geistigen oder sozialen Transformationen zu vermitteln vermag, die ihm oder ihr während einer solchen chemisch induzierten Bewusstseinserweiterung zuteilgeworden sind, oder ob wir uns für die allgemeineren phänomenologischen Merkmale dieser Erfahrung interessieren, die aus der Analyse und dem Vergleich mündlicher oder schriftlicher Berichte abgeleitet werden können. Unter dieser Perspektive kann uns Aldous Huxleys Bericht viel mehr mitteilen als nur episodische Details seiner halluzinatorischen Erfahrung.

Osmond (in J. Huxley 1969, S. 132) hatte seine Befürchtungen, was dieses Experiment betraf: „Sollte ich die Dosis halbieren? Die äußeren Umstände hätten kaum günstiger sein können: Aldous schien ein ideales Versuchsobjekt zu sein, Maria ungemein verständig, und wir hatten alle Gefallen aneinander gefunden, was sehr wichtig war für ein gutes Gelingen."

Und dann folgt ein Satz, den Francis gern dramatisch wiedergab: „Mir aber gefiel die, wenn auch noch so entfernte, Möglichkeit gar nicht, der Mann zu sein, der Aldous Huxley in den Wahnsinn getrieben hatte." Aldous' bahnbrechendes Drogenabenteuer war in jedem Fall ein Bravourstück. In Dunaways Worten:

Wenn Not die Mutter der Erfindung ist, dann muss psychologische Notwendigkeit der Vater des kreativen Risikos sein. In seinem Streben nach Visionen – jenen stets kaum fassbaren Blitzen des himmlischen Lichts, die er in seinen Biografien über Visionäre dokumentiert hatte – war Huxley bereit, eine Droge zu nehmen, die den Wahnsinn imitierte (Dunaway 1990, S. 287).

Im Nachhinein kam Osmond zu dem Schluss, dass seine Befürchtungen unbegründet gewesen waren. Doch die Risiken solcher Experimente haben sich für einige Menschen als nur zu real erwiesen. Bis heute verweist die Wissenschaft auf die notorischen Probleme bei der Vorhersage von Reaktionen auf Psychedelika. Aldous betrachtete Psychedelika – ein von Osmond geprägter Begriff – im Hinblick auf ihr Potenzial, das Los der menschlichen Spezies zu verbessern. Doch seine Vision halluzinatorischer Erleuchtung mit dem Ziel der politischen Transformation – zur weitestmöglichen Befreiung der Menschen – war seiner Meinung nach nichts, was für die Masse taugte. So misstraute er Timothy Learys Slogan „Turn on, tune in and drop out", weil er befürchtete, dass jede hart errungene Erkenntnis in einem Ozean irrelevanten Geplappers untergehen würde. Sein Albtraum war eine von „unverhüllten Trivialitäten" (Postman 1992, S. 27) narkotisierte Gesellschaft.

Dieses Experimentierfeld faszinierte Francis sein Leben lang. In einem seiner Briefe bekundete er sein Interesse an den rituellen Aspekten gemeinschaftlicher Drogenerfahrungen und ihren Bezügen zu schamanischen Praktiken. Er dankte Osmond und schrieb: „Was für einen Unterschied ein paar Tropfen LSD doch machen! Ich weiß jetzt etwas von enormer Bedeutung, was nicht dasselbe ist, wie seine Existenz nur zu vermuten. Das ist alles verwirrend" (Bisbee et al. 2018, S. 575).

Ende der 1950er-Jahre arbeitete er in einer psychiatrischen Klinik in Kanada mit Osmond, außerdem traf er in der Schweiz bei mehreren Gelegenheiten mit Albert Hofmann, dem Entdecker des LSD, zusammen und wurde von Eileen Garrett für eine Studie über außergewöhnliche Erfahrungen engagiert. Francis hegte diesbezüglich jedoch keine utopischen Sehnsüchte, wie sie Aldous beschäftigten, der in seinem letzten Roman *Island* (1962; dt. 1973: *Eiland*) in der „Moksha"-Medizin das Mittel zur Befreiung und zur persönlichen und gesellschaftlichen Transformation sah. In einem Brief an Osmond vom 22. Juni 1958 schilderte Aldous seine Aufgabe als „den Versuch einer Darstellung, was getan werden könnte, um eine vernünftige Gesellschaft zu schaffen, die dazu dienen soll, bei jedem einzelnen all die verborgenen Kräfte und Fähigkeiten hervorzurufen" (s. Horowitz und Palmer 1983, S. 254).

Bei allem Misstrauen gegenüber Leary setzte sich Aldous ebenso wenig wie sein Neffe Francis gründlich mit den möglichen negativen Wirkungen des Stoffs, mit dem sie experimentierten, auseinander. Francis' Umgang mit LSD war dennoch vorsichtiger, und seine Experimente wurzelten stärker in seinem anthropologischen Wissen. Weder ein Sklave noch ein großer öffentlicher Befürworter des LSD-Konsums, nahm er die Droge in seinem späteren Leben einmal im Jahr als eine Art rituelle Wohltat, um „herauszufinden, wo ich stehe, und mich wieder zu sortieren" (F. Huxley, persönl. Kommunikation), wobei er einer Maxime folgte, die er als das Diktum der Alchemisten ansah, nämlich, „sich selbst zu einem Gefäß zu machen". Für ihn war die Selbsterkenntnis, die sich durch einen umsichtigen Einsatz von Psychedelika gewinnen ließ, relevant für die Psychopharmakologie, die Parapsychologie und die Psychotherapie. Ihr Gebrauch war nie als Allheilmittel gegen alle Übel der Welt gedacht. In dieser Hinsicht sollte das Persönliche nicht das Politische sein.

3.7 Tante Margaret

In der Geschichte der meisten Familien gibt es Problemthemen: die „Leichen im Keller", um die man einen Bogen machen und die man weder vor den Kindern noch in „guter Gesellschaft" erwähnen sollte – Strategien, die Neurosen verhindern sollen, aber für gewöhnlich dazu beitragen, sie zu erzeugen. Francis erinnerte sich, dass er Juliette einmal gefragt hatte, warum er erst mit 22 Jahren erfahren habe, dass er eine Tante hatte. Juliette antwortete: „Wir pflegen über diese Dinge nicht zu sprechen." Margaret war die Tante, die nicht genannt werden durfte. Wie Maria (Aldous' erste Frau) stand Margaret, wie Juliette sich mir (T. Itten) gegenüber ausdrückte, „auf der anderen Seite" (Juliette Huxley, persönl. Kommunikation, 1983). „Ich lernte Margaret erst mit Mitte dreißig kennen", erinnerte sich Francis:

> *Sie passte einfach nicht in dieses Umfeld hochtrabender intellektueller Konversation. Margaret war Lehrerin geworden. Ihre Erwartung, in Prior's Field in die Fußstapfen ihrer Eltern treten zu können, die die Schule gegründet hatten, erfüllte sich nicht, da die Stiefmutter ihren Anteil an Mrs. Burton-Brown abtrat. Sie war wirklich bitter enttäuscht. Dann gründete sie ihre eigene Schule. Sie hatte eine Gefährtin – eine Freundin, die nur wenige Jahre vor ihr starb. Margaret war eine sehr ehrenwerte, gebildete Frau. Ich habe von Aldous nie ein Wort über sie gehört. Mein Vater sprach nie über sie. In ihren Augen war sie eine Langweilerin* (Dunaway 1985, S. 10 f.).

Bezeichnenderweise beschrieb Dunaway, einer von Aldous' vielen Biografen, dessen jüngere Schwester als „die in vielerlei Hinsicht wahre Rebellin der Familie: die Einzige in ihrer Generation, die in den Schuldienst eintrat …, die Einzige, die sich zum Christentum bekannte; die einzige Homosexuelle" (Dunaway 1990, S. 386).

Es erscheint mehr als plausibel, dass Margarets sexuelle Orientierung der Grund für ihre Marginalisierung war – jedenfalls fällt es in Anbetracht der bekannten Fakten schwer, sich einen anderen Grund vorzustellen. Unter dem Aspekt der Aufrichtigkeit und Authentizität betrachtet – etwas, das Aldous in seinen Büchern stets hochhielt und anstrebte –, entlarvt dieses verschämte Schweigen die Huxley-Brüder Julian und Aldous nicht zuletzt auch als Heuchler, da beide mit bisexuellen Frauen verheiratet waren. Julian, Juliette, Aldous und Maria (später auch Laura) hatten sämtlich Affären außerhalb des eigenen Ehebettes und teilten sich manchmal sogar ihre weiblichen Geliebten. Man könnte fast geneigt sein, darin eine Fortschreibung der heuchlerischen Sexualmoral des Viktorianischen Zeitalters bis weit ins 20. Jahrhundert hinein zu sehen. Zum

Libertarismus und den Freiheitsbekundungen des Bloomsbury-Zirkels passte das schlecht.

3.8 Transgenerationale Wiederholungsmuster

Juliette erwähnt schon früh in ihrer Autobiografie, dass Maria „nicht in das Muster passte" (J. Huxley 1986, S. 43), ohne dieses „Muster" weiter auszuführen. Auf Maria, Aldous' erste Frau, folgte Laura Archera, seine zweite, die ebenfalls nicht der orthodoxen Beziehungsgeometrie entsprach, wie Juliette sie auslegte. Laura hatte ein Verhältnis mit Virginia Pfeiffer, der Schwägerin von Ernest Hemingway. Laut Francis nutzte Laura Aldous' Gutmütigkeit aus, und zwar „in jeder Hinsicht":

> *Ich habe meinen Verdacht, was die Gründe betrifft, weshalb Laura sich ihn geschnappt hat. Ich glaube, Aldous mochte Laura, weil sie einen eisvogelflinken Verstand hatte ... Sie versorgte ihn, soweit ich es mitbekam, bestens mit Small Talk, aber man sagt, er habe Klatsch und Tratsch immer sehr gemocht. Er mochte die Gesellschaft hübscher und schöner Frauen, und er mochte die Gesellschaft großer Geister mit Obsessionen* (Dunaway 1990, S. 18).

Trev, ihr Enkel, zeichnete ebenfalls ein wenig schmeichelhaftes Bild sowohl von Laura selbst als auch von den familiären Reaktionen auf ihre sexuelle Orientierung:

> *Mein Vater hat nie wirklich anerkannt, dass seine Mutter bi war; er war empört. Als David Dunaways Buch herauskam (1999), wollte er nicht akzeptieren, dass seine Mutter bisexuell war. Er war außer sich über Davids Buch, eine ziemlich verbreitete Reaktion. Ich erinnere mich kaum an meine Großmutter. Ich erinnere mich daran, wie sie Auto fuhr, als wir in Kalifornien waren. Wir fuhren die Straße entlang, und sie fuhr einen weißen Cadillac Cabrio, ein riesiges amerikanisches Auto, in dem wir herumgeschleudert wurden. Laura ist für mich das Ultraböse. Sie hat ihn körperlich misshandelt. Das ist meine Meinung. Es gibt nichts Gutes über sie zu sagen. Sie war keine nette Lady* (Interview mit T. Huxley, 26.4.2018, Sebastopol).[2]

---

[2] Zum Thema Verleugnung sagte Trev: „Wie das Leugnen meines Vaters, das lautstarke Leugnen, von wegen er würde sich doch daran erinnern, wenn er gewusst hätte, dass seine Mutter bisexuell war. Aber er war so sauer. Ich weiß, dass er unrecht hatte. Auch wenn ich Angst hatte, aber er hat etwas davon mitbekommen" (Interview mit T. Huxley, 26.4.2018, Sebastopol).

3.8 Transgenerationale Wiederholungsmuster

Anlässlich von Juliettes 90. Geburtstag gingen Trev und seine Freundin zum Tee zu ihr.

Ich habe nie viel Zeit mit Juliette verbracht, obwohl sie eine wirklich erstaunliche Frau war, sehr munter und ziemlich bemerkenswert. Als ich mich ihr vorstellte, wich alle Farbe aus ihrem Gesicht, weil sie dachte, ich, Trevenen, wäre tot (Interview mit T. Huxley, 26.4.2018, Sebastopol).

Hier hallt die tragische Lebensgeschichte des ersten Trevenen (Aldous' und Julians Bruder) nach. Die Sexualmoral ist nur einer von vielen verwickelten psychologischen Fäden, die sich im Laufe der Jahre in das Leben der Huxleys einwoben. Einmal mehr sehen wir hier, dass solche intergenerationellen Verflechtungen für die Frage, was es bedeutete, ein Huxley zu sein, ein zentraler Aspekt sind – und damit notwendigerweise auch ein Element dieser Lebensbeschreibung.

Aus den verschiedenen Biografien, die über Aldous Huxley verfasst worden sind – einige auf der Basis von eigenen Recherchen, andere mit Informationen aus zweiter Hand –, lässt sich schließen, dass Aldous über beachtliche Bewältigungsstrategien verfügte, musste er doch nicht nur den frühen Verlust seiner Mutter und seines Bruders und das Schwinden seiner Sehkraft verarbeiten, sondern auch die Auswirkungen seines komplizierten Liebeslebens, ganz zu schweigen von dem seiner Ehepartnerinnen. Hier gab es, wie erwähnt, gelegentlich Überschneidungen. Zu den gemeinsamen Geliebten von Aldous und Maria zählte auch Sybille Bedford. Die „herausragendste Autorin des 20. Jahrhunderts" und „preisgekrönte Chronistin sinnlicher Erfahrung" (Barrow 2004) wurde später eine seiner Biografinnen. Francis lobte ihr „vertrauliches Verhältnis zu Aldous", während sie „gewissermaßen für ein öffentlicheres Bild von Aldous sorgte" (Dunaway 1985, S. 22).

Als Aldous eine Affäre mit Nancy Cunard beginnen wollte – laut Murray „an Intensität ... mit keiner anderen zu vergleichen" (Murray 2003, S. 147) –, gab die erklärte Romantikerin seinem Drängen nach, „aus Zuneigung und Resignation; ein paar Tage später gab [sie] ihm den Laufpass" (Bedford, zit. nach Murray 2003, S. 147). Aldous war am Boden zerstört und suchte Zuflucht in „verrauchten Nachtclubs, wie Nancy sie frequentierte" (Murray 2003, S. 147). Maria, alles andere als unbeeindruckt, stellte Aldous ein Ultimatum: Er sollte London am nächsten Tag verlassen oder ansonsten ohne sie auskommen. Sie verbrachte die Nacht damit, ihre Sachen zu packen und Dinge aus dem Fenster ihrer Wohnung in Princes Gardens zu werfen, während ein aufgelöster Aldous „ihr die ganze Nacht nicht von der Seite wich. Am nächsten Morgen stiegen sie im Bahnhof Victoria Station in einen Zug mit Schiffsanschluss, der sie nach Italien brachte"

(Thody 1973, S. 15; s. a. Murray 2003, S. 147) – eine Episode, die Maria Sybille Bedford erzählt haben dürfte. Die Reise endete in Forte, wo *Antic hay* (1923; dt. 1983: *Narrenreigen*) entstand, ein Roman über die Unmoral der Boheme und ihre Entzauberung. Im selben Jahr wurde Francis geboren.

Aldous empfing auch später noch viele Frauen in seinem Schlafzimmer, das Maria nicht mehr mit ihm teilte. Auf der Liste standen sowohl Marias Schwester als auch einige von Marias eigenen Geliebten, die sie mit ihm teilte. Sein älterer Bruder Julian stand Aldous in dieser Hinsicht in nichts nach, und von Francis' Bruder Anthony ist bekannt, dass er ihrem Beispiel folgte. „Ich fürchte, das liegt im Wesen der Huxley-Männer", sagte Susan Ray Huxley.[3] Francis hingegen wählte die serielle Monogamie und bewies damit, dass das Verhalten der übrigen Huxley-Männer, womit auch immer sie es legitimierten, weder naturgegeben noch unkontrollierbar war. Meloma, Francis' zweite Frau, erinnerte sich, dass ein Besucher Francis einmal gefragt hatte, ob er nicht gern zwei Ehefrauen hätte. Francis habe geantwortet: „Arthur, ich kann ja schon mit einer kaum den Kopf über Wasser halten. Warum sollte ich zwei wollen?" (E-Mail-Interview mit M. Balaskas, 16.10.2018).

In einer Hinsicht jedoch eiferte Francis in seinen Beziehungen zu Frauen anderen männlichen Familienangehörigen nach. Wie sein Großvater Leonard und wie Aldous bei seiner zweiten Eheschließung heiratete er Frauen, die mindestens 20 Jahre jünger waren als er. Leonard war 52, als er – vier Jahre nach Julias Tod – die 30 Jahre jüngere Rosalind Bruce heiratete. Obwohl es keinen direkten Beleg dafür gibt, könnten seine Söhne diese Heirat durchaus als eine Art Verrat empfunden haben. Mit Sicherheit hat dieses Ereignis Aldous' Darstellung der Ehe und das Porträt seines Vaters in *Eyeless in Gaza* (1936; dt. 1953: *Geblendet in Gaza*) und anderen Romanen beeinflusst.

Später bewies Laura, wie schon Maria vor ihr, dass sie die Vorzüge harter Währung durchaus zu schätzen wusste. Einige Familienmitglieder glaubten, dass sie Aldous' liebenswerte Großzügigkeit voll ausnutzte. Auch Francis hatte, wie erwähnt, seinen Verdacht, „was die Gründe betrifft, weshalb Laura sich ihn geschnappt hat". Andererseits stellte er fest, dass Aldous Verpflichtungen oft mit Geld statt mit Gefühlen nachkam.

Aldous hatte der Welt wenig Emotionen zu geben ... Maria erwies sich immerhin in anderer Hinsicht als eine seiner großen Retterinnen: indem sie ihre Intuition benutzte, indem sie ihm täglich vorlas, indem sie als seine Generalsekretärin fungierte, indem sie sich in jeder Hinsicht um ihn kümmerte (Dunaway 1985, S. 25).

---

[3] „Mein Vater hatte zu dieser Zeit drei Freundinnen gleichzeitig und heiratete ein Mädchen aus seinem Büro" (Interview mit S. Ray Huxley, 14.3.2018, London).

3.8 Transgenerationale Wiederholungsmuster

Mit dem psychologischen Scharfsinn, den er entwickelt hatte, stellte Francis diese Verhaltensweisen in den Kontext der psychologischen Ökonomie von Sexualität, Gemeinschaft, Berufsleben und Geld, in den die Familie Huxley eingebettet war. Bei den Huxleys wurden Geldprobleme ebenso transgenerational weitergegeben wie Charakterzüge, Ruhm oder Intellekt. Einige der dabei möglichen Schleifen und Wendungen illustriert die folgende Geschichte: Aldous' Vater Leonard hatte von seiner ersten Frau (Julia Arnold) 40.000 Pfund geerbt. Seine nochmalige Heirat bedeutete, dass das gesamte Erbe, das laut Testament eigentlich den Kindern aus erster Ehe (Aldous, Julian, Trevenen und Margaret) zustehen sollte, in die Ausbildung der beiden Söhne floss, die Leonard später mit Rosalind Bruce hatte (Thody 1973, S. 17 f.). Ob Aldous deshalb irgendeinen Groll hegte, ist nicht bekannt, doch nach Leonards Tod im Frühjahr 1933 unterstützte er, der inzwischen wohlhabende Schriftsteller, die Ausbildung seiner beiden Halbbrüder David und Andrew mit großzügigen Beiträgen.

Als wir Trev Huxley nach dem Vermögen fragten, das Aldous seinem einzigen Kind, Trevs Vater Matthew, vermacht haben könnte, antwortete Trev:

Nein, Laura hat es sich geholt. Es gab da diese Bestimmung im Testament, dass man nichts bekommen sollte, wenn man es anfechten würde. Aber mein Vater hätte es anfechten sollen ... Das Urheberrecht und in den USA Filmrechte sind [ja auch] etwas ... Seine letzte Agentin, Doris Halsy, war sehr lieb, aber keine besonders gute Agentin. Es gab da so eine Geschichte, dass ... DiCaprio sie [Laura] anquatschte, und sie wurden Freunde, und DiCaprio hatte Interesse, eins von Aldous' Büchern zu verfilmen. Eines Tages bekam ich diesen Anruf ... von Universal Pictures. Können Sie die Formulare unterschreiben? ... Ich wollte unterschreiben, und Laura wurde ... verdammt unglaublich, also sehr unangenehm. Sie wurde richtig aggressiv, wirklich richtig aggressiv. Er wusste nicht, was mit den ganzen Urheberrechten passiert war. Wir wissen bis heute nicht, wer Rechte besitzt (Interview mit T. Huxley, 26.4.2018, Sebastopol).

An seinem 61. Geburtstag verliebte sich Aldous erneut. Diesmal in keine seiner vielen Verehrerinnen, sondern in seine eigene Schwiegertochter, Ellen Hovde, eine professionelle Dokumentarfilmerin, die 1950 Francis' Cousin Matthew geheiratet hatte. Das Paar hatte zwei Kinder, Trev und Tessa Huxley. Ellen hatte Aldous nach Marias Tod viel Mitgefühl entgegengebracht, und Aldous nahm sich heraus, ein extrem enges Verhältnis zu ihr aufzubauen. Trev Huxley berichtet, dass „sie Bücher auf Band aufnahm, selbst wenn wir alle zusammen waren". Damit fuhr sie fort bis zu Aldous' Tod. „Sie war", so Trev, „Aldous näher als meinem Vater" (Interview mit T. Huxley, 26.4.2018, Sebastopol). Im Sommer 1955 verbrachte Francis seine gesamte freie Zeit bei Aldous und Ellen. In dieser Zeit verliebte Ellen sich in Francis. „Ich habe den falschen Huxley geheiratet", gestand sie ihrem Sohn.⁴ „Das war eine Katastrophe in unserer Familie … Mein Vater hat danach nie wieder mit Francis gesprochen." Als Francis es ablehnte, sie zu heiraten, war Ellen am Boden zerstört. Erwähnenswert ist, dass Trevs Beziehung zu Francis ungeachtet der Rolle, die Francis in jener turbulenten Episode im Leben seiner Eltern gespielt hatte, ungetrübt war.

> *Es war eine ziemlich herzliche Beziehung. In gewisser Weise auch keine intellektuelle. Wir unterhielten uns oft über andere Familienmitglieder und das, was so los war, all das verrückte Zeug. Ich habe mich immer für das interessiert, was er machte. Er war so mittendrin. Ich saß nicht da und las Francis' Bücher. Ich interessierte mich für das, was er tat … Weisheit des Herzens, nicht des Intellekts* (Interview mit T. Huxley, 26.4.2018, Sebastopol).

Trev hatte sich damit abgefunden, dass in der Familie Huxley nur wenige Dinge ungeprüft blieben. Seine Toleranz und Nachsicht angesichts familiärer Schwierigkeiten sind zweifellos etwas, was er anhand der zahlreichen Beispiele in seinem Umfeld gelernt hat.

3.9 Feuer

Im Mai 1961, in Aldous' letzten Lebensjahren, gab es erst Funken, dann Flammen in den Schluchten von Hollywood. Sie verschlangen schließlich sein Haus. „Dieser Brand war entsetzlich", berichtete Ellen Hovde. „Ich erinnere mich, dass ich ihm schrieb, er müsse sich nun unglaublich leicht fühlen, und er schrieb zurück, ja, das tue er. Wenn man alles verliere, sei die Last, die man getragen habe, auch dahin" (Dunaway 1999, S. 130). Francis sah die dunkleren Aspekte in dem, was nach und nach Wochen durchsickerte. Hinter dem Rauch und den Spiegeln der ausgebrannten Ruine und der unbewältigten Vergangenheit, die überall um Aldous, Laura, ihre Geliebte Ginny und Aldous' verstorbene erste Frau Maria herum einschlug, lag etwas Verleugnetes.

> *Ich musste einfach immer wieder daran denken, dass die beiden, als das Feuer kam, in ihrem Haus in Hollywood Heights herumliefen, das sie komplett mit weißen, flauschigen Teppichen ausgelegt hatte. Sie sagt, dass sie Schubladen öffnete, wieder schloss, die Sachen anstarrte und nichts unternahm. Schließlich packte sie Aldous ins Auto, fuhr zu Ginnys Haus hinunter und brachte dort alles in Sicherheit – und die Kisten, in denen sich Aldous' Korrespondenz mit all seinen Freunden und Kollegen befand,*

---

⁴ Trevenen wurde im Oktober 1951 geboren, Tessa im Oktober 1953. Matthew und Ellen ließen sich 1961 scheiden (Interview mit T. Huxley, 26.4.2018, Sebastopol).

ließ sie zurück. Es scheint entsetzlich, was da passierte. Sie sagt, es sei zu umfangreich gewesen, um damit zurande zu kommen (Dunaway 1985, S. 20).

Vielleicht, überlegte Francis, wäre es Aldous zutiefst peinlich gewesen, möglichst viel von seinen und Marias Archivalien zu retten. Vielleicht war Laura ja ganz froh, all das in den Flammen verschwinden zu sehen. Wie auch immer: Aldous vermied es, tiefer zu blicken. Laut Francis hegte er keinerlei Sympathien für freudianische Spekulationen. Er habe Freud sogar „entschieden abgelehnt". Das habe daran gelegen, dass „sein Abwehrmechanismus der Sublimierung von klein auf so eingestellt war, dass er nicht wahrhaben wollte, wie dieser in ihm selbst arbeitete" (F. Huxley in Dunaway 1999, S. 99) – und vielleicht auch nicht, wie er in anderen arbeitete. Während Aldous die Pforten der Wahrnehmung freudig in eine Richtung öffnete, hielt er sie in der anderen ebenso gern geschlossen.

Auf den Brand angesprochen, der den größten Teil der Schriften, Tagebücher, Briefe und Kalender seiner Großmutter vernichtet hatte, sagte Trev Huxley, dass die angerichtete Zerstörung sich nicht nur auf das Wüten ungezähmter Naturgewalten reduzieren lasse.

Diese Tragödie, als Aldous' Haus bei einem Buschfeuer in Kalifornien niederbrannte. Ich weiß, dass die TV-Übertragungswagen die Straße für die Löschfahrzeuge blockierten. Lastwagenladungen von Marias Tagebüchern wurden vernichtet. Aldous nahm das Manuskript von Island *mit. Alles andere verbrannte. Seine gesamte Korrespondenz, alles ... Das ist, als würde man sein Gedächtnis verlieren* (Interview mit T. Huxley, 26.4.2018, Sebastopol).

Francis muss den Brand, der einige Jahre später in seiner Wohnung im Londoner Stadtviertel Belsize Park ausbrach und einen Großteil seiner Bibliothek in Schutt und Asche legte, als eine weitere Resonanz zwischen Aldous' Leben und seinem eigenen empfunden haben.

3.10 „Oh, schon gut, es ist nur ein Scherz"

Das waren die beinahe letzten Worte, die Aldous Huxley sprach. Seine letzten Stunden verbrachte der an Mundhöhlenkrebs Erkrankte unter dem Einfluss von LSD. Laura hatte ihm auf seinen Wunsch hin intramuskulär 100 Mikrogramm injiziert. Seine starken Schmerzen ließen nach, und er wurde ruhiger. Francis' Filmskript *Aldous* schildert diese Stunden vor dem Hintergrund des Attentats auf John F. Kennedy – zwei sehr öffentliche Leben, die am selben Tag, dem

22. November 1963, endeten. Aldous war 1894 in eine beeindruckende Familie hineingeboren worden, deren Mitglieder auf den Gebieten der Wissenschaft und der Literatur Bedeutendes geleistet hatten. Dass Francis Aldous nie ganz aus seinem Leben zu verbannen vermochte, zeigt sein Drehbuchentwurf für eine Filmbiografie. Das Skript erzählt auch von Momenten der Ausgelassenheit und zeugt sowohl von Francis' als auch von Aldous' Bestreben, die heutige Welt verstehbar zu machen. Francis hielt seinen Onkel für eine moderne Inkarnation des Renaissancemenschen. Er sei ein Mensch gewesen, der sich „für die Beziehungen zwischen Wissenschaft, Mystik, Psychedelik, Ethik, Spiritualismus und Humanismus einsetzte" (F. Huxley 1988, S. 6).

Aldous, sein Bruder Julian und sein Großvater T. H. Huxley wurden als öffentlich wirksame Intellektuelle wahrgenommen, die von einem größtenteils liberalen, wenn nicht gar libertären Glauben an ihre Fähigkeit durchdrungen waren, Wissen und Einsicht zur Lösung der Menschheitsprobleme beisteuern zu können, und sich für soziale Reformen einsetzten. Julian hätte ihre Familienvision von menschlicher Transformation wohl als „selbstgesteuerte Evolution" bezeichnet. Sein Vertrauen darauf, dass der Fortschritt der industriellen Zivilisation uns von den kollektiven Übeln der Menschheit befreien würde, war nahezu grenzenlos. Aldous und Francis wiederum verband ein tiefes Interesse am menschlichen Bewusstsein; das Ausloten seiner Grenzen, die Möglichkeiten seiner Erweiterung und Transformation waren für sie nicht nur intellektuelle, sondern ebenso sehr auch persönliche und emotionale Projekte.

Aldous Huxleys intellektuelle Aktivitäten in der öffentlichen Arena besaßen, wie Francis seinen Studierenden gegenüber betonte, einen ironischen, wenn nicht sogar beunruhigenden Kontrapunkt. Laut Francis war Aldous am ängstlichsten, als er erkannte, dass er absolut frei war, das zu tun, was er tun wollte. Er hatte sich diese Möglichkeit durch eigene Anstrengung und die daraus resultierende enorme öffentliche Anerkennung, Bewunderung und Belohnung verdient. Freiheit ist ein höchst problematisches Konzept in Aldous' Beiträgen zu gesellschaftlichen und politischen Fragen. Es bleibt ein Konflikt zwischen dem Idealismus, den er zum Ausdruck brachte, und den faktischen sozialen Kontexten, innerhalb deren er dies tat. Seine Ansichten, aufgewertet durch sein Prestige, waren immer begrenzt durch die Macht der Umstände und der Klassenkonventionen sowie durch die bewussten und unbewussten Gewohnheiten, in die diese sich eingeprägt hatten. Nichtsdestotrotz war Aldous im Leben wie im Schreiben ein Mann, der für sexuelle Freiheit und deren Ausdrucksformen eintrat, mitten in den 1920er-Jahren, einer Zeit allgemeiner Desillusionierung – dem Jahrzehnt, in dem Francis geboren wurde. Die Suche nach neuen „menschlichen Potenzialen" war seit den Tagen von T. H. Huxley eine Art Familienauftrag geworden – wurzelnd in der Viktorianischen Ära, einer Epoche, in der wissenschaftliches Arbeiten als individualistische und müßige Betätigung galt und gesellschaftlich sanktioniert wurde. T. H. Huxley hatte das Zukunftsversprechen der viktorianischen Wissenschaft zu einer Familienmission gemacht, mit dem Ziel, gesellschaftliche und politische Probleme auf wissenschaftliche und pädagogische zu reduzieren. Das wahre Ausmaß dieses Familienprojekts zu ermessen, das als Erbe auf Francis überging, war schon immer eine unmögliche Aufgabe.

Literatur

Ballard, J. G. (13.4.2002). Prophet of our present. *The Guardian*.
Barrow, A. (23.4.2004). Sybille Bedford: secret history. *Independent*.
Bisbee, C., Bisbee, P., Dyck, E., Farrell, P., Sexton, J., & Spisak, J. W. (Hrsg.). (2018). *Psychedelic prophets. The letters of Aldous Huxley and Humphry Osmond*. Montreal: McGill-Queen's University Press.
Dunaway, D. K. (1985). *Interview with Francis Huxley* (10.7.1985). Unveröffentl. Manuskript. FHA.
Dunaway, D. K. (1990). *Huxley in Hollywood*. London: Bloomsbury.
Dunaway, D. K. (1999). *Aldous Huxley recollected*. Walnut Creek/CA: Altamira Press.
Holmes, C. M. (1970). *Aldous Huxley and the way to reality*. Westport: Greenwood Press.
Horowitz, M., & Palmer, C. (Hrsg.). (1983). *Aldous Huxley: Moksha. Auf der Suche nach der Wunderdroge*. München: Piper.
Huxley, A. (1949). *Die ewige Philosophie*. Zürich: Steinberg.
Huxley, F. (1974). *The way of the sacred*. New York: Doubleday.
Huxley, F. (1976). *The raven and the writing desk*. London: Thames & Hudson.
Huxley, F. (1988). A note from the screenwriters. In F. Huxley & M. Pjerrou, *Aldous – a film about the life of Aldous Huxley* (S. 6). Unveröffentl. Manuskript. FHA.
Huxley, F. (1999). Aldous. In D. K. Dunaway, *Aldous Huxley recollected* (S. v–xiii). Walnut Creek/CA: Altamira Press.
Huxley, J. (Hrsg.). (1969). *Aldous Huxley zum Gedächtnis*. München: Piper.
Huxley, J. (1986). *Leaves of the tulip tree*. London: John Murray.
Morrell, O. (1975). *Ottoline at Garsington. Memoirs of Lady Ottoline Morrell 1915–1918*. Hrsg. v. R. G. Gathorne-Hardy. New York: A. A. Knopf.
Murray, N. (2003). *Aldous Huxley. An English intellectual*. London: Abacus.
Postman, N. (1992). *Wir amüsieren uns zu Tode*, Frankfurt a. M.: Fischer 1992.
The Huxley brothers. (24.3.1947). *Life*, 53–60.
Thody, P. (1973). *Aldous Huxley. A biographical introduction*. London: Studio Vista.
Woodcock, G. (2007). *Dawn and the darkest hour – a study of Aldous Huxley*. Montreal: Black Rose Books.

Heimsuchungen 4

4.1 Die Huxleys: Anfänge

„Ich habe eine heilsame Lektion gelernt", sagte Francis einmal:

> *In der privaten Grundschule in England fragte mich ein Junge, ob ich etwa der Sohn des berühmten Huxley wäre, und ich warf mich in die Brust und sagte: „Oh ja." Der Junge erwiderte: „Echt? Vic Huxley? Der berühmte Motorradrennfahrer?" Ich machte ein langes Gesicht, und kurz darauf wurde mir klar, dass der Name Huxley dort oben in Cheshire tatsächlich sehr bekannt ist. Die bekanntesten Huxleys waren damals Vic Huxley und Huxley, der Fischhändler* (Dunaway 1985a, S. 4).

Die berühmte Familie Huxley, in die Francis hineingeboren wurde, lässt sich bis ins 12. Jahrhundert und auf das Landgut Hodesleia Manor in Cheshire zurückverfolgen. Die Dynastie, an die sich der heute mit dem Namen Huxley verbundene Ruhm knüpft, beginnt jedoch mit Thomas Henry Huxley (1825–1895) im 19. Jahrhundert. Thomas Henry Huxley wurde in Ealing, London, als siebtes Kind des Hilfslehrers George Huxley und seiner Frau Rachel Withers geboren, der Thomas „äußerlich und vom Temperament her sehr ähnlich" gewesen sein soll – Rachels Temperament zeichnete sich durch „unerschöpfliche Energie und Lebhaftigkeit" aus (J. Huxley 1935, S. 7). Rachel gebar fünf Töchter und drei Söhne – ein Ausweis ihrer Vitalität und Stärke. Als Teenager war Thomas ein leidenschaftlicher Leser, und auch wenn er wenig formale Bildung genoss, profitierte er davon, dass sein Vater seine Begeisterung für den Selbstunterricht befürwortete. Schon früh dachte er mit Vorliebe über metaphysische Probleme nach, und als er 16 war, verließ er das familiäre Nest in Richtung London, um in der Praxis seines Schwagers eine medizinische Ausbildung zu beginnen.

Parallel dazu bereitete er sich am Sydenham College auf das Medizinstudium vor und wurde für sein Engagement, seinen Fleiß und seine Leistungen in Botanik ausgezeichnet. Glücklicherweise – da er nicht aus wohlhabenden Verhältnissen stammte – erhielt er ein Stipendium für das Medizinstudium am Charing Cross Hospital. Zu den bekannteren unter seinen Mentoren gehörte der Physiologiedozent Wharton Jones, der ihn ermunterte, einen Beitrag über die mikroskopische Struktur des menschlichen Haars zu veröffentlichen – seine erste Publikation. Im Alter von 20 Jahren erwarb er den akademischen Grad eines Bachelor of Medicine an der University of London. Anschließend arbeitete er als Assistenzarzt für den Navy Medical Service am Royal Hospital Haslar im Hafengebiet von Portsmouth. Seine Talente und sein Arbeitseifer blieben seinem Vorgesetzten, Sir John Richardson – ein Naturhistoriker, Chirurg und Polarforscher – nicht verborgen. Durch dessen Vermittlung bekam T. H. Huxley eine Stelle als Schiffschirurg und Naturforscher an Bord der HMS *Rattlesnake* – ein nie vergessener, lebensverändernder Glücksfall.

Thomas Henry Huxleys Reise zum Ruhm begann an Bord der *Rattlesnake*. Neben seiner ärztlichen Tätigkeit hatte er auf dieser wissenschaftlichgeografischen Forschungsexpedition die Aufgabe, Präparate zu sammeln und alle Forschungsarbeiten durchzuführen, die er für angebracht hielt – Letzteres beinhaltete vor allem die Dokumentation der Lebensgewohnheiten und der Entwicklung der Organismen, die er beobachtete (und sezierte). Während dieser Expedition, die von 1846 bis 1850 dauerte, führte Huxley ein detailliertes Journal, in dem er seine sämtlichen Aktivitäten festhielt. Seine zoologischen Beobachtungen und Schlussfolgerungen schrieb er nieder und schickte sie nach England, wo sie in angesehenen wissenschaftlichen Zeitschriften veröffentlicht wurden. Diese Publikationen brachten ihm wachsendes Ansehen ein und führten dazu, dass er mit gerade einmal 25 Jahren als Mitglied („Fellow") in die Royal Society gewählt wurde. Mit Darwin verband ihn nicht nur die Tatsache, dass sie beide lange Seereisen unternahmen, sondern auch, dass die daraus resultierende Forschung zur Grundlage für viele wichtige theoretische Überlegungen und Innovationen wurde.

Nach der Rückkehr von seiner Reise, in deren Verlauf er sich in seine spätere Frau Henrietta Anne Heathorn verliebt hatte, wuchs sein Ruhm weiter. Die Royal Society verlieh ihm die Royal Medal und wählte ihn in ihren Rat. T. H. Huxley, der sich zweifellos über diese Auszeichnungen freute, bemühte sich nach Kräften, sie in klingende Münze zu verwandeln, doch seine Bewerbungen auf Professuren in Aberdeen, Toronto und London blieben sämtlich erfolglos. Um Henrietta trotz seiner unzureichenden Einkünfte heiraten zu können, erwog er, zu ihr nach Australien zu ziehen. Ein weiterer Glücksfall ersparte ihm diesen

4.1 Die Huxleys: Anfänge

Schritt: Er wurde überraschend an die School of Mines berufen. Seine Lehrmethoden, die von seiner Klugheit, seinen praktischen Erfahrungen, seinem Humor und seiner Offenheit für Neues geprägt waren, beeindruckten seine Studenten wie seine Kollegen. Nun konnte er – sicherlich mit einem Seufzer der Erleichterung – seine Verlobte bitten, zu ihm nach London zu kommen. 1855 folgte die Hochzeit. Diese Verbindung bildete gewissermaßen die Startrampe, die den Namen Huxley in die obersten Ränge der Geistesgeschichte katapultieren sollte. Einen wesentlichen Beitrag leisteten zweifellos Thomas H. Huxleys Verbindungen zu Charles Darwin und die kulturellen Turbulenzen, die dessen Werk auslöste. Der erste Kontakt zwischen den beiden Forschern ergab sich nach Thomas' Rückkehr von der *Rattlesnake*-Expedition – er hatte Darwin einen Bericht über einige seiner Beobachtungen geschickt. Die erste persönliche Begegnung fand 1853 bei einer Zusammenkunft der Geological Society statt. Es war jedoch das Erscheinen von Darwins Werk *On the origins of species* im Jahr 1859 (dt. 1860: *Über die Entstehung der Arten*), das einen echten Wendepunkt in Huxleys Leben markierte.

Huxleys Name erreichte nach seinem berühmten Wortwechsel mit Samuel Wilberforce, damals Bischof von Oxford, auf einer Zusammenkunft der British Association einen bis dahin unerreichten Bekanntheitsgrad. Wilberforce, hinter dem sich die Gegner von Darwin und seinen bahnbrechenden Theorien zur Evolution versammelt hatten, verfügte über sehr dürftige wissenschaftliche Kenntnisse und setzte auf einen, wie es heißt, „eloquenten, ignoranten und auf Überredung angelegten" Beitrag zur Debatte (s. Clark 1968, S. 58). Was die Einzelheiten dieser Zusammenkunft betrifft, unterscheiden sich die Berichte, aber alle kommen übereinstimmend zu dem Schluss, dass Huxleys Wissen im Verein mit seinem Humor den Sieg davontrug. Wilberforce hatte die Frage aufgeworfen, ob irgendjemand bereit sei zu akzeptieren, dass er großväterlicherseits oder großmütterlicherseits von einem Affen abstamme (Clark 1968).

Huxley soll erwidert haben, dass er, was seine Präferenzen in puncto Ahnen betreffe, lieber einen Affen als einen Bischof zum Vorfahren hätte. So wurde Huxley in seinen eigenen Augen zu „Darwins Bulldogge" und in Darwins Augen zu dessen „wärmstem & wichtigstem Fürsprecher" (Desmond 1994, S. 267). Seine Verbindung zu Darwin brachte ihn dazu, „die größte Gotteslästerung zu begehen, seit Kopernikus die Erde aus dem Zentrum des Universums rückte". Gemeinsam würden sie „den Menschen aus dem Zentrum der Schöpfung rücken" (Desmond 1994, S. 304). Angesichts der Geschlossenheit, mit der die beiden Männer in diesem entscheidenden Moment der Wissenschaftsgeschichte auftreten, wirkt es zutiefst ironisch, dass Huxleys damaliges Verständnis von Wissenschaft als „organisierter gesunder Menschenverstand" heute in krassem

Gegensatz zu zeitgenössischen Darwin-Interpreten steht, die dessen Arbeit „gerade *nicht* als Ausweis gesunden Menschenverstands" ansehen (Levine 2011, S. 126).

Seinen wachsenden Ruhm nutzte Huxley, um die Umsetzung wissenschaftlicher Erkenntnisse und die Professionalisierung der Wissenschaft zu unterstützen. Er richtete 1871 das erste moderne Biologielabor ein, war Mitglied in einigen Royal Commissions (von der Regierung eingesetzte Expertenkommissionen) und stellte seine Dienste mehreren Universitäten zur Verfügung. Er war ein leidenschaftlicher Befürworter einer naturwissenschaftlichen Grundbildung für alle, verfasste gern populärwissenschaftliche Artikel und leistete Pionierarbeit für den Wissenschaftsjournalismus. Mit Huxley sei „der Wissenschaftler geboren" worden, heißt es bei Desmond und Moore (1992, S. xvi): Während Darwin der Repräsentant „eines älteren Ideals" gewesen sei, nämlich das des „wohlhabenden, sich selbst finanzierenden Gentlemans, dessen Haus zugleich sein Labor war", könne man mit Huxley „die korporative Wissenschaft des 20. Jahrhunderts entstehen" sehen.

Sein ganzes Leben lang war Huxley unermüdlich tätig: als Vortragsredner, Komiteemitglied, Schriftsteller, Freund, als Herausforderer des Klerus, Verbreiter von Darwins Ideen und als Paterfamilias. Seine Vorträge vor der Arbeiterschaft brachten ihm nicht nur große persönliche Befriedigung, sondern auch den Beifall der im Entstehen begriffenen Gewerkschaften ein. Huxleys Publikum bestand überwiegend aus Handwerkern und Fabrikarbeitern und -arbeiterinnen, bei denen seine Abendvorlesungen in der Jermyn Street an der School of Mines – später Teil des Imperial College London – großen Anklang fanden.

Als die Arbeiterbewegung sich in den 1880er-Jahren zu Gewerkschaften mit eigenen Weiterbildungseinrichtungen zusammenschloss und eine neue politische Partei gründete, die ihre Interessen vertrat, galt T. H. Huxley nicht mehr nur als Sozialreformer und moralische Instanz im Hinblick auf soziale und ökonomische Ungleichheit, sondern auch als ein Verteidiger der Grundfesten von Industrie und Handel. Die Arbeiterklasse hatte ihn als einen der Ihren akzeptiert – was nicht zuletzt daran lag, dass er „in hohem Maße Autodidakt war und dass sie das wussten; dass er der Prophet der Wissenschaft war und dass sie seine Vision teilten. Er hegte keinerlei romantische Illusionen in Bezug auf die Arbeiterklasse" (Bibby 1960, S. 30).

Die Begleiterscheinungen seines Erfolgs ließen T. H. Huxley jedoch zum Strukturkonservativen mutieren, der Alternativen zur bestehenden Gesellschaftsordnung eine entschiedene Absage erteilte. Infolgedessen rechneten die Gewerkschaften ihn bald zu den „rücksichtslos eigennützigen herrschenden Klassen" (White 2003, S. 136). Das war zweifellos ebenso bedauerlich wie unzutreffend,

4.1 Die Huxleys: Anfänge

jedenfalls was Huxleys finanzielle Mittel betraf. Dennoch galt er nicht länger als ein Mann der Wissenschaft, der sein Revier mit Esprit und der Vision von einer Selbstvervollkommnung durch Bildung und harte Arbeit verteidigte. Letztendlich

> *richtete er sich mit zunehmendem Behagen in Institutionen ein, die sich imperialer Zurschaustellung, der Förderung von Wirtschaftsinteressen und der Belehrung der Öffentlichkeit widmeten. Von solchen Positionen aus konnte er sich als jemand präsentieren, der das Volk von den Dogmen des Pfaffentums und der Trägheit der Professoren befreite und milde Kritik an den gröberen Praktiken des Kapitalismus und Imperialismus übte* (White 2003, S. 172).

Viele schilderten ihn als einen fürsorglichen und herzlichen Meister mehrerer wissenschaftlicher Disziplinen. Eine Zeit lang war er Präsident der Ethnological Society, und 1871 gründete er das Royal Anthropological Institute, die älteste derartige Vereinigung der modernen Welt. Gemeinsam mit anderen reichte er außerdem 1880 eine Petition an der Universität Cambridge ein, um Frauen das Studium dort zu ermöglichen, und setzte sich dafür ein, dass sich die Universitäten Oxford und Cambridge für die untere Mittelschicht öffneten. Familienmitglieder der folgenden Generationen – T. H. Huxleys Sohn Leonard, sein Enkel Julian und sein Urenkel Francis – studierten alle am Balliol College in Oxford. In Bezug auf T. H. Huxley stellte Bibby (1960, S. 234) fest:

> *Es gehört zu den Kennzeichen eines Meisters, dass seine großen Wundertaten eine erstaunliche Mythologie hervorzubringen vermögen, und ein Huxley-Mythos erlangte noch zu seinen Lebzeiten eine große, nahezu autonome Macht.*

Es bleibt eine bemerkenswerte Tatsache, dass die Huxleys ursprünglich aus dem Nichts kamen und vier Generationen nach dem „enfant terrible" (Desmond 1994, S. xvi), dem Mann, den seine Studenten „General" und die Zeitungen „Papst Huxley" (Desmond 1994, S. 350) nannten, die Spitze ihrer jeweiligen akademischen Professionen erreicht hatten.

Thomas Henry Huxley war kein Verfechter von „Die Macht dem Volk", sondern forderte eher Macht für die Fachleute. Als die Universität Cambridge ihm 1879 die Ehrendoktorwürde verlieh, hatte er sich von einem Außenseiter mit geringem Status zu einem unverzichtbaren „Teil der neuen Hegemonie" gewandelt: „Die sich modernisierende Universität war willens gewesen, sich seiner zu bedienen, jetzt war sie bereit, ihn zu ehren" (Desmond 1994, S. 119). Huxleys Schlüsselrolle bei der Transformation des britischen Geisteslebens brachte es mit sich, dass er gegen eine vom Staat unterstützte Kirche antrat, die das Monopol auf Wissen für sich reklamierte. Mit Mitte 30 propagierte er rationale Erklärungen für

den Ursprung des Lebens, mit 44 prägte er bei einem Treffen der Metaphysical Society in London den Begriff „Agnostizismus".
Im Alter von 58 Jahren wurde T. H. Huxley Präsident der Royal Society und überwachte die Entwicklung der Wissenschaft aus einer Machtposition heraus. Die Liste seiner Zuständigkeiten wurde lang und länger – Whitehall, Kommissionen, Fischerei, Schulen –, daneben publizierte er, hielt Vorlesungen, betreute Studierende im Labor und widmete sich seiner Familie. Als sein 60. Geburtstag nahte, hatte er wiederholt mit depressiven Stimmungen zu kämpfen und fühlte sich emotional so ausgebrannt, dass er sich nicht mehr in der Lage sah, der Welt die Stirn zu bieten.

Desmond fasst seine zweibändige Biografie über diesen ersten berühmten Vorfahren von Francis Huxley folgendermaßen zusammen:

> *Huxley ist ein Teil der neuen kontextuellen Wissenschaftsgeschichte. Diese wiederum ist eine Reaktion auf die alte Ideengeschichte, die die Person verdrängte, zu einem körperlosen Geist machte, einem Aufblitzen des transzendenten Genius. Nur indem wir Huxley in diesen Zusammenhängen betrachten, können wir seine Rolle in der gewaltigen Transformation würdigen, die unseren Urgroßvätern die Sprache verschlug* (Desmond 1994, S. 235).

Anschließend zeichnet Desmond ein eigenes prägnantes Bild dieses Kontexts, der Huxleys Ruhm und ein neues, um das Wissenschaftsgebäude herum konstruiertes nonkonformistisches meritokratisches Ideal hervorbrachte:

> *Huxleys radikale Lehrer führten einen Feldzug des Ungehorsams gegen das von Anglikanern geleitete, machtgierige College of Physicians an. Huxley war in den Vierzigern von radikalen Methodisten und rationalen Dissidenten umgeben – Aktivisten, deren Kultur des Widerstands und des wissenschaftlichen Calvinismus am Tisch des Herrn herangereift war ... [D]er junge Huxley wurde zum Erben des nonkonformistischen Widerstands von Baumwollkönigen und Aktivisten aus dem Umfeld der Medizin* (Desmond 1994, S. 241).

Ohne Berücksichtigung dieses Kontexts lässt sich weder wirklich nachvollziehen, was spätere Generationen der Huxley-Dynastie durchstehen mussten, noch, was sie unter großem Einsatz hervorbrachten.

4.2　Erbe und Erinnerung

Die Betrachtung von Francis Huxleys Leben und Werk gibt uns die Möglichkeit, die Analyse des kollektiven Gedächtnisses auf das Feld der Familie auszudehnen – in diesem speziellen Fall auf eine der faszinierendsten und berühmtesten Intellektuellenfamilien Englands. Wie der Psychoanalytiker Stephen Frosch feststellte, wird „ein Großteil des Lebens einer Generation damit verbracht, die Probleme der vorangegangenen zu bewältigen" (Frosch 2013, S. 119) – eine, wie wir sehen werden, treffende Zusammenfassung der Anforderungen, mit denen sich die Folgegenerationen der Familie Huxley konfrontiert sahen. Über die Huxley-„Dynastie" ist viel geschrieben worden, von ihren Anfängen im viktorianischen Großbritannien bis zu den Leistungen ihrer alles überstrahlenden Stars: Thomas Henry Huxley (Darwins Bulldogge), Julian Huxley (Generalsekretär der UNESCO und der Zoological Society of London), Andrew Huxley (Nobelpreisträger) und Aldous Huxley (Romancier und Essayist). Statt das Erfolgsmuster prominenter Familienmitglieder einer kritischen Reflexion zu unterziehen, wurde allzu oft einfach angenommen, dass es sich genetisch erklären lasse.[1] So stellte etwa Ronald W. Clark, der Biograf der Huxleys, die irrige Behauptung auf, eine Untersuchung der Huxley-Dynastie komme geradezu einem „kontrollierten Experiment" zur Vererbung gleich (s. Clark 1968, S. xiii), und bediente sich bei seinen Charakterstudien über einzelne Familienmitglieder häufig eines biologischen Vokabulars. Auch J. R. Baker schreibt in seiner Biografie über Julian Huxley (Baker 1976, S. 7), dieser habe unter dem Einfluss der Gene gestanden, „die in den Chromosomen seines Körpers existierten … und der, die er mit seinen Verwandten teilte". Julian selbst hatte geäußert, dass sein Bruder Aldous „eine Art angeborene Überlegenheit besaß" (s. Clark 1968, S. 151). Diese Rhetorik, die sich auf die unsichtbare Macht der Abstammung beruft, stammt allerdings aus dem 19. Jahrhundert und wurde innerhalb der Familie erstmals von Francis'

---

[1] Die dem zugrunde liegende Annahme, dass Hochbegabung von einer Generation auf die nächste übertragen wird, ist ausgiebig beforscht worden. Studien, die auf einen hohen Erblichkeitsgrad des IQs hindeuten (was hieße, dass die Variation der Intelligenz innerhalb der Bevölkerung in hohem Maße mit genetischen Variationen korreliert), greifen in der Regel auf das Zwillingsstudienparadigma zurück. Dabei werden die IQs eineiiger Zwillinge mit denen zweieiiger Zwillinge verglichen. Die höhere Übereinstimmung bei den IQs eineiiger Zwillinge wurde als Argument für die Vererbungsthese gewertet. Das Hauptproblem dabei ist, dass bei eineiigen Zwillingspaaren auch das Umfeld ähnlicher ist als bei zweieiigen. Die gewonnenen Daten allein könnten daher ebenso gut zur Stützung der Umwelthypothese herangezogen werden. In seiner kritischen Analyse dieser Methodik kam Colman (1987) zu dem Schluss, dass es schlicht nicht möglich ist, hier zu einem eindeutigen Ergebnis zu kommen.

Urgroßvater T. H. Huxley benutzt, als er in einem Brief an seine Schwester auf den „Platz in der Gesellschaft, für den mich die Natur ausgestattet hat", verwies.[2]

4.3 Heimsuchungen, Dynastien und die Last der Erwartungen

Im Folgenden erkunden wir einige andere der unzähligen Arten und Weisen, in denen vergangenes Leben das gegenwärtige durchdringen, durchtränken oder gar überfluten kann, um die Familie Huxley als einen gesellschaftlich konstituierten Ort familiärer „Wiedergänger"-Phänomene zu betrachten, an dem die Toten nie sehr weit entfernt sind. Dabei geht es uns um die Frage, wie sich wiederholende intellektuelle Denkmuster einerseits in spezifische Beziehungen eingebettet und zum anderen durch sie gefördert wurden. Gemeint sind damit nicht nur die Beziehungsgeflechte innerhalb des Huxley'schen Familiensystems, sondern auch die Beziehungen zwischen diesem System und der es umgebenden westlichen Gesellschaft mit ihren charakteristischen Antworten auf die Frage, was die Zugehörigkeit zu einer Familie bedeutet. In diesem Zusammenhang gilt es zu reflektieren, auf welche Weise und in welchem Maß Intelligenz in Relation zum Pantheon anderer menschlicher Eigenschaften und Fähigkeiten gesellschaftlich bewertet, geschätzt und ausgebeutet wird, welche Kosten unser heute vorherrschendes Kalkül verursacht und welche Funktionen mit der Identifizierung einer bestimmten Familie als Hort der Genialität möglicherweise noch verbunden sind. Aldous Huxleys Karriere als Drehbuchautor in Hollywood in den späten 1930er- und frühen 1940er-Jahren illustriert auf sehr aufschlussreiche Weise, wie sich die Mächtigen der sozialen Konstruktion des Genies zu bedienen wussten. In einem Interview mit David King Dunaway sprach Jacob Zeitlin freimütig darüber:

> *Als Aldous hierherkam, hatte er bereits einen großen Namen als Reiseschriftsteller und Essayist. Obwohl viele Menschen noch nie etwas von ihm gelesen hatten, suchten sie seine Nähe, weil sein Name bedeutete, dass er zu den klugen Köpfen gehörte ... sie wollten ihn, weil er Aldous Huxley war ... Es war das Prestige, auf das sie aus waren* (Dunaway 1999, S. 37).

---

[2] Psychologinnen und Psychologen könnten darin natürlich das Beispiel eines fundamentalen Attributionsfehlers sehen – die Neigung, Erfolge eher der persönlichen Disposition als äußeren Faktoren zuzuschreiben. Als T. H. Huxley diesen Brief schrieb, gehörte er nach eigenem Bekunden zum Establishment. Die Privilegien dieser „Mitgliedschaft" wurden dann vonseiten der Gesellschaft allen Nachkommen übertragen.

4.3 Heimsuchungen, Dynastien und die Last der Erwartungen

Christopher Isherwood ergänzte, dass die Filmstudios „glaubten, er verleihe ihnen besonderen Glanz" (Dunaway 1999, S. 45). Auf diese Weise wurde Aldous zu einem Teil des Kulturguts. Man kann sich allerdings fragen, ob der Zweck eines solchen sozialen Konstrukts nicht, ähnlich wie beim „grausamen Optimismus" des sogenannten amerikanischen Traums, die Täuschung ist – Scheinwelten zu erschaffen, in denen wir der gesellschaftlich definierten Überlegenheit anderer als einer Produktionsstufe unserer eigenen Minderwertigkeit zustimmen. Und schon verbreitet er sich, der Mythos der Meritokratie: dass sich der Erfolg unweigerlich einstellt, wenn man nur seine überlegene Intelligenz oder harte Arbeit einsetzt.

Wörterbuchdefinitionen des Begriffs „Dynastie" – „auf einem bestimmten Gebiet bekannte oder hervorragende, Einfluss ausübende Familie" (Duden) – sind meist eher vage und suggerieren, dass die Blutsverwandtschaft, d. h. die biologische Verbindung zwischen den betreffenden Individuen, entscheidend ist. Die Etymologie des Wortes ist da schon aufschlussreicher: Das französische Wort *dynastie* aus dem 15. Jahrhundert bezeichnete eine Abfolge von Regierenden aus derselben Abstammungslinie oder Familie; der noch ältere griechische Begriff *dynasteia* bedeutet „Macht, Herrschaft". Die Ursprünge des Begriffs liegen also in einem feudalen oder monarchischen System. Wenn wir uns mit einer Dynastie beschäftigen, sind also ein System der Macht und die Beziehungen der Familienmitglieder zu dieser Macht und ihren Ausdrucksformen relevant. Ein ausladender Stammbaum allein stellt, gleichgültig wie viele fähige Familienmitglieder ihn bevölkern, noch keine Dynastie dar, wenn die betreffende Familie nicht zugleich über offensichtliche soziale und intellektuelle Macht verfügt.

Was seine Familienzugehörigkeit für Francis bedeutete, kann man seinen Gedanken zum Huxley'schen „Familienalbum" entnehmen, einem 28 Alben umfassenden Fotoarchiv aus den Jahren 1908 bis 1993, das er nach dem Tod seiner Mutter Juliette geerbt hatte. Ein Foto, das Francis' Vater Julian auf dem Schoß seines Großvaters T. H. Huxley sitzend zeigt, regte ihn zu Überlegungen über Julians Beziehung zu seinem Großvater an. Seine beiläufige Bemerkung, dass „der Genius die sprichwörtliche Neigung zeigt, eine Generation zu überspringen" (F. Huxley 1998, S. 5)[3], signalisiert, dass auch er den Mythos, die Biologie sei für das Wirken des Genius innerhalb des Familiennetzwerks ursächlich, aufgesogen hatte. Vorausgesetzt, er nahm diese Redewendung ernst, muss ihm ihre Implikation bewusst gewesen sein: nämlich, dass auch er nicht mit den intellektuellen Gaben seines Vaters und Urgroßvaters gesegnet war. Für ein Mitglied einer

---

[3] Laura Huxley, Aldous' zweite Ehefrau, wiederholte dieses diskursive Meme – und erklärte im Hinblick auf Julian und Aldous ebenfalls, dass es so aussehe, „als hätten die Huxley-Gene eine Generation übersprungen, um ihre besonderen Merkmale durchzusetzen" (vgl. Dunaway 1999, S. 6).

von der Gesellschaft als außergewöhnlich klassifizierten Familie, in der Intelligenz zu den höchsten Tugenden zählte, muss dies schmerzhaft und deprimierend gewesen sein. In seinen weiteren Ausführungen zum Familienalbum greift Francis Äußerungen seiner Mutter wieder auf, indem er andeutet, Julian habe von T. H. neben dem „streitbaren Genius" auch dessen „schwarzen Hund" geerbt – ein weiteres Indiz dafür, dass Francis Intelligenz und Persönlichkeitsmerkmale als genetisch bedingt ansah, obwohl er den Einfluss der viktorianischen Arbeitsethik, Julians Neigung zur Überarbeitung und die damit einhergehende Erschöpfung als Ursachen für dessen wiederholte depressive Episoden durchaus in Betracht zog.

Das „Evangelium der harten Arbeit" wurde den Mitgliedern der Familie Huxley neben dem Mythos von der ererbten Genialität beständig eingetrichtert. Das Beispiel seines Urgroßvaters, so Francis, sei seinem eigenen Großvater (Leonard) „häufig als leuchtendes Vorbild vor Augen gehalten worden" (F. Huxley 1998, S. 11), und der Refrain „Huxleys erreichen immer Bestnoten" habe auch bei den nachfolgenden Generationen studierender Kinder und Enkel seinen Widerhall gefunden. Juliette schilderte in ihren Memoiren, einer nostalgischen, bittersüßen Hymne auf ihr bewegtes Leben, sehr plastisch, wie dieses „schwere Erbe, das Kreuzzüge und Bestrafungen forderte" (J. Huxley 1986, S. 70), auf Julian niederregnete. Es gab, so schrieb sie,

einen Zwang, der ihm von seiner Familie auferlegt wurde, sich sowohl seines Großvaters T. H. H. als auch seiner Arnold-Eltern würdig zu erweisen, sodass ihm nichts anderes übrig blieb, als sich schuldig zu fühlen, wenn er versagte. Das war eine furchtbare Last für ein Kind, die Julian für sein ganzes Leben prägte (J. Huxley 1986, S. 141).

Für Trevenen, Julians und Aldous' Bruder, dem es nicht gelang, dieser Maxime gerecht zu werden, waren die Folgen schwerwiegend. Dass er in seinen Abschlussprüfungen nur die zweitbeste Note erreichte, belastete ihn sehr und trug zu seinem psychischen Zusammenbruch bei.[4] Francis berichtete uns, dass „Trev" sich damals außerdem in eine Frau verliebt hatte, die als Zimmermädchen für seine Stiefmutter arbeitete. Der Huxley-Biograf Ronald Clark formulierte es

---

[4] Dunaway (1999, S. 3) „erklärt" Trevenens Suizid damit, dass er das „Opfer einer ererbten familiären Disposition für Depressionen" gewesen sei, und wiederholt damit blind die irrige Annahme einiger Biografen, dass sich die Verhaltensweisen von Mitgliedern des Huxley-Clans biologisch erklären ließen – obwohl es zahlreiche plausible Anhaltspunkte gibt, die das Gegenteil nahelegen. Zu berücksichtigen ist hier nicht nur der erwähnte familiäre Erfolgsdruck, Trevs „akademisches Versagen" und seine Beziehung zu dem Zimmermädchen. Wie Naomi Haldane Mitchison, eine von Dunaway interviewte Freundin von Aldous, berichtete, gaben sowohl Aldous als auch Julian ihrem Vater die Schuld an Trevs Selbsttötung.

4.3 Heimsuchungen, Dynastien und die Last der Erwartungen

anders: „Trev befürchtete, dass er eine seiner Freundinnen kompromittiert haben könnte", zudem habe er „unter Überarbeitung und großer nervlicher Anspannung" gelitten und „neben eigenen Sorgen auch die anderer Menschen mit sich herumgetragen" (Clark 1968, S. 163). All das habe ihn schließlich dazu gebracht, sich das Leben zu nehmen. Aldous zufolge „besaß Trev den Mut, dem Leben mit Idealen gegenüberzutreten – und seine Ideale überforderten ihn" (Clark 1968, S. 164). Aber waren diese „Ideale" wirklich seine? Die ihm eingeimpften hohen Erwartungen an seinen akademischen Erfolg in Verbindung mit den Spannungen, wie sie in einer Klassengesellschaft in Beziehungen zwischen Angehörigen verschiedener Klassen unweigerlich entstehen, hatten ihren Ursprung jenseits der Grenzen von Trevs Hoffnungen, Wünschen und Sehnsüchten. Laut Francis' Nichte Susan Ray Huxley setzte sich die Erwartung, dass man die richtige Person zu heiraten hatte, in den folgenden Generationen fort; so habe Juliette die potenziellen Partnerinnen ihrer Söhne einer genauen Prüfung unterzogen:

Unsere Mutter[5] fand keine Gnade vor ihren Augen, da sie schon mit mir schwanger war, bevor mein Vater und sie verheiratet waren. Juliette wollte, dass sie abtreibt. Sie hatte dynastische Ambitionen. Das war einer der Gründe, warum sie auch aktiv wurde, als die Bildhauerin Ferelyth Howard und Francis kurz davor waren, zu heiraten. Anthony ging fort, um eine unpassende Frau zu heiraten. Juliette sagte: „Wir werden nicht zulassen, dass Francis dasselbe tut" (Interview mit S. Ray Huxley, 14.3.2018, London).

Juliettes Sorge um den „guten" Namen der Familie und ihre strenge Begutachtung potenzieller Partnerinnen ihrer Söhne hatten tiefgreifende Auswirkungen. Aldous' Sohn Matthew fühlte sich von seinem Vater „traktiert" und durch das familiäre Vermächtnis belastet, aber auch viele andere Familienmitgliedern vermittelten den Eindruck, dass über ihren Köpfen beständig ein schweres Gewicht aus Erwartung und Ernst hing. Matthews Sohn Trev erzählte uns

… eine schreckliche College-Geschichte über meinen Vater. Er sollte ein paar Aufsätze schreiben und weigerte sich zunächst. Aber er musste. Er sagte ihnen, sie sollten seinen Nachnamen nicht veröffentlichen, weil er nicht so gut schreiben könne wie sein Vater. Da war er gerade mal achtzehn Jahre alt. Es war eine große Belastung für ihn. Weißt du, die Leute wissen gar nicht so viel, sagte mein Vater zu mir. Es ist in Ordnung, deinen

---

Interessant ist auch, dass Margaret, Julians, Aldous' und Trevs Schwester, aus dem Huxley-Narrativ gewissermaßen ausgespart wurde. Nach Trevs Suizid brach sie den Kontakt zu ihren Brüdern weitgehend ab (vgl. Dunaway 1999, S. 9–11).

[5] Susie bezieht sich hier auf ihre Mutter, Ann Taylor, die Francis' Bruder Anthony geheiratet hatte.

> Nachnamen zu nutzen, wenn du das willst. Die meisten Leute schaffen es nicht, ein Buch zu veröffentlichen. Doch es half meinem Vater (Interview mit T. Huxley, 26.04.2018, Sebastopol).

Juliette vervollständigte dieses Bild in den Interviews, die David Dunaway mit ihr führte. Es habe sie unendlich traurig gemacht, dass Matthew ihr erzählt hatte,

> er habe vor Aldous' Tod nichts veröffentlicht. Er konnte es nicht ertragen; er hatte Angst. Oh, diese Väter und Söhne – dabei gibt es dieses erstklassige Buch (Farewell to Eden, 1964), auf das Aldous unglaublich stolz gewesen wäre! (Dunaway 1985b, S. 7).

Dass unermüdliche Arbeit in dieser Familie nicht nur gepriesen, sondern auch gefordert wurde, hinterließ auch in Francis' Leben deutliche Spuren. Ungeachtet seiner immer länger werdenden Publikationsliste, auf der mehrere gut aufgenommene Bücher und zahlreiche Artikel standen, und obwohl er *Survival International* – eine internationale NGO, die indigene Völker weltweit unterstützt – mitbegründet hatte, galt er im Familienkreis als ein wenig faul im Vergleich zu seinem älteren Bruder und seinem Vater Julian (Abb. 4.1). Francis empfand es „ein bisschen wie einen Fluch, der Sohn dieses berühmten Mannes zu sein, der über 60 Bücher geschrieben hatte", während er „nur sieben" vorweisen konnte (Interview mit R. Sheldrake, 13.3.2018, London). Rupert Sheldrake, der ihn gut kannte, glaubt, dass Francis, auch wenn er sein Selbstverständnis zu einem guten Teil aus seiner Zugehörigkeit zu dieser großen Familie mit ihrer imposanten intellektuellen Tradition ableitete, dies auch „als leichte Überforderung und als eine Art Bürde" erlebte. Obwohl Francis die geistigen und wissenschaftlichen Leistungen seines Vaters achtete, empfand er ihn als „arrogant und überheblich" (Interview mit R. Sheldrake, 13.3.2018, London). Dass es unmöglich war, dem Anspruch gerecht zu werden, den der Familienname an ihn stellte, mag begünstigt haben, was Sheldrake an Francis festgestellt zu haben glaubt: die Tendenz, die Klippen der intellektuellen Herausforderungen, denen er sich stellte, zu umschiffen – so als hätte er Angst gehabt, wirklich ins Herz des „zentralen Mysteriums" menschlicher Existenz zu blicken.

Francis' Nichte Victoria, die dritte Tochter von Anthony und Ann Huxley, sprach offen über diesen Familiendruck, der auch in ihrer Generation, der vierten seit T. H. Huxley, noch immer wirksam war. Victoria hatte mit ihrer standhaften Weigerung, „Profit aus dem Familiennamen zu schlagen", den Zorn ihres Vaters Anthony auf sich gezogen. Er sei wütend gewesen, als sie sich für ein Anglistikstudium an der University of London bewarb. Ihr späterer Abschluss

4.3 Heimsuchungen, Dynastien und die Last der Erwartungen

Abb. 4.1 Francis, Julian und Aldous Huxley, 1952. (FHA, mit freundlicher Genehmigung von A. Getty)

„zählte nicht" in seinen Augen, denn sie hatte ihn ja „nicht in Oxford" erworben (Interview mit V. Huxley, 15.3.2018, Oxford). Aber die Tradition der „toten Geschlechter", die – um Marx' berühmten Satz zu zitieren – „wie ein Alp auf dem Gehirne der Lebenden" lastet, beschwerte die Folgegenerationen auf eine andere, weniger vorhersehbare Weise. „Man [wurde] gezwungen, sich des Familiennamens stets bewusst zu sein", sagte Victoria, „und auch der Erwartungen, die sich daran knüpften" (Interview mit V. Huxley, 15.3.2018, Oxford). Verlangt wurde nicht einfach nur Erfolg an sich, sondern Erfolg einer bestimmten, einem jeweils zugeteilten Art. „In unserer Kindheit", erklärte Victoria, „verteilte meine Mutter Rollen an uns alle. Susie sollte die Künstlerin sein. Meine mittlere Schwester die Praktische. Ich hatte die Kluge zu sein und an die Universität zu gehen." Das Ergebnis war, dass Victoria sich davon zu distanzieren versuchte, „eine Huxley zu sein". Und damit war sie nicht allein. „Henrietta [Andrew Huxleys Tochter und Francis' Cousine] änderte ihren Namen, als sie ein Teenager war. Sie ertrug es nicht, Huxley zu heißen, eine Huxley zu sein." Doch laut Victoria „konnte man dem nicht entkommen … selbst wenn man wollte" (Interview mit V. Huxley, 15.3.2018, Oxford). Damit meinte sie nicht nur den offensichtlichen Druck, dem

Familiennamen gerecht werden zu müssen, sondern auch das dichte Netz wichtiger Beziehungen zu einflussreichen und sozial etablierten Menschen, das die Familienmitglieder umgab. Auch Francis' Mutter Juliette, die zum engsten Zirkel der Bloomsbury-Gruppe gehört hatte, räumte ein, sie habe den Huxley-Clan, in den sie eingeheiratet hatte, als einschüchternd empfunden.

Der Versuch, sich aus dem Zentrum des dynastischen Dramas zu entfernen, erinnert stark an die Strategien von Menschen, die in unserer an Prominenten nicht gerade armen Welt zu Ruhm gelangen. Eine wenig bekannte Studie von Donna Rickwell und David Giles (2009) über die Phänomenologie des Ruhms liefert weitere Erkenntnisse über den Druck, dem all jene ausgesetzt sind, deren Leben im öffentlichen Feuer „symbolischer Unsterblichkeit" brennt. Rickwell und Giles interviewten 15 erwachsene US-Bürgerinnen und -Bürger, die irgendwann in ihrem Leben einen Celebrity-Status erlangt hatten, und stellten fest, dass die Befragten häufig von Sorgen um ihre seelische Gesundheit berichteten, einhergehend mit Misstrauen, Isolation, Ungewissheit sowie Abhängigkeit von dem Status, der mit Berühmtheit verbunden ist. Francis war diese Problematik durchaus bewusst, und wie Victoria versuchte auch er – wenn auch vielleicht in weniger direkter und eindeutiger Weise –, sich bis zu einem gewissen Grad aus dem Familienzirkus zurückzuziehen. In Rupert Sheldrakes Worten:

> *Er war sich dessen sehr bewusst, schließlich war er in diese intellektuelle akademische Welt hineingeboren worden. Doch er war eine Art transgressives Mitglied dieser Welt, denn er war nicht in Oxford geblieben, um dort zu lehren, er ließ diese intellektuelle Welt hinter sich und wurde ein wilder Intellektueller* (Interview mit R. Sheldrake, 13.3.2018, London).

Francis pflegte mit einer Mischung aus Zorn und Belustigung von einer Einladung zu einem Vortrag auf einer internationalen Konferenz in Japan zu erzählen. Neugierig hatte er sich bei den Organisatoren erkundigt, warum er eingeladen worden war. „Weil Sie ein Huxley sind", lautete die Antwort. Francis reichte daraufhin sein „Paper" ein – eine einzige Seite mit einem einzigen daraufgekritzelten Wort: „Huxley". Da der Name das Einzige war, was die Organisatoren wirklich interessierte, war das alles, was sie bekamen. „Das Benennen ist der erste Schritt des Befreiungsprozesses", schreibt Rebecca Solnit (2019, S. 8). Francis' Reaktion illustriert diese Wahrheit auf wunderbar ironische Weise.

Das übergreifende Narrativ, das die Geschichte der Huxleys über Generationen hinweg antrieb und für das verantwortlich war, was der britische Historiker und Politiker Noel Annan einmal als „Verhaltenstradition, die nicht mit dem Vergehen der Jahre verging" bezeichnete (s. Sansom 2010), war vielleicht zum

4.3 Heimsuchungen, Dynastien und die Last der Erwartungen

Teil der Angst geschuldet. T. H. Huxley hatte die „Dynastie" vor allem durch unermüdliche Anstrengung begründet, auch wenn er natürlich immer wieder von vorteilhaften Beziehungen profitiert und Unterstützung erfahren hatte. Dieser verzweifelte Wille zum Erfolg erstarrte offenbar im Laufe seines Lebens zu einer Architektur persönlicher Bedürfnisse und Wünsche, die dann bei allen, die den Namen Huxley trugen, ermutigt, gefördert, erlaubt und erwartet wurden. Die Komplexitätsebenen der Familiendynamik sind damit jedoch noch nicht vollständig. Der Drang, das Schicksal von Angehörigen früherer Generationen nachzuahmen oder zu wiederholen, suchte sich auch andere Wege – ob bewusst oder zumindest teilweise unbewusst, ist schwer zu beurteilen. So war Julian nach seiner Mutter und deren Mutter benannt worden – beide hießen Julia –, und seine Frau, Francis' Mutter, hieß Juliette – eine Verkleinerungsform von Julia. Ob man von Julian erwartete, dass er sich in einer Weise verhielt, die an seine Vorfahrinnen erinnerte, ist unklar, doch aus psychoanalytischer Perspektive liegt die Vermutung nicht fern, dass er gleichzeitig mit seiner Frau, seiner Mutter und seiner Großmutter verheiratet war – eine *ménage à quatre* und eine häusliche und erotische Dreifaltigkeit, die im Unbewussten wohnt. Auch Juliette selbst fragte sich, ob Julian in ihr nicht seine verstorbene Mutter suchte.

Zeit und Dynastie
Es gibt Gründe für die Annahme, dass die Weitergabe solcher dynastischen Einflüsse nach der dritten oder vierten Generation zu schwinden beginnt – ab dem Zeitpunkt also, ab dem die Möglichkeit des direkten, gelebten Kontakts mit den Nachkommen zunehmend einer kommunizierten, kulturell überlieferten Erzählung weicht. Für den Kulturtheoretiker Jan Assman (1998) bildet diese kritische intergenerationelle Periode – die drei bis vier Generationen bzw. 80 bis 100 Jahre umfasst – die zeitliche Begrenzung dessen, was er das „kommunikative Gedächtnis" nennt.[6] Dieser intergenerationelle Übergang markiert den Punkt, ab dem jemand sich bei der „Erinnerung" an eine gesellschaftlich relevante Vergangenheit nicht länger auf eigene Erfahrungen stützen kann, sondern mehr und mehr auf die Darstellung von anderen angewiesen ist. T. H. Huxley starb 1895. Francis wurde 28 Jahre später geboren, hat ihn also nicht mehr persönlich kennengelernt. Wenn das Schwinden der gesellschaftlichen Macht einer Dynastie mit dieser kommunikativen Klippe zusammenfällt, dann ist die Wahrscheinlichkeit groß, dass Francis als Julians Sohn und Thomas

---

[6] Siehe auch László, J. (2003). László liefert eine nützliche Zusammenfassung von Assmanns Hauptgedanken. Frosch (2013, S. 119) verweist auf eine Stelle in 2. Mose 20,5, in der es heißt, dass Gott „die Missetat der Väter heimsucht bis ins dritte und vierte Glied", und setzt dies in Bezug zu den von Assmann genannten zeitlichen Grenzen des kommunikativen Gedächtnisses.

Henrys Urenkel dasjenige Familienmitglied war, das aufgrund seiner Position in der Generationenfolge die Auswirkungen am stärksten zu spüren bekam, weil es die Diskrepanz zwischen den kulturellen Erwartungen der Familienmitglieder und den schrumpfenden sozialen und kulturellen Möglichkeiten wahrnahm. Die Generation, der Francis angehörte, könnte somit die erste gewesen sein, die tatsächlich von T. H. Huxleys Geist und Vermächtnis heimgesucht wurde.

Diese Phase des kommunikativen Gedächtnisses und ihre Implikationen sind nicht nur für diese Biografie von großer Relevanz. Ihre weitreichenden politischen Konsequenzen werden wahrscheinlich schon bald spürbar werden, da die Erinnerung an und das Wissen über den Zweiten Weltkrieg und seine Schrecken immer weniger Teil der gelebten Erfahrung sind. Die Art des Zugangs zu dieser singulären Erfahrung könnte durchaus eine Rolle bei der weltweiten Renaissance rechtsextremer Ideologien, der Holocaust-Leugnung und ablehnenden Haltungen gegenüber der europäischen Integration spielen. Das kommunikative Gedächtnis in Familien ist in der psychologischen Literatur eher stiefmütterlich behandelt worden – obwohl es gerade hier ernsthafte Ansätze zur Untersuchung dieses Zusammenhangs gab. So verweisen die Untersuchungen zur Familiendynamik, mit denen sich der schottische Psychiater Ronald D. Laing befasste, ausdrücklich auf transgenerational vermittelte bewusste und unbewusste Botschaften und Verhaltensweisen. Vielleicht war der Wunsch, sich über seinen Ort in der Familie klarzuwerden, einer der Gründe, weshalb Francis Laings Freundschaft suchte.

4.4 Intellektuelle Heimsuchungen 1: Angst, Überlegenheit und Eugenik

Die enormen Erfolgserwartungen und die Pflicht, die gesellschaftliche Position zu halten, die mit der Zugehörigkeit zur Familie der Huxleys einherging, lassen sich nicht sauber von den intellektuellen Aktivitäten der Familienmitglieder trennen.

Das Oberhaupt der Dynastie, T. H. Huxley, der bei den Bestrebungen, die breite Öffentlichkeit von der Richtigkeit der Darwin'schen Evolutionstheorie zu überzeugen, eine zentrale Rolle gespielt hatte, war nicht immun gegenüber der Tendenz, auch organisatorische und politische Charakteristika der Gesellschaft durch die darwinistische Brille zu betrachten, darin zweifellos beeinflusst durch Darwins Zeitgenossen Herbert Spencer, der die Wendung „survival of the fittest" prägte. Aus Darwins These, dass der Homo sapiens mit seiner Umwelt einen Kampf ums Dasein führe, schloss Spencer fälschlicherweise, dass der Konkurrenzkampf zwischen Individuen, Gruppen oder Nationen die soziale Evolution

4.4 Intellektuelle Heimsuchungen 1: Angst, Überlegenheit und Eugenik

menschlicher Gesellschaften vorantreibe, mit anderen Worten: dass biologische Theorien soziale Phänomene erklären können. T. H. Huxley, ein für seine Zeit aufgeklärter Mann, der an die bürgerliche und politische Gleichberechtigung von Menschen aller Rassen und Geschlechter glaubte, folgte Spencers Ansichten dennoch und schloss sich der These von den „sozialen Gravitationsgesetzen" an. „Kein vernünftiger Mensch", so seine Überzeugung,

> *der die Fakten kennt, glaubt, dass der durchschnittliche Neger dem durchschnittlichen Weißen ebenbürtig, geschweige denn überlegen ist. Und selbst wenn dies zuträfe, ist es doch schlicht undenkbar, dass er, wenn alle Behinderungen aus dem Weg geräumt sind und unser prognather Verwandter eine angemessene Umgebung vorfindet und weder begünstigt noch unterdrückt wird, in der Lage sein wird, erfolgreich mit seinem mit dem größeren Gehirn und dem kleineren Kiefer ausgestatteten Rivalen zu konkurrieren* (T. H. Huxley 1865/2001, S. 67).[7]

Man kann diese Zeilen heute kaum lesen, ohne zusammenzuzucken. Wir haben bereits festgestellt, dass der Glaube an eine angeborene, biologisch begründete Überlegenheit, äußerlich erkennbar durch das gesellschaftliche Erbe und den Familiennamen, bereitwillig in die Weltanschauung der Familienmitglieder übernommen wurde.

Mehrere Huxleys, die wie Thomas Henry maßgeblich an der Popularisierung der Wissenschaft und der Stärkung ihrer gesellschaftlichen Bedeutung beteiligt waren, haben sich zwangsläufig mit solchen Anwendungen erbbiologischer Thesen auf den Bereich des Sozialen befasst. An erster Stelle stand dabei stets die Eugenik – die staatlich gelenkte Verbesserung des Erbguts der Bevölkerung durch gezielte Zuchtmaßnahmen. Francis' Vater Julian war ein bekannter Vertreter dieses Ansatzes, und auch Aldous Huxleys Werk enthält bedeutende Beiträge zum eugenischen Denken. Vielleicht lassen sich Francis' anthropologische Schriften besser verstehen, wenn man sie mit diesen Vorstellungen seines Vaters vergleicht.

Thomas Henry Huxley war – wie später sein Enkel Julian – zu der Ansicht gelangt, dass die Technokratie eine wünschenswerte Staatsform sei. Spencers Sozialdarwinismus fand seine Anhänger. Für den Patriarchen

> *war die Überbevölkerung die Schlange im sozialistischen Eden. Für einen Darwinisten bestätigte das ungebremst hohe Bevölkerungswachstum der 1870er-Jahre die malthusianische Prognose. Frieden und Wohlstand in einem sozialistischen Arkadien würden nur die Geburtenrate erhöhen und den Kampf um Ressourcen immer wieder aufs Neue anfachen. Huxley glaubte, dass nicht einmal eine „despotische Regierung"*

---

[7] Weiterführend dazu: Gould (1999).

in der Lage wäre, die Bevölkerungsentwicklung durch ein eugenisches Programm zu kontrollieren (Desmond 1997, S. 193).

Die Wissenschaft ist nicht, wie er glaubte, neutral. Der Strom der Politik fließt immerzu durch sie hindurch – am ersichtlichsten dort, wo sie sich zur Bevölkerungsentwicklung und zum Sozialgefüge äußert. Sowohl T. H. als auch Julian Huxley waren der Meinung, dass Wissenschaft und Wissen zur Befreiung der Massen führen würden. In den Augen mancher spielte Julian eine entscheidende Rolle bei der Überbrückung der Kluft zwischen der „alten Eugenik" und einer neuen, in der Molekularbiologie verwurzelten „Reformeugenik" (Weindling 2012). Sein Denken basierte auf der Anschauung, dass der Mensch an der Spitze eines evolutionären Prozesses steht, der über das rein Biologische hinausgeht und die Domäne der Kultur erfasst hat. Julian schwebte ein Programm zur Gesellschaftsplanung vor, das Geburtenkontrolle, Fortpflanzungstechnologie, Euthanasie und Sozialfürsorge innerhalb eines biologisch konzipierten Rahmens umfassen sollte. Es fällt schwer, keine direkten Verbindungslinien zwischen einer solchen „Weltbevölkerungsplanung" und dem Eintreten seines Großvaters für eine gebildete, von Eliten kontrollierte und regierte Gesellschaft zu sehen. Obwohl Julian als Antirassist galt und die Rassenideologie der Nationalsozialisten als pseudowissenschaftlich ablehnte, waren seine Ansichten autoritär und alles andere als egalitär. Er vertrat weiter eine Form des Rassismus, die der Einstellung seines Großvaters nicht unähnlich war, und er präsentierte sie in einem Kontext, den er für „humanistisch", „wissenschaftlich" und „ethisch" hielt – während er zugleich die restriktive Einwanderungskontrolle, mit der die USA angeblich rassisch Minderwertige aus dem Land zu halten versuchten, sowie die Pflege einer wissenschaftlich-kulturellen Elite befürwortete.[8] Rupert Sheldrake schilderte uns seine Erfahrungen mit Julians missionarischem Eifer in Sachen Eugenik:

Als Student wurde ich Mitglied der Cambridge Humanistic Association, weil ich im Laufe meiner wissenschaftlichen Ausbildung zum Atheismus konvertiert war ... Nach

---

[8] Julian Huxleys Opposition gegen die nationalsozialistische Rassenlehre, seine Ablehnung des Rassenbegriffs als gültiges wissenschaftliches Konstrukt und sein in den 1930er-Jahren publiziertes Buch *We Europeans* haben ihn in ein dezidiert antirassistisches Umfeld gerückt (s. beispielsweise Richards 1997). Seine Ansichten zum Thema Immigration erhielten vielleicht deshalb weniger Aufmerksamkeit, weil diese Form des Rassismus in Großbritannien schon seit Langem Teil der allgemeinen politischen Meinung ist. Obwohl Huxley das Verdienst gebührt, den Begriff „Rasse" durch den brauchbareren Begriff der „ethnischen Gruppe" ersetzt zu haben, vertrat er weiter die Ansicht, Völker könnten auf der Basis einer kulturellen Über- oder Unterlegenheit unterschieden werden, und unterstützte den britischen Imperialismus.

4.4 Intellektuelle Heimsuchungen 1: Angst, Überlegenheit und Eugenik

> *ein paar Monaten hörte ich auf, zu den Treffen zu gehen, die im Grunde sehr langweilig waren ... Ich erinnere mich an einen Vortrag von Julian Huxley, der zu jener Zeit Vorsitzender der British Humanistic Association war. Er sprach über die Vervollkommnung der Menschheit durch Eugenik. Das sei der Weg in die Zukunft. Das Erbgut der gebildeten Schichten müsse verbessert werden. Notwendig sei ein Upgrade der Evolution. Der einfachste Weg, um dies zu erreichen, seien Samenspenden und künstliche Befruchtung, die Technik sei inzwischen verfügbar. Wir bräuchten hervorragende Samenspender. Dann beschrieb er den idealen Samenspender. Es müsse jemand sein, der aus einer angesehenen Familie stamme, vorzugsweise ein Wissenschaftler, der es im öffentlichen Leben zu etwas gebracht habe, jemand, der eine öffentliche Führungsrolle innehabe, jemand mit nachgewiesener Intelligenz, etwa jemand, der dem Brains Trust angehöre. Es wurde schnell deutlich, dass der ideale Samenspender niemand anderer als Sir Julian Huxley selbst war* (Interview mit R. Sheldrake, 13.3.2018, London).

Julian Huxleys Ziel einer auf Eugenik basierenden Gesellschaft wurde lange von seinem Bruder Aldous geteilt, der 1927 geäußert hatte, dass Intelligenz eine Quelle politischer Macht sei, die, würde sie angemessen eingesetzt, zur Grundlage eines wahrhaft „rationalen" Staatsapparats werden könne. Dies erfordere die „Schaffung und Aufrechterhaltung einer Aristokratie des Geistes" (A. Huxley 1927, S. xviii), an deren Spitze die „von Natur aus Besten" stehen sollten – diese seien „am meisten zum Regieren geeignet" (A. Huxley 1927, S. 163). „Nur geistig Mündige" (S. 162) sollten wählen dürfen, verlangte Aldous und kritisierte Frankreich, wo „erwiesene Schwachköpfe" (S. 163) dieses Privileg genössen. Die Ausweitung dieser intellektuell-aristokratischen Ideale würde, so glaubte er, keine „unüberwindliche Schwierigkeit" darstellen (S. 159). Im selben Jahr dachte er über eine Gesellschaft nach, die „als geistige Hierarchie organisiert" wäre (zit. nach Bradshaw 1995, S. xiii).

In seinem nur vier Jahre später entstandenen Roman *Brave new world*[9] brachte Aldous diese Vision mit der Schilderung eines via Gentechnik erzeugten Klassensystems zu ihrem logischen Abschluss. Kurz darauf sollte er sich für Zwangssterilisationen aussprechen.

Aldous' langer Flirt mit diesen Überzeugungen fand scheinbar ein abruptes Ende, als er sah, was sie in der realen Welt bewirkten, nachdem Hitler im Januar 1933 deutscher Reichskanzler geworden war. Hätte sich das politische Establishment Großbritanniens damals hinter die von Aldous favorisierte Eugenikpolitik gestellt, hätte es nie eine egalitäre Nachkriegsgesellschaft gegeben.

---

[9] Anm. d. Übers.: Die erste deutsche Übersetzung erschien 1932 unter dem Titel *Welt – wohin? Ein Roman der Zukunft* (Leipzig: Insel). Erst ab 1953 hieß die deutsche Ausgabe *Schöne neue Welt* (mit wechselnden Untertiteln in den diversen Übersetzungen).

In seinen Augen war die Vorstellung von einer gesellschaftlich organisierten Aristokratie des Geistes eine Form der Rebellion gegen eine Gesellschaft, die bis heute rund um die Privilegien von Reichtum und Macht organisiert ist – eine Rebellion, die von Technokraten gesteuert werden würde. In einer „von Wissenschaft geprägten Zivilisation muss die Gesellschaft auf der Basis eines Kastensystems organisiert sein" (A. Huxley 1932, zit. nach Bradshaw 1995, S. 112 f.), argumentierte er. Was sich Aldous – wie viele andere auch heute noch – schwer vorstellen konnte, war eine funktionierende Gesellschaft, die nicht hierarchisch aufgebaut ist. Wenn man über ein solches Szenario nachdenkt und auf den üblichen Einwand der angeblichen Unrealisierbarkeit stößt, rückt die Vorstellung einer biologisch vorprogrammierten gesellschaftlichen Rangordnung in den Vordergrund. Aldous' Ansichten müssen selbstredend im Kontext ihrer Zeit betrachtet werden. Die europäische Demokratie – in seinen Augen eine „Mischung aus Pöbelherrschaft und verantwortungsloser Tyrannei" (A. Huxley am 10.12.1920 in *Athenaeum*, zit. nach Bradshaw 1995, S. 11) – schien gescheitert zu sein; weltweite Unordnung und wirtschaftliches Chaos drohten. In den entstehenden Nebel lähmender Angst schickte Aldous eine Auswahl von Gedanken, die ihm früh eingepflanzt worden waren – nicht nur in seiner eigenen Familie, sondern auch innerhalb der sozialen Schicht, in der er sich bewegte und ausgebildet worden war. Daran ändert auch die Tatsache nichts, dass er eine rasche Kehrtwende vollzog und dann eine bedeutende Rolle in der antifaschistischen Bewegung spielte.

Parallelen zwischen den 1930er-Jahren und unserer unruhigen Gegenwart werden heute mit alarmierender Regelmäßigkeit gezogen. Zu den Nachwirkungen der durch die Finanzkrise von 2007/2008 ausgelösten wirtschaftlichen und politischen Turbulenzen gehört, dass die europäische Sozialdemokratie erneut von selbst ernannten populistischen und neofaschistischen politischen Bewegungen bedrängt wird. Der britische Rechtsaußen-Politiker Jacob Rees-Mogg erklärte 2012, unser Zeitalter stehe vor der Entscheidung zwischen „kollektiver und konstanter Mittelmäßigkeit" auf der einen und „Freiheit und den höchsten Gipfeln menschlichen Strebens" auf der anderen Seite (Beckett 2018). Hätten Julian oder Aldous Huxley zu ihrer Zeit etwas Derartiges geäußert, man wäre nicht überrascht gewesen. Aldous' Schwenk zum Antifaschismus stellte, wie bei seinem Bruder Julian, wenig infrage im Ökosystem der Ideen, das unsere Gegenwart mit der Ära der furchtbarsten Kriege des 20. Jahrhunderts verbindet.

Auch als Aldous mehr als ein Vierteljahrhundert nach dem Erscheinen von *Brave new world* auf seinen berühmtesten Roman zurückblickte, vermochte er die Probleme und Widersprüche nicht zu erkennen, die mit seiner ungebrochenen

4.4 Intellektuelle Heimsuchungen 1: Angst, Überlegenheit und Eugenik

Vorliebe für intellektuellen Elitarismus einhergingen. So erklärte er den Misserfolg von Hitlers Herrenrasse in *Brave new world revisited* (1959; dt. 1960/2017: *Wiedersehen mit der schönen neuen Welt*) folgendermaßen:

> *Die Nationalsozialisten hatten nicht die Zeit – und hatten vielleicht nicht die nötige Intelligenz und die nötigen Kenntnisse –, ihre untere Führerschaft der Gehirnwäsche und der Konditionierung zu unterziehen. Das ist vielleicht einer der Gründe, daß sie versagten* (A. Huxley 1960/2017, S. 42).

Mit keinem Wort erwähnt Aldous hier die verheerenden Auswirkungen des russischen Winters und die entscheidende Niederlage des deutschen Heers bei Stalingrad. Nachdem er verkündet hat, dass ihr Mangel an Intelligenz die Nazis den Sieg gekostet haben könnte, gräbt er sich flugs eine noch größere Fallgrube:

> *Wenn er über so große Abstraktionen wie Rasse und Geschichte und Vorsehung schreibt, ist Hitler einfach unlesbar. Wenn er aber über die Masse der Deutschen schreibt und über die Methoden, die er anwendete, um sie zu beherrschen und zu lenken, dann ändert sich sein Stil. Unsinn weicht dem Sinn …* (A. Huxley 1960/2017, S. 43).

Dass er sich an Hitlers Rassenlehre störte, hinderte Aldous nicht daran, Äußerungen zu tätigen, die auch auf einer nationalsozialistischen Kundgebung nicht fehl am Platz gewesen wären. Ein Jahr nachdem in Deutschland die Nürnberger Gesetze erlassen worden waren, schrieb er: „Beim gegenwärtigen Rückgang der Geburtenrate wird die weiße Rasse in wenigen Generationen ausgestorben sein" (A. Huxley 1936, zit. nach Bradshaw 1995, S. 228). Kaum besser wird es, wenn er ausführt, worin Hitlers angebliche Bedeutung besteht. Die Ansicht des Diktators, die Massen seien „unfähig, abstrakt zu denken, und interessierten sich nicht für irgendeine Tatsache außerhalb des Kreises ihrer eigenen Erfahrung" und ihr Verhalten sei bestimmt „durch Gefühle und unbewusste Triebe" (A. Huxley 1960/2017, S. 44), enthält für Aldous „zumindest ein Element von Wahrheit" (S. 47). Und er fügt in Bezug auf die Massen hinzu: „Von seinem Standpunkt aus … hatte Hitler völlig recht mit seiner Einschätzung der Menschennatur" (S. 48).

Die Angst vor einer Herdenmentalität ist ein wiederkehrendes Merkmal im Diskurs über die „Psychologie der Massen" seit Gustave Le Bons gleichnamigem Buch aus dem Jahr 1895. Wie die Psychologen Fergus Neville und Stephen Reicher (2012) feststellten, identifizierte sich Le Bon wie Julian und Aldous Huxley stark mit der gesellschaftlichen Elite. Es entbehrt nicht einer gewissen Ironie, dass Aldous' Ansichten über das irrationale, gefühlsbetonte Verhalten der

Massen eigentlich einer im Wesentlichen nietzscheanischen Denkschule zuzuordnen ist, die von den Eliten, mit denen er sich identifizierte, verbreitet und zur Durchsetzung ihrer Klasseninteressen gefördert wurde. *Brave new world* wird weiterhin als dystopischer Roman gelesen werden, doch angesichts der Sympathien, die sein Verfasser für Eugenik, Elitarismus und Staatsplanung hegte, könnte man die Möglichkeit in Betracht ziehen, dass die Sache deutlich komplizierter ist. Dass *Brave new world,* das bis heute als ein Meilenstein der englischen Literaturgeschichte gelte, genetische Manipulation verurteile, sei, so der Aldous-Huxley-Biograf David Bradshaw, eine Fehlinterpretation:

> *Als der Roman erschien ... empfand Huxley die Vorstellung eines pyramidenförmig aufgebauten Kastensystems nicht als abstoßend, und seine Haltung zum staatlichen Einsatz eugenischer Maßnahmen war zumindest ambivalent* (Bradshaw 1995, S. 38).

Aldous' Einstellung führt in Verbindung mit der Angst vor den irrationalen Massen zwangsläufig zu einer Rechtfertigung sozialer Kontrolle, ob diese nun physisch, auf Geheiß des Staates oder mit psychologischen Mitteln ausgeübt wird. Neben dem Szenario einer mit den Methoden der Gentechnik hergestellten sozialen Hierarchie entwirft der Roman in einem dystopischen Strang das Bild einer Bevölkerung, die mithilfe von Psychopharmaka in einem Zustand psychischer und sozialer Stagnation gehalten wird. Der doppelte Albtraum aus geplanter Zucht und Bewusstseinsmanipulation, den er schildert, ist – obwohl er sich von einer Gedankenkontrolle durch die Verbreitung von etwas, das Chomsky später als „notwendige Illusionen" (Chomsky 2003) bezeichnen sollte, unterscheidet –, eine logische Konsequenz seiner eigenen sozialen Identifikationen und Überzeugungen.

Der Fairness halber sei erwähnt, dass Aldous auf seinen Reisen durch das nordenglische Hinterland in den frühen 1930er-Jahren wie Orwell die abstoßende Brutalität der englischen Klassengesellschaft wahrnahm und erkannte, dass Armut weder ein Verbrechen noch das Ergebnis eines charakterlichen Mangels ist. „Es erfüllt mich mit Scham", so schrieb er, „als Tourist aus einer anderen Welt das fremde England der körperlichen Arbeit und Routine zu besichtigen" (A. Huxley 1931b, zit. nach Bradshaw 1995, S. 72). Danach begleiteten ihn anhaltendes Unbehagen und ein neu entdeckter Respekt vor der arbeitenden Bevölkerung.

Aldous zählte sich selbst zu den Vorkämpfern menschlicher Freiheit. Er hielt diese Freiheit für „höchst wertvoll", doch es war eine amorphe und zweideutige Freiheit, die er verteidigte, und sein Bekenntnis zum Elitarismus hielt der emotionalen Anfechtung durch seine Reiseerfahrungen letztlich stand. Am Schluss

4.4 Intellektuelle Heimsuchungen 1: Angst, Überlegenheit und Eugenik

von *Brave new world revisited*, gegen Ende seines Lebens entstanden, resümierte Aldous ungeachtet seiner früheren Kritik an zentralisierter politischer und wirtschaftlicher Macht (s. beispielsweise Deese 2015, S. 17): „Es scheint keinen stichhaltigen Grund zu geben, dass eine durch und durch wissenschaftliche Diktatur je gestürzt werden sollte" (A. Huxley 1960/2017, S. 119). Obwohl er zu Recht befürchtete, dass die Mächtigen Technologien nutzen könnten, um den Geist der weniger Mächtigen zu formen, war er blind für die subtileren Methoden, die auch in seinem Umfeld bereits eingesetzt wurden, um Menschen gefügig zu machen.

Seine Empathie mit den weniger begünstigten Mitgliedern der Gesellschaft hatte Grenzen. „Menschlichkeit gehörte nicht direkt zu meinen Stärken", schrieb er (zit. nach F. Huxley 1999, S. xi). Francis schildert seinen geliebten Onkel mit ähnlichen Worten, wenn er ihn als „einen außergewöhnlich intelligenten Touristen im Reich der Gefühle" bezeichnet (F. Huxley 1999, S. xi). Das wird nicht nur in seinen Gedanken zur Eugenik spürbar, sondern prägte auch andere Aspekte seines Denkens und Verhaltens. Selbst wenn Aldous die „Pforten der Wahrnehmung" öffnete, um die „Fähigkeit zu unbefangener Wahrnehmung" zurückzugewinnen, die das Auge „während der Kindheit besaß" (A. Huxley 1970/2015, S. 21), bestand er immer noch darauf, dass die Schlüssel zu diesen Pforten intellektuellen und philosophischen Schwergewichten vorbehalten blieben. Nur sie waren mit der Fähigkeit gesegnet, den maximalen Gewinn aus ihren psychedelischen Exkursionen in das „unergründliche Geheimnis des reinen Seins" zu ziehen (A. Huxley 1970/2015, S. 27).

Dasselbe Talent zur emotionalen Distanzierung und Selbstüberhöhung findet man bei Julian. Im Hinblick auf die Frage, welchen Faktoren sie ihre glücklichen Lebensumstände zuschrieben, sah keiner von beiden über die eigene Person und ihre kognitiven Fähigkeiten hinaus – die sie wie andere Angehörige ihrer sozialen Kreise als ein ihnen zustehendes Erbe betrachteten. Heute bezeichnet die Psychologie die Neigung von Akteuren mächtiger sozialer Gruppen, ihre Erfolge ihren eigenen einzigartigen Qualitäten zuzuschreiben, als kulturspezifischen Attributionsbias (Hegarty 2019). Diese Fehlzuschreibung, die die Privilegien der Gruppe, der man angehört, außer Acht lässt, geistert durch das Narrativ von der Außergewöhnlichkeit der Huxley-Dynastie.

Thomas Henry Huxley, dessen Lebenszeit in die Ära der großen sozialen Umwälzungen des 19. Jahrhunderts fiel, hatte das Glück, zur richtigen Zeit am richtigen Ort zu sein. Diese Transformationen des geistigen, gesellschaftlichen, wirtschaftlichen und politischen Lebens sollten das gesamte 20. Jahrhundert und damit natürlich das Leben aller Huxleys prägen, die in diesem Jahrhundert geboren wurden. Thomas Henry, Julian und Aldous Huxley hatten außerdem den unmittelbarsten Einfluss auf das intellektuelle Umfeld, in dem Francis aufwuchs.

4.5 Intellektuelle Heimsuchungen 2: die Conditio humana

Francis Huxley hegte wie sein Urgroßvater große Hochachtung vor der Lehre und verstand sich darauf, in seinen Vorlesungen und öffentlichen Vorträgen Belesenheit mit Unterhaltsamkeit zu verbinden. Was ihn außerdem mit seinem berühmten Vorfahren verband, war sein Interesse an Allgemeinwissen, Philosophie, wissenschaftlichen Rätseln, Kosmologie, Anthropologie, Moral und Religion, Literatur, Poesie, Malerei, Musik und rituellem Tanz – und die Lust, über den Sinn und die Bedeutung des großen Mysteriums der Existenz zu spekulieren. Die Voraussetzungen dafür waren, so darf man vermuten, schon früh in seinem Leben vorhanden. Der junge Francis war intelligent, interessierte sich sehr für Zoologie und Anthropologie und war auf seine eigene unnachahmliche Art bereit, seine Rolle in dieser illustren Familie zu spielen. Dem Los eines Mitglieds der Huxley-Dynastie konnte er nicht entrinnen:

> *Als ich kurz nach dem Krieg nach Oxford kam, ging ich eines Samstagnachmittags den Cornmarket hinunter. Die Straße war sehr belebt. Plötzlich blieb eine Frau Ende 40 etwa acht Schritte vor mir stehen. Als ich näher kam, streckte sie die Hände aus und sagte: „Sie sind ein Huxley." Ich war entsetzt! Sie hatte meine Eltern gekannt, als sie noch in Oxford gelebt hatten, also in den frühen 1920er-Jahren. Sie hatte mich erkannt, nur weil sie meinen Vater und vermutlich auch Aldous kannte* (Dunaway 1985a, S. 3).

Und er fuhr fort:

> *Ich fand es immer leicht unangenehm, wenn ich sofort erkannt wurde. Und auch, leider Gottes, ein wenig schmeichelhaft. Es hat etwas Grässliches, sich geschmeichelt zu fühlen, weil man einen bestimmten Familiennamen trägt und der Beifahrer großer Geister ist, die die schmalen Wege des Lebens hinunterbrettern. Man watet da sozusagen hinein, in der Überzeugung, dass jeder die Macht des Genius bestätigen muss* (Dunaway 1985a, S. 3).

Mitten in der Planung für sein Buchprojekt *The mutual self* (F. Huxley 1997) dachte Francis über das Netzwerk familiärer Beziehungen und die wissenschaftlichen Betätigungsfelder früherer Generationen von Huxleys nach. Aus seiner Sicht stammte das intellektuelle Erbe, das Aldous mitbrachte, nicht von den Huxleys, sondern von den Arnolds, also aus der Familie seiner Großmutter Julia. Die Arnolds seien eine Familie gewesen, „die sich mit Literatur, Anmut und Licht und mit religiösen und moralischen Fragen beschäftigte" (F. Huxley 1997, S. 11) – im

4.5 Intellektuelle Heimsuchungen 2: die Conditio humana

Grunde also dem großen Huxley-Clan nicht ganz unähnlich. Doch diese kursorische Aufzählung lässt weitere familiäre Interessensüberschneidungen unerwähnt: An anderer Stelle beschrieb Francis seinen Urgroßvater mütterlicherseits, Thomas Arnold, als einen „geborenen Mystiker, der von rationalen Zweifeln geplagt wurde" (F. Huxley 1998, S. 8).

Das Welträtsel, um das Mystik und Rationalität mit ihren einander entgegengesetzten Forderungen ringen, durchzieht das Denken der Huxleys seit Generationen; Francis' spezieller Beitrag – der Ort des Heiligen im menschlichen Denken – wird in späteren Kapiteln genauer untersucht werden. Obgleich sowohl Thomas Henry als auch Julian Huxley an der vordersten Front der Evolutionsbiologie tätig gewesen waren, war Francis keineswegs der erste Huxley, der sich dem Glauben an paranormale Phänomene verschrieb. Schon sein Vater Julian hatte viele Jahre zuvor in Betracht gezogen, dass „körperlose Geister" – selbstverständlich wissenschaftlich erklärbar – existieren könnten. Auch Aldous glaubte an eine letzte Wirklichkeit jenseits der Reichweiten materialistischer Wissenschaft und war, wie später auch Francis, mit dem berühmten Medium Eileen Garrett befreundet. Eine Zeit lang führten Aldous und seine Frau Maria parapsychologische Experimente durch, die von Séancen über Hypnose bis hin zu schwebenden Tischen reichten. Francis' Interesse am Paranormalen muss sowohl in diesem familiären Kontext als auch vor dem Hintergrund des viktorianischen Erbes betrachtet werden, einer Zeit, in der Materialismus und Spiritualismus um die Aufmerksamkeit der Intellektuellen buhlten. Das Spannungs- und Anziehungsverhältnis zwischen Materialismus und „Okkultismus" zog sich auch durch die Anfänge der psychoanalytischen Theoriebildung und führt bis heute zu schmerzhaften Auseinandersetzungen.

Wie seine Vorgänger fand auch Francis in keinem dieser beiden Bezugsrahmen eine bleibende Lösung für das Rätsel der Existenz. In seiner theoretischen und praktischen Arbeit, die den Ort des Menschen in der natürlichen Welt zum Gegenstand hatte, wandte er sich schließlich, wie seine Vorgänger, unserer politischen und kulturellen Verantwortung in dieser Welt zu. Während Julian den Londoner Zoo und die UNESCO geleitet hatte, war Francis maßgeblich an der Gründung von Survival International beteiligt, einer NGO, die sich für die Rechte indigener Völker einsetzt. Auch indem er im Denken wie im Handeln frei zwischen künstlerischen und wissenschaftlichen Arbeitsformen hin- und herwechselte, folgte er dem Beispiel seiner Vorfahren, war diese Praxis doch längst zu einer Art Familiencredo geworden. Francis wurde vielleicht noch stärker als seine leuchtenden familiären Vorbilder von dem Verlangen getrieben, die Grenzen der Rationalität auszuloten. Folglich sorgten seine Beiträge selbst dann, wenn sie sich auf demselben intellektuellen Terrain bewegten wie die der anderen Huxleys, nicht nur für die Umgestaltung der Landschaft, sondern erweiterten zugleich die Grenzen des darin Gewussten. Was den Gegensatz zwischen Materialismus und Spiritualismus betraf, betonte Francis, Gödel folgend[10], dass es nicht möglich sei, die Welt auf ein einziges axiomatisches System – welches auch immer – zu reduzieren. Sein Vater Julian trat mit missionarischem Eifer für eine humanistische Wissenschaft ein, die die Religion ersetzen sollte. Aldous wiederum suchte nach einer Offenbarung ohne Religion (Deese 2015). Angesichts der Dilemmata, die aus dieser kognitiven und familiären Dualität resultierten, unterstrich Francis den Wert einer Erkenntnissuche, die sich nicht auf materielle Ausdrucksformen beschränkt, sondern sich auch symbolischer, ja sogar mythologischer Formen bedient. Hier konnte das westliche Denken von jenen lernen, die es zu Objekten anthropologischer Studien gemacht hatte. Francis ging weit über seinen Vater und seinen Urgroßvater hinaus, wenn er den Darwinismus kritisierte, weil dieser es versäumt habe, neben einer intellektuellen auch eine ästhetische Wertschätzung der Natur zu entwickeln – eine Vernachlässigung „jener weiblichen Intuition, deren sich Goethe so geschickt zu bedienen wusste". Für Darwin sei „die Natur ... [nur] männlich und voller Maschinen" (F. Huxley 1959/1960, S. 7). Francis übernimmt hier eine Argumentation, die nicht nur im Einklang mit der zeitgenössischen feministischen Kritik steht – ausgehend von Virginia Woolfs These, dass „die Wissenschaft ... nicht geschlechtslos" ist (Woolf 1978, S. 153)[11] –, sondern auch mit Henri Bergsons Beharren darauf, dass der Evolutionsprozess als fließende, schöpferische Kontinuität des Wirklichen zu sehen sei (Bergson 2002). Wie Bergson war Francis der Meinung, dass es ein großer Irrtum war, die Intelligibilität der Natur auf strukturmechanische Sachverhalte zu reduzieren. Für beide waren Fragen nach dem Sinn und dem Schöpferischen nicht nur legitim, sondern von höchster Bedeutung. Sich der dynamischen Kreativität des Lebens in dieser Welt bewusst zu sein bedeutete, das eigene intellektuelle und emotionale Sein in eine Beziehung zum Erhabenen hinein zu erweitern. Francis erkannte, dass Darwin sich nach seiner Rückkehr

---

[10] Kurt Gödel stellte den sogenannten Unvollständigkeitssatz auf. Dieses Theorem besagt, dass es in allen hinreichend starken axiomatischen Systemen unbeweisbare Wahrheiten gibt. Eine faszinierende Abhandlung über einige von Gödels Ideen findet sich bei Hofstadter (1985).

[11] Die feministische Wissenschaftskritik macht auf geschlechtsspezifische Ungleichbehandlung in wissenschaftlichen Institutionen aufmerksam, weist auf Probleme in den Methoden, Inhalten und Werten der theoretischen und angewandten Wissenschaft hin und argumentiert, dass wissenschaftliche Autorität dazu benutzt wird, den Status quo männlicher Dominanz zu rechtfertigen. Letzteres ist ein wichtiger Streitpunkt innerhalb der Evolutionspsychologie; s. auch Crasnow (2013), Rose und Rose (2001).

4.5 Intellektuelle Heimsuchungen 2: die Conditio humana

nach England davon abgewandt und sich zu einem bloßen Schatten jenes von Begeisterung erfüllten Menschen entwickelt hatte, der einst auf der *Beagle* in See gestochen war.

Francis las Darwin aus psychologischer Perspektive und fand bestimmte Wesensmerkmale des Evolutionsbiologen noch in der modernen neodarwinistischen Synthese des evolutionären Denkens wieder. Seine Neigung, Darwin unter diesem Blickwinkel wahrzunehmen, kann im Zusammenhang mit seinem Wunsch gesehen werden, dem psychologischen Vermächtnis, das ihm als einem Huxley zuteilgeworden war, einen Sinn zu geben – schließlich wurzelte die seiner Familie zugesprochene Führungsrolle in der Auseinandersetzung seines Urgroßvaters mit Darwins Meisterwerk. Wenn darwinistisches Denken einen solchen Einfluss auf seine Familie gehabt hatte, versprach es dann nicht einen Erkenntnisgewinn, über dessen rein rationale und offensichtliche Grundlage hinauszugehen und die psychologischen Bedingungen seiner Ursprünge zu untersuchen? Die Frage, wo die Grenzen des Rationalismus liegen, wenn es um die Grundbedingungen des menschlichen Seins geht, hatte Francis schon immer interessiert. Seine Herangehensweise unterschied sich jedoch grundlegend von der seines Urgroßvaters, seines Vaters und seines Onkels. Francis war, das zeigt sein Leben wie sein Werk, wirklich fasziniert von Menschen, die außerhalb der Komfortzone der konstruierten Alltagswelt leben – ob konstruiert durch den gesunden Menschenverstand, durch wissenschaftliche Logik oder westliche Normen. Das schloss, wie wir gesehen haben, Menschen ein, die in unserer oder in einer anderen Kultur den Kontakt zu einer geistigen Welt suchten oder von sich behaupteten, über solche Kontakte zu verfügen, aber auch Menschen, die als „geisteskrank" galten, deren Denken und Handeln von unserer Gesellschaft als hoffnungslos irrational abgestempelt wurde. Möglicherweise trugen auch bestimmte Erfahrungen in seiner Familie – insbesondere die wiederkehrenden Nervenzusammenbrüche seines Vaters – zu dieser Haltung bei. Julians episodische psychische Krisen brachten ihm die Diagnose einer manischen Depression ein, doch dieses Etikett sagt wenig bis gar nichts über die Ursachen seiner Probleme aus, noch darüber, welche Belastung sein Verhalten und seine Stimmungen über diese Episoden hinaus für Juliette und seine Söhne bedeuteten.

Es gibt ein Foto, auf dem man Juliettes Nöte und Schwierigkeiten mit Julian förmlich verewigt sehen kann. Es wurde 1960 in Uganda aufgenommen, als Julian Berater der UNESCO für den Schutz der Wildtiere war.[12] Auf dem Bild sind drei Personen zu sehen: Juliette steht am linken Bildrand und schaut nach rechts in die

---

[12] Das Foto wurde in Juliettes Autobiografie (J. Huxley 1986, S. 152–153) und außerdem am 30. September 1994 in dem im *Independent* erschienenen Nachruf auf Juliette abgedruckt.

Ferne. Julian steht rechts, in der Hand einen Krückstock, das linke Bein in Schrittstellung angewinkelt, und blickt mürrisch in die Kamera. Zwischen ihnen, fast direkt neben Juliette und mit einigem Abstand zu Julian, steht ein einheimischer afrikanischer Guide, kerzengerade, feierlich und würdevoll, fast als wäre er mit dem Fallschirm mitten in einer ehelichen Auseinandersetzung gelandet, zu deren Lösung er nichts beitragen kann. Das Foto trägt den Stempel des Kolonialismus, doch das ist nicht der einzige Beziehungsaspekt, den die Kamera eingefangen hat. Sie bringt auch zum Vorschein, was Susan Sontag als „unvermutetes Elend" (Sontag 1978, S. 22) bezeichnet haben könnte – und illustriert, dass zwischen Julian und Juliette nicht nur der Vertreter eines Kontinents stand.

Als Kind dürfte Francis vor allem Julians Unnahbarkeit und Distanz gegenüber seinen Kindern als schwierig erlebt haben. Die Huxley'sche Besessenheit von Arbeit, Erfolg und Anerkennung erinnerte ihn zweifellos daran, dass, wenn man in einem Umfeld lebte, in dem man nur für sein Tun geliebt wurde, psychische Stabilität ein ernst zu nehmender Faktor war. Was nützte die utopische Verbesserung der Menschheit, wenn sie sich nicht auf die eigene Familie erstreckte? Aldous hatte geschrieben, dass „die Verträge, die wir mit dem Schicksal schließen, uns auferlegt sind; wir haben ihre Konditionen zu akzeptieren, fast bedingungslos" (A. Huxley 1931a, zit. nach Bradshaw 1995, S. 56). Francis hätte dem womöglich nicht zugestimmt. Die Spannungen in seinem Elternhaus veranlassten ihn zu der Aussage, dass er keine Kinder wolle, weil er keinerlei Verlangen verspüre, den Wahnsinn, der seine Familie befallen habe, weiterzugeben. Er verspürte jedoch das starke Verlangen, diesen Wahnsinn zu verstehen und dem Schicksal seines Vaters – der „gereinigten Ausgabe eines Mannes" (F. Huxley 1998, S. 20), wie D. H. Lawrence ihn Juliette gegenüber einmal bezeichnet hatte – zu entgehen.

Sein Bedürfnis, Menschen zu verstehen, die die Gesellschaft als auf „irrationale" Weise „anders" klassifiziert hat, ist bezeichnend und spiegelt vielleicht auch den Wunsch, die Schranken einer Rationalität zu überwinden, die in einem noch immer imperial gesinnten Großbritannien für eine Familie galten, deren gesellschaftliche Position emotionale Zurückhaltung, Höflichkeit und Etikette verlangte. Dass Francis seiner Forschungsarbeit über die Ka'apor den Titel *Affable savages* (freundliche Wilde) gab, kann als pointierte Kritik und Infragestellung all dessen verstanden werden, was begrifflich unter die Bezeichnung „Wilde" gefasst wurde. Sein erklärtes Ziel, sich der Sicht dieser „Wilden" auf die Welt anzupassen und ihnen die Möglichkeit zu geben, diese Weltsicht auf den Seiten seines Buches zum Ausdruck zu bringen, war der erste Hinweis darauf, dass er einen Weg eingeschlagen hatte, der ihn in die innere Welt des Anderen führen würde – fernab der Welt, in der er aufgewachsen war. Auf dieser Reise begegnete er schließlich auch R. D. Laing.

Hier schließt sich der Kreis der Themen, denen wir in diesem Kapitel nachgegangen sind. Auf dem „Dialectics of Liberation"-Kongress, der 1967 in London stattfand, machte Laing darauf aufmerksam, dass „soziale Geschehnisse immer in einem räumlichen und zeitlichen Zusammenhang gesehen werden müssen" (Laing 1969, S. 13) – und darauf, dass dies nur selten ausdrücklich anerkannt werde. Dieses Versäumnis verfolgt die Sozialwissenschaften bis heute. Daraus könnten wir wichtige Erkenntnisse ziehen, etwa darüber, wie wir Menschen – in diesem Fall Francis selbst – verstehen, und zwar sowohl in Bezug auf die intergenerationellen Grenzen unserer Auffassung davon, was uns zu dem Menschen macht, der wir sind, als auch in Bezug darauf, wie wir dauerhafte Bilder nationaler, ethnischer, kultureller oder familiärer Identität diesseits und jenseits dieser Grenzen erschaffen – Bilder, die menschlichen Gemeinschaften wie mythische Selbstläufer Fantasien von Ziel und Zweck liefern. Auf die Geschichte der Freundschaft zwischen Francis und R. D. Laing gehen wir an späterer Stelle ausführlicher ein.

Literatur

Assmann, J. (1998). *Moses der Ägypter: Entzifferung einer Gedächtnisspur*. Darmstadt: Wissenschaftliche Buchgesellschaft.
Baker, J. R. (1976). *Julian Huxley. Scientist and world citizen*. Paris: UNESCO.
Beckett, A. (9.11.2018). How to explain Jacob Rees-Mogg? Start with his father's books. *The Guardian*.
Bergson, H. (2002). *Key writings*. London: Bloomsbury.
Bibby, C. (1960). *T. H. Huxley – scientist, humanist and educator (with forewords by Sir Julian Huxley and Aldous Huxley)*. New York: Horizon Press.
Bradshaw, D. (1995). *The hidden Huxley*. London: Faber & Faber.
Chomsky, N. (2003). *Media Control: Wie die Medien uns manipulieren*. Hamburg/Wien: Europa-Verlag.
Clark, R. W. (1968). *The Huxleys*. London: Heinemann.
Colman, A. (1987). *Facts, fallacies and frauds in psychology*. London: Routledge.
Crasnow, S. (2013) Feminist philosophy of science: values and objectivity. *Philosophy Compass, 8*(4), 413–423.
Deese, R. S. (2015). *We are amphibians. Julian and Aldous Huxley on the future of our species*. Oakland: University of California Press.
Desmond, A. J. (1994). *Huxley: the devil's disciple*. London: Michael Joseph.
Desmond, A. J. (1997). *Huxley: evolution's high priest*. London: Michael Joseph.
Desmond, A. J., & Moore, J. R. (1992). *Darwin*. London: Penguin.

Dunaway, D. K. (1985a). *Interview with Francis Huxley* (10.7.1985). Unveröffentl. Manuskript. FHA.
Dunaway, D. K. (1985b). *Interview with Juliette Huxley on Aldous Huxley* (5.7.1985, London). Unveröffentl. Tonband-Transkript 2. FHA.
Dunaway, D. K. (1999). *Aldous Huxley recollected*. New York: Carroll & Graf.
Frosch, S. (2013). *Hauntings: psychoanalysis and ghostly transmissions*. New York: Palgrave Macmillan.
Gould, S. J. (1999). *Der falsch vermessene Mensch*. Frankfurt a. M.: Suhrkamp.
Hegarty, P. (2019). How do we ‚other'? *The Psychologist*, 48–51.
Hofstadter, D. (1985). *Gödel, Escher, Bach: Ein endloses geflochtenes Band*. Stuttgart: Klett-Cotta.
Huxley, A. (1927). *Proper studies*. London: Chatto & Windus.
Huxley, A. (1931a). Abroad in England. *Nash's Pall Mall Magazine, LXXXVII*(16–19), 84.
Huxley, A. (1931b). Sight-seeing in alien England. *Nash's Pall Mall Magazine, LXXXVII*(50–53), 118.
Huxley, A. (13.1.1932). Science and civilisation. *BBC Programme*.
Huxley, A. (1936). How to improve the world. *Nash's Pall Mall Magazine, XCIII*, 84–88.
Huxley, A. (1960/2017). *Wiedersehen mit der schönen neuen Welt*. München: Piper.
Huxley, A. (1970/2015). *Die Pforten der Wahrnehmung/Himmel und Hölle* (34. Aufl.). München: Piper.
Huxley, F. (1959/1960). Charles Darwin – life and habit. *American Scholar, 29*(1), 85–93.
Huxley, F. (1999). Aldous. In D. K. Dunaway, *Aldous Huxley recollected* (S. v–xiii). Walnut Creek/CA: Altamira Press
Huxley, F. (1997). *The mutual self*. Unveröffentl. Manuskript. FHA.
Huxley, F. (1998). *A Huxley family album*. Unveröffentl. Manuskript. FHA.
Huxley, J. (1935). *T. H. Huxley's diary of the voyage of HMS Rattlesnake*. Edited from the unpublished MS. London: Chatto & Windus.
Huxley, J. (1986). *Leaves of the tulip tree*. London: John Murray.
Huxley, T. H. (1865/2001). Emancipation. Black and white. In: *Collected essays. Vol. III: Science and education*. Nabu Press.
Laing, R. D. (1969). Undurchschaubarkeit und Evidenz in modernen Sozialsystemen. In D. Cooper (Hrsg.), *Dialektik der Befreiung* (S. 12–26). Reinbek: Rowohlt.
László, J. (2003). History, identity and narratives. In J. László und W. Wagner (Hrsg.), *Theories and controversies in social psychology* (S. 180–192). Budapest: New Mandate.
Levine, G. (2011). *Darwin the writer*. Oxford: Oxford University Press.
Neville, F., & Reicher, S. (2012). *The experience of participating in crowds: shared identity, relatedness and emotionality*. University of Saint Andrews.
Richards, G. (1997). *Race, racism and psychology. Towards a reflexive history*. London: Routledge.
Rockwell, D., & Giles, D. C. (2009). Being a celebrity: a phenomenology of fame. *Journal of Phenomenological Psychology*, 40, 178–210.
Rose, H., & Rose, S. (2001). *Alas, poor Darwin. Arguments against evolutionary psychology*. New York: Vintage.
Sansom, I. (13.11.2010). Great dynasties of the world: the Huxleys. *The Guardian*.
Solnit, R. (2019). *Die Dinge beim Namen nennen*. Hamburg: Hoffmann & Campe.
Sontag, S. (1978). *Über Fotografie*. München: Hanser.

Literatur

Weindling, P. (2012). Julian Huxley and the continuity of eugenics in twentieth-century Britain. *Journal of Modern European History, 10*(4), 480–499.

White, P. (2003). *Thomas Huxley – making the „man of science"*. Cambridge: Cambridge University Press.

Woolf, V. (1978). *Drei Guineen*. München: Frauenoffensive.

Teil III
Die Tatsachen des Lebens

Gordonstoun 5

Im Grunde könnte eine Lebensbeschreibung zu jedem beliebigen Zeitpunkt einsetzen. Einer Konvention zufolge beginnt man am besten mit der Geburt des oder der Betreffenden. Dies hieße jedoch, die unterschiedlichen Zusammenhänge – familiäre, institutionelle, nationale, internationale und politische – zu übergehen, in die jedes Individuum mit seiner jeweiligen Geschichte hineingeworfen wird. Wo also beginnen? Unsere Erzählung von Francis Huxleys Leben beginnt in Gordonstoun, der ersten Bildungseinrichtung, die seinen sich entwickelnden Geist formte und selbst auf manchmal rätselhafte Weise von den Wechselfällen des Schicksals und der europäischen Geschichte betroffen war.

5.1 Schulzeit

Kurt Hahn (1886–1974) wurde in eine wohlhabende Großindustriellenfamilie hineingeboren. Seine Eltern bewohnten eine Villa am Wannsee ganz im Westen Berlins – ein Ort, der als Schauplatz der Wannseekonferenz Eingang in die dunkelsten Kapitel der Menschheitsgeschichte finden sollte: Unter dem Vorsitz des SS-Obergruppenführers Reinhard Heydrich wurde dort im Januar 1942 die Vernichtung der europäischen Juden organisiert und die Zusammenarbeit der beteiligten Behörden koordiniert. Adolf Eichmann führte Protokoll.

Kurt war der zweite von vier Söhnen. Als sein Vater starb, erbte der gerade 21-Jährige ein Vermögen, das ihm ein Leben ohne tägliche Plackerei ermöglichte. Seine Mutter Charlotte führte ein offenes Haus sowie einen literarischen Salon, in dem Gäste wie Arthur Rubinstein, Walther Rathenau und Lina und Raoul Richter verkehrten. Kurt studierte von 1904 bis 1906 und dann noch einmal von 1911 bis 1914 Psychologie, Pädagogik, Philosophie und Klassische Philologie am Christ Church College in Oxford (unterbrochen von einer Studienphase an mehreren deutschen Universitäten) – vermutlich zur selben Zeit, als Francis' Vater Julian Huxley am Balliol studierte.

Kurt Hahn gründete im Laufe seines Lebens drei große, renommierte Internatsschulen. Als scharfer Kritiker Hitlers und der nationalsozialistischen Bewegung wurde er im März 1933 in seiner Schule Schloss Salem am Bodensee verhaftet und verbrachte fünf Tage im Gefängnis. Als der britische Premierminister Ramsay MacDonald und Berthold Markgraf von Baden sich einschalteten, kam Hahn frei, musste aber Deutschland verlassen. Er emigrierte nach Schottland, wo er 1934 die Internatsschule Gordonstoun begründete. Das Internat liegt auf einem 73 Hektar großen Waldgrundstück, nur einen Steinwurf von den Sandsteinklippen und Stränden des Moray Firth entfernt. Durch seine Flucht nach Großbritannien entging Hahn dem Schicksal vieler anderer deutscher Juden, die in den Todeslagern der Nazis ermordet wurden. Die Gründung von Gordonstoun basierte auf den gleichen Leitgedanken wie die Gründung des Internats Schloss Salem: Die Schule sollte den korrumpierenden Einflüssen der Gesellschaft entgegenwirken, Mitgefühl und Engagement und eine ganzheitliche Entwicklung fördern und schließlich junge Menschen in die Welt entlassen, die den ihnen angemessenen Platz innerhalb der gesellschaftlichen Führungselite ausfüllen und moralische Verantwortung übernehmen können. *Plus est en vous* – In euch steckt mehr (als ihr denkt): Diese Inschrift, die Hahn einst an der Mauer einer belgischen Kirche entdeckt hatte, wurde zum Motto von Gordonstoun.

Sowohl Francis' Großmutter Julia Arnold-Huxley als auch seine Tante Margaret Arnold-Huxley hatten Grundschulen in Surrey gegründet. Als Francis ins schulpflichtige Alter kam, war die jüngere Schwester seines Vaters 30 Jahre alt, es wäre also ohne Weiteres möglich gewesen, ihn auf die von ihr geführte Schule zu schicken. Stattdessen begann er seine Schullaufbahn wie schon sein älterer Bruder Anthony an der Byron House Preparatory School, einer Art Vorschule, und wechselte dann auf die Surrey Hills Church of England Primary School. Anschließend besuchte er Frensham Heights, eine private Internatsschule mit angeschlossenem College in Farnham, Surrey. In den 1920er- und 1930er-Jahren war es in Großbritannien für die Sprösslinge intellektueller Eltern aus der oberen Mittelschicht völlig normal, mehr oder weniger getrennt von ihren Eltern aufzuwachsen. Während Francis' Grundschulzeit nur sehr dürftig dokumentiert ist, wissen wir über seine Teenagerjahre in Gordonstoun (1937–1942) mehr. Sein Vater Julian schrieb:

> *Uns gefiel Hahns System, den Jungen zunehmend Verantwortung zu übertragen und ihnen Sonderaufträge an Land oder auf See zu erteilen: daraus entwickelte sich die „Außendienst"-Bewegung, die jetzt überall in England und den ehemaligen Kolonien floriert* (J. Huxley 1974, S. 213).

5.1 Schulzeit

Reflexionen über das Schulleben in Gordonstoun
In Gordonstoun gehörten hauswirtschaftliche Tätigkeiten wie Betten machen, Böden wischen, das eigene Zimmer putzen und Geschirrspülen zu den täglichen Pflichten der Schüler. Obwohl es sich um eine teure Privatschule handelte, war das Leben dort nicht unbedingt leicht. Manche waren psychischer und physischer Gewalt von Mitschülern ausgesetzt und hassten das Internatsdasein entsprechend. Der englische Schriftsteller W. H. Auden soll einmal geäußert haben, dass jeder ehemalige englische Internatsschüler wisse, was Faschismus sei, weil er als Schüler unter einem faschistischen Regime gelebt habe. Der schottische Schriftsteller William Boyd verglich seine Schulzeit in Gordonstoun mit einem „Zuchthausaufenthalt" (Brown 2012). Das Internat sei für die jüngeren Schüler (9–15 Jahre) ein gefährlicher Ort gewesen, bis sie in die Ränge der älteren aufrückten, wo der Kreislauf aus Schikanen und Einschüchterungsversuchen auf einer höheren Ebene von Neuem begann. Wenn die „Seniors" einen „Junior" beim Rauchen erwischten, zogen sie ihn aus, rasierten ihm die Schamhaare und wiesen einen der älteren Schüler an, die Genitalien des Missetäters mit Zahnpasta einzuschmieren. Boyd war zur selben Zeit in Gordonstoun wie Prinz Charles, der 1962 dort eingeschult wurde. „Ich weiß, dass Prinz Charles dort eine miese Zeit hatte", sagte Boyd. „Das war eine demokratische Schule, und er erfuhr keine Sonderbehandlung – vielleicht war das das Problem" (Brown 2012).

Interessant ist, dass die Königinmutter ihre Tochter Elizabeth und ihren Schwiegersohn Philip offenbar davor gewarnt hatte, Charles auf ein schottisches Internat zu schicken, weil sie glaubte, dass er im hohen Norden unglücklich und einsam sein würde. Sie plädierte für Eton. Nichtsdestotrotz entschied Philip, dass sein ältester Sohn seine geliebte Schule besuchen müsse. Die Befürchtungen seiner Schwiegermutter erwiesen sich als durchaus begründet: Charles hasste Gordonstoun, wie er seiner Großmutter und seiner Mutter berichtete. Er empfand seinen Aufenthalt dort als „Gefängnisstrafe" und bezeichnete die Schule als „Colditz in Kilts" (s. Keegan 2017)[1]. Die 400 Jungen hatten unabhängig von Größe, Alter oder Wetterbedingungen stets kurze Hosen zu tragen. Jeder Tag begann mit einem Geländelauf, gefolgt von Wechselduschen, und endete in blassgrün gestrichenen Schlafsälen mit grob gezimmerten Holzbetten, deren Fenster die ganze Nacht hindurch offen blieben.

Snobistisches Verhalten privilegierter Schüler gegenüber Mitschülern aus den „unteren Gesellschaftsschichten" war an der Tagesordnung – und ist es bis heute –, Probleme aufgrund von Rassen- oder Klassenzugehörigkeit waren allgegenwärtig. Wie in allen dieser Schulen machte es die Dinge nur schlimmer, wenn man

---

[1] Anm. d. Übers.: Schloss Colditz in Sachsen wurde ab 1939 als Kriegsgefangenenlager für Offiziere der Alliierten genutzt.

sich an die Lehrer wandte. An der Oberfläche, so Boyd, habe das Schulleben harmonisch, gleichberechtigt und fröhlich gewirkt. Doch darunter verbarg sich ein Treibhaus voller Intrigen und Torturen von Dante'schem Ausmaß. Hier bilden sich die nach wie vor florierenden Seilschaften, die die britische Gesellschaft dominieren, ja regieren – eine Elite, die sich aus den fünf Prozent männlicher Schüler zusammensetzt, die diese Privatschulen besucht haben. In Gordonstoun gibt es eine offizielle Anti-Mobbing-Richtlinie, doch sie hat nicht verhindert, dass sich ein solches Verhalten durch die Schülergenerationen hindurch fortsetzte. Francis erklärte später, auch er habe an diesem Internat einiges zu erdulden gehabt (Interview mit A. Getty, 10.4.2018, Sebastopol). Dass sich in Gordonstoun etwa sieben Jungen einen Schlafraum teilten, bot zweifelsohne reichlich Gelegenheit für Konflikte. Unseren Interviews mit Menschen, die Francis gut kannten, konnten wir entnehmen, dass die in diesen Gruppen halbwüchsiger Jungen gezüchtete Selbstgerechtigkeit und das Bedürfnis, anderen stets eine Nasenlänge voraus zu sein, Francis, der sich wie seine Zimmergenossen von seinen Eltern – in Francis' Fall insbesondere vom Vater – vernachlässigt fühlte, schwer zu schaffen gemacht hatten. Deutlich wird hier, dass junge Menschen, die das Privileg einer Privatschulbildung genießen, nicht nur deren Vorteile ernten, sondern auch die Narben emotionaler Unterernährung davontragen. Der Politiker, Historiker und Tagebuchschreiber Alan Clark beschrieb seine Ausbildung an einer Privatschule – in seinem Fall Eton – als „eine frühe Unterweisung in menschlicher Grausamkeit, Verrat und körperlicher Härte" (zit. nach Kirby 2005).

Francis Huxley in Gordonstoun
In Gordonstoun erhielt Francis Unterricht in Französisch, Geschichte, Latein, englischer Sprache und Literatur, Mathematik und Physik. Ein Jahr bevor er sein „General School Certificate"[2] erhielt, zeichnet ein Brief von Kurt Hahn an Julian Huxley vom 20. Juni 1941[3] das amüsante Bild einer Allianz zwischen dem Schulleiter und Francis, was den Religionsunterricht an der Schule betraf:

> *Lieber Huxley,*
> *Ihr Brief vom 25. Mai ist unbeantwortet geblieben, doch ich bin daraufhin in Aktion getreten. Zur Buße meiner Sünden gehe ich jetzt in die Kirche, der ich bis dato ferngeblieben war, weil mich Mr. Grays nichtssagende Predigten ebenso abstießen wie*

---

[2] Dieser Abschluss wurde 1951 abgeschafft und durch das System der O- und A-Levels ersetzt.

[3] Zu diesem Zeitpunkt waren die Schulgebäude in Schottland vorübergehend geräumt worden, weil die Army sie als Kaserne nutzen wollte. Die Schule wurde in Plas Dinam in Montgomeryshire, Wales, untergebracht.

5.1 Schulzeit

Francis. Außerdem finden jetzt vierzehntäglich Schulgottesdienste statt, abwechselnd in der anglikanischen Kirche und der presbyterianischen Kapelle, und weder Mr. Gray noch Dr. Jones halten die Predigt. Ich hoffe, dafür sorgen zu können, dass unsere Schulgottesdienste demnächst wöchentlich stattfinden und nur einmal pro Trimester einer dieser Gottesdienste einer Predigt von Mr. Gray geopfert wird – als Befriedungsmaßnahme –, was bedeuten würde, dass Gray unseren Schülern nur noch dreimal im Jahr gegenüberstünde.

Bis dahin ist es Francis, der nun zum zweiten Mal als amtierender Guardian fungiert, nicht gestattet, den Gottesdiensten von Mr. Gray fernzubleiben. Ich erklärte ihm Folgendes:

a) *Hätte ich von ihm verlangt, dass er nach dem Gottesdienst zu Mr. Gray geht und sagt: „Sie haben mein Herz erwärmt", könnte ich verstehen, wenn er es vorzöge, auf dem Scheiterhaufen zu enden, statt dieser Bitte nachzukommen. Doch ich hatte ihn – und damit auch mich – lediglich darum gebeten, diese Gottesdienste höflich durchzustehen.*
b) *Sein oder mein Fernbleiben könne nur als Demonstration interpretiert werden. Ich für meinen Teil sei überzeugt, dass es nur eine Antwort auf den Antichristen gebe, und die sei Christus. Dies sei nicht der Zeitpunkt, gegen die Kirche zu demonstrieren.*
c) *Ich versprach ihm, die Gelegenheiten, bei denen wir Mr. Gray lauschen müssen, auf ein Minimum zu reduzieren. Dies habe ich getan.*

Ich war Ihnen dankbar für Ihren Brief, nur muss ich aufgrund dieses Briefs nun leider selbst Mr. Gray lauschen.

Mit freundlichen Grüßen
K. Hahn (FHA)

Hahn hatte erkennbar eine hohe Meinung von Francis. Im Postskriptum zu diesem Brief beschreibt er ihn als stabil und charismatisch. „Er hat", so Hahn, „eine wunderbare Zeit der ‚Kraftentfaltung' erlebt: in seiner Arbeit, als Bürger und als Sportler. Sie müssen kommen und ihn als Hamlet sehen." Am 23. Juni 1941 schrieb Julian Huxley, Autor von *Religion without revelation* (1927), zurück:

Lieber Hahn,
vielen Dank für Ihr Schreiben.
Ich verstehe Ihren Standpunkt sehr gut
und stimme völlig mit Ihren Maßnahmen überein.
Es tut mir nur leid, dass Sie deswegen leiden mussten.

Mit freundlichen Grüßen
Julian Huxley (FHA)

Dieser kurze Austausch vermittelt einen Eindruck von der humanistischen Grundtönung, die diese beiden Männer auszeichnete. Dass Hahn die Notwendigkeit sah, den strikten Ansprüchen des irdischen Repräsentanten der Kirche von England, Mr. Gray – wer auch immer er war – Folge zu leisten, zeigt nicht nur die Orthodoxie des Religionsunterrichts an britischen Schulen und die Macht, die die Kirche damals innerhalb des Bildungssystems hatte, sondern auch Hahns Einschätzung des angemessenen Zeitpunkts für Respekt bzw. Rebellion. Hahn teilte Francis' Meinung über die Weisheit des Predigers und die geisttötende Wirkung seiner Predigten durchaus. Dass er bei allem Verständnis für die agnostischen Tendenzen der Huxleys dennoch von seinem Guardian verlangte, Mr. Gray den gebührenden Respekt zu erweisen, bewies Francis' Vater, dass der Schulleiter einen kühlen und scharfen Verstand besaß und dass Francis in seiner Obhut gut aufgehoben sein würde. Uns erinnerte das an eine Anekdote von Gregory Bateson über die japanische Erziehung zum Respekt: Ein japanischer Junge lerne, seinen Vater zu respektieren, während das Mädchen lerne, seinem Vater *Respekt zu erweisen*. Bateson mochte diese Anekdote, weil sie seine Idee vom Unterschied, der einen Unterschied macht, veranschaulichte.

Ein Foto von Howard Coster[4], der als selbst ernannter „Männerfotograf" und wegen seines innovativen und spektakulären Umgangs mit Licht bekannt geworden ist, zeigt einige ältere Schüler in ein offenbar ernsthaftes Gespräch vertieft (Abb. 5.1) und gibt uns einen leicht voyeuristischen Einblick in eine Schulsituation in Gordonstoun – in diesem Fall ohne übergriffiges Verhalten.

Francis, der uns hier den Rücken zuwendet, sitzt mitten in der Gruppe, rechts neben dem Jungen im Sessel. Wie bei allen Fotografien, die das Leben der Abgebildeten überdauern, sind wir eingeladen, zu spekulieren und zu fantasieren, um welches Thema es in diesem Gespräch wohl ging. Was geschah unmittelbar vor dem Erscheinen des Fotografen, und was passierte, nachdem er gegangen war? Wir wissen nicht, in wessen Zimmer diese Aufnahme entstanden ist, auch wenn die Annahme naheliegt, dass es sich um einen gemeinschaftlich genutzten Aufenthaltsraum gehandelt haben könnte. Was wir wissen, ist, dass Francis zu dieser Zeit (1941) das Amt des Vize-Guardians innehatte. Louise Avery, die derzeitige Archivarin von Gordonstoun, die uns das Foto freundlicherweise zur Verfügung gestellt hat, erklärte:

---

[4] Rückseitiger Stempel: „Howard Coster, Fellow of the Royal Society of Arts [F.R.S.A.], Lond." S. auch Pepper (1985).

5.1 Schulzeit

Abb. 5.1 Francis Huxley auf einem Foto von Howard Coster. (Mit freundlicher Genehmigung der Gordonstoun School, Elgin, Schottland)

> *Francis war einer der Colour Bearers in Wales (siehe das beigefügte Foto – Francis dreht uns den Rücken zu und scheint an einem Schreibtisch zu sitzen) und wurde im Frühjahr 1942 Guardian. Colour Bearers waren und sind in etwa mit den Vertrauensschülern in anderen Schulformen vergleichbar. Hahn war der Meinung, dass die Ehre, die Schulfarben zu tragen, denjenigen zuteilwerden sollte, die die allgemeinen Werte der Schule verkörperten und allen anderen Schülern, auch den jüngeren, Verantwortung und Führung vorlebten (L. Avery, E-Mail vom 8.5.2019).*[5]

Louise stellte uns außerdem digitale Kopien des *Gordonstoun Record zur* Verfügung. Francis' Name taucht zum ersten Mal 1938 dort auf – in der Liste der Schüler, die im Augusttrimester des Vorjahres aufgenommen worden waren. Die Ergebnisse seiner Prüfungen durch das Oxford and Cambridge Schools Examination Board finden sich in der Dezember-Ausgabe (Gordonstoun Record 1938). Dort wurde festgehalten, dass F. J. H. Huxley drei „credits" erhielt (maximal sechs waren möglich; die Leistungen in den einzelnen Fächern wurden mit „fail", „pass", „credit" oder „distinction" bewertet). Im Sommer zuvor hatte er zusammen mit seinen Eltern und

---

[5] Anm. d. Übers.: Diese Ämter existierten auch in Salem, dort hießen sie „Wächter" und „Farbentragende". Die Wächter waren verantwortlich für die Einhaltung der ungeschriebenen Gesetze der Schule, die Farbentragenden waren Schülerinnen und Schüler, die ihren Sinn für Verantwortung bereits bewiesen hatten.

Abb. 5.2 Anthony, Julian, Francis und Juliette auf Urlaubsreise, 1938. (FHA, mit freundlicher Genehmigung von A. Getty)

seinem Bruder Anthony seine Großmutter mütterlicherseits in Neuchâtel besucht und anschließend Urlaub in Ronco gemacht, einem Dorf bei Ascona mit Blick auf den Lago Maggiore (Abb. 5.2). Diese Auslandsaufenthalte dürften seine Stimmung vor der bevorstehenden Trennung von der Familie, die Gordonstoun bedeutete, verbessert haben.

Gordonstoun bot seinen Schülern zahlreiche Möglichkeiten zu sportlicher Betätigung. Neben Rugby und Cricket wurden Leichtathletik, Hockey, Bergwandern, Reiten, Segeln und Vogelbeobachtung angeboten. Zu den Indoor-Aktivitäten zählten Theaterspielen (das jährliche Krippenspiel sowie eine Shakespeare-Inszenierung), Musik, Werken sowie die Beteiligung an einigen innerschulischen Gruppen wie der Literary Group, der Historical Society oder der Gordonstoun Society. Letztere war von Oberstufenschülern gegründet worden, die Interesse an literarischen, kulturellen und politischen Diskussionen hatten. Die Redebeiträge und Diskussionen der zweiten Sitzung hatten wissenschaftliche Erkenntnisse und den Niedergang der Zivilisation zum Inhalt. Festgehalten wurde:

> *F. Huxley hielt eine gute und logische Rede ... doch es gab, vielleicht aufgrund der Reinkarnation gewisser Elemente der Junior Debating Society, die allgemeine Tendenz*

zu wüsten Beschimpfungen. Das nahm so viel Zeit in Anspruch, dass die Kontrahenten auf ihre Schlussbeiträge verzichten mussten (Gordonstoun Record 1938, S. 28).

Wir erfahren, dass Francis Mitglied der St. John Society war, einer schulinternen Organisation, die sich naturkundlichen Aktivitäten widmete und im Mai 1938 ins Leben gerufen worden war. Sie war nach Charles St. John benannt, einem bedeutenden Naturforscher, der in Morayshire lebte und arbeitete. Der *Record* erwähnt Francis' Beitrag zu den vielfältigen Unternehmungen der Society:

> *Sie stand allen Schülern und Lehrenden offen ... Im Sommertrimester war die 30 Schüler umfassende Vogelbeobachtungsgruppe, die samstagvormittags und -nachmittags sowie dienstagabends auf Expedition ging, die aktivste. Mehrere Wochenendausflüge in die Cairngorms wurden unternommen ... An einem Abend kam Mr Marshall, der Oberförster von Nethybridge, zu uns und hielt einen Vortrag über die Vogelwelt des Spey Valley. Während des Weihnachtstrimesters wurde die Organisationsstruktur klarer. Mr Chapman wurde Präsident, Murray wurde zum Generalsekretär und Parker zum Schatzmeister gewählt. Huxley, Bartholomew und Long wurden Sekretäre der Abteilungen Vögel, Meteorologie und Volieren.* (Gordonstoun Record 1938, S. 28).

Da die St. John Society keinen eigenen Raum zur Verfügung hatte, mussten die Mitglieder ihre Sitzungen im Biologielabor abhalten. Nichtsdestotrotz traf man sich fast jeden Dienstagabend, um Vorträge zu verschiedenen Themen zu hören. So gab es unter anderem einen Vortrag über eine geplante Lappland-Expedition, einen über die Entenvögel Großbritanniens und ein von Francis gehaltenes „Referat über *Camouflage in der Natur*" (*Gordonstoun Record* 1939, S. 30). Bei einer späteren Gelegenheit beehrte Francis' Vater Julian die Gruppe mit seinem Besuch, bei dem er sich, wie es heißt, „zwanglos mit mehreren Mitgliedern der Society unterhielt". Im selben Jahr nahm die Bibliothek dankbar Bücherspenden von „Mrs Julian Huxley, Lady Eleanor Cole, Sir Alexander Lawrence, Captain Hendry und vielen anderen" entgegen.

5.2 Die Lappland-Expedition

Für Francis zählte die Teilnahme an der bereits erwähnten Lappland-Expedition, die im Frühjahr 1939 stattfand, zu den Höhepunkten seiner Schulzeit. Er führte ein Reisetagebuch, in dem er gewissenhaft festhielt, was sich zwischen dem 4. und dem 27. April ereignete. Bei dieser Expedition erfuhren seine Fähigkeiten als Feldforscher, von denen er später – wie seine vielfältigen Feldnotizen aus

Gambia, dem Amazonasgebiet und Haiti belegen werden – auf so einzigartige Weise Gebrauch machen sollte, einen ersten Feinschliff.

Zehn Jungen und zwei Lehrer, Mr. Bickersteth und Mr. Chapman, verließen Gordonstoun am 4. April und fuhren zunächst nach Aberdeen und dann weiter nach Newcastle, wo sie an Bord der *Leda* gingen[6] – ein Schiff, das „nicht größer war als ein gewöhnliches Kanalschiff", weshalb es „schrecklich schaukelte und rollte" (F. Huxley 1939, S. 6). Viele der Expeditionsteilnehmer litten ungeachtet ihrer Segelpraxis vor der Küste von Gordonstoun unter Seekrankheit. Francis beklagte sich über die schrecklichen, stickigen Kabinen, die die Jungen dazu brachten, Zuflucht auf dem Promenadendeck der ersten Klasse zu suchen und ihre Schlafsäcke unten zwischen den Rettungsbooten aufzuhängen. Seine Vorliebe für Anekdoten und eine unverblümte Ausdrucksweise kommt in der Schilderung seiner Begegnung mit einigen spanischen Seeleuten zum Ausdruck, die ebenfalls auf dem Schiff waren und im norwegischen Bergen auf ein Handelsschiff umsteigen sollten. Sie „stanken", notierte er – vielleicht nicht unbedingt überraschend nach einer rauen Überfahrt.

Das Lappland-Abenteuer setzte sich auf einer festen Route fort, die in Francis' Tagebuch, das am 27. April ziemlich abrupt endet, nicht verzeichnet ist. Doch ein Mitreisender lieferte in einem Bericht, der im *Gordonstoun Record* Nr. 4 (1939) veröffentlicht wurde, Einzelheiten inklusive einer Karte. Die Freude der Expeditionsteilnehmer über Polarlichter und die Begegnungen mit Einheimischen wird darin offensichtlich. Anhand der Karte können wir die Reiseroute nachverfolgen: von Lakselv in Nordnorwegen südwärts nach Karasjok und weiter in südwestlicher Richtung über Kautokeino nach Karesuando. Die Aufzeichnungen über diese Schulexpedition vermitteln einen ersten Eindruck davon, wie aus einem normalen, wenngleich privilegierten Schüler ein junger Forschungsreisender wurde.

Wie Francis erwähnt, waren sie, was Übernachtungs- und Erholungsmöglichkeiten betraf, weitgehend auf die Hütten angewiesen, die der norwegische Staat in Abständen von ungefähr 25 km errichtet hatte. Manchmal mussten sie sich auch mit ihren Tunnelzelten begnügen und ihre Mahlzeiten auf den mobilen Kochern zubereiten, die sie auf ihren Schlitten mitschleppten – all dies war zweifellos eine wichtige und prägende Erfahrung für die Jungen. Natürlich mussten die Eltern ihre Portemonnaies zücken, um dieses Abenteuer ihrer Sprösslinge zu finanzieren.

---

[6] „Wir sollten in der Nacht zum 5. April mit der ‚Vega' in See stechen, doch aufgrund einer Reihe von Missgeschicken haben wir buchstäblich ‚das Schiff verpasst'" (*Gordonstoun Record* 1939, S. 5).

Im selben Jahr wurde Prinz Philip von Griechenland in Gordonstoun zum Guardian gewählt – ein Amt, das Francis drei Jahre später übernehmen sollte. Der zukünftige Ehemann der späteren Monarchin gehörte zu den älteren Schülern, während Francis zu diesem Zeitpunkt noch Junior-Status hatte. Anders als Francis hatte Philip keine Familie in England. Doch auch Francis musste, obwohl er eine große Familie hatte, wie viele seiner Altersgenossen aus ähnlichen Familien schon in sehr jungen Jahren sein Elternhaus verlassen, um ein Internat zu besuchen. Die potenziellen Gefahren sind mittlerweile allgemein bekannt. Neben den bereits erwähnten körperlichen und seelischen Misshandlungen und Missbrauch zählen auch Verlassenheitsgefühle, Depressionen und emotionale Distanziertheit zu den Risiken einer Internatserziehung.

Im Zweiten Weltkrieg wurde die Schule nach Wales verlegt. *Record* Nr. 5 (1939–1941) berichtet darüber, wie die Gordonstoun-Schulgemeinschaft wieder zusammengeführt und der Schulalltag an das Leben in Wales angepasst wurde. Francis war damals „House Helper" in Plas Dinam – ein Amt mit großer Verantwortung, vergleichbar mit dem des „Head of House" in anderen Schulen. Plas Dinam war ein Gebäude mit zahlreichen Giebeln und einem Schieferdach und wurde von Lord Davies und seiner Familie genutzt. Es wird liebevoll als „langgestreckt und weitläufig" beschrieben, und „obwohl man bei seinem Anblick zunächst Überraschung empfindet, fühlt man sich mit der Zeit wirklich zu ihm hingezogen" (*Gordounstoun Record* 1939–1941, S. 9). Plas Dinam liegt in dem Dorf Llandinam am Ufer des Severn nahe der walisischen Grenze.

5.3 Amateurtheater und Familiendramen

Das Trimester wurde mit dem üblichen Krippenspiel und dem gemeinsamen Singen von Weihnachtsliedern beschlossen. Francis spielte einen der Heiligen Drei Könige – eine Darbietung, die im Gegensatz zu anderen Aufführungen in Gordonstoun unkommentiert blieb. Natürlich litt auch das Schultheater von Gordonstoun unter dem Krieg, was zu erwarten war, denn aufgrund des zunehmenden Platzmangels ließen sich komplexere Aufführungen nur schwer realisieren. Der *Gordonstoun Record* erwähnt dennoch einige bemerkenswerte „Errungenschaften" und hebt positiv hervor, dass sich, obwohl keine Rede davon sein könne, dass sich „die räumlichen Bedingungen [verbessert hätten]", „das Theaterspiel nicht verschlechtert hat" (*Gordonstoun Record* 1945, S. 18). Es gab zwei jährliche Hauptaufführungen in Gordonstoun: Neben dem Krippenspiel wurde jeden Sommer ein Shakespeare-Stück aufgeführt. Der erste „Sommer-Shakespeare", den die Gordonstoun-Schüler in Wales auf die Bühne brachten, war *Hamlet*, der 1941 im

Dorfsaal von Llandinam aufgeführt wurde. Der *Record* berichtete über den „erstaunlichen Erfolg, der vor allem auf Francis Huxleys außergewöhnliche Leistung als Hamlet zurückzuführen ist" (*Gordonstoun Record* 1945, S. 18).[7] Es war ein bedeutender Abend für die Familie Huxley.

Beide Eltern hatten Francis versprochen, sich die Aufführung anzusehen, immerhin war dies Francis' letzter und wichtigster Bühnenauftritt, bevor er die Schule mit dem General School Certificate verlassen würde. Juliette gibt die Ereignisse in ihrem Tagebucheintrag vom 20. November wieder. Julian war zu einer Vortragsreise in die USA aufgebrochen, die von der Rockefeller Association gesponsert wurde, um Unterstützer für den Kriegseintritt der USA gegen Nazideutschland zu werben. Juliette hatte sich gegen die Reise ausgesprochen, weil sie das Vorhaben für aussichtslos hielt, obwohl sowohl Clement Attlee als auch Anthony Eden ihr Interesse bekundet hatten. Sie berichtet, Julian habe „nach einem großen Telefonkrampf ein paar eilige Worte mit Francis" gewechselt. Julian wollte auf jeden Fall in die USA reisen. Angesichts der „deutschen U-Boote, die wie hungrige Haie die Meere schwärmen", war Juliette „von düsteren Vorahnungen und Angst" erfüllt.

> *Das Ganze war so schicksalhaft wie eine griechische Tragödie. Ich war tief verletzt, und es tat mir leid für uns alle, besonders für Francis, der vier Tage später in Gordonstoun den Hamlet spielen sollte. Julian betrog den Jungen um seine Erwartung, dass sein Vater da sein und einer Aufführung beiwohnen würde, die Hahn, der Schulleiter, jedes zweite Jahr für die Schule vorbereitete* (J. Huxley 1986, S. 181 f.).

Dieser Familienzwist wirft ein schlechtes Licht auf Julian, der sein Versprechen brach und seinen Sohn, der seine Chance genutzt hatte und die Rolle des Hamlet souverän verkörperte, im Stich ließ. Juliette übernachtete nach der Samstagsvorstellung in Gordonstoun und ging mit ihrem Hamlet unter einem sternenklaren Himmel spazieren.

---

[7] „Dieser Artikel stellt einen Versuch dar, die Lücke zu schließen, die seit der letzten Ausgabe des *Record* im April 1941 entstanden ist. Es ist nicht einfach, elf Trimester in einem einzigen Artikel abzuhandeln, und gelegentlich mag das Fehlen von Notizen und Aufzeichnungen zu Auslassungen und Ungenauigkeiten geführt haben, für die sich die Herausgeber entschuldigen möchten. Die Veränderungen waren zahlreich und vielfältig, doch der Zeitraum, den wir hier abdecken, liegt genau zwischen unseren beiden Evakuierungen und beinhaltet daher keine so drastischen Umbrüche wie den Umzug nach Wales 1940 oder die spätere Rückkehr nach Morayshire" (*Gordonstoun Record* 1945, S. 6).

Diese Enttäuschung zählte zu den Erfahrungen, die sich in Francis' Herz brannten. Er hatte seinen berühmten Vater mit seinen schauspielerischen Fähigkeiten beeindrucken wollen, doch sein Wunsch nach einem Zeichen väterlicher Anerkennung und Wertschätzung blieb unerfüllt. Julians Verhalten erschien wie auch bei anderen Gelegenheiten selbstbezogen und egoistisch. Die folgende Anekdote liefert ein weiteres Beispiel für seine Gedankenlosigkeit: Julian überreichte Francis ein Exemplar seiner *Memories II* (1973; dt. in 1974: *Ein Leben für die Zukunft* enthalten) mit folgender Widmung: „Von Herzen für den lieben Francis, der es wagt, etwas über Papas späteres Leben zu erfahren." Francis notierte auf der Widmungsseite: „und Nonsense auf S. 27. Weil JSH Affable Savages nicht einmal gelesen hat" (J. Huxley 1973, FHA). Die erwähnte Seite 27 in Julians Memoiren enthielt einen Hinweis (einen von insgesamt drei im ganzen Band) auf seinen Sohn Francis, und zwar im Zusammenhang mit einem Treffen in Paris, zu dem auch „der glänzende Sozialanthropologe Lévi-Strauss (der unserem Sohn Francis, als er später zu seinen anthropologischen Expeditionen am oberen Amazonas aufbrach, wertvolle Ratschläge ab)" hinzukam (J. Huxley 1974, S. 273 f.). „Nonsense", schrieb Francis an den Rand. Warum? Weil er nie am oberen Amazonas gewesen war. Seine Feldforschung fand im Amazonasbecken statt. Ein weiterer Verweis auf Francis zeigt Julians Bemühen, die Beziehung zu seinen Söhnen in möglichst gutem Licht darzustellen, indem er sie als „bezaubernde und heiß geliebte Gesellschafter" schilderte und fortfuhr: „und wir sind glücklich, sie oft um uns zu haben" (J. Huxley 1974, S. 333). Damit machte er bei Francis allerdings keinen Boden gut.

Nach seiner Schulzeit in Gordonstoun kehrte Francis in die Londoner Wohnung seiner Eltern zurück, bereit, den nächsten Lebensabschnitt zu beginnen, der ihn, wie wir bald sehen werden, mit den vorhersehbaren Schmerzen, Opfern und Freiheiten der Liebe konfrontieren und den jungen Mann in einen wilden Strudel aus Ängsten und Entscheidungskonflikten hineinziehen sollte.

Literatur

Brown, M. (4.2.2012). The master storyteller: William Boyd. Interview. *The Telegraph*.
Gordonstoun Record, *3* (1938).
Gordonstoun Record, *4* (Ostern 1939).
Gordonstoun Record, *5* (Weihnachten 1939–Ostern 1941).
Gordonstoun Record, *6* (Ostern 1945).
Huxley, F. (1939). *A journal of the journey across Lapland*. Unveröffentl. Tagebuch, Frühjahr 1939. FHA.
Huxley, J. (1973). Memories II. London: George Allen & Unwin.

Huxley, J. (1974). *Ein Leben für die Zukunft. Erinnerungen.* München: List.
Huxley, J. (1986). *Leaves of the tulip tree.* London: John Murray.
Keegan, N. (19.12.2017). Not fit for a prince? *The Sun.*
Kirby, A. (7.12.2005). Eton's old boy's network. *Independent.*
Pepper, T. (1985). *Howard Coster's celebrity portraits.* London: National Portrait Gallery.

In der Royal Navy 6

6.1 Zwischenstation: Rückkehr ins Elternhaus

Nach dem erfolgreichen Abschluss seiner Schulzeit in Gordonstoun zog Francis in die elterliche Wohnung am Londoner Zoo – und fand sich wenig später in einer aufblühenden Liebesbeziehung zu Ferelyth Howard wieder. Sein Vater würde bald darauf seinen Posten als Generalsekretär der Zoological Society räumen, was einen Umzug erforderlich machte. Die Eltern bezogen das Haus Nr. 31 in der Pond Street in Hampstead, das ihr endgültiges Zuhause werden sollte. Da Francis schon während seiner Internatszeit gesegelt war und an der Expedition nach Lappland teilgenommen hatte, liegt die Annahme nahe, dass er sich aufgrund dieser Vorerfahrungen dazu entschloss, statt in die Armee in die Marine einzutreten, um die Streitkräfte im Kampf gegen den Faschismus zu unterstützen. Wie genau es zu dieser Entscheidung kam, konnten wir nicht in Erfahrung bringen. Doch es heißt, Ferelyth, die ja älter war, habe den gerade 20-Jährigen, der mit dem Gedanken spielte, zur Armee zu gehen, beiseite genommen und gefragt, was er tun wolle: „Hier bei mir in England bleiben oder zur Navy gehen?" Francis soll geantwortet haben: „Navy." Darauf Ferelyth: „Klar – wenn du das willst, okay" (E-Mail-Interview mit M. Balaskas, 16.10.2018).

Er stellte „Gedichte für einen Seemann" zusammen – nahezu 50 hatte er abgetippt, darunter solche von Shakespeare, Anne Richmond, John Donne, G. M. Hopkins, Naomi Mitchison und May Sarton, der Geliebten seiner Eltern. Sein Motto lautete „When he [der Seemann] is on the ocean, to make him forget the monotonous motion, to help him remember land and emotion" (F. Huxley 1942). Auch mit Ferelyth tauschte er Gedichte aus, die er ihr separat oder als Teil eines Liebesbriefs schickte. Von der Beziehung der beiden wird in Kap. 8 ausführlicher zu lesen sein, das Francis' bewegtes Liebesleben schildert.

6.2 Kriegsjahre auf der HMS *Ramillies*

Nach der Grundausbildung wurde Francis als Assistant Navigating Officer (Lieutenant) auf die HMS *Ramillies* versetzt, ein 1916 vom Stapel gelaufenes „Supergroßkampfschiff der Revenge-Klasse". Die Ausbildung begann mit einer Fahrt „den Clyde hinunter ... hinaus auf die Irische See", gefolgt von „einem Anfall von Seekrankheit, ausgelöst von einer Mischung aus dunkler Vorahnung und Dieselabgasen", wie Francis sich in einem Brief an einen Freund viele Jahre später erinnerte (F. Huxley, Brief an David Allen, 18.6.2003, FHA):

> *Wir fuhren mit unterschiedlicher Geschwindigkeit hin und her und dann nach Tobermory auf Skye, wo fünf oder sechs aus unserer Messe an Land gingen und die Whiskys und Biere in den zahlreichen Pubs beidseits der einzigen Straße des Ortes einer Prüfung unterzogen. Ich war verblüfft über die Mengen, die sie wegstecken konnten.*

Zweifellos eine ziemlich typische Einführung in das Leben auf See! Es ist gut möglich, dass Francis, der 1942 zur Besatzung stieß, am 16. August in Hvalfjörður auf Island den Besuch des Premierministers Winston Churchill auf dem Schiff miterlebte. Churchill war gerade von einer Konferenz in Neufundland, Kanada, zurückgekehrt, wo er gemeinsam mit dem US-Präsidenten Franklin D. Roosevelt die Atlantik-Charta unterzeichnet hatte. Anschließend fuhr die *Ramillies* nach Liverpool zurück, wo sie gründlich überholt wurde, bevor sie Ende November wieder in See stach. Bei einem Angriff auf Truppen des Vichy-Regimes in Diego Suarez, Madagaskar, wurde das Schiff von einem japanischen U-Boot torpediert und musste zur Reparatur nach Devonport zurückkehren und war erst im Juni 1943 wieder einsatzfähig. Im Hafen von Kilindini, Ostafrika, schloss sich die *Ramillies* erneut dem Verband der Eastern Fleet an. Ende August desselben Jahres hatte Captain Gervase Middleton das Kommando übernommen. Er tauchte später in einer legendären Geschichte auf, die Francis seinen staunenden Zuhörern oft und gern erzählte. Auch Juliette erwähnt besagte Begebenheit in ihren Memoiren, und wir werden die famose Episode natürlich sogleich wiedergeben.

Im Januar 1944 war die *Ramillies* wieder in der Werft in Portsmouth und wurde anschließend der Home Fleet zugewiesen. Im Vorfeld der „Operation Dragoon" (D-Day) fuhr die *Ramillies* ins Mittelmeer, wo sich die Truppen für die bevorstehende Invasion sammelten. Die *Ramillies* war eins von fünf Schlachtschiffen, die bei der Landung der Alliierten in der Normandie eingesetzt wurden. Im August befand sich Francis südlich von St. Tropez, wo die Kanonen der

6.2 Kriegsjahre auf der HMS Ramillies

Ramillies die deutsche Artilleriebatterie ausschalteten und die Infanterie bei ihrem Vormarsch ins Landesinnere unterstützten. Am D-Day, so die Geschichte, saß Francis als Bordfunker im Funkraum des Schiffs.

> *Da war er nun bei der Navy und hatte diese technische Aufgabe, in gewisser Weise eine wissenschaftliche. Er war auf Empfang. Der Kapitän schlug der Besatzung vor, während des Wartens BBC zu hören, also quasi der Stimme der Heimat zu lauschen. Francis bringt das Radiogerät ans Laufen und die Lautsprecher an Deck zu der versammelten Mannschaft: „Hier ist London mit dem „Brains Trust", und bei uns ist Sir Julian Huxley." Die Mannschaft hört also eine Folge „Brains Trust" im BBC-Radio. Während sie auf dem Meer herumschaukelt* (Interview mit R. Sheldrake, 13.3.2018, London).

Julians Erinnerungen lesen sich ein wenig anders:

> *Francis verbrachte vier Jahre bei der Marine und kam um die ganze Welt. Bei der Landung in der Normandie war er auf der „Ramillies", und als sich die große Armada vor ihrem heldenhaften Brückenkopf sammelte, holte ihn ein Schiffskamerad: er solle sich die Stimme seines Papas anhören. London strahlte live eine Gehirntrustsendung aus* (J. Huxley 1974, S. 219).

Die Unterschiede zwischen diesen Schilderungen – Julian lässt sowohl die Rolle des Kapitäns als auch Francis' Beitrag zu dieser Aktion unter den Tisch fallen – mögen zufällig sein, passen aber zu Julians Neigung, das Tun seines Sohnes zu ignorieren. Da Francis seiner Mutter zu Beginn der 1980er-Jahre beim Schreiben ihrer Memoiren half, können wir getrost davon ausgehen, dass es sich bei der angekündigten Geschichte über Captain Middleton um *seine* Version einer Begebenheit handelt, die sich am D-Day auf der *Ramillies* zugetragen hatte – eine längere, aber höchst amüsante Vignette über das Leben auf dem Schlachtschiff:

> *Francis, der inzwischen in die Navy eingetreten war und als Assistant Navigating Officer auf der HMS Ramillies diente, erblickte im Morgengrauen auf dem Schiffsradar eine sich über zwanzig Meilen erstreckende riesige Armada aus Schlachtschiffen, Zerstörern, Flugzeugträgern, Fregatten – alles Schiffe, die Truppen oder Material transportieren konnten –, die auf dem ihnen jeweils zugewiesenen Kurs lautlos auf die Küste der Normandie zusteuerten; und am Himmel über ihnen wimmelte es von Flugzeugen, Bombern, Gleitfliegern, Transportflugzeugen für Fallschirmjäger und Kampftruppen. Ich glaube nicht, dass die Geschichtsschreibung jemals von den wundersamen Ereignissen berichten wird, das die „Ramillies" möglicherweise gerettet hat. Der 36.000-Tonnen-Kreuzer ... hatte zwischen seinen Kriegseinsätzen die sieben Weltmeere bereist. Nach der Ankunft in Neuseeland hatten der damalige Kapitän und seine*

Mannschaft Freundschaft mit einem Maori-Stamm geschlossen. Bei einem feierlichen Anlass wurde dem Kapitän ein knielanger schwarz-weißer Schilfrock überreicht, den er nach der Anweisung des Häuptlings tragen sollte, „wann immer große Gefahr droht. Der Rock wird das große Schiff immer beschützen". Dieser Rock wurde traditionell in der Kapitänskajüte der „Ramillies" aufbewahrt, und jedes Besatzungsmitglied kannte ihn und glaubte fest an seine magische Kraft, so wie alle Seeleute auf der ganzen Welt an Magie glauben. Wann, wenn nicht jetzt, war sein Moment gekommen? Deutsche Torpedos von der Küstenlinie, Bomben aus den Verteidigungsbatterien rund um Brest, der ganze erbitterte Widerstand, mit dem die deutschen Truppen die Küste verteidigten. Durch ihre ungeheure Größe war die „Ramillies" ein leichtes Ziel. Als Captain Middleton[1] aus seiner Kabine kam, trug er den magischen Rock. Das Schiff blieb, von einem kleinen Kratzer abgesehen, unversehrt. Ich bewundere den Mut dieses stets auf die Würde seines Rangs bedachten Kapitäns der alten Schule, der, um die Moral seiner Mannschaft zu stärken, in einem Bastrock auf der Brücke erschien (J. Huxley 1986, S. 191 f.).

Danach kehrte Francis wieder in südliche Gewässer zurück (Abb. 6.1), wo die Vorbereitungen für eine Invasion Japans auf Hochtouren liefen. Die *Ramillies* verließ das Angriffsgebiet am 29. August 1944, doch Francis' Dienstzeit an Bord hatte seiner Familie natürlich Sorgen bereitet. In den Briefen, die Aldous im November 1942 an Julian schrieb, äußerte er, es müsse „sehr beunruhigend für Juliette und Dich sein", dass Francis in der Navy sei; und in einem Brief an Frieda Lawrence heißt es: „Francis befindet sich auf einem Zerstörer – kein besonders gesunder Ort" (A. Huxley, Brief an J. Huxley, 23.11.1942; Brief an F. Lawrence, 24.2.1944, in Smith 1969, S. 482 und 501).

Nach Ende des Krieges wurde Francis demobilisiert. Er schloss sich 1946 anderen Ex-Soldaten an, die an der Universität Oxford studieren wollten, und wurde am Balliol College angenommen, der Alma Mater seines Großvaters, Vaters und Onkels. Wir beschließen diesen Abstecher in die Kriegsjahre mit einem kurzen Schnellvorlauf zum Weihnachtsfest 2015. Bei einem Besuch in der Wagnon Road in Sebastopol, Kalifornien, wo Francis seine letzten Lebensjahre verbrachte, betrachtete Anatol Itten (T. Ittens Sohn) Fotos aus Francis' Dienstzeit in der Navy und fragte ihn dann: „Hast du während des Krieges jemals jemanden getötet, Francis?" Und Francis antwortete ohne zu zögern: „Das hoffe ich doch."

---

[1] Admiral Gervase Boswell Middleton (C.B., C.B.E.) (1893–1961) diente während der beiden Weltkriege in der Royal Navy.

Abb. 6.1 Francis Huxley (ganz rechts) als Oberleutnant der Marine mit zwei Kameraden in Hongkong, 1944. (FHA, mit freundlicher Genehmigung von A. Getty)

Literatur

Huxley, F. (1942). *Poems for a sailor*. Unveröffentl. Gedichtsammlung. FHA.
Huxley, J. (1974). *Ein Leben für die Zukunft. Erinnerungen*. München: List.
Huxley, J. (1986). Leaves of the tulip tree. London: John Murray.
Smith, G. (Hrsg.). (1969). *Letters of Aldous Huxley*. London: Chatton & Windus.

Oxford 7

*Ist es nicht ein Vergnügen, etwas zu wissen?**

7.1 Erste Eindrücke

Am 12. März 2018, einem warmen und sonnigen Tag, machen wir uns auf den Weg zur Pförtnerloge, denn wir sollen eine Führung durch Francis' altehrwürdiges College bekommen. John Jones, Archivar im Ruhestand, seit über 30 Jahren Fellow am Balliol College in Oxford, Tutor für Chemie und immer noch „am Herumwerkeln hier", hat sich bereit erklärt, uns die illustre und geschichtsträchtige Stätte zu zeigen. Wir haben kaum den gepflegten Rasen nahe dem Eingang betreten, als Jones uns erklärt, dass die Gebäude im Herbst 1946, als Francis zum ersten Mal hier stand, ganz anders ausgesehen hätten: nämlich schwarz – fast vergessene Spuren des Kohlezeitalters. In den 1960er-Jahren wurden die Fassaden der Universitätsgebäude wie die vieler anderer Bauten im Vereinigten Königreich gereinigt und erhielten den leuchtenden Cremeton, den sie noch heute haben. Jones kannte Francis nicht persönlich, hatte aber von ihm gehört. „Ich weiß nicht, wer alles zusammen mit Francis Huxley hier war", sagte er, „aber 1946 war ein besonders starker Jahrgang, weil so viele aus dem Krieg zurückkamen."

Die Universität Oxford ist die älteste Forschungsuniversität Englands, noch älter ist in Europa nur die Universität Bologna, die 1088 gegründet wurde, acht Jahre bevor der Lehrbetrieb in Oxford begann. Als eine Eliteinstitution, an der vor allem die Reichen und Mächtigen ihre Nachkommen ausbilden ließen, spielt

---

* „Mein Vater Julian schwärmte leidenschaftlich für alles, was er je gelernt hatte. Er zitierte gern Bertrand Russells Ausspruch ‚Ist es nicht ein Vergnügen, etwas zu *wissen*?'" (F. Huxley in Dunaway 1999, S. 77).

© Der/die Autor(en), exklusiv lizenziert an Springer Fachmedien Wiesbaden GmbH, ein Teil von Springer Nature 2022
T. Itten und R. Roberts, *Francis Huxley*,
https://doi.org/10.1007/978-3-658-38897-3_7

sie bis heute eine herausragende Rolle nicht nur für die Überlieferung von Kultur, sondern auch für die Weitergabe von Macht innerhalb der britischen Gesellschaft.

Als Francis nach Oxford kam, war „Sandy" Ogston als Haupttutor für alle Studierenden der Medizin und der Biowissenschaften zuständig. Oliver Smithies schilderte ihn als „einen sanften, aber auch kritischen Geist, der seinen Studenten in Oxford, zu denen auch ich gehörte, vermittelte, wie wichtig es ist, eine einfache Frage im Auge zu behalten, die auch ein halbes Jahrhundert später noch relevant ist: ‚Ist die Schlussfolgerung vernünftig?'" (Smithies 1996).

Jones hatte Ogston in dessen späteren Jahren gekannt. Er wurde als beeindruckende Persönlichkeit geschildert. Zwei seiner Schützlinge am Balliol – Baruch S. Blumberg und Oliver Smithies – erhielten einen Nobelpreis für Physiologie bzw. Medizin (Blumberg im Jahr 1976, Smithies 2007). Dass jemand gleich zwei Nobelpreisträger unterrichtet hat, ist selten. Als Francis nach Oxford kam, war Sandie Ogston, seit 1924 Rektor (Master) am Balliol College, noch dort. 1949 übernahm Sir David Lindsay Keir das Amt.

7.2 Balliol College

Das Balliol College als Gelehrtengemeinschaft existiert schon seit 1263. Seine Gründung verdankt sich einer Bußauflage nach einem Streit zwischen John Balliol (1249–1314) und dem damaligen Bischof von Durham. Nach Balliols Tod wandelte seine Witwe Dervorguilla de Balliol, Lady of Galloway, die Zuwendungen in eine dauerhafte Stiftung um und gab dem College 1282 eigene Statuten. Damit ist das Balliol das älteste College in Oxford.

Interessierten liefert Jones' Buch (1988) eine Fülle von Details zur Geschichte des Balliol, von seinen Anfängen im Mittelalter bis zu seiner Renaissance Mitte des 19. Jahrhunderts als eines der herausragenden Colleges in der „Stadt der träumenden Türme" (ein von Matthew Arnold geprägter Begriff). Im späten 19. Jahrhundert bahnte die Freundschaft zwischen Dr. Benjamin Jowett, dem damaligen Rektor des Balliol, und T. H. Huxley den Weg, der im Laufe der Zeit einige Mitglieder der Familie Huxley ans Balliol führen sollte. Vor Francis war sein Onkel Aldous der bei Weitem bekannteste Vertreter des Familienclans, der, „gekrönt mit den künstlichen Rosen akademischer Auszeichnungen" (Smith 1969, S. 112), geschafft hatte, was von einem Huxley erwartet wurde: einen Abschluss mit Auszeichnung. Francis war der erste Huxley, der sein Studium mit einem Second-Class-Degree abschloss. Das erste Familienmitglied am Balliol war sein Großvater Leonard. Dessen Söhne Julian und Aldous folgten, dann Cousin

7.2 Balliol College

Gervas, der Sohn von Henry, Leonards einzigem Bruder. Die derzeitige Archivarin des Balliol, Anna Sander, war so freundlich, unsere Anfrage zu Francis zu beantworten. Sie schrieb (E-Mail, 18.1.2018):

Ich kann bestätigen, dass er von 1946 bis 1949 am Balliol College unter A. G. „Sandy" Ogston studierte und 1949 in Oxford einen Second-Class-Bachelor in Zoologie und 1950 einen Bachelor of Science in Anthropologie erwarb. Es gibt keine Archivalien, die sich auf Francis Huxleys Leben oder Studium am Balliol College beziehen, mit Ausnahme von Aufzeichnungen, die bestätigen, dass er hier studierte, und soweit mir bekannt ist, sind seine Unterlagen auch in keinem anderen Archiv hinterlegt worden. Möglicherweise verfügt das St. Catherine's College noch über Verwaltungsunterlagen bezüglich seiner fünfjährigen Tätigkeit als Forschungsstipendiat (1963–1968).

Die Aufzeichnungen über Francis' Studienjahre am Balliol und später am St. Catherine's College sind also eher dürftig. Jones erklärt uns:

Eine Sache, über die wir fast keine Aufzeichnungen haben, ist die Zimmerzuweisung. Wo war sein Zimmer? Wir wissen es nicht. 1946 mussten viele Studierende in der Stadt wohnen. Das College verfügt über 230 Zimmer hier auf dem Campus. Aldous Huxley wohnte die ganze Zeit über in der Stadt. Von Francis weiß ich es nicht. Ich weiß, dass Julian Huxley hier gewohnt hat. Ihn kannte ich auch.

Wir wissen jedoch, dass Francis in seinen ersten Studienjahren in den Mauern des Balliol lebte. Audrey Butt Colson, eine seiner Kommilitoninnen im Fach Anthropologie, berichtete:

Als er im Balliol ankam, führte ihn der Portier zu seinen Zimmern im College und sagte: „Wir geben Ihnen die Zimmer, die Ihr Vater hatte." Das hat ihn ziemlich geärgert ... [E]r war nicht der Einzige, der damals die Last eines berühmten Vaters oder einer berühmten Mutter zu tragen hatte (Skype-Interview mit A. Butt Colson, 9.5.2018).

Als Francis 1949 als Postgraduierter zur Sozialanthropologie wechselte, wohnte er in verschiedenen Unterkünften im Stadtzentrum, unter anderem am Wellington Square, wo sich heute die Gebäude der Universität befinden. Einmal, so Audrey, habe er seine Schlüssel vergessen:

Als er, um ins Haus zu kommen, über das eiserne Geländer kletterte (um zu einem Fenster zu gelangen, das sich öffnen ließ), nahm ihn ein Polizist vorübergehend fest. Er hatte ab und zu ein kleines Problem mit seiner großen Bude, war aber immer bei bester Laune (Skype-Interview mit A. Butt Colson, 9.5.2018).

Aus der Ferne betrachtet, lässt die Geschichte des Balliol auf eine tolerante Grundhaltung und ein vielfältiges politisches Meinungsspektrum schließen, was allerdings nicht als repräsentativ für Oxford im Allgemeinen gelten kann. Die Aura liberaler Toleranz, die das College umgab, könnte durchaus dazu beigetragen haben, dass Francis sich dort wohlfühlte. Darüber hinaus weist das Balliol im Vergleich zu den anderen Colleges in Oxford aber noch eine weitere Besonderheit auf: Hier sind Wohnen und Studieren räumlich untrennbar miteinander verbunden.

Die Lehre in den naturwissenschaftlichen Fächern einschließlich Zoologie, Francis' Hauptfach vor seinem ersten Abschluss, fand größtenteils in Seminaren statt, gelegentlich gab es auch Vorlesungen an den entsprechenden Instituten. Die Studierenden sollten sowohl praktisch arbeiten als auch Feldforschung betreiben. Zu Francis' Studienzeit war die Zahl der Studierenden recht klein – am Balliol wurden pro Jahr meist nur drei oder vier Studienanfänger aufgenommen. Die Kommilitoninnen und Kommilitonen, die er an diesem quasi klösterlichen Ort kennenlernte, studierten daher vermutlich andere als naturwissenschaftliche Fächer. Das Studienangebot umfasste seinerzeit nahezu alle vorstellbaren Themen. Jones berichtet uns aus seiner eigenen Studienzeit:

Zumindest im ersten Jahr mussten alle Studierenden auch ein paar Tutorien bei einem Dozenten oder einer Dozentin außerhalb ihres eigenen Fachgebiets belegen ... Ich wurde einem Planungsexperten zugeteilt und musste Essays zum Thema Stadtplanung schreiben. Im Nachhinein wurde mir klar: Der Sinn dieses Systems war schlicht, dass man auch Leute jenseits seiner Fachgrenzen kennenlernte.

Dieses System war bis in die 1960er- und 1970er-Jahre ein gewollter Bestandteil der Hochschulpolitik. Die heute an allen britischen Universitäten vorherrschende instrumentelle Einstellung zur Bildung bedeutet einen echten Verlust.

Unser Weg zum Speisesaal führt über eine Treppe, die Francis damals mehrmals täglich hinaufgestiegen sein muss. Jones erinnert uns daran, dass Lebensmittel 1946 noch rationiert waren. Wer einen gesunden Appetit hatte, hatte Pech, und was noch schlimmer war: Die Studierenden mussten für ihre Mahlzeiten auch dann bezahlen, wenn sie sich dafür entschieden hatten, außerhalb des Campus zu essen. Die schöne, aber schlichte Gestaltung des Saals lenkt die Aufmerksamkeit auf den Tisch am oberen Ende, der den Dons und Masters vorbehalten ist. An den Wänden hängen Porträts bedeutender Persönlichkeiten aus der Geschichte des Colleges, die die spürbare Stärke und Macht von Hierarchie, Privilegien und Tradition ausstrahlen.

Auch die meisten später bekannt gewordenen Persönlichkeiten, die damals zusammen mit Francis am Balliol studierten, sind hier inzwischen auf Leinwänden verewigt. Francis dürfte sie alle in Fleisch und Blut und mitsamt ihren Eigenarten, ihrer Weisheit und ihren Torheiten gekannt und erlebt haben. Unter den Porträts befindet sich auch eines von Carol Clark (1940–2015), der ersten Frau, die an einem der Colleges von Oxford zum Fellow ernannt wurde. Ihr von Jean Lorch gemaltes Porträt, das an der linken Saalwand hängt, ein klein wenig höher als die anderen, soll auf diese Tatsache aufmerksam machen. Doch es gibt noch andere Dinge im Saal, die den besonderen Charakter dieses Colleges unterstreichen. Beim Anblick der majestätischen Orgel gegenüber dem High Table erläutert Jones, wie ungewöhnlich dieses Instrument ist. Die Orgel wurde von einem viktorianischen Master aufgestellt. Als dieser auf die Idee kam, an Sonntagen weltliche Konzerte zu geben, kam es zu einem kleinen Skandal. „Im viktorianischen England waren weltliche Konzerte, ja selbst Gesang nach dem Abendessen absolut skandalös." Vielleicht war das skandalöse Ambiente des Balliol eine Vorbereitung auf das, was Francis später zu Hause erleben sollte, aber vielleicht war es auch andersherum: Sein Leben zu Hause bereitete ihn auf das Balliol vor.

7.3 Wissenschaftliche Mentoren

Da das Studium am Balliol College einer Lehre bei einem Meister glich, ist es für das Verständnis von Francis' akademischem Profil in Ornithologie und Sozialanthropologie hilfreich, einen Blick auf die bekannteren unter seinen Dozenten zu werfen. Aus den Biografien über „Sandy" Ogston, Francis' Tutor, wissen wir, dass Ogston die Kunst der Herstellung von Sinn schätzte. Wahrscheinlich lernte Francis von ihm auch einiges darüber, dass Bescheidenheit sich durchsetzen kann. Ogston wird als jemand geschildert, dem die Bedeutung, die andere seiner Arbeit beimaßen, peinlich war – eine Reaktion, die zeitgenössischen Akademikerinnen und Akademikern eher fremd ist. Das lag daran, dass er, wie er mit der ihm eigenen Zurückhaltung erklärte, „ja nur ein paar Augenblicke brauchte, um auf die richtige Idee zu kommen" (Smithies 1996).

Nach dem Krieg waren viele ehemalige Soldaten als Lehrende nach Oxford gekommen. Bevor er in die Wissenschaft zurückkehrte, hatte auch Ogston zu den Kriegsanstrengungen beigetragen, indem er sein Wissen über chemische und physikalische Prozesse einsetzte, um bei der Eliminierung diverser Giftgase zu helfen, die seit dem Ersten Weltkrieg in der chemischen Kriegsführung eingesetzt wurden. Ogston war jedoch weit mehr als nur ein williger Helfer bei der Anwendung wissenschaftlicher Erkenntnisse zu militärischen Zwecken. Als er an die Universität zurückkehrte, begann für ihn ein Lebensabschnitt, der, so schilderte er es oft, dem Ziel gewidmet war, anderen bei der Erfüllung ihrer wissenschaftlichen Berufung zu helfen. Sein handfestes Vermächtnis bestand im Finden einfacher Lösungen für komplexe Probleme, doch er hatte auch ein Verständnis von Wissenschaft, das sich damals nur wenige seiner Kollegen – heute vielleicht noch weniger – vorstellen konnten und mochten. „Wissenschaft", so argumentierte er in einem Vortrag vor der Australian Biochemical Society, sei „mehr als die Suche nach der Wahrheit, mehr als ein anspruchsvolles Spiel, mehr als ein Beruf. Es ist ein Zusammenleben unterschiedlicher Menschen in größter Nähe zueinander, eine Schule des sozialen Lebens. Einzeln sind wir Glieder voneinander"[1].

Eine solche Haltung im Bewusstsein der gesellschaftlichen Verantwortung und der sozialen Natur wissenschaftlichen Arbeitens wäre in dem von hartem Wettbewerb geprägten Feld der modernen unternehmerischen Universität nicht nur fehl am Platze, sondern geradezu unerwünscht. Aber es ist eine Haltung, die einen weitreichenden Einfluss hatte und viele der von Ogston betreuten Studierenden berührte.

Neben Ogston hatte Francis in den ersten beiden Jahren seines Zoologiestudiums auch Peter Brian Medawar (1915–1987) als Lehrer. Medawar galt über viele Jahre als einer der aufgeklärtesten Köpfe öffentlichkeitswirksamer Wissenschaft und wurde von Richard Dawkins als „gewitztester aller Wissenschaftsautoren" bezeichnet (Dawkins 2008, S. 179). Nach seiner Zeit in Oxford forschte und lehrte Medawar von 1947 bis 1951 als Professor für Zoologie an der University of Birmingham und wechselte anschließend als Direktor des National Institute for Medical Research an die University of London. In dieser Funktion schrieb er 1963 an Alan Bullock vom St. Catherine's College, um Francis' Bewerbung um ein Forschungsstipendium durch eine herausragende Beurteilung zu unterstützen (Personalakten St. Catherine's College, Oxford):

Medical Research Council, 28. März 1963

Lieber Bullock, wie ich gerade zufällig erfuhr, ist Francis Huxley ein Kandidat für ein Fellowship am College.

Ich muss Ihnen sagen, dass ich ihn für absolut hervorragend halte (in Oxford war er mein Student, und ich bin mit ihm in Kontakt geblieben). Er ist nicht nur außerordentlich belesen, sondern auch höchst einfallsreich – und sein Denken hat einen robusten Kern.

---

[1] Anm. d. Übers.: Hier zitiert Ogston offenbar Römer 12,5: „… so sind wir, die vielen, ein Leib in Christus, einzeln aber Glieder voneinander".

7.3 Wissenschaftliche Mentoren

Ich vertraue seinem Urteil in vielen Dingen mehr als dem seines Vaters! Zudem ist er ein sehr sympathischer Zeitgenosse und wäre eine Bereicherung für den S.C.R.[2] Ich glaube, er wäre (sofern Sie nicht andere hervorragend geeignete Kandidaten haben) ein ausgezeichneter Fang für das College.

Herzliche Grüße
Peter Medawar

Dass Medawar, ein Nobelpreisträger (1960 für Medizin) und scharfsinniger Wissenschaftsphilosoph, Francis' Urteilsvermögen derart vertraute (als Medawar diesen Brief schrieb, war Francis 41 Jahre alt), mehr als dem seines Vaters Julian, spricht Bände. Vielleicht sah er bei Francis Hochachtung vor der Kunst der Wissenschaft. Medawar, bekannt für seine kritische Analyse der Induktion (Medawar 1969/2008), klagte oft über das mangelnde Methodenverständnis vieler Wissenschaftler. Er fand, dass sie die unterschiedlichen Arten des Experimentierens und ihre jeweilige Rolle im Prozess wissenschaftlicher Entdeckungen nicht hinreichend beachteten. Medawar pflegte ein ausgesprochen humanistisches Wissenschaftsverständnis und trat für die Kunst der Beobachtung in Verbindung mit Intuition und erfinderischer Erforschung ein. Seiner Ansicht nach konnte die Art und Weise, in der Studierende an eine Beobachtung herangingen, nicht nur zu neuen Erkenntnissen über die Natur, sondern auch zu einem tieferen Selbstverständnis führen.

Mit dem Ziel, die wissenschaftliche Methodik zu entmystifizieren und als eine spezifische Form menschlicher Erkenntnisbestrebungen zu behandeln, vermittelte Medawar Francis eine Art von methodologischem gesundem Menschenverstand. Seiner Ansicht nach sollte die Wissenschaft eher als eine Kunst behandelt werden denn als „ein Dialog zwischen Fakten und Fantasie … Wir sollten sie vielmehr als ein logisch gegliedertes Gebilde aus begründbaren Überzeugungen im Hinblick auf die Natur betrachten" (Medawar 1969/2008, S. 59).

Für Francis, einen aufstrebenden Natur- und Geisteswissenschaftler, war dies eine ebenso bedeutsame wie innovative Sichtweise. Laut Medawar beginnt Wissenschaft „als eine Geschichte über eine mögliche Welt – eine Geschichte, die wir laufend weiterspinnen, kritisieren und modifizieren, sodass sie am Ende, soweit uns dies eben möglich ist, zu einer Geschichte über das wirkliche Leben wird" (Medawar 1969/2008, S. 59).

Wie wir in diesem und in späteren Kapiteln sehen werden, hat diese Kunst des Geschichtenerzählens Francis' Herangehen an Forschung und Beobachtung ebenso geprägt wie seine Art der Informationsvermittlung.

---

[2] SCR = Senior Common Room, der Aufenthaltsraum für die Lehrenden.

7.4 Ein Ornithologe auf Expedition

Francis Huxley gehörte zu der Gruppe junger Wissenschaftler, die an der von der Universität Oxford organisierten Expedition nach Jan Mayen teilnahmen. Der norwegische Name dieser Insel lässt sich mit „Teufelsinsel" übersetzen. „In der Arktis gibt es nichts Vergleichbares", schrieb Francis, „sowohl was die große Zahl der Vögel betrifft als auch hinsichtlich des unwirtlichen Klimas … Da Jan Mayen zwischen Island und Spitzbergen das einzige Fleckchen Land im Nordatlantik ist, versammeln sich dort zur Brutzeit unzählige echte Meeresvögel" (F. Huxley 1947, S. 117).

Diese karge, gebirgige Insel, rund 550 km nordöstlich von Island in der Grönlandsee gelegen, besteht aus mehreren erloschenen Vulkanen. Leiter des Erkundungsteams war der Australier A. J. Marshall, der als Doktorand nach Oxford gekommen war und später Professor für Zoologie wurde.[3] Im August 1947 sprachen Marshall, der Geologe R. C. Bostrom und Francis Huxley im BBC Home Service – später in „BBC Radio 4" umbenannt – über ihre Erkenntnisse, Eindrücke und Erfahrungen auf dieser Expedition.

Die Reise begann am 9. Juli in Newcastle. Eine Woche später stach die zwölfköpfige Expeditionsmannschaft (aus den Colleges Merton, Magdalen, Balliol und New College der Universität Oxford) zusammen mit Wissenschaftlern von der Universität Glasgow und einem britischen Filmteam der Produktionsfirma Gaumont auf der *Polarbjørn,* einem norwegischen Robbenfänger, im Hafen von Aalesund in See. Nach drei Tagen Fahrt durch dichten Nebel tauchten endlich die majestätischen, eisbedeckten Berge der Insel vor ihnen auf, die sich 2500 m hoch aus dem Meer erhoben. Als das Schiff sich der Insel näherte, entdeckten die Expeditionsteilnehmer Tausende von Vögeln, die auf den von wucherndem Moos und gelben Flechten bedeckten Klippen nisteten und den Bug der *Polarbjørn* in großen Schwärmen umkreisten.

Um die Zeit, die sie auf der Insel verbringen konnten, optimal zu nutzen, beschloss Marshall, dass Botaniker und Entomologen zusammenarbeiten sollten; auch die Geologen, deren Aufgabe darin bestand, Gesteinsproben zu sammeln, die zurückweichenden Gletscher zu vermessen und Karten zu erstellen, wurden in Fortsetzung der Imperial-College-Expedition von 1938 einbezogen. Francis und sein Team stellten fest:

---

[3] Ein kurzer wissenschaftlicher Bericht über diese Expedition findet sich unter dem Titel „Oxford University expedition to Jan Mayen, 1947" in *Polar Record*, 5(35–36), S. 199.

> *[U]m herauszufinden, wo eine bestimmte Vogelart nistet, brauchten wir nur nach einer bestimmten Art von Felsen Ausschau zu halten: Denn obwohl die Insel zur Gänze vulkanisch ist, variiert die Struktur der Felsen stark, und die Vögel wählen je nach Art unterschiedliche Nistplätze* (BBC Home Service 1948, S. 5).

Das Team rätselte, weshalb die erwachsenen Dreizehen- und Eismöwen während der Brutzeit nur fraßen, herumtrödelten und schliefen, obwohl sie sich eigentlich mit der Nistplatzsuche und Fortpflanzung hätten beschäftigen sollen. Waren sie vielleicht doch nicht in der Brutzeit? Des Rätsels Lösung war, wie die Wissenschaftler herausfanden, eher banal: Abgesehen von offensichtlichen Erklärungen, die sich auf den physiologischen Zustand eines Vogels und sein Verhalten in einer bestimmten Umwelt bezogen, lautete die wichtigste Schlussfolgerung, dass es einfach nicht genügend geeignete Nistplätze gab.

Dankenswerterweise stehen uns diese Aufzeichnungen des jungen Ornithologen Francis Huxley zur Verfügung. Sie zeigen ihn als einen erfahrenen Wissenschaftler, der das Verhalten von Tieren in ihrem natürlichen Lebensraum erforscht, was Francis zufolge „stets durch Deutungen verkompliziert wird" (F. Huxley 1947, S. 117). Seine Gedanken zum Observationsansatz des Teams belegen den Einfluss seines Mentors Peter Medawar.

Am 24. August, sechs Wochen nach ihrer Ankunft auf der Insel, wurde die Expeditionsmannschaft von der *Polarbjørn* abgeholt, die aus Grönland zurückkehrte, um sie nach Norwegen zu bringen, und der ehemalige Navy-Offizier Francis war um die Erfahrung reicher, dass das Zusammenspiel von Natur, Habitat und Observation durch menschliche Beobachter zu erstaunlichen Erkenntnissen führen kann. Marshall lobte ihn für die Beobachtung einer Vogelart, die „in großer Zahl dort zu finden war, wo sie sich laut den Lehrbüchern zu dieser Jahreszeit eigentlich gar nicht befinden sollte" (Marshall 1947, S. 5). Im folgenden Jahr wurde Francis mit der Leitung einer weiteren Expedition der Universität Oxford betraut. Neben seinem Wissen und seiner Fähigkeit, das Wissen anderer zu würdigen und ihnen zuzuhören, erwiesen sich auch seine liebenswürdig-exzentrische Lebhaftigkeit und sein Sinn für Humor als vorteilhaft, wenn es galt, all die Schwierigkeiten zu überwinden, die sich einer Expedition in den Weg stellen können.

7.5 Die Gambia-Expedition

Mit fünf Kollegen aus Oxford und drei von der Universität Cambridge stach Francis am 6. Juli 1948 in Liverpool an Bord der *Tarkwa* in See. Das Schiff nahm Kurs auf Bathurst – das heutige Banjul – in Gambia, das sie am 14. Juli erreichten. Das Team plante, sieben Wochen lang durch Gambia zu reisen und dort verschiedene Untersuchungen durchzuführen. Neben Francis, dem Ornithologen und Leiter der Gruppe, nahmen zwei Zoologen, ein Bodenchemiker, zwei Geografen, ein Landvermesser, ein Botaniker und ein Entomologe an dieser Expedition teil – ein sehr moderner wissenschaftlicher Ansatz, denn bis dahin waren nur wenige Expeditionen so interdisziplinär angelegt worden. In Bathurst stockten die Teilnehmer zunächst ihre Vorräte auf und rekrutierten zu ihrer Unterstützung und Versorgung 14 Afrikaner, was dem damals 25-jährigen Francis Huxley wie eine Extravaganz und eine späte Nachwirkung der Kolonialzeit erschien. Hinzu kamen zwei Dolmetscher sowie zwei Wäscherinnen und zwei Köche, die das Team von hauswirtschaftlichen Arbeiten entlasten sollte, damit mehr Zeit für die Forschungsarbeit blieb, die Priorität hatte. Mit ihrem Schiff fuhren sie rund 200 km flussaufwärts bis nach Kuntaur, ein betriebsamer Umschlagplatz für Exportgüter und der letzte für Hochseeschiffe erreichbare Hafen des Flusses Gambia. Francis beschloss, dort das Hauptquartier einzurichten, um die weitere Erkundung in kleinen, interdisziplinären Gruppen fortzusetzen wie bei früheren Expeditionen, an denen er teilgenommen hatte.

Das Team stellte fest, dass der Fluss durch die starke Abhängigkeit des Landes vom Erdnussanbau zahlreiche Händler aus den Nachbarländern Senegal und Guinea-Bissau anzog und leider auch ein besonders günstiger Lebensraum für die Überträger von Malaria, Bilharziose und der Schlafkrankheit war. Angesichts der Situation der afrikanischen Bauern und ihrer Möglichkeiten, ihre Feldfrüchte in diesem sumpfigen Lebensraum zu schützen, ist es kaum verwunderlich, dass das Land zu dieser Zeit eine der höchsten Krankheitsraten des Kontinents aufwies. Bei der Erkundung der Umgebung stieß Francis (Abb. 7.1) auf Steinkreise – für ihn ein Zeichen dafür, dass die Vergangenheit weiterexistierte. Die Steinkreise wurden für Rituale genutzt, die den dort lebenden Menschen ein Gefühl von Zugehörigkeit und Gemeinschaft vermitteln sollten.

Francis beobachtete, dass sie als Altäre verehrt und verwendet wurden, um den Erdgeistern den ihnen gebührenden Respekt zu erweisen. Weitere Nachfragen bei seinem afrikanischen Gewährsmann ergaben, dass es sich bei diesen Orten um Begräbnisstätten und Schutzräume aus alter Zeit handelte. Ausgrabungen wurden vorgenommen, doch das Alter der Stätten war schwer zu bestimmen. Nach Francis' eigener Schätzung – damals so gut wie jede andere – stammten sie aus dem 11. Jahrhundert. In seinen Überlegungen wird, rückblickend betrachtet, schon der künftige Sozialanthropologe sichtbar.

Die Forschungsaufgaben des Teams bestanden darin, das Alltagsleben der Bauern und ihre sozioagrikulturellen Einstellungen in Bezug auf das von ihnen

7.5 Die Gambia-Expedition

Abb. 7.1 Francis Huxley in Gambia, 1949. (FHA, mit freundlicher Genehmigung von A. Getty)

bebaute Land zu untersuchen: In welchem Zustand sind der Boden und die darauf angebauten Pflanzen? Wie kommt es, dass der Reisanbau Frauensache ist? Wie kann sich die örtliche Gemeinschaft vor dem Hintergrund, dass das Land seine Nahrungsmittelexporte steigern muss, selbst versorgen und ernähren? Die Mitglieder des Forschungsteams versuchten, ihre Erkenntnisse auf einer Landnutzungskarte zusammenzutragen. Diese wurde mit größter Sorgfalt erstellt. Francis Huxley veröffentlichte 1949 im *Geographical Magazine* einen nicht nur an ein Fachpublikum gerichteten Artikel über ihre Arbeit. Die Zeitschrift war 14 Jahre zuvor von Francis' Onkel Michael gegründet worden. Es gibt einen Briefwechsel zwischen Michael und Francis, der Michaels Begeisterung über diese Expedition und ihren Wert für die „moderne geografische Forschung" belegt.[4]

Mit den beiden Geografen E. Gordon und J. Pook führte das Expeditionsteam auf einer Fläche von 31 km^2 eine umfassende Landvermessung durch. Neben Francis' Überblicksartikel entstanden weitere Veröffentlichungen von Mitgliedern der Gruppe (z. B. Clarke 1953; Gordon 1950). Francis hielt vor der Royal

---

[4] In seinem Brief vom 14. Juli 1949 (FHA) thematisierte Michael Huxley die bevorstehende Veröffentlichung von Francis' Artikel über Gambia im *Geographical Magazine*.

Geographical Society einen Vortrag über die Geschichte der Expedition und ihr trauriges Fazit im Hinblick auf die missliche Situation der gambischen Landwirtschaft, die ineffiziente Ökonomie und die allgemeine ökologische Situation des Landes. Unter den Zuhörern war auch sein Onkel Michael, der ihm eine Woche später schrieb:

> *Es hat mir Freude gemacht, deinem Vortrag letzte Woche zu lauschen, und ich habe mein Bestes gegeben, um die Familien-Claqueure zu unterstützen ... wenn wir nun noch ein paar lebendigere Eindrücke von den Menschen und ihrem Umfeld in dem Gebiet, in dem du tätig warst, bekommen können, sehe ich keinen Grund, weshalb wir die Idee aufgeben sollten, einen Artikel über diesen Aspekt der Arbeit des Expeditionsteams zu veröffentlichen.*[5]

Dank Michael Huxleys Verbindungen zum Colonial Office, das ihm weitere druckfähige Fotografien zur Verfügung stellte, und der Royal Geographical Society, die ihm eine speziell zu Reproduktionszwecken angefertigte und entsprechend eingefärbte Kopie der Landnutzungskarte überließ, konnte Francis seinen Artikel zu gegebener Zeit abliefern. Darin schildert er die Details der Expedition, ihre Methoden und Ergebnisse und stellt sie in den historischen Kontext des damaligen Protektorats. Er erwähnt nicht nur, wann und wie es dazu kam, dass das Gebiet erstmals als eigenständiges, mit Zirkel und Lineal abgestecktes Territorium auf den Landkarten auftauchte, sondern beschreibt auch die Schattenseiten der europäischen Handelstätigkeit, die im 18. Jahrhundert mit der üblichen Mischung aus „Gewehren, Alkohol, Äxten und Stoffen" das Ihrige zur Verschärfung der politischen Situation beitrug (F. Huxley 1949b/1950, S. 271).

Zu dieser Litanei der Schrecken könnten wir noch Infektions- und Geschlechtskrankheiten und Korruption hinzufügen. Francis, der Ornithologe, erlebte, wie die Reisvögel die erntereifen Reisfelder plünderten und es zusammen mit den Pavianen, deren Populationsgröße 1948 der der menschlichen Bevölkerung entsprach, schafften, „fast die Hälfte der gesamten Erdnussernte des Landes zu vernichten". Nach sieben Wochen verließen die Expeditionsteilnehmer Gambia mit der Hoffnung, dass sich die durch ihre Feldforschung aufgedeckte katastrophale sozioagrikulturelle Situation durch die Erschließung weiterer Reisanbauflächen mithilfe von Bewässerungssystemen und Erdwällen, die das Wasser auf den Feldern hielten, und die Gewinnung weiterer Ackerlands in Sumpf- und Moorgebieten verbessern lassen würde. Sir Andrew Wright,

---

[5] Brief an Francis Huxley vom 25. Januar 1949, geschrieben auf Briefpapier des *Geographical Magazine*. Erst Anfang Juli sagte Francis seinem Onkel zu, diesen Artikel tatsächlich zu schreiben (FHA).

der britische Gouverneur in Gambia, würdigte ihre ausgewogene Beurteilung der Handlungsmöglichkeiten von Politik und Verwaltung. Mit dem reichhaltigen Material, das Francis nach Oxford mitbrachte, fühlte er sich gut gerüstet für sein letztes Studienjahr. W. R. P. Bourne, der Ehrenvorsitzende der Seabird Group, schrieb Francis auf Anregung von David Snow, einem berühmten englischen Ornithologen, im Oktober 1952, erkundigte sich nach dem auf der Gambia-Expedition gesammelten Material über Seevögel und fragte, was Francis damit zu tun gedenke. Er wolle Francis' Sammlung gern übernehmen und dazu nutzen, „die Verbreitungsgebiete der verschiedenen Arten einzugrenzen und die Systematik sowie die Brutdaten der Bestände zu überprüfen"[6].

7.6 Von der Ornithologie zur Anthropologie

Francis war nun so weit, seine Netze auch jenseits der Zoologie und der Wissenschaftsphilosophie auszuwerfen. Er begann sich der Sozialanthropologie zuzuwenden. Mit einem Upper-Second-Abschluss, der zweitbesten Note, verließ er das Balliol College und schrieb sich für den einjährigen Diplomstudiengang am Oxford Institute of Anthropology ein. In dieser Zeit wohnte er in unterschiedlichen, über die Stadt verteilten Unterkünften. Bei seinem Lehrer Edward Evans-Pritchard (1902–1973) holte er sich einige Ratschläge für die Feldforschung. Evans-Pritchard war ein erfahrener Anthropologe, der in Afrika bei den Azande und den Nuer umfangreiche Feldforschungen durchgeführt hatte. „Der Anthropologe", schrieb Evans-Pritchard,

sollte möglichst in ihren Dörfern und Lagern leben, wo er, wiederum so weit wie möglich, physisch wie moralisch zu einem Teil ihrer Gemeinschaft wird. Das ist nicht nur eine Frage der physischen Nähe. Es gibt auch eine psychologische Seite. Indem der Anthropologe, soweit es ihm möglich ist, unter den Ureinwohnern lebt wie einer von ihnen, stellt er sich auf eine Stufe mit ihnen. Anders als der Verwaltungsbeamte oder der Missionar hat er keine Autorität und keinen Status zu wahren, und im Gegensatz zu ihnen nimmt er eine neutrale Position ein (Evans-Pritchard 1951, S. 78 f.).

Evans-Pritchard galt als die Verkörperung des Besten, was Oxford an Gelehrsamkeit und Formulierungskunst zu bieten hatte. Francis Huxley nahm sich seinen Rat zu Herzen. Er wählte einen narrativen Ansatz für seine Reportage, indem er den Einheimischen eine eigene Stimme gab. Als Schüler von Evans-Pritchard und

---

[6] Dr. W. R. P. Bourne, Brief an Francis Huxley Balliol College, vom 18. Oktober 1952 aus dem St. Bartholomews Hospital, London (FHA).

Meyer Fortes – Letzterer war sein eigentlicher Mentor – war Francis in einer vorteilhaften Situation. Ihrer Weisheit und Erfahrung fügte er die Unschuld und das Staunen eines Lévi-Strauss hinzu. Die Sozialanthropologin Mary Douglas war der Meinung, Evans-Pritchards Stärke habe in seiner Feldforschung gelegen, „seine Schwäche im ordnenden Schematisieren". Dies sei auf seine „Skepsis gegenüber der Möglichkeit objektiven Wissens und damit auf ein ungewöhnlich hoch entwickeltes Verständnis erkenntnistheoretischer Fragen" zurückzuführen (Douglas 1980, S. 121). Audrey Butt Colson schilderte die universitäre Situation im Jahr 1949 folgendermaßen:

> *Damals gab es noch keinen Undergraduate-Abschluss in diesem Fach. Es gab einen einjährigen Diplomstudiengang, der mit einer Prüfung endete. Dann folgte eine B.Litt.[Bachelor of Letters]-Abschlussarbeit (für die normalerweise ausschließlich schriftliche Aufzeichnungen verwendet wurden; das beanspruchte in der Regel ein Jahr). Wenn alles gut lief, folgte ein längeres Promotionsstudium im jeweils gewählten Forschungsgebiet. Die Diplomstudierenden waren in der Regel graduiert, hatten ihren Abschluss in einem anderen Fach gemacht und kamen häufig auch von anderen Universitäten, oft aus dem Ausland. Da Francis bereits einen Abschluss am Biologischen Institut von Oxford gemacht hatte, nahm er nicht an den Veranstaltungen des Diplomstudiengangs teil, sondern schloss direkt das B.Litt.-Jahr an* (Skype-Interview mit A. Butt Colson, 9.5.2018).

Die Studierenden an diesem Institut brachten also akademische Abschlüsse in verschiedenen Fächern mit. Francis hatte ein naturwissenschaftliches Studium abgeschlossen, Audrey Butt Colson, die aus Exeter kam, hatte als externe Studentin ein Geschichtsstudium an der London University absolviert. Francis als Emslie-Horniman-Stipendiat schien perfekt in dieses Oxford-System zu passen. Audrey Butt Colson berichtete, dass Francis

> *im Unterschied zu den neun Studierenden unseres Jahrgangs keinen Diplomkurs belegt hatte. Dazu gehörte auch die Geschichte der Anthropologie; wir anderen belegten drei von sechs oder sieben Wahlfächern. Francis hat den einjährigen Diplomstudiengang nicht abgeschlossen. Der Grund dafür war – jedenfalls haben wir es so verstanden, das ist jetzt nicht offiziell –, dass er schon einen Oxford-Abschluss hatte. Wir anderen kamen alle von anderen Universitäten. Natürlich besuchte er die Vorlesungen und sonstige Lehrveranstaltungen, die er besuchen wollte. Er war schon im zweiten Studienabschnitt und schrieb an seinem B.Litt., der dann in einen M.A. umgewandelt wurde* (Skype-Interview mit A. Butt Colson, 9.5.2018).

Für diese Arbeit (F. Huxley 1949a) erhielt er 1950 seinen Masterabschluss. Die Studierenden überließen in der Regel der sozialanthropologischen Bibliothek und der Bodleian Library jeweils eine Kopie ihrer Arbeit. Meyer Fortes, damals noch

7.6 Von der Ornithologie zur Anthropologie

Soziologiedozent, war Francis' Tutor in Sozialanthropologie und der Betreuer seiner Abschlussarbeit. Als Fortes 1950 auf die William-Wyse-Professur für Sozialanthropologie in Cambridge berufen wurde, wechselte Francis zeitweise ebenfalls dorthin, insbesondere 1952 nach seiner Rückkehr von seiner ersten Exkursion zu den Ka'apor im brasilianischen Amazonasbecken.

Es sei daran erinnert, dass die Sozialanthropologie in Oxford damals großenteils von Evans-Pritchard – E-P, wie er allgemein genannt wurde – dominiert wurde. Evans-Pritchard war Afrikanist, wie die meisten seiner Kollegen in Oxford, und wurde später als „Professor Sir Evans-Pritchard" weltbekannt (s. auch Evans-Pritchard 1951). Meyer Fortes, Francis' wichtigster Mentor in Sachen Feldforschung, war wie manche seiner Zeitgenossen überzeugt, dass sich die sogenannten primitiven oder Stammesgesellschaften „von dem unterschieden, was er ‚zivilisierte Gesellschaften' nannte. Sie waren kleinräumig und in sich nicht sehr differenziert und hielten sich in einem Zustand des Gleichgewichts" (Kuper 2016, S. 135). Fortes' kulturelle Vorurteile haben sich bekanntlich überlebt, doch er hatte mehr zu bieten: eine andere, tragfähigere Perspektive, die Francis nachhaltig beeinflusste. Laut Adam Kuper musste in den späten 1940er-Jahren an Francis' Alma Mater „jeder Professor eine Theorie haben" (Skype-Interview mit A. Kuper, 31.1.2019). Fortes' erste veröffentlichte Feldforschungsarbeit über die Tallensi in Nordghana galt als anspruchslos, doch Fortes stand der Psychoanalyse aufgeschlossen gegenüber und interessierte sich für die Erfahrungen des Individuums und ihren Ort im Schicksal eines Mannes oder einer Frau.

Verallgemeinerte ethnographische Beschreibungen weisen einen schlimmen Fehler auf. Sie zeigen uns nämlich nicht, wie Ritus und Glauben das Leben von Männern und Frauen tatsächlich regulieren (Fortes 1966, S. 28).

Auch Francis beherzigte diese mahnenden Worte seines Mentors. Als Anthropologe zollte er dem Kontext der individuellen Geschichte und der sozialen Beziehungen, ihrer Einbettung in praktizierte Riten und religiöse Vorstellungen und der damit verbundenen Mythologie die gebührende Aufmerksamkeit.

Weshalb Anthropologie?
Francis hörte nie auf, über das Wesen der Anthropologie nachzudenken. Seine Feldnotizen sind voller Überlegungen zu diesem Thema. Die Sozialanthropologie sollte seine endgültige akademische Bestimmung werden. Dabei ging es ihm mehr darum, die Mythologie, die Rituale und die soziale Struktur eines Stammes – in seinem Fall

der Ka'apor – zu analysieren, statt in einem „materiellen" Ansatz stecken zu bleiben, bei dem der Schwerpunkt auf Objekten, ihren Eigenschaften und den Arten und Weisen liegt, auf die materielle Artefakte den Schlüssel zum Verständnis einer Kultur und ihrer sozialen Beziehungen bilden. Francis entschied sich stattdessen dafür, das Alltagsleben der Stammesmitglieder zu dokumentieren und zu beschreiben, um sie sowohl als Subjekte wie als Objekte einer anthropologischen Untersuchung zu zeigen. Später distanzierte er sich von einer Praxis, die ihm zufolge in der „Blütezeit dieser Profession" – zu der Zeit also, als er selbst dazustieß – obligatorisch gewesen war. Kurz nach dem Zweiten Weltkrieg „wurden ihre Mitglieder als Berater und Ausbilder des Militärs beschäftigt; das setzte sich bis in die Sechzigerjahre hinein fort, als die internationale Szene zu Social Engineering in großem Maßstab aufrief" (F. Huxley 1992, S. 5).

Neben Evans-Pritchard und Fortes übte Edmund Leach einen wichtigen Einfluss auf den angehenden Anthropologen aus. Leach war bereits ein angesehener Dozent an der London School of Economics, als Francis auf seine Arbeiten stieß. Später, als Professor für Anthropologie in Cambridge, näherte sich Leach in seinen theoretischen Überlegungen der strukturellen Anthropologie von Lévi-Strauss an. Als Francis sich um ein Forschungsstipendium am St. Catherine's College bewarb, äußerte er den Wunsch, „diese französische Schule" einzubeziehen, weil sie „soziale Formen mit Methoden untersucht, die aus der Linguistik abgeleitet sind", und wegen ihres „Interesses ... an den topologischen Beziehungen, die sich in der Mythologie und in Verwandtschaftssystemen finden lassen"[7].

Leachs Beschäftigung mit dem französischen Strukturalismus führte zu einer Popularisierung der narrativen Anthropologie, die Francis Huxley mitbegründete. Demnach sollte sich ein Feldforscher auf seine persönliche Erfahrung als teilnehmender Beobachter in einer bestimmten Gesellschaft einlassen und sie – möglichst unter Vermeidung metaphysischer Probleme – in einen kosmologischen, mythologischen Kontext stellen, indem er eigene Analyseergebnisse konsequent auf die Funktion der Stammesgesellschaft und zugleich auf das Verhalten der Individuen darin anwandte.

Leach und Huxley, die beide durch die englische funktionale Schule der Sozialanthropologie gegangen waren, verbanden diese mit dem Strukturalismus. Es ist ein offenes Geheimnis, dass die eigene Position innerhalb des hierarchischen sozialen Klassengefüges und der eigene kulturelle Hintergrund wichtige Aspekte der funktionalistischen Arbeitsweise der britischen Anthropologie waren. Mit „Glimpses of the unmentionable in the history of British social anthropology" (Leach 1984),

---

[7] Die eine Seite lange Kurzbiografie war Bestandteil seiner Bewerbung für das St. Catherine's Research Fellowship 1963 (FHA).

einem gegen Ende seines Lebens verfassten Beitrag, hat Leach unsere Herangehensweise an diese Biografie beeinflusst. In einem Punkt sei er sich völlig sicher, schrieb er:

Wenn wir dem persönlichen Hintergrund der Verfasser anthropologischer Werke nicht mehr Aufmerksamkeit schenken als bislang üblich, entgeht uns das meiste von dem, was uns diese Texte über die Geschichte der Anthropologie mitteilen können (Leach 1984, S. 22).

Britische Akademiker seien „noch immer viel zu empfindlich, wenn es um solche Dinge geht", schrieb er (Leach 1984, S. 3). Dabei ärgerten ihn nicht so sehr die „überwältigende Dominanz und das akademische Prestige von Oxford und Cambridge", sondern vor allem der „Konservatismus und die soziale Arroganz derjenigen, die diese beiden großen Institutionen zu Beginn des 20. Jahrhunderts tatsächlich beherrschten" (Leach 1984, S. 22). Die Familie Huxley zählte zu den wichtigsten Mitgliedern dieser mächtigen, in sich vernetzten „intellektuellen Aristokratie", und Francis profitierte als Oxford-Student und -Absolvent ganz selbstverständlich von diesem Netzwerk.

In seinem Buch über Leben und Werk von Edmund Leach machte Stanley J. Tambiah einen weiteren wichtigen Punkt geltend:

Er behauptete, dass kreatives Denken nur möglich sei, wenn man bereit sei, Risiken einzugehen. Widersprüchlichkeit beunruhigte ihn nicht, da sie seiner Meinung nach mit der Hegel'schen Dialektik vereinbar war. Sein Antrieb bestand darin, zu „experimentieren", zu „untersuchen" und Grenzen zu verschieben (Tambiah 2002, S. 67).

Literatur

BBC Home Service (1948). *Rocks and Birds of Jan Mayen.* Transkript.
Clarke, J. R (1953). The hippopotamus in Gambia, West Africa. *Journal of Mammalogy, 34*(3), 299–315.
Dawkins, R. (Hrsg.). (2008). *The Oxford book of modern science writing.* Oxford: Oxford University Press.
Douglas, M. (1980). *Evans-Pritchard.* London: Fontana Modern Masters.
Dunaway, D. K. (1999). *Aldous Huxley recollected.* Walnut Creek/CA: Altamira Press.
Evans-Pritchard, E. E. (1951). *Social anthropology.* London: Cohen & West.
Fortes, M. (1966). *Ödipus und Hiob in westafrikanischen Religionen.* Frankfurt a. M.: Suhrkamp.
Gordon, E. (1950). A land use map of Kuntaur in the Gambia. *The Geographical Journal, 116*(4/6), 216–217.

Huxley, F. (15.12.1947). Birds of Jan Mayen – nesting & breeding habits. *The Times*, 5.
Huxley, F. (1949a). *The social mechanism of a South American Tribe. An account of marriage, war and exchange among the Tupi-Guarani of Brazil, with comparisons drawn from South American Tribes*. Thesis presented for the degree of Bachelor of Science at the University of Oxford. Unveröffentl. Manuskript. FHA.
Huxley, F. (1949b/1950). Exploration in Gambia. *Geographical Magazine*, 22(6), 270–277.
Huxley, F. (1992). World culture. *International Synergy Journal*, 6(2), 5–10.
Jones, J. (1988). *Balliol College: a history, 1263–1939*. Oxford: Oxford University Press.
Kuper, A. (2016). Meyer Fortes. The person, the role, the theory. *Cambridge Journal of Anthropology*, 34(2), 127–139.
Leach, E. R. (1984). Glimpses of the unmentionable in the history of British social anthropology. *Annual Review of Anthropology*, 13, 1–23.
Marshall, A. J. (24./25.11.1947). Oxford goes exploring, Part II: Study of wildlife on Jan Mayen. *The Times*, 5.
Medawar, P. (1969/2008). *Induction and intuition in scientific thought*. London: Routledge.
Smith, G. (Hrsg.). (1969). *Letters of Aldous Huxley*. London: Chatto & Windus.
Smithies, O. (9.7.1996). Obituary: A. G. Ogston. *The Independent*.
Tambiah, S. J. (2002). *Edmund Leach – an anthropological life*. Cambridge: Cambridge University Press.

Liebe und Geschichte 8

Francis hatte Beziehungen „mit so vielen Frauen", sagte seine Nichte Victoria, „und die meisten waren halb so alt wie er" (Interview mit V. Huxley, 15.3.2018, Oxford). Letzteres traf allerdings erst ab dem Ende seines fünften Lebensjahrzehnts zu. Wie seine Briefe aus Brasilien beweisen, hatte er ziemlich viele Freundinnen in der englischen Heimat. Nachdem er in seinem Postgraduiertenjahr in Oxford eine eigene Wohnung bezogen hatte, hatte er sich den Ruf eines exzellenten Gastgebers erworben, bewandert in den Künsten des Kochens und der Konversation. Wir können daher annehmen, dass er in dieser Zeit auch zu seinem Mannsein fand und sich auf ein Leben an den felsigen Ufern des Eros, wenn schon nicht der Zivilisation, vorbereitete.

In diesem Kapitel werden wir die in unseren Augen wichtigsten intimen Beziehungen in Francis' Leben genauer betrachten, darunter natürlich auch seine drei Ehen. Die erste schloss er mit Adriana Santa Cruz, als er 48 Jahre alt war – nach damaligen Maßstäben ziemlich spät. All diese Herzensangelegenheiten spielten sich in einem bestimmten Kontext und innerhalb der sich immer wieder verschiebenden emotionalen und geografischen Grenzen ab, in denen Francis sein Leben führte. Was wir hier zusammengetragen haben, ist keineswegs erschöpfend, ermöglicht aber wichtige Erkenntnisse über den Mann Francis Huxley, über die Landschaften des Herzens, die er bereiste, und darüber, in welcher Beziehung sie zum Rest seines Lebens standen.

8.1 Ferelyth: erste Liebe

Ferelyth (gälisch: „Wasserfee") wuchs mit ihrer älteren Schwester Jean, der späteren Romanautorin Jean MacGibbon, in Golders Green bei Hampstead Heath auf.

Ihre Mutter war Konzertpianistin, ihr Vater Kaufmann. Während des Ersten Weltkriegs veranstalteten ihr Großonkel Ernst Howard und ihre Tante Sophy in ihrem geräumigen Haus in St. John's Wood Scharade-Partys und hatten oft Schriftsteller, Maler und Musiker zu Gast. Die Dichterin und Romanautorin May Sinclair ging dort ein und aus, und „Julian Huxley spielte Gott unter einem Regenschirm. Das war ganz am Anfang, und er bedeutete mir nichts. Sein Vater Leonard Huxley schon", erinnerte sich Jean MacGibbon (1984, S. 21 f.).

Ferelyth Howard (1916–2005) war Francis' erste große Liebe. Sie studierte Bildhauerei bei John Skeaping an der Central School of Arts in London und schloss sich anschließend seiner „Zoo-Klasse" an. Von da an waren Tiere die bevorzugten Sujets der Zeichnungen und Skulpturen, die sie im Laufe ihres Künstlerinnenlebens schuf. Ihre Schwester Jean schrieb in ihren Memoiren:

> *Wäre meine Schwester nicht gewesen, wäre ich vermutlich geneigt, meine Version der Ereignisse nicht ernst zu nehmen. Aber Ferelyth, die geboren wurde, als ich dreieinhalb Jahre alt war, scheint sofort gewusst zu haben, dass sie gänzlich anders war als wir drei. Das hat sie oft unglücklich gemacht, war aber auf lange Sicht gesünder. Das Erkennen der Wahrheit, so schmerzhaft sie sein mag, ist die Voraussetzung für seelische Gesundheit* (MacGibbon 1984, S. 12).[1]

Nach ihrem Schulabschluss ging die 18-jährige Ferelyth nach Wien, ignorierte die Vorliebe ihrer Mutter für den Flügel und erlernte stattdessen das Cellospiel. Sie entwickelte sich zu einer abenteuerlustigen, anteilnehmenden Reisenden, formte und schmiedete ihre eigenen innovativen Werkzeuge an der Central School of Arts and Crafts, wo sie „kupfernen Rundstangen einen lebensgroßen Gibbon abtrotzte, der dort im Treppenhaus hing" (MacGibbon 1984, S. 157). David Buckman, der Ferelyth Howard in sein Lexikon der *Artists in Britain since 1945* (Buckman 1998) aufnahm, schrieb später in seinem im *Independent* abgedruckten Nachruf:

> *Im Sommer 1939 reiste sie im Rahmen eines Studentenaustauschs nach Amerika, doch kurz vor der Rückreise begann der Zweite Weltkrieg, und sie wurde offiziell zu einer Ausländerin, die nicht nach Hause zurückkehren konnte ... Nach Pearl Harbour wurde ihr die Rückreise nach England gestattet. Sie arbeitete in der Camouflage-Einheit des Luftfahrtministeriums und schloss sich dann dem WRNS [Women's Royal Naval Service] an ... Noch während ihrer Tätigkeit in der Camouflage-Einheit kehrte sie an die Central School zurück. Deren rückwärtige Fassade war durch einen Bombenangriff*

---

[1] Ein charmanter Zufall ist, dass der von ihrem Ehemann James MacGibbon geleitete Verlag MacGibbon & Kee 1972 mit Francis' erstem Verlag, Rupert Hart-Davis, fusionierte, den die Granada Group 1963 übernommen hatte.

8.1 Ferelyth: erste Liebe

Abb. 8.1 Ferelyth Howard, London 1942. (FHA, mit freundlicher Genehmigung von A. Getty)

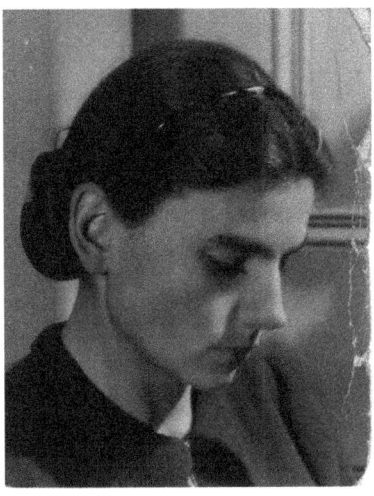

stark beschädigt worden, sodass ihre Antilope (eine ihrer bekanntesten Skulpturen) ins Freie blickte. Inzwischen war sie mit Julian Huxley, dem Generalsekretär der Zoological Society, befreundet, und dieser sorgte dafür, dass die Antilope im Whipsnade Zoo auf einem Sockel neben dem Restaurant aufgestellt wurde. Als Fellows der Zoological Society die Antilope später für ungeeignet befanden, wurde sie von ihrer Schöpferin abgeholt und fand schließlich in einer Privatsammlung eine neue Heimat (Buckman 2005).[2]

Francis lernte seine erste Liebe also in der elterlichen Wohnung kennen, die der Position seines Vaters als Generalsekretär der Londoner Zoological Society und des Whipsnade Zoo zu verdanken war. Julian war von 1935 bis 1942 bei der Society angestellt und führte die Tagesgeschäfte zusammen mit Juliette. Francis kam aus Gordonstoun zurück und stand als 19-Jähriger an der Schwelle zum Erwachsensein. Ferelyth (Abb. 8.1) war zu diesem Zeitpunkt eine temperamentvolle 26-jährige Künstlerin, die lebende Tiere als Modelle für ihre Skulpturen wählte und gelegentlich Besorgungen für den Huxley'schen Haushalt erledigte.

---

[2] David Buckman riet uns dankenswerterweise, uns an die Bedales School zu wenden, an der Ferelyths Mann Bill Wills unterrichtet hatte, um den Kontakt zu Jackie, Ferelyths jüngster Tochter, und den Lokalzeitungen in Hampshire herzustellen.

Wir wissen, dass die Familien Huxley und Howard einander kannten, daher liegt die Vermutung nahe, dass Ferelyth sich zunächst mit Francis' Eltern anfreundete und dann deren zweitältesten Sohn in die Kunst der Liebe einweihte. In ihrem Buch über die Bildhauerei schrieb sie später:

> *Am Anfang steht das Bedürfnis des Individuums, durch die ihm eigene Art des „Tuns und Machens" Erfahrungen zu teilen, denn nur durch die Kunst vermag der Mensch die Kluft des Getrenntseins zu überbrücken.* (Wills und Wills 1975, S. 7).

Ferelyth schenkte Francis ein Gemälde, das bis zu seinem Lebensende über seinem Kamin hing, wo immer er sich niederließ (Abb. 8.2). Sie hatte auch eine Zeichnung für ihn angefertigt, die er mit nach Gordonstoun nehmen sollte.

Ihre Liebe war intensiv und romantisch. In einem ihrer Briefe sprach sie ihn mit „Hallo, alter Stern" an. In einem anderen schrieb sie:

> *Ich denke die ganze Zeit an Dich, bin mir immer Deiner Abwesenheit bewusst, kämpfe immer gegen das merkwürdige Vakuum in mir, frage mich ängstlich, ob Du wohl unglücklich bist oder Dich unwohl fühlst – und bin doch so sinnlos unfähig, Dir zu helfen. Sag mir so bald wie möglich, ob Du noch Päckchen bekommen darfst, auch wenn es nur ganz kleine Päckchen sind, bitte, sonst schicke ich sie ab, ob sie Dich erreichen oder nicht! Gott segne Dich, mein Liebster, Deine Ferelyth* (Brief aus Barton on Sea, undatiert, FHA).

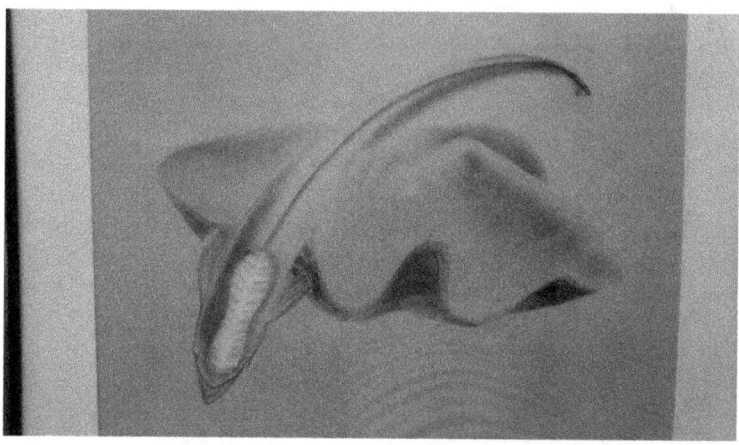

Abb. 8.2 Gemälde von Ferelyth Howard. (Foto: T. Itten)

8.1 Ferelyth: erste Liebe

Francis' Nichten Victoria und Susan berichteten, Juliette habe mit Francis und seiner ersten Freundin – „dieser Bildhauerin", wie sie sie nannten, weil sie sich nicht an Ferelyths Namen erinnern konnten –, keine „Wiederholung" erleben wollen. Victorias und Susans Vater Anthony und ihre Mutter, Ann Taylor, hatten 1943 jung geheiratet, weil Ann bereits mit Susie schwanger gewesen war. Als Ferelyth dann im Zoo am Regent's Park ihre Skulpturen schuf, witterte Juliette zunehmend „Gefahr". In Susans Worten:

> *Zwei Söhne, die Schande über die Familie bringen, sind zu viel. Wir haben diese Skulptur [von Ferelyth] gerettet, die im Garten lag. Sie ist aus einem Stück Treibholz gemacht. Juliette machte ebenfalls Treibholzskulpturen, aus einem Ebenholzstamm vom Wrack eines Schiffs der spanischen Armada, das an die Walliser Küste gespült worden war. Das Ebenholz hatte als Schiffsballast gedient. Francis und Anthony hatten es am Strand gefunden* (Interview mit S. Ray Huxley, 14.3.2018, London).

Juliettes ausgeprägtes Kontrollbedürfnis, so Victoria, setzte sich durch. Im Zweiten Weltkrieg trat Francis in die Royal Navy ein, während Ferelyth dem Women's Royal Naval Service angehörte. Später heiratete Ferelyth „unseren Cousin Bill Wills, einen Bomberpiloten", wie ihre Schwester Jean schrieb. „Beide wurden sie tüchtige Segelflieger. Sie konnte Großes leisten, wenn ihr etwas am Herzen lag" (MacGibbon 1984, S. 157).

Doch die erste Zeit ihrer Liebe war für beide eine aufregende, kreative, leidenschaftliche und glückliche Zeit gewesen. Für Francis war die Suche nach dem flüchtigen Schmetterling, der sich Liebe nennt, eine prägende und wichtige Erfahrung. Er bewahrte ein paar seiner frühen Gedichte, die von seiner Zuneigung zu Ferelyth inspiriert waren, in einer Mappe auf, zusammen mit Weihnachtskarten und Zeichnungen aus dieser Zeit und einer Postkarte, die er an seine alte Flamme geschrieben hatte: „Für jede Blume der Freude und des Glücks in den leuchtenden Tagen, von ganzem Herzen. Francis."[3]

Aus Ferelyth' Umfeld erfuhren wir, dass sie auch später noch gern Geschichten aus der Zeit erzählte, als sie die Tiere im Zoo am Regent's Park gezeichnet hatte. Während seines Anthropologiestudiums in Oxford, kurz bevor er nach Brasilien abreiste, besuchte Francis Ferelyth und ihre Familie noch einmal.

Margaret McMullen, die Ferelyth in ihren späteren Jahren gekannt hatte, schrieb uns:

---

[3] Die Karte ohne Adresse, Datum und Poststempel zeigt das Gemälde „Die Verkündigung" aus der National Gallery, Washington D.C. (FHA).

Ich kann mir gut vorstellen, dass sich Ferelyth und Francis zueinander hingezogen fühlten, da sie sich beide sehr für Vögel, für Tiere überhaupt und für die Natur interessieren. Ich lernte Ferelyth erst Ende der 1990er-Jahre kennen, als sie schon sehr schlecht sah und nicht mehr Auto fahren konnte. Sie bat mich immer herein, um mir ihre Arbeiten zu zeigen, die ich sehr mochte und bewunderte. Die Gespräche, die wir auf unseren Fahrten führten, wenn sie sich an ihre Schulzeit in Weybridge erinnerte, kreisten um eine lang vergangene Zeit, und auf diese bezieht sie sich, ohne den Namen der Schule zu nennen, wenn sie in ihren Aufzeichnungen über ihre Liebe zur Natur schreibt. Davon erzählte sie immer mit Humor, aber auch voller Nostalgie.[4]

8.2 Oxford und die Zeit danach

In Francis' Oxford-Tagebüchern ist häufig von einer gewissen Liz die Rede; auch Restaurant- und Kinobesuche, Spaziergänge und Gespräche sind vermerkt. Daten fehlen in den Aufzeichnungen aus dieser Zeit, aber da er Treffen mit Meyer Fortes (manchmal nur „MF") und „E-P" (Evans-Pritchard) erwähnt, ist klar, dass diese Einträge aus der Zeit seines Anthropologiestudiums, also aus den Jahren 1949/1950 stammen müssen. Bei der Lektüre eines Buchs über die Geschichte der Hölle wünschte er sich, wie er schrieb, stattdessen eine Geschichte der Häresien, denn „die Sexualmoral wird nicht vom Willen Gottes regiert, sondern von der frustrierten Ablehnung anderer Menschen. Die Gesetze der Sexualmoral schränken also ein und befreien nicht. Deshalb sind sie, sofern sie als letztgültig betrachtet werden, ungesund" (*Oxford Journals* 1951–1952). Womöglich ein Hinweis auf seine nachhaltige Unzufriedenheit mit den Moralvorstellungen seiner Eltern und ihren Versuchen, seine Beziehung zu Ferelyth zu unterbinden?

Aus seiner Zeit in Brasilien, wo er seine Post über den Serviço de Proteção aos Indioserhielt, existiert noch ein Brief von Val Mitchison[5]. „Darling Francis", schrieb Val, die im Londoner Temple-Bezirk wohnte, „es fühlt sich sehr ungewöhnlich an, keine Studentin mehr zu sein; sehr schön, aber doch seltsam." Sie berichtete ihm, wer von den ehemaligen Kommilitoninnen und Kommilitonen bereits entschlossen war, zu heiraten, wer immer noch Brautjungfer werden wollte und wer sich gerade in wen verliebt hatte; und dann gab es da noch das

---

[4] Margaret MacMullan antwortete auf eine E-Mail, die ich (T. Itten) in der lokalen Gratiszeitung *Chichester Post* veröffentlicht hatte, um Informationen über Ferelyth Wills zu erhalten. Sie schrieb: „Ich habe sie in ihren letzten Jahren kennengelernt, als sie und ihr Mann in Emsworth lebten, von wo aus ich sie zu unseren Treffen der Old Scholars' Association in der Nähe von Godalming mitgenommen habe" (E-Mail an T. Itten, 2. Juli 2018).

[5] Val war die Tochter der Schriftstellerin Naomi Mitchinson und die Schwester seines Oxford-Kommilitonen Avrion Mitchinson.

eher praktische, „furchtbar komplizierte" Problem der Stellensuche. Sie äußerte die Befürchtung, dass Francis sich für immer in den Dschungel zurückziehen könnte. „Wann, wenn überhaupt, wirst Du zurückkommen? Liebster Francis, pass auf Dich auf, so gut Du kannst, und komm bald zurück, bis dahin alles, alles Liebe, Val" (Brief vom 2.8.1951, FHA).

Als Francis im Herbst 1953 nach London zurückkehrte, schrieb er an seinen Vater:

> *Wie Du sicher weißt, musste ich meine Bewerbung für die Sammlungsleiterstelle am British Museum aufgeben, aber ich glaube, dass ich jetzt einen anderen Museumsjob in Liverpool in Aussicht habe ... [E]s wird die gleiche Art von Arbeit sein, die Katalogisierung der süd- und mittelamerikanischen Sammlungen, aber es ist nur für ein Jahr, und ich kann mir dabei Zeit lassen* (Brief an J. Huxley, undatiert – vermutlich Ende 1953 –, JHP).

Was die Option eines St.-John's-Forschungsstipendiums betreffe, sehe es „gar nicht gut aus", schrieb er weiter, denn da er ein Balliol-Absolvent und kein St.-John's-Mann sei, müsse er, habe man ihm gesagt, sehr viel besser sein als alle anderen. Also hieß die nächste Station Liverpool.

8.3 Liverpool und New York

Ab März 1954 und den größten Teil des Jahres 1955 arbeitete Francis Huxley als Assistenzkurator für Ethnografie am City of Liverpool Public Museum (wie es damals hieß) und wohnte in der Percy Street 5 im Bezirk 8. Marion Servat-Fredericq, Assistenzkuratorin der ethnologischen Abteilung des World Museum Liverpool, stieß in den Archiven des Museums auf seine Spuren:

> *1954 wurde Francis Huxley in der ethnologischen Abteilung angestellt, um die mittel- und südamerikanischen Exponate des Museums zu katalogisieren. Er verließ das Museum im September 1955 und ging nach Amerika, nachdem er die wesentlichen Objekte erfasst und eine kleine Ausstellung der amerikanischen Sammlung im Sudley House organisiert hatte. Ich habe eine handschriftliche Aufzeichnung gefunden, in der er erwähnt wird ... Beasley scheint darin ebenfalls vorzukommen, was darauf hindeuten könnte, dass Huxley an einem Teil der Harry-Geoffrey-Beasley-Sammlung gearbeitet hat* (E-Mail von M. Servat-Fredericq, 8.7.2019).

Francis hinterließ offensichtlich weniger Spuren in dieser Stadt als die Fab Four, auch wenn uns einige Briefe vorliegen, die darauf schließen lassen, dass ihm die Arbeit im Museum „viel Freude" machte.[6] Gelegentlich wurde seine Arbeitsfreude jedoch durch die äußeren Umstände beeinträchtigt: „Langweilige zwei Wochen hier in Liverpool, in denen ich nicht viel zu tun hatte", schrieb er seiner Mutter nach sieben Monaten in der frischen Meeresluft, „ich habe gerade einen schrecklich großen Haufen schrecklicher alter peruanischer Kleidung aus Gräbern ausgepackt – puh, wie die stinken. Und dieser Dreck!" (Brief an J. Huxley, 1.10.1954, JHP). Hin und wieder nahm er sich ein paar Nachmittage frei, um mit seinem Material aus Brasilien ein Buch zu schreiben, zu dem ihn der Verleger Rupert Hart-Davis ermutigt hatte. Wir wissen, dass er in dieser Zeit mindestens eine wichtige Beziehung einging, und zwar zu einer Frau, die in den Briefen nur „Sheila" genannt wird und möglicherweise 1932 geboren wurde. Wir fanden einen Briefumschlag mit der Absenderadresse „Sheila Brandick" aus Saskatoon, Kanada, und vermuten, dass es sich dabei um jene Sheila handelt, die Francis in Liverpool kennenlernte. Es gibt außerdem einen an Sheila adressierten Brief aus dem März 1956. Zu diesem Zeitpunkt wohnte Francis am Riverside Drive in New York. Er schreibt:

Liebste Sheila, ... ich wünschte, Du wärst hier, um sie [das Metropolitan und das Frick Museum] *zu besuchen; ich schätze Dein Wissen und Dein Auge für die Dinge. Und die Museen sind nicht der einzige Grund – es wäre überhaupt schön, wenn Du hier wärest, einfach als Sheila, um all die Sehenswürdigkeiten zu sehen, die Dollars auszugeben und eisgekühltes Wasser zu trinken* (Brief an Sheila, 19.3.1956, FHA).

Von Sheila (Abb. 8.3) stammte auch die Idee, Aldous Huxley und Laura Archera das Buch von Rudolf Wittkower über Bernini zur Hochzeit zu schenken, bevor Aldous seinen Plan, sich das Buch zu kaufen, in die Tat umsetzen konnte. Francis berichtete ihr von der erfreuten Reaktion seines Onkels beim Auspacken des Geschenks (Brief an Sheila, 19.3.1956).

Wie wir wissen, kehrte Francis nicht mehr nach Liverpool zurück. Es hatte ihn zu „langweilen" begonnen, ebenso wie sein „biestiges Buch" (Brief an „Dearest Mummy and Father", 4.4.1955, JHP). Die folgenden drei Jahre verbrachte er teils in New York, teils mit Feldforschung in Saskatchewan und Haiti. Michael Schwab, einem langjährigen Freund von Francis, den dieser eingeladen hatte, bei ihm zu wohnen, nachdem Adele, Francis' dritte Frau, aus Santa Fe weggezogen und Michaels eigene Ehe in die Brüche gegangen war, verdanken wir einen wichtigen Nachtrag zu Francis' Liaison mit Sheila. Als wir ihm erzählten, dass wir zwei Fotos von Sheila neben dem Monitor in Francis' Arbeitszimmer in der

---

[6] Brief des geschäftsführenden Direktors und Kurators der ethnologischen Sammlung des British Museum an A. Digby, 30. Juni 1954.

Abb. 8.3 Sheila, 1955. (FHA, mit freundlicher Genehmigung von A. Getty)

Wagnon Road (Sonoma County, Nordkalifornien) gefunden hatten, wo er seine letzten Lebensjahre verbracht hatte, erinnerte sich Michael:

> *Als wir von 2000 bis 2003 zusammenwohnten, dachte er daran zurück ... als wäre ihm zum ersten Mal klar geworden, was für eine Chance er mit Sheila verpasst hatte, seine jugendliche Arroganz, seine Ungeduld, seine Unfähigkeit, zu erkennen, was los war, und als er nach Amerika kam, hatte er ein Foto von ihr. Er machte einen Positiv-Negativ-Abzug davon. Überall in seinem Haus in Santa Fe gab es Kopien davon. Es scheint, als hätte ihn das an alles erinnert, was er bedauerte in seinem Leben. Er war tagelang untröstlich* (Skype-Interview mit M. Schwab, 7.7.2019).

Da wir Sheilas Adresse in Kanada in Francis' kleinem Buch fanden, mit dem gleichen Foto, das er auf seinem Schreibtisch stehen hatte, nehmen wir an, dass sie einander gelegentlich schrieben. Vielleicht war da auch mehr als nur ein Briefwechsel: Die Entfernung zwischen der psychiatrischen Klinik, in der Francis 1959 arbeitete, und Sheilas Haus „Green Gables" in Saskatoon war nicht sehr groß – etwa 140 km, vielleicht zwei Autostunden. Für nordamerikanische Verhältnisse durchaus machbar.

8.4 Ellen Huxley

Wie bereits erwähnt (Kap. 3), äußerte Ellen Hovde Anfang November 1956, nachdem sie und Francis gemeinsam mit Ellens Mann Matthew Huxley und Humphry Osmond im Haus der Huxleys in der Sanford Road in Woodbridge LSD genommen hatten, ihrem Sohn gegenüber, sie habe „den falschen Huxley geheiratet". Am darauffolgenden Wochenende besuchten Julian und Juliette Ellen, Matthew und Francis in Woodbridge. Am Dienstag, den 12. November, schrieb Ellen an Osmond:

> *Wir haben ihnen alles erzählt, was wir ihnen erzählen konnten; sie waren äußerst interessiert. Aber sie waren auch sichtlich verwirrt wegen Francis und mir, und ich glaube, sie fühlten sich ziemlich ausgeschlossen – wer würde das nicht, wenn uns mitten in einer gewöhnlichen Unterhaltung ein einziges Wort in lautes Gelächter ausbrechen lässt. Ich bin mir sicher, Juliette dachte, wir wären zusammen … und das waren wir ja auch* (Bisbee et al. 2018, S. 575).

Als Francis vorübergehend nach Chicago zog, rief er sie, kaum dass er sich im International House eingerichtet hatte, an, um den beruhigenden, verliebten Klang ihrer Stimme zu hören.

Ellen Hovde (geb. 1925) war die Tochter eines Professors und in Pittsburgh, Pennsylvania, aufgewachsen. Sie hatte Theaterwissenschaften am Carnegie Mellon Institute studiert, war nach ihrem Abschluss nach Norwegen gegangen und schließlich nach New York zurückgekehrt. Dort lernte sie ihren späteren Ehemann, Francis' Cousin Matthew Huxley, kennen, der an Elmer Ropers Meinungsforschungsinstitut arbeitete. Sie heirateten 1949 und bekamen zwei Kinder, Trevenen und Tessa. 1955, wenige Monate nach Maria Huxleys Tod im Februar, verbrachte Aldous den Sommer mit Ellen und Matthew in Connecticut. Aldous blieb seiner Schwiegertochter Ellen bis zu seinem Tod 1963 eng verbunden.

Ellen war, wie schon an früherer Stelle erwähnt, eine renommierte Filmregisseurin. Sie gründete zusammen mit Muffie Meyer in New York ihre eigene

8.4 Ellen Huxley

Produktionsfirma, Middlemarch Films. Gemeinsam produzierten sie über hundert Filme und Videos, die national wie international Anerkennung fanden, wie positive Kritiken in der *New York Times, Time* und *Newsweek* sowie eine Oscar-Nominierung und Auszeichnungen durch die Directors Guild of America beweisen. Ihre Liebe zu Francis brachte Ellen 1957 auf die Idee, zusammen mit ihm für National Educational Television einen Film über Darwin zu planen, der allerdings nie realisiert wurde. Das lag, wie Francis seinem Vater berichtete, daran, dass „die Produzenten an dem, was wir vorhatten, nicht wirklich interessiert waren und wir nicht an dem interessiert waren, was sie vorhatten, noch bekamen wir für den Fall der Annahme die Garantie, dass tatsächlich einer von uns an der Serie würde arbeiten können. Also gaben wir das Projekt auf" (Brief, undatiert – vermutlich Oktober 1958 –, FHA).

Als Ellens Affäre mit Francis ans Licht kam, sprach Matthew nie wieder mit ihm. Die Affäre bedeutete das Ende der Ehe. Trev, Matthews Sohn, hatte, wie er uns erzählte, nicht viel davon mitbekommen, da „niemand darüber reden wollte ... [M]ein Vater zog aus. Ich habe nie einen Streit zwischen ihnen miterlebt. Clare White, die angeheiratete Cousine meines Vaters ... als ich 19 war, fragte ich sie danach, und sie sagte: ‚Ja, Francis ... deine Mutter mochte Francis ein bisschen zu sehr.'" (Interview mit T. Huxley, 26.4.2018, Sebastopol).

Zwischen Trev und Francis kam dieses Thema nie zur Sprache. Während Trevs Schwester Francis bis zu dessen Tod nicht verzieh, kam Trev, eher pragmatisch veranlagt, zu dem Schluss:

Meiner Meinung nach ging mich das nichts an. Meine Mutter hat sich nie mit mir hingesetzt, um darüber zu reden, und mein Vater auch nicht. Es war das Aus zwischen Francis und meinem Vater. Danach hat mein Vater nie wieder mit Francis gesprochen, denn das war wirklich eine Katastrophe für unsere Familie (Interview mit T. Huxley, 26.4.2018, Sebastopol).

Im Januar 1959 äußerte sich Francis in einem Brief an seine Eltern folgendermaßen über das Scheitern von Matthews Ehe:

Ellen und Matthew trennen sich gerade, wie Ellen euch, wie ich glaube, mitgeteilt hat: Das kommt nicht überraschend, ist aber dennoch äußerst schmerzlich. Sie empfinden schon lange nur noch Abneigung füreinander. Die beiden selbst sind auf eine schrecklich uneindeutige Weise zugleich erleichtert und leiden doch Qualen; außerdem hat ihre Gesundheit ihnen übel mitgespielt. Alles in allem lief es ziemlich unglücklich: Ich bin vor einiger Zeit ausgezogen, wohne momentan bei einem befreundeten Filmemacher ... und bin dabei, mir woanders eine Bleibe zu suchen ... Was ich hier schreibe, erschreckt mich, es kommt so modrig-dumpf und formlos heraus (Brief vom 2.1.1959, JSH).

Ein paar Monate später folgte eine weitere, ausführlichere Darstellung, mit der er versuchte, nicht nur die Befürchtungen seiner Eltern zu zerstreuen, sondern das ganze Drama auch in den Kontext des intergenerationellen Huxley-Vermächtnisses zu stellen – eine „Kraft", wie Francis es nennt, die das Handeln und die Motive der Familienmitglieder formt, hemmt oder auf andere Weise beeinflusst. Er schreibt:

> *Nein, ich werde jetzt sicher nicht nach England zurückkommen: Weshalb sollte ich das auch tun? Es hilft mir kein bisschen, und im Augenblick bin ich egoistisch genug, dies an die erste Stelle zu setzen. Ob ich wirklich einen so beunruhigenden Brief geschrieben habe oder nicht, weiß ich nicht mehr, aber ich habe den Eindruck, dass Ihr mehr herausgelesen habt, als ich hineingeschrieben habe. Was ich meine, ist, dass in diese Geschichte einfach zu viele Huxleys involviert waren und dass es eine Situation war, die nicht nur Ellen und Matthew und mich betraf, sondern auch die Schatten aller unserer Eltern sowie die Art und Weise, wie wir auf sie reagieren. Das ist, wie ich hoffe, offensichtlich: es ist natürlich in einer solchen Situation immer offensichtlich. Was schwierig ist, und darüber habe ich geschrieben, ist, diese Schattenkräfte, die für meinen Geschmack zu aktiv waren, von dem zu unterscheiden, was ich wirklich tun will. Meine große Schwäche ist, dass ich mich von den Gefühlen anderer dazu erpressen lasse, zu tun, was sie von mir wollen: und obwohl es vollkommen richtig für mich sein mag, das zu tun, muss ich es doch um meinetwillen tun, sonst ist es nichts wert ...*
>
> *Also lasst Euch davon bitte nicht so belasten. Es wird schon keiner explodieren oder sich vor ein Auto werfen oder sonst etwas Dummes tun: und obwohl das natürlich eine sehr Huxley-typische Situation ist, in die zwei Familienzweige mit ihren unterschiedlichen Charakteren und Charakterlosigkeiten verwickelt sind, wenn Ihr mir folgen könnt, lässt sich damit leichter umgehen, je weniger Zwang im Spiel ist* (März 1959, JSH).

Dies ist nach unserer Kenntnis der erste Brief, der die ganze Dimension des psychologischen Dramas erahnen lässt, in das alle Huxleys verstrickt sind, ob es ihnen gefällt oder nicht. Francis gefiel es, wie er hier andeutet, ganz und gar nicht – deshalb stellte er es sich als eine Kraft vor, die im Verborgenen wirkt und dem Bewusstsein nicht unmittelbar zugänglich ist. Wie bereits erwähnt, war der Wunsch, sich über seinen Ort in der Familie klar zu werden, einer der Gründe, weshalb Francis die Nähe von Ronald D. Laing suchte. Ebenso wahrscheinlich ist, dass einige von Laings Überlegungen zur „Politik der Familie" (s. Laing 1974) unmittelbar auf seine Kenntnis der Kommunikationsstörungen im Huxley'schen Familiensystem zurückgingen.

Es sei eine leidenschaftliche Liebesbeziehung gewesen, fuhr Trev fort:

8.4 Ellen Huxley

Meine Mutter war am Boden zerstört, weil Francis sie nicht heiratete. Francis stand der Sinn eher nach einer reizvollen Affäre. Meine Mutter war sehr schön und glanzvoll, als sie jung war. Es war eine schlimme Situation mit einem Silberstreif am Horizont. Das Ganze passierte in den 50er-Jahren. Ich war sieben. Sie fanden über diese LSD-Trips zusammen. Ich weiß nicht, wie lange es dauerte. Ich weiß nicht, wie es herauskam oder was genau passiert ist. Dass Francis maßgeblich daran beteiligt war, dass mein Vater und Ellen sich trennten, konnte meine Schwester Tessa ihm nicht verzeihen Familie (Interview mit T. Huxley, 26.4.2018, Sebastopol).

Als Francis 1959 mit Malaria aus Haiti zurückkam, legte er sich im Obergeschoss von Ellens und Matthews Haus ins Bett.

Manchmal ging meine Mutter nach oben, und er lag zitternd unter Stapeln von Decken. Das war das erste Mal, dass ich miterlebte, wie jemand schwerkrank war. Ich glaube, er war wirklich richtig krank. Das war in Brooklyn Heights, bevor sich meine Eltern trennten. Mein Vater und meine Mutter sprachen über ihn. Ich wusste, dass die Lage ernst war. Francis hat sehr gelitten Familie (Interview mit T. Huxley, 26.4.2018, Sebastopol).

Aus Port-au-Prince, der Hauptstadt von Haiti, schickte Francis Ellen lange Briefe, in denen er von abenteuerlichen Voodoo-Ritualen berichtete und über die Frage räsonierte, warum jemand Anthropologe wird. „Was mich betrifft, gibt es nicht viel zu sagen. Ich wohne in einem angenehmen Hotel an der größten Grünanlage der Stadt" (Brief vom 14.6.1959, FHA). Er fragt Ellen, wie der Frühling in New York sei, und bittet sie, ihm zu schreiben. Ein paar Monate später beklagt er ihr gegenüber seine „zunehmende Reizbarkeit". Einer anderen engen Freundin schreibt er:

Liebste Catherine, ... Ich glaube, ich habe Dich immer verstanden, manchmal ohne es zu wollen; und jetzt, wo ich anfange, mich selbst zu verstehen, verstehe ich Dich noch besser. Damit meine ich, dass ich spüren kann, wie ich in Deine Worte hinein- und wieder herausgehe, sozusagen mit dem Vertrauen, mit dem Du, wie Du sagst, in meine hinein- und wieder aus ihnen herauszugehen vermagst ... Ich wünschte, es gäbe etwas, wofür ich dankbar sein könnte in meinem Unglücklichsein, aber ich sehe da nichts. Ich bin auch hier in Haiti deprimiert, was bedauerlich ist, aber von Dir zu hören hat meine Lebensgeister geweckt (Brief vom 25.8.1959, FHA).

In einem weiteren Brief an Ellen erwähnt er ein unangenehmes Telegramm von Matthew, gibt allerdings nichts über den Inhalt preis. Er berichtet ihr jedoch, was Juliette ihm erzählt hatte, nämlich dass Aldous Verständnis für das habe, was zwischen ihnen beiden geschehen sei, und gesteht ihr, dass er sich, was Matthew betreffe, hilflos fühle „wie die meisten Menschen". Die subjektive Wahrheit ihrer

Beziehung sei, philosophiert er weiter, „dass das Negative so stark gewesen ist". Ungeachtet all ihrer Schwierigkeiten gelang es Francis, den dadurch ausgelösten kreativen Impuls zu akzeptieren, der es ihm ermöglichte, die Auswirkungen der Familiengespenster in aller Klarheit zu erkennen – „jetzt, wo ich sehe, wie ich sie erzeuge". In sichtlich niedergeschlagener Stimmung und über seine ungenutzten Potenziale klagend fährt er fort: „Es macht mir außerdem furchtbar zu schaffen, dass ich sechsunddreißig bin und nichts getan habe, nichts gelöst habe, das heißt, in mir selbst, wie es eigentlich schon hätte geschehen sein sollen. Und all die vergeudete Zeit und die nutzlosen Mühen" (Brief an E. Huxley, 11.8.1959).

Ellens Antwort kam fast sofort:

Francis?!; ....! Ich weiß, dass Du mich nicht heiraten wirst, ja, dass ich vielleicht sogar die letzte Frau auf dieser Welt bin, die Du heiraten würdest. Was soll ich tun? Mich dazu durchringen, auf etwas Neues zu setzen? Ja. Auf etwas hoffen? Ich hoffe nicht. Dich lieben? Ja, immer. Einsam sein? Ich bin sehr einsam ... aber nicht verzweifelt (Brief an F. Huxley, 17.8.1959, FHA).

In dem Versuch, ihre aufgewühlten Gefühle durch Gedanken an sicherere Zeiten zu verankern, fährt sie fort:

Zusammen waren wir zu unglaublichem Glück und Entdeckungen und Wachstum fähig. Ich erinnere mich noch an unsere erste LSD-Sitzung ... Du sahst mich an, und Dein Gesicht hellte sich auf, und Deine Augen hellten sich auf, und Du lächeltest das schönste Lächeln, wie um mir zu sagen, hab keine Angst, denn ich, wirklich ich, bin hier (Brief vom 17.8.1959).

Für sie beide habe es, so schreibt sie im selben Brief, trotz der furchtbaren Unruhe, die ihre Liebe in ihre jeweiligen Beziehungen gebracht habe, zunächst doch auch „seltene Gelegenheiten gegeben, wo wir einander beruhigend ansehen und sagen konnten: Ja, mich zu kennen bedeutet keine Gefahr." Obwohl der Druck, ihre Beziehung innerhalb der erweiterten Familie Huxley geheim zu halten, immens gewesen sein muss und obwohl die Konsequenzen außer Kontrolle zu geraten drohten, weigerten sich beide, einander aufzugeben. Ellen reibt Francis das auf sehr liebevolle Weise unter die Nase:

Der Part, den ich jetzt zu bewältigen habe, ist natürlich der schwierigste ... über die Überzeugung hinwegzukommen, dass mich zu „kennen" bedeutet, mich zu lieben. Weißt Du, viele Menschen haben mich geliebt, und einige tun es noch, doch noch nie zuvor hat jemand mich gekannt, und ich bin verwirrt, denn ich hatte immer geglaubt, dies sei die höchste Form der Liebe, die, die alle anderen in dem herrlichen weißen Licht des Universums auflösen würde ... das wir in uns trügen (Brief vom 17.8.1959).

Ellen ersehnte irgendeine Antwort von Francis, doch ihre Frage ist ein universeller Schrei aus tiefstem Herzen, auf den es keine Antwort gibt – geliebt und erkannt zu werden, wenn das eigene Herz an den schmerzhaftesten aller existenziellen Orte gelangt ist. Francis antwortete darauf nicht mit dem Verweis auf seine moralischen Grundsätze und Absichten, die er für durchaus verbesserungsbedürftig hielt, sondern indem er nach einem spirituellen Seil griff, das ihm Halt zu bieten versprach:

> *Ellen Ellen Ellen. Ich danke Dir für all Deine Briefe und Dein beständiges Ellen-Sein. Dein Traum ist so vielsagend. Wenn es Dir gelingt, Deinen Weg durch diese Dunkelheit zu finden, was könnte Dir dann nicht gelingen? Ich habe mich selbst lange darin verloren... Der Weg des Tao ist der eigene Weg. Wenn man den Begriff Buddha versteht, weiß man, was Buddhismus bedeutet* (Brief an E. Huxley, undatiert, vermutlich Juli 1959).

Diese Erkenntnis half, die Verbindung zwischen ihnen zu erhalten. Francis und Ellen verband nicht nur eine Liebesbeziehung, sondern auch eine lebenslange Freundschaft. Als Francis ihr seinen elfseitigen Bericht über ihre erste gemeinsame LSD-Erfahrung schickte, antwortete Ellen mit einem Satz, der dieses Unterkapitel beschließen soll. Sie habe seinen Text höchst faszinierend, ja ehrfurchtgebietend gefunden, schrieb sie: „Lass mich nie wieder Klagen darüber hören, dass Du nicht so viel weißt wie andere Huxleys, und ich glaube, Aldous wird eifersüchtig sein, wenn auch auf die nettestmögliche Weise."

8.5 Joan Wescott

Francis lernte die Sozialanthropologin Joan Wescott um 1962 kennen, als sie als Sekretärin für Ronald D. Laing arbeitete. Joan Mildred Arato wurde in eine Familie hineingeboren, deren Ursprünge im Piemont und in der Toskana lagen. Im Februar 1959 heiratete sie Roger W. Wescott in Mason, Michigan. Im Oktober 1968, etwas mehr als neun Jahre später, ließ sie sich in London von ihm scheiden. Aus dem Jahr zuvor gibt es Fotos, die Joan und Francis beim Reisen und Wandern in den Pyrenäen zeigen. Eine Zeit lang waren sie unzertrennlich.

Die Beziehung zwischen Francis Huxley und Joan Wescott war nach allem, was man hörte, experimentell, leidenschaftlich, intensiv und konfliktreich. Joan, die ja ebenfalls Anthropologin, aber acht Jahre jünger war als Francis, fiel es nicht leicht, hinter Francis' Bedürfnissen und Erfahrungen zurückzustehen. Sie sah sich eher auf Augenhöhe. Und wenn es darum ging, zu streiten, zu beeindrucken, zu verzaubern, zu inspirieren und den jeweils anderen tief zu verletzen, waren sie einander durchaus gewachsen.

Diese unruhige Beziehung prägte Francis' fünftes Lebensjahrzehnt. In ihrem Briefwechsel, der uns zum Teil vorlag, forderten Joan und Francis einander unentwegt heraus. Unter anderem war der Einfluss geschlechtsspezifischer Vorurteile auf ihr Intimleben Thema. Beide schienen den sehnlichen Wunsch zu haben, den anderen so zu sehen, wie er wirklich war. Zudem gibt es Äußerungen von Außenstehenden, etwa von Juliette Huxley und R. D. Laing. Daher wissen wir, dass der Teil des empirischen Materials für Laings berühmtes Buch *Knots* (1971; dt. 1974: *Knoten*), in dem die Protagonisten „Jack" und „Jill" heißen, auf der verwickelten Liebesbeziehung zwischen Joan und Francis basiert. Dass beide Anthropologen waren, machte die Geschichte noch komplizierter, weil beide die Mythologie des jeweils anderen zu entschlüsseln versuchten. Der Psychoanalytiker Paul Zeal, ein früherer Freund von Francis, sagte über diese Beziehung:

> *Ich glaube, wenn es eine Art „Therapiepartnerin" für Francis gab, dann war es Joan Wescott. Ich bin mir nicht ganz sicher. Obwohl Francis eine Menge Knoten aufgeschrieben hat, die dann in Laings Buch „Knots" auftauchten, diese therapeutische Art von Untersuchung;, wenn man damals im PA-Netzwerk lebte, fand die ganze Zeit über Therapie statt. In gewissem Sinne war alles Therapie* (Interview mit P. Zeal, 12.3.2018, London).

1962 veröffentlichte Joan Wescott ihre Forschungsarbeit über Eshu-Elegba und das Volk der Yoruba im Königreich Dahomey (frz. Dahomé) in Westafrika. Sie schenkte Francis ein signiertes Exemplar „mit besten Grüßen, Joan". Bei ihren Feldforschungen zwischen 1955 und 1957 hatte sie sich mit den Skulpturen von und Mythen um Eshu-Elegba, dem Trickstergott der Yoruba, beschäftigt, was ihre Anziehungskraft für Francis, der von Schamanen fasziniert war, noch steigerte. Im Zuge dieser Arbeit hatte Wescott einen Überblick über öffentliche und private Sammlungen von Yoruba-Kunst in Deutschland und der Schweiz erstellt – ein Auszug aus einer deutlich umfangreicheren Auflistung, die auch Fotos der interessantesten und repräsentativsten Exemplare enthält.

In ihrem Artikel über „The symbolism and ritual context of the Yoruba Laba Shango" (Wescott und Morton-Williams 1962; s. auch Wescott 1957, 1963, 1964) schrieb sie, dass sie als Ethnografin oft vor dem Problem stehe, Symbole und symbolische Handlungen in der Kultur eines bestimmten Stammes interpretieren zu müssen. Die Kunst bestehe darin, sich nicht vorschnell auf eine allumfassende erste Deutung festzulegen. Geduld sei das Gebot der Stunde. Wie Francis lernte sie, das, was die Menschen, die sie beobachtete, intuitiv wahrnahmen und worauf sie reagierten, zu dechiffrieren, zu beschreiben und zu erklären.

8.5 Joan Wescott

In ihren Augen wartete die praktikable Interpretation noch auf ihre Entdeckung, eingebettet in die volle Erfahrung von Ambiguität, Selbstreflexion und Selbsterkenntnis (was notwendigerweise ihre Beziehung zu Francis einschloss – im oben erwähnten Artikel hatte sie ausdrücklich ihrem Psychoanalytiker Leopold Stein für seine Hilfe gedankt), die sich auf die Gesellschaft, die Kultur, die Geschichte und die Geografie ausdehnt. Es fällt schwer, hier keine Parallelen zur Gedankenwelt der Situationisten zu sehen, einer avantgardistischen, europaweit agierenden Künstlergruppe, die in den 1950er-Jahren entstand und sich künstlerisch wie spirituell mit Fragen der Psychogeografie auseinandersetzte.

Im Laufe der Jahre entwickelten Francis und Joan eine Beziehung zueinander, die man ohne Weiteres als turbulent bezeichnen kann – ein Liebesverhältnis, das die wilden Wasser zwischen Herz und Verstand überspannte. In ihrer Korrespondenz wie in ihren Arbeiten zeigt sich ein dialogischer Erzählprozess. Ihre Gespräche verraten nicht nur eine gemeinsame Vorliebe für die Entlarvung wechselseitiger Vorurteile jenseits der Grenzen traditioneller Frau-Mann-Beziehungen, sondern offenbaren auch, wie sehr beide – mal mehr, mal weniger subtil – darauf beharrten, den jeweils anderen herauszufordern. Ihre Briefe und kommentierten Karten sind intime Zeugnisse geteilter Freuden, seien sie sexueller, emotionaler oder intellektueller Natur. Da beide in der Kunst der Täuschung und List bewandert, mit dem Wirken des Unbewussten vertraut waren und die Existenz paranormaler Phänomene inmitten des Realen akzeptierten, war das Spektrum der potenziellen Anklagen und Gegenanklagen, der Stolpersteine und der remis endenden Schachzüge – von all den theoretisch möglichen Verwicklungen ganz zu schweigen – ausgesprochen groß. Laing war so klug zu erkennen, dass sich aus dem, was zwischen Joan und Francis vorging, vieles lernen ließ.

Joan Wescott kommunizierte leidenschaftlich, ob mit Worten oder durch ihr Schweigen oder in bildlicher Form durch die vielen Postkarten, die sie verschickte. Francis schätzte die Bilder sehr, die sie ihm aus Italien, Spanien, der Türkei, ja selbst aus dem englischen Hinterland schickte – damals sicherlich ein vernachlässigtes Forschungsfeld der Anthropologie.

In der Hochphase der Londoner Anti-Universität 1968 hielt Francis dort Vorlesungen und zog, wie sich Brian Evans erinnert, die Zuhörerinnen und Zuhörer mit seiner starken Präsenz und seinem Vortragsstil in seinen Bann. Darunter waren auch Bekannte aus seiner Zeit in Oxford:

Anthropologen und Leute, die ihn als Anthropologen ganz offensichtlich schätzten. Er war ein ausgezeichneter Geschichtenerzähler. Er trat auch gemeinsam mit der Anthropologin Joan Wescott auf. Sie steuerte ihre eigenen Geschichten und ähnliche Dinge bei. Sie waren schon ein außergewöhnliches Duo (Interview mit B. Evans, 13.3.2018, London).

Donald J. Cosentino, Emeritus des African Studies Centre der University of California (UCLA), erwähnte Joan und Francis in seinem Beitrag „Who is that fellow in the many-colored cap? Transformations of Eshu in old and new world mythologies" (Cosentino 1987). Cosentino, auf beiden Gebieten gleichermaßen zu Hause, lobte Francis' Abhandlung über die Ghede-Loa in der haitianischen Überlieferung, die ihn als brillanten Beobachter ausweise, und Wescott für ihre Studie von 1962 über die Eshu-Elegba-Skulpturen. In Cosentinos Augen waren die beiden ein beeindruckendes Intellektuellenpaar.

In einem Vortrag, den Francis ein paar Jahre später über den „Körper und das Spiel im Spiel" (1975) hielt, sah er den Inhalt wie den Kontext verkörperter Liebe und Joans und seine professionelle Beziehung dazu als mit einem grundlegenden anthropologischen Anliegen verbunden, nämlich, „zu verstehen, wie die gesellschaftliche Macht, verkörpert im symbolischen Modus, es einer Tradition ermöglicht, sich dauerhaft zu erhalten. Der Körper ist dann nicht nur ein Bedeutungsträger, sondern das Instrumentarium des symbolischen Bewusstseins an sich" (F. Huxley 1977, S. 29).

Diese Unterscheidung zwischen „einen Körper haben" und „ein Körper sein" gehört wesenhaft zur Erfahrung der Liebe. Die Betrachtung unserer eigenen Körpernatur im Verhältnis zu dem oder der geliebten Anderen ist insofern anregend, als wir, wenn wir die Haut der oder des geliebten Anderen berühren, auch ihre oder seine Seele berühren – ein bedeutungsgesättigter Begriff, der in der heutigen, wissenschaftlich orientierten Psychologie aus der Mode gekommen ist, aber von der Anthropologie mit einigem Nutzen wiederaufgegriffen werden könnte.

Joan und Francis, die jeweils in ihrem Ursprungsszenario „feststeckten", hofften beide auf eine heilende Lösung für ihre Situation – dass sie durch ihre Beziehung verwandelt werden könnten, dass die Liebe ihr allgegenwärtiges Heilungspotenzial entfalten würde. Aus ihrer beruflichen Praxis wussten sie, dass „eine der Schwierigkeiten, mit denen Anthropologen konfrontiert sind, natürlich darin besteht, dass symbolisches Handeln ein Ritus ist, etwas Kollektives und Generalisiertes, und nicht nur die singuläre Ausdrucksform eines Individuums" (F. Huxley 1977, S. 35). Und doch begriff Francis, dass „die Regeln des Dramas, durch die Körpersymbolik und kosmische Bilder schließlich in Einklang gebracht werden", festlegen, dass „der Animismus des einen seine Vollendung in der Logik des anderen findet" (F. Huxley 1977, S. 35). Ein gespiegelter Tanz zwischen Innerem und Äußerem, Realität und symbolischer Ordnung. Auf diese Weise nutzten sie das Begriffsrepertoire ihrer Disziplin beharrlich als Instrument

8.5 Joan Wescott

des Verstehens, wenn sie einander beschrieben, wie sich ihre Erfahrung anfühlte. Beide waren, jeder auf seine Weise, geschult in ikonografischer Sinngebung. Etwa zu der Zeit, als Francis Joan als eine Gefährtin kennenlernte, die es mit ihm aufnehmen konnte, schrieb er:

> *Die Kunst besteht letztlich darin, diese Wirkungen zu nutzen, um Sinn zu erzeugen, denn Sinn ist der einzige wirkliche Regulator für die unzähligen Widersprüche, aus denen wir bestehen. Um Sinn zu finden, müssen wir das Schlechteste ebenso kennen wie das Beste. Letztendlich ist es gefährlicher, so zu tun, als sei alles sicher und als hätten wir nichts in uns, das erschreckend, ungewöhnlich oder sogar bedrohlich wäre, als es unseren Ängsten zum Trotz wirklich anzusehen.* (F. Huxley 1962, S. 274).

Dies war für ihn der Schlüssel zu einem authentischen Leben. Nachdem sie in die intime Welt des jeweils anderen eingeweiht worden waren, vermochten sie zwei verschiedene Perspektiven gleichzeitig einzunehmen, eine persönliche und eine übergeordnete theoretische. Was sie dann sahen und anschließend miteinander besprachen, ging nicht immer ins Extreme, doch so oft, wie sie sich einer sicheren und starken Paarbeziehung näherten, so oft stürzten sie unversehens in eine Krise; das Band zwischen ihnen riss, und der scheinbar wohlorganisierte Nordlondoner Kosmos, den sie bewohnten, drohte zu zerfallen. Der übliche Rahmen des Alltags bedeutete keine Erleichterung für sie. Struktur, Form und Funktion konnten sich gelegentlich in Tränen auflösen.

Die Anthropologie ihrer gemeinsamen Existenz war nie getrennt von ihren eher „äußerlichen", konventionellen anthropologischen Vorlieben, die, wie bereits angedeutet, das Seltsame, das Wunderbare, das Fremdartige, das Unheimliche und das Paranormale einschlossen – die unsichtbare Welt jenseits der reinen Vernunft, eine Welt der Magie, des Geheimnisses und des möglichen Chaos. Gemeinsam luden sie im Juli 1968 den brasilianischen Schamanen Lourival de Freitas – „Nero", wenn er besessen war – nach England ein. Sie veranstalteten Heilsessions mit einer Gruppe in Brighton und London, beobachteten, was geschah, und machten sich Notizen. Aus psychologischer Perspektive liegt die Welt des Paranormalen, so fremd sie wirken mag, nie weit entfernt von der entfremdeten Welt der menschlichen Emotionen – und ist manchmal ein Heilmittel für sie, manchmal eine Zuflucht vor ihr und manchmal ihre Verleugnung.

In einem längeren Brief versuchte die Parapsychologin Rosalind Heywood, die frühere Vorsitzende der Society for Psychical Research (SPR), Francis, der noch immer in den Fallstricken seines Zusammenlebens mit Joan gefangen war, den hilfreichen, aber auch unverblümten Rat zu geben, den er sich von ihr erhoffte. Sie schreibt über Joan, „über die mich ziemlich freimütig äußern kann, da ich sie nie getroffen habe":

> *Ich bin hin- und hergerissen zwischen dem Wunsch, ihr einen Schlag auf den Kopf zu versetzen, weil sie Dir so viel Ärger bereitet – obwohl ich hoffe, dass es manchmal auch um Vergnügen geht –, und schwesterlicher Sympathie wegen ihres prügelnden Vaters, der Mafia-Gene usw. ABER – ich glaube, dass diese emotionale Erpressung ein Ende haben muss, ihr zuliebe oder Dir zuliebe. Ich verstehe schon, dass Du das nicht sagen kannst, ohne dass Dein Schuldkomplex sofort über Dir zusammenschlägt, aber vielleicht kann ich ja ein paar Mutmaßungen darüber anstellen? ... Ich meine, wenn man darüber nachdenkt, müsste ein Anthropologe doch erkennen, dass es für eine normale Frau die natürlichste Sache der Welt ist, zu stottern, wenn sie wütend auf ihren Mann ist ... Mit 37 Jahren sollte sie eigentlich gelernt haben, konstruktiv zu sein ... Wie dem auch sei, Tatsache ist, dass aus fast allem, was Du gesagt hast, hervorgeht, dass Du Dich um sie gesorgt hast und sie sich um sich selbst gesorgt hat ... Joan interessiert mich, wenn auch nur aus Zuneigung zu Dir, und wenn sie bei mir wäre und ein MITLEIDERREGENDES Bild von ihrem Kummer malen würde, würde ich wahrscheinlich meine mütterlichen Arme um sie legen und sagen: „Na, na, Liebes." Aber diese Floskel ist nicht immer das Mittel, das die Menschen brauchen* (Brief an F. Huxley, 13.8.1968, FHA).

Heywoods Sympathien lagen eindeutig nicht bei Joan. „Manchmal", schreibt sie am Ende desselben Briefes, „muss man den Leuten sagen: ‚Na und? Los, tu etwas und jammere nicht herum."

Joan suchte Ronald D. Laing noch bis Anfang der 1980er-Jahre gelegentlich auf. Zu diesem Zeitpunkt hegte sie Suizidgedanken. Laing erzählte Francis, dass er nicht gewusst habe, was er zu ihr sagen solle, bis es einfach aus ihm herausgeplatzt sei: „Du siehst immer noch nach einem guten Fick aus." Nicht seine feinfühligste Bemerkung, aber sie brachte Joan immerhin dazu, etwas Angenehmes über ihren früheren Liebsten zu sagen, nämlich, dass sie „nie auch nur ein Fünkchen Ungeduld bei Francis" erlebt habe.

Als ich (T. Itten) im März 1981, eine ganze Weile nach ihrer Trennung, Joan zum ersten und einzigen Mal in Francis' Wohnung begegnete, verkündete Francis schroff, Joan sei im Begriff, ihren letzten Drink zu nehmen und zu sterben. Er fügte hinzu, dass sie ihre Doktorarbeit nie beendet habe und sich noch immer darüber ärgere. Er hatte seine allerdings auch nicht beendet. Was sich dann vor meinen Augen abspielte, war ebenso roh wie intensiv:

JOAN: „Oh, ich könnte dich umbringen. Ist dir überhaupt klar, dass du voller Kraft bist und so viel von den guten Seiten des Lebens mitgenommen hast, die ich nie kennengelernt habe, und dass du dich daran klammerst? Hahaha. Aber wir trinken von deinem Blut."
FRANCIS: „Du willst doch nur mein Hirn."
JOAN: „Nein, du Idiot. Ich will dein Herz."

8.5 Joan Wescott

Joans Hinweis auf ihre verborgenen Verletzungen im Kontext von Klassengesellschaft und sozialen Privilegien saß. Kurz darauf reagierte Francis höchst aufgebracht, weil Joan ihm weiter Dinge vorwarf, die schon während ihrer gemeinsamen Zeit Grund für scharfe Auseinandersetzungen gewesen waren:

FRANCIS: „Dein Zettel an der Tür hat mir den Zutritt verweigert, du hast mich nicht reingelassen. Ich musste allein im Garten bleiben. Das brauchst du nicht noch mal zu erwähnen, denn mir ist klar, dass ich ein Trottel war und mich einfach hätte verpissen sollen. Oh, all die vergeudete Zeit und die Fehler."

Francis' Stimme wurde lauter und forderte jetzt unsere gesamte Aufmerksamkeit.

JOAN: „Du hast davon angefangen, Francis."
FRANCIS: „Du kommst zu mir und unterbrichst mich."
JOAN: „Du hast mich wieder ins Offene geholt, als ich langsam vor mich hinstarb. Neulich hast du mir zum ersten Mal von den Tränen erzählt, die du an dem Steintisch im Garten geweint hast. Es sind unsere ungeweinten Tränen, die mich umtreiben. Ich habe dich nur einmal ein bisschen weinen sehen, als du vor meinem Kamin saßest und dann über diese schlimme Zeit an dem Morgen gesprochen hast, als du wolltest, dass alles aufhört. Dann ist deine Mutter gekommen und hat dich abgeholt, um mit deinem Vater in dieses Altenheim zu gehen."
FRANCIS: „Ja. Und da hat er das erste Mal in meiner Gegenwart geweint und mich gebeten, ihn da rauszuholen und seiner Mutter zu sagen, dass sie ihn abholen soll, den großen britischen Biologen. Also bin ich rausgegangen. Nachts bat Mutter dann die Pflegerin, ihn zu beruhigen. Sie gaben ihm außerplanmäßig ein Schlafmittel, und die Wirkung war, dass wir noch einen Moment lang mit Tee um ihn herumsaßen, während er sich zurücklegte und atmete, und kurz darauf setzte das Todesatmen ein. Er rappelte sich wieder hoch, war nachmittags wieder fidel, wurde abends zu Bett gebracht, bekam ein Glas Wein, nahm einen Schluck, und es war vorbei mit ihm. Hahaha."

„Das ist nicht lustig", sagte Joan. „O doch", sagte Francis.
Es gab ein paar seltsame Zufälle in ihrer Beziehung. Joan lebte am Ende ihres Lebens in einem Wohnwagen in der Coleman Valley Road 11999 in Occidental,

Kalifornien, nur 15 km von Francis' damaligem Wohnort entfernt, und starb an seinem 66. Geburtstag. Francis erfuhr vom Tod dieser für sein Leben so wichtigen Frau erst durch Deborah Joos, die zu einer Palliative-Care-Gruppe gehörte und als Joans Begleiterin ausgewählt worden war. Deborah ist überzeugt, dass Francis Joan genauso wenig vergessen hatte wie sie ihn. Sie zeigte uns ein wertvolles Geschenk, das Francis ihr gemacht hatte: eine kleine Skulptur – Joan und Francis hatten früher gemeinsam Skulpturen angefertigt –, die wie eine Träne aussieht und zugleich wie ein Fisch. Francis hatte sie sein Leben lang aufbewahrt. Sie erinnert auf ergreifende Weise an das, was Menschen im Leben aneinander bindet, und an das fraglose Fortbestehen dieser Verbindungen. Nachdem er gehört hatte, wie Joans letzte Lebenstage verlaufen waren, wollte Francis sehen, wo sie gelebt hatte und wo ihr Grab war. Deborah und ihr Mann Jacques nahmen ihn mit dorthin.

Die traurige Geschichte, die zu Joans frühem Tod – sie wurde nur 58 Jahre alt – geführt oder beigetragen hatte: Ihre Londoner Wohnung war 1978 mit dem Schädlingsbekämpfungsmittel Lindan begast worden. Das nachgewiesenermaßen krebserregende Insektizid wurde 2009 im Rahmen des „Stockholmer Übereinkommens über persistente organische Schadstoffe" verboten. Joan führte ihre Erkrankung auf eine Vergiftung mit diesem Toxin zurück. Deborahs Ehemann vermutete, dass auch das Scheitern ihrer Beziehung zu Francis in gewisser Weise zu ihrem frühen Tod beigetragen hatte.

Deborah und Joan hatten lange Gespräche über die Liebe und die Männer geführt:

> *Er wollte mehr von Joan, als sie zu geben bereit war. Das hat sie zu uns gesagt. Ich glaube, wenn er mit jüngeren Frauen zusammen war, bewunderten sie ihn mehr. Er war intelligenter. Er missbilligte Dummheit. Ich glaube, mit Joan bekam er eine sehr intelligente Frau, eine ihm ebenbürtige Anthropologin und Denkerin, eine Kollegin* (Interview mit D. Joos und J. Lévy, 11.4.2018, Sebastopol).

Und sie fuhr fort:

> *Sie hat sich ihm nicht untergeordnet. Sie wusste, was sie wollte. Sie war eigensinnig, sie war entschlossen, sie ließ sich von niemandem unterkriegen. Die jüngeren Frauen in Francis' Leben nach Joan unterwarfen sich ihm, der Autoritätsperson. Joan besaß damals wahrscheinlich genauso viel Autorität wie er, war eine Persönlichkeit, hatte ihr eigenes Leben. Diese anderen Frauen entwickelten sich erst noch* (Interview mit D. Joos und J. Lévy, 11.4.2018, Sebastopol).

Wir fragten sie, ob Joan jemals von Francis gesprochen hatte, als sie wusste, dass sie bald sterben würde.

Sie hat kein Bedauern darüber geäußert, dass sie nicht geheiratet und keine Kinder bekommen hatten, denn sie hatte keinerlei hausfrauliche Neigungen. Nach Francis hatte sie nie wieder eine tiefe Beziehung zu einem Mann (Interview mit D. Joos und J. Lévy, 11.4.2018, Sebastopol).

In seinem Holzhaus in der Wagnon Road bewahrte Francis etliche Fetische auf, die er selbst angefertigt hatte.[7] Sie erinnerten Deborah an Westafrika. Es scheint nicht abwegig, hier auf den Einfluss von Joan zu schließen, einer Expertin für westafrikanische Skulpturen. Deborah erinnert sich, dass Francis sehr zurückhaltend reagierte, als sie ihn auf die Hintergründe dieser kunsthandwerklichen Arbeiten ansprach: Er „konnte sich nicht überwinden, meine Fragen nach der Bedeutung der Skulpturen zu beantworten. Er war sehr bescheiden, hatte einen großartigen Sinn für Humor und tat Lob immer ab. Er hatte diese britische Coolness." Am Ende unseres Gesprächs beschrieb Deborah Joans Wesenskern, so wie sie ihn erlebt hatte. Joan war ihr zufolge „eine sehr intensive, sehr schöne Frau, bei der ich immer gern gewesen bin, und ich spürte, dass sie die Fähigkeit besaß, ihre letzten Tage als unheilbar Krebskranke mit Gleichmut zu durchleben. Sie war sehr tapfer" (Interview mit D. Joos und J. Lévy, 11.4.2018, Sebastopol).

Angesichts all des emotionalen Schutts, der von der Beziehung zwischen Francis und Joan übrig geblieben war, erliegt man leicht der Versuchung, die Bedeutung, die Joan in Francis' Leben hatte, zu unterschätzen. Sie stand für die Herausforderung einer gleichberechtigten Beziehung im Hinblick auf Alter, Intellekt und berufliches Ansehen. Francis war nun bereit zu heiraten. Seine Achtung, sein Respekt, seine fantasievolle und romantische Anteilnahme hatten ihn so weit gebracht, dass er bereit war, sich an eine Partnerin zu binden und die Forderungen der Liebe und der Gemeinschaft dem erkannten internalisierten psychologischen Theater des sozialen Geschlechts und der sozialen Identität entgegenzusetzen.

8.6 Adriana: die erste Ehe

Die nüchternen Fakten: Hochzeit mit Adriana Paula Santa Cruz am 7. April 1973 in Hampstead, London. Scheidung am 3. November 1976 auf dem Standesamt

---

[7] In diesem Kontext bezeichnet der Begriff „Fetische" unbelebte Objekte, die wegen ihrer angeblichen magischen Kräfte verehrt werden oder von denen man annimmt, dass sie von einem Geist bewohnt werden.

Hampstead. Adriana ist die Tochter von Victor Santa Cruz, dem akkreditierten chilenischen Botschafter im Vereinigten Königreich von Oktober 1959 bis 1973, dem Jahr, in dem der chilenische Präsident Allende durch einen von den USA unterstützten Militärputsch gestürzt wurde. Santa Cruz wurde 1965 von der Königin mit dem Royal Victorian Order ausgezeichnet. Mit seiner Frau Dona Adriana hatte er zwei Söhne und zwei Töchter, Lucia und Adriana. Lucia war eine Zeit lang wissenschaftliche Mitarbeiterin von Lord Butler, dem damaligen Master des Trinity College in Cambridge, und wurde, als sie 19 war, Prinz Charles bei einer Dinnerparty in der Master's Lodge vorgestellt.

Michael Schwab, der sich in den 1970er-Jahren gemeinsam mit seiner Frau Inka öfter mit Francis traf, ist Adriana einmal begegnet. Seiner Erinnerung nach war sie

> *eine sehr leidenschaftliche Frau, die Francis ziemlich gefordert hat, und sie haben sich oft gestritten. Viel mehr kann ich nicht dazu sagen. Es war nur eine kurze Begegnung. Er hat mir später erzählt, wie schwierig es war, und es währte auch nicht allzu lange. Sie war jünger und sehr schön, energiegeladen und heißblütig; sie war bezaubert von seinem Geist und er von ihrem Körper und ihrer Leidenschaft* (Skype-Interview mit M. Schwab, 7.7.2019).

Victoria Huxley erinnerte sich an sie als an einen „fantastischen und exotischen Paradiesvogel. Allerdings halb so alt wie er" (Interview mit V. Huxley, 15.3.2018, Oxford). Ihre Schwester Susie erwähnte die in der Familie kursierende Legende – möglicherweise Juliette zuliebe ausgeheckt –, dass es sich um eine Vernunftehe gehandelt hatte, die es Adriana ermöglichen sollte, in England zu bleiben. Victoria war darauf natürlich nicht hereingefallen.

> *Nein, absolut nicht. Nein, sie hatten eine tolle Zeit, und es hat nicht lange gehalten, weil Francis nicht viel Geld hatte. Sie kam ja aus einem privilegierten, wohlhabenden Elternhaus. Wenn man dann mit ihm in einer nicht sonderlich noblen Wohnung in Hampstead lebt, sollte man meinen ... Ich weiß nicht, was sie gemacht hat. Sie trug immer Designerkleidung, sie war sehr schön und wurde auch immer so präsentiert. Ich bin ihr nur begegnet, wenn ich in der Pond Street war und sie und Francis ebenfalls dort waren* (Interview mit V. Huxley, 15.3.2018, Oxford).

Die Frage, ob Francis und Adriana sich mit Prinz Charles und Lucia getroffen hatten, konnte sie nicht beantworten, doch sie hielt es für möglich. Robin Hanbury-Tenison lud Francis und Adriana auf seine Bergfarm im Bodmin Moor in Cornwall ein. Als Gründungsmitglieder von Survival International kannten Francis und er einander gut. Im Spätsommer 1972 waren sie acht Monate lang auf getrennten Expeditionen im brasilianischen Amazonasbecken unterwegs gewesen,

8.6 Adriana: die erste Ehe

um die indigenen Stämme dort zu erforschen. Hanbury-Tenison erinnert sich, Adriana dreimal getroffen zu haben.

> *Francis war sehr charmant. Ich erinnere mich, dass er mit ihr hier war. Unsere Beziehung hatte eher einen freundschaftlich lockeren als einen intellektuellen oder berufspraktischen Charakter. Er hat uns ein paarmal in Cornwall besucht. Er brachte dieses chilenische Mädchen mit, Adriana Santa Cruz ... Sie waren vermutlich während dieser Hochphase hier. Vom 13. bis 16. Mai 1971 war er mit René Fuerst und Adriana hier und dann noch einmal vom 28. Mai bis zum 1. Juni 1971, wieder mit Adriana. Vielleicht, um uns mit seinem Rat zu unterstützen. Der Erste Botschaftssekretär der brasilianischen Botschaft und seine Frau kamen ebenfalls zu Besuch. Kurz vor unserer ersten Überblicksstudie über die indianischen Völker Brasiliens war alles gut vorbereitet. Teddy Goldsmith kam auch. Das war, als wir wieder aufbrachen. Vom 30. März bis zum 4. April 1972 kam Francis, und er war immer noch mit Adriana zusammen* (Skype-Interview mit R. Hanbury-Tenison, 6.1.2018).

René Fuerst, einer der Mitreisenden von 1972, erinnert sich ebenfalls an Adriana:

> *Robin Hanbury-Tenison von Survival International lud uns zu einer Party in ihrem geräumigen georgianischen Landhaus am Bodmin Moor ein. Das ist ein wunderschönes Anwesen. Adriana, Francis und ich fuhren mit dem Zug dorthin. Als wir an dem kleinen Bahnhof ankamen und ausstiegen, holte uns Hanbury-Tenison mit dem Bentley ab. Huxley, ich und Adriana verbrachten drei schöne Tage dort* (Interview mit R. Fuerst, 1.11.2017, Genf).

Unsere Versuche, mehr über Adriana und ihr späteres Leben zu erfahren, waren leider wenig erfolgreich. Wir nahmen auch Kontakt zu ihrer Schwester Lucia Santa Cruz in Chile auf, die inzwischen Mitglied im Vorstand der Universidad Adolfo Ibañez ist. Sie war so freundlich, uns zu antworten:

> *Ich bedaure, dass ich Ihnen bei Ihrem Projekt nicht wirklich behilflich sein kann. Ich hatte nur sehr wenig Kontakt zu Francis Huxley. Wir waren ja nur kurz gleichzeitig in England, da meine Eltern schon 1970 aus London wegzogen und ich 1973. Ich glaube, ich bin ihm nur ein einziges Mal begegnet. Meine Schwester war noch sehr jung, als sie heiratete. Vielleicht irre ich mich, aber ich habe das Gefühl, dass sie nicht gern an diese Zeit erinnert werden und auch nicht gern darüber sprechen würde* (E-Mail vom 6.5.2018).

In einer weiteren Mitteilung fügte sie hinzu:

> *Bedauerlicherweise habe ich keinen Kontakt zu meiner Schwester Adriana. Ich weiß, dass sie in Belgien lebt, aber ich weiß nicht, wo genau. Es tut mir leid, dass ich Ihnen nicht weiterhelfen kann* (E-Mail von L. Santa Cruz, 8.5.2018).

Als Adriana (Abb. 8.4) und Francis sich trennten, war von Liebe und Leidenschaft nicht mehr viel übrig. Michael Williams erinnert sich, dass Francis ihm erzählt hatte, wie die Ehe schließlich endete: in einer Londoner U-Bahn-Station. Francis war in die Wohnung in Belsize Park Gardens zurückgekehrt, die er mit Adriana geteilt hatte, und hatte sie gebeten zu gehen, da die Trennung in seinen Augen endgültig war. Adriana hatte sich geweigert, die Wohnung zu verlassen, und mit Sachen um sich geworfen, woraufhin Francis aufgestanden und gegangen war. Kochend vor Wut lief er zur U-Bahn-Station Belsize Park. Er wollte gerade in einen Waggon steigen, da holte Adriana ihn ein und versuchte sich durch die noch offene Waggontür zu drängen. Prompt entflammte ihre leidenschaftliche Auseinandersetzung von Neuem. Er verstellte ihr den Weg, weil er nicht wollte, dass der lautstarke Streit im Waggon weiterging, und versuchte sie hinauszuschieben. Adriana ließ sich jedoch nicht beirren und drängte mit aller Macht hinein. Da sein Wutausbruch keine größere Wirkung mehr zeigte – Adriana hörte schlicht nicht zu –, schlug Francis schließlich zu. Geschockt taumelte Adriana zurück auf den Bahnsteig, und die U-Bahn fuhr ab. Francis schämte sich doppelt, zum einen für seine Gewaltreaktion und zum anderen, weil er seiner Wut an einem so öffentlichen Ort Luft gemacht hatte. Wie schmerzlich für Francis, dass Adriana nicht sehen konnte, wie er litt, und wie schmerzlich für sie, dass die Beziehung zu ihrem Mann mit einem Übergriff in der Londoner U-Bahn endete. Ihre Liebe entgleiste auf der Northern Line – dort, wo die Anzeigetafeln vor Beginn des digitalen Zeitalters einem viele Jahre lang suggerierten, dass die Zeit unter der Erde mit einer anderen Geschwindigkeit vergeht. An jenem Abend lag eine gewisse Wahrheit in diesem Eindruck einer Anomalie der Zeit. Es wäre keine Überraschung, wenn Adriana es vorzöge, nicht an diese Episode ihres Lebens erinnert zu werden.

„Man muss wissen", schrieb Francis später, „dass die Flammen der Rache stets mit den eigenen Tränen gelöscht werden" (F. Huxley 1976, S. 101).

8.7 Meloma: die zweite Ehe

Was Francis' Ehe mit Meloma Balaskas betrifft, besagen die Tatsachen des Lebens, dass sie im November 1976 geschlossen wurde. Keine vier Jahre später trennten sich die beiden und wurden schließlich im Februar 1986 geschieden. Meloma (Mel) Balaskas wurde 1949 in Südafrika geboren und war damit 26 Jahre jünger als Francis. Sie war nach London gekommen, weil ihr Bruder und eine enge Freundin aus Johannesburg dort lebten. In London begann sie eine Psychotherapie bei John Heaton, der zur Philadelphia Association gehörte, und

8.7 Meloma: die zweite Ehe

Abb. 8.4 Adriana Santa Cruz, 1971. (FHA, mit freundlicher Genehmigung von A. Getty)

kümmerte sich um ihre Nichte Keira, um Ronald D. Laings Kinder und ein paar andere Kinder. Victoria Huxley beschrieb sie als eine sehr vernünftige junge Frau.

> *Erstens war sie eine Freundin von Francis. Sie kam aus Südafrika und brauchte* [für den Aufenthalt] *hier … eine Genehmigung. Francis sagte, er würde sie heiraten, damit sie im Land bleiben könne. Was ihn betreffe, sei das nur eine Scheinehe. Meine Großmutter war empört. Ich erinnere mich, dass sie erwog, eine Annonce aufzugeben, um einen Ehemann für Mel zu finden* (Interview mit V. Huxley, 15.3.2018, Oxford).

In einem ausführlichen Interview berichtete Mel von ihrer ersten Begegnung mit Francis in Belsize Park: „Er ging vorbei, und irgendjemand sagte, das sei Francis Huxley. Ich fand diesen Mann ziemlich ungewöhnlich und sehr englisch. Seinen Gang und die Art, wie er sich hielt" (E-Mail-Interview mit M. Balaskas).

Als ihr Bruder Arthur in seiner neuen, geräumigen Wohnung einige Vorträge organisierte, trafen Francis und Meloma zum ersten Mal aufeinander.

Ich war auf der einen Seite des Raums, und er saß mir gegenüber auf der anderen ... [E]r schaute zu mir herüber, und sein Blick fiel als Erstes auf meine Füße. In England stecken Füße ja meist in Schuhen, und ich war barfuß. Er betrachtete meine Füße und sah mir dann mit echtem Interesse in die Augen. Mein ganzer Körper hat gekribbelt. Ich war etwa 25 (das muss 1974 gewesen sein) ... er war 52, doppelt so alt wie ich. Für mich war es Liebe auf den ersten Blick. Denn mir wurde da zum ersten Mal bewusst, dass er Anthropologe war. Laut Laing einer der wenigen, die Angehörige indigener Völker wirklich wie echte Menschen behandelten, ohne jede Herablassung (Interview mit M. Balaskas, 16.10.2018).

In dem Jahr, in dem sie geboren wurde, war Francis, wie sie feststellte, im Amazonasgebiet gewesen. Als sie sich kennenlernten, lebte sie im Haus ihres älteren Bruders.

Mein Bruder konnte kaum glauben, dass dieser ältere Mann mich besuchen wollte. Als Arthur und ich dann aus dem Haus, das wir zur Zwischenmiete bewohnten, ausziehen mussten, waren Francis und ich schon ein Liebespaar. Er half mir bei der Wohnungssuche. Es war meine erste eigene Wohnung. Ich strich Böden und Wände; Francis brachte mir schöne Bilder und Lebensmittel. Er wusste, dass ich meine Unabhängigkeit und Raum für mich brauchte. Das war auch für mich eine kostbare Zeit ... An den Wochenenden verbrachten wir Zeit miteinander und landeten dann bei ihm oder bei mir. In seinem Freundeskreis gab es ein paar ziemlich intellektuelle Freunde, die mich zu ignorieren versuchten, weil sie all diese Diskussionen führen wollten. Einmal sagte Francis zu ihnen: „Seht mal, wir stehen mit unseren Worten auf unseren Köpfen; und sie steht wirklich auf ihrem Kopf.[8] Lasst sie einfach in Ruhe" (Interview mit M. Balaskas, 16.10.2018).

Und irgendwann stand die Idee der Hochzeit im Raum.

Ich hatte damals eine Aufenthaltsgenehmigung. Sie wurde jedes Jahr um ein weiteres Jahr verlängert. Als ich 1976 von einem Besuch in Amsterdam zurückkam, erreichte mich die Nachricht, dass mein Cousin gestorben war. Das war zu der Zeit, als es in Soweto losging. Ich ging zurück nach Südafrika. Das war eine sehr emotional sehr

---

[8] Eine Anspielung auf die Tatsache, dass Meloma eine fortgeschrittene Yoga-Praktizierende war.

8.7 Meloma: die zweite Ehe

anstrengende Zeit. Ich verpasste die Frist zur Verlängerung meines Visums. Als ich nach London zurückflog, hielt mich der Beamte von der Einwanderungsbehörde am Flughafen fest und ließ mich nicht einreisen, obwohl ich doch bereits seit sechs Jahren in England lebte (Interview mit M. Balaskas, 16.10.2018).

Francis war damals gerade über das Wochenende verreist. Mel erklärte dem Beamten, dass sie einen englischen Freund habe. „Dann sollten Sie ihn heiraten", lautete die Antwort – eine Aufforderung, die in dem verkrusteten xenophoben Klima von heute wohl noch schwerer vorstellbar ist als ein Meteoriteneinschlag mitten auf der Hauptstraße.

Zu Mels Freude wurde die Hochzeit tatsächlich geplant. Sie erschien ihr wie der Beginn eines neuen, aufregenden Lebens, das auch Kinder einschließen würde. Zwar verhielt sich Francis ihr gegenüber „sehr beschützerisch", wie sie es ausdrückte, doch andererseits schätzte sie den Einfluss sehr, den er auf ihre Weiterentwicklung hatte.

Einmal fuhren sie zusammen nach Oxford.

Francis war dort Dozent für Anthropologie gewesen. Wir sind zu einem Lunch hingefahren. Stellt euch vor, ich marschiere wie eine Wilde mit ihm in den Speisesaal und zum High Table. Seine Kollegen, die das Ganze organisiert hatten und ebenfalls mit ihren Frauen da waren, waren alle in den 40ern und 50ern. Da kommt dieser Mann zusammen mit mir, damals in den 20ern, und wir laufen an all den schweigend dort stehenden Studierenden vorbei. Bis zum Podest, wo wir dann Platz nahmen. Es gab einen lateinischen Segensspruch. Wir hatten so ein Gourmet-Menü. Ich sitze also an diesem großen Tisch und frage, ob all diese Studenten dasselbe essen würden wie wir. Sie haben gelacht. Oh je, was hatte ich bloß gesagt? Ich fand es einigermaßen seltsam, dass sie ziemlich neidisch waren auf Francis, der mit seiner jungen Frau gekommen war.

Für mich war es so, als wäre ich mit Francis erwachsen geworden. Ich habe auch gelernt, auf meinen eigenen Geschmack zu vertrauen. Wir haben Masken aus Pappmaché gebastelt. Ich war von schönen Dingen aus der ganzen Welt umgeben. Ich fing an, unglaubliche Ethnokleider und Gewänder mit Stickereien zu tragen. Ich fühlte mich sehr weiblich und weich (Interview mit M. Balaskas, 16.10.2018).

Mel besuchte Kurse für klassischen indischen Tanz und nahm Aikido- und Gesangsunterricht bei Professor George Cunelli. Ronald D. Laing, ein eifriger Amateurpianist, kannte Cunelli und schickte einige seiner Freundinnen und Freunde zu ihm. Mels Persönlichkeitsentwicklung schien in Francis' Umfeld in atemberaubendem Tempo voranzuschreiten (Abb. 8.5).

Abb. 8.5 Francis und Meloma Huxley, 1975. (FHA, mit freundlicher Genehmigung von A. Getty)

Francis wollte, dass ich es schaffe, mehr zu lesen. Die Bücher waren überall um uns herum, und wir hörten auch Musik. Er wollte mir mehr von all dem beibringen. Ich war offen. Sehr. Ich meine nur, diese Unterschiede, der Altersunterschied und alles. Ich musste selbst hinausgehen in die Welt. Ich brauchte mein eigenes Abenteuer. In der Ehe fand ich einen sicheren und warmen Ort, wo ich lernen konnte, mich etwas zu trauen (Interview mit M. Balaskas, 16.10.2018).

Mel gestand, dass es ihr ziemlich schwergefallen sei, ihre „Komfortzone zu verlassen". Dennoch empfand sie das, was anfangs Sicherheit bedeutet hatte, plötzlich als einengend.

Eines Tages, es war im Winter, hatte diese Ehe einen Punkt erreicht, an dem ich mich einfach nicht mehr bewegen konnte. Ich hatte das Gefühl, komplett festzustecken.

Francis und ich trafen uns mit Ronnie [Ronald D. Laing] und ein paar anderen und bildeten eine Art Kreis, um herauszufinden, was los war. Ohne jede Feindseligkeit. Sie merkten, dass es nicht mehr funktionierte. Sie verordneten uns eine Intervention. Was mochten wir am anderen? Wir mögen beide Butter und Sahne. Das sagt eigentlich schon alles. Damit waren wir am Ende unserer gemeinsamen Reise. Als wir uns trennten. Mir war nicht klar gewesen, wie sehr ich mich auf ihn verließ (Interview mit M. Balaskas, 16.10.2018).

Nach der Trennung blieben sie Freunde. Mel, die sich immer noch unsicher fühlte, fragte ihn häufig um Rat. Als Francis später Adele, seine dritte Frau, heiratete, war Mel zur Hochzeit eingeladen. Bei dieser Gelegenheit dankte Francis ihr öffentlich dafür, dass sie „ihn sozusagen auf sie [Adele] vorbereitet hatte, ein Vertrauen in ihm geweckt hatte, das ihm die Macht der Liebe zeigte. Dieses Zeichen der Wertschätzung vor all den Gästen war sehr schön für mich" (Interview mit M. Balaskas, 16.10.2018).

In ihrer Erinnerung hatte Francis trotz all des „typisch Englischen" an ihm – das, wie sie glaubte, Menschen, die andernorts aufgewachsen waren, leicht abschrecken konnte – im Grunde ein Herz aus Gold. Sie äußert sich noch heute begeistert über seine Erzählkunst und erinnert sich, wie gern sie in seinen Armen gelegen und seinen Geschichten von vergangenen Abenteuern gelauscht hatte. Neben all dem Spaß und dem Ruhm, an dem man in Laings Entourage zwangsläufig teilhatte, reifte die melancholisch-resignative Erkenntnis, dass man nicht nur nicht immer die bedingungslose Liebe bekam, nach der man sich sehnte, sondern dass ihr vielleicht auch ein Teil ihrer gemeinsamen Zeit durch die Finger geronnen und das „eine wilde und kostbare Leben"[9] nicht festzuhalten war. Es konnte nur gelebt werden und würde schließlich enden.

Jüngere Menschen besitzen eine bestimmte Art von Schönheit. Ich weiß, dass ich so eine Art Ethno-Ausstrahlung habe. Es waren eher meine griechischen Wurzeln und das Barfüßige, das ihn angezogen hat. Ich fühlte mich schön bei ihm und auf eine schöne Art umworben. Ich fühlte mich in einer Weise geschätzt, wie ich es seither nie wieder erlebt habe (Interview mit M. Balaskas, 16.10.2018).

8.8 Adele: eine Ehe in Kalifornien

Francis Huxley heiratete Adele Getty am 10. November 1986 auf dem Standesamt in Camden. Sie trennten sich 1998 und ließen sich 2006 scheiden. In zwei

---

[9] Anm. d. Übers.: Zitat aus dem Gedicht „The summer day" von Mary Oliver: „Tell me, what is it you plan to do with your one wild and precious life?".

langen Interviews (10. und 16.4.2018, Sebastopol) sprach Adele mit uns über den Verlauf ihrer Beziehung, von der ersten Verliebtheit über das Stadium des Sichentliebens bis hin zur Gewöhnung an eine Art Tochter-Vater-Beziehung, die den Altersunterschied spiegelte (Adele war 26 Jahre jünger als Francis), aber noch immer von wechselseitiger Liebe geprägt war. Victoria Huxley erinnert sich mit großer Zuneigung an Adele. „Ich empfinde sehr viel Dankbarkeit für sie. Sie war einfach wunderbar zu Francis" (Interview mit V. Huxley, 15.3.2018, Oxford).

Adele begegnete Francis zum ersten Mal, als sie im Begriff war,

> *an der Sonoma State University einen Kurs mit dem Titel „Ritual" zu geben. Ich war mir nicht sicher, welche Textgrundlage ich verwenden sollte. Der Lehrstuhlinhaber schlug mir vor, „The way of the sacred" von Francis Huxley zu verwenden. Ich fragte ihn, wer Francis Huxley sei. Er antwortete: Der Anthropologe in der Familie* (Interview mit A. Getty, 10.4.2018, Sebastopol).

Zwei Jahre später (1979) begann Adele zusammen mit der Anthropologin Joan Halifax für die Ojai Foundation zu arbeiten. Ihre erste Chance, Francis persönlich kennenzulernen, löste sich in Luft auf, weil Joan sich den Arm gebrochen hatte und alle Seminare abgesagt werden mussten. Adele freute sich darauf, den Autor von *The way of the sacred* zu treffen – „ein Traum hatte mir gesagt, ich solle das tun" –, denn es hatte sich als eins der wichtigsten Bücher für ihren Kurs erwiesen. „Ich fand das regelrecht verrückt. Ich wollte nicht, aber mein Komitee sagte: Du solltest das wirklich tun. Ich hatte nicht die geringste Ahnung von Ritualen. Das Komitee half mir, einen Lehrplan zu erstellen. Ich habe das Thema dann mehrere Jahre lang unterrichtet" (Interview mit A. Getty, 10.4.2018, Sebastopol).

Im Sommer 1984 veranstaltete die Ojai Foundation schließlich ein einmonatiges Retreat mit dem Titel „The way of the warrior" (Der Weg des Kriegers), bei dem alle Teilnehmenden für die Dauer des Retreats zusammenblieben. Adele berichtete:

> *Am Ende waren wir eine Gruppe von etwa hundert Personen auf dem Gelände. Die eingeladenen Dozenten blieben den ganzen Monat, darunter Francis, R. D. Laing, Rupert Sheldrake, Jill Purce, Francis Varela, John Lilly und verschiedene Angehörige indigener Stämme. Francis war der erste Lehrende, der ankam. Ich war als Ansprechpartnerin für die Gastlehrkräfte zuständig. Ich fühlte mich sehr wohl in seiner Gegenwart, und er war natürlich sehr geschmeichelt, dass ich The way of the sacred gelesen hatte.*
>
> *Zu dieser Zeit war MDMA legal erhältlich, und wir benutzten es ... [I]n der Paartherapie wurde es überall in den Vereinigten Staaten eingesetzt. Ich fragte Francis und Rupert ziemlich bald nach ihrer Ankunft, ob sie Erfahrungen damit gemacht hätten oder daran interessiert seien. Sie sagten Ja, so schnell wie möglich und „Wir warten, bis Jill da ist". Wir nahmen dann zusammen MDMA, und das war der Beginn einer*

8.8 Adele: eine Ehe in Kalifornien

> *tiefen Verbindung. Wir erzählten einander unsere Familiengeschichten. Daraus entwickelte sich eine bleibende Freundschaft zu Rupert, Jill und den Kindern* (Interview mit A. Getty, 10.4.2018, Sebastopol).

Adeles Beziehung zu Francis entstand also unter sehr ungewöhnlichen Umständen. Als sie sich in ihn verliebte, waren beide noch mit anderen Partnern zusammen: Francis mit Avice Simpson und Adele (Abb. 8.6) mit Sonny. Nach dem „Way of the warrior"-Retreat reisten sie mit einem Team der Ojai Foundation nach Mexiko. Wieder in Kalifornien, standen sie vor der Entscheidung, ob sie zusammenbleiben sollten oder nicht.

Francis wollte nach Vancouver weiterreisen, wo er zusammen mit dem Psychotherapeuten Andrew Feldmar einen Workshop zu leiten hatte, und lud Adele ein, mitzukommen. Dann beschloss er, Adele nach Point Reyes zu begleiten, wo sie mit Sonny lebte, gemeinsam MDMA zu nehmen und Sonny zu erzählen, was passiert war.

> *Er fragte: „Oh, du hattest einen Liebhaber auf der Konferenz?" Einer der Lehrer war nämlich ein ehemaliger Lover von mir. Ja, sagte ich. Sonny: „Wer?" Das ist sehr ungewöhnlich. Ich war 34, und Francis war 61. Das war eine sehr unwahrscheinliche Verbindung. Eine Sekunde lang saßen wir da. Sonny: „Francis?" Sonny ist ein ganz erstaunlicher Kerl, der mich in dieser Übergangsphase emotional sehr unterstützt hat* (Interview mit A. Getty, 10.4.2018, Sebastopol).

Abb. 8.6 Adele Getty, Ojai Valley, Los Angeles 1984. (FHA, mit freundlicher Genehmigung von A. Getty)

Ein oder zwei Monate später reiste sie nach London. Francis war bereits nach England zurückgekehrt und hatte Avice gestanden, dass er sich in eine andere Frau verliebt hatte. Adele sah in der Beziehung zu Francis auch eine willkommene Gelegenheit, sich intellektuell weiterzuentwickeln.

> *Ich hatte Respekt vor ihm und war total überrascht und fasziniert von seiner universalen Intelligenz, das war für mich wirklich großartig. Wir stellten fest, dass wir vieles gemeinsam hatten, Themen, die wir beide liebten, meine Arbeit mit den Ritualen der amerikanischen Urbevölkerung ... Ich kann sagen, dass das meine weitere Entwicklung sehr gefördert hat* (Interview mit A. Getty, 10.4.2018, Sebastopol).

In London begann Adele sich mit Francis' sozialem Umfeld bekannt zu machen.

> *Und dann verliebte ich mich in Juliette. Bevor Francis nach London zurückkehrte, hatte ich ihm eins meiner Schmuckstücke geschenkt, das die Göttin Isis darstellte, ein Feinguss aus Glas, und er schenkte mir eine tibetische Sonnenscheibe aus Mailand. Als Francis seine Mutter besuchte, um ihr zu sagen: „Bonjour, je suis de retour", griff Juliette nach dem Medaillon, wog es in der Hand und fragte: „Woher hast du das denn? Du hast eine Frau kennengelernt, nicht wahr?" „Ja, habe ich", lautete die schlichte Antwort, und Francis bat sie um einen Gefallen: „Stell mir keine Fragen mehr"* (Interview mit A. Getty, 10.4.2018, Sebastopol).

Zu seiner Verwunderung kam Juliette seiner Bitte nach. Adele erinnerte sich an den Tag, an dem sie zum ersten Mal einen Besuch in der Pond Street machte und ihre Schwiegermutter in spe ihr die Tür öffnete. „Liebes", sagte sie, umarmte Adele und hieß sie herzlich in der Familie willkommen. In den darauffolgenden Tagen, Wochen und Jahren verbrachte Adele viel Zeit mit Juliette, wann immer sie und Francis sich in London aufhielten. „Sie hat einiges zu meiner Weiterbildung beigetragen", sagte Adele.

Es war noch in der Anfangszeit ihrer Beziehung (Januar 1986), als in Francis' Dachgeschosswohnung in der Wedderburn Road in Hampstead ein Brand ausbrach, der großen Schaden anrichtete. Als Adele und Francis dort eintrafen, lagen viele seiner geliebten Bücher im verschneiten Vorgarten. Die Feuerwehrleute hatten sie beim Löschen der Flammen aus dem Fenster geworfen. Für Francis war nicht nur der Verlust eines großen Teils seiner intellektuellen Entwicklungsgeschichte niederschmetternd, sondern auch die Tatsache, dass der Brand in der gerade erst frisch renovierten Wohnung ausgebrochen war. Noch am Ort der Katastrophe, mit der Brandruine im Hintergrund, machte Francis Adele einen Heiratsantrag. Anschließend zogen die beiden vorübergehend zu Juliette und dann für einige Zeit zusammen mit einem befreundeten Paar in ein Haus in Point Reyes, Kalifornien.

8.8 Adele: eine Ehe in Kalifornien

In Point Reyes feierten sie am 10. Mai 1986, einem Sonntag, ihre Verbindung mit einer Zeremonie. Auch Francis' ehemalige Geliebte Ellen und seine Ex-Frau Meloma waren der Einladung gefolgt. Einige Tage später schrieb Francis seiner Mutter, dass die Feier wunderbar gewesen sei und dass er wünschte, sie hätte dabei sein können.

Adele war so schön, und ich liebe sie so sehr. Sie trug die Diamantohrringe und einen goldenen Sonnenspiegel um den Hals und ein Kleid, das ein bisschen nordafrikanisch und ein bisschen griechisch und ein bisschen amazonenhaft ist, über grob gewebten, cremeweißen Baumwollhosen (Brief an J. Huxley, 14.5.1986, JHP).

Die rituellen Feierlichkeiten endeten mitten in der Nacht. Ganz der Sozial- und Kulturanthropologe, bekräftigte Francis das Bindungsritual, indem er ein Möbiusband gestaltete, „schön mit Buntstiften und natürlich mit Worten". Adele und er trafen auf einer kleinen Insel in der Mitte eines Teichs zusammen, auf der auf der einen Seite die Frauen und auf der anderen Seite die Männer standen, und riefen die buddhistische Göttin Guanyin an, die allwissende Göttin der Barmherzigkeit, die die Schreie der Welt hört.

Da die Zeremonie in Point Reyes nicht rechtsverbindlich war, reiste das Paar für eine standesamtliche Trauung nach London, um Juliette glücklich zu machen. Rupert (Sheldrake) und Jill (Purce) waren die Trauzeugen. Nach ihrer Rückkehr nach Kalifornien zogen Francis und Adele für einige Jahre nach Berkeley Hills und schließlich nach San Francisco. Das ständige Hin und Her zwischen Kalifornien und London, erforderlich wegen Juliettes zunehmender Gebrechlichkeit, war für beide eine schwierige und laut Adele auch sehr belastende Zeit – belastender als erwartet.

Im Oktober 1987, im Alter von 64 Jahren, bestand Francis endlich seine Fahrprüfung, was eine Erwähnung in einem Brief an Juliette verdiente und sehr gelegen kam, denn Adele war häufig unabkömmlich, weil sie Workshops leitete und an ihrem Buch über die Göttin (Getty 1990/dt. 1993) schrieb. Schließlich zogen sie nach Santa Fe, wo Francis zuvor schon als Anthropologe gearbeitet hatte. Dort kannten sie bereits ein paar Leute, und wenig später folgten auch Pauline und Robert, ihre Freunde aus Point Reyes, nach. 1997 bauten sie schließlich gut 25 km nördlich in dem kleinen Ort Pojoaque ein Haus. Beide glaubten, dass dies der richtige Platz war, um sich niederzulassen und Wurzeln zu schlagen. Adele, die gerne entwarf und gestaltete, zeichnete Pläne und organisierte die Bauhandwerker.

> *Es sollte ein Schriftstellerdomizil werden. In einem sehr großen Raum gab es eine richtige Bibliothek. Francis bekam ein separates Studio. Das Haus war für uns geplant, und wir wollten dort den Rest unseres Lebens verbringen. Tatsächlich waren es dann zwei Jahre, aber sie fühlten sich an wie eine Minute. Im Jahr 2000 war ich schon nicht mehr da* (Interview mit A. Getty, 10.4.2018, Sebastopol).

In Santa Fe war Francis zufrieden. Die Natur bedeutete ihm viel, und die nähere Umgebung bot reichlich Gelegenheit, Pflanzen, Vögel und andere Tiere zu beobachten und zu studieren. Als Zoologe, erfahrener Anthropologe und Neffe von Aldous Huxley wurde er von der Bevölkerung herzlich aufgenommen. Adele und er nahmen an zahllosen Dinnerpartys und anderen Vergnügungen teil, doch ihre Lebensfreude wurde, wie Adele berichtete, häufig durch Francis' chronische Kopf- und Nackenschmerzen getrübt.

> *Das Klima von Santa Fe war sehr gut für seine Gelenke, und er empfand es als sehr angenehm. Aber es gab auch Tage, an denen er nur ins Bett fiel. Er litt tatsächlich an einer mittelbar verursachten Depression. Schmerzmittel wies er zurück, weil sie seinen Geist hätten beeinträchtigen können* (Interview mit A. Getty, 10.4.2018, Sebastopol).

Für Francis war ein vernebelter Geist schlimmer als Schmerzen. Injektionen in den Knochen linderten die Schmerzen zwar, aber die Nebenwirkungen waren so stark, dass er danach tagelang erschöpft im Bett lag. Adele sah darin ein „tragisches Element seines Lebens". Zweifellos sorgten diese körperlichen Leiden für Unterbrechungen und Behinderungen seiner schriftstellerischen Tätigkeit. Als Adele an diese Phase zurückdachte, erinnerte sie sich noch einmal an die Anfangszeit ihrer Beziehung und an ihre damaligen Vorstellungen vom Leben mit einem deutlich älteren Mann:

> *Es dauerte sicherlich sechs oder sieben Jahre, bis einer von uns zum ersten Mal eine böse Bemerkung machte. Als ich mit Francis zusammenkam, änderte sich mein Leben. Meine Erwartungen, was diesen so viel älteren Mann in England betraf, waren absolut rational. Auch was die Auswirkungen unserer Herkunft aus verschiedenen Ländern anging. Anfangs erschien er mir sehr alt, er war ja 61 Jahre. Ich dachte, wenn ich 10 Jahre mit dieser Person verbringen kann, werde ich total glücklich sein. Er ist ein so außergewöhnlicher Mensch. Ich wollte einfach die Chance nutzen, mit ihm zusammen zu sein. Ich ließ mich voll und ganz auf diese Beziehung ein. So war es für mich. In den letzten Jahren gab es dann Stress wegen Juliette. Und es gab Stress rund um den Hausbau* (Interview mit A. Getty, 10.4.2018, Sebastopol).

Hinzu kam schließlich weiterer Stress durch den Niedergang ihrer Ehe und heikle finanzielle Fragen. Francis verfügte über Geld aus dem Verkauf der

8.8 Adele: eine Ehe in Kalifornien

Wohnung in der Wedderburn Road, und Adeles Eltern und gelegentlich auch Juliette unterstützten die beiden, damit sie etwas zu essen auf den Tisch bringen und die notwendigen Reisen nach Großbritannien unternehmen konnten. Francis verkaufte außerdem einige Huxley-Erbstücke. Ungeachtet dieser nutzbringenden Familientrophäen blieb Francis durch das emotionale Erbe seines Vaters gezeichnet. Adele gelangte an einen Punkt, an dem sie es einfach nicht mehr ertrug:

> *Ich wurde richtig wütend auf ihn. Ich sagte zu ihm, dass es wirklich an der Zeit sei, damit abzuschließen. „Es sieht nicht nach einer Lösung aus, und du bist 75, und er ist seit 20 Jahren tot." Das Problem mit seinem Vater hatte viel damit zu tun, dass Julian ein wandelnder Widerspruch war. Leider konnte Francis für sich selbst nicht das tun, was er für Juliette getan hatte* (Interview mit A. Getty, 10.4.2018, Sebastopol).

Aus Adeles Sicht gab es drei bestimmte Ereignisse, die ausschlaggebend dafür waren, dass ihre Ehe schließlich zerbrach:

> *Wir waren mit Freunden zusammen. Als er zum ersten Mal sagte, ich solle „verdammt noch mal die Klappe halten", war ich schockiert. Als er bei einer anderen Gelegenheit zum zweiten Mal sagte: „Halt verdammt noch mal deine Klappe", konnte ich es einfach nicht glauben. So hatte er noch nie mit mir gesprochen. Ich sagte zu ihm: „Wenn du das noch einmal mit mir machst, verlasse ich dich. Das ist völlig inakzeptabel." Das dritte Mal geschah, als wir mit einem anderen Paar, mit dem wir eng befreundet waren, zu Abend aßen. Francis liebte Schokolade. Eines Nachts schreckte ich aus dem Schlaf und hatte plötzlich den überwältigenden Duft von Schokolade in der Nase. Als ich richtig wach war, stellte ich fest, dass eine ganze Tafel Schokolade auf meiner Brust geschmolzen war und Francis den größten Teil davon gegessen hatte und lachte. Das hatten wir beide lustig gefunden. Diese Geschichte habe ich Robert und Paulin erzählt, weil sie wussten, dass er gerne im Bett Schokolade aß. Er und ich hatten darüber gelacht. Doch als ich die Geschichte erzählte, sagte er, ich solle „verdammt noch mal die Klappe halten"* (Interview mit A. Getty, 10.4.2018, Sebastopol).

Welche tieferen Ursachen hinter Francis' Aggressionsausbrüchen steckten, ist nicht bekannt, möglicherweise war sein ständiger Kampf gegen die Schmerzen ein Faktor. Auf der Rückfahrt wandte sich Adele zu ihm um und sagte: „So – das war's!" Kochend vor Wut fragte sie sich, ob Francis ihre Beziehung absichtlich sabotierte.

1999 kehrte Francis nach London zurück. Er wohnte einige Monate bei Jill und Rupert Sheldrake und ihren Söhnen Merlin und Cosmo und stellte dort gegen Ende des Jahres sein Buch *Shamans through time* fertig. Adele blieb in Pojoaque, bis Francis nach Kalifornien zurückkam, packte dann ihre Sachen und zog nach

Sebastopol. Anfangs wollte sie keine Scheidung und ließ Francis, der inzwischen 77 Jahre alt war, in ihrem Haus wohnen.

Sie schlossen einen Pakt: Adele würde Francis weiterhin lieben, allerdings nicht mehr als ihren Ehemann, sondern als älteren Freund. Das ermöglichte es ihr, ihrem Leben eine neue Richtung zu geben. So geschah es. Adele und ihr späterer Partner Michael ließen Francis bis zu seinem Tod auf ihrem Grundstück in der Wagnon Road wohnen. Die Transformation ihrer Beziehung von einer Ehe zwischen einem älteren Mann und einer deutlich jüngeren Frau zu einer Vater-Tochter-Beziehung war ein echtes Geschenk der „Tochter" an ihren „Vater". Also zog Francis 2005 von Santa Fe, das er des Klimas und der Menschen wegen geliebt hatte, nach Nordkalifornien. Adele hatte zu ihm gesagt: „Ich hoffe, du bist 2012 noch unter uns", worauf Francis geantwortet hatte: „Auf gar keinen Fall will ich 2012 noch da sein müssen."

Doch so kam es. Francis feierte seinen 90. Geburtstag im Garten zwischen den beiden Holzhäusern, die auf dem Grundstück standen. Adele war damals einige Jahre älter, als Francis zum Zeitpunkt ihres Kennenlernens gewesen war – etwas, das ihr anfangs unvorstellbar erschienen war. Während unseres Interviews mit ihr fragten wir sie, welche von Francis' früheren Beziehungen ihrer Einschätzung nach für ihn die wichtigsten und kostbarsten gewesen seien. Adeles Antwort war ziemlich eindeutig: „Ferelyth und Sheila. Mel mochte er sehr. Keine Beziehung war so problematisch wie die zu Joan. Das war eine echte Hassliebe. Francis trug keiner seiner Ex-Frauen irgendetwas nach und wünschte keiner etwas Böses" (Interview mit A. Getty, 10.4.2018, Sebastopol).

Ob Francis es wohl manchmal bedauert hatte, London der Beziehung zu Adele zuliebe für immer den Rücken gekehrt zu haben? Adele konnte nicht auf Dauer in London leben, „schon allein wegen des Wetters", dennoch hatte sie die intellektuell und kulturell anregende Gesellschaft genossen, von der sie als Francis Huxleys Frau umgeben war. Für Francis wiederum war Santa Fe ein Paradies. Das Klima linderte seine rheumatischen Beschwerden, und er genoss es, von indigener Kultur umgeben zu sein und D. H. und Frida Lawrence auf ihrer Farm am Lobo Mountain bei San Cristobal zu besuchen, wo auch sein Onkel Aldous häufig zu Gast war. Ebenso inspirierend fand er es, Besuchern das weniger als eine Autostunde entfernte Bandelier National Monument zu zeigen. In seiner Bibliothek befand sich ein Exemplar von *The delight makers* (1890/2011), in dem Adolph F. Bandelier die Erkenntnisse aus acht Jahren ethnologischer Feldforschung und archäologischer Studien unter den Pueblo-Indianern von New Mexico verarbeitet hatte. Francis, der die Lebensweise der indigenen Bevölkerung gut kannte, wusste, wie beachtlich es war, dass es Bandelier gelungen war, ins Herz dieser Kultur vorzudringen.

2012 fragte ich (T. Itten) Francis, wie lange wir noch auf seine Anwesenheit zählen könnten. Er antwortete: „Bis ich den Sinn des Lebens kenne!" Ein anderes Mal, als er unter den Nebenwirkungen der Strahlentherapie litt und das Herumschlurfen in seiner Hütte ihm zunehmend Qualen bereitete, murmelte er: „Ich bin müde vom Nichtstun und vom Umherlaufen in meiner Hütte." Da fragte ich ihn noch einmal. „Ich dachte, du wärst mein Freund", antwortete er, aus vollem Halse lachend. Da er inzwischen Schwierigkeiten mit dem Gehör hatte, ob mit oder ohne Hörgerät, ergriff ich die Gelegenheit, ihn ein letztes Mal zu fragen: „Hast du den Sinn des Lebens gefunden?" Francis lachte. „Ja, schon vor langer Zeit. Es sind die Frauen."

Literatur

Bandelier, A. F.A. (1890/2011). *The delight makers*. Hamburg: tradition.
Bisbee C., Bisbee, P., Dyck, E., Farrell, P., Sexton, J., & Spisak, J. W. (Hrsg.). (2018). *Psychedelic prophets. The letters of Aldous Huxley and Humphry Osmond*. Appendix 2: LSD Experience of 7 November 1956: Letters between Humphry Osmond and Matthew, Ellen, and Francis Huxley Montréal: Gill Queens University Press.
Buckman, D. (1998). *The dictionary of artists in Britain since 1945*. Bristol: Art Dictionaries.
Buckman, D. (6.10.2005). Ferelyth Wills – sculptor of animals in wood. Obituary. *The Independent*.
Cosentino, D. (1987). Who is that fellow in the many-colored cap? Transformations of Eshu in old and new world mythologies. *Journal of American Folklore, 100*(397), 261–275.
Getty, A. (1993). *Göttin – Mutter des Lebens*. München: Kösel.
Huxley, F. (1962). Who and why? In N. Mitchinson (Hrsg.), *What ist he human race up to?* (S. 273–288). London: Victor Gollancz.
Huxley, F. (1977). The body and the play within the play. In J. Blacking (Hrsg.), *The anthropology of the body* (S. 29–38). London. Academic Press.
Huxley, F. (1976). *The raven and the writing desk*. London: Thames & Hudson.
Laing, R. D. (1974). Die Politik der Familie. Köln: Kiepenheuer & Witsch.
MacGibbon, J. (1984). *I meant to marry him – a personal memoir*. London: Victor Gollancz.
Wills, F., & Wills, B. (1975). *Sculpture in wood*. London: David & Charles.
Wescott, J. A. (1957). Yoruba collections in Germany and Switzerland. *Man, 57* (Sept.), 133–135.
Wescott, J. A. (1963). Tradition and the Yoruba artist. *Athene, II*(1), 9–15.
Wescott, J. A. (1964). Reviews of: *Nigerian images* by W. Fagg & H. List; *African mud sculpture* by U. Beier; *Primitive art* by L. Adam; *Coptic sculpture* by J. Beckwith. *Journal of the Royal Society of Arts, 112*(5095), 545–547.
Wescott, J. A., & Morton-Williams, P. (1962). The symbolism and ritual context of the Yoruba Laba Shango. *Journal of the Royal Anthropological Institute of Great Britain and Ireland, 92*(1), 23–37.

Teil IV
Sozialanthropologie: Auf der Suche nach der Welt

9 Anthropologie und ihre Herausforderungen

9.1 Aufbruch ins Unbekannte

Nach den Familienurlauben in der Schweiz und der Schulexpedition nach Lappland führte Francis Huxleys erstes, in praktischer wie in intellektueller Hinsicht anspruchsvolles Auslandsforschungsprojekt ihn 1948 als Leiter des Oxford University Exploration Club nach Gambia, das damals noch eine britische Kolonie war. Die vom Trust Fund des *Geographical Magazine* finanzierte Expedition startete gleich mit mehreren Forschungsaufträgen, die die Beurteilung der miteinander verflochtenen ökonomischen und ökologischen Probleme Gambias ermöglichen sollten. Auch wenn es sich nicht um eine anthropologische Expedition handelte, hatte sie einiges mit einer solchen gemeinsam: Die Teilnehmer mussten sich mit den örtlichen Bräuchen, (Glaubens-)Vorstellungen und Praktiken vertraut machen und zugleich ein möglichst genaues Bild der ökologischen, geografischen und historischen Gegebenheiten sowie der Lebensweise der Menschen in dieser Region gewinnen. In seinem Bericht über die Arbeit der Gruppe erwähnt Francis beiläufig seine erste kulturübergreifende Begegnung mit dem Drachenmythos: Der *ninki-nanka* (Drachenteufel), ein legendäres Ungeheuer des westafrikanischen Volksglaubens, bewohne, so versicherte man ihm, den Uferwald von Kuntaur. Für die Existenz dieses Fabelwesens, dessen Blick und Anblick den Tod bedeute, gebe es „keinen wirklichen Beweis", weshalb es „umso mehr gefürchtet wird" (F. Huxley 1949/1950, S. 277).

Wir erkennen in der Abfolge der Erfahrungen aus der Internatszeit, den Familienurlauben, den Schulexpeditionen und schließlich der Gambia-Expedition Francis' psychologische Vorbereitung auf die harten Prüfungen, die ein anthropologischer Feldforscher zu bestehen hat – das Verlassen des gewohnten persönlichen, kulturellen und ökologischen Lebensraums für längere Zeit, die tägliche

Konfrontation mit unbekannten und unvorhersehbaren Herausforderungen, eine womöglich sehr andere Ernährung, dazu die Schwierigkeiten des Kommunizierens und Agierens in einem anderen Sprachraum. Die Kulturhistorikerin und Schriftstellerin Rebecca Solnit hat sich ausführlich mit dieser „Kunst, sich zu verlieren" und der Bereitschaft, „von Dingen begrüßt [zu werden], die man noch nie gesehen hat", beschäftigt (Solnit 2020, S. 28). In späteren Jahren verglich Francis diese Vorbereitung gelegentlich mit der Lehranalyse, der sich künftige Psychoanalytikerinnen und -analytiker unterziehen müssen. Der Anthropologe Adam Kuper äußerte sich ausführlich zu diesen Adaptationsprozessen (Skype-Interview mit A. Kuper, 31.1.2019):

> *Dazu habe ich einiges zu sagen. Es gibt oft ein Problem, wenn junge Leute sich ins Feld begeben. Bei manchen ist dann etwas zu beobachten, was die Kolonialisten als „going native" bezeichnet haben. Im Feld wird man schnell verzaubert und aufgesogen, womöglich findet man sogar einen Partner oder eine Partnerin unter den Einheimischen. Junge Feldforschende, die einen Kult untersuchen, konvertieren manchmal. In solchen Fällen verliert man seine Objektivität und analytische Distanz.*

Als Francis zum ersten Mal nach Brasilien reiste, um bei den Ka'apor zu leben und zu arbeiten, war er 27 bzw. 28 Jahre alt, also ein noch relativ junger Mann. Wie wir wissen, blühte er dort auf. Kuper war sich der sozialen bzw. Klassenaspekte bewusst, die diesem Erfolg zugrunde lagen. Der psychologischen Vorbereitung durch Francis' Kindheit und Jugend fügte er noch ein weiteres Element hinzu:

> *Nun zu der Frage, inwiefern Feldforschung die Menschen verändert. Nun, das hängt davon ab, wo man herkommt. Für Bateson und Huxley, die im englischen Bildungsbürgertum zu Hause waren, konnte die Erfahrung befreiend sein und ihnen helfen, sich aus dem Verhaltenskorsett englischer Gentlemen zu lösen* (Skype-Interview mit A. Kuper, 31.1.2019).

9.2 Hürden und Risiken

Zur Einordnung von Francis' gelungener Anpassung an die Bedingungen im Feld weist Kuper auf die vielfältigen und gravierenden Risiken hin, mit denen die Feldforschung verbunden sein kann. Wer zum ersten Mal im Feld arbeite, werde nicht nur mit einem „Anderen" konfrontiert, sondern auch mit Aspekten der eigenen Person. Heute würden Psychologinnen und Psychologen wohl von

9.2 Hürden und Risiken

der „Offenheit für Erfahrungen" in all ihren ungezähmten Erscheinungsformen sprechen – der Fähigkeit, gewohnte eigene Positionen und kulturbedingte Urteile vorübergehend auszusetzen und sich voll und ganz auf ein neues Erfahrungsmuster einzulassen, dessen summative Wirkung durchaus zu einer Aufhebung bisheriger Verhaltensmuster (Depatterning) führen kann. Und das kann, wie Kuper feststellt, „traumatisch sein".

Einige erlitten einen psychischen Zusammenbruch, als sie ins Feld gingen. Rivers hatte einen Studenten, John Layard, der sich in ihn verliebt hatte. Als Rivers ihn auf einer Insel im Südpazifik allein ließ, erlitt er einen Zusammenbruch. Nach Layards Rückkehr nach England war Rivers eine Zeit lang sein Therapeut. Später wurde Layard ein jungianischer Psychotherapeut (Skype-Interview mit A. Kuper, 31.1.2019).

Wie Kuper erläuterte, ist völlige psychische Überforderung nicht das einzige Risiko. Vielleicht hängt die eigene Reaktion auf das „Eintauchen" im Feld entscheidend davon ab, welche Erwartungen an das Andere und die Anderen man mitbringt, d. h., wie viel man mit den Menschen, denen man begegnet, gemeinsam zu haben glaubt. Dass Francis Huxley die Indigenen, bei denen er lebte, explizit als Subjekte eigenen Rechts porträtierte, erklärt womöglich, warum ihm die Adaptation so gut gelang. Fragen der wahrgenommenen und der tatsächlichen Ähnlichkeit – sowohl in psychologischer wie in kultureller Hinsicht – erwachen im langen Schatten der Geschichte und Politik der Beziehungen zwischen unterschiedlichen Gruppen von Menschen zum Leben. Bei diesen Überlegungen war es für uns von großem Interesse, dass Feldforschung für Kuper, der sich auf seine eigenen Erfahrungen in Südafrika berufen kann, „ein politischer Akt" ist (Skype-Interview mit A. Kuper, 31.1.2019).

Die ausführliche Berichterstattung in der brasilianischen Presse über Francis' Forschungsaufenthalt bei den Ka'apor verdeutlicht weitere Aspekte. So zeugen diverse Artikel nicht nur von der Besorgnis, mit der das Gastland auf ausländische Besucher seiner indigenen Völker reagierte – einer Besorgnis, die noch gewachsen ist, seitdem Umweltbelange und die Rechte indigener Völker und Stämme auf der politischen Agenda weiter nach oben gerückt sind –, sondern verdeutlichen auch, dass es unabdingbar war, die lokalen Behörden zu respektieren und diplomatische Kanäle so geschickt wie möglich zu nutzen. In dieser Hinsicht war die Tatsache, dass Francis einer berühmten Familie angehörte, zweifellos hilfreich. In mehr als einer Zeitungsmeldung wurde auf seinen berühmten Onkel und seinen nicht minder bekannten Vater hingewiesen, während Francis selbst als äußerst wissgierig und klug beschrieben wurde (Estudando os indios brasileiros, *Gazeta*, 1.3.1951). Zudem waren, wie bereits im Vorwort erwähnt, seine Anwesenheit im

Land und sein „Verschwinden" im größten Regenwald der Erde für die Presse unwiderstehliche und spektakuläre Ereignisse.

Als Francis im November 1950 nach Brasilien aufbrach, war ihm sehr bewusst, dass er „noch nie einen tropischen Dschungel von innen gesehen" hatte und „nichts über die praktischen Schwierigkeiten der anthropologischen Feldforschung dort wusste" (F. Huxley 1956, S. 11). Allerdings waren andere nur selten besser vorbereitet, schließlich waren seit der bahnbrechenden Roncador-Xingu-Expedition der Villas-Boas-Brüder – dem ersten Versuch des brasilianischen Staates, das bewaldete Landesinnere zu erschließen – erst fünf Jahre vergangen (s. Hemming 2019). Francis schuldete Darcy Ribeiro Dank dafür, dass er die praktischen Einzelheiten der Reise, zu der auch eine zehntägige Bootsfahrt auf dem Gurupi gehörte, organisiert hatte und ihn anfangs in mehrere Dörfer begleitete, sodass Francis sicher sein konnte, dass er „eine einigermaßen gute Vorstellung davon gewonnen hatte, wie man mit den Indianern und mit dem Dschungel umgehen sollte" (F. Huxley 1956, S. 12). Blieb noch die nicht zu unterschätzende Herausforderung der portugiesischen Sprache. Francis, der fließend Französisch sprach, erreichte jedoch zu seiner Zufriedenheit dabei recht schnell einen guten Kenntnisstand. In einem Brief vom 2. Mai 1951 schilderte er Meyer Fortes, wie er sich während der Mahlzeiten mit dieser Aufgabe beschäftigte. Die Sprache der Ka'apor stellte da schon eine deutlich größere Herausforderung dar. In einem Brief an Rupert Hart-Davis vom 1. Mai 1953 gestand Francis, er könne „nicht gut Tupi sprechen", sodass „ihm immer Nuancen entgehen" würden, wenn ein Indigener ihm etwas erzähle. Das bedeutete, dass er gelegentlich „noch immer einen Dolmetscher nötig" hatte.

Solche persönlichen, mit der Adaptation verbundenen Herausforderungen sind nur die erste Hürde, die Anthropologinnen und Anthropologen zu überwinden haben. Im Feld selbst und bei der Rückkehr nach Hause galt es für Francis eine Reihe von heiklen ethischen und politischen Fragen zu klären. In seiner Antrittsvorlesung als William-Wyse-Professor in Cambridge (1953) bezeichnete Meyer Fortes, sein wichtigster Mentor, die Anthropologie als

unverzichtbar, um Entscheidungen hinsichtlich unserer eigenen politischen und ethischen Werte treffen und das heute herrschende Klima verstehen zu können. Es ist die Pflicht der Anthropologie, diese Wahrheit zu verkünden und die biologischen und sozialen Eigenschaften von Menschengruppen leidenschaftslos und ohne Rücksicht auf Rassenprivilegien zu untersuchen (Drucker-Brown 1983).

Literatur

Drucker-Brown, S. (1983). Obituary. *RAIN, 56*, 15.
Estudando os indios brasilieros. (1. März 1951). *Gazeta*, São Paulo.
Hemming, J. (2019) *People of the rainforest: the Villas Boas brothers, explorers and humanitarians of the Amazon.* London: Hurst & Company.
Huxley, F. (1949/1950). Exploration in Gambia. *Geographical Magazine, 22*, 270–277.
Huxley, F. (1956). *Affable savages.* London: Rupert Hart-Davis.
Solnit, R. (2020). *Die Kunst, sich zu verlieren. Ein Wegweiser.* Berlin: Matthes & Seitz.

Die Ka'apor

10.1 Im Herzen der Wildnis

Die Früchte der Forschungsarbeit, die Francis bei den Ka'apor leistete, halfen, die narrative Anthropologie ins Leben zu rufen. Dies war nicht zuletzt seiner disziplinierten Arbeitsweise zu verdanken. Er ging sowohl bei den Vorbereitungen – Kostenplanung, Erwerb von Sprachkenntnissen, Studium der schon vorhandenen Erkenntnisse über die indigenen Völker im Amazonasregenwald – als auch vor Ort mit Fleiß und Sorgfalt vor, machte sich kontinuierlich Notizen und reflektierte das, was er hörte und beobachtete. Bei jeder neuen Erfahrung war er bestrebt, die menschliche Natur so, wie er sie vor sich hatte, zu verstehen und das große Ganze dabei immer im Blick zu behalten. Das verstand sich keineswegs von selbst. Sein Briefwechsel mit Meyer Fortes kurz vor seinem Aufbruch ins „große Unbekannte" (Mitte August 1951) verrät seine Ängste angesichts dessen, was vor ihm lag. Im Feld angekommen, „nun ganz allein in … dem Dorf Kwata, zehn Stunden Fußmarsch" vom nächsten Serviço-de-Proteção-aos-Indios-Posten entfernt, gestand er, dass er „mehr oder weniger gut" zurechtkam, während ihn das unangenehme Gefühl verfolgte, dass ihm „jemand etwas verheimlicht" – eine ziemlich natürliche Reaktion in einer fremden neuen Umgebung. Als er schließlich wieder aus dem Urwald auftauchte, Freunde vermisste und an einer „Bindehautentzündung" sowie an „Würmern und etwas Seltsamem, das meine Lymphknoten anschwellen lässt", litt (Brief an „Bill" von der SS *San Velino*, undatiert, FHA), war ihm das ständige Hinterfragen seiner eigenen Erfahrung und Kultur bereits in Fleisch und Blut übergegangen. „Ich hatte mir nie zuvor die Mühe gemacht, darüber nachzudenken, was es bedeutet, Engländer zu sein", schrieb er auf der Rückreise (Brief an J. und J. Huxley, undatiert, FHA). Die Sprache, so seine Erkenntnis, vermittele einem die „Illusion der Vertrautheit" und suggeriere, dass man die an der Oberfläche liegenden Wahrheiten eines Geschehens verstehe, während sich in Wirklichkeit tieferes Wissen darunter verberge (Brief an J. und J. Huxley, undatiert). Dieses Infragestellen trügerisch vertrauter Wahrheiten sollte zu einem Markenzeichen seiner Arbeit werden. Die zahlreichen Briefe, die er während seines Forschungsaufenthalts und auf der Rückreise schrieb, zeugen von einem unablässigen Hinterfragen der englischen, der brasilianischen und der indianischen Kultur ebenso wie von seiner Suche nach einem größeren Gewebe, in das all diese Kulturen eingewoben werden konnten. Nach seiner Rückkehr aus dem Urwald, in dem er verloren gegangen war, stellte er fest, dass die brasilianische Presse sich geradezu indigniert darüber äußerte, dass er „nicht einmal mit einer einzigen kriegerischen Geste vonseiten der Wilden" konfrontiert worden war. Die Zeitungen waren, so vermutete er, erpicht darauf, „alles und jedes in Blut oder in Wasser zu verwandeln" (Brief an J. und J. Huxley, undatiert).

Die Wirkung seiner Überlegungen auf sein Fach entfaltete sich langsam und stetig, aber wie stand es mit der Wirkung auf ihn selbst? Seine beiden Aufenthalte im brasilianischen Urwald (Abb. 10.1) hatten tiefgreifendere Auswirkungen auf Francis als sämtliche Lektionen zum Thema professionelle Objektivität und Distanz.

Dies schloss die Freude an seiner Freundschaft mit den Amazonas-Indigenen und das Gefühl der Verbundenheit mit der Natur unter dem Blätterdach ein – beides ist in *Affable savages* an vielen Stellen zu spüren. Die folgende Passage fängt etwas von dieser sanften Schönheit ein, die Francis sein Leben lang nicht mehr losließ:

> *Der Mond ging auf. Es war eine schöne Nacht, kein Wind wehte, die Baumstämme am Rande der Lichtung leuchteten eigenartig weiß; das lebhafte Quaken der Frösche unten am Bach ... Wir tranken noch etwas süße Manioksuppe, rollten uns große Zigarren aus Tabakblättern und Tawari-Rinde, und dann legten Antonio-hu und ich uns einander gegenüber in meine Hängematte ... Ich fragte ihn nach den Sternen. Er erzählte mir von der Milchstraße, die er Tapirpfad nannte: Die Seelen toter Tapire wandern ihn entlang und essen „Fruchtseelen und Blattseelen", wie er sagte. Es gab auch den Großvater-Viele-Dinge, die Plejaden, deren Sterne in Wirklichkeit Männer im Federschmuck waren. Antonio-hu deutete nach Osten – „Wenn Großvater-Viele-Dinge sich dort zeigt", sagte er mit seiner tiefen Reibeisenstimme, „dann ist es Sommer." Er hob den Zeigefinger und wies Richtung Zenit: „Dort beginnt der Regen! Wenn Großvater-Viele-Dinge dort ist, wissen wir, dass es Zeit ist, zu pflanzen." Dann senkte sich sein Finger langsam zum westlichen Horizont: „Die Regenzeit ist vorbei"* (F. Huxley, 1956, S. 209).

10.1 Im Herzen der Wildnis

Abb. 10.1 Darcy Ribeiro und Francis bei den Ka'apor, 1951. (FHA, mit freundlicher Genehmigung von A. Getty)

Wie könnte eine solche Erinnerung nicht überdauern? Bettina Blume, die 1995 zusammen mit ihrem Mann das Haus der Huxleys in der Londoner Pond Street kaufte, als Francis rüstige 72 Jahre alt war, gehört zu den vielen von uns interviewten Menschen, die voller Sympathie über Francis sprachen. Sie erinnerte sich, dass er ihr „Geschichten aus seinem Leben und von seiner Forschung bei brasilianischen Stämmen" erzählt hatte (Interview mit B. Blume, 14.3.2018, London). Die Geschichten über seine Zeit in Brasilien seien förmlich aus ihm herausgesprudelt und hätten sie zutiefst bezaubert.

10.2 Nachwirkungen

Francis' erste anthropologische Streifzüge und seine Überlegungen zu den Begegnungen im Feld wurden zu Auslösern einer eingehenden Beschäftigung mit Themen wie Subsistenz und Zivilisation, kultureller und wirtschaftlicher Wandel in einer zunehmend vernetzten Welt und Art und Gestaltung unserer Beziehung zur Natur. Seine Zeit bei den Ka'apor prägte ihn auch in ethisch-moralischer Hinsicht: Ihm wurde zunehmend bewusst, dass ihr Leben und das Leben anderer indigener Völker etwas wie Anerkennung und Bestätigung von uns, die wir einen anderen Teil der Welt bewohnen, fordert. Der unauflösliche Zusammenhang all seiner Erfahrungen im brasilianischen Urwald bewirkte nicht nur ein dauerhaftes Interesse an den theoretischen Problemen der Anthropologie, sondern führte schließlich auch zu seinem praktischen Engagement bei Survival International.

In den Hunderten von Briefen, die Francis während seiner Feldforschungsaufenthalte schrieb, taucht kein Thema häufiger auf als seine Überlegungen zur Anthropologie – zu ihren Zielen, ihren Methoden, ihrem Wesen und ihrer Beziehung zur Wissenschaft und zur wissenschaftlichen Methodik. Er blieb skeptisch gegenüber einer allzu wissenschaftlichen Herangehensweise, denn er war überzeugt, dass ein solches Vorgehen uns von einer mythologischen Tradition abschneidet. Man könnte unter Berufung auf Kant sogar die Auffassung vertreten, dass jede Idee einer möglichen elementaren Welterkenntnis jenseits unserer Sinneserfahrungen zwangsläufig auf den Mythos angewiesen ist.

Einer naturwissenschaftlichen Sicht hätte Francis vermutlich – darauf lassen seine Feldnotizen schließen – das Argument entgegengehalten, dass das, was Mythologie von der Wissenschaft unterscheide, ihre Fähigkeit sei, die Welt so zu personifizieren, dass man innerhalb der Grenzen ihrer sakralisierten Symbole den eigenen Ort im großen Ganzen finde. Aber stimmt es nicht ebenso, dass die Menschen in Industriegesellschaften ihren Ort und ihre Bedeutung in der Welt abstecken, indem sie sich auf wissenschaftliche „Mythen" beziehen – und dass viele Menschen eben deshalb und weil der Charakter dieser Mythen *unpersönlich* ist, das Gefühl haben, in einer letztlich bedeutungslosen Welt dahinzutreiben? In gewissem Sinne scheint Francis der Auffassung zu sein, dass Mythologie abhängig davon ist, wie wir uns als menschliche Wesen *fühlen* – in einer von uns geschaffenen symbolischen Ordnung. Lévi-Strauss war der festen Überzeugung, dass ausnahmslos alle Menschen in durch Sprache, Technik, Kunst, empirisches Wissen und religiöse Vorstellungen geordneten Gesellschaften und innerhalb einer bestimmten sozialen und politischen Organisation leben. Der entscheidende Unterschied – wenn wir denn einen erkennen wollen – zwischen unseren Industriegesellschaften und den Gesellschaften indigener Stämme und Völker liegt mithin in dem Bezugsrahmen für die Herstellung einer gemeinsamen Bedeutung. Francis beklagte, dass seine Bemühungen, sich eine Denkweise zu eigen zu machen, die sich von der unterschied, die durch sein westliches kulturelles Erbe geprägt war, an seinem unmittelbaren Hintergrund zu scheitern drohten.

> *Um meiner selbst willen bedauere ich, dass meine Familie so stark evolutionsbiologisch und humanistisch denkt, dass sie aufgehört hat, auf diese uralte Weise zu denken, die einem sehr viel Halt gibt. Wisst ihr, es kam alles aus dem Kopf, nicht aus dem Herzen. Und man braucht beide* (F. Huxley 1977, S. 44).

Seine Begründung für den Wechsel zur Anthropologie war, dass er die symbolische Ordnung mit der materiellen in Einklang bringen wollte, ohne die eine auf die andere zu reduzieren. Was jedoch seit seinen ersten Forschungsreisen in vielen seiner Werke auffällt, ist sein ausdrückliches Interesse daran, andere Kulturen über ihre psychologischen Dimensionen zu verstehen. Die „mentale Verfassung" (1952, S. 36) hinter einer Geschichte war für ihn wichtiger als ihre wortwörtliche Wahrheit. Diese Haltung führte ihn in mehrere Richtungen: Erstens verstärkte sie sein Interesse an psychedelischen Erfahrungen und den irrationalen Denkmodi, die man in Formen des Wahnsinns finden kann; zweitens brachte sie ihn zu der Frage, ob anthropologisches Datenmaterial auf die Existenz psychischer Kräfte schließen lässt (F. Huxley et al. 1974), und nicht zuletzt resultierte sie in aufschlussreichen Arbeiten über die ineinander verwobenen Netze des Mythos und der Fabel in der Weltkultur. Das folgende Kapitel wird sich Francis' Interesse an psychedelischen Erfahrungen und paranormalen Phänomenen zuwenden.

Literatur

Huxley, F. (1952).The affaire Guajaja. (August). *World Review*, 35–47.
Huxley, F. (1956). *Affable savages*. London: Rupert Hart-Davis.
Huxley, F. (1977). *Embryos and ancestors*. Unveröffentl. Manuskript für eine von der Philadelphia Association organisierte Abendveranstaltung. FHA.
Huxley, F., Bastin, T., & Blacker, C. (1974). Discussion. Where the map is the territory. *Theoria to Theory, 8*, 298–301.

Saskatchewan 11

Francis Huxleys Beschäftigung mit Mythen ergab sich unmittelbar aus seiner Feldforschung. Auch sein Interesse an der Erforschung ungewöhnlicher Geisteszustände und ihres Potenzials wurzelte in seinen Erfahrungen, wurde aber sicherlich auch von den Experimenten seines Onkels Aldous mit psychedelischen Substanzen beeinflusst. Voller Tatendrang testete Francis, angeregt von Ellen Hovde, Meskalin und LSD. Ellen, ihr Mann Matthew und Francis entwickelten sich zu begeisterten Entdeckungsreisenden auf diesem Terrain. Wie Ellen, die hier die Führung übernahm, am 7. Mai 1956 an Dr. Humphry Osmond schrieb, hegte sie die Hoffnung, diese inneren Reisen würden sie „zu der Quelle führen, die man kennt und der man vertraut" (in Bisbee et al. 2018, S. 555). Im Frühjahr 1956 wohnten die drei in der Maplewood Road in New Haven. Francis hatte beschlossen, mindestens ein Jahr in Nordamerika zu verbringen. Zunächst schlug er seine Zelte in New York auf, doch er reiste auch nach Los Angeles, Philadelphia und Chicago, nahm an diversen Kongressen teil und fand sogar Zeit für einen kurzen Abstecher nach Mexiko, um sich die wundertätige Jungfrau von Guadalupe anzusehen, die für Aldous eine Rolle spielte, weil sie, wie er vier Jahre zuvor geschrieben hatte, „immer wieder in meinen Visionen auftaucht" (Smith 1969, S. 643). Schließlich zog es Francis nach Saskatchewan, Kanada, wo er sich der Psychiatrie aus der Perspektive eines Anthropologen näherte – eine Herangehensweise, wie sie etwas später auch sein Kollege Gregory Bateson am Veterans Hospital in Los Angeles wählen sollte. Francis' Position wich jedoch insofern von der Batesons ab, als er einen fundierten ethnologischen Ansatz einer medikalisierenden Ätiologie vorzog.

Ellen plante, Humphry Osmond für ein Experiment zu viert in ihr Cottage einzuladen. „Wenn Dr. Osmond kommt, werde ich mit Raketengeschwindigkeit anreisen", schrieb Francis ihr. Das erste dieser LSD-Experimente sollte am Mittwoch, dem 7. November 1956, in der Sanford Road in Woodbridge stattfinden. In weiser Voraussicht warnte Ellen Humphry (inzwischen redeten sie einander mit Vornamen an):

> Die Huxley-Kinder sind ziemlich überspannte Persönlichkeiten mit komplexen Problemen (und ebenso komplexen Beziehungen). Da ich so wenig über LSD weiß, finde ich die Vorstellung schrecklich, womöglich irgendwelche Erdbeben zu verursachen, ohne die Trümmer anschließend auch beseitigen zu können (in Bisbee et al. 2018, S. 570).

Ellens Vorsicht ist interessant, wenn man bedenkt, welche Turbulenzen dieser Trip, wie wir heute wissen, in ihrer Dreiecksbeziehung auslöste. Osmond wollte, dass sich Ellen, Matthew und Francis während des LSD-Trips Notizen machten. Anschließend würde er ihre Gruppenerfahrung protokollieren. Diese Aufzeichnungen, die inzwischen teilweise veröffentlicht wurden, beleuchten die Realitätswahrnehmung von Menschen unter LSD-Einfluss. Albert Hofmann, der Entdecker der Substanz, erklärte Francis auf einer Tagung in der Schweiz, dass die für die halluzinatorische Wirkung verantwortliche Komponente nicht, wie häufig angenommen, die Säure ist (LSD – Lysergsäurediethylamid – wurde später auch kurz „Acid" genannt), sondern die Base.

Francis besaß zeitlebens die Fähigkeit, Informationen aus dem Erscheinungsbild der Dinge abzuleiten, d. h. von der Erscheinung auf die sogenannten verborgenen Wirklichkeiten zu abstrahieren. Die LSD-Erfahrungen waren deshalb für ihn nicht nur eine Gelegenheit, sich kopfüber in den schäumenden Ozean des Lebens zu stürzen, sondern auch ein erstklassiges Instrument der anthropologischen Praxis. In einer ebenso spöttischen wie vielsagenden Äußerung deutete er an, dass die Anthropologie für ihn in gewisser Weise auch ein Mittel zur Bewältigung familiärer Probleme war:

> Nach meiner ersten Feldforschungsarbeit in Brasilien mit einem früher mehr oder weniger kannibalisch lebenden Stamm (ich fand Kannibalen aus familiären Gründen sehr interessant: es gibt ja viele Möglichkeiten, Menschen zu essen) arbeitete ich ein Jahr lang in einer psychiatrischen Klinik in Kanada (F. Huxley in Narby et al. 2007, S. 26).

An dieser Stelle ist es wichtig, sich vor Augen zu halten, dass Francis aus einer Familie stammte, in der Melancholie und „bipolare" Zustände tief verwurzelt waren. Seine Erfahrungen mit einem psychisch beschädigten Vater, der in mehreren psychiatrischen Kliniken behandelt worden war und Francis' Mutter mit seinen Exzessen viel Leid zugefügt hatte, führten bei Francis, dem Anthropologen und zunehmend auch Mythologen, mit hoher Wahrscheinlichkeit zu einer – wenn auch mit einem gewissen Unbehagen verbundenen – Bereitschaft zu solchen Experimenten. Würde LSD die verschlossene Tür zum Verständnis des psychologischen Dramas öffnen, das seine Familie aufführte? Und welche Art von spirituellem Erwachen wäre unter seinem Einfluss möglich? Francis erwähnt den Kannibalismus als Mythos der Familie Huxley hier fast wie eine Tatsache, was den Schluss zulässt, dass er wusste, dass der familiäre Kontext dieser LSD-Experimente manches aufwühlen und womöglich auch jemanden verschlingen würde. Und so kam es dann auch.

Auf einer kognitiven Ebene kann man dies so verstehen, dass Francis im Begriff war, seinen eigenen mentalen Bezugsrahmen zu lockern, doch vielleicht beabsichtigte er auch, über eine soziale und sexuelle Neukonfiguration zu diesem Verständnis zu gelangen und mit seiner Hilfe den Status quo infrage zu stellen. Bewusstseinsverändernde Substanzen – ob Meskalin, LSD oder Psilocybin – heben die Trennungen zwischen dem, was wir sehen und fühlen, und unserem unbewussten Wissen hervor und ermöglichen uns auf diese Weise, Dingen, mit denen wir uns auseinandersetzen müssen, einen neuen Sinn zu geben. Wenn ein Zen-Meister sich schlafen legt, schläft er. Wenn er erwacht, ist er wach. Das, was dazwischen liegt, ist das Traumland, die Landschaft der Psyche, zu der LSD auf seine ganz eigene Weise den Zugang findet. Die Wirklichkeit wird immer durch unsere Sinne vermittelt: Wir bauen uns eine gesellschaftlich konsensfähige Welt auf der Grundlage einer vermuteten übereinstimmenden Wahrnehmung dieser Wirklichkeit. Doch die Übereinstimmung ist eine Vermutung und keine Tatsache – und was tun wir, wenn dieses Gefühl von Übereinstimmung, von Gemeinsamkeit zerbricht? Wem können wir vertrauen, wenn die Darstellungen der Wirklichkeit voneinander abweichen? Einem erfahrenen Anthropologen, einer Psychiaterin, einem Psychologen, einer Psychotherapeutin, einem Priester oder Pfarrer, einem Schamanen, einer Künstlerin oder einem Politiker? Wenn es keine objektiven Richtlinien gibt, was gilt dann: die innere Stimme, das Vertrauen in die eigene Intuition? In der Hinwendung zu psychoaktiven Substanzen kann man die ersten Vorboten eines Denkens erkennen, das Ende der 1960er-Jahre dann auf die berühmte Formel „Das Persönliche/Private ist politisch" gebracht werden sollte: die Einsicht, dass das, was im Innen ist, auch im Außen ist – und umgekehrt. Ihren kulturellen Höhepunkt erreichte diese Erkenntnis in einem Song aus dem „Weißen Album" der Beatles. In „Everybody's got something to hide except me and my monkey" sang John Lennon: „Your inside is out/and your outside is in./Your outside is in,/and your inside is out."

Francis mäanderte damals recht planlos durch sein Leben. Aldous schrieb am 23. Juni 1956 an seinen Bruder Julian:

Wir erwarten Francis jede Stunde; aber wie Gott bewegt er sich auf geheimnisvolle Weise fort. Das Letzte, was wir von ihm hörten, kam aus Chicago und lautete, dass er wahrscheinlich um den Zwanzigsten herum in Südkalifornien sein würde. Seitdem herrscht Schweigen. Aber zweifellos wird er sich eines schönen Morgens plötzlich manifestieren (Smith 1969, S. 796).

Francis' erste Erfahrung mit LSD öffnete jedoch nicht nur die Büchse der Pandora, was die Beziehungen innerhalb der Familie betraf, sondern war auch Auslöser für sein starkes und anhaltendes Interesse an Medizinanthropologie. Wie sich Störungen des Geistes in unterschiedlichen Kulturen manifestieren und behandelt werden, faszinierte ihn. Ende der 1950er-Jahre verglich er die therapeutischen Maßnahmen in einer alten und beengten psychiatrischen Klinik in Weyburn, Saskatchewan, mit der Behandlung sogenannter Geisteskranker auf der Insel Haiti. Weyburn war in seinen Augen „eins der entsetzlichsten Bildungserlebnisse" seines Forscherlebens (Narby et al. 2007, S. 26). Für Menschen wie Francis Huxley, Irving Goffman, R. D. Laing und Thomas Szasz waren die 1950er-Jahre eine prägende Zeit, in der sie unmittelbar mit abgrundtiefer Unmenschlichkeit konfrontiert waren, der Menschen im Namen der Fürsorge ausgesetzt wurden. Als Anthropologe musste Francis das Alphabet des psychiatrischen Jargons erlernen, um erraten zu können, was die diagnostischen Etiketten bedeuten sollten. Heute sind wir nicht viel schlauer.

11.1 LSD-Bricolage

Anders als sein Vater reiste Francis wie sein Onkel in die inneren Zitadellen des Selbst, indem er in den LSD-gesättigten Himmel starrte, aufgeladen mit intensiven Veränderungen der Emotionen, der Wahrnehmung und des Denkens. Unter LSD-Einfluss erschien das illusionäre Versprechen des normativen soziokulturellen Prospekts, ein entfremdungsfreies Leben zu ermöglichen, nun höchst suspekt. LSD versetzt Menschen in die Lage, die Welt anders wahrzunehmen und angenommene Dogmen und Gewohnheiten, die das tägliche Leben bestimmen, infrage zu stellen. Wenn die üblichen Filter beseitigt sind, fällt ein anderes Licht auf die Welt und auf die Menschen, die sie bewohnen. Die Stumpfheit der gewöhnlichen Wahrnehmung kann durch eine poetische und musikalische Traumwelt ersetzt werden, die alle Sinne überflutet. Aldous und Francis berichteten Julian von ihren Erfahrungen mit Meskalin und LSD, doch Julian lehnte alle diesbezüglichen Angebote ab. Wie schon an anderer Stelle erwähnt, hatte er bereits Nervenzusammenbrüche gehabt und fühlte sich zweifellos psychisch nicht in der

11.1 LSD-Bricolage

Verfassung, mit Substanzen zu experimentieren, die ihn womöglich aus seiner wissenschaftlichen und philosophischen Komfortzone gebracht hätten. Wann immer Osmond nach London kam und Francis und Aldous zufällig ebenfalls in der Stadt waren, wurde lebhaft diskutiert. Alle drei glaubten an das Transformationspotenzial von LSD. Sechs Tage nach seinem ersten Experiment schrieb Francis – der inzwischen nach Chicago zurückgekehrt war und im International House wohnte – an Osmond:

> *Mein lieber Humphry,*
>
> *als ich Newhaven verließ und in Chicago ankam, hatte ich genau dasselbe Gefühl wie Du und rief, da ich nicht weiß, wo Du bist, Ellen an, um ihre Stimme zu hören und mit einem von uns zu sprechen.*
>
> *Es ist alles sehr seltsam, und obwohl ich ständig versucht bin, unsere Erfahrung mit vertrauten Begriffen zu rationalisieren, muss ich an das denken, was der heilige Franziskus einem Mönch antwortete, der wissen wollte, ob bei der Auslegung der Regeln nicht ein wenig Spielraum erlaubt sei. „Nein", sagte er, „ihr müsst sie wörtlich befolgen, wörtlich, wörtlich, ohne Beschönigung, ohne Auslassung, ohne Beschönigung." Und jetzt, wo ich versuche, einen Bericht über jenen Abend zu schreiben, stelle ich fest, dass ich letztlich immer bei fundamentalen religiösen Wahrheiten lande und dass nichts Geringeres genügt. Das ist höchst aufregend, aber auch peinlich, schließlich ist die Religion voller Four-Letter-Words – selbst der ursprüngliche unaussprechliche Name. Ich für meinen Teil kann kaum zum Ausdruck bringen, wie dankbar ich Dir und den anderen bin. Diese eine Nacht war ein ganzes Leben, in dem ich den Anfang und das Ende der Dinge gesehen habe – und, was noch wichtiger ist, ich habe gesehen, dass jeder von uns auf irgendeine unbeschreibliche Weise die anderen ist, wie Du es in Deinem Brief ausdrückst. Die einzige Möglichkeit, das zu begreifen, besteht darin, es wörtlich für wahr zu halten, da bin ich sicher. Das ist etwas, an dem wir alle noch länger zu kauen haben werden.*
>
> *Ich habe jetzt das meiste von dem, an was ich mich erinnere, zu Papier gebracht, aber es liest sich zahm und schwammig und kraftlos. Ich weiß, dass das nicht viel ausmacht, aber trotzdem wäre es schön, die ursprüngliche Frische des Ganzen ausdrücken zu können.*
>
> *Was mich beim Niederschreiben überrascht, ist die Komplexität der Erfahrung und dass die Zwischenfälle – sozusagen – dabei genauso wichtig waren wie das Ziel der Gruppe. Deshalb bin jedenfalls ich der Meinung, dass wir das, was wir gelernt haben, nicht gelernt hätten, wenn Du in jener Nacht „bessere" Sicherheitsvorkehrungen getroffen hättest.*
>
> *Es ist erstaunlich, wie die Gruppe sich selbst hilft, sie entwickelt wirklich ein Telos oder einen Zweck, wenn man ihr Zeit und natürlich auch Liebe gibt. Was wäre wohl geschehen, wenn es in dieser Nacht keine Liebe gegeben hätte? Ich mag nicht daran denken. Und weißt Du, warum Du anfingst, immer wieder „zusammen, zusammen"*

zu sagen? Ich glaube, es erwies sich als das einzig passende und notwendige Wort für uns.

Es wird interessant sein, ein Ritual zu kreieren, das die Gruppe davor schützt, getrennt zu werden – oder auch einfach nur getrennt zu bleiben –, ängstlich und wütend zu werden. Und wenn Du LSD verwenden willst, um den Geist weiter zu erforschen, müssen wir Bücher wie das tibetische Totenbuch oder das ägyptische oder das aztekische verwenden – eines, das die Seele tatsächlich führt auf ihrer Reise durch die andere Welt. (Ich glaube, dass bestimmte Phasen der LSD-Erfahrung dem „Totsein", wie es die Tibeter verstehen, sehr ähnlich sein müssen). Und dann gibt es natürlich einen großen Meister schamanischer Erfahrung, den man irgendwie hinzuziehen könnte. Nicht zu vergessen John Custance und Beers und was sie über Weisheit, Wahnsinn und Torheit zu sagen haben. Ach, was für eine faszinierende Arbeit liegt vor uns!

Ich werde Dir das Geschriebene schicken, sobald ich es abgetippt habe – es ist ziemlich viel, denn ich musste alles für mich selbst aufschreiben. Was für einen Unterschied ein Tropfen LSD doch macht! Ich weiß jetzt etwas von enormer Bedeutung, was etwas völlig anderes ist als die bloße Vermutung seiner Existenz. Es ist alles auf wundersame Weise rätselhaft.

Dein Francis (Bisbee et al. 2018, S. 575).

Wir zitieren diesen Brief hier vollständig, weil er zu erkennen hilft, warum Francis' Leben sich in eine neue Richtung zu entwickeln begann. Weisheit, Wahnsinn und Torheit – etwas, das er bis dahin im Stamme Huxley erlebt hatte – hieß das Schiff, mit dem er nun in See stechen würde: zu neuen und hoffentlich erleuchteteren Ufern. Was also erlebte er an jenem Abend, und wie schilderte er es in seinem recht langen Bericht vom 23. November 1956? Osmond, ihr Führer auf dieser ersten Reise, hatte in einem Brief an Aldous geschrieben: „Um Höllentiefen auszuloten oder engelsgleich zu schweben, nimm eine Prise Psychedelika" (Smith 1969, Fn. S. 795). Waren sie nun der Hölle oder dem Himmel begegnet?

Glücklicherweise ist dieser Bericht seit 2018 öffentlich zugänglich, ebenso wie der von Ellen verfasste (E. Huxley, Bericht und Brief an Osmond, 24.11.1956, in Bisbee et al. 2018, S. 602–608). Ellen – ganz die akribische Filmregisseurin – listet ebenso prosaisch wie gewandt die genauen Zeitpunkte und Abfolgen der Ereignisse auf. Ihr Bericht bildet eine willkommene Ergänzung zu Francis' eher anthropologischer Reportage. Sie begannen um 19.15 Uhr. Um 20 Uhr erschien Francis Ellen noch ganz normal, obwohl er sich in seinem Sessel auf den Kopf gestellt hatte. Sie hatte das Gefühl, sehr viel Zeit zu haben: „kein Grund zur Eile, kein Grund zur Sorge – ein echtes Gefühl von Luxus überkam mich ... sicherlich ist das Gefühl, ‚in' der Zeit angekommen zu sein, eines der größten Luxusgüter". Hinter geschlossenen Lidern sah sie ein blassblaues Kaleidoskop mit schwarzen Flecken und ein bogenförmiges, was anscheinend weitgehend mit

11.1 LSD-Bricolage

dem übereinstimmte, was Francis sah. Sie legten Musik von Guillaume Du Fay auf und lauschten sogar einer Schallplattenaufnahme von Aldous, der aus seinem Roman *Time must have a stop* (1944; dt. 1950: *Zeit muss enden*) las. Das war beunruhigend für Francis,

> denn Aldous' Stimme und das, was sie sagt, üben eine fast unwiderstehliche Anziehungskraft aus. Das Gefühl, für sich zu sein, verflüchtigt sich. Als er aufsteht, um herumzugehen, ist das eine beruhigende Erfahrung, denn auch wenn ich nicht mehr „ich" bin, habe ich immer noch einen Körper, der mir gehorcht (F. Huxley, in Bisbee et al. 2018, S. 586).

Francis beschreibt das Phänomen gegenseitigen Verstehens durch eine Art Telepathie in ihrer Vierergruppe, ein gemeinsames intimes Bewusstsein der Gegenwart der jeweils anderen. Ein unausgesprochener Scherz brachte sie alle zum Lachen und führte zu einer animistischen, fließenden Verbundenheit mit den Objekten um sie herum, die bei Berührung ein Teil von ihnen zu werden schienen. Als Francis Ellen ansah, spürte er: „Was für ein Glück, dass jemand von uns eine Frau ist." Die Empfindung, durch LSD aufgeweckt worden zu sein, löste die Frage aus, was genau in ihm geschlummert hatte. Alte Themen, die in seinem Unbewussten vergraben waren, kamen zum Vorschein. „Ich erinnere mich daran, dass ich gezwungen wurde, Dinge zu essen, dass ich gezwungen wurde, artig zu sein, während mir etwas Schreckliches angetan wurde, zu verschiedenen Zeitpunkten, lange vergessen, aber jetzt steht es steht es mir unmittelbar vor Augen" (F. Huxley, in Bisbee et al. 2018, S. 594).

Francis' nächster Gedanke war, dass LSD ein viel größeres Rätsel war als die Psychoanalyse. Dann entwickelte er die Vision einer unermesslichen ewigen Leere. Diese – im Buddhismus ein durch mühevolle Praxis erreichbares Ziel – wirkte in keiner Weise bedrohlich auf ihn. Nach der obligatorischen Einnahme von Zucker folgte die abrupte Rückkehr in die „triste Realität", und die vier sahen sich mit der Erkenntnis konfrontiert, dass ihr Versuch, die Welt zu verändern, gescheitert war. Doch das stimmte nicht ganz, denn ihre Welt *hatte* sich verändert. Als Ellen und Francis ihre Finger miteinander verflochten, ein neues Paar unter den Huxleys, war etwas geschehen, über das sie nicht offen sprechen mochten.

Eine Liebesbeziehung mit Ellen war die tröstliche Musik, von der Francis zum ersten Mal in seinem Leben träumte, „reine Musik ohne Melodie", wie er schrieb. Eine Passage am Schluss seines Berichts, die nicht veröffentlicht wurde, ist es wert, hier zitiert zu werden, denn Ellen und er waren nicht die einzigen, die sich eingestanden, dass Liebe die Antwort war. Humphry Osmond redete, „während ich mit Zucker und Niacin gefüttert wurde, … viel über sich selbst (wie ich zwei Jahre später erfuhr): dass er Jane überhaupt nicht liebt und warum Matthew ihn nicht leiden kann – nämlich, weil Humphry sich in Maria verliebt hat. Humphry redete weiter, bis Matthew ihn fast mit Gewalt zum Schweigen brachte" (F. Huxley 1956, S. 11).

Köstliche Sehnsüchte schwebten durch die pharmakologisch aufgeladene Wirklichkeit. „Francis und ich tanzten, und Blumen wuchsen in der Luft", schrieb Ellen (s. Bisbee et al. 2018, S. 605), während Matthew, der sich in einen Voyeur und Hahnrei verwandelt sah, in seiner verzweifelten Suche nach Halt auf die wissenschaftliche Verankerung ihres Experiments pochte. Dies vergrößerte jedoch nur die emotionale Kluft zwischen ihm und Ellen, die ihn jetzt dafür hasste, dass er sich nicht der Freude überließ: „[E]r schien auf dem Rand der Welt zu hocken, wir anderen auf dem Boden der Tasse. Warum lachte er nicht? Francis und ich liegen auf dem Boden, Hand in Hand, die Nasen in den Schaffellteppich gedrückt – die pure Freude" (E. Huxley, in Bisbee et al. 2018, S. 605).

Bei Matthew trug die sich entfaltende Wirklichkeit, eingebettet in eine wahrgenommene Unwirklichkeit, zur Ernüchterung eines betrogenen Geistes bei. Wie kam er auf die Idee, ein Metronom zu holen? Osmond hielt das für absurd, und Ellen und Francis lachten. Francis: „Und doch … die Musik und das Metronom." „Ja", sagte Ellen. Matthew schwieg, ebenso wie Ellen. Sie spürte, dass „die Liebe das Einzige ist, was uns alle retten wird". Diese Erkenntnis war für sie noch gewisser als ihre „totale Verantwortung für das Universum", von dem Francis glaubte, sie müssten es wiederaufbauen. Sie lebten ab jetzt zwangsläufig in einem privaten Universum, das nie wieder dasselbe sein würde, wie Aldous nach seiner LSD-Initiation zu sagen pflegte.

Dieses Ritual der Heilung durch das Weitergeben und Feiern der Liebe ist keineswegs an den Konsum von LSD gebunden. Anklänge daran finden sich schon in der Poesie Shakespeares (Sonett Nr. 40):

> *Take all my love, my love, yea take them all: What hast though more than though hadst before? No love, my love, that though mayst true love call; mine was thine before thou hadst this more.*

Während sich das anfängliche Gefühl der Leere bei Ellen und Francis in Fülle verwandelte, blieb es bei Matthew bestehen.

Fast zwei Jahre später, im August 1958, nahm Francis ein weiteres Mal zusammen mit Ellen, Matthew und Fritz (einem gemeinsamen Freund) LSD. Über die Gründe, die Matthew nach dem so unerfreulich verlaufenen ersten LSD-Trip zu einer erneuten Teilnahme bewogen hatten, kann nur spekuliert

11.1 LSD-Bricolage

werden. Der Wunsch, die Totalität, die Struktur und das Mysterium der gelebten Erfahrung zu verstehen, war unvermindert stark. „Was wir Gott nennen, ist das Zusammentreffen von Selbst, Essenz und Existenz", notierte Francis in einem zweiseitigen philosophischen Skript, in dem er seine von LSD befeuerten Einsichten niederschrieb, und fuhr fort:

> *Unten die Existenz, in der Mitte die Gesetze, nach denen die Existenz koexistiert; oben das schöpferische Ergebnis und die transzendente Einheit der Existenz. Die Wissenschaft befasst sich mit der Mitte; die Theologie ist gespalten und befasst sich mal mit dem Unten, mal mit dem Oben. Beide sind vermutlich ein und dasselbe. Aber die Materie ist das ungewöhnlichere Mysterium, das wir niemals erkennen können, bis wir es sind* (F. Huxley 1958, S. 2).

Francis war zu diesem Zeitpunkt 35 Jahre alt. Die Einsichten, die er unter LSD-Einfluss gewann, wurden zu einer Art Straßenkarte auf dem Weg in die Freiheit. Er fuhr fort, seinen Geist zu schulen und mit diesen Perspektiven bis weit in seine mittleren Jahre zu spielen, was 15 Jahre später in dem Buch *The way of the sacred* (1974) gipfelte. Die Psyche habe, so Francis, „unter den richtigen Voraussetzungen ihr eigenes natürliches Telos, ihre Vollendung, und kann angemessen mit sich selbst umgehen" (F. Huxley 1958, S. 2). Er betrachtete den Geist als ein sich selbst organisierendes, zielgerichtetes System, das sich permanent im Werden befindet. Die Kunst zu leben erfordere die richtigen Bedingungen – und die richtige Bedingung, um den Wissenden bei der Erkenntnis seines schwer zu fassenden Selbst zu unterstützen, das über die Klippe jedes Augenblicks springt.

Francis nutzte unterdessen die Gelegenheit, Osmond zu bitten, ein Forschungsgebiet oder ein Krankenhaus wie Weyburn für ihn zu finden, wo er als Sozialanthropologe mitarbeiten konnte. Osmond, der in seinem Fachbereich fest etabliert und inzwischen auch Teil des Huxley-Netzwerks war – er korrespondierte auch mit Aldous und Julian –, versprach, sein Bestes zu tun, um eine für Francis geeignete Stelle zu finden. „Was ich mir von Dir wünsche", schrieb er, „ist, dass Du ein psychiatrisches Krankenhaus wie einen Stammesangehörigen der Maya behandelst und die Bräuche und den Glauben von uns Eingeborenen mit der gleichen wohlwollenden Distanz betrachtest wie die scharlachroten Reiter im Poncho" (Brief an F. Huxley, in Bisbee et al. 2018, S. 608).

Das Ergebnis war, dass Francis schließlich in Osmonds Team in Weyburn landete. Aldous berichtete Julian am 12. Dezember 1957: „Francis ist, soweit ich weiß, gerade bei Matthew und Ellen in New York. So wie ich das verstanden habe, führt er eine Studie über die Lebensumwelt von Geisteskranken durch – mit dem Ziel, ein zufriedenstellenderes Modell einer Nervenheilanstalt zu entwerfen" (Brief an J. Huxley, in Smith 1969, S. 836).

11.2 Spaced-out in Saskatchewan[1]

Osmond schrieb im April 1957 an Aldous Huxley (in Bisbee et al. 2018, S. 325): „Wegen Francis Huxley. Ich hoffe, dass der Commonwealth uns Gelder für eine architekturwissenschaftlich-anthropologische Studie über Psychiatrien zur Verfügung stellen wird, sodass ich Francis vielleicht dazu bewegen kann, zumindest für eine gewisse Zeit herzukommen."

Es dauerte eine Weile, dieses Projekt unter Dach und Fach zu bringen. Francis, begierig darauf, sich unter dem himmlischen Einfluss von LSD weiter in der Kunst der Seelensuche zu üben, hatte inzwischen auch einen Fuß auf die Karriereleiter gesetzt. Osmond hoffte, dass Francis' Expertise einen anthropologischen Blick auf die Funktionsweise eines großen Krankenhauses wie Weyburn ermöglichen würde. Er zog auch Experten aus anderen Fachbereichen hinzu, darunter den Architekten Kiyoshi Izumi (Abb. 11.1) und den Psychologen Robert Sommer, um eine Sozialpsychologie der Architektur zu entwickeln, die sich speziell mit der Frage befassen sollte, wie eine sichere, Zuflucht gewährende Umgebung aussehen müsste.

Diese Vision – eine Entmedikalisierung der gebauten Umwelt – würde wohl auch heute noch als radikal gelten. Wie radikal die Ziele tatsächlich waren, geht aus der Einleitung der Publikation von Cynthia Carson Bisbee und ihren Kolleginnen und Kollegen hervor, die schildert, wie die „psychedelischen Propheten" ihre Pläne zur Gestaltung einer heilenden Umgebung umsetzten:

> *Diese Männer übten scharfe Kritik an der modernen Psychiatrie und ihrem blinden Vertrauen in Institutionen, die Menschen mit psychischen Störungen aus der Mainstream-Gesellschaft ausschlossen. Im Haus der Osmonds nahmen Francis Huxley, Izumi und seine Frau Amy sowie Humphry und Jane Osmond 1957 LSD mit dem ausdrücklichen Ziel, bestimmte Argumente zu hinterfragen und die Gestaltung psychiatrischer Einrichtungen zu überdenken* (Bisbee et al. 2018, S. lxii).

LSD entwickelte sich somit schnell von einem Instrument zur Steigerung und Veränderung der Wahrnehmung bei der inneren Erforschung des Geistes zu einem Werkzeug der gezielten Entwicklung kreativer und hilfreicher Anwendungen in der Außenwelt. Die Sichtweise der Sozialanthropologie, die Francis in die Diskussion einbrachte, war, dass alle sozialen Beziehungen von einem gemeinsam gehaltenen Raum abhängen, in dem auch die Zeit miteinander geteilt wird – und dass es diese Bedingungen sind, die Heilungsrituale möglich machen. In dem

---

[1] Mit Dank und Gruß an Erika Dyck (2010), von der wir uns diese Überschrift geliehen haben.

11.2 Spaced-out in Saskatchewan

Abb. 11.1 Kiyoshi Izumi und Francis in Saskatchewan, 1958. (Mit freundlicher Genehmigung der Provincial Archives of Saskatchewan, Ref. No.: R-PS-58-056-04)

Jahr, das Francis in Weyburn verbrachte, taucht sein Name häufig in Osmonds Briefen an Aldous auf.

> *Francis arbeitet auf unseren Langzeitpflegestationen und erweist sich als sehr aufmerksam, klug und liebenswürdig. Er trifft sich regelmäßig mit unserem begabten japanisch-kanadischen Architekten Kyo Izumi, und beide scheinen die Dinge aus leicht unterschiedlichen Blickwinkeln zu betrachten* (Brief an A. Huxley, 31.1.1958, in Bisbee et al. 2018, S. 368).

Aldous gab die Neuigkeiten an seinen Bruder Julian weiter:

> *Ich höre von Zeit zu Zeit von Francis (allerdings nicht von ihm selbst) über Humphry Osmond. Er scheint sich mit zwei Dingen zu beschäftigen – einer anthropologischen Studie über die Anstalt und einer speziellen Studie in Zusammenarbeit mit einem Architekten und den Psychiatern und Psychologen vor Ort, um herauszufinden, welche Art von Gebäude sich am besten für die Behandlung psychisch kranker Patienten eignet* (Brief an J. Huxley, 15.2.1958, in Smith 1969, S. 846).

Im Juni 1958 nahm Francis seine Arbeit in Weyburn auf und half den anderen Teammitgliedern, die Komplexität der Probleme zu erkennen, vor denen sie standen. Es gebe sehr viel zu tun, schrieb Osmond an Aldous. Das Fehlen geeigneter Modelle für das Verständnis von psychischer Gesundheit und sozialem Wohlbefinden habe, so Osmond weiter, „dazu geführt, dass die Autorität der Psychiatrie in Medizin und Gesellschaft angezweifelt wird" (Smith 1969, S. 846).

Auch wenn Francis' Aufenthalt in Weyburn sicherlich ernüchternd wirkte, was seine Meinung über die orthodoxe Psychiatrie und ihre Verdienste betraf, wären zweifellos auch andere Mitglieder des Huxley-Clans von Robert Sommer angenehm überrascht gewesen. Der Psychologe führte in Weyburn ein einfaches Experiment durch: Könnte, was für sogenannte gesunde Menschen gut ist, auch für Menschen mit belasteten Seelen gut sein? Sommer versuchte 1958, den Zusammenhang zwischen dem Schreiben bzw. Empfangen von Briefen und der Hospitalisierungsdauer zu ermitteln. Der Versuchsaufbau war simpel:

> *Die Namen aller Patientinnen und Patienten einer psychiatrischen Klinik, die in einer bestimmten Woche Briefe erhalten oder verschickt haben, wurden erfasst. Es ergab sich ein hochsignifikanter Zusammenhang zwischen der Dauer des Krankenhausaufenthalts und dem Empfang und Versand von Briefen. Je länger ein Patient in der Klinik blieb, desto geringer war die Wahrscheinlichkeit, dass er Briefe bekam oder verschickte. Frauen erhielten und verschickten verhältnismäßig mehr Briefe als Männer. Patienten, die Briefe bekamen, verschickten mit zehnmal höherer Wahrscheinlichkeit Briefe als Patienten, die keine Briefe erhielten. Die Wahrscheinlichkeiten für den Empfang und das Versenden von Briefen sowie für den Empfang von Besuchen wurden für verschiedene Aufenthaltszeiträume geschätzt. Es wurde festgestellt, dass nach einem Jahr Krankenhausaufenthalt die Wahrscheinlichkeit, Briefe zu versenden, Briefe zu empfangen und Besuch zu erhalten, drastisch abnahm* (Sommer 1958, S. 517).

Da Francis, Aldous, Juliette, Julian und andere Mitglieder der Familie Huxley einander Hunderte von Briefen schrieben und zudem langjährige Korrespondenzen pflegten wie die zwischen Humphry Osmond und Aldous Huxley, können wir Sommer beipflichten und bestätigen, dass das Empfangen und Versenden von Briefen das Wohlbefinden fördert.

Gemeinsam mit dem englischen Psychiater Humphry Osmond bildete sein kanadischer Kollege, der im Süden der Provinz Saskatchewan geborene Abram Hoffer (1917–2009), den Kern eines Teams, das auch auf anderen Themenfeldern wichtige Forschungsarbeit leistete – unter anderem testeten sie hohe Dosen der Vitamine B und C in Kombination mit einer gezielten Ernährungsumstellung. Der Biochemiker und Psychiater Hoffer ist bis heute vor allem für seine Entdeckung

11.2 Spaced-out in Saskatchewan

der halluzinogenen Eigenschaften von LSD sowie für seine „Adrenochrom-Hypothese" der Schizophrenie bekannt.[2] Hoffer war ein Jahr bevor Osmond nach Saskatchewan kam, vom Department of Public Health eingestellt worden, um ein psychiatrisches Forschungsprogramm in dieser Provinz aufzubauen. Wie andere Mitglieder des Teams stand er der Psychiatrie kritisch gegenüber. Sein Ziel war ein umfassenderes Verständnis biochemischer und physiologischer Prozesse, um das zu praktizieren, was er „Ernährungspsychiatrie" nannte. Hoffer, Osmond und ihr Team setzten LSD auch zur Behandlung von Alkoholabhängigkeit ein. Aufgrund von Patientenberichten kam Hoffer zu dem Schluss, dass die durch psychedelische Substanzen ausgelöste numinose Erfahrung ihnen half, die Selbstmedikation mit Alkohol aufzugeben. Dyck (2010) schloss ihren Überblick über die Forschung in Weyburn mit der Feststellung, Osmond, Hoffer, Sommer und andere seien übereinstimmend zu der Erkenntnis gekommen, dass die Einrichtung eine therapeutische Umgebung darstellen könne. Die Reformen, die ab 1957 – dem Jahr, in dem Francis in Weyburn war – in Gang gebracht wurden (das sogenannte Izumi-Osmond-Sommer-Design), seien leider „nie vollständig umgesetzt" worden,

ihre ausführliche Diskussion über die Rolle der psychiatrischen Anstalten in der modernen Gesellschaft knüpften an allgemeinere internationale Trends an: Modernismus, Antipsychiatrie und Deinstitutionalisierung. Ihr Anliegen einer neuen psychiatrischen Klinik wurde formuliert, bevor sich die Antipsychiatrie zu einer erkennbaren Bewegung entwickelt hatte (Dyck 2010, S. 665).

Der institutionelle Backlash gegen diese Anfechtung der psychiatrischen Hegemonie war und ist bis heute gewaltig.

Nach einem Jahr als Klinikanthropologe verließ Francis das Weyburn Mental Hospital in gewisser Weise bereichert, wenn auch in erster Linie um schlechte Erfahrungen und große Unzufriedenheit mit der Art und Weise, wie die Menschen behandelt wurden. Diese Unzufriedenheit ertrug er noch weitere zehn Jahre, dann schloss er sich der Philadelphia Association in London an und befreundete sich mit dem schottischen Psychoanalytiker Ronald D. Laing. Voller Neugier begann er sich zu fragen, ob es Menschen, die den Systemen diagnostischer Etikettierung und ihren Ritualen der Erniedrigung nicht unterworfen waren, vielleicht besser ging. Er dachte über das nach, was Bateson als „Double Bind" bezeichnet

---

[2] Diese Hypothese besagte, dass Adrenochrom, ein Stoffwechselprodukt des Adrenalins, neurotoxisch wirke und schizophrenieähnliche Symptome hervorrufen könne. Vermutet wurde, dass die Störung durch eine Senkung des Adrenochromspiegels im Gehirn mittels Megadosen von Vitamin C und Niacin (Vitamin B_3) geheilt werden könnte.

hatte – ein Double Bind der falschen Lehren und erbärmlichen Therapien in einer Zwangsjacke aus Lügen, das man nicht anfechten konnte, ohne damit zugleich weitere „Beweise" dafür zu liefern, dass man die „Behandlung" verdiente. „Beunruhigt", weil Osmond ihn mit Briefen überflutete, schrieb er am 17. August (o. J., vermutlich 1957) aus Santa Fé an Ellen:

> *Was ist in ihm los? Ich glaube, sein Zustand bedeutet, dass er gerade eine Wahrheit entdeckt hat, eine Wahrheit über sich selbst ebenso wie über die Welt ... Nun, solange er nicht völlig überdreht und innerhalb des nächsten Jahres von der Bildfläche verschwindet, ist alles in Ordnung. Aber stell Dir nur vor, er hätte nicht diese Position in der Klinik inne. Es ist wirklich grausam, dass Menschen, die ihre persönlichen Probleme auf numinose Weise mit sich spielen sehen und dann ihrerseits mit ihnen spielen, gleich in ein Krankenhaus gesperrt werden, statt sich und die Stadien ihrer Probleme an anderen, ähnlich Betroffenen zu bearbeiten, wie Schamanen, denen es gelingt, sich und andere mehr oder weniger gesund zu erhalten* (Brief an E. Huxley, 17. August o. J., FHA).

Francis' Überlegungen gehen hier über die Sorge um Osmond hinaus. Er verweist auf die schamanische Praxis als ein Mittel, um psychische Störungen über Rituale zu normalisieren und zu akzeptieren, und darauf, dass diese Praxis tatsächlich ein Mittel ist, Menschen mit Störungen eben nicht zu marginalisieren, sondern in den Schoß der menschlichen Gemeinschaft zu holen und die Grenzen sowohl zwischen Vernunft und Wahnsinn als auch zwischen gesellschaftlicher Ächtung und gesellschaftlicher Akzeptanz aufzulösen.

11.3 Lysergsaure Scheidung

Nachdem Aldous 1954 seinen Bericht über die „Pforten der Wahrnehmung" vorgelegt hatte, fühlte Francis sich ermutigt, seine eigenen, oft beglückenden Erfahrungen im pharmakologischen Utopia zu Papier zu bringen. Aldous' Schlusssatz in *Die Pforten der Wahrnehmung* (1954/1981) beschreibt die Wirklichkeit eines Menschen, der durch die offene Pforte zurückkehrt.

> *Er wird weiser sein, aber weniger selbstsicher, glücklicher, aber weniger selbstzufrieden, demütiger im Eingeständnis seiner Unwissenheit und doch besser ausgerüstet, die Beziehung zwischen Worten und Dingen, zwischen systematischem vernunftgemäßem Denken und dem unergründlichen Geheimnis zu verstehen, das er mit eben jener Vernunft ewig vergeblich zu begreifen versucht* (A. Huxley 1981, S. 61 f.).

11.3 Lysergsaure Scheidung

Francis beschrieb auch diese zweite LSD-Erfahrung in einem Bericht. Am Montag, den 4. August 1958, nahm er gegen 21 Uhr – etwas später als geplant – gemeinsam mit Matthew, Ellen und Fritz 100 mg LSD ein. Nach einer Stunde begann Francis zu spüren, dass sich die Tiefe und die Formen seiner optischen Eindrücke veränderten: „Ich sah auch meinen Geist als etwas, das Bilder reproduziert … Ich versuchte mir Sheila vorzustellen: Was ich sah, waren (nachdem ich alles sortiert hatte) durchsichtige, kreisförmige Schnörkel von reiner Mädchenhaftigkeit" (F. Huxley 1958).

Als er schließlich um 8 Uhr morgens zu Bett ging, sah er Bilder von kleinen blauen Blüten mit gelben Zentren. Gegen 11 oder 12 Uhr ließ er gänzlich los: „Ich begann die riesige Welt der Gedankenleere zu betreten. Das ist der Moment, in dem Panik einsetzt: wenn die ‚Leere' als Einsamkeit erscheint und es zu viel davon gibt und keinen Ausweg mehr in diesem immerwährenden Augenblick" (F. Huxley 1958).

Nach seiner „Taufe" neun Monate zuvor überraschte ihn seine zweite LSD-Erfahrung nicht: „Ich saß im Sessel vor dem Kamin und machte zum ersten Mal wieder die Erfahrung, dass ich andere als Teil meines eigenen psychischen Raums wahrnehmen konnte: dass ich sie und das, was sie taten, in meine Substanz aufnehmen konnte" (F. Huxley 1958).

Nun konnte er diese Erfahrung mit der ersten vergleichen, bei der es „nirgendwo ein Zentrum gab und das ‚Ich' als solches nicht existierte". Jetzt erlebte er die Zerstörung von Grenzen, ohne das Gefühl für seine eigene Existenz zu verlieren. Er spürte, dass er zugleich ein Zentrum und kein Zentrum hatte.

Ich glaube, ich war wie in einem Kreis um einen leeren Raum herum angeordnet, das Anderssein der Welt war nun in mir und doch noch immer anders. Beim ersten Mal existierte ich eher als Punkt oder Körper, obwohl ich nichts war – dieses Ich, ich war ein Bewusstsein ohne Selbstkontakt. Diesmal hielt ich den Selbstkontakt, indem ich das Nichts zu einem Kreis formte (F. Huxley 1958).

Im Laufe des Experiments kam es zu heftigen Auseinandersetzungen, sowohl zwischen Matthew und Ellen als auch zwischen Matthew und Francis. Die anschließende Reflexion legte einige der schmerzhaften Dynamiken offen, die das Beziehungsgeflecht der Huxleys prägten. Matthew mischte sich in ein Gespräch zwischen Francis und Ellen ein und sagte zu Francis, er solle „aufhören, wie Aldous zu reden". Francis' Kommentar lautete, dass Aldous im Leben seines Cousins der „große Stolperstein" sei: „Er weigert sich, ihn zu einem Teil von sich selbst zu machen" (F. Huxley 1958). Francis hatte seinen Gedichtband von Robert Graves mitgebracht, aus dem sie abwechselnd vorlasen. Einige Gedichte passten, andere verursachten Spannungen. Matthew verschwand nach oben und lehnte die Bitte der Gruppe ab, wieder nach unten zu kommen. Fritz gelang es jedoch schließlich, ihn dazu zu bewegen, sich noch einmal kurz vor den Kamin zu setzen. Matthew äußerte daraufhin unverblümt,

> dass Ellen offensichtlich nicht mit ihm leben könne, und sie antwortete, doch, das könne sie, bis zum Ende – er erwiderte, vielleicht könne sie ihn ertragen, aber das sei nicht dasselbe. Sie sagte: „Ich muss sehr gründlich nachdenken, bevor ich darauf antworten kann", was gleichzeitig eine Drohung und eine Einladung war: die Festlegung einer Linie (F. Huxley 1958).

Danach überließ Francis – was man ihm zugutehalten muss – die beiden sich selbst und machte für sich und Fritz eine Tasse Tee. Als er an den Kamin zurückkehrte, stellte Matthew ihm eine Frage:

> War er in den letzten fünf Jahren verrückt gewesen und hatte es erst jetzt gemerkt, oder war er in den letzten Stunden verrückt geworden? Und wenn ja, sollte er sich professionelle Unterstützung suchen? Was war los mit ihm, dass er kein Wort von dem verstand, was Ellen und ich miteinander sprachen, was uns interessierte? (F. Huxley 1958).

Francis beharrte darauf, dass Matthew sehr wohl verstanden hatte. Am nächsten Tag, nachdem er weiter darüber nachgedacht hatte, wurde ihm bewusst, dass sein Cousin ihn mehr und mehr an Julian erinnerte – sachlich im Gespräch und bei der Arbeitsorganisation und auf eine innerlich unbeteiligte Weise höflich und zuvorkommend gegenüber anderen. Sie vertrauten einander nicht mehr.

Man kann dies auch als Reflexion darüber lesen, wie Francis seinen Vater internalisiert hatte: als eine Art selbstmitleidigen Gönner und Richter über die Fehler anderer. In diesem Sinne ist darin, wenn man so will, auch ein Urteil über ihn selbst und seinen Vater enthalten. Bei Sonnenaufgang finden wir Ellen und Francis auf der Veranda, Hand in Hand. „Zwischen unseren Händen, sagte sie, wuchs und erblühte eine Lotosblume" (F. Huxley 1958). Die Blume war immer noch da, als ihre Hände sich nicht mehr berührten.

Osmond, inzwischen wieder in New York, berichtete Aldous im April 1959, er habe sowohl Matthew als auch Ellen gesehen. Der Brief bestätigt den Niedergang ihrer Beziehung und deutet an, dass Francis eine gewisse Verantwortung dafür trug.

> Ich hatte das merkwürdige Gefühl, dass sie in sehr verschiedenen Welten lebten, deren Grenzen nur durch eine aktive und gemeinsame Anstrengung der Liebe überwunden

> *werden konnten. Ich bezweifle, dass die Chancen dafür gut stehen, denn in den letzten Jahren scheinen weder Matthew noch Ellen lange genug zusammen allein gewesen zu sein, um wechselseitige Gefühle zu entwickeln. Eine der schrecklichen Begleiterscheinungen in diesem schnelllebigen Zeitalter der Freizeit ist, dass nur wenige Menschen Zeit für ernste Dinge haben. Francis war nicht gerade hilfreich, auch wenn ich glaube, dass es ungerecht wäre, ihm die Schuld zu geben. Seine festen Überzeugungen im Hinblick auf die Emanzipation der Frauen haben meiner Meinung nach die eigentlich problematische Frage überdeckt, die nicht lautet, wie die Dinge unter Idealbedingungen geregelt werden könnten, sondern wie man mit dem Hier und Jetzt zurechtkommt, das nicht ideal ist* (in Bisbee et al. 2018, S. 412).

Als Aldous im Februar des folgenden Jahres an Matthew schrieb, war die Ehe seines Sohnes mit Ellen bereits Geschichte.

11.4 Auf dem Podium in Sachen LSD

Zu den Fragen, denen Francis in der Klinik von Weyburn nachgegangen war, gehörte, ob die durch LSD ausgelösten Zustände als „Modellpsychose" betrachtet werden konnten. Im August 1957 legte Francis dem Forschungsausschuss seinen Bericht über zwei LSD-Erfahrungen mit Osmond vor (F. Huxley 1957). Sein wichtigstes Ergebnis war, dass eine Person, die LSD genommen hat, weiß, dass sämtliche Empfindungen der Feindseligkeit, die sich währenddessen einstellen, nachlassen, sobald der Trip vorbei ist. Wer hingegen an einer echten Psychose und paranoiden Wahnvorstellungen leidet, dem fehlt diese beruhigende Gewissheit, auch wenn Form und Inhalt der Erfahrung an sich ähnlich sind. Dieser entscheidende Unterschied, so hoffte Francis, „wird bei der weiteren Erforschung der ... Psychose hilfreich sein" (F. Huxley 1957, S. 12). Jegliche Unterschiede im Erholungs- bzw. Genesungsprozess nach chemisch induzierten versus echten Psychosen, einschließlich der Veränderungen im Zeit- und Raumgefühl und der Reintegration des Selbstkonzepts, könnten untersucht werden. Diese Experimente werfen im Hinblick auf die Behandlung menschlichen Leidens und die Erforschung der menschlichen Psyche bis heute tiefgreifende ethisch-moralische Fragen auf. Sollten wir psychopharmakologische Mittel zulassen, ihnen sogar Vorrang einräumen, um den Zugang leidender Menschen zu schmerzhaften Gefühlen und deren Bewältigung zu beeinflussen? Und wenn ja: Welche „Spielregeln" sind dafür angemessen? Sind wir offen für den Einsatz psychedelischer Drogen in einer sicheren und unterstützenden Umgebung, ähnlich den Ritualen von Ureinwohnern, in denen diese Erfahrungen fest mit einer gelebten Kosmologie verbunden sind? Wie wirksam können solche Drogen bei der Wiederherstellung „normaler" integrativer Denkprozesse und emotionalen Wohlbefindens nach einer psychotischen Episode sein, die selbst mit einiger Wahrscheinlichkeit Folge eines früheren Traumas ist?

Im Laufe der Jahre wurde Francis zu vielen Tagungen eingeladen, um dort über seine persönlichen Erfahrungen mit LSD und die Begleitung vieler Menschen aus unterschiedlichen Berufsfeldern auf ihrer ersten LSD-Reise zu berichten. Eine der renommiertesten Veranstaltungen zu diesem Thema fand im Januar 1970 am Gottlieb-Duttweiler-Institut (GDI) in Rüschlikon in der Schweiz statt. Alle Sitzungen wurden aufgezeichnet, ggf. ins Deutsche übersetzt und in einem Tagungsband veröffentlicht (GDI 1971). Arthur Koestler leitete die Tagung, an der neben Francis unter anderem Albert Hofmann, Rudolf Gelpke und Daniel X. Freedmann als Referenten teilnahmen. Francis berichtete über „Experimente mit Halluzinogenen" (so der Titel seines Vortrags), wobei er erneut die Bedeutung des Rituals bei all diesen Versuchen betonte. Er sprach ausführlich über Aldous und darüber, dass LSD seiner Meinung nach „einen grossen Einfluss auf die Haltung der Menschen ausübt". Diese These untermauerte er mit anekdotischen Details. So erzählte er von einem Foto, das Aldous fünf Stunden nach der Meskalineinnahme zeigt, wie er in den Hügeln von Los Angeles steht und die Aussicht bewundert. Francis sah auf diesem Foto etwas, das er noch nie an seinem Onkel wahrgenommen hatte, nämlich dass Aldous sich „auf eine männliche Art aufrecht" hielt und sich nicht länger für seine Größe schämte, sondern seine ganze Stärke zeigte (F. Huxley 1971, S. 91 f.).

In einer von Arthur Koestler geleiteten Diskussion zwischen Francis und dem Psychologen Max Lüscher[3] wurden beide gefragt, ob sie ein Verbot von Cannabis und LSD befürworten würden. Francis vertrat die Ansicht, dass der Konsum von Drogen eine „religiöse Angelegenheit" sei, und schlug kühn vor, „man müsste die Entscheidung über den Gebrauch von Cannabis der Kirche übertragen" (GDI 1971, S. 134). In seinen Augen hatten sich die westlichen Gesellschaften sowohl von der Welt als auch von den Göttern entfremdet. „Was wir jetzt erleben, ist ein religiöser Kult ohne Tradition", stellte er fest (GDI 1971, S. 134). Anstatt Psychiatern eine Lizenz zur Ausgabe von LSD zu erteilen, sollten seiner Meinung nach die Kirchen Rituale abhalten, bei denen Haschisch und LSD konsumiert werden und die Menschen tanzen und singen könnten, anstatt ihren psychedelischen Vorlieben heimlich in gesellschaftlich verordneter Abgeschiedenheit zu frönen. Francis hegte keinerlei Zweifel daran, dass die Einnahme von LSD und

---

[3] Der Schweizer Philosoph und Psychiater Max Lüscher, wie Francis 1923 geboren, starb wie dieser im Alter von 93 Jahren. Lüscher war Professor in Basel und Berlin und entwickelte den diagnostischen Lüscher-Farbtest.

Cannabis für ihn als Anthropologen hilfreich war, da sie ihm Erkenntnisse über andere Völker – ob indigene oder sogenannte zivilisierte – ermöglichte, die er auf andere Weise nicht erhalten hätte. Seiner Meinung nach konnte Psychiaterinnen und Psychiatern, wenn sie wirklich etwas für die Menschen bewirken wollten, die ihre Hilfe in Anspruch nahmen, Schlechteres einfallen, als selbst Erfahrungen mit Halluzinationen zu machen (F. Huxley 1967, S. 157).

Francis erforschte auch mögliche Verbindungen zwischen LSD, außersinnlicher Wahrnehmung („extrasensory perception"/ESP) und Medialität, doch seine Bemühungen, dies in handhabbare Forschungsdaten umzusetzen, waren von wenig Erfolg gekrönt.

Kurz vor seiner Abreise nach Haiti erwähnte er in einem Brief an seine Eltern, dass er seinen langen, sorgfältig ausgearbeiteten Beitrag über Charles Darwin, den er zuvor mit Julian besprochen hatte, abgeschickt hatte, und zog kein durchgängig positives Resümee seiner Zeit in Nordamerika: „Ich bedaure in vielerlei Hinsicht, dass ich nach Amerika gekommen bin: Ich hätte besser daran getan, mir einen richtigen Job zu suchen." In dieser recht markigen Zusammenfassung mag vieles enthalten sein: das Gefühl, dass seine psychedelischen Exkursionen nicht das gebracht hatten, was er sich erhofft hatte; dass er, abenteuerlustig und wagemutig, wie er war, ziellos durch sein Leben trieb? Noch immer rang Francis darum, herauszufinden, wer er war und wie die Welt beschaffen war, in der er Antworten auf diese Frage suchte. Haiti, seine nächste Station, sollte mehr Fragen als Antworten liefern.

Literatur

Bisbee, C., Bisbee, P., Dyck, E., Farrell, P., Sexton, J., & Spisak, J. W. (Hrsg.). (2018). *Psychedelic prophets. The letters of Aldous Huxley and Humphry Osmond*. Montreal: McGill-Queen's University Press.

Dyck, E. (2010). Spaced-out in Saskatchewan. Modernism, anti-psychiatry, and deinstitutionalization, 1950–1968. *Bulletin of the History of Medicine, 84*(4), 640–666.

Gottlieb-Duttweiler-Institut (GDI). (1971). Anthropologe und Psychologe im Kreuzverhör – Dr. Francis Huxley/Dr. med. Max Lüscher. In GDI (Hrsg.), *Rauschmittel und Süchtigkeit* (S. 133–139). Bern: Herbert Lang.

Huxley, A. (1981). *Die Pforten der Wahrnehmung – Himmel und Hölle. Erfahrungen mit Drogen* (10. Aufl.). München: Piper.

Huxley, F. (1956). Entwurf eines Berichts (November, unveröffentl.). FHA.

Huxley, F. (1957). Bericht für das Committee on Model Psychosis (August, unveröffentl.). Report 2, 13 Seiten. FHA.

Huxley, F. (1958). Bericht über eine LSD-Sitzung. Unveröffentl. Typoskript. FHA.

Huxley, F. (1967). Stop/go with LSD – Behind every work of art lies the human body. *Geographical Magazine, 40,* 17–18 u. 99.

Huxley, F. (1971). Experimente mit Halluzinogenen. In GDI (Hrsg.), *Rauschmittel und Süchtigkeit* (S. 89–94). Bern: Herbert Lang.

Narby, J., Huxley, F., & Mohawk, J. (2007). Shamans through time: tricksters, healers, voodoo priests, and anthropologists. In J. P. Harpignies (Hrsg.), *Visionary plant consciousness: the shamanic teachings of the plant world* (S. 24–38). Rochester: Park Street Press.

Smith, G. (Hrsg.). (1969). *Letters of Aldous Huxley.* London: Chatto & Windus.

Sommer, R. (1958). Letter-writing in a mental hospital. *American Journal of Psychiatry, 115*(6), 514–517.

Feldforschung in Haiti 12

12.1 Vor dem Aufbruch

In seinem ersten Brief aus Port-au-Prince an seine Eltern, geschrieben am Montag vor Ostern, berichtete Francis von seinem Besuch bei der Parapsychologin Eileen Garrett in Miami, wo er ein paar Tage in einem Haus voller reicher weiblicher Kongressabgeordneter verbracht hatte. Weder der zur Schau gestellte Reichtum noch das Klima und die Atmosphäre von Palm Beach hatten ihn beeindruckt. „Es war ziemlich abstoßend, inmitten von so viel Geld zu leben: Allein die Bewässerung des Rasens kostet 100.000 Dollar im Jahr", schrieb er. Nachdem er im Rahmen seiner Arbeit über Medialität Eileen Garretts Vertrauen gewonnen hatte, sei sie bereit gewesen, ihm „eine Menge über sich und ihre Arbeitsweise zu erzählen":

> *Was in aller Welt sind Auren, frage ich mich? Ich denke, das muss eine Art synästhetisches Phänomen sein, in das das Medium vielerlei Eindrücke übersetzt, was auch immer sie „an sich" sein mögen. Abe Hoffer, der Biochemiker aus Saskatchewan, war zur selben Zeit zu Besuch, und als logisch denkender Naturwissenschaftler möchte er natürlich ein Aurameter bauen* (Brief an J. und J. Huxley, 23.3.1959, FHA).

Man kann Francis' Gelächter geradezu hören. Auf der Grundlage dessen, was er von dem Naturwissenschaftler und Philosophen Peter Medawar gelernt hatte, diskutierte er ausgiebig mit Abe Hoffer. Hoffer vertrat den rationalistischen Standpunkt, dass alles, was wahrgenommen werden kann, auch gemessen werden kann, während Francis argumentierte, dass das, was gemessen werden sollte, nicht außerhalb, sondern in Eileens Innerem liege. Schließlich habe „die parapsychologische Stiftung, die sie leitet, das Ziel, Eileen Garrett sich selbst zu erklären:

ein bewundernswertes Unterfangen, auch wenn ihre Taktik die Leute gelegentlich ein wenig verwirrt" (Brief an J. und J. Huxley, 23.3.1959).

Zweifellos war Eileen Garrett eine große Hilfe für ihn. Zunächst öffnete sie ihre Geldbörse und brachte ihn im Excelsior unter, einem angenehmen Hotel, in dem interessante Gäste ein- und ausgingen – Haitianer, Kubaner und andere Ausländer wie er. Er schrieb ihr einen Brief, in dem er ihr dafür dankte, dass sie ihn in Palm Beach beherbergte und ihm sowohl auf persönlicher als auch auf beruflicher Ebene nun diese Gelegenheit bot. Der offensichtliche Haken an der Sache war: Wie unvoreingenommen konnte er tatsächlich noch sein, wenn es darum ging, ihre Behauptungen zu überprüfen? Sein Versuch, das Phänomen der Medialität durch eine anthropologische Brille zu betrachten, war durchaus verdienstvoll, um nicht zu sagen, neu und einfallsreich, doch die potenziellen Schwächen dieses Vorhabens, die darin wurzelten, dass Francis der Frage, ob diese Menschen überhaupt paranormale Fähigkeiten besaßen (ob sie nun daran glaubten oder nicht), nicht ernsthaft nachging, waren ein Problem. Wie wir noch sehen werden, gibt es zumindest in Bezug auf Eileen Garrett selbst Anhaltspunkte für begründete Zweifel. Nötig ist hier nicht nur eine Anthropologie des Glaubens an Übernatürliches, sondern auch eine sie begleitende Anthropologie des Unglaubens – zwei Seiten derselben Medaille.

Die Existenz oder Nichtexistenz des Paranormalen kann als Teil einer viel umfassenderen Frage betrachtet werden, die Generationen von westlichen Philosophen und Philosophinnen beschäftigt hat: die Frage nach der Beziehung zwischen „der Seele, dem Geist, dem Körper, der Gesellschaft und der Umwelt" (F. Huxley et al. 1974, S. 300). Carmen Blacker verwies in einer faszinierenden Diskussion mit Francis und Ted Bastin auf das „intuitive religiöse Wissen um die Verwandtschaft zwischen unserem Körper und der Welt um uns herum", die „viele Philosophien auf Systeme von Entsprechungen reduziert" hätten (F. Huxley et al., S. 300). Francis erwiderte, er sehe den Kosmos, so wie er repräsentiert/konzipiert/wahrgenommen werde, als eine kanonische Annäherung dieser Beziehungen, die Ausdruck finde „in traditionellen Liedern, Riten und Geschichten: Sie wird in Bildern dargestellt, fließt in die Formen von Tempeln und Häusern ein und verleiht Zahlen und geometrischen Formen eine Bedeutung. Sie ist in der Tat symbolisch, was bedeutet, dass es sich um eine Art universale Erklärung handelt" (F. Huxley et al., S. 300 f.). Und er fährt fort: Man könne „viel daraus lernen, wie ein Kosmos von einer traditionellen Gesellschaft beschrieben wird" und wie Menschen eine Ähnlichkeit mit der äußeren Welt in der Erfahrung ihres Körpers herstellen können.

12.1 Vor dem Aufbruch

> *Ich würde sagen, darin liegt der Schlüssel für die Entwicklung von Bewusstsein als Kultur. Eines der Hauptmerkmale ist die Einordnung von Erfahrungen in verschiedene Bereiche ... Das zweite Hauptmerkmal ist, dass hier in bildhafter Sprache beschrieben wird, wie etwas aus einer Klasse von Erfahrungen in eine andere übersetzt oder transformiert werden kann* (F. Huxley 1967, S. 300 f.).

In dem, was daraus folge, werde der Ursprung des Problems – eines sehr subtilen Problems noch dazu – deutlich, das Anthropologen erzeugten, wenn sie nach Beweisen für paranormale Phänomene in den Praktiken und Erfahrungen von Menschen in anderen Gesellschaften suchten. Das Problem, das sich hier stellt, ist, dass die Anthropologie, die historisch als ein Zweig der westlichen Erkenntnistheorie entstanden ist und praktiziert wird, in einem totalisierenden Diskurs gefangen ist – einem Diskurs, der versucht, alle Klassen von Erfahrungen des *Anderen* (und Erfahrungen anderer) in einen einheitlichen Rahmen zu pressen. Das Faszinierende daran ist, dass die erklärten Kosmologien des „Anderen", wie oben erörtert, nicht so beschränkt sind: Sie können auf vielfältige Weise in einem Bedeutungssystem präsent sein, das Gesänge, Riten, Geschichten, Bilder und Bauwerke umfasst. So können die kognitiv-symbolischen Operationen eines Schamanen – die rituelle Symbolik –, die im Zustand der Dissoziation während des praktizierten Rituals ausgeführt werden, (von anderen) als Operationen an der äußeren Welt missverstanden werden. In seinen Feldnotizen (FHA) fragte sich Francis auch, zwischen zwei verschiedenen Denkweisen sichtlich hin- und hergerissen, wie „das Bewusstsein funktioniert, wenn es als Kosmos organisiert ist". Zugleich konnte er scharfsinnige Überlegungen zum Phänomen des Paranormalen entwickeln. Im Hinblick auf die Frage eines Lebens nach dem Tod identifizierte er ein sehr spezifisches und selten beachtetes Problem: Es sei nicht so, dass die Frage nach dem Weiterleben „sinnlos und ohne Bedeutung" wäre, problematisch sei vielmehr, dass „der Fragende nach einer Kontinuität seiner selbst trachtet und diese Frage in dieser Form stellt, weil er diese Kontinuität im täglichen Leben nicht zu finden vermag" (F. Huxley 1961, S. 175).

Vor seiner Abreise nach Haiti hatte Francis sich intensiv mit solchen Überlegungen beschäftigt. Außerdem hatte er an seinen Feldforschungsfertigkeiten gearbeitet:

> *Nach der Rückkehr von meinem ersten Feldforschungsaufenthalt in Brasilien blätterte ich in meinen Feldnotizen und stellte mit Entsetzen fest, dass ich zwar die Bedeutung all dessen aufgeschrieben hatte, was ich von den Schamanen erfahren hatte, nicht aber ihre wörtlichen Aussagen. Ich hatte den Tonfall ihrer Sätze, die Poesie ihrer Sprache nicht festgehalten. Mir wurde klar, dass ich nicht auf die gesprochenen Worte gehört hatte, und so verbrachte ich fast acht Monate damit, mir beizubringen, wie*

ich mir Worte statt Bedeutungen merken konnte, und das erwies sich als eine der erkenntnisförderndsten Maßnahmen meines Lebens (F. Huxley 2007, S. 29).

Er lernte folglich, auf die Worte eines Schamanen oder Heilers zu hören und sie vor jeder weiteren Beschreibung exakt im Gedächtnis abzuspeichern. Was die Art seiner Aufzeichnungen betrifft, unterschied sich sein Haiti-Aufenthalt deutlich von seiner Forschungsreise zu den Ka'apor. Er verzichtete jetzt weitgehend auf Notizbücher und übermittelte einen großen Teil der Eindrücke und Erfahrungen, die sein anthropologisches Material ausmachten, in Briefen an Freunde und Angehörige. Wenn er die Korruption der politischen Klasse, die Ausbeutung der Bauern und die Macht einer großen, korrupten Geheimpolizei schilderte, machte er keinen Hehl daraus, wie sehr ihn die ethisch-moralischen Zumutungen, die die Bevölkerung zu ertragen hatte, anwiderten und deprimierten. Als er Maya Deren besuchte, die vor ihm in Haiti geforscht hatte (Deren 1975), fragte sie ihn, warum er denn überhaupt nach Haiti gehe. Vordergründig ging es ihm um eine Antwort auf die Frage, ob der Voodoo bei der Behandlung von Wahnsinn tatsächlich einen eigenen Ansatz zu bieten hatte. Die Plausibilität dieser Annahme wurzelte in seiner Überzeugung, dass Dissoziation sowohl im Voodoo selbst als auch bei den Leiden, die die Voodoo-Praxis zu lindern versuchte, ein wesentliches psychologisches Element war. Aus heutiger Sicht werden dissoziative Zustände häufig durch ein Trauma ausgelöst und ermöglichen es der traumatisierten Person, Erfahrungen, die sie zu überwältigen drohen, auszublenden.

12.2 Erkenntnisse und Enttäuschungen

Nach seiner Ankunft suchte Francis sich zunächst eine Bleibe, um etwas Kreolisch zu lernen und sich, wie bei allen anthropologisch Forschenden üblich, mit seinem neuen Forschungsfeld vertraut zu machen. Bei seinen Rundgängen durch die malerische Hauptstadt Port-au-Prince mit ihren Holzhäusern und verzierten Giebeln und dem Duft von Mangos, getrocknetem Fisch und Bougainvillas fühlte er sich an Brasilien erinnert. Nun würde seine eigentliche Arbeit wieder beginnen.

Während meines Aufenthalts in Haiti habe ich einige bemerkenswerte Dinge gelernt. Zum einen, dass die veränderten Geisteszustände, die Schamanen und Voodooisten überkommen, sich in ihrer Art sehr ähnlich sind. Die Einsichten kommen auf dieselbe Weise zustande. Der einzige Unterschied zwischen einem Besessenheitskult und einem schamanischen Kult besteht darin, dass es in einem schamanischen Kult der Schamane

12.2 Erkenntnisse und Enttäuschungen

ist, in den der Geist hineinfährt, während bei einem Passionskult auch viele der Versammelten einen Prozess der Dissoziation und Trance durchlaufen (F. Huxley 2007, S. 29).

Wie seinem Führer und Freund Gerard la-Guerre, den er durch einen glücklichen Zufall kennenlernte, waren auch Francis die Auswirkungen soziokultureller Konventionen bewusst. Er war nach Haiti gekommen, um mentale und experimentelle Brücken zwischen seinen Erfahrungen in Weyburn, dem Potenzial von LSD als Heilmittel und den alternativen Heilkünsten zu schlagen, denen er in den 1960er-Jahren in Westeuropa, vor allem in seiner englischen Heimat, begegnet war. Er schilderte dieses „Brückendrama" so:

Auf Haiti diagnostizieren sie deine Störung danach, welcher Loa (d. h. Geist/Gott) entweder eine Aufgabe übernimmt, die er nicht übernehmen sollte, oder in dir fehl am Platz ist und versucht, wieder ins Gleichgewicht zu kommen. Sie haben ein sehr umfangreiches Pantheon dieser Loa. Um zu heilen, hilft ein Voodoo-Priester den Patienten, in einen Zustand der Besessenheit zu gelangen, in dem sie den Geist, der die Störung verursacht, dazu bringen können, sein Gesicht zu zeigen, damit seine Probleme gelöst werden können oder er das, was er ausdrücken wollte, durch diese Person zum Ausdruck bringen kann. Diese Pantheons stammen aus Westafrika, aus Angola, aus dem Kongo und sogar aus Äthiopien. Eine Diagnose könnte lauten: „Aha, du leidest unter einem Missverständnis von Sobo, diesem Donnergeist, der dich mit Ohrensausen und Flecken vor den Augen taub macht." Es gibt ein aufwendiges Ritual, um diesen Geist anzurufen, und man schläft auf dem magischen Punkt dieses Geistes, nach einer etwas anstrengenden Initiation kommt er und ergreift Besitz von einem, und ein Heilungsprozess kann beginnen. Danach muss man den Kontakt zu diesem Geist in regelmäßigen Abständen erneuern, denn wenn man das nicht tut, landet man wieder am Ausgangspunkt (F. Huxley 2007, S. 28).

Als Volksreligion hat Voodoo die Aufgabe, die Beziehung zu den Geistern der jeweiligen Gemeinschaft aufrechtzuerhalten und durch die *Mambo* (Priesterin) oder den *Houngan* (Priester), die die Fähigkeit haben, das Pantheon der Götter (die *Loa*) anzurufen, die Mitglieder des jeweiligen Tempels (*Hounfor*) zu schützen. Der Weg zur Priesterschaft ist lang, mühsam, geheim und kostspielig. Die Anwärterinnen und Anwärter müssen sich Wissen über Kräuter und ihre Wirkungen aneignen, Gesänge erlernen und ein beträchtliches Maß an schauspielerischen Fähigkeiten erwerben, um das Publikum zu beeindrucken und seine Aufmerksamkeit auf die Tatsache zu lenken, dass Besessenheit notwendig ist, um den erwünschten Geisteszustand zu erreichen. Die Inbesitznahme der *Mambo* oder des *Houngan* durch einen *Loa* lässt an die im christlichen Volksglauben wurzelnde Redensart „vom Teufel geritten werden" denken. Für Francis stand die Voodoo-Zeremonie für die Bedeutung des Aktes der Anerkennung – des Wieder- oder

Neu-gesehen-Werdens – als der Kitt, der jede soziale Gruppe oder Gesellschaft zusammenhält.

Im Laufe seines Haiti-Aufenthalts traf er durch die Vermittlung seiner Freunde und Begleiter Gerard LaGuerre und Sal an verschiedenen Orten der Insel die Voodoo-Priesterinnen Dieudonne, Idem und Josephine. Als erfahrener LSD-Konsument und Drogenreiseleiter erkannte er, dass der Faktor Suggestibilität bei vielem, was er sah und miterlebte, eine große Rolle spielte. Magische Rituale werden genauso wie LSD-Trips stark von der Umgebung beeinflusst, in der sie stattfinden. Eine geweihte Umgebung kann für die erforderliche Harmonie sorgen, damit die mit visuellen, musikalischen, taktilen und poetischen Mitteln erzeugte Suggestibilität ins eigene Innerste fließen und die dort bestehenden Grenzen auflösen kann. Für einen Moment wird das „Selbst" zum „Alles".

Im Oktober hatte Francis ein Haus in Jacmel gefunden. Er berichtete Ellen, er sei in düsterer Stimmung und enttäuscht (Brief an E. Huxley, 7.10.1959, FHA). Nachdem er an vielen Ritualen teilgenommen hatte, manchmal als teilnehmender Beobachter, manchmal tanzend und mit der versammelten Gemeinde verschmelzend, erfüllte ihn das, was er erlebt hatte, mit Unruhe. In *The invisibles* (1966) beschreibt er seine Ernüchterung sehr anschaulich. Es gab einfach nichts Greifbares, nichts Konkretes jenseits von Täuschung, kleinlicher Rivalität und Ritualen, die diesen Schmelztiegel der Magie zusammenhielten. War das Heilungspotenzial des Voodoo-Rituals anfangs sein wichtigstes Forschungsanliegen gewesen, wich dies nun einem differenzierteren soziologischen Unterfangen: einer Annäherung an die der haitianischen Lebensweise zugrunde liegende Folklore und Mythologie, begleitet von dem Wissen um Haitis „schreckliches Erbe aus den Tagen der Sklaverei" (Huxley 1966, S. 231). Der neunmonatige Forschungsaufenthalt in Haiti wurde mehr und mehr zu einer Expedition in eine Welt aus Rauch und Spiegeln.

Daneben hatte Francis mit ganz praktischen Problemen zu kämpfen. Dieudonne, eine *Mambo* und eine der Versuchspersonen, die unter seiner Anleitung LSD nahmen[1], hatte sich offenbar auch „heftig in ihn verliebt"[2], sodass Francis nachts im Traum nach einem Heilmittel für ihre Verliebtheit suchte. In dem schon erwähnten Brief an Ellen schildert er ihr, wie vom Wahnsinn befallene

---

[1] Laut einem zehnseitigen, auf Französisch verfassten und ins Englische übersetzten maschinengeschriebenen Bericht (FHA) nahm sie am 17.8.1959 50 Gamma LSD.

[2] Brief an Catherine, 25.8.1959 (FHA): „Ich hoffe, es liegt nur an meiner Person als Blanc, der über Geld und Ansehen verfügt. Ihr Mann blickt steinern und bösartig, sie flirtet mit mir. Die Leser könnten nicken und sagen: Da haben wir es wieder, und an Ellen und Francis und Matthew denken." Siehe auch F. Huxley (1966, S. 112).

12.2 Erkenntnisse und Enttäuschungen

Frauen und Männer in Haiti geheilt werden – eines der Hauptanliegen seines Aufenthalts:

> *Es braucht einen Verrückten, um einen Verrückten zu heilen, was oft der Fall ist, wenn ein Voudou-Priester einen Verrückten heilt, weil ein solcher Priester oft selbst verrückt gewesen ist und seine Heilung das Zeichen für seinen Eintritt in die Voudou³-Profession war. Oder der Verrückte wird im selben Wasser gebadet, was seine traditionellen Wurzeln in der Art und Weise hat, wie hierzulande der Wahnsinn behandelt werden kann – normalerweise mit dem Urin des Verrückten, aber gelegentlich auch mit seinem Badewasser* (Brief an E. Huxley, 7.10.1959).

Manchmal wurde ihm all das ein bisschen zu viel. Lola, einer befreundeten Anthropologin, schrieb er, all die Schmeicheleien, Flirts, Vertraulichkeiten, das Bei-ihm-Ausheulen, die Geldforderungen und Prahlereien hätten ihn „erschöpft" (Brief an Lolita, Juni 1959, FHA).

Er verließ Haiti schließlich, „glücklich, dass ich nicht mit ihren Problemen leben musste" (F. Huxley 1966, S. 231), aber auch nicht ohne Freude über und Dankbarkeit für die Freundschaft und Gastfreundlichkeit, die er dort genossen hatte – die ewigen „kleinen Tugenden" in allen menschlichen Angelegenheiten. Was Francis hatte erreichen können, war eine Humanisierung dessen, was westlichen Gemütern als Teufelswerk galt. Doch er hatte seinen Forschungsaufenthalt in Haiti, wo die sozialen und ökonomischen Ungerechtigkeiten des Alltags die Menschen niederdrückten, als weniger befriedigend empfunden als die Tage, Wochen und Monate, die er unter dem Blätterdach des Amazonas-Regenwalds verbracht hatte. Das Leben im Smaragdwald erschien ihm jederzeit attraktiver, als sich durch die sozioökonomischen und symbolischen Staubwolken der modernen Sklaverei zu bewegen. Was sich jedoch aus seinen Erfahrungen in Haiti und der gescheiterten Suche nach greifbaren Beweisen für eine wechselseitige Verbindung zwischen der irdischen „Kette der Existenz" und dem Reich des Unsichtbaren ergab, war eine grundlegende Frage für die Anthropologie: Wie kann man den Glauben an die eigenen Vorstellungen zumindest zeitweise außer Kraft setzen, wenn man sich doch auf genau diese Vorstellungen stützt, um Forschungsmaterial zu sammeln und zu organisieren?

Nach dieser Erfahrung war Francis froh, erst zu einer Parapsychologie-Tagung nach Frankreich und anschließend – zum ersten Mal nach dreieinhalb Jahren – wieder nach England reisen zu können. Danach kehrte er noch einmal nach Haiti zurück, wo er zu seinem Bedauern die Juli-Wallfahrten zu einer wundertätigen Jungfrau auf den Hügeln verpasste, „in der Nähe eines voudouistischen

---

[3] Francis benutzte in seinen Briefen unterschiedliche Schreibweisen für „Voodoo".

Wasserfalls, wo interessante Dinge geschehen" (Brief an Ellen, 7.10.1959). Nun beschäftigte ihn die Frage, wohin er als Nächstes gehen sollte, nachdem seine eigenen und Eileen Garretts Forschungsfragen abgearbeitet waren. Er fragte Lola, die zu dieser Zeit in Mexiko forschte: „Wozu tut man das alles?" (Brief an Lolita, Juni 1959) Er jedenfalls habe es nicht geschafft, der Scham und Prüderie in Haiti auf den Grund zu gehen. Was funktionierte bei den Gesunden und was bei den Verrückten? Trance- und Besessenheitszustände seien etwas Alltägliches, fand er, und es gebe keine klare Trennlinie zwischen den Heilenden und denen, die geheilt werden wollten. Francis versuchte, seine Gedanken zu sammeln. Er dachte über die verhüllte Symbolik nach, die unter LSD-Einfluss, in der Magie, bei Besessenheitszuständen und außersinnlicher Wahrnehmung (ESP) am Werke war, und über die Unterschiede zwischen ihr und den taoistischen chinesischen Fabeln, die auf die Besserung des Selbst zielten. Physisch wie psychisch am Rande der Überforderung, beschloss er, dass es an der Zeit war, einen Schritt zurückzutreten und sich von der unwägbaren Last dieser Probleme zu erholen. Er kehrte mit einer schweren Hepatitis nach England zurück, deren Symptome – Fieber, Übelkeit, eine geschwollene Leber, heftige Bauchschmerzen, Gelbsucht und Anämie – ihn stark beeinträchtigten. Aldous, der sich um seinen Neffen sorgte, „so begabt und so verkrüppelt", wie er sich ausdrückte, schrieb am 4. August 1961 aus dem Palace Hotel im schweizerischen Gstaad an Osmond:

> *Vielleicht gehe ich für eine Weile zurück nach England, und in diesem Fall freue ich mich darauf, Dich zu sehen. Wenn Du zufällig gerade dort sein solltest, versuch doch etwas für Francis zu tun. Es geht ihm psychisch sehr schlecht, er ist nicht in der Lage zu arbeiten, kann sich weder auf einen Job noch auf eine Ehe, ja nicht einmal auf eine Liebesaffäre einlassen* (Brief an H. Osmond, in Bisbee et al. 2018, S. 491).

Die Haiti-Episode war lehrreich gewesen. Francis war nun entschlossen, sich als freigeistiger, einsichtsvoller Anthropologe nicht ins Abseits stellen zu lassen. Er hatte sich nie mitschuldig gemacht an kolonialistischen Projekten, gleichgültig, welches Land die jeweils treibende Kraft dahinter war, doch seine Erfahrungen hatten ein Unbehagen hinterlassen. „In diesem Land ist es immer schwierig, herauszufinden, ob man um seiner selbst willen gemocht wird oder weil man ein Weißer mit Geld ist", hatte er in einem Brief an seine Eltern geschrieben (Brief an J. und J. Huxley, August 1959). Er trat einen Schritt zurück, und dieser Schritt führte ihn zurück nach England und zurück ins akademische Leben – als Research Fellow der Sozialanthropologie am St. Catherine's College in Oxford.

Literatur

Bisbee, C., Bisbee, P., Dyck, E., Farrell, P., Sexton, J., & Spisak, J. W. (Hrsg.). (2018). *Psychedelic prophets. The letters of Aldous Huxley and Humphry Osmond.* Montréal: Gill Queens University Press.

Deren, M. (1975). *The voodoo gods.* St. Albans: Paladin.

Huxley, F. (1961). Marginal lands of the mind. In J. Huxley (Hrsg.), *The humanist frame* (S. 169–179). London: George Allen & Unwin.

Huxley, F. (1966). *The invisibles.* London: Rupert Hart-Davies.

Huxley, F. (1967). Anthropology and ESP. In J. R. Smythies (Hrsg.), *Science and ESP* (S. 281–302). London: Routledge & Kegan Paul.

Huxley, F. (2007). Shamans through time. Tricksters, healers, voodoo priests and anthropologists (mit J. Narby und J. Mohawk). In J. P. Harpignies (Hrsg.), *Visionary plant consciousness. The shamanic teachings of the plant world* (S. 24–38). Rochester: Park Street Press.

Huxley, F., Bastin, T., & Blacker, C. (1974). Discussion. Where the map is the territory. *Theoria to Theory, 8,* 298–301.

St. Catherine's, Oxford 13

Die 1960er-Jahre bleiben in vielerlei Hinsicht ebenso unvergessen – im Guten wie im Schlechten – wie umstritten. Unbestritten ist, dass dieses Jahrzehnt die Fantasie einer ganzen Generation beflügelte. Was Sitten und Moralvorstellungen betraf, war plötzlich alles möglich. Francis hatte zu diesem Zeitpunkt einen großen Schatz an Erfahrungen gesammelt. Mit seinen Beiträgen zu einem modernen Verständnis indigener Völker erschloss er seiner Leser- und Zuhörerschaft die Vorstellungen und Traumwelten dieser Stämme und Völker und weckte neuen Respekt vor der kulturellen Relevanz anderer. Das ist nicht zu unterschätzen, wenn wir dieses Jahrzehnt als ein Jahrzehnt der Erneuerung begreifen wollen. Francis' eigene Überlegungen zu den stürmischen Veränderungen in dieser Blütezeit der Gegenkultur waren eher nüchterner Natur:

> *Was sich hinter der äußeren Erscheinung verbirgt, ist nicht nur Selbstbewusstheit, sondern auch Geheimnis, und beides zusammen regt zum Nachdenken an. Die Wissenschaft, unsere derzeitige Methode der Erkenntnisgewinnung, hat viel dazu beigetragen, das Geheimnis, den Aberglauben und auch den Sinn für das Heilige zu vertreiben, auch wenn dies durch merkwürdige Formen gesteigerter Selbstbewusstheit geschehen ist* (F. Huxley 1974, S. 278).

Dies zeugt von mehr als nur milder Skepsis gegenüber den Träumen der wissenschaftlichen Vernunft. In seiner tiefgründigen Darwin-Studie (F. Huxley 1959/1960) hatte Francis sich eingehend mit der Frage beschäftigt, inwiefern eine im Jugend- und frühen Erwachsenenalter – eine Phase, die er selbst gerade hinter sich ließ – erworbene Gewohnheit mit der späteren Geisteshaltung eines bestimmten Menschen und den sich daraus ergebenden Ideen und Vorstellungen zusammenhängt. Die Geisteshaltung, die Darwin, ein Freund seines Urgroßvaters, kultiviert hatte, bestand darin, „Spezies als Ansammlungen belebter Strukturen und Gewohnheiten zu betrachten, auf die die natürliche Selektion kontinuierlich einwirkt", wie Francis in einer Kurzdarstellung seiner Studie (F. Huxley 1963a, S. 1) schrieb. Francis hatte versucht, in Darwins Denken etwas Fluideres zu erkennen. Seiner Ansicht nach entwickelten sich geistige Gewohnheiten immer in einem Kontext und konnten, abhängig von diesem Kontext, auf die Wachstumschancen eines Menschen entweder befreiend oder behindernd wirken. Ein Fazit seiner Untersuchungen der psychologischen Dramen innerhalb und außerhalb psychiatrischer Kliniken, deren Struktur den inneren Fokus einer Person beeinflussen sollte, lautete, dass die individuellen inneren Riten eines Menschen, die seit Freud Bezeichnungen wie „Neurosen" und „Komplexe" tragen, möglicherweise befreit werden können, wenn sie in ein soziokulturelles Ritual eingebettet werden, das das Leben des Einzelnen in eine entsprechende Kosmologie einordnet.

Im Frühjahr 1963 schrieb er dem Leiter des neuen St. Catherine's College in Oxford in der Hoffnung, zum Research Fellow für Sozialanthropologie ernannt zu werden:

Ich arbeite derzeit an einer Studie über die weniger respektablen Randbereiche ritueller Praktiken in Großbritannien, wie Wahrsagen und andere divinatorische Künste, neue religiöse und psychologische Kulte und unorthodoxe medizinische Praktiken. Solche Aktivitäten sind erstaunlich weit verbreitet, und sie verdienen Aufmerksamkeit, weil ihre Existenz darauf schließen lässt, dass die etablierte religiöse, psychologische und medizinische Praxis oft nicht das bietet, was viele Menschen benötigen (F. Huxley 1965a, S. 1).

Die Bewerbung war erfolgreich und leitete seine Rückkehr zu ernsthafter wissenschaftlicher Forschungsarbeit ein – fast drei Jahre nach seinem Abschied von Haiti. Er würde für drei Jahre an seine Alma mater in Oxford zurückkehren, mit der Option einer Verlängerung um weitere zwei Jahre. Seine Freude über dieses Stipendium war entsprechend groß.

Nach seinem Haiti-Aufenthalt hatte er erstmals konsequent versucht, sich als freier Autor zu etablieren. Um über die Runden zu kommen, hatte er zwei Bücher aus dem Französischen ins Englische übersetzt[1], Rezensionen und Essays verfasst und war mehrfach in BBC-Rundfunksendungen aufgetreten, wo er Material präsentierte, das später in seinen Büchern *Peoples of the world* und *The invisibles* das volle Licht der Welt erblicken sollte. Sein Artikel *Haiti Chérie* (F. Huxley 1963b)

---

[1] *L'Afrique precoloniale* von Henri Labouret (*Africa before the white man*, 1962) und *Les origines de la vie* von Jules Carles (*The origins of life*, 1963).

13 St. Catherine's, Oxford

schaffte es auf die Titelseite des *Geographical Magazine*. Bis er sich vollständig von den Krankheiten, die er aus der Karibik mitgebracht hatte, erholt hatte, wohnte er zunächst bei Ellen in New York und später im Elternhaus in der Pond Street in London. An der Wende vom vierten zum fünften Lebensjahrzehnt, die von dem Wunsch geprägt war, einen Eindruck in der Welt zu hinterlassen, hoffte er, dass die Chance auf ein regelmäßiges Einkommen und eine akademische Basis an der Universität Oxford ihm die Plattform bieten würde, die er brauchte, um weiterzukommen.

Was seine akademische Zukunft betraf, hegte er die Hoffnung, zu gegebener Zeit einen Platz im Mainstream zu finden. Rival erwähnt Francis in einer Fußnote (Rival und Whitehead 2001, S. 18, Fn. 8) im Zusammenhang mit Audrey Butt Colson, die im selben Jahr, in dem *Affable savages* veröffentlicht wurde, ihre Lehrtätigkeit aufgenommen hatte. Francis hoffte, dass sich in naher Zukunft etwas Dauerhafteres als eine befristete Forschungsstelle für ihn ergeben würde. Doch daraus wurde nichts. In Rivières offizieller Geschichte der Anthropologie in Oxford (Rivière 2007) wird er nicht erwähnt. Sein Vorstoß in die etablierten Kreise der Anthropologie sollte hier enden. Von der Seitenlinie aus gelang es ihm jedoch, einigen zukünftigen Professoren der sozialen und der medizinischen Anthropologie den Weg zu ebnen. Als Rivière sein Buch *Marriage among the trio: a principle of social organisation* veröffentlichte, merkte er an:

> *Grundlage dieser Monografie ist meine 1965 in Oxford vorgelegte Doktorarbeit. Einige der vorgenommenen Änderungen gehen auf die Kommentare meiner Prüfer Dr. Edmund Leach und Mr. Francis Huxley zurück. Ich bin ihnen für ihre Vorschläge dankbar, dennoch sind einige der von ihnen monierten Punkte unverändert geblieben; da ich damals mit ihrer Einschätzung dieser Punkte nicht einverstanden war und sich daran nichts geändert hat, liegt die Verantwortung dafür bei mir, nicht bei ihnen* (Rivière 1969, S. 12).

Rivière bezog sich in der Folgezeit mehrfach auf *Affable savages*. Als wir Professor Stephen Hugh-Jones fragten, wie er Francis' Chancen auf eine spätere Universitätslaufbahn rückblickend einschätzte, sagte er:

> *Francis hätte an einer Fakultät nicht den Hauch einer Chance gehabt ... [Er] hatte etwas von einem schwarzen Schaf ... Ich war nicht annähernd [so] außergewöhnlich wie Francis ... Ich finde, dass viele Akademiker konservativ und engstirnig sind und sich für den Nabel der Welt halten. Ich glaube, Francis hat das noch viel radikaler gesehen als ich ... es gab da eine Böse-Jungen-Seite in ihm* (Skype-Interview mit S. Hugh-Jones, 24.7.2018).

Rivière, der Hugh-Jones natürlich gut kennt, teilte diese Meinung: „Tatsächlich wurde er für die Stelle in Oxford, die ich dann bekam, abgelehnt. Ich weiß, dass er sich auf diese Position beworben hatte und sie nicht bekam." Und er fuhr fort:

> *Ich glaube, er hätte die Kollegen völlig verrückt gemacht. Er wäre nicht die richtige Person für dieses kleine Institut gewesen ... Man muss alle möglichen Dinge tun, Sitzungen abhalten, Tutorate geben und so weiter und so fort. Das hätte er ziemlich schnell aufgegeben. Man musste auch eine Menge anthropologischer Veröffentlichungen in Zeitschriften vorweisen können. Eigentlich war ein Forschungsstipendium gerade für ihn genau das Richtige. Er war jemand, der sich einfach hinsetzte und sein Ding machte – nicht wirklich am richtigen Platze an einem Institut, wo man alles Mögliche tun muss. So etwas wie das Forschungsstipendium an St. Catherine's war perfekt* (Skype-Interview mit P. Rivière, 18.3.2019).

Rivière war der Ansicht, dass Francis' Forschungsgewohnheiten sich mit dem vorherrschenden Ethos nicht recht vertrugen. Sobald er mit einem Forschungsgebiet oder -thema fertig war, wandte er sich der nächsten Herausforderung zu: „Die südamerikanischen Indigenen wurden abgehakt. Dann wurde der Voodoo erledigt, dann etwas Neues, so mein Eindruck. Das gab beachtliche intellektuelle Funken, aber tatsächlich kein dauerhaftes Feuer" (Skype-Interview mit P. Rivière, 18.3.2019).

Einer dieser „Funken" war ein Buchprojekt, an dem Francis während seiner Zeit am St. Catherine's College arbeitete: *Body and mind in anthropology* beinhaltete eine Analyse der Mythologie und ihrer Funktionen und war als „weitgehend abgeschlossene" (F. Huxley 1965a, S. 2) historische und vergleichende Studie über einen Stamm im 16. Jahrhundert, ähnlich den Ka'apor, angelegt. In den ersten drei Jahren am St. Catherine's hielt Francis eine Reihe von Vorlesungen mit der Absicht, sie in künftige Kapitel dieses Werks einzubauen. Außerdem veröffentlichte er einige Fachartikel über seine Feldforschung in Brasilien und Haiti, die in seiner Werkbibliografie (s. Anhang) zu finden sind. „Das ist ein interessantes Thema, dem sich in den letzten Jahren viele zugewandt haben. Francis ist der Typ Mensch, der schon da war, und zwar vor allen anderen", sagte Rivière lachend (Skype-Interview mit P. Rivière, 18.3.2019).

13.1 Als Research Fellow in Oxford

In jenen Jahren war die Anthropologie-Community in Oxford offenbar sehr gesellig. Wenn die Seminare freitags um 18 Uhr endeten, packten die meisten ihre Siebensachen zusammen und schlenderten Richtung Pub. Evans-Pritchard und die anderen Afrikanologinnen und Afrikanologen liebten diese feuchtfröhlichen Runden – anders als Francis und Audrey Butt Colson. Francis bemerkte einmal scherzhaft, Evans-Pritchard, sein Professor, lebe im Grunde von „flüssiger Nahrung".

Das soziale Gefüge der Gemeinschaft bedurfte einiger Aufmerksamkeit und Pflege. Sobald Francis sich an den College-Alltag gewöhnt hatte, machte es ihm Spaß, Partys zu organisieren und die Gäste mit spielerischen Ritualen zu unterhalten. Rivière erinnerte sich lachend, dass Francis einmal viele kleine Heißluftballons mit brennenden Kerzen darin über den Campus hatte schweben lassen. Und seine Blumenkästen auf der Fensterbank seien fast alle mit Cannabis bepflanzt gewesen (Skype-Interview mit P. Rivière, 18.3.2019).

Audrey Butt Colson, inzwischen Dozentin der Abteilung für Ethnologie und Vor- und Frühgeschichte am Pitt Rivers Museum in Oxford, traf sich regelmäßig mit ihm. Leiter der Abteilung und Kurator am Pitt Rivers Museum war Bernard Fagg, ein Westafrikaner. Francis und Audrey, die an verschiedenen Orten unterrichteten, nahmen gemeinsam an den sozialanthropologischen Freitagsseminaren teil. Zu dieser Zeit gab es in Oxford eine „große Fehde" zwischen der Ethnologie und der Sozialanthropologie. Letztere stand unter Evans-Pritchard und Meyer Fortes auf Kriegsfuß mit den Ethnologen. „Es gab Einwände gegen unsere Lehrveranstaltungen dort ... Wir waren also nicht sehr beliebt", erinnert sich Butt Colson. Francis ordnete sich dem Lager der Sozialanthropologie zu. Als er seine dreijährige Research-Fellow-Stelle antrat, kam er „in mein Zimmer im ethnologischen Institut und warnte mich: ‚Sie wollen dich zerstören.' Ich habe gelacht. Ich befand mich in einem anderen System. Wir hatten unseren eigenen Fachbereich" (Skype-Interview mit A. Butt Colson, 9.5.2018).

Butt Colsons Position berechtigte sie dazu, Vorlesungen über sozialanthropologische Themen ihrer Wahl zu halten. Ihre Gebiete waren vor allem lateinamerikanische Ethnologie und Geografie sowie Sozialökologie. Letztere gehörte, soweit sich Butt Colson erinnert, damals universitätsweit zu den beliebtesten Vorlesungsthemen.

Ich habe gelacht, aber ich habe mich auch sehr bei Francis bedankt, denn es war sehr großherzig von ihm, vorbeizukommen und mich zu warnen. Wir fühlten uns so herrlich unabhängig. Weil alle Mitglieder der Universität das Recht haben, jede gewünschte Vorlesung zu besuchen, konnten die Studierenden der Sozialanthropologie meine Vorlesungen besuchen, wenn sie wollten, ungeachtet der Probleme zwischen dem Institut für Sozialanthropologie und uns Ethnologen (Skype-Interview mit A. Butt Colson, 9.5.2018).

Francis war recht zufrieden damit, dort zu sein, wo er war, seinen eigenen Interessen und Aktivitäten nachgehen zu können und sich darauf zu verlassen, dass „die Vorstellungskraft jegliche Defizite an ‚echtem' Wissen ausgleichen" würde, die den Methoden womöglich anhafteten. Seine Stelle erlaubte es ihm, die gesamte britische Insel zu bereisen, um unorthodoxe religiöse, medizinische und psychologische Praktiken zu erforschen. Diese Streifzüge führten ihn auch in die Harley Street zu einem eigenwilligen schottischen Psychiater – der Beginn einer lebenslangen Freundschaft – und zu seiner großen Liebe der 1960er-Jahre, der Anthropologin Joan Wescott. Man kann mit Fug und Recht sagen, dass die Begegnung mit Joan und mit Ronald D. Laing Francis beflügelte, was seine Ziele und Vorhaben betraf. Sein Research Fellowship entwickelte sich zu einem Erfolg und wurde um zwei weitere Jahre verlängert. Alan Bullock, der Vorsitzende des Forschungsausschusses, schrieb ihm am 18. Februar 1966 (Brief an F. Huxley, SCC):

> *Dieses Schreiben hat, abgesehen davon, dass es meiner Freude darüber, dass Sie noch zwei weitere Jahre bei uns bleiben werden, Ausdruck verleihen soll, eigentlich nur einen Grund: Sie darauf hinzuweisen, dass der Forschungsausschuss es begrüßen würde, wenn Sie nicht zu viele weitere Betreuungsaufgaben übernähmen. Ich weiß, dass die Situation für Sie nicht einfach ist, in einem Institut, in dem sich Betreuer schwer finden lassen, aber es wäre bei der Ablehnung von Tätigkeiten, die Sie lieber nicht übernehmen möchten, womöglich hilfreich, wenn Sie dem Institut mitteilen könnten, dass das College ein wenig unflexibel ist.*

Francis hatte sich in eine ganze Reihe von Aktivitäten gestürzt. Er betreute Studierende, forschte und schrieb und half seinem Vater bei der Organisation einer großen zweitägigen Tagung zum Thema Ritualisierung. Im Kollegium war er beliebt – Evans-Pritchard beschrieb seinen ehemaligen Studenten und nun Kollegen in einem Brief an den Master von St. Catherine's als „bescheidenen und äußerst angenehmen Menschen" (Brief vom 28.3.1963, SCC). Francis war dankbar für seine solide Basis in Oxford, die ihm ein gewisses Maß an wissenschaftlicher Unabhängigkeit ermöglichte. Und auch auf der anderen Seite des Zauns warteten Annehmlichkeiten: etwa seine Londoner Wohnung, die er nicht aufgegeben hatte, und ein wachsender Kreis von Freunden aus unterschiedlichsten Lebensbereichen.

Gegen Ende des insgesamt fünfjährigen Forschungsstipendiums wurde Peter Rivière als Südamerika-Experte an das St. Catherine's College berufen. Butt Colson erklärte:

13.1 Als Research Fellow in Oxford

Unser Institutsleiter [Ethnologie und Vor- und Frühgeschichte] *war Bernard Fagg, der auch „Kurator" am Pitt Rivers Museum war, das zu unserer Abteilung gehörte. Er war Westafrika-Spezialist. Die damals vakante Stelle war nicht an ein bestimmtes Forschungsgebiet gebunden, und ich glaube, Fagg dachte an das Prestige, das mit dem Namen Huxley verbunden war. Jedenfalls hielt er Francis für einen möglichen Kandidaten und wollte ihn einladen, vor allen Studierenden und der gesamten Sozialanthropologie einen Vortrag zu halten. Wir kamen alle, und Francis trug vor. Leider war er offenbar zu Provokationen aufgelegt. Er redete ausgiebig über die weibliche Menstruation und seltene Gewohnheiten in verschiedenen Gesellschaften und ließ sich breit über Details aus, über die man heute vielleicht nicht mehr den Kopf schütteln würde, damals aber schon, und mir wurde schwer ums Herz, weil ich dachte und wusste, dass unser neuer Kurator das nicht zu schätzen wissen würde. Er war anwesend und wusste es nicht zu schätzen ... Ich war so enttäuscht, weil ich dachte, er* [Francis] *würde ein wunderbarer Kollege sein ... So bedauerlich, wir wussten nicht, wovon er überhaupt sprach, es war ein wirklich peinlicher Vortrag ... Also war die Chance vertan* (Skype-Interview mit A. Butt Colson, 9.5.2018).

Francis besaß einen eigenwilligen Humor, den manch ein Institutsmitglied gelegentlich ein wenig penetrant fand. Hinzu kam seine Hartnäckigkeit. Wer einen Huxley wollte, hatte ihn zu nehmen, wie er war. Tatsache ist, dass es damals nur wenige Dozentenstellen für Sozialanthropologie gab, insbesondere in der Lateinamerikanistik.

Man kann sich fragen, ob Francis sich mit voller Absicht selbst marginalisierte oder bewusst zu dem Schluss gekommen war, dass der Weg, den er eingeschlagen hatte, es ihm erlaubte, in einer aus den Fugen geratenen Welt bei klarem Verstand zu bleiben. Einmal saß er in São Paulo auf dem Rücksitz eines Taxis und fragte den Fahrer, was er mit seiner leeren Coladose machen solle. „Werfen Sie sie aus dem Fenster, wir sind unterverschmutzt", sagte der Fahrer. Traditionelle moralische Werte, wie er sie verstand, schienen dort keinen Platz zu haben, es sei denn als Witz. Später beschrieb er die disparaten Triebkräfte in seinem Innern als ein System von Beziehungen zwischen Widersprüchlichkeit und Komplementarität. In dieser Hinsicht war Francis nicht allein. Man kann nicht behaupten, dass er bei allen Kämpfen, die in ihm tobten, die angenehmen Regenerationsmöglichkeiten vernachlässigte, die ihm seine bewusste Subjektivität bot, selbst wenn er gerade damit beschäftigt war, die geistigen Kräfte zu erforschen, die diese Welt durchdringen.

Peter Rivière, inzwischen emeritierter Professor der Sozialanthropologie in Oxford, schilderte uns, wie er Francis als Forscherkollegen erlebt hatte:

Als Research Fellow war er damals viel unterwegs. Er war immer ein höchst angenehmer Gesprächspartner. Davor hatte er eine interessante Art von Werdegang. Ich erinnere mich noch an das Erscheinen von The invisibles, *das sozusagen in das Muster seiner Interessen an mystischen Phänomenen und ähnlichen Dingen passte. „Affable savages" habe ich mir sehr genau angesehen, denn das fiel voll in meinen Bereich. Es ist, an modernen Maßstäben gemessen, sehr gut, ich fürchte nur, es war vielleicht ein bisschen unglücklich, dass er sie Urubu nannte. Das ist das brasilianische Wort für „Geier", wissen Sie? Der richtige Begriff lautet Ka'apor. Er benutzt auch das Wort „Wilde". Das ist inzwischen gänzlich inakzeptabel. Das Buch wurde extrem gut aufgenommen, nicht nur in der akademischen Welt. Es war ein populäres Werk. Es enthält sehr interessantes Material, das es wert ist, bewahrt zu werden* (Skype-Interview mit P. Rivière, 18.3.2019).[2]

13.2 Äußere Grenzen

Auch nachdem Francis Oxford verlassen hatte, kreuzten sich ihre Wege gelegentlich. Rivière kannte und schätzte den Bericht über die Lebensweisen und Überlebensstrategien zahlreicher Stämme des Amazonasbeckens, den Francis gemeinsam mit John Hemming, Edwin Brooks und René Fuerst verfasst hatte (Brooks et al. 1973). Einmal begegneten sich die beiden, als Francis an der Londoner Anti-Universität lehrte, die Rivière eine „unbeirrbar alternative Universität" nannte. Seine Antwort auf unsere Frage, wie er Francis Huxleys Bedeutung für die Gegenwart einschätzte, enthielt eine harte Wahrheit, die sowohl Francis' Situation als auch seinen Forschungsansatz betraf:

Kalifornien war in vielerlei Hinsicht das perfekte Pflaster für ihn. Seine Arbeit wird in gewisser Hinsicht so abgewertet; wissen Sie, ein Werk zusammenzustellen, über meine Arbeit zu diskutieren ist relativ leicht, denn so viele Furchen werden da ja nicht gezogen. Sein Feld dagegen ist gepflügt, ein Feld, das in der Mitte beginnt und sich dann in alle Richtungen fortsetzt (Skype-Interview mit P. Rivière, 18.3.2019).

Es ist eine bedauerliche Tatsache, dass Francis, so klug und sachkundig er war, eine Abneigung gegen jene Art von trockener systematischer Untersuchung hegte, die in den Wissenschaften so viel Raum einnimmt. Wenn er ein neues

---

[2] Rivière erinnerte sich auch gern an Lévi-Strauss, den Doyen der Sozialanthropologie: „Ich kam ziemlich gut mit ihm aus. Ich fand es sogar sehr einfach, mit ihm auszukommen. Unsere erste Begegnung wird mir immer als ziemlich verblüffendes Erlebnis im Gedächtnis bleiben. Ich fuhr nach Paris, weil ich dort Mitglied einer Prüfungskommission für ein Promotionsverfahren war. Lévi-Strauss saß ebenfalls in der Kommission. Während der gesamten Prüfungsdauer zog er immer wieder eine Taschenuhr hervor, nahm sie in die Hand, betrachtete sie und steckte sie wieder in die Tasche. Nach ungefähr einer halben Stunde glaubte ich ihn sagen zu hören, dass man es mal aufziehen könnte, dieses Prüfungsgespräch [lacht]. Erinnert ein bisschen an das Kaninchen bei Lewis Carroll" (Skype-Interview mit P. Rivière, 18.3.2019).

13.2 Äußere Grenzen

Forschungsfeld betrat, landete er gewissermaßen hubschrauberartig darin und erkundete es dann in alle Richtungen. Diese „Entwickeln-und-Prüfen"-Strategie gibt es ebenfalls in der Wissenschaft – man könnte sogar sagen, dass es die „Strategie" ist, die die Natur selbst bei natürlichen Selektionsprozessen bevorzugt –, aber sie funktioniert nur selten, wenn überhaupt, in einem bereits etablierten Gebiet. Francis war sich dessen bewusst. Ein Beleg dafür findet sich in satirischer Form in seinem Buch *The raven and the writing desk,* wo die neunte Regel lautet: „Die Beschreibung eines Kreises erklärt nicht den Anfangspunkt, von dem aus dem er gezeichnet wird" (F. Huxley 1976, S. 46).

In den fünf Jahren, in denen er sich mit psychologischen, körperlichen und spirituellen Heilungspraktiken auf den britischen Inseln befasste, pflegte er weiterhin den Kontakt zu Eileen Garrett und unterhielt eine umfangreiche Korrespondenz mit und eine herzliche Beziehung zu der Parapsychologin Rosalind Heywood. Wie schon in Haiti nutzte er die Briefform für die Anfertigung von Feldnotizen und bewahrte die Durchschläge dieser Briefe sorgsam auf. Im Mittelpunkt seines Briefwechsels mit Heywood stand der fachliche Austausch über außersinnliche Wahrnehmung und gemeinsam besuchte Séancen, wobei Francis sie mit diversen Kuriositäten aus seiner breit gefächerten Lektüre versorgte. Wir werden hier Zeugen einer anregenden Beziehung zwischen Gleichgesinnten, auch wenn Rosalind 28 Jahre älter war als er. Menschen speicherten Energie, so erklärte Francis ihr, in Form von Bildern, und dieser Bildspeicher stelle eine Lebenskraft dar, die sich, wenn sie nicht eingebunden werde, leicht in einer halluzinatorischen Parallelwelt manifestieren könne. Er spielt hier darauf an, dass Bilder etwas enthalten können, das Sprache manchmal nicht einzuschließen vermag, und dass das, was in bildhafter Form kodiert wird, verheerende Folgen für die psychische Stabilität haben kann. Dies passt gut zu einem Traumamodell psychischer Störungen, aber eine solche Perspektive war damals noch nicht sehr verbreitet. Und vielleicht, so Francis weiter, verlagere sich diese Störung der „psychischen Energie" in den Geist anderer Menschen, die sie dann als außersinnliche Wahrnehmungen „imaginieren", was letztlich „auf der menschlichen Veranlagung zu grenzenloser Beeinflussbarkeit beruht: Die Frage ist, wie weit diese Suggestibilität gehen kann" (Brief an R. Heywood, undatiert – vermutlich 1969 –, S. 13, FHA).

Hierin liegt eine gewisse, keineswegs unvernünftige Logik. Es sei außerdem daran erinnert, dass zwischen psychoanalytischem Denken und Spekulationen über das Paranormale seit Langem eine enge Verbindung existiert – beide wurzeln im scheinbar Immateriellen. Freud war ein bedeutender Vertreter dieser Denkrichtung und ab 1911 korrespondierendes Mitglied der Society for Psychical Research – einer Vereinigung zur Erforschung parapsychologischer Phänomene –, der er bis zu seinem Tod angehörte.

Bei solchen fantasievollen Spekulationen übersieht man leicht die Bedeutung von Francis' Forschungsergebnissen. In Oxford legte er die Grundlagen für seine Arbeit über *Body and mind in anthropology* – das ursprüngliche Gebiet seines Forschungsinteresses. Die Randaktivitäten in unseren Gesellschaften bilden – damals (also vor 50 bis 60 Jahren) wie heute – bei allem, was sie ansonsten sind, auch ein Fundament gemeinsamer Aktivität und geben denjenigen, die sie aufsuchen und ausüben, eine Identität und ein Gefühl der Zugehörigkeit. Francis' Arbeitsbericht fasst eloquent zusammen, was auf dem Spiel steht:

> *Es scheint Wege zu geben, die Konfusionen des Körpers für sich selbst sprechen zu lassen, und zwar in bestimmten bildhaften Formen, die manchmal primitiv, manchmal kompliziert und pseudorational sind. Angesichts einer Theorie, in der verbales Denken, Bilder und die Empfindungen des Selbst auf merkwürdig konstante Weise zusammenkommen, ist es nicht schwer, den Prozess zu entschlüsseln, dem Randaktivitäten ihren Erfolg verdanken ... und die soziologischen Gründe dafür* (F. Huxley 1968).[3]

Die Kernaussage seiner Forschungsergebnisse ist, dass die Symbole und Riten, die bei ESP, Voodoo und alternativen Heilverfahren verwendet werden, als Transkriptionen der körperlichen Empfindungen verstanden werden können, die während der Dissoziation auftreten. Gregory Bateson fasste 1958 in seinem neuen Nachwort zu *Naven*, einer Kulturstudie über einen Stamm in Neuguinea, zusammen, was er bei der Beschäftigung mit solchen Phänomenen für problematisch hielt. Es gebe dabei stets eine gewisse „formale Schwierigkeit, die letztlich immer das wissenschaftliche Verständnis von Wandel und zugleich die Möglichkeit eines geplanten Wandels begrenzen muss ... Bestimmte Mysterien sind aus formalen Gründen undurchdringlich, und hierin liegt die große Dunkelheit des Themas" (Bateson 1980, S. 302).

Aus heutiger Sicht könnten wir über die unangenehme Tatsache nachdenken, dass die mystischen Vorstellungen einer Gesellschaft größere Zugkraft erlangen können, wenn die Bilder, die im Spiel sind, eine verbreitete Unzufriedenheit mit der sozialen Ordnung einfangen und Uneinigkeit und Misstrauen gegenüber der Überwachung dieser Ordnung ansprechen. Die unsichtbaren Kräfte, die das Reich der Geister bevölkern – und aus denen in Haiti der Voodoo hervorging –, könnten ohne Weiteres für die ungesehenen oder distalen politischen Kräfte stehen, die unterhalb des Bewusstseinshorizonts operieren.[4] Die Flammen, die durch diese Kräfte entfacht werden können, lassen sich allzu leicht schüren.

---

[3] Siehe auch F. Huxley (1966a), (1966b), (1975).

[4] Eine interessante Auseinandersetzung mit der Rolle proximaler und distaler Kräfte für unser Verständnis der Ursachen psychischen Leids findet sich bei Smail (2005).

Wenn eine Welt, sei es die persönliche oder die gesellschaftliche, aus den Fugen geraten ist, gehört die Sicherung des Gemeinwohls unabdingbar zu unserer sozialen, emotionalen und imaginativen Verantwortung. Heilung aus der Randperspektive könnte dann als „die Kunst des Lebens mit der Fähigkeit, allein zu sein, ohne einsam zu sein, und anderen Menschen äußeren und inneren Raum zu geben" betrachtet werden (F. Huxley 1992, S. 10). Francis' Botschaft lautet, dass das, was sich an den Rändern der Gesellschaft abspielt, für uns alle von Bedeutung ist.

13.3 Psychoanthropologie

Audrey Butt Colson blieb auch nach dem Ende von Francis' Research Fellowship am St. Catherine's College mit ihm in Verbindung. Einmal besuchte sie ihn in seiner geräumigen, mit Kunstobjekten dekorierten Wohnung in Belsize Park Gardens und erklärte sich bereit, unter seiner Anleitung LSD zu nehmen. Was dann geschah, beschreibt sie so:

> *Ich würde heute sagen, wir alle hatten den Eindruck, dass Francis in all diesen Dingen seinem Onkel Aldous viel näher war als seinem Vater. Francis hatte bereits mit LSD experimentiert. Er hatte schriftstellerische Fähigkeiten und Interesse an Experimenten aller Art. Als gute Anthropologin, die ich war, hatte ich natürlich nichts dagegen, LSD auszuprobieren. Ich verbrachte den größten Teil des Vor- und Nachmittags mit ihm in der Wohnung. Er gab mir diese Tabletten, und dann begann das Experiment. Wir nahmen dazu das Buch der Farben, das war ein Set mit farbigen Bildern. Ich konnte die Farben des roten Busses nicht ausstehen. Der Bus, der in London herumfuhr, hatte so ein bläuliches Rot. Ich verliebte mich in das Orangerot. Er spielte mir Musik vor und fragte mich, welche Farben ich mit den Stücken verband, die gerade liefen. Ich habe nie vergessen, dass ich bei Beethoven Braun sah. Francis sagte: „Ein Stück des Komponisten Mr. Brown" [lacht]. Eine faszinierende Erfahrung, und wir waren beide furchtbar glücklich. Wir lachten und amüsierten uns und machten diese Experimente ... Als ich zu meinem Studium und ans Pitt Rivers Museum – heute das Department of Ethnology – zurückkehrte und das Museum renoviert werden sollte, habe ich für die Kissen, für meinen Stuhl und die Vorhänge ein ziemlich krasses Orange gewählt. Ich fürchte, der Institutsleiter mochte die Farbe nicht. Ich führe das auf diese LSD-Tabletten und Francis zurück. Das ist eine Erfahrung, die ich mit ihm verbinde und die mir lieb und teuer ist* (Skype-Interview mit A. Butt Colson, 9.5.2018).

Diese Episode zeigt, dass Francis seinen Mitforscherinnen und -forschern auf der Entdeckungsreise durch die Welt des Geistes ein Führer zu sein vermochte. Diese Rolle und ihre Wirkung waren für seine anthropologischen Untersuchungen der

Medialität bedeutsam. In dem Entwurf für sein Buchprojekt *Body and mind in anthropology* erläuterte er dies:

> *Einige Medien, die keine Informationen über Erkrankungen, Charakter, persönliche Probleme oder Verstorbene liefern können, tun etwas anderes (das gibt es in Haiti häufig): Sie verkünden, welche rituellen Handlungen ausgeführt werden sollen. Diese Verkündigungen werden meist in die Formulierung gekleidet, dass man seinen geistigen Führer kennenlernen soll. Das bleibt oft höchst verschwommen, denn weil sie völlig im Okkulten versunken sind, lassen sie sich, soweit man das beurteilen kann, nicht wirklich auf das ein, was eine Person in ihrem realen Leben ist* (F. Huxley 1965b, Kap. 1, S. 4).

Francis, der Dogmen verabscheute, glaubte, dass die Erforschung unorthodoxer Therapieverfahren wertvolle Einblicke in die Wirkungsweise therapeutischer Beziehungen liefern und auch für offiziellere Therapieformen von Nutzen sein konnte, nicht zuletzt, um den Matching-Prozess zwischen Therapeut bzw. Therapeutin und „Patient" oder „Patientin" besser zu verstehen, aus dem die jeweils einzigartige therapeutische Zuwendung resultiert. Die Konsequenzen für die Psychotherapie sind offensichtlich. Leider wurde dieses Buch, obwohl bereits sieben Kapitel existierten, nie fertiggestellt.

Audrey Butt Colson erinnert sich, dass Francis so großzügig war, sie in das Haus seiner Eltern in der Pond Street einzuladen, damit sie seinen Essensgast Alain Gheerbrant kennenlernte. Gheerbrant[5] hatte an einer Expedition ins Quellgebiet des Orinoco und des Amazonas (1948–1950) teilgenommen und war den Yanomami begegnet, einem damals noch praktisch unbekannten Volk. Menschen mit sehr unterschiedlichen Erfahrungen zusammenzubringen und neue Beziehungsstrukturen zu stiften war eine Kunst, die Francis beherrschte, und Audrey (wie auch andere, mit denen wir gesprochen haben) erkannte dies. „Wir mochten Francis sehr. Er war ein großartiger Mensch, und die Leute wussten ihn oft nicht richtig zu schätzen" (Skype-Interview mit A. Butt Colson, 9.5.2018).

Als sich die 1960er-Jahre dem Ende zuneigten, beschloss Francis, endlich sein Buch über „The sacred", wie es ursprünglich heißen sollte, zu schreiben. Wolfgang Foges, der Geschäftsführer von Aldus Books, forderte ihn auf, ein Probekapitel einzuschicken. Als dieses Kapitel auch einen Monat später noch nicht eingetroffen war, erwähnte Foges' Sekretärin Frame Smith dies in einem Brief an Julian: „Ich habe Francis angerufen. Er hat sein Kapitel noch nicht

---

[5] Gheerbrant reiste zwei Jahre lang durch das Amazonas- und Orinoco-Gebiet und schrieb seine Erlebnisse in dem Buch *L'Expédition Orénoque-Amazone* (1952; dt. 1953: *Welt ohne Weiße: Im Urwald zwischen Orinoko und Amazonas*) nieder. Er gilt als der erste Besucher aus dem Westen, der in friedlichem Kontakt zu den Yanomami stand.

fertig, also werden wir ihn weiter antreiben!" (Brief an J. Huxley, 18.8.1969, JSH). Ein weiterer, diesmal an Juliette gerichteter Brief von Frame Smith vom 2. Mai 1972 (JSH) gibt Aufschluss über den Stand der Publikation:

> *Francis hat, wie Sie wissen, seinen Text fertiggestellt und unterstützt uns sehr bei der Bildrecherche. Ich versuche, Adriana bei dem geplanten Buch zu helfen, und sie hat mir von der aufregenden Möglichkeit erzählt, zusammen mit Francis im Herbst auf eine wunderbare Reise zu gehen. Aber ich glaube, das ist noch nicht entschieden.*

Bei diesem schließlich erfolgreich beendeten Buchprojekt konnte Francis das Material, das er im Laufe seiner Forschungstätigkeit am St. Catherine's gesammelt hatte, sinnvoll einsetzen. Wie indigene und westliche Völker sich selbst und die Welt um sie herum im Hinblick auf Gesundheit und Krankheit sehen, war ein wesentliches Thema dieses Werks.

13.4 Bei der BBC

In den 1960er-Jahren trat Francis häufig im Rundfunk- und Fernsehprogramm der BBC sowie im Canadian Broadcasting Service auf. Er hatte eine angenehme, wohlmodulierte Stimme, die sich gut für das Radio eignete. 1967 nahm er auf dem Sunshine-Label seine Geschichte *Esmeralda Fuflu̇ns* für „Kinder und Erwachsene" auf, ein entzückendes surreales Märchen über einen Drachen mit einer mehr als dionysischen Ausstrahlung.[6] Die *Sunday Times* lobte sowohl Huxley als auch den für die musikalische Begleitung zuständigen Gitarristen Julian Hayter überschwänglich.

Francis Huxley habe Esmeralda „erfunden, um einem kranken Freund eine Freude zu machen", verriet die *Sunday Times*. „Es ist mit nichts zu vergleichen, was ich je gehört habe", sagte Pat Williams, die Produzentin, die selbst eine Geschichtenerzählerin war, „außer vielleicht mit Lewis Carroll." In der Geschichte macht ein gewisser Dr. Happy Witze und berichtet Esmeralda von seiner persönlichen Liste der Vergnügungen. Wir vermuten, dass Francis mit dieser fantasievollen Erzählung Joan Wescott (Abb. 13.1) aufheitern wollte. Einige Vokabeln und thematische Aspekte (z. B. die Kritik an den Intellektuellen) sowie der emotionale Gehalt, d. h. Umschreibungen von Gefühlen wie Wut, Einsamkeit und Glück, richten sich erkennbar an Erwachsene, ebenso wie der Schluss: „Und so spielten sie Drachen, und den bernsteinfarbenen Bienen gefiel das Spiel so

---

[6] Unter www.youtube.com/watch?v=Cz66C1dL1yE verfügbar (zugegriffen: 4.3.22). Eine Besprechung erschien am 10. Dezember 1967 in der *Sunday Times*.

gut, dass sie ihre Gewohnheiten änderten und einander ins Ohr summten: Stichst du für dein Abendbrot, gehst du wie Honig zu Bett! Und das taten sie dann" (F. Huxley 1967, S. 6). Anmerkungen zu den sexuellen Konnotationen der Fabel und die Deutung ihrer Symbolik überlassen wir anderen.

Francis' sonstige Zusammenarbeit mit der BBC war deutlich ernsthafterer Natur. Am 19. Oktober 1960 diskutierte er mit seiner einstigen Kommilitonin Audrey Butt Colson, Christoph von Furer-Haimendorf, dem ersten Anthropologen, der nach Nepal einreisen durfte, und Stewart Wavell, der Geschichten von den Semai Senoi aus Malaysia mitbrachte. Im Mittelpunkt dieses Austauschs standen die Schamanen, die Medizinmänner und -frauen, die in indigenen Gesellschaften nicht nur für die Heilung von Krankheiten zuständig sind, sondern auch

Abb. 13.1 Joan Wescott, Frankreich 1967, fotografiert von Francis. (FHA, mit freundlicher Genehmigung von A. Getty)

13.4 Bei der BBC

durch das Erzählen von Geschichten und das Anleiten ritueller Tänze einen tiefgreifenden Einfluss auf die geistige Gesundheit ihrer jeweiligen Gemeinschaft ausüben.

Die Frage, ob der Dschungel ein „böses Gesicht" hat, wurde im April des nächsten Jahres im BBC Home Service erörtert. Die Sendung wurde mit folgendem Programmhinweis angekündigt:

> Vier Reisende, die die größten Urwälder der Welt bereist haben, berichten im Gespräch miteinander von ihren Erfahrungen, stellen Vergleiche an und räumen mit einigen gängigen Illusionen auf. Sie kommen aus Südamerika, Afrika, Burma und Malaysia. Richard Owen, Gerald Durrell, Francis Huxley, Robin Hanbury-Tenison.

Einen Monat später, am 15. Mai 1961, war Francis in der „Woman's hour" zu hören, wo er über den Glauben und die Bräuche der Ureinwohner sprach, die er bei seinen Feldforschungsaufenthalten erlebt und aufgezeichnet hatte. Das war auch Thema in der BBC-Fernsehsendung „How should we face death?" (Wie sollten wir dem Tod begegnen?). Zu Francis' illustren Gesprächspartnern in dieser Sendung gehörten Dr. L. Colebrook, Fellow of the Royal Society und Allgemeinmediziner, der in der klinischen Schmerzforschung tätig war, Bischof Anthony Bloom sowie J. P. Corbett, Professor für Philosophie und selbst ernannter Atheist. In der Diskussion ging es um Euthanasie, Einstellungen zu Tod und Sterben und um Tabus im Zusammenhang mit dem Tod, wobei Francis die anthropologische Perspektive einbrachte.

In einer Sendung mit dem Titel „The travellers" (BBC Home Service Basic, 20.12.1963, 19.30 Uhr) erörterte er gemeinsam mit Mary Douglas kulturübergreifende Ansätze zur Körpersymbolik[7] und die sozialanthropologische Sicht auf Erscheinungsformen der Hexerei und Zauberei. Außerdem hatte er einen weiteren Auftritt mit Audrey Butt Colson in einer Sendung mit dem Titel „Casting out devils", in der es um Trancezustände ging, und im August 1965 teilte er sich in einer einstündigen Sendung, die den indigenen Völkern des Amazonas-Regenwalds gewidmet war, die Sendezeit mit seinem Freund Nicholas Guppy, dem Autor von *Wai-Wai: Through the forests north of the Amazon* (1958).

1969 nahm die BBC ein weiteres Mal seine Dienste in Anspruch. In ihren Programmhinweisen zu „Noble savage" wird sowohl deutlich, in welch illustrer

---

[7] Vgl. Douglas (1975, S. 84, 88). Als der von Mary Douglas herausgegebene Band *Witchcraft confessions and accusations* 2004 neu aufgelegt wurde, wurde Francis für die Moderation der Diskussionen und für wichtige Anregungen gedankt, auch wenn er zum Zeitpunkt der Erstveröffentlichung (1970) keinen Beitrag für dieses Buch geliefert hatte, weil er mit Hochdruck an *The way of the sacred* arbeitete (s. Douglas 2004, S. xii).

Gesellschaft Francis sich befand, als auch, dass sich die BBC offenbar nur schwer von manchen Nachwirkungen des Kolonialismus zu lösen vermochte, wie einige Formulierungen in „I am as free as nature first made man" zeigen („The world about us", BBC Two, 28. 9.1969, 19.25 Uhr):

> *Seit dem Beginn der großen europäischen Entdeckungsreisen vor 500 Jahren gerieten die Naturvölker der Welt auf Kollisionskurs mit dem weißen Mann. Der heutige Dokumentarfilm erzählt die zunächst romantische und dann tragisch verlaufende Geschichte dieses Zusammenpralls in Südamerika und Australien. Die Kamera dringt dabei tief in die Urwälder des Amazonasgebiets und des Arnhemlands vor. Mit Claude Lévi-Strauss, Francis Huxley, David Attenborough und Jean Liedloff.*

Außerdem war Francis Gast in der Eamonn Andrews Show, einer legendären britischen Talkshow, die von 1964 bis 1969 in der BBC ausgestrahlt wurde. Der Psychologe Brian Evans erklärte:

> [Es war] *eine große Sache, in die Eamonn Andrews Show eingeladen zu werden. Die Sendung war damals absolut angesagt. Als Francis dort zu Gast war, erzählte er so viele witzige Geschichten über Voodoo und all diese Dinge, dass er die Show praktisch an sich riss. Andrews erkannte, dass das gut ankam, also ließ er ihn reden und reden und reden, um das Publikum zu unterhalten. Dasselbe passierte dann bei der Anti-Universität* (Interview mit B. Evans, 13.3.2018, London).[8]

Nach all diesen Fernsehauftritten wandte Francis sich entschlossen praktischen Aufgaben zu. Er arbeitete an der Gründung von Survival International mit und wurde auf Einladung von R. D. Laing zu einem der Hauptprotagonisten der Philadelphia Association (PA), Laings alternativer Mission zur Behandlung psychischer Leiden.

Literatur

Bateson, G. (1980). *Naven*. London: Wildwood House.
Brooks, E., Fuerst, R., Hemming, J., & Huxley, F. (1973). *Tribes of the Amazon basin in Brazil 1972*. London: Charles Knight & Co.
Douglas, M. (1975). *Implicit meanings*. London: Routledge & Kegan Paul.
Douglas, M. (Hrsg.). (2004). *Witchcraft confessions and accusations*. London: Routledge.
Huxley, F. (1959/1960). Charles Darwin – life and habit. *American Scholar, 29*(1), 85–93.

---

[8] Francis scherzte später bei einem seiner Seminare an der Anti-Universität über seinen Auftritt in der Sendung.

Huxley, F. (1963a). Brief Account of Original Work. St. Catherine's College Oxford Staff File Archive. SCC.
Huxley, F. (1963b). Haiti Chérie. *Geographical Magazine*, *36*(2), 69–83.
Huxley, F. (1965a). Report of two years' work as Research Fellow in Social Anthropology. (3 Seiten). St. Catherine's College Staff Archive. SCC.
Huxley, F. (1965b). *Body and mind in anthropology*. Unveröffentl. Manuskript. FHA.
Huxley, F. (1966a). *The body and the mind*. R. D. Laing Collection, Special Collections Department. University of Glasgow Library, MS Laing L 226.
Huxley, F. (1966b). The ritual of voodoo and the symbolism of the body. *Philosophical transactions of the Royal Society of London*, *251*(772), 423–427
Huxley, F. (1967). *Esmeralda Fufluns*. Skript. FHA.
Huxley, F. (1968). Report on two years' work as research fellow in social anthropology. SCC.
Huxley, F. (1974). *The way of the sacred*. London: Aldus Books.
Huxley, F. (1975). The body and the play within the play. In J. Blacking (Hrsg.), *The anthropology of the body* (S. 29–38). London: Academic Press.
Huxley, F. (1976). *The raven and the writing desk*. London: Thames & Hudson.
Huxley, F. (1992). World culture. *International Synergy Journal*, *6*(2), 5–10.
Rival, L. M., & Whitehead, N. L. (Hrsg.). (2001). *Beyond the visible and the material. The amerindianization of society in the work of Peter Rivière*. Oxford: Oxford University Press.
Rivière, P. (1969). *Marriage among the trio: a principle of social organisation*. Oxford. Clarendon Press.
Rivière, P. (Hrsg.). (2007). *A history of Oxford anthropology*. New York & Oxford: Berghahn.
Smail, D. J. (2005). *Power, interest and psychology*. Ross-on-Wye: PCCS Books.

Survival International: Anthropologie und soziale Gerechtigkeit

Die Aufmerksamkeit, die Francis den Problemen der Anthropologie widmete, ging, auch wenn sie augenscheinlich oft theoriebezogen, narrativ motiviert und vor allem an der kulturell-symbolischen Ordnung interessiert war, doch weit darüber hinaus und mündete schließlich in der ganz praktischen Sorge um das Wohlergehen indigener und in Stämmen lebender Völker.

14.1 Gründung und erste Aktivitäten

Im Jahr 1969 trafen sich Francis Huxley, John Hemming, Robin Hanbury-Tenison und Nicholas Guppy, um eine Organisation zu gründen, die zunächst „Primitive People's Fund" hieß, aber rasch in „Survival International" umbenannt wurde. Auslöser war ein Artikel von Norman Lewis in der *Sunday Times* vom 23. Februar (Lewis 1969; s. auch Hemming 2003, 9. Kap.). Lewis war von der Zeitung beauftragt worden, zu untersuchen, welche Rolle kommerzielle Interessen bei den Massakern an indianischen Stämmen spielten, nachdem dazu ein Bericht der brasilianischen Figueirido-Kommission erschienen war. Einige Wochen später veröffentlichte die Zeitung einen Brief, den der Umweltaktivist Nicholas Guppy gemeinsam mit Francis und Audrey Butt Colson geschrieben hatte, um die Gründung einer Organisation für Stammesvölker zu fordern. Hanbury-Tenison griff diese Geschichte auf:

> Zum ersten Mal richtig bewusst wurde mir das, als Francis Huxley, Nicolas Guppy und Audrey Colson diesen Brief an die Sunday Times *schrieben. Als er erschienen war, nahmen wir Kontakt auf, und sie kamen alle zu mir in meine Wohnung in der Westbourne Terrace in London. So fing das alles an. Ich glaube, er [Francis] wirkte ziemlich erwachsen und ernsthaft ... Als er zum ersten Mal hier ankam, war er eher*

> *ruhig und zurückhaltend, aber ein ausdrucksstarker Akademiker. Nicholas war sehr viel lauter, und mit Francis hatten wir einen Anthropologen. Beim ersten Treffen redeten wir über uns und unsere Erfahrungen. Man kann sich vorstellen, wie Francis über seine Erfahrungen bei den Urubu sprach. Er war nie ein Organisationsmensch. Er hatte nie in irgendwelchen Ausschüssen oder beim Aufbau von Strukturen mitgewirkt. Ich bin ein ziemlich herrischer Typ. Ich sagte, das etwas getan werden müsse, und alle nickten weise und sagten: Ja, es muss etwas getan werden, nicht nur geredet. Ich hatte diese fixe Idee. Alles geht. Es gibt eine Person, die verantwortlich ist. Wir haben dann verschiedene Leute angeschrieben, um Geld zu sammeln. Teddy Goldsmith und ich stellten einen jungen Mann ein, Robert Allen, und fanden ein Büro. All diese langweiligen Dinge mussten wir tun, um den Status der Gemeinnützigkeit zu erhalten (Skype-Interview mit R. Hanbury-Tenison, 6.1.2018).*

Francis lieferte das intellektuelle anthropologische Fundament und erinnerte die anderen an die Notwendigkeit, „romantische Vorstellungen von den Eingeborenen" à la Rousseau zu vermeiden. In seinen Augen war ein Anthropologe in gewisser Weise „ein verstümmelter Mensch", der sich „in einer seltsamen Revolte gegen seine eigene Gesellschaft" befand, sodass „er andere bereist, um herauszufinden, ob sie das haben, was seiner eigenen fehlt" (F. Huxley 1962, S. 150 f.). Aus diesem Grund war er fest entschlossen, zu verhindern, dass auch Survival International von dieser Romantik geprägt wurde. Seine Redebeiträge in den Vorstandssitzungen wurden uns als „sparsam", gelegentlich „verschroben", aber auch immer als „charmant" und „prägnant" geschildert. Einige ehemalige Mitstreiter empfanden seine Mitwirkung als hilfreich, um „Verständnis für die Komplexität und Tiefe des spirituellen Lebens der Menschen zu wecken" (Skype-Interviews mit M. Colchester, 29.8.2018, und S. Hugh-Jones, 24.7.2018). Eher profan, aber nicht minder wichtig: Francis stellte den Kontakt zu einer Reihe von illustren Persönlichkeiten her – darunter sein Vater Julian –, die das Projekt unterstützten und ihm Gewicht verliehen, auch wenn er weniger in die Tretmühle aus juristischem Papierkram und Bürokratie involviert war, die für den Erfolg des Ganzen unabdingbar war. Hanbury-Tenison hatte es zunächst für unwahrscheinlich gehalten,

> *dass man mit unserer Idee eine international tätige Organisation gründen kann; es hat ziemlich lange gedauert, bis alles geregelt war und wir tatsächlich loslegen konnten. Am Anfang waren wir eine Art Quasselverein, aber mit diesen Kontakten, vor allem den Huxley-Kontakten, die sehr nützlich waren, ging es dann gut voran. Ich erinnere mich nur an das eine Treffen mit Julian. Er war ausgesprochen freundlich und einverstanden, wahrscheinlich wegen Francis. Er war herzlich und sagte Ja. Danach schrieb ich ihm wegen Cláudio und Orlando Villas Bôas. Wir bekamen seinen Segen (Skype-Interview mit R. Hanbury-Tenison, 6.1.2018).*

14.1 Gründung und erste Aktivitäten

Cláudio Villas Bôas war eine Schlüsselfigur, die man bei diesem Projekt an Bord haben musste. Er und seine Brüder Orlando und Leonardo hatten sich ihren Ruf hart erarbeitet, indem sie Kontakt zu den Stammesvölkern des Amazonasgebiets gesucht, sie kennengelernt und erforscht und ihre Interessen verteidigt hatten. Ihr Beitrag zu den politischen Kämpfen der Indigenen und ihr beträchtliches Geschick, wenn es darum ging, Verbindungen zwischen den Stammesvölkern herzustellen, kann gar nicht hoch genug eingeschätzt werden (s. Hemming 2019). Vor allem Cláudio Villas Bôas war außerdem sehr erfahren im Umgang mit den politischen Hürden, die es zu überwinden galt, um in Brasilien effektiv arbeiten zu können.

Kurz darauf lud die brasilianische Regierung Hanbury-Tenison ein, die Möglichkeiten einer koordinierten Hilfe für verschiedene indigene Gruppen zu prüfen. Nach einer zehnwöchigen Reise durch acht brasilianische Gebiete schlug Hanbury-Tenison unter anderem vor, die Nationalparks zu erweitern und die Hilfen erheblich aufzustocken. 1972 nahmen John Hemming und Francis auf Einladung des brasilianischen Botschafters in London an einer Mission der Aboriginal Protection Society (APS) teil und besuchten 27 Stämme im gesamten Amazonasbecken, um die als Reaktion auf den Hanbury-Tenison-Bericht ergriffenen Maßnahmen zu evaluieren (Abb. 14.1). Die beiden anderen Teilnehmer waren Edwin Brooks, ein Geograf und ehemaliger Labour-Abgeordneter, und der Ethnologe René Fuerst. Zum ersten und einzigen Mal erhielten Ausländer nicht nur Zugang zu sämtlichen indigenen Völkern Brasiliens, sondern durften auch Flugzeuge der brasilianischen Luftwaffe (FAB) und andere Transportmittel nutzen, um die entlegenen Gebiete zu erreichen.

Auf dieser zweimonatigen Reise freundete sich Francis sowohl mit René Fuerst als auch mit John Hemming an. Fuerst empfand Francis als geradlinig, „unkompliziert" und als jemanden, mit dem man „Spaß haben konnte", außerdem hielt er ihn für einen „exquisiten Beobachter". „Francis und ich haben uns bestens verstanden. Die Indianer respektierten ihn genauso, wie er sie respektierte … Ich kann ihn nur loben" (Interview mit R. Fuerst, 1.11.2017, Genf). Brooks war das am wenigsten überzeugende Mitglied der Gruppe. John Hemming bezeichnete ihn als „lächerlich" – jemand, der „nichts über Brasilien wusste" und seine Teilnahme weniger seiner wissenschaftlichen Qualifikation oder seiner Erfahrung, sondern in erster Linie politischen Erwägungen verdankte. Der im Wesentlichen von Hemming und Francis verfasste Abschlussbericht (Brooks et al. 1972)[1] konnte Vorwürfe, die brasilianische Regierung praktiziere oder dulde

---

[1] John Hemming erläuterte dies wie folgt: „Ich entwarf den Fragebogen, der die Grundlage für unseren Report bildete; die drei Experten führten alle Untersuchungen durch, und Francis und ich verfassten den Bericht, der teilweise von Dr. Brooks überarbeitet wurde. Als die

Abb. 14.1 Francis Huxley mit Kindern der Karajá auf der Insel Bananal im Rio Araguaia, 1972. (Mit freundlicher Genehmigung von J. Hemming)

„die physische Ausrottung ihrer indianischen Bevölkerung", entkräften (Brooks et al. 1972, S. 103), wies jedoch auf die „sehr realen und akuten Gefahren für die indianischen Völker Brasiliens" hin, resultierend aus „Unwissenheit und Vorurteilen, die sich bereitwillig mit den rücksichtslos verfolgten Interessen jener verbinden, die in ihrer Habgier lieber hinnehmen, dass Versprechen gebrochen und selbst die kleinen Indianerreservate geschädigt werden, als eine Profitchance zu verlieren" (Brooks et al. 1972, S. 146). Darüber hinaus warnte der Bericht eindringlich vor den Gefahren der Missionierung. Viele der gegen die Missionsarbeit vorgebrachten Kritikpunkte seien „wohlbegründet", nicht zuletzt, weil die

---

APS den Bericht erstmals veröffentlichte, stand nur Brooks' Name auf dem Cover. Francis und ich waren wütend. Wir riefen den Sekretär der APS von einer Anwaltskanzlei aus an und kündigten an, dass wir rechtliche Schritte einleiten würden. Der Sekretär, dem das äußerst peinlich war, bat uns, ihn nicht zu zwingen, sämtliche gedruckten Exemplare einzustampfen. Wir erklärten uns einverstanden, Brooks' Namen auf dem Umschlag zu belassen, unter der Bedingung, dass ein Aufkleber auf der Titelseite angebracht würde, der alle vier Autoren alphabetisch auflistete, sodass Brooks dann zufällig an erster Stelle stand" (E-Mail von J. Hemming an T. Itten, 8.11.2017).

Mission das Potenzial habe, bestehende Formen der sozialen Organisation zu zerstören, ohne einen „angemessenen Ersatz" zu bieten (Brooks et al. 1972, S. 143). Was das Thema Religion betrifft, zeugen die Schlussbemerkungen des Berichts von Francis' anhaltendem Interesse sowohl am Schamanismus als auch an Fragen des psychischen Wohlbefindens: „Auch wenn dieser Report nicht der richtige Ort ist, um das Wesen indianischer Religionen zu erörtern, sollte ihr psychiatrischer Aspekt im Sinne eines notwendigen Schutzes für die seelische Gesundheit nicht außer Acht gelassen werden" (Brooks et al. 1972, S. 145).

Auf der letzten Seite des Berichts machen die Autoren auf den Zusammenhang zwischen dem internationalen Finanzkapital und der Notlage der Indigenen aufmerksam: „Die wahren Ausbeuter der Indianer sind vermutlich eher in New York, London oder Frankfurt zu finden als unter den armen *caboclos*, die versuchen, sich im Landesinneren eine neue Existenz aufzubauen" (Brooks et al. 1972, S. 150).

Drei Jahre nach der Publikation dieses Berichts wendeten sich die Dinge jedoch zum Schlimmeren. Die Beziehungen zur Militärregierung verschlechterten sich zusehends, und Fuerst, einer der Autoren des Reports, wurde zur Persona non grata erklärt und musste Brasilien verlassen.

14.2 Survival International heute

Survival International ist nicht die einzige Organisation, die sich für die Landrechte und andere Rechte indigener Völker einsetzt, doch sie ist inzwischen als führende weltweit tätige Verfechterin dieser Rechte anerkannt und hat zweifellos geschärft, was die Schriftstellerin Toni Morrison als unsere „moralische Vorstellungskraft" bezeichnete. Außerdem brachte Survival International indirekt einige weitere Organisationen hervor – das Forest People's Programme ist nur eine davon. Darüber hinaus leistet Survival International weitreichende Bildungsarbeit. Kate Holberton, die gegenwärtig für die Organisation arbeitet, fasst diese Aspekte und die internationale Aufstellung von Survival International folgendermaßen zusammen:

> *Ein großer Teil unserer Arbeit besteht darin, die Öffentlichkeit aufzuklären und die vielen Mythen, die sich um Stammesvölker ranken, zu dekonstruieren: die Vorstellung, dass sie rückständig sind, die Vorstellung, dass sie wären wie wir, wenn sie nur die Möglichkeit dazu hätten, die Vorstellung, dass sie primitiv sind, dass sie gewalttätig sind, dass sie ein kurzes, von vermeidbaren Krankheiten geprägtes Leben führen. Ein großer Teil unserer Aufklärungsarbeit konzentriert sich darauf, solche Mythen zu dekonstruieren und die Erkenntnis zu verbreiten, dass es sich, wie schon gesagt, um*

> *vollwertige, zeitgenössische Gesellschaften handelt, von denen wir auch etwas lernen können ... Wir erstellen Infomaterial, Broschüren und Faltblätter. Wir sprechen mit Universitäten, nicht nur mit den Studierenden, sondern auch mit Entscheidungsträgern, und versuchen, Einfluss auf sie zu nehmen ... Wir verstehen [uns selbst] als eine einzige Organisation, die zufällig in [mehreren] Ländern tätig ist. Wir verteilen überall dasselbe Material, verbreiten dieselbe Botschaft, nur in verschiedenen Sprachen und auf das jeweilige Sprachgebiet abgestimmt. In dieser Hinsicht unterscheiden wir uns sehr von Organisationen wie Oxfam oder Amnesty, die in verschiedenen Ländern tatsächlich oft unterschiedlich arbeiten und unterschiedliche Kampagnen durchführen. Unsere Kampagnen sind in allen Ländern dieselben. Wir sind wirklich eine einzige Organisation* (Interview mit K. Holberton, 14.3.2018, London).

Diese Botschaft, dass Stammesvölker ein Teil der modernen Welt sind, dass Modernität mithin weit mehr umfasst als Industrialisierung, ist etwas, dem Francis aus ganzem Herzen zugestimmt hätte. Es wäre jedoch ein Irrtum, zu glauben, Survival International genieße in der anthropologischen Community einhellige und kritiklose Unterstützung. Adam Kuper beispielsweise äußerte Skepsis und den Verdacht, dass sich hinter dem Namen „Survival" womöglich noch immer ein unangemessener Romantizismus und eine „anachronistische Anthropologie" verberge, die Indigene für „primitiv" und naturnäher halte, und dass „die Rhetorik der Indigene-Völker-Bewegung auf weithin akzeptierten Prämissen beruht, die jedoch ernsthaft infrage gestellt werden können, nicht zuletzt von Anthropologen" (Kuper 2003, S. 390).

Einige Anthropologen wiesen in Kommentaren zu Kupers Artikel sowohl auf die Fähigkeit und Vorliebe indigener Völker hin, sich in einer Weise zu definieren, die dem Vorwurf des Essenzialismus entgehe, als auch auf die Notwendigkeit, sich mit den Folgen der „fehlgeleiteten, unangebrachten oder offen rassistischen Politik der Vergangenheit" (Plaice, in Kuper 2003, S. 397) – und der Gegenwart, wie man hinzufügen könnte – auseinanderzusetzen.

In unserem Gespräch über die Veränderungen, die Survival International im Laufe der Zeit durchlaufen hat, ging Kate Holberton auf einige von Kupers Vorbehalten ein:

> *Was die Kommunikation angeht, so haben wir unsere Arbeitsweise bei der Durchführung unserer Exkursionen definitiv geändert. An unserer grundsätzlichen Botschaft halten wir konsequent fest ... Über die späten 60er-Jahre kann ich nichts sagen, aber nach allem, was Stephen mir erzählt hat, haben wir immer noch Kontakt zu Dutzenden, ich könnte sogar sagen, zu Hunderten von Gemeinschaften. Es geht immer noch vor allem um die Frage, was sie wollen. Wie wollen sie gehört werden? Wir sagen nicht: Wir finden, ihr solltet dies oder jenes tun. Es geht darum, dass wir zu ihnen gehen und sie fragen: Was ist euer größtes Problem? Was können wir tun, um euch Gehör zu verschaffen? Survival ist die Plattform, um sicherzustellen, dass ihre Stimmen*

14.2 Survival International heute

gehört werden. In diesem Sinne haben sich unsere Methoden nicht verändert. Aber die Kommunikation, ja, die hat sich zwangsläufig verändert (Interview mit K. Holberton, 14.3.2018, London).[2]

Da die Organisation mit dem Ziel gegründet wurde und gewachsen ist, Indigene dabei zu unterstützen, *mehr* Kontrolle über ihr Leben zu erlangen, sind generelle Einwände gegen die Aktivitäten von NGOs deplatziert. Festzuhalten ist vielmehr, dass die Kritik an Survival International und ähnlichen Organisationen brauchbare Alternativvorschläge für die strukturelle und organisationelle Bekämpfung der sehr realen Ungerechtigkeiten überall auf der Welt vermissen lässt. Lévi-Strauss war ein vehementer Gegner jener Art von Maßstab, der die Entwicklung von Gesellschaften anhand bestimmter Punkte auf einer linearen Skala misst – Basis jedes Schemas, das sogenannte primitive Völker gegen moderne urbane Industriegesellschaften ausspielt.

Auf die Landwirtschaft zu verzichten wäre für unsere großen modernen Gesellschaften ein Luxus, den sie sich nicht mehr leisten können: sie haben dutzende oder hunderte Millionen Menschen zu ernähren. Hätten unsere Vorfahren darauf verzichtet, als sie es noch konnten, dann wäre die Entwicklung der Menschheit eine andere gewesen. Verglichen mit unseren Bevölkerungszahlen wirkt die der Jäger und Sammler lächerlich klein. Doch können wir behaupten, daß das phantastische Wachstum der Bevölkerung auf der ganzen Erde ein Fortschritt war? Die unterschiedlichen Formen, die im Laufe der Jahrtausende die produktive Tätigkeit angenommen hat, sind lauter Entscheidungen zwischen Möglichkeiten. Eine jede hat Vorteile, deren Preis man bezahlen muß, wenn man zustimmt, ihre Nachteile auf sich zu nehmen. (Lévi-Strauss 2014, S. 68 f.).

Anthropologie ist in gewisser Hinsicht immer auch Politik, wie jede Art von Forschung von und über Menschen. Die ungerechte Zuweisung und Verteilung von Macht ist eine allgegenwärtige Realität und wirkt sich nicht nur auf alle Aspekte menschlichen Verhaltens und sozialer Organisation aus, sondern auch darauf, wie wir diese verstehen. In Francis Huxleys Leben und Werk fanden die beiden Stränge des anthropologischen und des psychologischen Denkens zusammen, die sich nicht nur mit den natürlichen Varianten menschlicher Erfahrung und den sozialen und kulturellen Systemen befassten, die diese Erfahrungen förderten und pflegten, sondern auch mit der Politik der sozialen und politischen Systeme, die störend und zerstörend auf diese Bereiche einwirkte. Während Francis seinen

---

[2] Stephen Corry ist seit 1984 Generaldirektor von Survival International. Sein Buch *Tribal peoples for tomorrow's world* (2011) gibt einen guten Überblick über die Herausforderungen, vor denen indigene und Stammesvölker stehen, und das politische und konzeptionelle Minenfeld, das sie umgibt.

unkonventionellen Stil wissenschaftlichen Arbeitens noch mit politischem Aktivismus verband, haben sich die Verhaltens- und Geisteswissenschaften unter den Zwängen des neoliberalen Hexenkessels weitgehend von jeder Form einer praktischen Abrechnung mit der Macht abgewendet. Diese Abrechnung mit der Macht ist das, was die Organisation, an deren Aufbau Francis beteiligt war, ausmacht, und sie ist nach wie vor eine Organisation, die sich für die Förderung von Wissen und Gerechtigkeit einsetzt. Reflexivität ist das Herzstück ihrer Aktivitäten.

Literatur

Brooks, E., Fuerst, R., Hemming, J., & Huxley, F. (1972). *Tribes of the Amazon basin. Report for the Aborigines Protection Society*. London & Tonbridge: Charles Knight.
Corry, S. (2011). *Tribal peoples for tomorrow's world*. London: Freeman Press.
Hemming, J. (2019). *People of the rainforest*. London: Hurst.
Hemming, J. (2003). *Die if you must. Brazilian Indians in the twentieth century*. London: Pan.
Huxley, F. (1962). Which may never have existed. Rezension von Claude Lévi-Strauss' „Tristes Tropiques". *Kenyon Review, XXIV*(1), 150–156.
Kuper, A. (2003). The return of the native. *Current Anthropology, 44*(3), 389–402.
Lévi-Strauss, C. (2014). *Wir sind alle Kannibalen*. Berlin: Suhrkamp.
Lewis, N. (23.2.1969). Genocide. *Sunday Times Magazine*.

Kosmologie und das Heilige 15

15.1 Die Welt der Erscheinungen

Die fruchtbare Partnerschaft zwischen uns und der Welt beruht auf den Informationen, die wir über unsere Sinne erhalten. Die Erscheinungen, die uns unser Sinnesapparat vermittelt, sind alles, worauf wir uns stützen können. Erkenntnistheoretiker und -theoretikerinnen bezeichnen diese Welt als die Welt der Phaenomena und unterscheiden sie von der Welt der Noumena (Gedankendinge), die, so die Annahme, *an sich* existiert, außerhalb der Reichweite unserer Sinne liegt und sich grundsätzlich der Erkenntnis entzieht. Wenn es einen roten Faden im Gesamtwerk von Francis Huxley gibt, dann ist das zweifellos die menschliche Sehnsucht, sich mit der alltäglichen Welt der Erscheinungen zu verbinden und über sie hinaus in dieses verborgene Reich vorzudringen – ein Reich, mit dem alle Kulturen der überlieferten Menschheitsgeschichte zu kommunizieren versucht haben. Für Francis ist es unser unstillbares Verlangen, den Sinn der menschlichen Existenz im Verhältnis zu dieser „unsichtbaren" Welt zu erfassen, das die Suche nach Wahrheit bestimmt. Wie sich Kulturen rund um den Globus mit dieser Welt auseinandersetzen und zu ihr in Beziehung treten, beschäftigte ihn sein Leben lang.

Seine eigene Suche reichte zwar auch über die sinnlich erfahrbare Welt hinaus, unterschied sich aber von der seinerzeit favorisierten anthropologischen Haltung, die mit dem Namen des berühmten französischen Anthropologen Claude Lévi-Strauss verbunden war. Lévi-Strauss wollte der Disziplin mit seinem Strukturalismus – eine Reaktion auf die wahrgenommene Dominanz der Phänomenologie in der französischen Philosophie und die damit einhergehende offensichtliche Geringschätzung wissenschaftlicher Belange in den Jahren nach dem Zweiten Weltkrieg (s. Doja 2006) – eine mathematische Grundlage liefern.

Beeinflusst von den Entwicklungen innerhalb der Linguistik, konzentrierte er sich auf Verwandtschaftssysteme – das System der Beziehungen zwischen verschiedenen Familieneinheiten (Lévi-Strauss 1971) (Vater–Sohn, Mutter–Tochter, Onkel–Neffe usw.) – und versuchte deren verborgene Regeln aufzudecken.

Francis interessierte sich weniger für die Entdeckung grundlegender anthropologischer Naturgesetze, die sich mathematisch ausdrücken lassen, sondern eher für die Bedeutung und die Ikonografie des Heiligen und versuchte so auf seine Weise die Aufgabe zu lösen, die Lévi-Strauss als die Versöhnung des Problems der Metaphysik mit dem Problem des menschlichen Verhaltens beschrieben hatte (s. F. Huxley 1962). In einem Brief an seine Eltern bekannte er:

> *Was mich an der Anthropologie interessiert, ist nicht die theoretische Herausarbeitung von sozialen Systemen, von ökonomischen und Agrarsystemen und Verwandtschafts- und Ritualsystemen – diese führen zu den schlimmsten Formen des Determinismus und zu jener Art von totem sozialem Mechanismus, wie ihn das Buch „Religion and the rise of capitalism"*[1] *geschildert hat –, sondern mich interessieren die spirituellen Entsprechungen, die aus der Akzeptanz dieser Systeme folgen* (Brief an J. und J. Huxley, 6.12.1952).

Francis war der Ansicht, dass die Überzeugungen und Bedeutungssysteme von Menschen unmittelbar damit zusammenhängen, wie die Gesellschaft, in der die Betreffenden leben, organisiert ist. „Dinge haben nur dann einen Sinn", so Francis, „wenn sie organisiert sind" (Brief an J. und J. Huxley, 6.12.1952). Damit wandte er sich gegen allzu holzschnittartige marxistische Interpretationen, laut denen allein sozialökonomische Bedingungen über Natur und Inhalt des menschlichen Bewusstseins bestimmen. In Umkehrung dieser Stoßrichtung vertrat er die These, dass die Organisation von Gesellschaften besser verstanden werden kann, wenn man, statt grundlegende Regeln zu postulieren, untersucht, wie die unterschiedlichen Formen sozialer Organisation mit den impliziten Bedeutungen zusammenhängen, die von den betreffenden sozialen Systemen transportiert werden. Diese Position impliziert, dass weder die Form sozialer Beziehungen noch die Bedeutungen in einer Gesellschaft ontologisch vorgängig sind. Zudem waren es für Francis „geistige Kräfte, [welche] die sozialen Systeme hervorbringen, die sie organisieren" (Brief an J. und J. Huxley, 6.12.1952). Mit diesen knappen Bemerkungen umriss er seine These, dass wir die Kosmologie einer Gesellschaft (d. h., die in ihr vorherrschenden Überzeugungen in Bezug auf

---

[1] Tawney, R. H. (1926). *Religion and the rise of capitalism*. New York: Harcourt (dt. 1946: *Religion und Frühkapitalismus: Eine historische Studie*. Bern: Francke).

die Natur, den Ursprung und die Existenz der Welt) und ihre soziale Organisationsform als untrennbar verbunden betrachten müssen – dass Kontext und Content also unauflöslich miteinander verwoben sind. Dies hat natürlich erhebliche Auswirkungen darauf, wie wir unsere eigenen, stark hierarchisch geprägten Gesellschaften verstehen.

Sein Interesse an Fragen der Bedeutung hieß jedoch nicht, dass Francis sich von der in den Naturwissenschaften so gepriesenen Objektivität abwandte. Einige Jahre später schrieb er in *The way of the sacred* (1974a, S. 26):

> *Wir müssen zu dem Schluss kommen, dass auch Heiliges objektiv ist. Wir haben es hier nicht mit dem objektiven Materialismus der Wissenschaft zu tun ... und schon gar nicht mit den Sentimentalitäten der Religion, die subjektive Gefühle als ihr Kennzeichen betrachten. Das Heilige ist objektiv in dem Sinne, dass es das ist, wonach Menschen traditionell streben, abgesehen davon, dass es auch die Heimat jenes erstaunlichen Objekts ist, das als Das Gänzlich Andere bekannt ist. Es ermöglicht die Einführung des absoluten Seins ins menschliche Dasein.*

Dies ist eine deutlich andere Auffassung von Objektivität als die, der man üblicherweise im Rahmen eines wissenschaftlichen Studiums begegnet. Francis verweist hier auf das gemeinsame Bestreben des naturwissenschaftlichen wie des theologischen Denkens, letzte Erklärungen für die Existenz der Welt zu liefern. Diese Position ist durchaus vereinbar mit den strikten Grenzen, die Immanuel Kant dem menschlichen Erkenntnisvermögen gesetzt hatte. Kant war der Frage nachgegangen, was wir *überhaupt* wissen können und was wir über die mutmaßliche letzte Wirklichkeit wissen können. Er kam zu dem Schluss, dass Konzepte wie Raum, Zeit und Kausalität aus kognitiven Strukturen hervorgehen, die bereits *a priori* – vor jeglicher Erfahrung – in unserem Geist existieren. Diese erfahrungsunabhängigen reinen Anschauungsformen seien, so Kant, die Bedingungen der Möglichkeit jeder Wahrnehmung und aller Erkenntnis. Folglich müsse jeder Versuch, kausale Argumentationsketten zu formulieren, um die veränderliche Natur der Welt, in der wir leben, zu erklären, letztlich in eine Sackgasse führen. Diese „Grenze der reinen Vernunft" wird offenbar, wenn wir am Ende dieser hypothetischen Kausalkette ankommen und mit dem unerklärlichen Mysterium konfrontiert sind, dass wir uns am Ort der ersten Ursache befinden.

15.2 Die heilige Welt

Francis zufolge konfrontiert uns das Heilige in ähnlicher Weise mit einem undefinierbaren Absoluten – und statt uns in einem unendlichen Regress von Ursache und Wirkung zu verlieren, der zu einer postulierten ersten Ursache zurückführt, für die keine Begründung mehr gegeben werden kann, können wir die Entscheidung treffen, uns mit der „schlichten Tatsache der Erfahrung" (F. Huxley 1974a, S. 27) auseinanderzusetzen. Diese schlichten Tatsachen der Erfahrung postulieren in allen Kulturen der Menschheitsgeschichte eine heilige Welt, einen Bereich, den körperlose intelligente Wesenheiten durchstreifen – erreichbar für die menschlicher Erfahrung, aber unsichtbar und objektiver Beobachtung nicht zugänglich. Francis' Interesse daran, wie Menschen in unterschiedlichen Kontexten sich das, was sich jeder Erkenntnis entzieht, vorstellen, es spielen, mythologisieren und ritualisieren, hilft zu erklären, was auf den ersten Blick paradox erscheint: Francis hatte zwar beträchtlichen Respekt vor dem Heiligen, zeigte für die abrahamitischen Religionen jedoch eher Verachtung. Rupert Sheldrake (Interview mit R. Sheldrake, 13.3.2018, London) führte dies zum einen auf den Respekt vor wissenschaftlichen Konventionen zurück, der die Familie Huxley seit Generationen prägte, und zum anderen auf eine antireligiöse, mit entsprechenden Empfindlichkeiten verbundene Grundstimmung, wie sie unter englischen Intellektuellen damals modern war. Er glaubte, dass Francis sich trotz aller Faszination nie ganz auf das Geheimnis einließ, in dem letztlich alle Vorstellungen des Heiligen gründen. Man kann hinzufügen, dass die Faszination, die das Heilige auf Francis ausübte, einen Raum besetzt, dessen Erforschung sich die Philosophin und Kulturkritikerin Svetlana Boym vornahm: den imaginativen Raum des Wunders und des Staunens, der sich sowohl einem wissenschaftlichen Reduktionismus als auch der religiösen Hingabe entzieht – einen Raum, der das Rätsel löst, vor das uns Nietzsche gestellt hat, und es uns ermöglicht, die lebensfördernde Kraft der Kunst zu bejahen, die „der Maassstab des durch die Religion wirklich erworbenen und hinzugewonnenen Gefühls-Reichthumes ist" (Nietzsche 1988, S. 185 f.). Das bedeutet, sich dem Geheimnisvollen voll und ganz zu stellen, ohne den Sentimentalitäten und Vorannahmen religiöser oder metaphysischer Bedürfnisse anheimzufallen. Dies erfordert Offenheit für unerwartete Erfahrungen,[2] toleriert Ungewissheit und Mehrdeutigkeit und gibt sich, wie Boym es formulierte, dem Rausch profaner Erleuchtung hin. Vielleicht gehört die Fähigkeit, in diesem psychologischen Grenzbereich zu verweilen und Glauben wie Unglauben im Angesicht der sich entfaltenden Erfahrungen zeitweilig aufzuheben (gleichgültig, ob man in eine neue kulturelle Umgebung eintaucht oder sich in den Grenzen der eigenen Kultur bewegt), zu den unabdingbaren Voraussetzungen für Anthropologinnen und Anthropologen.

---

[2] In seinen haitianischen Feldnotizen schreibt Francis: „Man benötigt Hingabe an das Etwas, das nicht das erwartete Ergebnis ist" (FHA).

An dieser Stelle sei angemerkt, dass Francis, obwohl er Lévi-Strauss' mathematische Träume für die Anthropologie nicht teilte, in einem wichtigen Punkt mit ihm übereinstimmte. Lévi-Strauss (2014) vertrat die Ansicht, dass alle Menschen, unabhängig davon, in welchem Land oder in welcher Kultur sie leben, mentale Strukturen gemeinsam haben, die letztendlich die Basis für alle Formen sozialer Organisation weltweit bilden. Dieser Gedanke war Teil seiner These, dass sich der Geist sogenannter Wilder in Wirklichkeit nicht von dem des westlichen Durchschnittsbürgers unterscheidet. Mythisches Denken und wissenschaftliches Denken seien in Wirklichkeit gar nicht so verschieden. Beide machten auf komplexe Weise Gebrauch von Metaphern und Analogien und befassten sich mit tiefgreifenden Erkenntnisproblemen.

15.3 Mythen, Motive, Bedeutung und Methode

Neben seinen Begegnungen mit den Ka'apor (die damals noch Urubu genannt wurden) im brasilianischen Regenwald und den Voodoo-Priesterinnen und -Priestern auf Haiti folgte Francis mit einer gewissen Leidenschaft den genealogischen Spuren von Symbolen des Heiligen, wie in seinen Werken *The dragon* (1979) und *The eye* (1990). Diese Texte bieten uns keine tiefschürfende und endgültige Erklärung für die Entstehung überdauernder Symbole und die komplizierten kulturübergreifenden Verbindungen zwischen ihnen, aber sie ermöglichen es uns, die ungeheure Reichweite ebenso wie die Gemeinsamkeiten der Symbole, Motive, Mythen, Märchen und rituellen Praktiken zu erfassen, die in den Kulturen aller Zeiten von den spirituellen Dramen der menschlichen Existenz und ihren engen Beziehungen zur natürlichen Welt erzählen. Obwohl Francis ein immenses Wissen über solche Mythen besaß, wehrte er sich gegen den von manchen funktionalistischen Anthropologen favorisierten evolutionistischen Ansatz, der nicht nur eine übergeordnete Erklärung für die Allgegenwärtigkeit und den Ursprung solcher Mythen zu liefern versuchte, sondern auch eine mit dem Maßstab des sozialen Fortschritts operierende Rangfolge der Gesellschaften dieser Welt beinhaltete.[3] In der Tat hat das evolutionistische Denken eine unrühmliche Geschichte als Nebenprodukt des Sozialdarwinismus und der pseudowissenschaftlichen Rassenlehre.

---

[3] Das auf Adam Ferguson, einen Vertreter der schottischen Aufklärung des 18. Jahrhunderts, zurückgehende Entwicklungsstufenmodell (Wildheit, Barbarei, Zivilisation) ist ein prominentes Beispiel dafür.

In einer Neubewertung von Francis' Beitrag zur Anthropologie bezeichnete Pascal Dibie (2010, S. 327) diesen als „einen überarbeiteten Funktionalismus", vertraut mit den „Unwägbarkeiten eines authentischen Lebens". Der Funktionalismus in der Anthropologie ist mit den Anfang des 20. Jahrhunderts entstandenen Werken von Malinowski und Radcliffe-Brown verbunden. Diese Denkschule versuchte, eine organische Analogie auf die verschiedenen Teile einer Gesellschaft und ihre wechselseitigen Beziehungen anzuwenden (s. Kuper 1997). Als Funktionalist stand Francis dem Denken von Alfred R. Radcliffe-Brown näher, der Gesellschaft durch das Prisma der sich herausbildenden Disziplin der Kybernetik betrachtete: als ein System von Beziehungen, das durch wechselseitige synchrone Rückkopplung aufrechterhalten wird.

In diesem Gesamtsystem maß Francis den existierenden sakralen/spirituellen Glaubensinhalten und Praktiken große Bedeutung bei. Freunde und Kollegen kannten ihn als „großartigen Erzähler"[4], der mit dem reichhaltigen, dichten Gewebe der Mythen dieser Welt wohlvertraut war. Vielleicht genügt es zu sagen, dass seine Auffassung von Anthropologie viel mit der von ihm untersuchten Mythologie gemeinsam hatte und nicht zuletzt in dem menschlichen Hang zum Geschichtenerzählen und dem Bedürfnis gründete, sich fundamentale ontologische und existenzielle Mysterien narrativ zu erschließen. Jede halbwegs solide Auflistung dieser Mysterien würde den Ursprung und die Erschaffung der Welt, der Menschheit und der unzähligen Lebensformen, die mit uns existieren, ebenso umfassen wie die unumstößlichen Tatsachen von Liebe, Sex, Empfängnis, Geburt und Tod, die unerbittliche Realität des stetigen Wandels und die potenziellen Transformationen unbelebter und belebter Materie.[5] Mythen – die große Geschichte jeder Kultur – erfüllen nach inzwischen weitgehend übereinstimmender Auffassung einen Zweck, der über ihren offensichtlichen Inhalt hinausgeht: Sie stellen die Bedeutung des einzelnen Lebens in einen größeren Zusammenhang; sie können uns daran erinnern, dass die Welt erstaunlich und zweckvoll und beständig im Fluss ist und dem logischen Denken und der Vernunft nicht vollständig zugänglich ist. Vielleicht sind diese Aspekte des Mythos die Wahrheiten, denen wir begegnet sind, als wir diese Welt zum ersten Mal betraten. Und diesen frühen Wahrheiten können wir hinzufügen, dass der Mythos uns daran

---

[4] So Jeremy Narby, Mitherausgeber von *Shamans through time* (Narby und Huxley 2001).

[5] Am Rande sei angemerkt, dass die Atomphysik des 20. Jahrhunderts einen Bezugsrahmen für die Verwirklichung des alchemistischen Traums von der Verwandlung von Blei in Gold lieferte. Auf dem Gebiet der Biologie zeigt D'Arcy Thompsons *On growth and form* (1917; dt. 1973: *Über Wachstum und Form*), dass topologische Verzerrungen der physischen Merkmale bestimmter Organismen ähnliche Formen bei ansonsten sehr unterschiedlichen Arten erkennbar werden lassen.

15.3 Mythen, Motive, Bedeutung und Methode

erinnert, dass es ein Fortschreiten der Zeit gab, bevor unsere eigene (individuelle und kollektive) Existenz begann.

Francis' Werk entstand nach dem Zweiten Weltkrieg, in dem er als Lieutenant der Royal Navy gekämpft hatte, und vielleicht sollte man die Radikalität dieses Werks, die zunächst nicht gewürdigt wurde, im Kontext einer sich rasch wandelnden Welt sehen. Obwohl es in mancherlei Hinsicht bahnbrechend war – weil Francis sich von dem damals vorherrschenden Ethnozentrismus abwandte, seine Subjektivität in die Erzählung einbrachte und den Ka'apor Raum gab, um für sich selbst zu sprechen und ihre Welt zu erklären, statt dies als Aufgabe ausländischer Anthropologen zu betrachten – und sich von den traditionellen und zuweilen trockenen Konventionen wissenschaftlichen Schreibens löste, bleibt sein Werk im „Abseits ausgetretener Pfade". Jeremy Narby, der gemeinsam mit Francis an *Shamans through time* gearbeitet hatte, beschrieb ihn als jemanden, der „sich aus dem Spiel verabschiedet hat ... und es aus einiger Entfernung amüsiert betrachtet" (Skype-Interview mit J. Narby, 7.2.2019). Rupert Sheldrake sah in Francis einen „transgressiven ... ungezähmten Intellektuellen", der sich jenseits der üblichen Grenzen der akademischen Welt bewegte (Interview mit R. Sheldrake, 13.3.2018, London). Die Chronik seines Aufenthalts bei den Ka'apor, *Affable savages* (1956), wurde von einigen Vertretern der Mainstream-Anthropologie zunächst als nicht ernst zu nehmen abgetan. Meyer Fortes, einer der renommiertesten Anthropologen des 20. Jahrhunderts, nutzte es sogar als warnendes Beispiel für andere junge Anthropologinnen und Anthropologen, die im Amazonasgebiet arbeiten wollten. „Seht euch an, was mit Francis Huxley passiert ist", pflegte er zu sagen (Skype-Interview mit S. Hugh-Jones, 24.7.2018).

In Adam Kupers ansonsten ausgezeichnetem Überblick über die britische Anthropologie (Kuper 1997) fand sich kein Platz für Francis' Werk. Kuper führt seine mangelnde Kenntnis dieses Werks wie auch Francis' Randposition innerhalb der Anthropologie zum Teil darauf zurück, dass anthropologische Forschung im Amazonasgebiet untypisch für die damalige britische und australische Anthropologie war, die eine Vorliebe für ihre ehemaligen kolonialen Jagdgründe in Afrika bzw. im Südpazifik hatten.[6] In Anbetracht der Affinitäten, die zwischen Francis' Ansatz, der Kunst der Verfremdung und der Marginalisierung seiner Arbeit in der zeitgenössischen Anthropologie bestehen, erscheint es angebracht, ihn in die Liste der von Boym als „off-modern" bezeichneten Praktiker aufzunehmen. Boyms Theorie (Boym 2017) ermuntert uns dazu, uns kontrafaktische Wirklichkeiten vorzustellen – gebunden an all die möglichen Wendungen, die die Geschichte

---

[6] Francis Huxleys Werke fanden nur selten Eingang in den Lehrplan eines anthropologischen Studiengangs.

nicht genommen hat. Laut Boym verstehen wir unsere eigene Wirklichkeit besser, wenn wir fähig sind, unsere Aufmerksamkeit zu weiten, um die unterlegenen, marginalisierten oder aufgeschobenen Erzählungen der Menschheitsgeschichte zu würdigen. In diesem Sinne kann Francis' Werk der kritischen Befragung sowohl der realen Entwicklungen innerhalb der Anthropologie als auch der allgemeineren Werte der sie tragenden Gesellschaft dienen. Mitte der 1950er-Jahre sträubten sich die Intellektuellen – ganz zu schweigen von der Gesellschaft im Allgemeinen –, sich anzuhören, was die indigenen Völker selbst zu sagen hatten.

Wie viele Sozialanthropologinnen und -anthropologen ab der Mitte des 20. Jahrhunderts war auch Francis gewillt, die Ziele, Zwecke und Methoden seiner Profession zu reflektieren. In einem Brief an seine Eltern wird deutlich, dass er die methodologischen, stilistischen und ethischen Sensibilitäten der modernen Sozialwissenschaft antizipierte. Anthropologie, so seine Überlegung, müsse eine „Anerkennung [der] Menschen sein, die sie beschreibt", und, wenn sie in angemessener Weise ausgeübt werde, den Anthropologen erlauben, sich im Verlauf ihrer Schilderungen selbst zu erkennen zu geben (Brief an J. und J. Huxley, 25.5.1955).

15.4 Psychoanalyse, Mythos und Etymologie

Francis' Ansatz war darüber hinaus – Meyer Fortes folgend, den er als seinen Mentor betrachtete – zutiefst psychologisch, ja psychoanalytisch.[7] Das galt auch in Bezug auf das Heilige. Wie schon erwähnt, versuchte Francis nicht, das Geflecht der Mythen und Symbole, das er dokumentierte, explizit zu erklären. Er hütete sich davor, Anthropologie auf die Psyche zu reduzieren (F. Huxley 1985). Seine im privaten Kontext geäußerten Sympathien für C. G. Jungs Konzept des kollektiven Unbewussten lassen jedoch vermuten, dass er dem von dem Schweizer Psychiater postulierten kollektiven mentalen Speicher eine gewisse Rolle zuschrieb, wenn es darum ging, die Wiederkehr und die große Verbreitung

---

[7] Die Verbindungen zwischen Anthropologie und Psychoanalyse lassen sich bis zu Freuds *Totem und Tabu* (1913) zurückverfolgen. Francis erörterte diese komplexe, bisweilen auch widersprüchliche Beziehung in seinem Beitrag „Psychoanalysis and anthropology" (1985). Darin verweist er auf die Spannungen und Auseinandersetzungen zwischen individuellen und kollektiven Charaktervorstellungen (hier wäre z. B. der *daimon* zu nennen, den sich die Griechen der Antike als eine Art geistigen Führer dachten), wobei die Psychoanalyse Erstere und die Anthropologie Letztere bevorzugte. Zu berücksichtigen wäre hier auch die Rolle des strukturellen Unbewussten im anthropologischen Denken, die Lévi-Strauss in die Diskussion eingeführt hatte.

15.4 Psychoanalyse, Mythos und Etymologie

vieler Themen und Bilder zu erklären, die in mythischen Erzählungen so zahlreich auftauchen. Abgesehen davon übte er jedoch heftige Kritik an Jung, weil dieser es seiner Meinung nach nicht nur versäumt hatte, den sozialen Kontext zu berücksichtigen[8], er hatte auch die Verbindung zwischen den Energieformen, die er als konstitutiv für die Arbeit des kollektiven Unbewussten beschrieb, und den überwiegend statischen Bildern, die er in seinen Arbeiten über die Symbole des Unbewussten regelmäßig verwendete, nicht geklärt.

Freud hielt Träume bekanntlich für den Königsweg zum Unbewussten (Freud 1900), während Nietzsche (1988, S. 27) den „Ursprung aller Metaphysik" in ihnen sah. Joseph Griffin (1997) legte detailliert und empirisch unterfüttert dar, dass die biologische und psychologische Funktion von Träumen darin bestehe, Muster von Reizen zu deaktivieren, die emotionale Erregung auslösen und zu Beginn der Schlafphase noch problematisch sind. Antti Revonsuo (2000) argumentiert ähnlich: Ihm zufolge haben Träume von Natur aus die Tendenz, uralte Bedrohungen zu simulieren. Der Traumprozess habe sich entwickelt, um uns eine virtuelle Welt bereitzustellen, in der wir den Umgang mit bedrohlichen Stimuli proben können. Anhand zahlreicher Beispiele von normativen Trauminhalten, Kinderträumen, wiederkehrenden Träumen, Albträumen, posttraumatischen Träumen und Träumen aus Jäger-und-Sammler-Kulturen (die Yir-Yoront, australische Aborigines, und die Mehinako-Indianer Zentralbrasiliens) entwickelte er die These, dass Trauminhalte stärkere Übereinstimmungen mit der ursprünglichen evolutionären Umwelt der menschlichen Spezies zeigen als mit der heutigen. Schließlich zeigen Menschen phobische Reaktionen eher beim Anblick von Schlangen und Spinnen als beim Anblick von Waffen. Das heißt natürlich nicht, dass Träume nicht auch nützliche soziale Funktionen haben können. Francis führt das Beispiel der Naskapi in Labrador an, deren Träume eine zentrale Rolle für die Entscheidung spielen, wo sie auf die Jagd gehen (F. Huxley 1974b). Wenn Revonsuo recht hat, können wir davon ausgehen, dass Motive und Bilder, die in der kulturellen Imagination einer bestimmten Gruppe hervorstechen und auch in ihren Mythen und ritualisierten Verhaltensweisen eine auffallende Rolle spielen, bedeutende Bedrohungen in der Geschichte dieser Gruppe reflektieren. Auch C. G. Jung glaubte, dass Träume uns helfen, uns in einer Welt voller Gefahren zurechtzufinden.

Francis' Vorliebe für die Vermischung von Etymologie und Bildsprache deutet eine weitere, mit spekulativen neurobiologischen Hypothesen keineswegs unvereinbare Möglichkeit an, die vermutlich auch der an struktureller Linguistik

---

[8] Ein omnipräsentes Versäumnis nicht nur der klassischen psychoanalytischen Theorie, sondern auch eines großen Teils der experimentellen Mainstream-Psychologie bis heute.

so interessierte Lévi-Strauss favorisiert hätte. Diese dritte mögliche Perspektive betrachtet den Wortschatz einer Sprache (der sowohl ihr aktuelles Vokabular als auch dessen historische Vorläufer umfasst) als einen dynamischen Speicher von Darstellungsmöglichkeiten.[9] In heutiger Diktion wäre die Gesamtheit unserer Sprache demnach eine Form des sozialen und kollektiven Gedächtnisses. Im Folgenden möchten wir diese Perspektive an einigen Beispielen verdeutlichen, bevor wir ihre mögliche Bedeutung für das Verständnis von Francis' Umgang mit sakralen Mythen erläutern.

Der Drache, in allen Mythologien der Welt zu finden, verkörpert ein Tabu der Ästhetik, nämlich, dass Gewalt schön sein kann (Angelova-Igova 2018), was an sich schon ein guter Grund ist, sich mit seiner anhaltenden Bedeutung zu beschäftigen. Francis beginnt seinen Essay mit der Feststellung, dass der Drache, auch in seiner Schlangenform, als ein fundamentales „belebendes Prinzip" fungiert (F. Huxley 1979, S. 5) – als *genius loci*[10], der an natürliche Orte jeder Art (Flüsse, Berge, Meere), Objekte (Brücken, Gebäude) und Personen (Männer, Frauen, Kinder) gebunden sein kann. Das lateinische Substantiv *genius* leitet sich von dem Verb *gignere* (erzeugen, hervorbringen) ab. Der Begriff unterlag einem Bedeutungswandel: Bezeichnete er ursprünglich einen Schutzgeist, der über das Leben einer Person wachte, bedeutete „Genius" im 16. Jahrhundert so viel wie „Persönlichkeit", „Veranlagung" oder „Naturell". Mitte des 17. Jahrhunderts wurde das Wort bereits in seiner heutigen Bedeutung für außergewöhnliche naturgegebene Fähigkeiten/Begabungen verwendet. Unsere Veranlagung ist das, was uns antreibt, und sowohl der alte als auch der moderne Bedeutungsgehalt des Wortes lässt Anklänge an Freuds Konzept des Eros, des Lebenstriebs, erkennen. Was

---

[9] Eine Theorie der kollektiven Repräsentationen wurde erstmals von Émile Durkheim vorgeschlagen und später von Maurice Halbwachs (1952) zu einem Konzept des kollektiven Gedächtnisses weiterentwickelt. In jüngerer Zeit entwickelte Serge Moscovici (1981, S. 181) seine Theorie der sozialen Repräsentationen. Darunter versteht er „Konzepte, Aussagen und Erklärungen, die im Laufe der alltäglichen interindividuellen Kommunikation entstehen. In unserer Gesellschaft bilden sie das Äquivalent zu den Mythen und Glaubenssystemen traditioneller Gesellschaften; man könnte sie sogar als zeitgenössische Versionen des gesunden Menschenverstands bezeichnen.".

[10] In John Boormans *Excalibur,* einer filmischen Nacherzählung der Artussage, erklärt der Zauberer Merlin dem jungen Artus: „Der Drache ist ein Ungeheuer von solcher Macht, dass er dich zu Asche verbrennen würde, wenn du seine ganze Gestalt mit einem Blick erfassen würdest … Er ist überall, er ist alles, seine Schuppen glitzern in der Rinde der Bäume, sein Brüllen ist im Wind zu hören, seine gespaltene Zunge schlägt ein wie ein Blitz." In dem im 15. Jahrhundert mutmaßlich von Thomas Malory verfassten oder herausgegebenen Artus-Epos *Le morte d'Arthur* ermöglichen Merlins Zauberkräfte es Uther Pendragon, die Gestalt des Herzogs von Tintagel, Igraines Ehemann, anzunehmen, damit er mit Ingraine schlafen kann. Aus dieser Vereinigung geht Artus hervor – der damit der Sohn eines Drachen ist.

15.4 Psychoanalyse, Mythos und Etymologie

uns antreibt, ist mit anderen Worten ein Drache – unser persönlicher *daimon* oder Schutzgeist, wie die Griechen ihn kannten. Daraus haben wir die zeitgenössische volkstümliche Form des „Dämons" abgeleitet – jetzt personifiziert und externalisiert als autonome böse Macht aus der Geisterwelt.

Drachen treten, wie Francis ausführte, in vielerlei Gestalt auf (z. B. als Schlangen, Hirsche, Stiere, Pferde, Meerjungfrauen oder Stürme[11]). Sie haben für gewöhnlich transformierende Kräfte, sind „gefährlich" (F. Huxley 1979, S. 11), „heißblütig" (S. 10) und „notorisch promiskuitiv" (S. 6) – was zu der oben erörterten Hypothese einer Bedrohungssimulation passt. In der sakralen Ikonografie und der Mythologie sind Schutzgeister, Drachen und Sexualität semantisch eng verbunden (vgl. auch Fn. 10). Francis erwähnt auch den Tarasque, ein legendäres drachenähnliches Ungeheuer. Während eine keltische Statue das Ungeheuer „mit einer großen Erektion" darstellt, erscheint es in einer volkstümlichen spanischen Variante als Kinderfresser. In der Antike habe die vordere Körperhälfte des Drachen oft die Form eines Hirsches gehabt, dessen Geweih als „Sinnbild der Männlichkeit" gedient habe (F. Huxley 1979, S. 10) – hier dürfte eine Wurzel des englischen Ausdrucks *feeling horny* („geil sein") liegen. Außerdem steht der feuerspeiende Drache in Verbindung „mit dem, was die Griechen den *genius* eines Mannes nannten – das Urprinzip, das seinen Sitz in Kopf, Gehirn, Rückenmark und Penis hat. Die Griechen glaubten, dass, wenn ein Mann starb, sein Genius sich in eine bärtige Schlange verwandelte ... Sie verehrten die Schlange in Gestalt eines phallischen Hermes" (F. Huxley 1974a, S. 140).

Damit hier nicht der Eindruck entsteht, all diese Drachen seien männlich, sei daran erinnert, dass der erste Drache „Einer, gemacht aus zwei Geschlechtern" gewesen sein soll (F. Huxley 1979, S. 6), damit er sich mit sich selbst paaren und die zahllosen Lebewesen gebären konnte. „Die wahre Gestalt eines Drachen", so Francis, „kann eine Göttin sein" (S. 31). In ihrer explizit weiblichen Inkarnation, als Meerjungfrauen, gerühmt für ihre Schönheit und Weisheit, „ertränken sie die Männer, während sie sie verführen" (S. 11). Sex ist also nie weit entfernt von dem, was unser Verhalten „treibt" – oder ihm ein Ende setzt. Freud erkannte, dass die Dualität von Sex/Empfängnis und Tod die beiden Endpunkte eines Kontinuums darstellt, die sowohl Anfang und Ende des Lebens als auch den Ein- und Austrittspunkt aus dem Mysterium des Bewusstseins signalisieren. Auf der symbolischen Ebene unseres Lebens sind sie, wenig überraschend, miteinander verbunden, dementsprechend sind Drachen im Mythos Vorboten sowohl des Todes als auch einer sexuellen Vereinigung. Francis erwähnt hier den Bayard,

---

[11] Der Hurrikan verdankt seinen Namen Huracan, dem Drachen der Karibik (s. F. Huxley 1979, S. 74).

ein „Drachenpferd", das „Pferd des Todes, das die Seelen der Toten in die andere Welt trägt" (F. Huxley 1974a, S. 134) – ein Motiv, das in Horrorfilmen häufig auftaucht und manche um den Schlaf bringt. Das englische Wort *nightmare* geht auf das altenglische *mare* zurück, das einen Dämon oder Kobold bezeichnete, der die Menschen durch Angstträume quälte. *Mare* bezeichnet außerdem ein weibliches Pferd.[12]

Wie schon diese wenigen Beispiele zeigen, enthält unser heutiger Wortschatz vielfach Rückbezüge auf mythisches Denken und steht nach wie vor in Verbindung mit dem sozialen Gedächtnis, in dem frühere Bedeutungen aufbewahrt werden. Insofern können wir diese älteren Bedeutungsschichten als das linguistische (wie eine Sprache strukturierte) Unbewusste des modernen Denkens betrachten.

Francis war der Ansicht, dass Drachen „unsere Fantasie heimsuchen", weil sie „der äußere Aspekt eines inneren Wissens" sind (F. Huxley 1979, S. 7). Dieses innere Wissen ist eindeutig verhaltensbezogen – gewalttätig, angsterregend, kreativ und sexuell –, was vielleicht einer der Gründe dafür ist, dass die Impulse, die einem solchen Verhalten zugrunde liegen und häufig als schwer kontrollierbar gelten, im Mythos in einer Vielzahl von Verkleidungen als Heerschar wohlwollender oder bösartiger autonomer Kräfte wiederauftauchen – ein Thema, das auch im Hinblick auf den haitianischen Voodoo eine Rolle spielt.

15.5 Die Unsichtbaren: *The invisibles*

The invisibles, Francis' Bericht über seine Feldforschung in Haiti, erblickte 1966 das Licht der Welt. Francis war lange damit schwanger gegangen. Sein neunmonatiger Forschungsaufenthalt in Haiti hatte schon 1959/1960 stattgefunden, unmittelbar nach seiner Tätigkeit in einer psychiatrischen Klinik in Weyburn, Saskatchewan. Wie bereits erwähnt, bestand der vordergründige Zweck des Haiti-Forschungsaufenthalts darin, zu untersuchen, ob „der Voodoo seine eigene Art hat, mit Geisteskrankheit umzugehen" (F. Huxley 1966a, S. 9).

---

[12] Anm. d. Übers.: Im Deutschen „Nachtmahr"/„Mähre" – mit ähnlicher Etymologie.

15.5 Die Unsichtbaren: *The invisibles*

Mehrere Publikationen[13] und seine Feldnotizen[14] geben Francis' Haiti-Aufenthalt in einer dichten, aufschlussreichen und zum Nachdenken anregenden Erzählung wieder, in der auch seine Begabung, eine Beziehung zu den Einheimischen aufzubauen, klar zum Ausdruck kommt. Nirgendwo jedoch findet sich ein Anhaltspunkt dafür, dass die geschilderten Ereignisse und Begegnungen sich auch nur ansatzweise einer außersinnlichen Welt verdankten – was Francis bestätigte, als er seinen Beitrag für den Sammelband *Science and ESP* schrieb (F. Huxley 1966b). In seinen Feldnotizen beschreibt er „Voodoo-Tänze, die zu einer Art viertklassigen Kabarettvorstellung werden"; er erwähnt das „starke theatralische Element", „vieles davon … Schauspielerei auf hohem Niveau". Gelegentlich war es „komisch und furchtbar" zugleich. Dabei war es nicht so, dass Francis den Haitianern weder Verständnis noch Mitgefühl entgegengebracht hätte – im Gegenteil: Er begegnete ihnen mit Großzügigkeit und Nachsicht angesichts der extremen wirtschaftlichen Not, der allgegenwärtigen Korruption und der postkolonialen Nachwehen von Besatzung und Sklaverei.[15] Tatsächlich vermitteln solche Details einen tieferen Einblick in das Wesen und die Bedeutung des Voodoo als die öffentliche Darstellung, es handle sich um die Manifestation und Manipulation spiritueller Kräfte. In ihrer Funktion als Familien- und Ahnenkult hat die Voodoo-Praxis einiges mit dem gemeinsam, was Eileen Garrett dazu veranlasste, die Zwiesprache mit Verstorbenen zu ihrem Betätigungsfeld zu machen.

Es gibt viele Gründe für die Annahme, dass Garretts Fähigkeit zur Dissoziation in einer Kindheit wurzelte, die von Entfremdung, Isolation und Missbrauch geprägt war, wie sie schrieb (vgl. Roll o. J.). Diese Faktoren werden heute

---

[13] 1963: Haiti Chérie. *Geographical Magazine, 36*(2), 69–83; 1966: *The invisibles*; The ritual of voodoo and the symbolism of the body. *Philosophical Transactions of the Royal Society of London, 251*, 423–427; 1967: Anthropology and ESP. In J. R. Smythies (Hrsg.), *Science and ESP* (S. 281–302), New York: Routledge & Kegan Paul.

[14] Seine 407-seitigen Feldnotizen (FHA) beinhalten Beobachtungen zur Geografie, Politik und Geschichte Haitis, Berichte über Voodoo-Praktiken und -Überlieferungen, Heilkräuterkunde und Heilmittel der Volksheilkunde und Magie, Ansichten der Haitianer über Wahnsinn, Verhaltensnormen und Landessitten, die Funktionsweise sozialer Institutionen, Beobachtungen und Gedanken zu den wichtigsten Personen, denen Francis begegnete, sowie Berichte über seine Interaktionen mit verschiedenen Menschen.

[15] Er scheute sich auch nicht, die Haltung mancher Touristinnen zu kritisieren, die Haiti mit Fantasien über die Größe der Geschlechtsorgane haitianischer Männer und dem Wunsch besuchten, sich einen Haitianer als „Gigolo" zu angeln. Rückblickend kommt man nicht umhin zu konstatieren, dass auch Francis' Anwesenheit als Mann aus dem Westen eine gewisse Ironie in sich barg. Die westlichen Industrienationen hatten Haiti wirtschaftlich geschwächt und schickten dann einen ihrer Leute, um mutmaßliche psychische Fähigkeiten der Haitianer zu erforschen.

allgemein als Risikofaktoren für dissoziative und andere psychische Störungen angesehen (s. Cromby et al. 2013; Herman 1993), wobei die Dissoziation selbst als eine Verteidigungsstrategie der Psyche angesichts einer als beängstigend und feindselig erlebten Umwelt betrachtet wird. Francis stellte fest:

> *Für viele versklavte Afrikaner waren solche spirituellen Traditionen und Praktiken ein wichtiges Mittel des geistigen und emotionalen Widerstands gegen bittere Not. Auch wenn ihr Glaube und ihre Rituale sie vielleicht nicht befreit haben, scheinen die Afrikaner ihre Entführer damit erfolgreich in Angst und Schrecken versetzt zu haben* (Feldnotizen, 15.3.1959, FHA).

Er beobachtete ferner, dass hauptsächlich die bäuerliche Klasse, die den größten Teil der Bevölkerung ausmachte, Voodoo praktizierte. Die psychologischen und materiellen Vermächtnisse des Unrechts der Vergangenheit – ein offensichtlicher Selbsthass, weit verbreitetes Misstrauen, Armut und das verzweifelte Verlangen nach Geld – hatten Francis zufolge eine „haitianische Psychologie" entstehen lassen, die „auf Angst und Zerstörungsdrang basiert". Den Kindern würden schon früh Ängste vor dem Übernatürlichen und Leichtgläubigkeit eingeflößt sowie unrealistische soziale und moralische Normen vermittelt. Dieses Gebräu der Widrigkeiten habe „den Effekt, dass ihr Körper von ihrem Geist abgeschnitten wird" (Feldnotizen, 15.3.1959, FHA).

Am scharfsinnigsten sind seine Beobachtungen, wenn er die Körpersymbolik der Voodoo-Praktiken untersucht. So wie wir die Sprache als entkörperlichte Form des kollektiven Gedächtnisses betrachtet haben, können wir auch die Rituale und Praktiken des Voodoo als ein kollektives Gedächtnissystem betrachten – eines, das dazu dient, die Verbindung zu verstorbenen Angehörigen lebendig zu erhalten. Wenn wir das Pantheon der Geistwesen[16] im Voodoo (*Baron Samedi,* der Gott der Friedhöfe, König der Zombies, Schutzpatron der Liebe, der schwarzen Magie und der Heilung; ein weiterer erotisch aufgeladener Geist der Friedhöfe, der *Guédé;* der Grand Bois[17] [großer Baum], der *Loup-garou* [wörtlich ein Werwolf, doch in diesem Fall eine Frau, die sich in einen Vampir verwandelt und Kindern das Blut aussaugt] und die *Loa* – um nur ein paar der unangenehmen Gestalten in dieser Parade zu nennen) und die Art und Weise ihrer Manifestation untersuchen, beginnen wir zu verstehen, wie der Körper hier durch das Auftreten bestimmter Bedürfnisse, Stimmungen, Emotionen

---

[16] Der Buchtitel *The invisibles* bezieht sich auf die Gesamtheit der unsichtbaren Geister bzw. Seelen der Verstorbenen.

[17] Das Wort *bois* kann sich auch auf den Penis beziehen.

und Verhaltensweisen eine ansonsten unsichtbare Vergangenheit in einer Gesellschaft mit niedrigem Bildungsniveau symbolisch „codiert". Zur Untermauerung dieser These führt Francis detailliert aus, dass einzelne *Loa*, „rituell definiert", ein bestimmtes Verhaltens- oder Haltungsmuster repräsentieren, das primär z. B. im Kopf, im Bauchraum oder im Nacken lokalisiert sein kann (F. Huxley 1966a, S. 208 ff.). Seine Überzeugung, dass „das Gedächtnis selbst an Haltung und Handlung gebunden ist" (S. 209), erinnert an Wilhelms Reichs Konzept des „Muskelpanzers" (vgl. Reich 2020). Reichs Theorie, die einigen Einfluss auf die Psychotherapie und beispielsweise die Alexander-Technik hatte, besagt, dass Verspannungen von Muskelgruppen, starre Körperhaltungen und Aktivitätsmuster des autonomen Nervensystems bestimmte belastende Erinnerungen fest- bzw. aufrechterhalten können. Francis ging offenbar davon aus, dass es sich bei den Voodoo-Ritualen um kulturelle Vehikel handelte, die dazu dienten, körperliche Erinnerungen an individuelle wie kollektive Spannungen und Konflikte der Vergangenheit gewissermaßen zu reinszenieren. Er war sich der engen Verbindung zwischen körperlichen Empfindungen und der Kosmologie, innerhalb deren sie gedeutet werden, sehr bewusst:

> *Einige menschliche Gemeinschaften – und ich denke, dazu gehören auch wir, denn wir vergessen, dass unsere Empfindungen, was Krankheiten betrifft, sehr primitiv sein können – ziehen in Betracht, dass Krankheit etwas beinhaltet, das ihnen das Gefühl gibt, in ihrem Körper nicht allein zu sein* (F. Huxley 1963, S. 3).

Rituale sind auch Ausdruck gesellschaftlicher Konventionen, gesellschaftlicher Überzeugungen und Glaubensinhalte und gesellschaftlicher Macht – aus diesem Grund kann sich eine bestimmte Tradition durch die buchstäbliche „Einverleibung" symbolischer, für die Gruppenidentität und das Gedächtnis wichtiger Repräsentationen aufrechterhalten. Als solches ist das Ritual ein lebendes Kulturmuseum (s. F. Huxley 1975; Bennett 2003). Angst und Destruktivität als Elemente der haitianischen Psychologie ergänzte Francis deshalb um das Bedürfnis nach kollektiver Erinnerung. Dieser Befund verdient weitere Überlegungen sowie Untersuchungen auch in anderen Kontexten, nicht zuletzt in unserem eigenen, europäischen.

15.6 Schamanismus und das Paranormale

Francis Huxleys psychoanalytische „Dekonstruktion" der Voodoo-Rituale könnte leicht als empirische Abhandlung zur Unterstützung von Feuerbachs Maxime

„Die Theologie ist Anthropologie" gelesen werden (Feuerbach 1967, S. 24)[18]. Überraschend ist vielleicht, dass Francis sich, obwohl er für paranormale Phänomene keine überzeugenden Beweise aus erster Hand finden konnte, nicht von seinem Glauben an deren Existenz abbringen ließ. „Fakten, Metaphysik und das Sensationelle spielen dabei alle eine Rolle", so seine Überzeugung (F. Huxley 1966a, S. 10). Seine eigene, in seinen Werken zum Ausdruck kommende Haltung lässt sich am ehesten als ambivalent und inkonsistent beschreiben. So räumt er etwa bereitwillig ein, dass „Beweise" für ESP „heikel" seien; dass „die Prophezeiungen von Wahrsagern [normalerweise] auf Informationen beruhen, die zuvor auf gewöhnliche Weise gewonnen wurden" (F. Huxley 1967, S. 282) und „womöglich weder exakt noch wahr sind" (F. Huxley 1961, S. 178) und dass die anthropologischen Belege widersprüchlich seien; zudem stammten die glaubhaftesten gewöhnlich aus dritter Hand. In anderen, ausgewogener argumentierenden Passagen reflektiert er über die psychologischen (Angst, Hoffnung) und sozialen Bedingungen (materielle Armut und andere Härten), die sich mit metaphysischen Glaubenssystemen und magischen Praktiken verbänden, und konstatiert, dass „die Revolte der [haitianischen] Sklaven … im Voodoo erzeugt und ausgebrütet wurde" (F. Huxley 1961, S. 171).

Ungeachtet dieser Vorbehalte glaubte er an ESP (F. Huxley 1967, S. 282) und gestand, er habe sich „einen Ruf als Handleser erworben" (Feldnotizen, FHA). Nirgendwo jedoch erläutert er, worauf sich dieser Glaube wirklich gründete, und er führt auch keine stichhaltigen Beweise dafür an.[19] Daher liegt die Vermutung nahe, dass die Ubiquität dieses Glaubens ein wesentlicher Faktor war. „Wo immer man Wahrsagerei praktiziert", so seine Beobachtung, „findet man den Glauben

---

[18] In *Das Wesen des Christentums.* (Feuerbach 1841/2019) erläutert Feuerbach, es sei „das Wesen der Religion, daß sie ein tiefmenschliches Verhältnis als ein göttliches Verhältnis erfaßt und bejaht" (S. 19). Hinter unserer Vorstellung von etwas Göttlichem, von einem erhabenen Wesen außerhalb unserer selbst, das für unsere eigene Existenz notwendig ist, stehe nichts anderes als die Natur. In *Das Wesen der Religion* (1851/2019, S. 82) schreibt er: „Götter, die Gebieter über Regen und Sonnenschein, Blitz und Donner, Leben und Tod, Himmel und Hölle verdanken ihre Existenz auch nur den über Leben und Tod gebietenden Mächten der Furcht und Hoffnung, welche den dunklen Abgrund der Zukunft mit Wesen der Vorstellung illuminiren [sic]."

Während Nietzsche die Metaphysik auf die Existenz von Träumen gründete, begründete Feuerbach sie mit menschlichen Ängsten und Hoffnungen. Revonsuo (2000) schließt den Kreis mit seiner These, dass Träume ein Mechanismus seien, der sich entwickelt habe, um die Simulation von Gefahren und das Einüben von Reaktionen darauf zu ermöglichen. Siehe auch die Ausführungen von F. Huxley (1959) zur Rolle der Hoffnung bei der Verehrung der wundertätigen Jungfrau von Guadalupe.

[19] Einen aktuellen Überblick über wissenschaftliche Erkenntnisse zu paranormalen Phänomenen geben Groome und Roberts (2016).

15.6 Schamanismus und das Paranormale

an die Möglichkeit von ESP" (Feldnotizen, FHA). Eine Bemerkung in einem seiner Briefe an Eileen Garrett (29.3.1959) weist auf einen weiteren, verblüffenden Grund hin:

> *Im Gespräch mit Dir wurde mir plötzlich eine Tatsache bewusst, die so offensichtlich ist, dass sie fast unsichtbar ist – nämlich, dass die ESP, die eine Form der Kommunikation ist, nicht ohne Bedeutung auskommt und sich nur mithilfe von Intelligenz manifestiert. Setzt man sie in Bezug zur Wissenschaft, die immer versucht, Intelligenz und Absicht in Materie umzuwandeln, befindet sie sich am entgegengesetzten Ende des Spektrums; damit sie sich deutlich zeigt, muss man ihr eine menschliche Absicht geben, in die sie einfließen kann, und nicht versuchen, Absichten wegzuerklären* (Hervorh. d. Autoren).

Dass Francis an paranormale Phänomene glaubte, könnte auch, wie bei vielen anderen vor ihm, eine Reaktion auf den militanten Materialismus des 19. Jahrhunderts sein, den nicht zuletzt etliche Mitglieder der Huxley-Dynastie an vorderster Front verfochten (Kap. 4). Wie bereits erwähnt, war das Mysteriöse für Francis eine Tatsache. Zugleich glaubte er an eine verborgene Ordnung der Welt – eine Ordnung, die sich der Erklärungsmacht materialistischer Reduktion entzieht und zu der man durch intellektuelles und künstlerisches Bemühen sowie durch Rituale und durch den Konsum von Psychedelika in eine Beziehung treten kann (Abb. 15.1). Bei den Letztgenannten handelt es sich um Aktivitäten, die dissoziative Bewusstseinszustände erzeugen und häufig in Berichten über schamanische Praktiken auftauchen. Der Schamane ist der Türhüter und Führer in diesem verborgenen Reich und vermag sich die darin wohnenden wohlwollenden und übelwollenden Kräfte zunutze zu machen.

Gemeinsam mit Jeremy Narby stellte Francis einen umfangreichen Reader zum Schamanismus zusammen (Narby und F. Huxley 2001). Dieses Projekt und eine „intellektuelle Freundschaft" (Skype-Interview mit J. Narby, 7.2.2019) verdankten sich einem Briefwechsel, der nach Narbys Lektüre von *The way of the sacred* und Francis' Lektüre von Narbys *The cosmic serpent* (Narby [4]2011) begonnen hatte. Dem in diesem Buch gesammelten Material lässt sich entnehmen, dass Francis in Anthropologenkreisen bei Weitem nicht der Einzige war, der die Realität einer geistigen Welt, die mutmaßlich von geistigen Wesen bewohnt wird, akzeptierte. Der Beitrag von Edith Turner (2001) illustriert die Auffassung, die diesbezüglich an einem Ende des Spektrums herrschte. Turner schildert ein Heilungsritual in Sambia, bei dem sie gesehen habe,

> *wie sich der Medizinmann, begleitet von Gesang und Trommeln, herunterbeugte, um den bösen Geist herauszuziehen, und ich sah mit eigenen Augen, wie ein großer grauer Klecks Plasma aus dem Rücken der kranken Frau hervortrat. Da wusste ich, dass die*

Abb. 15.1 Ein Schamane der Yanomami bläst Francis Epena, ein Halluzinogen, in die Nase, Catrimani 1972. (Mit freundlicher Genehmigung von J. Hemming)

Afrikaner recht hatten: Man kann tatsächlich von Geistern befallen sein, es handelt sich weder um Metaphern und Symbole noch gar um Psychologie (Turner 2001, S. 260).

Turner hat recht, wenn sie konstatiert, dass „Mitglieder vieler verschiedener Gesellschaften, sogar unserer eigenen, uns berichten, dass sie Geistwesen gesehen oder gehört haben" (Turner 2001, S. 261). *Dass* sie die Bedeutung ihrer eigenen Wahrnehmung akzeptiert, sagt jedoch wenig darüber aus, *weshalb* sie dies tut. Ihre unverblümte Ablehnung der Psychologie (und der Semiotik) lässt vermuten, dass ihr nicht bekannt ist, wie sehr psychologische, soziopsychologische und kulturelle Faktoren innerhalb einer übergreifenden Kosmologie zusammen mit physiologischen und Umweltvariablen Verhalten, Wahrnehmung und Schlussfolgerungen beeinflussen können. Ein kurzer Blick in die westliche Kulturgeschichte könnte hier erkenntnisfördernd sein.

Dämonische Besessenheit wurde im spätmittelalterlichen und frühneuzeitlichen Europa allgemein für real gehalten und vielfach bezeugt. Der Psychologe Chris French hat untersucht, inwieweit dieses Phänomen mit erlernten Rollen

15.6 Schamanismus und das Paranormale

und stereotypen Erwartungen, wie sie in einer weithin akzeptierten theokratischen Ordnung vorherrschen, erklärt werden kann. Beiläufig merkt er an, dass Selbstinszenierungen dämonischer Besessenheit in protestantischen Gemeinden als „sündhaft" galten und entsprechend weniger verbreitet waren (French 2016, S. 40).

Der Psychologe und erfahrene Zauberkünstler Richard Wiseman (2016) hat diesen Erklärungsrahmen ergänzt, indem er zeigte, wie die Erwartungen des Publikums einem geschickten Zauberkünstler in die Hände spielen, der sich auf die überzeugende Demonstration von Geistheilungen versteht. Aus Turners Schilderung lässt sich nicht entnehmen, ob hier womöglich ebenfalls eine Täuschung vorlag oder ob es sich um eine potenzielle, von allen wahrgenommene Geistererscheinung handelte. Doch selbst solche Erscheinungen können, wie vielfach nachgewiesen, künstlich erzeugt und auch von anderen geteilt werden (z. B. Moody und Perry 1993; Moody 1994). Hinzu kommt, dass solche Wahrnehmungen eher von Menschen berichtet werden, deren Persönlichkeitstyp mit einer ausgeprägten Fantasieneigung, mentaler Absorption und hoher Suggestibilität assoziiert ist. Außerdem erhöht sich die Wahrscheinlichkeit ihres Auftretens unter Stress und bei Müdigkeit.

Turner versucht hier, Anthropologinnen und Anthropologen in spe dazu zu bringen, ihre alltäglichen Vorstellungen von Wirklichkeit vorübergehend beiseitezuschieben und sich für andere Möglichkeiten zu öffnen. Natürlich ist der Grat zwischen einer Offenheit für das, was die Erfahrung einen lehren könnte, und dem Verzicht auf die eigene Kritikfähigkeit äußerst schmal. Doch zweifellos beinhaltet das, was gelegentlich als das „anthropologische Gespräch" bezeichnet worden ist – der Versuch, die Anthropologie als eine „Kunst der Befragung" zu nutzen (Ingold 2019, S. 115), um die Art und Weise, wie wir Wissenschaft betreiben, zu gestalten, zu modifizieren und zu humanisieren –, zwangsläufig dieses Risiko. Skeptiker haben oft darauf beharrt, dass außergewöhnliche Thesen außergewöhnliche Beweise erfordern. Das ist wohl ein Irrtum, denn was das „Außergewöhnliche" ausmacht, beruht zunächst einmal auf einer angenommenen Wahrheit hinsichtlich des herrschenden Erklärungsrahmens. Wissenschaft kann ihre Funktion nicht optimal erfüllen, wenn, je nachdem, welche Überzeugungen in einem Bereich jeweils vorherrschen, unterschiedliche Nachweisstandards gefordert werden. Nichtsdestotrotz erfordert jede substanzielle Behauptung auch substanzielle Evidenz. Damit soll jedoch nicht geleugnet werden, dass die Welt sehr viel merkwürdiger sein kann, als wir sie uns vorstellen.[20] Francis war zwar bewusst, dass „die Magie eine starke theatralische Komponente hat, die absolut notwendig ist, um sich die Kraft des Glaubens zunutze machen zu können" (Feldnotizen, FHA), doch er konnte nicht zufriedenstellend erklären, weshalb Tricks überhaupt notwendig sein sollten, wenn doch eine zwar verborgene, aber reale „subjektive Kraft" im Spiel war. Der von ihm und Narby herausgegebene Sammelband enthält einen durchdachteren und zum Nachdenken anregenden Beitrag von Narby selbst (Narby 2001), der die Zusammenarbeit zwischen drei Molekularbiologen (zwei Frauen und ein Mann) und einem indigenen Schamanen schildert. Nach ausführlichen, mehrere Tage dauernden Diskussionen, die von nächtlichen Ayahuasca-Sitzungen begleitet wurden, kamen die Wissenschaftler nach einer angemessenen Bedenkzeit übereinstimmend zu dem Schluss, dass diese Erfahrung ihre Sicht auf sich selbst und ihre „Wertschätzung für die Fähigkeiten des menschlichen Geistes" verändert habe. In ihren Ayahuasca-induzierten Visionen hatten sie Informationen und Ratschläge für ihre Forschung erhalten. Die beiden Wissenschaftlerinnen berichteten von Kontakten mit „Pflanzenlehrern", die sie als „selbstständige Wesenheiten" erlebt hätten. Ihr männlicher Kollege war in diesem Punkt anderer Meinung, bejahte aber, dass Ayahuasca ein machtvolles Instrument zur Erforschung des menschlichen Geistes sei.

Vielleicht stellt uns der Schamanismus vor ein Problem, das von größerer Bedeutung ist als die Beantwortung der Frage, ob bösartige oder wohlwollende geistige Kräfte frei durch eine geheimnisvolle immaterielle Welt streifen. Es besteht immer die Gefahr, dass wir versuchen, andere Modi kultureller Erfahrung auf eine elementar westliche zu reduzieren. Die wichtigere Lektion betrifft womöglich das, was die Anthropologie am besten kann: Es geht darum, das Andere und die Anderen zu ihren eigenen Bedingungen zu akzeptieren, ohne zu versuchen, sie in unsere eigenen zu überführen. In vielen Sprachen gibt es Begriffe, die sich nicht in andere Sprachen übersetzen lassen. Um wie viel mehr muss dies für historisch situierte[21], kulturell codierte, sprachlich (oft biochemisch) und rituell vermittelte bedeutungsvolle Erfahrungen gelten. Für Lévi-Strauss waren „die Schutzgeister und die bösen Geister, die übernatürlichen Ungeheuer und die magischen Tiere alle Teil eines zusammenhängenden Systems, auf das sich die Vorstellungen der Urbevölkerung vom Universum gründen" (Lévi-Strauss 2001, S. 108). Der Prozess bzw. Fluss der Erfahrung, den

---

[20] Shakespeare wusste dies – wie so vieles. „Es gibt mehr Ding im Himmel und auf Erden, als eure Schulweisheit sich träumt, Horatio", lässt er seinen Hamlet sagen (Hamlet, 1. Akt, 5. Szene).

[21] Historisch sowohl aus individueller Perspektive als auch aus der Perspektive von Gemeinschaften.

der Schamane in Gang setzt, verläuft auf der Grenze zwischen Psychoanalyse und psychosomatischer Medizin und ist gänzlich abhängig von der gemeinsam anerkannten Kosmologie, innerhalb deren sich das Geschehen entfaltet. Wir in unseren fragmentierten und gespaltenen Gesellschaften wären gut beraten, davon zu lernen.

Francis Huxleys Werk verweist auf die Notwendigkeit von Kosmologie in menschlichen Angelegenheiten und auf ihre an sich symbolische und ritualisierte Präsenz in alltäglichen Aktivitäten, die dazu dienen, das bedrohliche Unsichtbare und Unbekannte, das hinter der Welt der Erscheinungen lauert, zu bannen oder zu kontrollieren. Für Francis wird die Organisation des menschlichen Lebens in allen Kulturen durch Sprache, Bräuche, Gesetze, Politik und Konflikte von dieser Beziehung zu der Welt jenseits der Erscheinungen bestimmt. Aber so, wie nicht alles, was glänzt, Gold ist, ist auch nicht alles, was für uns unsichtbar ist, notwendigerweise heilig. Der definierbare unsichtbare Bereich jenseits des Spirituellen umfasst die distalen, miteinander verbundenen Kräfte der sozialen Kontrolle, der Politik, der Medien, des Rechts und der internationalen Finanzen. Die therapeutische Erfahrung sagt, dass wir das, was wir nicht sehen und mit dem wir nicht umgehen können, oft als fremd und verstörend etikettieren (s. Smail 2005). Francis interessierte sich auch für das, was geschieht, wenn unsere private Welt aus den Fugen gerät. Er pflegte eine langjährige Freundschaft mit dem eigenwilligen schottischen Psychiater R. D. Laing, den er als den „Schamanen von Kingsley Hall" bezeichnete (s. F. Huxley 2005). Diese Geschichte erzählt das folgende Kapitel.

An dieser Stelle sei festgehalten: Meine (R. Roberts') persönlichen Erfahrungen mit Schamanen sind begrenzt. Doch auf einer Reise, die mich um die Jahrtausendwende ins peruanische Amazonasgebiet führte, hatte ich Gelegenheit, mit einem Schamanen zu sprechen. Wir unterhielten uns auf Spanisch, und er erklärte mir, er nehme, wenn jemand mit einem Problem zu ihm komme, zunächst einen bestimmten Kräutertrank zu sich. Der Geist der Pflanze erscheine ihm dann und sage ihm, welche Pflanzen und Heilkräuter er im Wald pflücken solle, um seinen Klienten zu behandeln. Auf meine Nachfrage hin sagte er, dass der Geist, der ihm dabei erscheine, so körperhaft und real aussehe wie ein Mensch. Sehen heißt vielleicht nicht glauben, doch diese Begegnung verblüfft und beeindruckt mich bis heute.

Literatur

Angelova-Igova, B. (2018). When violence became beautiful. *Philosophical Journal of Conflict and Violence, 2*(2), 334–342.

Bennett, T. (2003). Stored virtue. Memory, the body and the evolutionary museum. In S. Radstone & K. Hodgkin (Hrsg.), *Regimes of memory* (S. 40–54). London: Routledge.
Boym, S. (2017). *The off-modern*. London: Bloomsbury.
Cromby, J., Harper, D., & Reavey, P. (2013). *Psychology, mental health and distress*. Houndmills: Palgrave Macmillan.
Dibie, P. (2010). Lire Francis Huxley aujourd'hui. In F. Huxley, *Affable souvages* (S. 327–330). Paris: Plon Bibliotheque Terre Humains.
Doja, A. (2006). The shoulders of our giants: Claude Lévi-Strauss and his legacy in current anthropology. *Social Science Information, 45*(1), 79–107.
Feuerbach, L. (1841/2019). *Das Wesen des Christentums*. Hamburg: Gröls.
Feuerbach, L. (1851/2019). *Das Wesen der Religion*. Große Texte der Christenheit. Leipzig: Evangelische Verlagsanstalt.
French, C. (2016). Possession and exorcism. In D. Groome & R. Roberts (Hrsg.), *Parapsychology. The science of unusual experience* (2. Aufl., S. 34–47). London. Routledge.
Freud, S. (1900/1999). *Die Traumdeutung* (GW II/III). Frankfurt a. M.: Fischer.
Griffin, J. (1997). *The origin of dreams*. Chalvington: The Therapist.
Groome, D., & Roberts, R. (Hrsg.). (2016). *Parapsychology. The science of unusual experience* (2. Aufl.). London: Routledge.
Halbwachs, M. (1952). *Les cadres sociaux de la mémoire*. Paris: Presses Université de France.
Herman, J. L. (1993). *Die Narben der Gewalt. Traumatische Erfahrungen verstehen und überwinden*. München: Kindler.
Huxley, F. (1956). *Affable savages*. London: Rupert Hart-Davies (Neuaufl. 1995, Salem: Sheffield Publications).
Huxley, F. (1959). The miraculous virgin of Guadalupe. *International Journal of Parapsychology, 1*, 19–29.
Huxley, F. (1961). Marginal lands of the mind. In J. Huxley (Hrsg.), *The humanist frame* (S. 169–179). London: George Allen & Unwin.
Huxley, F. (1962). Which may never have existed. Claude Lévi-Strauss' *Tristes Tropiques*. *Kenyon Review, XXIV*(1), 150–156.
Huxley, F. (1963). Report of a Study Conference, 29.–30. März 1963. FHA.
Huxley, F. (1966a). *The invisibles*. London: Rupert Hart-Davies.
Huxley, F. (1966b). The ritual of voodoo and the symbolism of the body. *Philosophical Transactions of the Royal Society of London, 251*, 423–427.
Huxley, F. (1967). Anthropology and ESP. In J. R. Smythies (Hrsg.), *Science and ESP* (S. 281–302). New York: Routledge & Kegan Paul.
Huxley, F. (1974a). *The way of the sacred*. London: Aldus & Jupiter Books.
Huxley, F. (1974b). Where the map is the territory. *Theoria to Theory, 8*(1), 289–301.
Huxley, F. (1975). The body and the play within a play. In J. Blacking (Hrsg.), *The anthropology of the body* (S. 29–38). London. Academic Press.
Huxley, F. (1979). *The dragon*. London: Thames & Hudson.
Huxley, F. (1985). Psychoanalysis and anthropology. In P. Horden (Hrsg.), *Freud and the humanities* (S. 130–151). London: Duckworth.
Huxley, F. (1990). *The eye: the seer and the seen*. London: Thames & Hudson.
Huxley, F. (2005). Shamanism, healing and R. D. Laing. In S. Raschid (Hrsg.), *R. D. Laing. Contemporary perspectives* (S. 185–204). London: Free Association Books.

Ingold, T. (2019). *Anthropologie – was sie bedeutet und warum sie wichtig ist.* Wuppertal: Peter Hammer.
Kuper, A. (1997). *Anthropology and anthropologists. The modern British school* (3. Aufl.). London: Routledge.
Lévi-Strauss, C. (1971). *Strukturale Anthropologie.* Frankfurt a. M.: Suhrkamp.
Lévi-Strauss, C. (2001). Shamans as psychoanalysts. In J. Narby & F. Huxley (Hrsg.), *Shamans through time. 500 years on the path to knowledge* (S. 108–111). London. Thames & Hudson.
Lévi-Strauss, C. (2014). *Wir sind alle Kannibalen.* Berlin: Suhrkamp.
Moody, R. A. (1994). A latter day psychomanteum. In D. J. Bierman (Hrsg.), *Proceedings of presented papers. 37th Annual Convention of the Parapsychological Association.* University of Amsterdam (7.–10. August 1994), S. 335–336.
Moody, R. A., & Perry, P. (1993). *Reunions.* New York: Villard Books.
Moscovici, S. (1981). On social representation. Perspectives on everyday understanding. In J. Forgas (Hrsg.), *Social cognition* (S. 181–209). London. Academic Press
Narby, J. (2001). Shamans and scientists. In J. Narby & F. Huxley (Hrsg.), *Shamans through time. 500 years on the path to knowledge* (S. 301–305). London. Thames & Hudson.
Narby, J., & Huxley, F. (Hrsg.). (2001). *Shamans through time – 500 years on the path to knowledge.* London: Thames & Hudson.
Narby, J. (2011). *Die kosmische Schlange. Auf den Pfaden der Schamanen zu den Ursprüngen modernen Wissens* (4. Aufl.). Stuttgart: Klett-Cotta.
Nietzsche, F. (1988). *Menschliches, Allzumenschliches I und II.* Kritische Studienausgabe. München: dtv.
Reich, W. (2020). *Massenpsychologie des Faschismus. Der Originaltext von 1933.* Gießen: Psychosozial-Verlag.
Revonsuo, A. (2000). The reinterpretation of dreams: an evolutionary hypothesis of the function of dreams. *Behavioural and Brain Sciences, 23,* 877–1121.
Roll, W. G. (o. J.). Book Reviews: *The autobiographies of Eileen Garrett.* Verfügbar unter: http://citeseerx.ist.psu.edu/viewdoc/download?doi=10.1.1.675.4177&rep=rep1&type=pdf. Zugegriffen: Februar 2019.
Smail, D. J. (2005). *Power, interest and psychology.* Ross-on-Wye: PCCS Books.
Tawney, R. H. (1946). *Religion und Frühkapitalismus: Eine historische Studie.* Bern: Francke.
Thompson, D'A. W. (1973). *Über Wachstum und Form.* Basel: Birkhäuser.
Turner, E. (2001). Training to see what the natives see. In J. Narby & F. Huxley (Hrsg.), *Shamans through time – 500 years on the path to knowledge* (S. 260–262). London: Thames & Hudson.
Wiseman, R. (2016). Psychic fraud. In D. Groome & R. Roberts, *Parapsychology. The science of unusual experience* (2. Aufl., S. 149–157). London. Routledge.

Teil V
Die Conditio humana

Die Philadelphia Association 16

Die Philadelphia Association (PA) wurde 1965 in London von R. D. Laing, David Cooper, Aaron Esterson, Sidney Briskin, Joan Cunnold und Raymond Blake gegründet (ausführlicher zur Geschichte der PA s. Itten und Young 2012), mit dem Hauptziel, Wohn- und Lebensraum für Menschen mit „psychischen Erkrankungen" – was immer dieser Begriff bedeuten mag – bereitzustellen. Die Häuser, für die sie verantwortlich ist, sollen Zufluchtsorte, Asyle und sichere Räume für all diejenigen sein, die sie benötigen. Zugleich verfolgt die PA ein theoretisches Ziel: Sie möchte nicht nur Leiden lindern, sondern auch zu einem Wandel des landläufigen Verständnisses von psychischer Gesundheit und Krankheit beitragen. Was die Gründer der PA damals postulierten, war keine neue Hypothese, die sich in ein bestehendes Feld der Forschung und Psychotherapie einfügte, sondern eine Veränderung der gesamten Perspektive. Francis wurde 1970 Mitglied der PA und schloss sich einem Team an, das aus vier Ärzten bestand: Hugh Crawford, Ronald D. Laing, Leon Redler und John Heaton. Als ich (T. Itten) 1976 als Student der PA beitrat,[1] gab es bereits fünf therapeutische Wohngemeinschaften, ein allgemeines Studienprogramm, eine Ausbildung in individueller Psychotherapie sowie in Gemeinschaftstherapie.[2] Von 1974 bis 1982 war Francis Studienleiter der Philadelphia Association in London.

---

[1] Zu diesem Zeitpunkt war ich 23 Jahre alt und studierte am Enfield College (der heutigen Middlesex University) Sozialwissenschaften und vor allem Psychologie. Auf Laings Arbeit wurde in zwei Prüfungsfragen Bezug genommen, eine Frage betraf die klinische, eine die Sozialpsychologie. Ende der 1960er-/Anfang der 1970er-Jahre war es im Vereinten Königreich schwer möglich, einen Hochschulabschluss in Psychologie zu erlangen, ohne zumindest *The divided self, The politics of experience* oder *The politics of the family* gelesen zu haben.

[2] Außerordentliche Mitglieder waren damals Arthur Balaskas, Haya Oakley, Michael Yokum, Paul Zeal und Chris Oakley.

Dieses Kapitel enthält Überlegungen zu Francis' Position und Arbeit in der PA sowie zu den wichtigsten ideologischen und persönlichen Streitpunkten im täglichen Betrieb und reflektiert über die Lehren, die einige ihrer Mitglieder aus ihren Erfahrungen gezogen haben.

16.1 Francis Huxley und Ronald D. Laing: Konturen einer Freundschaft

In späteren Jahren fragte Francis einmal: „Ist es nicht manchmal peinlich, Ronnies Freund zu sein?"[3] In der Lebensphase, die wir im Folgenden genauer betrachten, gab es drei Hauptstränge: erstens die Freundschaft mit dem Schriftsteller, Psychoanalytiker und radikalen Psychiater Ronald David Laing; zweitens sein Engagement in der PA als Lehrer, Privatgelehrter und Lehrplan-Organisator wie auch als Quelle der Unterstützung durch seine Politik der offenen Tür im Hinterland der PA; drittens die kritische Begleitung der gesamten Entwicklung aus der Perspektive des Sozialanthropologen. Man könnte seine Rolle mit der eines Coachs vergleichen, der sich der Ereignisse im Theater des Absurden annahm. Bedauerlicherweise etablierte die PA nie ein vollwertiges Studienzentrum oder eine Institutsstruktur – ansonsten hätte eine Aufgabe darin bestanden, eine voll ausgestattete Bibliothek einzurichten. In Keller des Hauses in der Portland Road, wo gelegentlich Seminare und Vorlesungen abgehalten wurden, gab es zwar eine Bibliothek, die Laing für den Anfang mit über tausend Büchern ausgestattet hatte, doch diese Großzügigkeit wurde nicht belohnt: Sehr viele Bücher wurden entwendet, einige sogar durch den Vorsitzenden selbst. Für eine Organisation, die auf Vertrauen basierte, verhieß das nichts Gutes.

Die PA bot Francis die Chance, die auf seinen Forschungsreisen gewonnenen Erkenntnisse in den Dienst der Sache zu stellen, indem er sein Wissen über indigene Völker und die von ihnen entwickelten sozialen und kulturellen Systeme und alternativen Heilverfahren teilte. Nachdem er 1969 gemeinsam mit Anthropologen und anderen Forschenden die NGO Survival International (Kap. 14) gegründet hatte, folgte er wenig später der Einladung, Mitglied der PA zu werden. In so kurzer Zeit gleich an zwei kreativen Fronten aktiv werden und wichtige Bündnisse schließen zu können – die Zusammenarbeit mit seinen Kollegen bei Survival International und die Freundschaft mit Ronald D. Laing,

---

[3] Die Frage richtete sich an mich (T. Itten), als wir 1981 auf dem Kongress der Antipsychiatriebewegung in Leuven miterleben mussten, dass Laing zu betrunken war, um den Vorsitz zu führen.

16.1 Francis Huxley und Ronald D. Laing: Konturen einer Freundschaft

die über 20 Jahre währen und erst mit Laings frühem Tod im August 1989 enden sollte – erwies sich als großer Glücksfall für Francis.

In den folgenden zehn Jahren schrieb er vier Bücher, zahlreiche Artikel, Rezensionen, Vorträge und unzählige Briefe an Freund und Feind. In dieser Phase sah Francis sich in der Lage, konsistent über aktuelle Entwicklungen zu reflektieren, ob experimentell oder traditionell, populär oder unpopulär. Das Konzept der Absicht in der existenziellen Psychiatrie, das er in der Praxis von Laing und seinen Kollegen wiederfand, bewirkte, dass er den Begriff des „Kurierens" durch den des „Heilens" ersetzte. Francis, schon immer ein kühner Geist, bemühte sich vor allem darum, einen Zustand des sozialen Gleichgewichts zwischen der Person und den sie umgebenden gesellschaftlichen Akteuren herzustellen. „Wechseln wir also die Blickrichtung", sagte er. „Das Problem besteht, wie schon gesagt, darin, zu erkennen, wann dieser Moment für beide Seiten gekommen ist." Ein sogenannter Verrückter könne geheilt werden, wenn um ihn herum ein Mikrokosmos des Denkens und der persönlichen Beziehungen aufgebaut werde, in dem sein Verhalten und Erleben nicht mehr als „verrückt", „inkongruent", „antisozial" oder „psychotisch" angesehen würden – sämtlich Begriffe, die eine Person als jemanden klassifizieren, der sich von der anerkannten sozialen Ordnung entfremdet hat. Francis wusste aus Erfahrung, dass Erklärungen durch Verstehen ausbalanciert werden müssen, dass das „Warum und Weshalb" einer bestimmten Lebensweise parallel zu jeder Vorstellung von „Verstehen" laufen muss – im Sinne eines „Wozu", das einen Grund und ein Ziel umfasst: ein Unterscheidungsprozess, der die Denkgewohnheiten einer Person aufdeckte oder entschleierte, innerhalb deren ihre scheinbar „verrückten" Handlungen, Meinungen und Ausdrucksweisen einen Sinn ergaben.

Doch auch die besten Pläne und Absichten lassen sich nicht immer so verwirklichen, wie sie auf dem Papier stehen. Dem anderen als Mitmenschen zu begegnen ist eine herausfordernde Aufgabe, wenn diejenigen, die ins Dorf der Heiler kommen, zumindest anfangs tatsächlich Fremde sind – was auf dem Gebiet der psychischen Gesundheitsfürsorge der Normalfall ist. Ronald D. Laing und Francis folgten der Maxime von William Blake, der „mental joys and mental health/mental friends and mental wealth" für das Wichtigste hielt, ungeachtet sonstiger „körperlicher Reichtümer", deren man sich darüber hinaus vielleicht erfreut. Als Sozialanthropologe war Francis daran gewöhnt, Assoziationsketten und jener Art von „Nonsense" zu folgen, die in Lewis Carrolls Poetik eine große Rolle spielte. Die Absurditäten, die Carrolls Gedankenwelt prägten, erwiesen sich nicht selten als die Grundzüge der mentalen Landschaft, in der ein Großteil der PA-Klientel lebte. Francis war – wie auch Laing – scharfsinnig genug, um dies zu erkennen und sich ernsthaft damit zu beschäftigen.

Um in dem Sammelsurium widersprüchlicher Annahmen von Menschen, die das Leben aus der Bahn geworfen hatte und die in der PA Hilfe, Seelenfrieden und eine Zuflucht suchten, einen Sinn zu finden, war der Rat hilfreich, den Francis und R. D. Laing uns Psychotherapie-„Lehrlingen" gaben: in Tagebuchform festzuhalten, wer diese Menschen sind und wie man sie erlebt. Durch diese Genauigkeit entstand eine gemeinsame Grundlage, auf der sich die Therapeutinnen und Therapeuten ein Bild von der Situation machen konnten. Das ist auch deshalb von Bedeutung, weil das Streben, zu einer ausgewogenen, abgerundeten Persönlichkeit zu werden, mit einem Unbewussten ringen muss, das in einer Suppe aus widersprüchlichen Worten und Bildern versinkt. Eine externe Gedächtnisstütze kann da sehr nützlich sein, um den Überblick zu behalten. Sie kann uns zudem, wie schon C. G. Jung erkannte, von der Obsession befreien, dass wir jederzeit bereits alles wissen, was wir wissen müssen. So kann die Psychoanalyse wie auch die Anthropologie beispielhaft zeigen, was passiert, wenn man versucht, einen Wissensbestand auf der Grundlage inkonsistenter Prinzipien zu interpretieren (F. Huxley 1985).

Laing hielt sich nicht immer an das Grundversprechen, das Basisprinzip des Vertrauens, das eine Psychoanalyse erst möglich macht: die Zusicherung der Vertraulichkeit und Verschwiegenheit; das Versprechen, nichts von dem nach außen dringen zu lassen, was einem innerhalb des therapeutischen Raums anvertraut wurde. So erzählte er beispielsweise Bob Mullan, dass er Francis' Vater getroffen hatte, „Sir Julian, via Henry Dicks, in erster Linie, weil Julian wegen seiner Depression Elektroschocks erhalten hatte. Huxley war ein weltbekannter Intellektueller, und ich wurde gebeten, mein Können einzusetzen, um ihn zu heilen" (Mullan 1995, S. 257).

Laing gab später bestimmte Details aus dieser einen Sitzung mit Julian an Francis weiter, der sie wiederum seiner Mutter Juliette und Freunden erzählte. Natürlich ging es dabei um eine sexuelle Thematik. Wie konnte Laing so handeln und warum? Er erzählte den Studierenden auch andere Geschichten, bei denen man sich fragte, ob er womöglich ein Gefangener seines eigenen Ruhms (und des Ruhms anderer) war.

An dieser Stelle sei daran erinnert, dass Julian in der Zwischenkriegszeit, wenn er nicht gerade psychisch indisponiert war, als Biologe mit Psychiatern, Psychologen und Sozialarbeitern an der Entwicklung psychosozialer Modelle beteiligt war. Die bestehenden Modelle von Freud und Darwin gingen beide davon aus, dass zwischen biologischen Instinkten und gesellschaftlichen Kräften eine antagonistische und entfremdende Beziehung besteht. Julian Huxley, Psychoanalytikerinnen und -analytiker wie Ian Suttie und Karen Horney und Ärzte wie James Halliday legten den Fokus auf das Individuum und seine Erfahrungen, gefiltert durch

16.1 Francis Huxley und Ronald D. Laing: Konturen einer Freundschaft

kollektive Organisationen, seien es Stämme, Clans oder andere Gemeinschaftsformen einer Gesellschaft. Dieses neue „psychosoziale" Konzept prägte später die psychosomatische Medizin und die Medizinsoziologie und unterstrich in den Tagen der PA den entfremdenden Einfluss einer „kranken" Gesellschaft, die unauthentische Menschen hervorbringt. Epidemiologische Studien hatten gezeigt, dass die Heilung von Körper, Geist und Seele einen neuen Interventionsrahmen erforderte. Aufgrund seiner Erfahrung mit psychischen Zusammenbrüchen hatte Julian schon vor Francis erkannt, dass der Mensch als Spezies nicht nur von seiner Biologie bestimmt wird. Bestandteil seiner humanistischen Vision war eine psychosoziale Evolution, die mit dem kulturellen Wandel interagiert und diesen mitgestaltet. Insofern flossen seine ganz persönlichen Erfahrungen unmittelbar in die Reform der Psychotherapie ein. John Clay fasste die entscheidende Begegnung folgendermaßen zusammen:

> *Julian Huxley war ein Patient Laings gewesen und hatte diesen eingeladen, bei der Royal Society einen Vortrag über „Ritualisierung und abweichendes Verhalten" zu halten; bei dieser Gelegenheit lernte Laing Francis kennen. Als Huxley junior dann Kingsley Hall besuchte, tanzte Laing auch mit ihm – einen ausgeklügelten, schlängelnden Tanz, ja fast einen Stammestanz* (Clay 1996, S. 129).

Auf Wunsch von Prof. Alec Jenner versuchte Francis drei Monate lang am University Mental Hospital in Sheffield etwas Ähnliches wie mit Humphry Osmond in Weyburn. Genauer gesagt, bat man ihn um eine sozialanthropologische Untersuchung, um herauszufinden, ob ein Wechsel von einer großmaßstäblichen zu einer kleinräumigeren operativen Strategie, wie er der PA gelungen war, durchführbar wäre. Während eines Besuchs bei Francis sagte Jenner zu Laing, er solle sich nicht so über die Techniken und Theorien der zeitgenössischen medizinischen Psychiatrie aufregen:

> *Es ist ganz einfach, Ronnie: Was wir Psychiater tun, ist, dass wir unerwünschte Wahrnehmungen und Erfahrungen sowie unerwünschtes Verhalten unterbinden. Unerwünscht ist, was die Gesellschaft als unerwünscht bezeichnet. Wir sind die Leute, die von der Gesellschaft beauftragt werden, Menschen davon abzuhalten, Dinge zu sehen, zu hören und zu fühlen, von denen die Gesellschaft glaubt, dass sie sie nicht sehen, hören und fühlen sollten. Richtig?* (Mullan 1995, S. 259)

Laing sagte zu Bob Mullan, Jenners Bemerkung habe so klar wie nie zuvor gezeigt, womit man es zu tun habe: „Wir benutzen ein medizinisches Modell, weil das die derzeit akzeptabelste Taktik ist, um diese Tätigkeit in unserer Gesellschaft zu rechtfertigen" (Mullan 1995, S. 259).

Die psychiatrische Medizin jener Zeit war eine Art Tarnerzählung, ersonnen, um eine ebenso zwielichtige wie unverhohlene Form der sozialen und politischen Kontrolle zu rechtfertigen. Laing, der die Tarnung aufdecken wollte, sah sich regelmäßig dem Vorwurf ausgesetzt, etwas völlig anderes gesagt zu haben als das, was er tatsächlich gesagt hatte. Je mehr er protestierte, desto mehr wurde das, was er *wirklich* gesagt hatte, verzerrt und verdreht. Laing und Francis hatten es hier mit einer Tiefenschicht der Mystifikation zu tun, die den medizinischen Status quo untermauerte. Die Situation war also komplizierter, als Jenners scheinbar simple Erklärung vermuten ließ. Wenn es, wie Laing und Francis zu Recht glaubten, schon verwirrend genug sein konnte, dieses Netz der Täuschung zu durchdringen, verhielt es sich mit der Frage, wie sich die Situation ändern ließ, noch deutlich komplizierter. Laing selbst wirkte oft so quälend komplex wie die Situationen, die er zu enträtseln versuchte. Francis nannte ihn gelegentlich „den entmystifizierenden Mystifizierer".

Juliette Huxley erwähnte bei einem Weihnachtsessen in Francis' Wohnung einmal, dass sein Urgroßvater T. H. Huxley gesagt habe, die größten Probleme eines Menschen begönnen dann, wenn er tun könne, was er wolle. Francis' kluge Antwort lautete, dass unsere Vorfahren in gewisser Weise in und durch uns wiedergeboren würden. „Aber wenn ich sie erlöst habe", fügte er hinzu, „kann ich etwas Neues leben, ein wirklich neues Lied singen" (26.12.1980, TLD). Das war nicht nur eine prägnante Zusammenfassung all dessen, was Laings Untersuchungen zur „Politik der Familie" zutage gefördert hatten, sondern auch ein bezeichnender Abriss der familiären Aufgabe, vor der Francis selbst stand.

Als Francis und Ronald D. Laing einander 1965 auf der Tagung über Ritualisierung zum ersten Mal begegneten, war Laing 37 Jahre alt und ein gefragter Psychoanalytiker mit Privatpraxis. Außerdem war er immer noch als Fellow des Foundations Fund for Research in Psychiatry in der Schizophrenia and Family Research Unit am Tavistock Institute of Human Relations tätig. In seinem Vortrag über „Ritualisierung und abweichendes Verhalten" wies er darauf hin, dass sich mit dem Wandel der gesellschaftlichen Normen – der Mitte der 1960er-Jahre klar festzustellen war – auch die Grenzen dessen, was die meisten Menschen für normal hielten, verschöben. Er nannte Beispiele für Para- oder Antiritualisierung – private Rituale, die das Selbst scheinbar belohnen und befriedigen, auf Angstabbau zielen und die übliche soziale Kommunikationsstruktur auflösen. Laing erläuterte seinem Publikum, in dem auch Francis saß und zuhörte:

Bei genauerer Betrachtung jedoch stellt man möglicherweise fest, dass das Ritual nicht nur einen Selbstbezug hat, sondern auch eine soziale Botschaft enthält, die in einem

16.1 Francis Huxley und Ronald D. Laing: Konturen einer Freundschaft

individuell ausgearbeiteten Code übermittelt wird. Diesen zu entschlüsseln ist die Aufgabe des Psychotherapeuten. Manchmal, wenn ein Patient einem genügend vertraut, wird er seine Signale selbst entschlüsseln oder, nachdem er das Ritual aufgegeben hat, rückblickend erklären. Ritualisierung ist ein formales Gestalten der Begegnung, des Zusammentreffens von Menschen ... In der Terminologie der klinischen Psychiatrie „verschlechtert" sich das Ritual. Es wird immer rigider, repetitiver, telegrammatischer und kryptischer. Doch dann haben wir es nicht mehr nur mit einer Abweichung vom normalen Ritual zu tun, sondern mit einer Abweichung von der Abweichung (Laing 1966, S. 332 f.).

Francis, zu diesem Zeitpunkt 42 Jahre alt,[4] hatte seinen Vortrag mit „The ritual of voodoo and the symbolism of the body" betitelt. Zunächst beschrieb er den Voodoo

als einen im Grunde familiären Ahnenkult, der gewissermaßen von einem ganzen Pantheon von Göttern aufrechterhalten wird ... Psychische Krisen sind in Haiti so verbreitet wie überall, und sie werden auch nicht sämtlich auf die nörglerischen Forderungen von Göttern oder Ahnen zurückgeführt. Meistens sind tatsächlich unrealistische Forderungen der Eltern an ihre Kinder der Grund (F. Huxley 1966a, S. 423).

Die Schnittmengen von Laings und Francis' Denken werden schon in diesen kurzen Passagen deutlich. Als diese beiden außergewöhnlichen Männer Freunde wurden, hatten sie auf ihrem jeweiligen Gebiet bereits viel erreicht. Laing tadelte Francis einmal, weil dieser keine Sozialanthropologie der PA, ihrer Mitglieder, Hausgemeinschaften und der allgemeinen Szene geschrieben hatte. In Wahrheit hatte Francis das versucht, ohne dass Laing davon wusste, aber festgestellt, dass es unmöglich war. In Francis' Augen fehlte der PA nicht nur eine identifizierbare Kosmologie, er erkannte auch, dass sie vier Häuptlinge (die ärztlichen Mitglieder der PA) hatte und dass von einer Stammeskultur nicht die Rede sein konnte. Angesichts von so viel Individualismus fühlte er sich an Colin Turnbulls Studie über *The mountain people* (1972; dt. 1973: *Das Volk ohne Liebe*) erinnert und gab den Plan als undurchführbar auf. Heutige Anthropologinnen und Anthropologen wären wahrscheinlich anderer Meinung. James Davies beispielsweise führte vor

---

[4] „Die 42 ist eine Zahl, die etwa zwei Dutzend Mal in Lewis Carrolls Leben und Werk auftaucht, zusammen mit einigen höchst merkwürdigen Zufällen: All das hat mich dazu veranlasst, herausfinden zu wollen, was es mit der 42 auf sich hat, dass sie sich für solche Vorkommnisse anbietet, sodass das Buch meine Reflexionen nicht nur über Carroll, sondern auch über eine Reihe elementarer mathematischer Operationen enthält (wozu ich ein paar interessante Entdeckungen gemacht habe), die eine Entsprechung zu Carrolls sprachlichem Einfallsreichtum bilden" (F. Huxley, unveröffentl. Manuskript, FHA).

einigen Jahren eine fruchtbare anthropologische Studie über die an der Erstellung des *DSM (Diagnostisches und Statistisches Manual Psychischer Störungen)* beteiligten Psychiater durch (Davies 2011), doch zu Francis' Zeiten passten die Kriterien für die damals übliche Art von anthropologischen Studien schlicht nicht zu den in der PA herrschenden Bedingungen.

Auch wenn sie ähnliche geistige Interessen hatten, waren Ronald D. Laing und Francis Huxley, was ihren sozialen Hintergrund betraf, so verschieden wie Tag und Nacht. Francis wuchs in einer kultivierten und intellektuell sehr lebendigen Familie auf, die ihren Mitgliedern damals bereits in vierter Generation ein anregendes Umfeld bot. Als Kind hatte er im Wohnzimmer Verstecken gespielt, während D. H. Lawrence, Aldous und Julian Huxley über die Lebenswissenschaften debattierten. Am Abendbrottisch konnte er Diskussionen über die Grenzen zwischen Natur- und Geisteswissenschaften lauschen. Ronald D. Laing hingegen stammte aus der unteren Glasgower Mittelschicht und war ein Einzelkind. Dennoch wuchsen sie beide mit Musik, Büchern und mit Ideen auf, die es zu erforschen galt. Beide konnten Klavier spielen – wobei Laing der größere Könner war, der manchmal auch in Francis' Wohnung in die Tasten griff –, und beide schrieben viel. Wenn man ihre Texte vergleicht, stellt man fest, dass Laing in den fremden und marginalisierten Regionen des Geistes unterwegs war, während Francis, der die fremden und marginalisierten Regionen dieser Erde bereist hatte, geschickt mit Ideen und Theorien jonglierte. Ungeachtet ihrer unterschiedlichen gesellschaftlichen Eingangsvoraussetzungen stand Laing unbeirrbar hinter Francis. „Es gibt das Establishment und *das Establishment*", sagte er. „Francis Huxley ist ein Freund von mir."[5]

Verantwortung

Zweifellos schätzten Francis und Ronald D. Laing einander auf intellektueller Ebene. Gelegentlich geschah das mit einer Prise Humor. So sagte Francis einmal zu Laing: „Du glaubst doch kein Wort von dem, was du sagst!" Laing seinerseits nahm Francis ernst und zitierte ihn zum ersten Mal in *The politics of the family* (Laing 1969a, b; dt. 1974: *Die Politik der Familie*) als er „Regeln und Metaregeln" erörterte. Er schrieb:

> *Man neigt zu der Annahme, daß jede negative Regel (so wie die gegen Inzest) besagt, daß es vorher schon einen Wunsch, einen Impuls, eine Neigung, einen Instinkt, eine Tendenz gegeben hat, eben das zu tun. „Tu das nicht" läßt vermuten, daß man dazu neigen würde, es zu tun, wenn es nicht verboten würde.*

---

[5] R. D. Laing im Gespräch mit Bob Mullan (1995, S. 256). Als das Buch erschien, sagte Francis in Santa Fe zu mir (T. Itten): „Wenigstens nennt er mich einen Freund."

16.1 Francis Huxley und Ronald D. Laing: Konturen einer Freundschaft

Am Fuß eines Baumes liegt ein Schatz. Du wirst ihn finden. Behalt aber im Gedächtnis, daß du nicht an einen weißen Esel denken darfst. In dem Augenblick nämlich, wo du das tust, ist der Schatz für immer für dich verloren. (Eine Lieblingsgeschichte von Francis Huxley.) (Laing 1974, S. 153).

In *The voice of experience* (1982; dt. 1983: *Die Stimme der Erfahrung*) erwähnt Laing fruchtbare Diskussionen mit Francis über das Hauptthema des Buches, in dessen zweitem Teil über Embryologeme, Psychologeme, Mythologeme er sich auf Francis' These stützt – die dieser erstmals im Mai 1977 in einem Vortrag vor der PA vorgestellt hatte –, dass viele Mythen symbolisch das Bewusstsein der embryonalen Entwicklung nachbilden, insofern als „die Art und Weise, wie [in diesen Mythen] die Welt erschaffen wird", der „Art und Weise entspricht, wie ein Embryo erschaffen wird" (F. Huxley 1977). Anschließend stellte Francis die Form, in der das vorgeburtliche Leben im Westen konzeptualisiert wird – nämlich als genetischer Bauplan –, der Art und Weise gegenüber, in der verschiedene alte Traditionen mit der Vorstellung eines unsichtbaren Architekten spielen.

Laing fand Francis erfrischend und vertrauenswürdig. Die Krise, in die Laings Ehe mit Jutta Werner 1980 geriet, drehte sich um das Thema Betrug. Alle in Laings Umfeld wussten, dass seine Frau ein Verhältnis mit dem deutschen Übersetzer von Gregory Bateson gehabt hatte, schwanger geworden war und abgetrieben hatte. Nur Laing wusste das nicht und wurde auch nicht darüber informiert. Eines Abends ging er mit Mina Semyon aus, und Mina sagte voller Ehrfurcht, dass sie seine Gelassenheit im Umgang mit Juttas Affäre sehr bewundere. Zu ihrer Verblüffung fragte er, was sie denn damit meine, und ihr wurde klar, dass er nichts davon wusste. Danach brach im Hause Laing in der Eton Road die Hölle los. Francis wurde als Mediator gerufen. In dieser Zeit stand seine Tür immer offen, und Laing zog für ein gutes halbes Jahr als Gast bei ihm ein. Als seine Ehe mit Jutta dann endgültig in die Brüche ging, wurde Laing, dem diese Entwicklung der Ereignisse sehr zusetzte, öfter ausfallend gegenüber anderen. In dieser Phase kam auch Francis nur schwer mit ihm zurecht. Er verließ die Philadelphia Association etwa zur selben Zeit wie Laing, allerdings aus anderen Gründen:

Ich war meiner Kollegen überdrüssig, so viel war klar, aber noch mehr hatte ich es satt, Laing mit all seinen Schauerlichkeiten um mich haben zu müssen, diese Art, wie er alle gegeneinander ausspielte, ohne irgendetwas zu erreichen. Ich hatte genug von der Szene und musste etwas völlig anderes machen, um meine Mitte zu finden (Clay 1996, S. 212).

Doch es gab auch lichtvollere Momente, während Laing bei Francis wohnte. Manche Gäste wurden Zeugen ihres musikalischen Zusammenspiels: Laing wollte ein

Stück von Bach auf Francis' Klavier spielen, und Francis übernahm die Noten für die linke Hand, während Laing die für die rechte spielte, und dann wechselten sie gekonnt. Francis nahm das Motto der PA („Ich habe vor dir eine Tür aufgetan, und niemand kann sie zuschließen"[6]) ernst und ließ Laing in Melomas ehemaligem Zimmer schlafen. Die Beziehung zwischen Ronnie und Francis, zwei Stammesältesten der PA, war gut und eng, und jeder tat für den anderen, was dieser für sich selbst nicht tun konnte. Und doch gab es zwischen ihnen – vielleicht unvermeidlicherweise angesichts der unterschiedlichen Umlaufbahnen des Ruhms, auf denen sie sich bewegten – Spannungen in Bezug auf ihre Arbeit. Francis stellte mir (T. Itten) einmal eine für ihn schmerzhafte Frage:

> *Was ist das Problem mit meiner Arbeit? Warum verkaufen sich meine Bücher nicht? Warum gelte ich als abtrünniger Anthropologe? Neulich rief mich dieser Franzose an, der dieses Buch über Anthropologie und Literatur von mir haben will, von dem ich dir erzählt habe. Ich glaube, ich muss Anthropologen wie La Fontaine und Douglas verspotten und kritisieren. Wie du weißt, hat meine Familie meine Bücher nicht gelesen, und mein Bruder Anthony sagte kürzlich zu mir: „Ach, du bist ja so viel intelligenter. Ich kann deine Texte nicht lesen."* (TLD, 15.2.1981)[7]

Ich antwortete:

> *Deine Arbeit ist völlig anders als die von Laing, sie appelliert in keiner Weise an irgendein „Anti-dieses oder jenes" und hat eine Tiefe und kulturelle Weisheit, die noch lange lesenswert sein wird. Du schreibst eben nicht für den heutigen Tag ... Für mich als einen deiner Studenten sind deine Vorträge und deine praktischen Demonstrationen bei den therapeutischen Veranstaltungen der PA ein Segen, eine Bereicherung, und helfen mir, der zu werden, der ich bin. Dafür werde ich dir immer dankbar sein* (TLD, 15.2.1981).

Auch andere Studierende waren, wie wir noch sehen werden, voll des Lobes.

In dieser Situation, in der seine Familie ihn, was seine intellektuellen Leistungen betraf, schräg von der Seite ansah und zwischen ihm und Laing eine Art literarische Rivalität herrschte, war sein letztes Treffen mit Evans-Pritchard nicht gerade hilfreich. Der berühmte Anthropologe gab ihm ein Buch über Pornografie zu lesen und gestand ihm, dass er in den letzten 20 Jahren kein einziges anthropologisches Werk mehr gelesen habe. „Überhaupt frage ich mich", fuhr Evans-Pritchard augenzwinkernd fort, „warum Leute, die nach Südamerika gehen, eigentlich Reiseerzählungen schreiben und keine anthropologischen Bücher." Francis fragte ihn, ob er sein Buch

---

[6] Ein Zitat aus Offenbarung 3,8 (Anm. d. Übers.).
[7] Bei dem Franzosen könnte es sich um Paul J. Benson gehandelt haben.

gelesen habe. „Nein", antwortete Evans-Pritchard. Das war womöglich der Tropfen, der das Fass zum Überlaufen brachte, und ein wichtiger Auslöser für Francis' Selbstzweifel, die hinter seiner Frage an mich standen.

Verlorene Illusionen
Im Rahmen einer öffentlichen Vortragsreihe am Institute of Education im Mai/Juni 1978 mit dem Oberthema „Our approach to psychiatry" hielt Francis einen enthusiastischen Vortrag darüber, „wie Menschen in aller Welt traditionell das embryonale Leben und die Entwicklung des menschlichen Geistes mit denselben Begriffen und unter Bezugnahme auf Kosmologien, Initiationszeremonien und Schamanismus beschrieben haben". Nach jedem der vier Vorträge (die anderen wurden von Laing, Frédérick Leboyer und dem PA-Kollektiv gehalten) gab es eine lebhafte Diskussion im voll besetzten Auditorium (Abb. 16.1).

Aber nicht all ihre öffentlichen Auftritte waren Team-Veranstaltungen. Francis' Freundschaft mit Laing erlitt einen deutlichen Knacks, als er nicht zu einer dreiwöchigen Konferenz in Saragossa eingeladen wurde, die im September 1980 von der Humanistic Therapy Association of Europe organisiert wurde. Laing hatte in seinem Bestreben, anderen immer um eine Nasenlänge voraus zu sein, verhindert, dass Francis als Redner eingeladen wurde, und damit dessen Teilnahme sowohl praktisch wie finanziell unmöglich gemacht, wie Francis mir (T. Itten) berichtete. Während seines Aufenthalts dort schrieb Laing sein Manuskript „The testimony of experience" um (das später unter dem Titel *The voice of experience* erschien). Zu Francis' Bestürzung stellte sich heraus, dass recht viele Mitglieder des inneren Zirkels der PA, kollektiv als „die Gang" bezeichnet, in Saragossa waren, darunter auch Jutta, die dort jene Affäre begann, die zum Zerbrechen der zweiten Laing-Familie führen und auch schwere Verwerfungen innerhalb der PA verursachen sollte. Die Auswirkungen waren für alle spürbar: die Studierenden, die Hausgemeinschaften, die Auszubildenden und die außerordentlichen Mitglieder.

Wie zum Ausgleich wurde Francis ein Jahr später Mitorganisator der International Philadelphia Association (IPA) Conference in Leuven, Belgien.[8] In Zusammenarbeit mit Prof. Steven de Batselier und seinem Team vom Onderzoekscentrum Marginalität der Katholischen Universität Leuven gelang es Francis, ein umfangreiches und vielfältiges Tagungsprogramm auf die Beine zu stellen – ein Höhepunkt seiner beruflichen Laufbahn. Zu den Teilnehmenden gehörten Fachleute aus allen Bereichen und Disziplinen, ehemalige Patientinnen und Patienten, Angehörige, Politikerinnen und Politiker, Journalistinnen und Journalisten. Alle,

---

[8] Sämtliche Vorträge, Seminare und Diskussionen dieser Konferenz können bei Pennen (1982) nachgelesen werden.

Abb. 16.1 Plakat der Philadelphia Association, London 1977. (Privatarchiv T. Itten)

16.1 Francis Huxley und Ronald D. Laing: Konturen einer Freundschaft

die in der sogenannten Antipsychiatriebewegung Westeuropas Rang und Namen hatten, waren anwesend. Ziel war es, die IPA als echte Alternative und Akteurin im Feld der sich entwickelnden Profession zu etablieren. Bei der letzten Sitzung, die fatalerweise von R. D. Laing geleitet wurde, der inzwischen betrunken war, hatten die radikalen Italiener vom linken Flügel, unter anderem angeführt von Rotelli, Slavich und Pirella, genug von Laings Auftreten und reisten ab. Aus den Plänen der IPA wurde leider nichts, obwohl eine Reihe prominenter Persönlichkeiten, darunter Melitta Mitscherlich aus Deutschland, Loren Mosher von der Soteria, Felix Guattari aus Paris und Erik Pennen von der Katholischen Universität in Leuven, sowie eine Reihe jüngerer Teilnehmer (darunter ich, T. Itten) sich für das Konzept begeisterten. Doch alte Hasen wie David Cooper und R. D. Laing, die zum Typ „kreative Zerstörer" zählten, sorgten dafür, dass nicht mehr als ein Rohrkrepierer dabei herauskam.

Francis verfolgte mit Entsetzen, wie die von ihm initiierten kollektiven Anstrengungen, die das Ziel gehabt hatten, ein neues Weltbild entstehen zu lassen, zunichte gemacht wurden. Er hatte die Arbeit der PA in London gelobt und in einen größeren europäischen Kontext gestellt, in dem sich mehrere Gruppen zusammenfanden, die sich ein alternatives Paradigma des Heilens zum Ziel gesetzt hatten. Francis beendete seinen Vortrag mit einer Kritik des Individualismus, der auf dem Gebiet der psychischen Gesundheit so verbreitet war und ist:

Es berührt mich eigentümlich, wenn ich lese, dass diejenigen, die zu uns kommen, unbedingten Anspruch auf Selbstbestimmung haben müssen: Bei näherer Betrachtung lässt sich das Selbst nicht gar so einfach verstehen und beschreiben. Sie oder er ist ein Kosmos, der andere Menschen einschließt (F. Huxley 1982, S. 153).

Dies war ein Gedanke, den er in späteren Jahren in einem – unvollendet gebliebenen – Manuskript mit dem Arbeitstitel *The mutual self* weiterzuentwickeln versuchte (Kap. 17). Nach der Konferenz in Leuven hatte Laing mir (T. Itten) geraten, mich nicht in eine Position drängen zu lassen, in der ich nicht tun könne, was ich gerne täte. Francis' Kommentar:

Ah, Ronnie kann weiter über Hegel reden und ist ein europäischer Intellektueller. Ich denke, dass all diese Texte mit ihrem Egoismus hochgradig toxisch sind und dass die PA leider jetzt eine R. D. Laing AG ist. Siehst du ihn etwa über Sex und Liebe oder die Beziehungen zwischen den Geschlechtern sprechen? All das wird nicht diskutiert. Als ich dieses Thema vorschlug, gab es Gelächter von allen Seiten (TLD, 28.11.1980).

Francis' scharfe Reaktion wäre mit Blick auf die eine oder andere linke Position in Sachen psychische Gesundheit noch heute passend, wo manche mehr damit beschäftigt zu sein scheinen, Jacques Lacans doppeldeutige Schriften zu entschlüsseln, als sich mit den beunruhigenden praktischen Problemen eines krisengeschüttelten Gesundheitssystems (s. dazu Vos et al. 2019) auseinanderzusetzen.[9] „Francis, wie ich ihn erinnere, ließ sich von vielem nicht beeindrucken. Er dachte sehr klar", sagte Leon Redler (Skype-Interview mit L. Redler, 9.8.2019). Aufgewachsen unter dem Glorienschein der Huxley-Familie und ihren intellektuellen und emotionalen Heimsuchungen, besaß Francis ein gutes Gespür für den Wert klarer Kommunikation und wusste, dass sie dem Bestreben, möglichst imposant klingen, meist vorzuziehen war.

Was die Beziehung zu Ronnie innerhalb der PA angeht, so hat er sich Ronnie vielleicht etwas mehr untergeordnet als nötig, aber das taten die meisten damals. Es war charakteristisch für die PA, dass sich die Leute hauptsächlich von Laing angezogen fühlten. Kaum jemand kam wegen Francis zur PA. Auf jeden Fall schätzte Ronnie Francis sehr. Ronnie war im Vorteil, weil er ziemlich durchsetzungsfreudig war. Es gab eine tiefe geistige Ebene, ein Bewusstsein für das Ergänzende, außerdem die Fähigkeit, eine Metaebene zu schaffen, um gegenüber Bateson die Oberhand zu behalten. Francis besaß eindeutig etwas, was Ronnie fehlte, nämlich Direktheit, ethisches Empfinden, Großzügigkeit und Offenherzigkeit. Ich würde sagen, Francis besaß all dies in anderer Weise als Ronnie. Er war viel zugänglicher als Ronnie und für mehr Menschen offen. Ich glaube, Ronnie war manchmal „der Therapeut", war „R. D. Laing" und nicht einfach Ronnie. Als Freund war er manchmal nicht unbedingt vertrauenswürdig, und er verhielt sich weniger direkt und ethisch, als Francis dies normalerweise tat (Skype-Interview mit L. Redler, 9.8.2019).

Laing habe ihm gegenüber einmal geäußert, dass das Wahrheitsspiel nicht sein Spiel sei, ergänzte Redler: „Es kam vor, dass er nicht die ganze Wahrheit sagte, weil sie ihm strategisch nicht in den Kram passte. Francis verhielt sich da anders, Francis war viel vertrauenswürdiger" (Skype-Interview mit L. Redler, 9.8.2019).

Auf Francis' Frage: „Ronnie, vertraust du dir eigentlich selbst?", hatte Laing, wie Francis mir (T. Itten) erzählte, geantwortet: „Nur wenn ich muss." Laut Redler konnte Laing, „wenn er getrunken hatte, sehr unangenehm werden, provokant und

---

[9] Laut Thomas Szasz war Lacan „ein ausgebildeter Anstaltspsychiater, blieb sein ganzes Leben lang einer und war stolz darauf" (Szasz 2009, S. 133). Weiter stellte Szasz fest, dass Lacan bei Strafprozessen eine Berufung auf Unzurechnungsfähigkeit sowie Zwangseinweisungen und -behandlungen befürwortete. Auch wenn man Szasz' Verdikt, Lacans Prosa sei „völlig unzugänglich und bedeutungslos" (S. 138), als zu harsch empfinden kann, ist seine Kritik an Lacans Praxis berechtigt und wirft Fragen über die gelegentliche Vorliebe der radikalen Linken für obskure intellektualistische Auswüchse anstelle von konkretem Handeln und Verstehen auf.

verletzend. Francis war nie verletzend" (Skype-Interview mit L. Redler, 9.8.2019). Rupert Sheldrake glaubte, dass Francis' Art der Selbstwahrnehmung zum großen Teil mit seiner Familie zusammenhing, während er Laing als schwierigen Charakter erlebte, der sich auf Partys oft betrank und dann in einer düsteren Stimmung versank.

> *Ronnies gute Seiten habe ich nur ein paarmal erlebt. Wenn er betrunken war, konnte er anderen gegenüber wirklich schrecklich sein – extrem unhöflich und aggressiv. Er fand die Schwachstellen der Menschen und zielte dann sozusagen unter die Gürtellinie. Manchmal wollte sich Ronnie ... nicht wirklich mit mir abgeben* (Interview mit R. Sheldrake, 13.3.2018, London).

Jill Purce, Sheldrakes Frau, die Francis länger kannte und in anderen Situationen erlebt hatte als ihr Mann, wies nachdrücklich darauf hin, dass auch er „launisch und schwierig sein konnte":

> *Er war völlig unberechenbar und [konnte] einmal freundlich sein und einen mit offenen Armen empfangen, und dann wieder war er unhöflich und wenig freundlich. Ich bin sicher, er war nicht glücklich. Er hat sein Potenzial nie wirklich ausgeschöpft. In der PA ist Francis sozusagen gescheitert, weil seine Rolle dort nicht klar war. Er fiel durchs Raster. Er war kein normaler Wissenschaftler. Er war auch kein Therapeut. Das war alles nicht eindeutig. Er hatte die Rolle des schamanischen Tricksters. Was er jenseits dessen war, war ihm selbst nicht klar* (Interview mit J. Purce, 13.3.2018, London).

Und so sorgten die beiden Männer, die – wenn auch aus völlig unterschiedlichen Gründen – keine Erfüllung fanden, in diesem Theater des radikalen gesellschaftlichen Wandels für ein Spannungsfeld unterschwelliger Dynamiken, die ihren Ursprung einerseits in ihrer jeweiligen Herkunftsfamilie und andererseits in der institutionellen Ablehnung ihres Ansatzes hatten. Für Francis muss es eine weitere tiefe Enttäuschung bedeutet haben, in der PA „durchs Raster" zu fallen.

16.2 Theater des Absurden

Zu Beginn ihrer Freundschaft wohnte Laing in Kingsley Hall, der ersten experimentellen therapeutischen Wohngemeinschaft der PA, für die sie sich einen fünfjährigen Mietvertrag gesichert hatte. Laing hatte Francis eingeladen, dort einen Vortrag zu halten. Francis nahm die Einladung an und sprach über „The body and the mind" (F. Huxley 1966b). Später nannte er die Wohngemeinschaften der PA „Ronnies Theater des Absurden".

Wir fragten uns, ob Francis in irgendeiner Weise hervorstach innerhalb der PA, und wenn ja, wie. Die Beobachtungen von Paul Zeal bestätigten die Vermutung, dass Francis auch in der PA zwischen allen Stühlen saß:

> *Er wirkte wie ein Einzelgänger, weil er kein Psychologe im eigentlichen Sinne war, er war ja kein Psychotherapeut. Ich erinnere mich, dass Ronnie etwas sagte wie: „Du hast deinen Platz bei den Anthropologen verloren, jetzt bist du hier bei uns Philadelphianern." Er fiel durch eine andere Art von Anderssein auf, durch die Art seines Wissens. Er war kein Phänomenologe, er war kein Psychoanalytiker oder Psychotherapeut* (Interview mit P. Zeal, 12.3.2018, London).

Kingsley Hall in Bow, East London, hat eine illustre Geschichte, die 1912 mit Doris und Muriel Lester begann. Die Lester-Schwestern vertraten radikale politische Positionen und unterhielten enge Verbindungen zur Suffragettenbewegung. Während des Generalstreiks von 1926 wurde Kingsley Hall zu einer Zuflucht mit Suppenküche für die Arbeiter. Zu den vielen namhaften Gästen gehörte auch Mahatma Gandhi, der 1933 dort logierte, als er mit dem britischen Premierminister über die Unabhängigkeit Indiens verhandelte. 1965 baten Laing und seine Kollegen die Lesters, in Kingsley Hall eine Wohngemeinschaft für ihr Team und eine kleine Zahl von Menschen mit schweren psychischen Störungen einrichten zu dürfen, ausgehend von ihrer These, dass es sich bei einer Psychose um einen wachtraumähnlichen Realitätszustand handelt und nicht um eine Krankheit, die sich mit den toxischen Medikamenten der Psychiatrie ausrotten lässt.

The divided self (dt. 1972: *Das geteilte Selbst*) war damals gerade in einer Taschenbuchausgabe erschienen und wurde von Zehntausenden junger Menschen gelesen, die auf der Suche nach einer besseren Welt waren. Laings These, dass es die Gesellschaft selbst ist, die die „Wahnsinnigen" entfremdet und die Entstehung eines falschen Selbst fördert, wurde entsprechend begeistert aufgenommen. Mit seiner zeitgemäßen Botschaft wurde er zum Anwalt all jener, deren Stimmen nicht mehr gehört wurden. Die Lesters gaben ihren Segen zu dem Projekt, und Kingsley Hall wurde zum Schauplatz eines der gewagtesten und radikalsten Experimente auf dem Feld der Psychologie und Psychotherapie – eines Experiments, das im Zeitgeist der 1960er-Jahre seine Heimat fand.

Dieser Ausbruch der Hoffnung, der Rebellion, der Kunst und einer radikalen Psychotherapie mündete schließlich in ein Jahrzehnt, das den Thatcherismus und die Vergötterung des freien Marktes hervorbrachte. Doch er wurde nicht völlig vergessen. Als Laing starb, verfasste Francis den Nachruf für den *Guardian*. Er erschien am 25. August 1989, zwei Tage nach Laings Tod. Unter der Überschrift „The liberating shaman of Kingsley Hall" (F. Huxley 2012) schilderte Francis, wie Laing ihn eingeladen hatte, der PA beizutreten,

16.2 Theater des Absurden

> *weil ich mich als Sozialanthropologe für Dinge wie den Schamanismus interessierte, mit dem ich kurz zuvor intensive Erfahrungen gemacht hatte. Laing besaß zweifelsohne ein schamanisches Temperament und wusste dies auch. Weil diese Gabe, die so oft als Störung beginnt, in der westlichen Psychiatrie nicht als Gabe anerkannt wird, kann die Psychiatrie sich deren therapeutische Vorzüge nicht zunutze machen; ein Faktum, das folgerichtig einem Großteil von Laings Schriften über radikale Psychiatrie zugrunde liegt.*

In „Shamanism, healing and R. D. Laing" (F. Huxley 2005) führte Francis seine Ansichten über Laing und dessen schamanisches Temperament weiter aus. In seiner Abschiedsrede für Ronnie in St. James, Piccadilly, im Januar 1990 versicherte er: „Ich verehre ihn mehr, als ich sagen kann", und erinnerte seine Zuhörerschaft an Laings Kämpfe, an „seine psychische Faust, die auf den Nabel der Unaufrichtigkeit zielte" (Clay 1996, S. 266).[10]

Laings Trinkgewohnheiten waren zu dieser Zeit kein Geheimnis mehr. Die meisten Menschen leben bekanntlich in den Ruinen ihrer Gewohnheiten, und Laings Gewohnheiten wurden zunehmend öffentlich und immer beunruhigender. Zum Erstaunen vieler konnte er, wie „Huxley feststellte, selbst wenn er ‚sturzbetrunken' war, immer noch Bach spielen, ohne eine Note auszulassen, oder komplizierte Passagen aus *Knots* fehlerfrei zitieren" (Clay 1996, S. 183). Laings Alkohol- und Eheprobleme waren wesentliche Faktoren seines problematischen Verhaltens, doch hier verdient noch ein weiterer Einfluss erwähnt zu werden. Wie bereits ausführlich erläutert, forderten die Dynamiken der gesellschaftlichen Klasse, in der Francis aufwuchs und lebte, einen beträchtlichen Tribut von ihm und anderen Mitgliedern der Familie Huxley. Doch der Faktor Klasse spielte auch eine Rolle in den Reaktionen der Menschen auf R. D. Laing. Und es kann kaum ein Zweifel daran bestehen, dass viele Mitglieder der PA von der lähmenden Krankheit der englischen Mittelklasse befallen waren, die sich „Niceness" nennt, sprich: offen gezeigte Wut und Feindseligkeit nicht zu tolerieren vermochten. Auf Laing, dessen Verhalten auf eine aufrichtigere und authentischere Reaktion abzielte, muss dies wie ein rotes Tuch gewirkt haben.

Mina Semyon, die in verschiedenen Hausgemeinschaften der PA Hatha-Yoga unterrichtete und an den von Francis und Laing veranstalteten Seminaren teilnahm, fand Francis „ein wenig einschüchternd, und Ronnie ebenso. In intellektueller Hinsicht schien er [Francis] ganz anders zu sein als Ronnie. Er schien mit den Menschen verbunden zu sein, mit denen verbunden zu sein ich mich sehnte" (Interview mit M. Semyon, 19.3.2018, London).

---

[10] Clay erzählte mir (T. Itten) später, dass dieses authentische Statement ihn zu seiner begeisterten Biografie über Laing angeregt hatte.

In der Zwischenzeit hatte Laing mit einer asklepischen Methode zu experimentieren begonnen, bei der die Störung einer Klientin oder eines Klienten durch Inkubation in einem Tempel geheilt wurde, wo sie oder er schlief und die Antwort auf das jeweilige Problem träumte.

Doch dies erfordert ein Priestertum, eine zeremonielle Rolle, die Ronnie nicht spielen mochte; zudem hatte er keine sichere Hand im Umgang mit zeremoniellen Anordnungen – wie ich feststellte, nachdem er die Wohngemeinschaften mehrfach als Schmelztiegel bezeichnet hatte. Ich sagte, das sei aber eine seltsame Art von Schmelztiegel, die kein Kreuz[11] auf dem Boden habe, woraufhin er mich auslachte. Sein Talent bestand eher darin, etwas in Stücke zu schlagen – „Teile und herrsche" war eine seiner unausgesprochenen Maximen (F. Huxley, Brief an L. Redler, 28.9.2006, Sebastopol).

Die Wohngemeinschaften der PA waren praktisch Asyle, in denen Menschen zum Ausleben des „Wahnsinns" ermutigt werden konnten, entweder passiv oder aktiv, mit Absicht oder in anderer Weise, doch die priesterliche/schamanische Präsenz schien bei Laing zu beginnen und zu enden. Francis war sich der potenziell tragischen Folgen bewusst:

Der beteiligte Therapeut kann in der Zwischenzeit entweder als ein Hausmeister oder als „metteur-en-scène" der unter seiner Leitung stattfindenden Aktivitäten fungieren, und ohne ein Muster, an dem er sich orientieren kann, sorgt er nach Maßgabe seiner eigenen Faustregeln für Ordnung, meist ohne zu wissen, wofür er eigentlich stehen soll – die übliche tragische Geschichte, die mit einer Inspiration beginnt und mit der Institutionalisierung endet (Brief an L. Redler, 28.9.2006, Sebastopol).

Francis war gespannt auf die gemeinschaftlichen Freizeit- und Erholungsaktivitäten in den jeweiligen PA-Häusern. Natürlich gab es PA-Partys, auf denen auch gesungen wurde, von Laing am Klavier begleitet; auch Trommeln war beliebt – all dies geschah in der Hoffnung, dass die Versammelten, wie bei Stammesritualen, zu einem gemeinsamen Takt finden oder sogar den Kontrapunkt dazu entdecken würden. Außerdem gab es Yoga, gemeinsames Kochen mit biologisch angebauten Lebensmitteln, Geburtsübungen, Geschichtenerzählen, eine Schule für soziales Träumen, Gesprächsrunden bei einer Tasse Tee und gemeinsames Malen. Auch bei diesen Aktivitäten bevorzugte Francis einen Rahmen, in dem die Gestaltung des sozialen Raums und der sozialen Interaktion Vorrang vor einem an den Individuen orientierten Programm hatte. Seine Ratschläge für angehende Psychotherapeutinnen und -therapeuten lauteten, die Grenzen anderer

---

[11] Anm. d. Übers.: Das englische Wort *crucible* (Schmelztiegel, auch: Feuerprobe) leitet sich aus dem lateinischen Wort *crux, crucis* (Kreuz) ab.

16.2 Theater des Absurden

Menschen nicht ungefragt zu überschreiten und zu wissen, was man tut, bevor man es tut. Das gibt nicht nur der Intuition, sondern auch dem Vertrauen und der Erfahrung Gewicht. Schließlich lässt sich nicht alles, was man gut kann, auch gut in Worte fassen. Der Meister hieß Erfahrung.

Ich war so selten in Kingsley Hall, dass ich nur wenig darüber schrieb, und was ich schrieb, wurde wie ähnliche Aufzeichnungen über andere PA-Häuser größtenteils durch den Brand zerstört, der 1986 meine Wohnung verwüstete. Das gilt auch für meine häufigen Versuche, dem roten Faden bei den PA-Treffen zu folgen, wie ich es während meiner anthropologischen Feldforschungsaufenthalte mit einigem Erfolg getan hatte: Denn ich hatte entdeckt, wie ich mir nicht nur die Kernaussage, sondern auch den Wortlaut der Geschichten und Gespräche merken konnte, dem Modus der mündlichen (im Gegensatz zur schriftlichen) Tradition entsprechend (Brief an L. Redler, 28.9.2006, Sebastopol).

Redler selbst interviewte auf Anregung von Francis viele Menschen, die in Kingsley Hall gelebt hatten. Leider wurden diese Interviews nie veröffentlicht.[12] Redler war sehr beeindruckt von Francis und bedauerte den Mangel an Wertschätzung und Anerkennung für das, was Francis zu bieten hatte:

Ich glaube, er war wohl das am meisten unterschätzte und am wenigsten gewürdigte Mitglied der PA, nicht von dir oder mir, aber von vielen. Wenige haben erkannt, was für ein Goldstück er war. Ich würde sagen, er war extrem intelligent, extrem belesen, extrem großzügig, offenherzig, liebenswürdig, scharfsinnig. Er hatte seine Probleme, er war manchmal depressiv. Er war außerdem einer der ethisch hochstehendsten Menschen, die ich kennengelernt habe. Es geht im Leben doch darum, wie wir miteinander umgehen. Francis besaß ein offenes Herz in Verbindung mit einer guten Erdung (Skype-Interview mit L. Redler, 9.8.2019).

Auch zu der Frage, was schieflief in der PA – zum Teil aus von ihr selbst nicht zu vertretenden äußeren Gründen –, hatte Redler etwas beizutragen. Er verweist mit Recht auf den Zeitpunkt, an dem die gegenwärtige Professionalisierung – um nicht zu sagen Kommerzialisierung – sorgender und heilender zwischenmenschlicher Beziehungen begann. Das erinnert uns daran, dass andere Möglichkeiten, andere Wege des Heilens und Miteinander-Teilens, verwurzelt in ganz normalen zwischenmenschlichen Interaktionen, noch immer vorstellbar, ja sogar noch immer möglich sind. Redler war sich sowohl der Vorzüge als auch der Schattenseiten dieser Entwicklung bewusst:

---

[12] Die Interviews sind in der Sondersammlung der Glasgow University zugänglich: www.gla.ac.uk/myglasgow/specialcollections/ (zugegriffen: 5.4.2022).

> *Ronnie verließ die PA (wie ich) aus vielerlei Gründen. Die Situation spitzte sich meines Erachtens zu, als die Regierung von den Therapeuten eine Professionalisierung ihres Tuns verlangte, und wie du vielleicht noch weißt, war es Heya Oakley (die Ronnie auf einer verhängnisvollen Sitzung daran erinnerte, dass er sie als seine beste Studentin bezeichnet hatte), die damals darauf drängte. Mit der Übernahme staatlicher Regularien verschwand die von Ronnie so oft hochgehaltene Geselligkeit, die Professionalisten gewannen die Oberhand, und so ergriffen die Haustherapeuten das Kommando, anstatt Zeugen und Unterstützer zu sein* (Skype-Interview mit L. Redler, 9.8.2019).

Was Redler hier schildert, war Teil eines größeren politischen Rechtsrucks im Vereinigten Königreich – ein Rechtsruck, der zumindest mitverantwortlich dafür war, dass Laing und seine Bücher in den 1980er-Jahren immer weniger Beachtung fanden.

16.3 Geistige Gesundheit, Wahnsinn und die PA

In seinem Brief an Redler beschrieb Francis die Realität von Kingsley Hall als eine Art lebende Kunstinstallation, allerdings gefärbt von einem gewissen künstlerischen (und politischen) Chaos, das nicht gerade hilfreich war.

> *Mein erster Eindruck von Kingsley Hall, der durch spätere Erfahrungen bestätigt wurde, war, dass es sich um die Bühne für Ronnies Theater des Absurden handelte. Auf diesen Begriff war ich gestoßen, als ich Antonin Artaud las, der ein seltsam magisches Buch über seine Zeit bei den Tarahumara-Indianern in Mexiko geschrieben hatte. Als er nach Paris zurückkehrte, inszenierte er seine Fantasien und stieß bei der Avantgarde auf begeisterte Reaktionen. Das führte schließlich zur Gründung des Living Theatre, einer Gruppe, die in den 60er-Jahren nach London kam und zum großen Dialectics-of-Liberation-Kongress eingeladen wurde ... Ein Versuch, die Situation nachzubilden, war die Anti-Universität, die pleiteging, als die anarchistischen Mitglieder die Führung übernahmen und sich weigerten, für die angebotenen Leistungen, wie etwa die Seminare, zu zahlen* (Brief an L. Redler, 28.9.2006).

Bei dem erwähnten Kongress „The Dialectics of Liberation" (vgl. Cooper 1969) nahm Francis neben Gregory Bateson, Laing und dem Dichter Allen Ginsberg am „Challenge Seminar on Ecological Destruction by Technology" teil. Laing erwähnte in seinem Vortrag über „Undurchschaubarkeit und Evidenz in modernen Sozialsystemen" eine Bemerkung von Julian Huxley, die ihn beeindruckt hatte.

> *Er sagte, nach seiner Meinung sei das gefährlichste Glied in der Kette der Gehorsam. Wir seien dressiert und würden unsere Kinder dressieren, so daß wir gewillt*

16.3 Geistige Gesundheit, Wahnsinn und die PA

seien, praktisch alles zu tun, was eine mit genügend Autorität ausgestattete Instanz uns befehle ... Besonders wichtig ist es, das Wesen des Gehorsams zu studieren. Unser System funktioniert durch ein Netzwerk von Beziehungen des allgemeinen Gehorsams (Laing 1969a, S. 24).

Diese scharfsinnige Bemerkung ging jedoch nicht mit einer selbstkritischen Prüfung seiner eigenen Machtposition innerhalb der PA-Hausgemeinschaft einher. Einiges war, wie er feststellte, keineswegs offensichtlich. Die ganze Magie der Initiation in das PA-Habitat konnte sich nur zu leicht in eine Einladung zu einer Form von psychologischer Sklaverei, ja Hypnose verwandeln, in deren Mittelpunkt eine Führungspersönlichkeit wie Laing stand.

Fragen, die mit Macht und ihrem legitimen oder illegitimen Einsatz zu tun hatten, waren immer zentral für das, was Laing zu erreichen hoffte.

Die Aufmerksamkeit füreinander ist der Schlüssel zu dem, was man Therapie nennt ... [I]n Bezug darauf haben wir Menschen bei uns, die ein besonderes Interesse an Anthropologie, Phänomenologie haben; verschiedene Formen von Meditation – alle Arten von geschickten Mitteln in der Therapie oder in der Meditation oder durch Übungen für Körper und Geist, entweder spontan oder auf gezielte Weise, und so tun wir einfach das, was wir am besten können ... Die Metapher dafür ist für mich das Herz ... [W]ir tun unser Bestes innerhalb der Grenzen dessen, was erlaubt oder zulässig ist (Laing 1975).

Doch die Wirklichkeit sah ein wenig anders aus als das von Laing geschilderte Ideal. Paul Zeal formulierte es so: „Die PA ist gleich RDL. Es ist sehr schwierig, sich davon frei zu machen." Die Frage, wie mit einem Anführer umzugehen ist, wenn er sich irrt oder den Verstand verliert, ist ein wiederkehrendes Merkmal vieler bedeutender sozialer und intellektueller Bewegungen des letzten Jahrhunderts. Ihre ewige Wiederkehr lässt auf ein wichtiges Versäumnis aller radikalen Projekte schließen. Nichtsdestotrotz entstanden in der PA gute Freundschaften, wurden dort respektvolle Allianzen geschmiedet, was, wenn man Laing heute liest, von zentraler Bedeutung für die sich entwickelnden Ziele der PA war. Paul Zeal fand warme Worte für seine Beziehung zu Francis:

Ich kannte Francis von diesen Treffen für Mitglieder, außerordentliche Mitglieder und Wohngemeinschaften. Es war eher eine Freundschaft, die schon auf der geselligen Ebene begonnen hatte. Ich hatte nicht das Gefühl, dass er innerhalb der PA Allianzen zu schmieden versuchte. Wir trafen uns ziemlich oft privat, was immer sehr nett war ... Seine Wohnung war sehr interessant, voll mit den kuriosesten Artefakten aus aller Welt, Masken, erstaunlichen Dingen aus vielen, vielen verschiedenen Kulturen. Das war eine wunderbare Freundschaft mit Francis (Interview mit P. Zeal, 12.3.2018, London).

Zeal war nicht der Einzige, der Francis so sah. „Viele Menschen fanden Francis wunderbar", bestätigte Mina Semyon (Interview mit M. Semyon, 19.3.2018, London).

Ungeachtet seiner späteren Differenzen mit der PA sympathisierte Francis weiter mit ihren Gründungsgedanken und den wichtigen Fragen, die sie aufgeworfen hatte. Etwa zehn Jahre später schrieb er in seiner Rezension von Peter Sedgwicks Buch *Psycho politics* für den *Manchester Guardian* (28.1.1982):

> *Ach ja, das waren Zeiten. Heute stehen wir vor der Frage, wie sich eine ebenso grundlegende Alternative zur Inhumanität des Kapitalismus entwickeln lässt, die nicht dasselbe ist wie Laings Bemühungen, psychisch Kranken eine Zuflucht zu bieten, ohne sie in psychiatrische Kategorien zu pressen. Oder vielleicht doch?*

Leider krankte das Setting der PA an den üblichen Widersprüchen, mit denen sich all jene konfrontiert sehen, die den Mut haben, eine authentische Präsenz anzustreben und zu praktizieren. Indem die PA zu einer Institution wurde, wie locker auch immer, wurde sie Opfer der institutionellen Dynamik, die sich in den meisten Organisationen findet: systematische Lügen, Tratsch, Neid und Boshaftigkeit, Gerangel um die beste Startposition im Wettkampf um individuelle Vorteile. Das wenig überraschende Ergebnis waren zerstörte Beziehungen, die ungeachtet des Auftrags, den sich die Organisation gegeben hatte, nicht immer geheilt werden konnten. Es kam zu Spaltungen wie in jeder gewöhnlichen psychoanalytischen Organisation.

Rebellen bleiben leider, solange sie die Fesseln nicht durchtrennen, immer an das gebunden, wogegen sie sich auflehnen. Deshalb war die „Anti-Psychiatrie" von Laings Freund David Cooper auch nur ein Schritt in Richtung einer nichtmedikalisierten Psychiatrie. Cooper, eine intelligente, exzentrische, imposante und für manche auch verstörende Erscheinung, stellte die Frage, inwieweit man eine Gesellschaft tatsächlich ablehnen kann, deren Vorteile man weiterhin genießt. Ein Bereich, in dem dieses Problem deutlich zutage trat, war der Drogenkonsum. Haschisch, LSD und schottische Medizin (Whisky) wurden in der PA üblicherweise zu einem als „gut" erachteten Zweck eingesetzt: um die unerträglichen seelischen Schmerzen von Menschen zu lindern, die in und über dieser Welt wahnsinnig geworden waren. Diese Praxis sollte sich klar von „Mit dieser Pille/hörst du bald auf zu schrein/sie nimmt dir das Leben/das wird besser sein" (Laing 1978, S. 57)[13] unterscheiden.

---

[13] *Do you love me?* (dt. 1978: *Liebst du mich?*) folgte auf *Knots* (1970; dt. 1972: *Knoten*) und war ebenfalls eine Art Essay in Versform über die manchmal qualvollen Strukturen menschlicher Verstrickungen.

16.3 Geistige Gesundheit, Wahnsinn und die PA

Von seinen psychedelischen Experimenten abgesehen, war Francis bei aller Eigenheit kein Rebell nach dem Muster von Laing oder Cooper. Seine Haltung, die er auf seinen anthropologischen Exkursionen entwickelt und verfeinert hatte, ließ sich am besten in die Metapher der Reise fassen. Wenn Cooper für den bewaffneten revolutionären Kampf stand, stand Francis' Lebensreise im Einklang mit dem Taoismus.

Auch wenn die PA bis heute vor allem mit Laings Namen verknüpft wird, ist es wichtig, sich bewusst zu machen, dass ein steter Strom von Ideen von außen in die PA einfloss. Isobel Hunter-Browns Neubewertung der psychodynamischen Psychiatrie der 1950er-Jahre in Glasgow (Hunter-Brown 2008) legt tatsächlich den Schluss nahe, dass Laing einiges von anderen übernahm. Zwei der Menschen, bei denen er Anleihen machte, waren D. K. Henderson in Edinburgh und sein Kollege in Gartnavel, R. D. Gillespie, Mitautor eines einflussreichen Lehrbuchs der Psychiatrie. Es war einer von Hendersons Schülern, Maxwell Jones, der der sozialpsychiatrischen Bewegung und der Idee therapeutischer Wohngemeinschaften zum Durchbruch verhalf.

Einige Publikationen der schottischen Schule gingen sogar so weit, unsere „kranke Gesellschaft" zu kritisieren – Vorläufer von Laings Polemik in *The politics of experience* (1967; dt. 1969b: *Phänomenologie der Erfahrung*). Die Ablehnung, mit der das psychiatrische Establishment Laing begegnete, kommt daher de facto einer Ablehnung des gesamten Einflusses der schottischen Schule gleich. Laings therapeutischer Ansatz wurzelte in den Feinheiten der existenzialistischen Philosophie, ergänzt um die Offenheit und die sozialen Anliegen der schottischen Psychotherapieszene. Das erlaubte es Laing, sich auf die Wellenlänge seiner „Patienten" einzustellen und ihnen die Möglichkeit zu geben, sich zu ihren eigenen Bedingungen in seiner Gegenwart aufzuhalten, anstatt sie mit Drogen zum Schweigen zu bringen. Doch es war auch noch ein anderer Einfluss aus dem Norden der Insel am Werk – ein weniger intellektueller, weniger fruchtbarer als der seiner schottischen Kollegen. Aufgestachelt von den Dämonen seiner Jugend, wurde Laing von einem unstillbaren Durst getrieben – nicht nur nach Alkohol, sondern auch nach Ruhm.

Im Jahr 1984 – inzwischen hatten beide die PA verlassen – nahmen Laing und Francis gemeinsam an der Veranstaltung „Awakening the dream: The way of the warrior" teil. „Laing erblickt die dunkle Seite des Mondes", lautete die reißerische Schlagzeile im *London Evening Standard,* die sich darauf bezog, dass Laing von einem angehenden Schamanen und Schwarzgurtträger mit einem Klappspaten verprügelt worden war. Francis, der mit ihm fühlte, war bass erstaunt, als Laing seinen Vortrag am nächsten Morgen mit dem Thema der bedingungslosen

Liebe begann. In Laings Leben lagen Gewalt und Liebe nie sehr weit auseinander, und dieses Treffen zeigte auf charakteristische Weise, welche Möglichkeiten sich aus dieser engen Beziehung ergaben. John Clay schilderte die Ereignisse wie folgt:

> *Huxley nahm an dem Symposium teil und wurde Zeuge der transformierenden Wirkung, die Laing auf sein Publikum hatte. Huxley, vertraut mit dem Weg der Schamanen und Trickster, beschrieb Laings „Technik" bei dieser Gelegenheit so: Erst behinderte er den Workshop durch sein störendes Verhalten und seinen Alkoholkonsum, sodass die Unzufriedenheit auf ihn projiziert wurde und er zum Sündenbock werden konnte. Dies gab ihm die Möglichkeit, den Spieß umzudrehen. Als er seinen Vortrag hielt, „sahen" die Teilnehmer schließlich, worum es ihm wirklich ging, und waren auf einer tieferen Ebene ergriffen, als es sonst vielleicht der Fall gewesen wäre. Tatsächlich wurde sein Vortrag zum Wendepunkt der Konferenz. Das Publikum war nun empfänglich für seine Botschaft und zappelte vor lauter Energie. Gewalt und Liebe waren vereint worden, doch es war auch eine Demonstration des Kriegers in Aktion – der Notwendigkeit zu handeln* (Clay 1996, S. 215).

Francis war sich der „Gabe" bewusst, die Laing als einziges Kind ziemlich unerträglicher Eltern in frühen Jahren erworben hatte. Laing hatte zu seinem eigenen – physischen wie psychischen – Schutz gelernt, sich auf jede Situation einzustellen und zu erspüren, was seine Eltern und andere vorhatten oder vor ihm verbargen. Francis glaubte, dass „Laing all den Herzen und Seelen seinen Segen gab, die den Mut aufbrachten, im Leben bis an die äußersten Grenzen zu gehen". Die Bändigung des tosenden Chaos war zentral für Laings Arbeitsweise.

16.4 Psychotherapie, Mythologie, Initiation

Brian Evans, Psychologe an der Middlesex University, hatte Francis auf dem „Dialectics of Liberation"-Kongress im Sommer 1967[14] und bei der kurzlebigen Anti-University von 1968 kennengelernt. Letztere befand sich in der Rivington Street 49, einer eher düsteren Straße in Shoreditch. Wie Kingsley Hall wurde die Anti-University mit radikalen politischen Ansichten assoziiert. Evans lieferte ein paar Hintergrundinformationen (Interview mit B. Evans, 13.3.2018, London):

> *Vor der Wahl von Harold Wilsons Labour-Regierung 1964 hatte das Vereinigte Königreich 13 überaus glanzlose konservative Regierungsjahre erlebt. Die einzige*

---

[14] Mehr Informationen zum Programm des Kongresses: https://www.cafeoto.co.uk/events/dialectics-of-liberation-reconvened/ (zugegriffen: 4.4.2022).

16.4 Psychotherapie, Mythologie, Initiation

> *nennenswerte politische Aktivität während meiner Schulzeit in den 1950er-Jahren, an die ich mich erinnern kann, war die Kampagne für nukleare Abrüstung (CND) mit ihren alljährlichen Protestmärschen in Aldermaston. Ende der 1960er-Jahre – damals beendete ich gerade meine Promotion – folgte dann „Swinging London" und die bemerkenswerte Blütezeit der psychedelischen Hippie-Kultur mit den damit verbundenen alternativen Lebensstilen und esoterischen Religionen einerseits und den marxistischen und anderen radikalen politischen Gruppen andererseits, verbunden durch ihren Protest gegen den Vietnamkrieg. Zwischen diesen beiden Phänomenen, die an der Anti-University, an der Francis lehrte, zusammentrafen, herrschte eine interessante Spannung.[15] Ich schrieb mich dort ein und besuchte die Seminare von Laing, David Cooper, Leon Redler, Morton Schatzman und Francis Huxley. Auf Francis freute ich mich jedes Wochenende am meisten. Laing kam nur alle vierzehn Tage. Er hatte eine riesige Gefolgschaft, und es war sehr interessant. Die Sonntagnachmittagssitzungen mit Francis Huxley wurden bald zu meinen Favoriten. Er war absolut großartig, und seine Vorträge waren schon lange vor dem Ende der Anti-University immer voll* (Interview mit B. Evans, 13.3.2018, London).

Indem er Francis zuhörte, lernte Evans die britische Anthropologie und ihre Vertreterinnen und Vertreter ebenso kennen wie Lévi-Strauss und andere. Als Raconteur ganz in seinem Element, erzählte Francis von seinen Erfahrungen in Haiti und am Amazonas. Evans begegnete Francis wieder, als dieser 1977 einen Vortrag am Enfield College (heute Teil der Middlesex University) hielt. Ich (T. Itten) hatte diesen Vortrag organisiert, das Thema – Schamanismus – akustisch missverstanden und den Vortrag unter dem Titel „Scham" angekündigt und beworben. Als Francis eintraf, zeigte ich ihm stolz die Werbeplakate an der Wand. Er brach in lautes Gelächter aus. „Nicht Scham, Schamanismus!", rief er. Was die Verwirrung vollends komplett machte, war, dass sich am Tag des Vortrags irgendwie im College herumgesprochen hatte, die Universität habe eine sehr interessante Persönlichkeit eingeladen, über „Chauvinismus" zu sprechen. Francis nahm all das mit Gelassenheit. Kurzerhand sprach er über Scham, Chauvinismus und Schamanismus und brachte es sogar irgendwie fertig, klare Verbindungen zwischen diesen drei Themen herzustellen.

Brian Evans erinnerte sich auch an Francis' Bedauern darüber, dass er einen Großteil seines Lebens der PA und Laing gewidmet und so eine eigene akademische Karriere versäumt hatte. Ungeachtet dessen wurde er als umsichtiger, humorvoller und einnehmender Lehrer von all jenen Studierenden sehr geschätzt, die sich ernsthaft mit ihren Lernzielen und -aufgaben beschäftigten. Murray Gordon, der aus Südafrika zum Studium nach London gekommen war, erinnerte sich in einer E-Mail aus Anlass von Francis' Tod:

---

[15] Siehe auch: https://www.antiuniversity.org/about/ (zugegriffen: 4.4.2022).

Ich hatte das große Glück, bei Francis studieren zu können, als ich in den 1970er-Jahren in London mein Studium der Psychotherapie und Pädagogik aufnahm. Im Rahmen einer selbst organisierten Studieninitiative hatte ich regelmäßig Einzelsitzungen bei Francis. Die Agenda und der Lehrplan wurden erst nach und nach aufgestellt. Francis überraschte mich oft mit seinen Lektüreempfehlungen. Ich las die Bücher, die er mir empfohlen hatte, und kam dann ein oder zwei Wochen später wieder zu ihm, manchmal mit einem Text, den ich zu diesem Thema verfasst hatte (E-Mail von M. Gordon, 7.11.2016).

Die Studierenden und Auszubildenden der Gemeinschafts- und individuellen Psychotherapie in der PA, die Francis' Seminare besuchten, hatten das Glück, dass er nicht nur viel über Heilung und Mythologie geschrieben und veröffentlicht hatte, sondern sein Wissen auch immer noch mit Begeisterung auf den Umgang mit dem Wahnsinn anwendete. Wie kaum ein anderer verstand er es, Mythologie in Praxis zu übersetzen und die strukturellen Möglichkeiten herauszuarbeiten, die das Ritual einer bestimmten Person bot, sodass man lernen konnte, zu wissen, was als Nächstes kam. Therapie ist schließlich ein Ritual, das symbolische Handlungen in die Praxis umsetzt, unsere Aufmerksamkeit für wichtige Hinweise in einer Geschichte schärft und so eine Tür zur Kindheit, zu den Eltern und weiteren Vorfahren aufstößt.

Francis gab Seminare zu allen möglichen anspruchsvollen Themen: „Reim, Vernunft und Unsinn", „Von Subsistenz zu Rache und Tausch", „Verantwortung und Viktimisierung", „Mythologie"; „Über Imagination"; „Symbolische Bedeutung"; „Anthropologie der therapeutischen Wohngemeinschaften"; „Spiel und Wirklichkeit", „Die Praxis der Initiation"; „Der Weg des Exzesses"; „Sinn – und die Bedeutung seines Kontextes"; „Embryos und Ahnen". Wann immer er an einem Vortrag oder an einem seiner Buchprojekte arbeitete, teilte er mit seinen Zuhörerinnen und Zuhörern, was er bis dahin herausgefunden hatte. Er stellte Lektürelisten auf, deren Spektrum von Malinowski über Arnold von Gennep, Ruth Benedict, Mary Douglas, Gregory Bateson, Margret Mead und Lévi-Strauss bis zu seinen Lehrern in Oxford reichte. Von den Studierenden erwartete er, dass sie Freuds *Vorlesungen zur Einführung in die Psychoanalyse* und C. G. Jungs *Symbole der Wandlung* lasen, über den Sinn von Therapie nachdachten und zu gegebener Zeit im Seminar darüber berichteten. Francis' Diktum „Behaupte nie, dass du einen Text gelesen hast, wenn du es nicht getan hast" wurde ernst genommen und befolgt. Wie er als Dozent und Lehrer arbeitete, lässt sich dem schönen Bericht von Murray Gordon entnehmen, der zeigt, dass Francis seinen Studierenden gegenüber ein feines Gleichgewicht zwischen Ermutigung und Herausforderung fand:

16.4 Psychotherapie, Mythologie, Initiation

Ich stellte fest, dass Francis ein großartiger Lehrer war, einer, der sich auf mich einließ, über meine Fragen und Problemformulierungen nachdachte und mir Denkanstöße gab, der mich ermutigte, wenn er mir zustimmte, und mich manchmal auch provozierte, wenn er der Meinung war, ich müsse etwas auf eine neue Art und Weise betrachten. Einmal schrieb ich eine Arbeit über den Stamm der Dessana im Amazonasurwald. Ich ließ mich voller Begeisterung darüber aus, dass die Dessana sich nicht von der Natur entfremdet hätten wie viele (die meisten) Menschen in der westlichen Welt. Ich hob hervor, dass die meisten Londoner weder die aktuelle Mondphase kennen noch wissen würden, welche Sternbilder am Himmel zu sehen seien. Die Dessana hingegen seien sich ihrer natürlichen Umwelt sehr bewusst. Francis stimmte mir zu, allerdings nicht ohne einen kleinen Vorbehalt: „Weißt du, Murray, die durchschnittliche Lebenserwartung der Dessana und vergleichbarer Stämme beträgt etwa 35 Jahre! Sie haben kein Penicillin, und ihre mathematischen Fähigkeiten sind nicht sehr weit entwickelt." (E-Mail von M. Gordon, 7.11.2016)

Als Francis der PA beitrat und die Verantwortung für das allgemeine Studienprogramm und die Lehrveranstaltungen der Ausbildungszweige übernahm, glaubte er, dass er endlich sein Publikum gefunden hatte, das er unterhalten konnte, was zweifellos der Fall war. Dennoch wünschte er sich ein professionelleres Organisationsniveau für das Studienprogramm. Später, nachdem er die Leitung des Studienprogramms abgegeben, die PA verlassen und mit Laing, was ihre berufliche Beziehung betraf, abgeschlossen hatte, wurde deutlich, dass sich viel Frustration in ihm aufgestaut hatte. Er fand, dass er nicht genügend Unterstützung erhalten hatte und dass seine Interessen mehr oder weniger als „Nebensache" behandelt worden waren. Außerdem hatte er den Eindruck gewonnen, dass sein anthropologisches Wissen nur als eine Art Schaufensterdekoration für die Hauptsache diente, sprich: für Laing und das Unternehmen PA.

Francis hatte seine Studierenden stets ermuntert, sich mit dem Schreiben als Kunst und als Handwerk zu befassen, um die eigenen Grenzen auszuloten, aber auch zu erweitern. Kurz bevor ich (T. Itten) im Juli 1981 London nach neun Jahren verließ, träumte ich, dass Francis wieder in der Stadt war. Er kam die Wendeltreppe in seiner Wohnung herunter, ging an mir vorbei und begrüßte zunächst Ronnie Laing und Gregory Bateson. Nach einer Weile wandte er sich mir zu, umarmte mich und sagte: „Ich bin nicht dein älterer Bruder. Wir sind gleiche Brüder." Als ich mit ihm über diesen und andere Träume sprach, in denen er mir erschienen war, antwortete Francis: „In den Träumen anderer Leute zeige ich mich immer von meiner besten Seite."

Dass es keinen archimedischen Bezugspunkt im Universum gibt und niemals geben wird, war Laing und Francis klar. Dennoch erwähnte Laing in einer Diskussion mit Francis, dass die Menschen der verzweifelten Illusion anhingen, andere könnten ihnen sagen, was in ihrem Interesse liegt und zu ihrem Wohle ist. Die

Psychotherapie müsse sich in irgendeiner Form mit dieser Sehnsucht nach einer unbefleckten, universellen und weisen Sicht auf das eigene Leben auseinandersetzen. Das Problem sei das Bedürfnis, eine Antwort zu finden. „Die Hoffnung – in der Therapie – ist, dass die Menschen davon befreit werden könnten, Fragen zu stellen, auf die es keine Antwort gibt." Francis beharrte darauf, dass wir Menschen einen Kosmos brauchen. Die Anthropologie mit ihrem vergleichenden Ansatz könne uns zeigen, wie wichtig es ist, einen Himmel zu haben, an den wir unsere irdischen Erfahrungen binden können, mit transzendenten Strukturen, die den Sinn in dem, was wir tun, unterstützen und fördern, weil dies uns helfe, zu wissen, was wir tun sollen. Wie bereits erwähnt, sah Francis eines der Probleme der PA darin, dass es ihr an einer übergreifenden kosmologischen Perspektive mangelte, ohne die die Chancen auf Heilung begrenzt sind (Itten 1979). Ein großer Teil von Francis' Leben war der Untersuchung der Möglichkeit gewidmet, ein solches System zu finden, das sich ohne Schwierigkeiten mit unserer westlichen Lebensweise vereinbaren lässt.

Literatur

Clay, J. (1996). *R. D. Laing – a divided self*. London: Hodder & Stoughton.
Cooper, D. (Hrsg.). (1969). *Dialektik der Befreiung*. Reinbek: Rowohlt.
Davies, J. (2011). *Cracked. Why psychiatry is doing more harm than good*. London: Icon Books.
Hunter-Brown, I. (2008). *R. D. Laing and psychodynamic psychiatry in 1950s Glasgow*. London: Free Association Books.
Huxley, F. (1966a). The ritual of voodoo and the symbolism of the body. *Philosophical Transactions of the Royal Society of London, 251*(772), 423–427.
Huxley, F. (1966b). The body and the mind. Vortragsmanuskript (17.2.1966). MS Laing L 226.
Huxley, F. (1977). Embryos and ancestors. Unveröffentl. Vortragsmanuskript (54 S.).
Huxley, F. (1982). Beschouwingen bij de werking van de P.A. London. In E. Pennen (Hrsg.), *Strategie van de kleinschaligheid* (S. 148–153). Flanders: K. U. Leven.
Huxley, F. (28.1.1982). Anti-psychiatry and other disorders. *Psycho Politics* by Peter Sedgwick. *The Guardian*.
Huxley, F. (1985). Psychoanalysis and anthropology. In P. Horden (Hrsg.), *Freud and the humanities* (S. 130–151). London: Duckworth.
Huxley, F. (2005). Shamanism, healing and R. D. Laing. In S. Raschid (Hrsg.), *R. D. Laing – contemporary perspectives* (S. 179–198). London: Free Association Books.
Huxley, F. (2012). The liberating shaman of Kingsley Hall. In T. Itten & C. Young (Hrsg.), *R. D. Laing – 50 years since ‚The divided self'*. Ross-on-Wye: PCCS Books.
Itten, T. (1979). Myth of madness. A report of a Philadelphia Association network event in summer 1979 and a study of Francis Huxley's work. Unveröffentl. Manuskript.

Itten, T., & Young, C. (Hrsg.). (2012). *R. D. Laing 50 years since 'The divided self'*. Monmouth: PCCS Books.
Laing, R. D. (1966). Ritualisation and abnormal behaviour. *Philosophical Transactions of the Royal Society London, 251*(772), 331–335.
Laing, R. D. (1969a). Undurchschaubarkeit und Evidenz in modernen Sozialsystemen. In D. Cooper (Hrsg.), *Dialektik der Befreiung* (S. 12–26). Reinbek: Rowohlt.
Laing, R. D. (1969b). *Phänomenologie der Erfahrung*. Frankfurt a. M.: Suhrkamp.
Laing, R. D. (1974). *Die Politik der Familie*. Köln: Kiepenheuer & Witsch.
Laing, R. D. (1975). What is the Philadelphia Association? Vortrag, 11.12.1975; R. D. Laing Collection, University of Glasgow Library, MS Laing A 78.
Laing, R. D. (1978). *Liebst du mich?* Köln: Kiepenheuer & Witsch.
Laing, R. D. (1983). *Die Stimme der Erfahrung. Wissenschaft und Psychiatrie*. Köln: Kiepenheuer & Witsch.
Mullan, B. (1995). *Mad to be normal. Conversations with R. D. Laing*. London: Free Association Books.
Pennen, E. (Hrsg.). (1982). *Strategie van de kleinschaligheid*. Flanders: K. U. Leven.
Szasz, T. (2009). *Anti-psychiatry. Quackery squared*. New York: Syracuse University Press.
Vos, J., Roberts, R., & Davies, J. (2019). *Mental health in crisis*. London: Sage.

Die letzten Lebensjahre 17

Nachdem Francis die Philadelphia Association und schließlich auch London verlassen hatte, blieb er ein gefragter Vortragsredner. Auf einer der internationalen Tagungen, an denen er teilnahm, lernte er seine dritte Frau, Adele Getty, kennen. Die Begegnung mit Adele veränderte sein Leben radikal. Er heiratete sie, zog nach Kalifornien und verbrachte die letzten 25 Jahre seines Lebens in Santa Fe und im Norden von Kalifornien. In den 1980er-Jahren veröffentlichte er kein neues Buch, aber einige erfolgreiche Essays. Auch wenn das Schreiben in dieser Zeit in den Hintergrund trat, war Francis weiterhin ein eifriger Leser. In den 1990er-Jahren publizierte er *The eye* und begann mit der Arbeit an *The mutual self*. Als er das Projekt schließlich aufgab, waren immerhin sieben Kapitel fertiggestellt.[1]

Mit seinen inzwischen 73 Jahren fühlte er sich wohl in Santa Fe und baute sogar ein neues Haus. Seine dritte Scheidung allerdings machte seinen Plänen, sich in dem charmanten Dorf Pojoaque zur Ruhe zu setzen, ein Ende. Das Leben in Santa Fe, nun allein, war schwierig für ihn, auch wenn es sein sozial- und kulturanthropologisches Interesse an dem prähistorischen indianischen Volk der Anasazi, das in dieser Region gelebt hatte, auffrischte. Zeitweise machte ihm der Kampf gegen seine ständigen Schmerzen so zu schaffen, dass er darüber nachdachte, sich aus dem Leben zu verabschieden. Zu Beginn des neuen Jahrhunderts verbrachte er einige Monate in London, das er, wie er mehrfach kundtat, vor allem

---

[1] Am 15.7.2013 schickte Francis mir (T. Itten) eine Diskette mit sieben Kapiteln, damit Ron und ich den Text nach Belieben für unser Buch *Politik der Erfahrung* verwenden konnten, für das er eine Empfehlung verfassen wollte. In dem beiliegenden Brief schrieb er: „... damit ihr selbst sehen könnt, was von *The mutual self* übrig geblieben ist – eine ungute Erinnerung an etwas, das damals eine gute Idee zu sein schien, mir aber 15 Jahre später ein ‚Oh Schreck' entlockt, ganz zu schweigen von der Tatsache, dass Thames & Hudson mir damals einen Vorschuss von 2000 £ gezahlt hat."

in kultureller Hinsicht vermisste. In diesen Jahren erblickte immerhin ein neues Buch das Licht der Welt: *Shamans through time,* das er gemeinsam mit Jeremy Narby, seinem Co-Autor und Mitherausgeber, Gesprächspartner und Ermöglicher, publizierte (Narby und Huxley 2001). Als Adele ihn einlud, zu ihr nach Sebastopol in Kalifornien überzusiedeln, zog Francis, Zeit seines Lebens keinem Abenteuer abgeneigt, in sein letztes „Versteck", wie er sein kleines Holzhaus in der Wagnon Road nannte.

17.1 Eine persönliche Anthropologie: die Jahre ab 1983

Anfang der 1980er-Jahre besuchte Francis Deià, ein Dorf an der Nordwestküste von Mallorca. Gleich am ersten Tag traf er den Dichter Robert Graves[2], der dort seit 1929 lebte. Am 29. April 1980 hielt er seine Eindrücke in einem Tagebucheintrag fest und erwähnte auch einen Traum, in dem Graves auftauchte:

> *Er setzt seinen Hut auf, wenn er am Strand sitzt. Er wandert allein umher. Nimmt ihn wieder ab. Was gibt es zum Abendessen. Schweinefleisch und Salat. Er arbeitet wie Julian in seinen letzten Lebensjahren. Wir, Avice und ich, werden bald abreisen. In dieser Nacht träume ich, dass ich Julian besuche. Treffen mit Graves, der in die Stadt kommt. Eine Woche später sehen wir ihn an seinem Tor stehen und die Straße hinunterblicken. Würden Avice und ich auf einen Drink hereinkommen? Er schaut skeptisch. Hurra! sagt er zu irgendetwas* (F. Huxley, Journals 1977–1984, FHA).

Francis befasste sich eingehend mit Graves' Leben und genoss es, verschiedene Biografien über ihn zu lesen. Besonders interessierte ihn die leidenschaftliche, 14 Jahre während Beziehung zwischen Graves und der Dichterin Laura Riding.[3] Das heftige Ringen des Paares um die Balance der Leidenschaften und die Grenzen zwischen Liebe und Gegnerschaft dürfte in Francis Erinnerungen an seine eigene stürmische Beziehung zu Joan Wescott geweckt haben. In Sachen Liebesleben gab es noch weitere Berührungspunkte. So teilte Francis Graves' Vorliebe für jüngere Musen. Am 19. November 1981 schrieb er mir (T. Itten):

> *Ich habe eine nette Freundin gefunden – aber sie ist sehr jung, erst 25. Scheint auch auf mich altes Ungeheuer zu stehen, was ich nicht verdiene. Trotzdem, erst 25. Ich sollte meinen Kopf untersuchen lassen oder das andere Ende. Ich glaube, sie befürchtet,*

---

[2] Anm. d. Übers.: Die deutschsprachigen Übersetzungen der Werke von Graves erschienen unter dem Namen Robert von Ranke-Graves.

[3] Die Beziehung dauerte von 1926 bis 1940. Anfang der 1930er-Jahre erbaute Graves gemeinsam mit Riding in Deià die Finca Ca N'Alluny.

17.1 Eine persönliche Anthropologie: die Jahre ab 1983

sterben zu müssen, wenn sie das Leben wirklich versteht. Vielleicht hat sie recht. Nicht dass man viel verstehen müsste, um sich halb tot zu fühlen, so wie ich. Aber ich mag den Teil, der lebendig ist. Sehr sogar.

Graves lieferte ihm eine Bestätigung für seine Vermutung: dass jede Antwort auf die Rätsel des Lebens die poetische und die emotionale Dimension ebenso einschließen muss wie die wissenschaftliche.

In den letzten 30 Jahren seines Lebens wurde Francis zunehmend vorsichtiger bei dem, was er zu Papier brachte. Vielleicht war in dieser Hinsicht ein Gefangener seiner eigenen, wie immer hohen Erwartungen. Wir vermuten, dass dies einer der Hauptgründe war, warum er viele seiner Buchprojekte aufgab und seinem Intellekt die eher sekundäre Aufgabe übertrug, über poetische Wahrheiten und prosaische Fakten zu stolpern. Beginnend beim Haupt der Medusa, dachte er über Masken, Embryos und Ahnen nach und schrieb mit *The eye* (F. Huxley 1990) sein nach *The dragon* (F. Huxley 1979) zweites mythologisches Buch. Bedauerlicherweise fand sein Beitrag über Anthropologie und Psychoanalyse (F. Huxley 1985) weniger Anklang. Der Anthropologe Marcus Colchester fasste Francis' besondere Leistung folgendermaßen zusammen: „Er weckte das Verständnis für die Komplexität und Tiefe des spirituellen Lebens der Menschen. Er konnte zeigen, dass es viel mehr Parallelen zwischen westlichen und indigenen Glaubenssystemen gibt, als die meisten von uns wahrzunehmen in der Lage sind" (Skype-Interview mit M. Colchester, 29.8.2018).

Unbeirrt arbeitete Francis, der Schriftsteller, weiter, bis er in seinen letzten Lebensjahren zu einer Gelassenheit fand, die es ihm ermöglichte, sich von manchen seiner früheren Anliegen und Bedenken zu verabschieden. Michael Williams glaubte, dass zuletzt nicht der Stift, sondern der Rechner Francis' „bester Freund" war, denn er entfernte sich ein Stück weit von der Poetik der Mythen, die Ranke-Graves in *Die weiße Göttin* (1981) auf exemplarische Weise untersucht hatte, und verbrachte stattdessen unzählige Stunden damit, dem „Gott" der Mathematik zu dienen. Die Überschneidungen von Mythos, Mystik und Mathematik waren für ihn, wie für manche andere, eine unerschöpfliche Quelle der Faszination.

Bei einem Treffen in Basel anlässlich der Fasnacht erzählte Albert Hofmann Francis einige Geschichten, die er, wie er sagte, bis dahin nur selten mit anderen geteilt hatte. Für Francis war das Geschichtenerzählen ein Mittel, um Kommunikationswege zu eröffnen und die zwischenmenschliche Atmosphäre zu verbessern: „Wenn du anderen von solchen Momenten erzählst, werden sie dir ebenfalls heilige Geschichten erzählen", sagte er und erzählte Hofmann, wie der brasilianische Schamane Lourival de Freitas ein leeres Glas auf Francis' Herzgegend und ein weiteres auf die Brust eines sterbenden Mannes gestellt hatte. De

Freitas drückte ihm das Glas so fest auf die Brust, dass Francis schließlich in die Knie ging. Der andere Mann stand auf und lebte noch weitere vier Jahre. Das Erlebnis hatte Francis erschüttert. De Freitas' „Erklärung" lautete, er habe etwas von Francis' Lebenskraft auf den anderen Mann übertragen. Hofmann erzählte daraufhin die folgende, ebenfalls unerklärlich scheinende Geschichte:

> *Ich war noch ein Junge, als mein Vater im Sterben lag. Ich wusste, wenn er tot war, würden wir in absoluter Armut leben. Also bin ich auf den Balkon gegangen und habe zu Gott gebetet. Zum ersten Mal in meinem Leben wurde mir bewusst, dass Gott mich hörte. Ich ging wieder hinein, und der Arzt, der meinen Vater behandelte, stellte erstaunt fest, dass es ihm besser ging. Mein Vater lebte noch sechs Jahre.*

Diese Geschichte hatte Hofmann noch nie jemandem erzählt, nicht einmal seinem Vater. Er schenkte Francis ein Exemplar der amerikanischen Ausgabe seines Buches *LSD – mein Sorgenkind* (1979) mit der Widmung „von Albert". Francis revanchierte sich mit einem signierten Exemplar von *The dragon*. Hofmann – bzw. Albert, denn wir nannten einander inzwischen beim Vornamen – begleitete uns zum Basler Bahnhof zurück. An jenem Wochenende gab Francis ein Seminar in Zürich. Er verabredete sich mit Hofmann zum Mittagessen, um – zu dessen offensichtlicher Freude – über ihre jeweiligen Erfahrungen mit LSD zu diskutieren (Abb. 17.1). Außerdem äußerte er sich an diesem Wochenende ausführlich über Psychiatrie, Anthropologie, soziale Fragen und Lewis Carroll, und zwar auf eine Weise, wie ich (T. Itten) ihn in all den Jahren, seit ich ihn kannte, nur selten gehört hatte – insgesamt fast zehn Stunden lang.

Nach dem Ende seiner PA-Phase war Francis klar, dass es nicht einfach sein würde, eine neue akademische Heimat zu finden – noch dazu zu seinen eigenen Bedingungen. Er wusste, dass seine Möglichkeiten ohne Doktortitel begrenzt waren, aber er hoffte darauf, dass man ihm auf der Grundlage seiner Gesamtleistungen – *sur dossier,* wie die Franzosen sagen – dennoch eine Universitätsstelle anbieten würde. Dass dies nicht der Fall war, bedrückte ihn nachhaltig. Das spürte auch David Napier, Professor für Medizinische Anthropologie am University College London, einer der akademisch erfolgreichsten Studenten von Francis und später einer seiner Freunde. In den 20 Jahren ihrer Freundschaft trafen sie sich oft, führten einen regen Briefwechsel und teilten ihre Gefühle und Gedanken. „Ich hätte gern gesagt, dass Francis ein wirklich erfülltes Leben hatte", bekannte Napier, „aber ich glaube nicht, dass es so war" (Interview mit D. Napier, 14.8.2018, Ascona). Seine nach kurzer Bedenkzeit sorgfältig formulierte, ausführliche Antwort auf unsere Frage nach Francis' Vermächtnis half uns zu verstehen, wie schmerzhaft dieser Mangel an Anerkennung für Francis war:

17.1 Eine persönliche Anthropologie: die Jahre ab 1983

Abb. 17.1 Francis mit Albert Hofmann in Zürich, 1982. (Privatarchiv T. Itten)

Da wäre zunächst ein formaler Aspekt zu nennen, denn tatsächlich ist es wohl in erster Linie ihm zuzuschreiben, dass ich den Kanon der Anthropologie mein Leben lang ignoriert habe; Leute aus meiner Generation sprechen von „Minimalanthropologie". Er hat mich ermuntert, als Anthropologe zu tun, was ich tun wollte. Ich habe keine Ethnografie verfasst. Ich habe auch sonst nicht das Übliche geschrieben, wie zum Beispiel eine Kartografie des Ortes, der Sitten und all so etwas. Ich habe nie versucht, mit der Stimme des Volkes zu sprechen. All meine Auslandserfahrungen waren Katalysatoren für andere Ideen. In meinen Augen ist das die größte Wirkung, die Francis hatte. Sein Vermächtnis ist, glaube ich, eine stark personalisierte Anthropologie. Die frühen Anthropologen waren auf spektakuläre Weise einzigartig. Francis hat diese Tradition weitergeführt, anstatt zu kanonisieren. Dagegen hat er sich gewehrt, und er hat andere ermutigt, sich ebenfalls zu wehren (Interview mit D. Napier, 14.8.2018, Ascona).

Diese persönliche Anthropologie, von der Napier sprach, gründete in Francis' „ökumenischem" Beharren darauf, dass „es andere Weisen gab, die Welt zu sehen" (Interview mit D. Napier, 14.8.2018, Ascona). Das schloss notwendigerweise die Ansichten und Erfahrungen anderer Menschen ein. Ob und inwieweit diese Haltung aus dem Bewusstsein erwuchs, dass sein eigener Hintergrund alles andere als repräsentativ für die Erfahrungen der meisten Erdbewohner war, darüber können wir nur spekulieren, doch er sah sich zweifellos durch seine Erfahrung bestätigt – was vermutlich zu seiner Offenheit, Neugier und Freundlichkeit gegenüber anderen beitrug.

In den 1980er- und frühen 1990er-Jahren sprach Francis immer wieder auf Konferenzen und Tagungen[4] und hinterließ bei vielen einen bleibenden Eindruck. Andrew Feldmar, ein ehemaliger Ausbildungsteilnehmer und späterer Freund aus Ungarn, der einige dieser Konferenzen organisierte, war von Francis' Ansatz fasziniert und erinnert sich gern an diese Zeit:

> *Ich habe alles gelesen, was er geschrieben hat, und schätze seine Bücher sehr. Ich habe ihn als offen und aufgeschlossen erlebt. Viele der anthropologischen Berichte, die ich gelesen habe, wurden im Grunde von kolonialisierenden Europäern verfasst, die in ein afrikanisches oder südamerikanisches Land reisten und eine fremde Kultur anhand von fertigen Kategorien zu beurteilen versuchten, die diesen Anthropologen bereits vertraut waren, um sie dann in schon existierende Schubladen zu stecken. Francis tat das nicht. Er versuchte, sich in die neue Kultur einzufügen und sie so zu sehen, wie sie aus ihrer eigenen Perspektive aussah* (Skype-Interview mit A. Feldmar, 24.7.2018).

Später lud Feldmar Francis ein, zusammen mit ihm ein Seminar in Budapest zu halten. Diese Reise bot Francis außerdem die Gelegenheit, das Massageangebot des Hotels ausgiebig zu nutzen und sich körperlich und geistig zu regenerieren. Etwa zu dieser Zeit hatte er sich eingehender mit der Bioenergetik von Alexander Lowen beschäftigt, einem weiteren „Ableger" der Körperpsychotherapie von Wilhelm Reich. Francis fand Lowens jargonlastige Bücher jedoch wenig anregend.

Ungeachtet seiner Konferenzauftritte schien Francis in den Augen einiger ehemaliger Kollegen und Freunde zusehends von der Bildfläche zu verschwinden, sei es aufgrund mangelnder Anerkennung in der akademischen Welt, wie David Napier vermutete, oder aufgrund seiner Übersiedlung in die USA. Mit seinem Umzug nach Kalifornien brach der Kontakt sowohl zu Napier als auch zu John Hemming ab. Robin Hanbury-Tenison hatte den Eindruck, dass „Francis gewissermaßen in einer Rauchwolke entschwand" (Skype-Interview mit R. Hanbury-Tenison, 6.1.2018).

---

[4] Eine besonders namhafte Tagung fand vom 10. bis zum 14. Juli 1985 im schweizerischen Interlaken statt, wo neben Francis auch der Dalai Lama, Levin-Goldschmidt, Jean Houston, Joan Halifax, Rupert Sheldrake und Irina Tweedie Vorträge hielten. Solche Einladungen waren potenziell auch eine Einnahmequelle, doch Adele Getty erklärte: „Francis hat dort nie viel Geld verdient, ich schätze, es waren etwa 1.000 Dollar. Meist werden die Übernachtungs- und Reisekosten übernommen, und man bekommt eine Art Honorar, aber nicht genug, um davon leben zu können" (Interview mit A. Getty, 10.4.2018, Sebastopol).

17.2 Abschied von der Pond Street

Obwohl Francis den Mietvertrag für seine Wohnung verkauft hatte[5], hatte er sich noch nicht ganz von England verabschiedet. Erst Juliettes Tod im September 1994, verbunden mit der Notwendigkeit, das angestammte Familiendomizil der Huxleys in der Pond Street zu verkaufen, sollte dem emotional wie körperlich anstrengenden Pendeln zwischen den USA und dem Vereinigten Königreich ein Ende setzen. Die fünf Jahre währende Phase seines unsteten Lebens an der Westküste der USA zu beenden fiel Francis leichter, da er sich nie viel aus Kalifornien und der kalifornischen Szene gemacht hatte.

Nachdem sie in verschiedenen Häusern in und um Berkeley gewohnt hatten, wagten Adele und Francis schließlich den Umzug nach Santa Fe, wo sie ein paar Leute kannten. Weil Francis diese Gegend bereits als Anthropologe kennengelernt hatte, sondierte er das Terrain. Für den Übergang mieteten sie zunächst eine Wohnung, zogen dann auf eine Farm um und bauten sechs Jahre später schließlich ein eigenes Haus in Pojoaque, etwa 25 km nördlich von Santa Fe. Beide fanden Santa Fe nicht nur unter sozialen Aspekten viel lebendiger, sondern auch anthropologisch interessanter als Kalifornien. Die einstige Anasazi-Siedlung, seit 1610 Sitz des Gouverneurs der Provinz Nuevo Méjico, lag inmitten der Natur. Francis fühlte sich dort sehr wohl, zumal das Klima in dieser Höhe (2194 m über dem Meeresspiegel) seinen Gelenken sehr guttat. Dennoch gab es auch weiterhin wie in London Tage, an denen er von anhaltenden Schmerzen geplagt wurde, die Vorhänge zuzog und sich ins Bett legte.

Als sein Bruder Anthony unheilbar erkrankte, kehrten Francis und Adele nach London zurück, um bei ihm zu sein. Als der Ältere hatte Anthony die Vollmacht in allen Angelegenheiten, die Juliette betrafen. Nun übernahm Francis diese Verantwortung. Er plante, seine Mutter nach Santa Fe zu holen. Wie bereits erwähnt, kam es darüber zu einem heftigen Streit zwischen ihm und seiner Nichte Victoria.

1995 kauften Bettina und Norbert Blume das Haus in der Pond Street 31 von Francis. Bettina Blume ist Organistin, Klavierlehrerin und Musiktherapeutin, Norbert Solo-Bratschist im BBC Symphony Orchestra. Als die Blumes an dem Haus vorbeifuhren, das versteckt hinter einer wunderschönen Stechpalme liegt, entdeckten sie das „Zu verkaufen"-Schild des Immobilienmaklers und die blaue Plakette, die an Julian Huxley erinnerte. Bettina Blume erzählte uns von dem Hauskauf:

---

[5] Anm. d. Übers.: In England können Immobilienmietverträge mit längerer Laufzeit veräußert werden.

> *So viele Leute interessierten sich für dieses Haus. Es gab ein Rieterverfahren mit verdeckten Kaufangeboten. Die Preisvorstellung lag bei 400.000 Pfund. Damals besaßen wir ein kleines Haus in Hampstead in der Nähe des Hauses von Judi Dench. Wir hatten vor, es zu verkaufen, wenn wir den Zuschlag für die Pond Street bekämen. Wir gaben unser Gebot ab. Eine ziemlich bekannte Popsängerin überbot uns. Sie war bereit, mehr zu zahlen, weil sie ein Musikstudio aufs Dach setzen wollte* (Interview mit B. und N. Blume, 14.3.2018, London).

Obwohl der Makler Francis entsprechend informierte, sprach dieser sich für die Blumes aus.

> *Wir sind dann noch ein bisschen höher gegangen, um in der Mitte zwischen unserem ursprünglichen und ihrem Gebot zu landen. So haben wir das Haus bekommen. Jedes Mal, wenn ich hierherkam – das war im Februar 1995 –, ging Francis, der in einem Schlafsack im Erdgeschoss schlief, nach hinten in den Garten, kam mit einem großen Strauß Kamelien in die Küche zurück und drückte mir die Blumen in die Hand. Er erzählte mir Geschichten aus seinem Leben und von seinen Forschungsaufenthalten in Brasilien* (Interview mit B. und N. Blume, 14.3.2018, London).

Als der Kauf perfekt war, stellte Francis eine Flasche Whisky zusammen mit einer Karte, auf der er den Blumes alles Gute wünschte, auf den Küchentisch. Bis auf die Bücherregale in der großen Bibliothek seiner Eltern im Obergeschoss war das Haus bereits ausgeräumt. Als die Bibliothek dann abgebaut wurde, fanden sich ein paar schöne Fotos von Julian, Aldous und H. G. Wells sowie eine Aufnahme, die Julian mit dem Oscar zeigte, den er für seinen Dokumentarfilm *The private life of the gannets* gewonnen hatte.[6] Diese Fotos wurden eingescannt, und die Originale wurden der Familie Huxley übergeben.

Auch sein ehemaliger Student David Napier besuchte Francis oft und widmete ihm aus Anerkennung und zum Dank für ihre langjährige Freundschaft sein Buch *The righting of passage* (2004).

> *Wir haben viel über meine Arbeit über die Gorgo gesprochen und über die Verbindungen zu den Drachen und Ungeheuern. Wir sprachen über die Zahl 42, über „The mutual self", das Aldous-Huxley-Buch. Ich bin auch in dem alten Haus in Pojoaque gewesen, kurz nachdem sie dorthin gezogen waren, mit Francis' kleiner Schreibhütte. Ich habe ihn vielleicht vier- oder fünfmal besucht. Als sie ihr neues Haus bauten, fuhr ich alle sechs Monate für zwei Wochen dorthin. Wir waren also ziemlich oft zusammen*

---

[6] Der 1938 gedrehte Dokumentarfilm war der erste Film über Wildtiere – die Basstölpel von Grassholm, einer kleinen, felsigen Insel vor der Westspitze von Pembrokeshire, Wales –, der mit einem Academy Award ausgezeichnet wurde. Julian Huxley war Produzent und Regisseur, das Drehbuch stammte von Ronald Lockley.

17.2 Abschied von der Pond Street

in Pewaukee. Wir haben viele Wanderungen in New Mexico unternommen. Das war eine wirklich wichtige Zeit für mich (Interview mit D. Napier, 14.8.2018, Ascona).

Als die Ehe mit Adele zerbrach, erlebte Napier unmittelbar mit, wie sehr Francis das zusetzte, und er sprach auch mit ihm darüber.

Da sitzt Francis in Pojoaque, ganz allein. Und kein junger Mann mehr. Er muss damals 76 Jahre alt gewesen sein. Er hat gerade ein neues Haus gebaut, und das Haus hat Probleme mit eindringender Feuchtigkeit. Das war nicht der Himmel auf Erden. Es war kompliziert. Francis wurde in Amerika von einigen relativ jungen Leuten in Beschlag genommen, die ziemlich alternativ und abgedreht waren, nicht nur von den Leuten vom Esalen-Institut (Interview mit D. Napier, 14.8.2018, Ascona).

Napier ergänzte, dass Francis mit einer Art „Hassliebe" darauf reagiert habe. Einerseits habe es einen „gewissen Reiz" für ihn gehabt, bewundert zu werden, andererseits habe er „das ausnutzen wollen":

Nicht in negativer Weise. Er musste überleben und etwas Geld verdienen. Sein Vater hatte dafür gesorgt, dass er Einkünfte auf Lebenszeit hatte. Aber dieses Geld verlor jährlich an Kaufkraft. Er flog, bildlich gesprochen, nicht erster Klasse, er musste besonnen agieren, und er musste sein Einkommen irgendwie aufbessern (Interview mit D. Napier, 14.8.2018, Ascona).

Dann versandete ihre fast 20 Jahre während Freundschaft und endete schließlich mit einem einseitigen Schweigen. Sie hatten einander viele warmherzige und anregende Briefe geschrieben. Es war für beide eine gute Beziehung gewesen. „Er war zu jener Zeit mein bester Freund", sagte Napier. Auch in seinem jüngsten Buch (Napier 2013) ehrte er seinen alten Freund Francis.

Als Neffe von Aldous Huxley in den USA zu sein eröffnete Francis einige Möglichkeiten. Vom 16. bis zum 19. April 1993 fand an der Universität von Santa Cruz eine Veranstaltung zum Thema „50 years of LSD" statt. Francis stand mit Laura Archera Huxley auf der Bühne und las abwechselnd mit ihr aus dem Kapitel „Love and work" ihrer Aldous-Biografie, das die einzige psychedelische Sitzung mit Aldous beschrieb, die sie auf Band aufgenommen hatte. Francis schlüpfte gekonnt in die Rolle seines Onkels und lieh Aldous seine Huxley-Stimme:

Es gibt tausend verschiedene Menschen, die in tausend verschiedene Richtungen gehen. Ich weiß, dass es immer so sein wird – und ich finde, das ist die außergewöhnliche Erfahrung – dass es zumindest jemanden gibt, der weiß, dass es tausend andere Menschen gibt, die in andere Richtungen gehen – dass es eine fundamentale geistige Gesundheit in dieser Welt gibt, die immer da ist, trotz der tausend Menschen, die in tausend verschiedene Richtungen gehen.[7]

Francis, der zu diesem Zeitpunkt ein Jahr älter war als Aldous im Jahr seines Todes, hatte es nicht mehr nötig, sich mit anderen zu vergleichen, nicht einmal mit seinem berühmten Onkel.

17.3 Kollegen, Freunde, Anerkennung

Mit zunehmendem Alter hatte Francis immer öfter Gelegenheit, Betrachtungen über ehemalige Studenten anzustellen, die ihren Weg gemacht hatten, und über ihre Erfolge ebenso nachzudenken wie über seine eigenen. Einer dieser ehemaligen Studenten ist der heutige Direktor von Survival International, Marcus Colchester, der 1986 das World Rainforest Movement gründete. Wie Francis hatte er über längere Zeit bei einem indigenen Stamm gelebt – lang genug, um sich vom Alltag, dem Traumleben, den Mythen und den Tabus dieser Menschen faszinieren zu lassen. Marcus Colchester kam zu dem Schluss, dass Francis „diese Dinge tiefer wahrnahm als ich. Er investierte in vielerlei Hinsicht deutlich mehr Zeit als ich. Ich war vor allem [besorgt] wegen der Landrechte und der bedrohten Existenzgrundlage dieser Menschen" (Skype-Interview mit M. Colchester, 29.8.2018).

Als 1996 der letzte Band von Edmund Schusters und Carl Carpenters dreibändiger Reihe über *Social symbolism in ancient and tribal art* erschien, ließ Carpenter Francis ein Exemplar zukommen. Laut Adele war Francis sehr dankbar, überrascht und beeindruckt. Schuster hatte umfangreiches Material zusammengetragen und mit Illustrationen aus der ganzen Welt bebildert. Francis kannte Schuster noch aus London und hatte dessen Arbeit in *The way of the sacred* (1974a, S. 157 f.) als „wunderbar einfallsreich" bezeichnet. Was er an Schusters Arbeit schätzte, war die Art und Weise, wie dieser Schreiben und Interpretieren, Kunst und Wissen miteinander verknüpfte und basierend auf Feldforschungen von Anthropologen bei den Guarani – einem südlichen Tupinamba-Stamm – seine eigene kühne Synthese ihrer Kunst schuf. Das war Musik in Francis' Ohren, insbesondere, weil Schuster einmal mehr ein gewichtiges Argument zugunsten des Tribalismus gegenüber dem Individualismus lieferte. Für Francis war die menschliche Identität universell, und die paläolithische Kunst interessierte sich nicht für

---

[7] https://www.youtube.com/watch?v=qqKAdK29jGE (Minute 50:00–1:13:32). Zugegriffen: 4.4.2022.

17.3 Kollegen, Freunde, Anerkennung

etwas wie persönliche Identität. Wie Francis baute auch Schuster ein Netzwerk von Schöpfungsmythen über unsere Urahnen auf, in Form eines Labyrinths, das in vielen dieser Geschichten selbst als Symbol auftauchte. Was Schuster möglicherweise aufgedeckt hatte, war eine rekursive Struktur in den universellen Symbolen der kosmischen Schöpfung. Lévi-Strauss hatte 1935 eine von den brasilianischen Caduveo (auch Kadivéu) angefertigte Zeichnung eines Labyrinths von seinen Feldforschungen mitgebracht. Darcy Ribeiro vom Serviço de Proteção aos Índios hatte 1947 oder 1948 ein weiteres Exemplar entdeckt. Ribeiro erklärte Schuster, dass er das Bild damals nicht in sein Buch *Arte dos Índios Kadiuéu* aufgenommen habe, weil er es als nicht zur Caduveo-Kunst gehörend betrachtet habe. Die Frau, die das Labyrinth gezeichnet hatte, habe jedoch darauf bestanden, dass es zur Tradition ihres Volkes gehöre und nicht von den Europäern eingeführt worden sei.

In Jeremy Narby fand Francis schließlich einen jüngeren Kollegen, der wie er selbst zum Teil schweizerische Wurzeln hatte und der – das unterschied ihn womöglich von Francis – Dinge anzupacken und abzuschließen pflegte. In der Bibliothek seines Vaters habe Francis' Buch *The way of the sacred* gestanden, berichtete Narby. „Als ich an *The cosmic serpent* schrieb, schaute ich in dieses Buch und entdeckte dort Elemente, die für meine Argumentation nützlich waren" (Skype-Interview mit J. Narby, 7.2.2019). Sein eigenes Buch erschien 1995 zunächst in französischer Sprache (dt. 2001: *Die kosmische Schlange*). Narby schickte allen Autorinnen und Autoren, die er zitiert hatte, ein Exemplar. Eines landete in Francis' Briefkasten.

Ich erhielt einen sehr langen und interessanten Brief von ihm, nachdem er die französische Ausgabe gründlich gelesen hatte. Viele der Autoritäten, denen ich das Buch geschickt hatte, waren Angelsachsen, die nicht in der Lage waren, etwas auf Französisch Geschriebenes zu lesen. Er jedoch war ein Gelehrter alter Schule, der das Buch auf Französisch verschlang. Ich begann einen literarischen Briefwechsel – ich, mit diesem englischen Gentleman und Gelehrten (Skype-Interview mit J. Narby, 7.2.2019).

Als das Buch 1998 mit Francis' Unterstützung unter dem Titel *The cosmic serpent* in englischer Sprache erschien, organisierte der Verlag eine Lesereise, die ungeahnte Folgen haben sollte. Sie führte Narby in eine Buchhandlung in Santa Fe.

So kam es, dass wir einander zum ersten Mal persönlich begegneten. Am nächsten Tag saßen wir in seiner Küche, unterhielten uns stundenlang über faszinierende Dinge, und einer griff die Gedanken des anderen auf. Wir wurden augenblicklich Freunde.

In diesem Moment kam mir die Idee, den „Schamanismus-Reader 101" mit Francis zu machen.[8] *Ich sagte dem Verleger, dass ich sein Angebot annähme und das Projekt mit Francis Huxley zusammen realisieren würde. Das war naheliegend. Ich war der junge Haudegen, er der altehrwürdige Brunnen der Gelehrsamkeit. Mein Verleger wollte, dass ich dieses Buch machte, deshalb würde es ein Buch von Narby und Huxley werden. Ich würde das Buch so machen, wie ich es wollte. Ich würde aus Francis' Wissen schöpfen. Und wir konnten daran arbeiten, während wir Freunde und Komplizen wurden* (Skype-Interview mit J. Narby, 7.2.2019).

Der von beiden herausgegebene Sammelband – Shamans through time – 500 years on the path to knowledge (2001) – war in den USA und in England sehr erfolgreich und wurde in mehrere Sprachen übersetzt. Das Buch ermöglichte es Francis, eine neue Generation von Leserinnen und Lesern zu erreichen, die er sonst vielleicht nicht erreicht hätte.

Einander kennen

Zu Francis' langjährigsten Freunden gehörte der Holzbildhauer und Maskenschnitzer Loren Eugen White, den Francis im Sommer 1984 beim „The way of the warrior"-Retreat der Ojai Foundation kennengelernt hatte (Abb. 17.2).

White erinnert sich an seinen ersten Eindruck von Francis:

Sehr britisch, ein ausgesprochen angenehmer Mensch. Ich weiß noch, dass Francis während des Retreats fast täglich in meinem Arbeitsschuppen im Happy Valley vorbeischaute. Er war einfach da, während ich an meinen Skulpturen arbeitete. Manchmal sprachen wir miteinander. Worüber genau, ist rückblickend schwer zu sagen. Ich hatte in dieser Lebensphase ziemlich zu kämpfen. Er hat mich mehr oder weniger davon befreit, indem er einfach da war. Da herrschten echte Anerkennung und eine Offenheit zwischen uns, die in meinem Leben selten war (Skype-Interview mit L. E. White, 15.4.2018).

Sie schrieben einander, trafen sich regelmäßig und verbrachten gelegentlich auch mehrere Wochen oder – wie in Francis' Fall – auch Monate beim jeweils anderen. Loren half Francis 2005 beim Zusammenpacken seiner Siebensachen in Santa Fe und fertigte eine „Maske des verwundeten Kriegers" von ihm und für ihn an. Seine

---

[8] „Der Verleger Jeremy Tarcher hatte mich gebeten, einen ‚Shamanism-101-Reader' zusammenzustellen. Die Zahl 101 bezieht sich auf grundlegende universitäre Einführungskurse in den USA. Es ging um eine leicht verständliche, aber seriöse Textsammlung. Und die 60 %/40 %-Aufteilung der Gewinne fiel zu meinen Gunsten aus (da ich den größten Teil der Arbeit leisten sollte). Das Buch hat sich in den USA bis heute 12.000-mal verkauft, im Vereinigten Königreich weniger (vielleicht 2000-mal), und 10.000-mal auf Französisch" (Skype-Interview mit J. Narby, 7.2.2019).

17.3 Kollegen, Freunde, Anerkennung

Abb. 17.2 Francis und Loren White vor Francis' Haus in Pojoaque, 1997. Die Maske über der Tür wurde von Loren angefertigt. (FHA, mit freundlicher Genehmigung von A. Getty)

Erinnerungen vermitteln, wie angegriffen Francis' Gemütszustand zu dieser Zeit war:

> *Ich habe einen Monat bei Francis verbracht, kurz bevor er aus seinem Haus in Santa Fe aus- und nach Kalifornien zog. Wir sind stapelweise Papiere seines Vaters durchgegangen und haben sie eingepackt. Da sagte er plötzlich: „Das musst du dir anhören." Dann las er etwas vor, das sein Vater geschrieben hatte. Es war eine ziemliche Qual, mitanzusehen, wie er all diese Dinge von seinem Vater zusammensuchte. Er fragte: „Warum hat Julian das getan? Wie ist er nur dazu gekommen?" Francis hat sich oft gefragt, warum er in die Familie hineingeboren wurde, in die er hineingeboren wurde* (Skype-Interview mit L. E. White, 15.4.2018).

Loren lag viel daran, andere wissen zu lassen, was für ein bemerkenswerter Mensch Francis war – dass er eine „bemerkenswerte Intelligenz" besaß und „Mitgefühl in allen Glücks- und Unglücksfällen". Laut ihm lebte Francis „sein Leben in Übereinstimmung mit dem, was er sah und wollte". Der 18 Jahre jüngere Loren erinnert sich an viele wunderbare Momente und sehr persönliche Gespräche mit Francis. Einige seiner Masken hingen später in Francis' Hütte in der Wagnon Road.

> *Wir sprachen viel über Masken, und einmal wollte er wissen, was für ein Ergebnis herauskäme, wenn ich eine Maske unter Ecstasy-Einfluss schnitzen würde. Also nahm ich einige Tage lang Ecstasy und fertigte eine Maske an. Ich schickte ihm ein Foto davon, weil er sich mit allen Aspekten der Kreativität beschäftigte* (Skype-Interview mit L. E. White, 15.4.2018).

Inzwischen hatte Francis sich auch mit der texanischen Künstlerin Caroline („Cal") Peacock angefreundet, die er kurz nach seinem Umzug mit Adele nach Santa Fe kennengelernt hatte. Ihr zufolge hatte Francis immer ein „kleines diabolisches Funkeln in den Augen". Cal hatte ein gutes Gespür dafür, wie man am besten mit Francis umging, wenn er eine seiner finsteren Launen hatte. Ein paar Jahre nach seinem Wegzug aus Santa Fe besuchte sie ihn. Als sie aus dem Auto stieg und den Gartenweg zu seiner Hütte entlanglief, entdeckte sie Francis bei der Blumenpflege. „Ich sagte: ‚Francis, ich bin da, hallo.' Und er: ‚Verpiss dich, und verschwinde aus meinem Leben.' Ich daraufhin: ‚Oh, fick dich selbst und nimm mich in den Arm.' Er: ‚Oh, schön, dich zu sehen, Cal, komm rein, trink eine Tasse Tee. Wie geht's den Kindern?'" (Interview mit C. Peacock, 15.4.2018, Sebastopol).

Diese Episode kann wahlweise als Illustration des therapeutischen Prinzips, Gleiches mit Gleichem zu behandeln, oder als Beispiel für das etwas prosaischere und unenglische Prinzip, auf Wut nicht mit Freundlichkeit zu reagieren, gelesen werden.

17.4 ... und wieder ein Umzug

Als Francis und Adele beschlossen, ihr Haus in Santa Fe zum Kauf anzubieten – ein notwendiger Schritt, um den Umzug nach Sebastopol zu finanzieren –, musste Francis sich zunächst um die nötigen Instandsetzungen kümmern, denn das Haus war, obwohl erst fünf Jahre alt, in einem schlechten Zustand. Die Reparaturarbeiten verschlimmerten seine Schmerzen. Außerdem konnte er seine Bibliothek nicht mehr benutzen und sich auch nicht mehr in Ruhe hinsetzen und schreiben, von gelegentlichen Briefen abgesehen. Mehrere Wochen lang gab es nur Staub, Lärm und Chaos, und wäre nicht ein Allround-Handwerker eingetroffen, so schrieb er Loren White (10.7.2004, FHA), wäre wohl der „verzweifelte Gedanke, dass es nun genug ist", in ihm aufgekommen. In seinen späteren Jahren war Francis bei schlechter Gesundheit und hatte entsprechende Probleme, sich um sich selbst und das Haus zu kümmern. Das entmutigte und deprimierte ihn. Nach einem seiner regelmäßigen Telefonate mit Adele befürchtete diese, dass er sich das Leben nehmen könnte. Adeles Ehemann Michael erinnert sich:

Das war das Alarmsignal für uns, die Vermutung, dass er versuchen würde, Selbstmord zu begehen. Ich fragte Adele: „Warum bittest du ihn nicht, hierherzukommen und zu testen, ob es passt?" Also rief sie Francis noch einmal an und schlug ihm vor, herzuziehen. Ich schaltete mich in das Gespräch ein und sagte zu ihm: „Ich habe gehört, dass du deprimiert bist und über Suizid nachdenkst. Ich verstehe, dass die Situation für dich sehr schwierig sein muss. Wir haben doch dieses Grundstück, und darauf steht eine leere Hütte. Warum kommst du nicht hoch und versuchst es? Und solltest du hier nicht glücklich sein, werde ich dir dabei helfen, dich umzubringen." Er fing an zu lachen. Ich glaube, dieses Versprechen hat ihn überzeugt. Er sagte: „Gut, ich denke darüber nach." Am nächsten Tag rief er zurück und sagte: „Okay, ich tu's." So kam es, dass wir ihm halfen, sich noch einmal auf den Weg zu machen (Interview mit M. Williams, 12.4.2018, Sebastopol).

Nach dem Umzug stand Francis vor der Aufgabe, neue Freundschaften zu knüpfen. Zu seiner Freude entdeckte er nicht weit von seiner Hütte in der Wagnon Road eine aufgeschlossene Seele.

Ich sah ihn immer mit Cumae die Straße auf- und abgehen, vornehme Haltung, elegant auf eine schlichte Art. Er blieb nie stehen. Ich wollte mit ihm sprechen. Einmal war er zufällig bei den Briefkästen, da, wo sich die Straße gabelt, als ich auch gerade dort war. Es dauerte keine Minute, da sprach ich Spanisch und er Portugiesisch. Wir hießen beide Francis. Ein ausgeprägter Sinn für Humor (Interview mit F. Gaona, 26.4.2018, Sebastopol).

Mit diesen Worten begann Francisco Gaona, Professor für Spanisch an der Sonoma State University, die Geschichte seiner zehnjährigen Freundschaft mit Francis. In Francis' letzten Lebensjahren verbrachten sie regelmäßig Zeit miteinander:

> *Einmal in der Woche trafen wir uns zum Tee, abwechselnd bei mir und bei ihm zu Hause. Um fünf Uhr wusste Cumae, dass es Zeit wurde, aufzustehen, und das war dann das Ende unserer Sitzung. Er liebte Cumae. Sie waren sehr, sehr eng verbunden. Als er im Sterben lag, sagte er zu mir: „Sie wartet auf mich." Er war sehr, sehr großzügig und hatte einen großartigen Sinn für Humor. Einmal fragten Nachbarn, die wussten, dass wir uns trafen, meine Frau, worüber wir denn reden würden. Sie antwortete: „Sie lachen hauptsächlich."* (Interview mit F. Gaona, 26.4.2018, Sebastopol)

Die beiden Männer hatten viel gemeinsam, zumal Francisco nur neun Jahre jünger war als Francis. Literatur, Musik und Etymologie waren ihre bevorzugten Gesprächsthemen. Professor Gaona sagte uns, dass er Francis' Spontaneität und Liebenswürdigkeit sehr geschätzt habe und ihn immer noch vermisse. Obwohl er Francis' Vorliebe für das Bizarre, das Okkulte und für LSD nicht teilte, hatten sie einander viele Anekdoten zu erzählen. „Er liebte das I Ging und die Mythologie. Neben seinem Bett lagen und standen in seinen letzten Tagen viele schöne Objekte. Er hatte einen tiefen Glauben" (Interview mit F. Gaona, 26.4.2018, Sebastopol). Francis erstellte mit großer Sorgfalt eine numerologische Karte aus dem I Ging für seinen neuen Freund.

Einmal kämpfte Francis mit einem ungewöhnlichen etymologischen Werk – dem ersten vollständigen Wörterbuch der indogermanischen Sprachwurzeln (Watkins 2011). Es passt zu ihrer Freundschaft, dass Francis in diesem Buch auf die gemeinsamen etymologischen Wurzeln von „friendship" und „freedom" stieß.[9] Francisco gewährte ihm beides – Freundschaft und Freiheit.

> *Francis und ich kamen aus unterschiedlichen akademischen Verhältnissen. Ich habe all diese Informationen von ihm bekommen. Ich habe mich sehr über unsere Verbindung gefreut und darüber, dass wir beide die englische Literatur und das englische Denken liebten. Francis war ein sehr bescheidener Mensch, großzügig. Wir haben nie über die langwierige Arbeit des Bücherschreibens gesprochen. Er wusste, wie man Freundschaften pflegt. Es kann ja viel geschehen zwischen Menschen, aber er besaß diese Fähigkeit. Er litt an Arthritis, und manchmal rief er mich an und sagte: „Hör zu,*

---

[9] Francis' Interesse an Etymologie begann schon früh. Als ich (T. Itten) London im Sommer 1981 verließ, fragte ich Francis, welches Buch ich wählen sollte, wenn ich einmal fliehen müsste und nur ein Buch mitnehmen dürfte. Seine Antwort: „Origins!" Damit war E. Partridges Buch (1966) *Origins: A short etymological dictionary of modern English* (1966) gemeint.

17.4 ... und wieder ein Umzug

wir sollten uns heute Nachmittag nicht treffen, denn ich bin in keiner guten Stimmung und habe wieder eine schwierige Phase." Es gab nie ein hartes Wort zwischen uns. Er war sehr taktvoll, aufmerksam und feinfühlig (Interview mit F. Gaona, 26.4.2018, Sebastopol).

Francis' frühere Beziehungen waren nur selten Thema, außer bei einer Gelegenheit, als sie über Joan Wescott sprachen, die in ihren letzten Lebensjahren ganz in der Nähe gewohnt hatte. Die Beziehung zwischen diesen beiden Männern war unverkennbar von großer Kameradschaft und einer Zuneigung geprägt, die auch mit Francis' Tod nicht endete.

Unter den vielen Briefen, die Francis noch immer schrieb, sind die an Rodney Needham, einen Freund und Ex-Kollegen aus Oxford, gerichteten hervorzuheben. Als Francis von Santa Fe nach Kalifornien umzog, berichtete er Rodney, dass er diesen Wechsel als Tausch eines trockenen, sonnigen Klimas gegen ein wolkiges und feuchtes betrachte: „Dass ich früher in einem solchen Klima gelebt habe, ohne die Nachteile zu bemerken, überrascht mich sehr – genauso wie ich vor einigen Jahren, als ich wieder in Manaus war, vollkommen überrascht war von der Hitze, die ich, da war ich mir sicher, noch nie zuvor erlebt hatte" (Brief an R. Needham, 31.1.2006).

Im selben Brief erzählt er von Cumae, seiner Hündin, und dass ein lieber Freund ihm kürzlich ein Mäntelchen mit der Aufschrift „In Training – Service Dog" für sie geschenkt habe, sodass er sie zum Einkaufen mitnehmen könne:

Wenn nicht mindestens drei Menschen, egal welchen Geschlechts und Alters, sagen: „Oh, was für ein schöner Hund! Wie heißt er denn? Darf ich ihn streicheln?", halten wir beide unsere Zeit für vergeudet. Das entschädigt etwas für die Tatsache, dass ich hier zwar viele Bekannte, aber nur wenige Freunde habe (Brief an R. Needham, 31.1.2006).

Zwei Monate später schrieb er: „Ich freue mich von Herzen, dass Du mit Dir im Reinen bist", und berichtete von einer Mexikoreise mit Adele und Michael,

die sich dort ein Haus von unaufdringlicher Eleganz eingerichtet haben: mit Blick auf einen kleinen Strand, einer grandiosen Aussicht auf den Pazifik, auf Pelikane, die nach Fischen tauchen. Wir wurden mehrere Tage lang von einem einzelnen Wal unterhalten, der blies, auftauchte und mit seiner Fluke auf das Wasser schlug, bumm! bumm! bumm!, und von Sonnenuntergängen, die chromatische Fugen spielten – als ich schon dachte, es wäre vorbei, setzten noch einmal neue Stimmen ein (Brief an R. Needham, 31.3.2006).

Diese Briefe sind ein weiteres Zeugnis dafür, dass Francis sich ein offenes Herz und den Willen bewahrt hatte, Freundschaften auch aus der Ferne zu pflegen. Einer seiner langjährigen Freunde, der ebenfalls von Europa nach Amerika gezogen war, war Michael Schwab, Professor für Public Health. Schwab vermutete, dass Francis seinen Weggang aus London für einen Fehler gehalten haben könnte:

> *Ich erinnere mich vage an Andeutungen dieser Art. Er hatte sich selbst aus dem Strom genommen bzw. von dem Platz verabschiedet, an den seine Ausbildung ihn gestellt hatte und an den er gehörte. Als er London Adele zuliebe verließ ... Er wurde in Amerika freundlich empfangen. Zu seiner Hochzeit kamen unglaublich viele Leute. Er war so britisch und so intelligent; anfangs genoss er die Bewunderung. Doch Menschen, die ihn seines britischen Akzents wegen bewunderten, brüskierte er. Jemand sagte etwa: „Ich liebe Ihren Akzent einfach." Francis: „Haben Sie sonst noch etwas zu sagen?"* (Skype-Interview mit M. Schwab, 7.7.2019).

Als Adele Francis verließ, zog Schwab, der gerade selbst eine späte Scheidung durchgemacht hatte, bei seinem Freund ein. Doch dann bekam ihre Freundschaft Risse.

> *Cal machte mich mit einer Frau bekannt, mit der Francis überhaupt nichts anfangen konnte. Ihr Name war Seah Kris. Ich wusste nicht, dass Francis sie tatsächlich nicht ausstehen konnte. Sie kam vorbei und blieb über Nacht. Am nächsten Tag warf Francis mich raus. „Ich will diese Frau nicht im Haus haben", sagte er. „Es wird Zeit, dass du gehst." Also sagte ich: „Okay, ich war lang genug bei dir." Ich wusste, wie tief das ging, und verabschiedete mich. Dann schickte er mir eine Postkarte mit diesem berühmten Foto von der Gare de Lyon, wo der Zug aus den Gleisen springt und auf die Straße fährt, und schrieb auf die Rückseite: „Michael, unsere gemeinsame Zeit ist vorbei. Ich verspüre keinen Wunsch nach einem Neustart. Mit freundlichen Grüßen, Francis." Er hat nie wieder mit mir gesprochen. Adele erzählte mir, dass ich nicht der Einzige war, den Francis in seinen späten Jahren so behandelte* (Skype-Interview mit M. Schwab, 7.7.2019).

Später kam Michael der Gedanke, dass dieses Verhalten womöglich „eine Art Freundschaftsdienst für uns alle war, die wir Francis gefolgt sind. Wir haben uns ihm untergeordnet. Er war ein Arzt, ein Vater für uns gewesen, und dies war seine Art zu sagen: ‚Ihr könnt jetzt gehen. Ich bin fertig. Es ist genug. Geht, geht.' Also erzählte ich mir diese Version der Geschichte und fühlte mich besser" (Skype-Interview mit M. Schwab, 7.7.2019).

Chemotherapie und Klimafragen

Nachdem Francis jahrelang in der trockenen Hitze von Santa Fe gelebt hatte, war die Feuchtigkeit in Sonoma County nicht gerade eine willkommene Abwechslung.

Aber er hatte jetzt größere Sorgen als das nordkalifornische Klima. Er musste sich von der Chemotherapie erholen, der er sich nach der Entdeckung eines Tumors in seinem Rachen hatte unterziehen müssen. Er war

> *froh, berichten zu können, dass mein Haar jetzt ziemlich kraus nachwächst und bereits dicht genug ist, um mein Haupt zu bedecken, dessen Kahlheit ich mich merkwürdigerweise geschämt hatte. Mein Bart folgt dem Beispiel – ich musste ihn abrasieren, damit mir eine Maske aus Kunststoffnetzgewebe über den Kopf gestülpt und an dem Tisch befestigt werden konnte, auf dem ich lag – ein bewegungsunfähiges Opfer der Radiologie, das nun verstand, warum man mich zuvor gefragt hatte, ob ich unter Klaustrophobie leiden würde. („Gelegentlich" hatte ich geantwortet – als ob sie das interessierte!)* (Brief an N. Cobb, 15.8.2005, FHA).

„O ja", fügte er hinzu, „und der Tumor, der aus dem hinteren Bereich meiner Nase/meines Rachens gewachsen war, ist jetzt verschwunden – zumindest aus dem Blickfeld." Francis fand Trost in der Lektüre des ägyptischen und des tibetischen Totenbuchs, „zusammen mit anderen haarsträubenden Abhandlungen über das menschliche Dasein" (Brief an N. Cobb, 15.8.2005, FHA). Seine Krebserkrankung und ihre Behandlung machten eine achtmonatige Medikamenteneinnahme und eine drastische Ernährungsumstellung erforderlich. Dreieinhalb Monate nach seiner letzten Strahlen- und Chemotherapie versprachen ihm die Ärzte, dass er nach einem weiteren Monat auch die leidigen Nachwirkungen los wäre. Glücklicherweise verbesserte sich sein Gesundheitszustand tatsächlich so weit, dass er seine Alltagsaktivitäten wie Spazierengehen und Briefeschreiben wieder aufnehmen konnte. Die Zuwendung seiner Freunde in dieser Zeit rührte ihn oft zu Tränen. Er fühlte sich wieder wohl in seiner Hütte, genoss es, in die schöne Umgebung von Bodega Bay zu fahren, dort mit Cumae spazieren zu gehen und auf dem Rückweg ein paar Einkäufe zu tätigen. Drei- bis viermal pro Woche ließ er sich – noch immer ganz der korrekte Engländer – zu ausgiebigen Mahlzeiten und Gesprächen bei Michael und Adele sehen. Bei gelegentlichen Unstimmigkeiten zwischen den beiden „hatte Francis für beide Seiten ein offenes Ohr". Er besaß „ein großes Herz und sehr viel Mitgefühl", erinnerte sich Michael (Interview mit M. Williams, 12.4.2018, Sebastopol). Das Vertrauen und die Freundschaft zwischen ihnen waren stark und beständig.

17.5 Neunzig Jahre: der weise Alte mit dem Silberstab

Im Jahr 2013 beschloss das Ehepaar Dorothea Joos und Jacques Lévy, die Wagnon Road hinaufzufahren. Sie waren auf der Suche nach Francis Huxley und hatten nach Joan Wescotts Tod erfahren, dass er irgendwo in der Nähe wohnte. Es dauerte nicht lange, und die drei trafen sich alle drei Wochen. Sie wohnten nur 15 Autominuten voneinander entfernt. Dorothea war Joans Sterbebegleiterin gewesen. Francis wollte sehen, wo in Occidental Joan gelebt hatte und wo sich ihr von der russisch-orthodoxen Kirche gestiftetes Grab befand. Dorothea erlebte ihn als recht offen, wenn es um seine Gefühle und um die Familie Huxley ging. Die Herzlichkeit ihrer Begegnungen wurde meist durch eine Flasche Calvados und eine Cola gefördert. Francis wurde dann lockerer. Trotz seiner inzwischen 91 Jahre war sein Geist immer noch kristallklar, und „ihm entging nichts. Oft wiederholte er die Binsenweisheit: ‚Das Problem mit dem Altwerden ist, dass es keine Zukunft hat', was seiner Meinung nach eigentlich eine beruhigende Wirkung auf die Seelenhormone haben sollte, ‚aber nein, hat es nicht', sagte er und zitierte einen Spruch, der eine positive Wirkung auf ihn hatte: ‚Kopf hoch, das Schlimmste kommt erst noch.'"[10]

Meist fand Francis es ermüdend, den ganzen Tag nichts zu tun zu haben. Bis wenige Wochen vor seinem Tod lief er regelmäßig, unterstützt von seinem Gehstock mit dem Silberknauf, die Straße hinunter bis zu seinem Briefkasten, in dem die wöchentlich erscheinende Literaturbeilage der *Times* und die vielen Briefe warteten, die er immer noch erhielt – an E-Mails hatte Francis kein Interesse. Zu den alten Bekannten, die ihm noch immer schrieben und Exemplare ihrer druckfrischen Bücher schickten, gehörte auch Mina Semyon. Sie nahm großen Anteil an seinem Wohlergehen und zeigte sich sehr berührt von ihm: „Er war ein wirklich guter Mensch. Ich habe diese letzten Jahre genossen, und er war immer in meinem Herzen in diesen Jahren. Ich habe mich sehr auf seine Karten gefreut. Er hat meine Briefe immer beantwortet. Ich freute mich auf seine Antworten, auf seine liebevollen Antworten" (Interview mit M. Semyon, 19.3.2018, London).

Wenn Francis die Post geholt hatte, machte er es sich an seinem breiten Marmorschreibtisch mit einem Joint und einer Tasse Kaffee – mit etwas Sahne und einem Löffelchen braunem Zucker – gemütlich und freute sich an den Wörtern und Geschichten, die ihm zuliefen. Die Arbeit an *The mutual self* hatte er längst aufgegeben, seine Schreibleidenschaft galt jetzt ausschließlich dem geplanten Buch über die Zahl 42. Dafür füllte er fieberhaft viele Seiten mit Berechnungen und Notizen, weil er sich verpflichtet fühlte, das Projekt abzuschließen. Lewis Carrolls Besessenheit von dieser Zahl, die sich auch in den „42 Illustrationen in

---

[10] Brief an T. Itten, 1. Oktober 2003; das Zitat stammt aus „Shooting stars", einer Geschichte von Philander Chase Johnson, die 1920 im *Everybody's Magazine* abgedruckt worden war. „Es fasst auch Ronnies Einstellung zusammen, findest du nicht?"

17.5 Neunzig Jahre: der weise Alte mit dem Silberstab

‚Alices Abenteuer im Wunderland'" widerspiegelt (Wilson 2009, S. 164), fasziniert ihn. Zuvor hatte er Peter Mayer, dem Verleger von Overlook Books, geschrieben:

> *Die 42 ist eine Zahl, die etwa zwei Dutzend Mal in Lewis Carrolls Leben und Werk auftaucht, zusammen mit einigen höchst merkwürdigen Zufällen: All das hat mich dazu veranlasst, herausfinden zu wollen, was es mit der 42 auf sich hat, dass sie sich für solche Vorkommnisse anbietet, sodass das Buch meine Reflexionen nicht nur über Carroll, sondern auch über eine Reihe elementarer mathematischer Operationen enthält (wozu ich ein paar interessante Entdeckungen gemacht habe), die eine Entsprechung zu Carrolls sprachlichem Einfallsreichtum bilden* (Brief an P. Mayer, 5.12.2003).

Als sein 90. Geburtstag auf leisen Sohlen nahte, organisierten Adele und Michael eine schöne Dinnerparty im Freien für Francis. Viele Menschen kamen, zum Teil von weit her, einige sogar aus New Mexico. Für Michael, der sich schon sein Leben lang um andere gekümmert hatte, war Francis ein Familienmitglied und wurde deshalb auch in finanzieller Hinsicht mitversorgt. Francis hatte seinen nicht unerheblichen Anteil aus dem Verkauf des Hauses in Pojoaque bereits seiner Ex-Frau Adele (Abb. 17.3) geschenkt. Sie und ihr zweiter Ehemann Michael bildeten jetzt die Nachfolgegeneration.

Francis schätzte das Gefühl der Zugehörigkeit zu einer neuen Familie sehr, das durch die gelegentliche Anwesenheit von Michaels Kindern und Enkelkindern am Esstisch noch verstärkt wurde, und es gefiel ihm, wenn sie einfach auf einen Plausch in seiner Hütte vorbeischauten und nach ihm sahen, wie Michael es tat. Für Michael war Francis zu einem zuverlässigen Vertrauten geworden. Nur einmal habe es Probleme zwischen ihnen gegeben, erinnert sich Michael, und zwar nach einer Operation, der sich Francis nach seiner Krebserkrankung hatte unterziehen müssen. Diese OP habe eine vorübergehende medikamentenbedingte „Psychose" ausgelöst:

> *Er versuchte, die Autotür mit den Essstäbchen zu öffnen. Dabei hatte er die verdammten Autoschlüssel in seiner Tasche. Cumae rannte den Highway rauf und runter. Ich öffnete die Tür, bugsierte Francis auf den Rücksitz und knallte die Tür zu. Dann beruhigte ich mich rasch wieder. Francis übte sich in Wahrsagerei. Er saß im Auto und zog seine Essstäbchen hervor, um die Autotür zu öffnen. In dieser Phase war er bester Stimmung, so gut gelaunt habe ich ihn nie mehr erlebt. Er war so glücklich, alles war Liebe, alles war mit allem verbunden, und alles war schön* (Interview mit M. Williams, 12.4.2018, Sebastopol).

Als Francis' Hörvermögen altersbedingt und durch die Nebenwirkungen der Strahlentherapie nachließ, zog er sich immer mehr in ein selbst gewähltes

Abb. 17.3 Hochzeitsfoto von Francis und Adele. Von links nach rechts: Jill Purce, Adele, Francis, Juliette Huxley und Rupert Sheldrake, London 1986. (FHA, mit freundlicher Genehmigung von A. Getty)

Einsiedlerdasein zurück, weil ihm die mit seiner Schwerhörigkeit verbundenen Kommunikationsprobleme in sozialen Situationen zu schaffen machen. Nach dem Mittagessen hielt er nach wie vor seine Siesta, zog die Vorhänge zu und signalisierte damit, dass er nicht gestört werden wollte. Verschiedentlich kam es jedoch zu Situationen, in denen sein Rückzug aus dem gesellschaftlichen Leben und die Art und Weise dieses Rückzugs negative Auswirkungen auf andere hatte.

Freunde, Feinde, Isolation
Adele erinnert sich, dass Francis' Rückzug selbst seine Beziehungen zu langjährigen Freunden zu beeinträchtigen begann:

> *Francis schrieb keine E-Mails. Auch Telefonate mochte er nicht, ging nicht mehr ans Telefon und all solche Dinge. Die Leute wandten sich dann an mich. Sie mailten mir: „Wie geht es Francis?" Ich ging zu Francis und sagte: „Ich habe eine E-Mail von Jeremy bekommen; er ist in San Francisco. Er würde dich gern besuchen, ist das okay?" Er sagte dann: „Ja, ist mir schnurz." Jeremy hatte offensichtlich eine sehr schwere Zeit durchgemacht, weil ein Angehöriger gestorben war. Kurzum, er hatte sich länger nicht mehr gemeldet, und als er mit seinem Sohn im Teenageralter hier*

17.5 Neunzig Jahre: der weise Alte mit dem Silberstab

ankam und sich darauf freute, Francis zu treffen, wollte der ihn nicht sehen (Interview mit A. Getty, 10.4.2018, Sebastopol).

Jeremy Narby besuchte Francis 2011 in Begleitung seines 15-jährigen Sohnes. Als sie auf Francis' Hütte zugingen, geschah laut Jeremy Folgendes:

Francis stürmte aus der Tür und gab mir etwa fünf Minuten lang Saures. Dann ging er zurück ins Haus. Ich stand da, war völlig geschockt, und mein Sohn sah mich an. Ich sagte zu Adele, dass dies nicht akzeptabel sei, dass wir keinesfalls bleiben würden, dass wir sofort wieder gehen würden. „Nein", sagte sie, „ihr könnt nicht gehen." (Skype-Interview mit J. Narby, 7.2.2019).

Jeremy erzählte ihr, was in seinem Leben gerade los war. Schäumend vor Wut betrat Adele die Hütte.

„Francis, ich bin wütend. Ich kann einfach nicht glauben, dass du einem Freund das angetan hast. Weißt du, was in Jeremys Leben passiert ist, weißt du vom Tod seines Vaters und der langen Krankheit seiner Mutter?" Francis erwiderte: „Wie schrecklich; ich komme besser mit und entschuldige mich bei Jeremy." Ehe Jeremy sich versah, kam Francis wieder aus dem Haus und sagte: „Okay, dann lasst uns jetzt zu Abend essen." (Interview mit A. Getty, 10.4.2018, Sebastopol).

Es wurde eine eher unbehagliche Zusammenkunft am Esstisch. Für seinen ehemaligen Mitautor und -herausgeber fühlte es sich an, als hätte Francis gesagt:

„Ich habe dich wissen lassen, warum ich unzufrieden mit dir war. Das ist jetzt erledigt, und nun machen wir einfach weiter und essen zusammen zu Abend." Mein Problem war, dass es mir schwerfiel, das zu akzeptieren ... Ich glaube, er war generell verärgert, weil ich kein weiteres Buch mit ihm gemacht hatte. Für ihn war das, als hätte ich ihn im Stich gelassen. Wir hatten eine enge Freundschaft und intensive intellektuelle Begegnungen. Meiner Meinung nach findet man manchmal zusammen, und zu anderen Zeiten entfernt man sich voneinander (Skype-Interview mit J. Narby, 7.2.2019).

Adele wurde klar, dass der angerichtete Schaden von Dauer war: „Ich weiß nicht, ob sie danach jemals wieder miteinander kommuniziert haben. Francis fühlte sich von Jeremy auf irgendeine Weise zurückgewiesen, und das führte zu dieser Reaktion" (Interview mit A. Getty, 10.4.2018, Sebastopol).

Michael hatte Mitleid mit Jeremy Narby, und es stimmte ihn traurig, dass Francis, dieser herzliche Mensch, der so viel Mitgefühl und einen so wunderbaren Sinn für Humor hatte, „anderen gegenüber wirklich verdammt schwierig" sein konnte. Er fand es „erstaunlich, dass er und ich nie solche Konflikte hatten" (Interview mit M. Williams, 12.4.2018, Sebastopol).

Rupert Sheldrake und Andrew Feldmar waren weitere langjährige Freunde, die sich Francis' Zorn zuzogen. Laut Adele hatte Francis

das Gefühl, dass man zu ihm sprach, anstatt ihn in die Gespräche einzubeziehen, was ihm höchst wichtig war. Ihm war es egal, wie klug man war [oder] wie erfolgreich man war oder was auch immer, wenn man einfach einer von diesen Narzissten war, die den ganzen Vormittag nur über sich selbst reden und keine Frage stellen, wie zum Beispiel: „Was ist mit dir, Francis, was denkst du darüber?" Diese Dynamik war Francis extrem wichtig (Interview mit A. Getty, 10.4.2018, Sebastopol).

Dass Francis auch alte Freunde zurückstieß, beunruhigte Adele nicht zuletzt deshalb, weil „all diese Menschen auch meine Freunde und ein Teil meines Lebens waren". Wenn sie nicht mehr willkommen waren, würden Michael und sie diese Freunde vermissen. Sie versuchte, Francis auf sein Verhalten anzusprechen – mit wenig Erfolg:

„Warum lässt du dich nicht mehr auf deine langjährigen Freunde ein? Was beendet eine Beziehung? Selbst wenn sie dich ignoriert oder etwas getan haben, was dich kränkt – was auch immer es ist, ist es den Bruch der Beziehung wert?" Er wimmelte mich dann einfach ab. Er gab mir keine Antwort, er ließ sich auf nichts in dieser Richtung ein. Ein Beispiel: Ein Freund aus Santa Fe ruft Francis an. Francis fragt: „Wer ist da?" Der Freund: „Hier ist Victor." Francis: „Was willst du?" Victor: „Hören, wie es dir geht." Francis: „Nun, das geht dich nichts an." (Interview mit A. Getty, 10.4.2018, Sebastopol).

Auch Cal erinnert sich daran, dass Francis sich von ihr zu distanzieren versuchte. Ihr Umgang mit ihm zeigte, wie meisterhaft sie die Kunst beherrschte, sowohl offen und direkt zu agieren, ohne sich von scheinbar grob unhöflichem Verhalten beeindrucken zu lassen, als auch durch das Verhalten des anderen hindurchzusehen und auf ihn zuzugehen. Nur wenige von Francis' Freunden, die seinen Zorn zu spüren bekamen, konnten auf diese Fähigkeit zurückgreifen. Francis war in dieser Hinsicht vielleicht ein wenig wie Laing. Die Wahrheit war: Seit er die 90 überschritten hatte, bekam er nur noch sehr wenig von einem Gespräch mit. Seine Hörgeräte waren veraltet, und Michaels Angebot, neue zu besorgen, wurde abgelehnt. Bei unserem letzten gemeinsamen Weihnachtsessen sagte Francis zu mir (T. Itten): „Da ich nicht mehr richtig höre und der Unterhaltung nicht mehr folgen kann, ziehe ich es vor, selbst zu reden. Du kannst dich zurücklehnen. Genieß es, weniger zu reden."

Häusliche Pflege, Marihuana und Geistertänze

Als Francis 88 Jahre alt war, bat Adele Diana Conn Darling, die in Santa Rosa lebte, jemanden zu finden, der Francis chauffieren und begleiten sollte. Diana beschloss, den Job selbst zu übernehmen: „Ich wollte ihm die Möglichkeit geben, ein ganz gewöhnlicher Mensch zu sein, wenn er das wollte. Sollte sich herausstellen, dass er das entspannend fand, wäre das großartig. Ich war keine wirkliche Freundin und keine wirkliche Angestellte, sondern irgendwas dazwischen" (Interview mit D. C. Darling, 18.4.2018, Sebastopol).

In Francis' letzten vier Lebensjahren kam Diana an zwei Tagen der Woche und leistete Sozialarbeit gegen Bezahlung. Wie vereinbart, kam sie um 9 oder 10 Uhr morgens und blieb in der Hütte, während Francis Solitär spielte oder las. Danach setzte er sich ins Auto und ließ sich von ihr nach Sebastopol fahren, wo er ein paar Einkäufe erledigte, meist in den Bioläden der Stadt. Zu Hause war er, auch wenn es chaotisch wirken mochte, gut organisiert. Er reagierte recht unwirsch, wenn Diana nach einem Buch griff und es sich ansah: „Er wollte, dass ich alles so ließ, wie es war, weil er mitten im Prozess steckte … [Ein] Engländer, der an seinem Numerologie-Ding arbeitete" (Interview mit D. C. Darling, 18.4.2018, Sebastopol).

Die drei Zimmer seines kleinen Holzhauses waren meist, wenn auch nicht immer, aufgeräumt und sauber. Wenn er Lebensmittel eingekauft hatte, pflegte er das frische Gemüse auf das alte zu legen, mit dem Ergebnis, dass sich „in Francis' Kühlschrank neues Leben entwickelte. Er wollte nicht, dass ich ihn ausräume. Er lehnte es rundweg ab." Doch wenn Francis mit Diana unterwegs war, kamen Adele und Michael und machten sauber. Wenn er dahinterkam, rettete sein „gardez le silence" den häuslichen Frieden. Er lachte, wenn er das Ergebnis entdeckte. Diana beschreibt ihn als einen sehr geerdeten Menschen. Er sei Adele und Michael sehr dankbar dafür gewesen, dass sie sich um ihn kümmerten.

Als Diana, die früher als Zeitschriftenredakteurin gearbeitet hatte, ihm anbot, ihm bei seinen unvollendeten Büchern zu helfen – Adele hatte sie dazu ermutigt –, zeigte er kein Interesse. Das Einzige, was ihn interessierte, war *Esmeralda Fufluns,* eine Geschichte für Kinder und Erwachsene, die er Ende der 1960er-Jahre geschrieben und eingesprochen hatte, von der er jedoch weder eine Aufnahme noch eine Kopie des Drehbuchmanuskripts besaß. Diana gelang es, beides für ihn zu beschaffen, worüber er sich sehr freute. Als sie schließlich Gelegenheit hatte, *Affable savages* zu lesen, begann sie zu verstehen,

> *wie groß der Beitrag war, den Francis für die weltweite Anthropologie und ihre Grundhaltung geleistet hatte. Die Verschiebung von Objekten zu Subjekten. Er behandelte all diese Menschen wie seine Mitmenschen und nicht wie irgendwelche exotischen*

Kreaturen. Er hat sich auf sie eingelassen und sie respektiert, trotz mancher Torheiten (Interview mit D. C. Darling, 18.4.2018, Sebastopol).

Francis' Schmerzen wurden von Jahr zu Jahr schlimmer, doch er weigerte sich standhaft, Schmerzmittel zu nehmen, weil er fürchtete, sie würden seinen Geist vernebeln. Lieber wollte er jeden Morgen einen Joint rauchen, so wie Freud seiner Liebe zur Zigarre täglich gefrönt hatte. Das Marihuana linderte die Schmerzen, die von der Dentalprothese verursacht wurden, die er tragen musste.[11]

Im Wald hinter seiner Hütte befand sich eine Quelle, die er als den Ursprung des Ortes betrachtete. Er ging oft den steilen, kurvigen Waldweg bis zur Quelle hinunter, brachte ein Trankopfer dar, zündete eine Kerze an und tat, was ihm in spiritueller Hinsicht in den Sinn kam. Cal erinnert sich, dass Francis Federschmuck und Gebetsstöcke anfertigte. Als er in seinen letzten Lebenswochen wegen der zu großen Sturzgefahr keine Gaben mehr darbringen konnte, bot sie ihm an, seine Abgesandte zu sein.

Während wir uns mit Cal unterhielten, kam Michael Stuart Ani, Autor von *The ghost dance* (2017), vorbei. Dieses Buch war der Schlüssel zu seiner kurzen Freundschaft mit Francis gewesen: Acht Monate vor Francis' Tod brachte Ani, der ebenfalls in der Wagnon Road wohnte, sein Manuskript mit. Da Francis nicht mehr viel las, las Michael ihm das Manuskript kurzerhand vor. In der gedruckten Ausgabe würdigt er seinen Freund, „den revolutionären Anthropologen und Mitbegründer von Survival International, Francis Huxley, für seinen tiefen Einblick in dieses Buch und in meine Seele" (Ani 2017, S. 278). Sie führten lebhafte Gespräche über ihre jeweiligen Erfahrungen im brasilianischen Regenwald, stimmten mit leuchtenden Gesichtern Lieder der Indigenen an und führten gemeinsam einige rituelle Zeremonien durch. „Bevor du und ich nicht fertig sind, gehe ich nirgendwo hin", sagte Francis zu ihm (Interview mit M. S. Ani, 18.4.2018, Sebastopol).

17.6 Rückblicke und Abschiede

Ob als Onkel, Patenonkel oder Freund der Familie: Francis hatte sich in der Gesellschaft von Kindern immer wohl gefühlt. Seine Nichten Victoria und Susan

---

[11] Ein Arztbrief von Dr. P. Lovejoy vom 6.1.2014 bestätigte „den therapeutischen Nutzen von Cannabis" für die „schwerwiegende Erkrankung", an der Francis litt.

17.6 Rückblicke und Abschiede

schrieben ihm weiterhin, um ihn über Neuigkeiten in der Familie auf dem Laufenden zu halten, so auch, als ihre Mutter starb.[12] Aldous' Enkel Mark Trevenen (Trev) erzählte uns, wie großartig Francis gewesen war, „als wir Kinder waren. Ich kann auch gut mit Kindern umgehen. Wir haben also etwas gemeinsam, das Reden auf Augenhöhe mit den Kids" (Interview mit T. Huxley, 26.4.2018, Sebastopol). Susan Ray Huxley erinnerte sich: „Er war immer sehr liebevoll, doch er konnte einem auch ziemliche Angst einflößen. Er liebte es, uns Kindern Geschichten zu erzählen" (Interview mit S. Ray Huxley, 14.3.2018, London).[13] Spiel und Spaß standen bei Francis immer hoch im Kurs. Auch Rupert Sheldrake lobte Francis und Adele für ihren fröhlichen, unbeschwerten Umgang mit seinen Söhnen Merlin und Cosmo. Cosmo erinnerte sich nicht nur an eine große Nähe zwischen seinem Vater und Francis, er äußerte auch eine interessante Ansicht, was ihren unterschiedlichen Zugang zum Thema des Heiligen betraf:

Sie repräsentieren die entgegengesetzten Enden eines Spektrums. Francis befand sich am dunklen Ende. Seine Imagination wurde von der Dunkelheit beflügelt. Mein Vater hingegen tendiert zur hellen Seite der Dinge. Francis hatte einen leicht morbiden Humor. Er und mein Vater haben sich gegenseitig aufgezogen (Interview mit C. Sheldrake, 13.3.2018, London).

Francis hatte sich bereit erklärt, Pate meines (T. Itten) Erstgeborenen Dimitrij Emanuel zu werden, der am 17.12.1981 zur Welt kam, im selben Jahr, in dem ich in die Schweiz zurückkehrte. Als Dimitrij älter war und Francis in den USA lebte, schickten sie einander Postkarten und gelegentlich auch Briefe. In einem seiner letzten Briefe an Dimitrij, der für sein Abitur eine Arbeit über den Dadaismus hatte schreiben müssen und seinen Patenonkel nach dessen Meinung dazu gefragt hatte, schrieb Francis:

Ja, ich weiß etwas über Dada, hauptsächlich aus diesem Buch von Roger Shattuck, „The banquet years", und kann sagen, dass es mich nicht überrascht, dass Dada dir deine Energie geraubt hat, es vermittelt so eine urkomische Sinnlosigkeit. Außerdem warst du, wie du sagst, in mancherlei Hinsicht ein Außenseiter, und nichts davon hast du dir selbst zuzuschreiben. Und in einer solchen Situation gut für sich zu sorgen ist nicht leicht, wie ich & viele meiner Freunde aus eigener Erfahrung wissen. Ich würde

---

[12] Karte von Victoria vom 2.2.2016 mit dem Programm des Gedenkgottesdienstes für Ann Huxley, die am 2.1.2016 gestorben war (FHA).

[13] Susan liebte es besonders, wenn Francis von einer seiner Forschungsreisen zurückkam und ihr, Lucinda und Victoria die Speere, Kopfbedeckungen und Voodoo-Artefakte zeigte, die er mitgebracht hatte.

dich gern sehen, wenn du es für möglich hältst, mich zu besuchen (Brief an D. Itten, 15.11.2004, FHA).

Dank Dimitrijs Beharren auf einem letzten Besuch bei Francis (frühere Besuche hatten in den Sommern 1995 und 1997 stattgefunden), feierten wir mit Francis sein – wie sich später herausstellte – letztes Weihnachtsfest. Zufälligerweise war Dimitrijs Bruder Raphael gerade in Los Angeles, wo seine Street Art ausgestellt wurde, und konnte ebenfalls kommen. Raphael erinnert sich noch gut an unsere Besuche bei Francis in Santa Fe 1995 und 1997,

> *als wir bei ihm und Adele in dieser wunderschönen Umgebung gewohnt haben. Als Kind bin ich mir wirklich vorgekommen wie in einem Film. In dieser Gegend zu sein, wo ich das echte Amerika mit seinen indigenen Wurzeln erkennen konnte, mit all den Skulpturen und dieser Landschaft. Ich weiß noch, dass wir mit Francis diesen Deich gebaut und einen Ausritt in die Wüste unternommen haben* (Interview mit R. Itten, 16.10.2017).

Das Weihnachtsfest 2015 hatte für Raphael etwas Idyllisches, ja Märchenhaftes,

> *bei Francis in diesem kleinen Häuschen, umgeben von all der Natur. Eine herzliche Begrüßungszeremonie mit viel Gelächter, Tränen, Emotionen, tollen Gesprächen und Drinks und Gras. Der Weihnachtsabend war wieder unglaublich lustig, denn er begann in Francis' Hütte, gefolgt von einem ziemlich merkwürdigen Weihnachtsessen* (Interview mit R. Itten, 16.10.2017).

Am Neujahrstag, kurz vor seiner Abreise, sprach Raphael noch einmal mit Francis:

> *Es war mir eine große Ehre, ein letztes Mal mit ihm zu plaudern und ihm mein Buch mit den Tierskizzen zu zeigen. Ich habe gesehen und gespürt, wie fasziniert er war. Er hat mich bestärkt, mit meiner Kunst weiterzumachen und vielleicht mit Buntglas zu arbeiten. Und falls ich bei meiner Arbeit Blockaden hätte, könne es helfen, Parks und Zoos zu besuchen. „Vergiss nie, genug Johann Sebastian Bach zu hören", gab er mir bei dieser sehr emotionalen Abschiedszeremonie mit auf den Weg* (Interview mit R. Itten, 16.10.2017).

Das letzte Farewell

Einige Menschen wünschten sich, Francis möge ihnen posthum erscheinen, um sie wissen zu lassen, wie das Leben nach dem Tod ist. Francis war natürlich entsetzt. Zu Michael Stuart Ani sagte er: „Das ist doch widerwärtig. Ich verschwinde. Ich

17.6 Rückblicke und Abschiede

werde nicht zurückkommen." Ani saß am Tag vor Francis' Tod noch bei ihm. Adele hatte ihm einen Stuhl neben das Bett gestellt.

Ich rezitierte und sang unsere Chants für ihn. Ich dachte, er wäre gar nicht mehr richtig da. Doch kurz bevor ich ging, kroch seine Hand zu mir herüber und berührte meine Hand. „Du bist so ein Gentleman, ein guter Junge", das war das Letzte, was er zu mir sagte (Interview mit M. S. Ani, 18.4.2018, Sebastopol).

Über die letzte Nacht in Francis' Leben wissen wir nicht viel. Um 10 Uhr morgens verließ Adele leise ihr Gästezimmer, in dem Francis lag. Sie hatte die ganze Nacht an seinem Bett gesessen. Es war der 29. Oktober 2016, ein Samstag. Damals in London war der Samstag sein Lieblingswochentag gewesen, ein Tag, an dem er über den Flohmarkt in der Portobello Road zu schlendern pflegte – eine süße Pflicht. Das versammelte Pflegeteam, einschließlich Michael, Cal und Adele, war völlig erschöpft. Eine halbe Stunde später starb Francis John Heathorn Huxley während eines Gewitters: „… er war einfach weg" (Interview mit A. Getty, 10.4.2018, Sebastopol).

Francis hat sein letztes Schiff nicht verpasst. Am darauffolgenden Montag musste sein Leichnam um 16 Uhr im Krematorium sein. Im Haus herrschte eine ruhige, gedämpfte Atmosphäre. Eine schlichte Abschiedsfeier wurde arrangiert, an der noch ein paar wenige andere Gäste teilnahmen. Adele instruierte Cal, welche Gegenstände sie mit in den Sarg legen sollte. „Leg den weißen Büffel hinein", hörte Cal sie sagen. Dabei handelte es sich um ein Objekt, das eine junge Frau namens Rosily Francis bei ihrem letzten Besuch geschenkt hatte: eine emaillierte Schmuckscheibe, auf der ein weißer Büffel dargestellt war. Das war kein Gegenstand, den Adele, wenn sie darüber nachgedacht hätte, für wichtig befunden hätte. Dennoch wurde er mit in den Sarg gelegt.

Michael schloss den Sargdeckel, lud den Sarg auf die Ladefläche seines Pick-ups und fuhr zum Krematorium. Als Adele am nächsten Tag die Urne mit der Asche abholen wollte – die einzige an diesem Tag –, sagte der Bestatter, dass etwas bei der Leiche gewesen sei. Ob sie es sehen wolle? Sie bejahte, und er händigte ihr die besagte Scheibe aus. Eine Seite zeigte eine mit Emaillefarben gemalte Grönlandszene. Der Mann fragte Adele, ob sie wisse, was sich auf der anderen Seite befinde. „Nein", antwortete sie. Die halb verbrannte Scheibe wechselte den Besitzer, und auf der Rückseite las Adele, was zuvor verborgen unter der Emailleschicht gestanden hatte: „I am solid".[14]

---

[14] Anm. d. Übers.: Die Doppelsinnigkeit dieses Ausdrucks lässt sich im Deutschen nicht wiedergeben. „I am solid" bedeutet, ganz buchstäblich genommen, so viel wie „Ich bin

Abb. 17.4 Francis' Hütte und sein Grab auf dem Grundstück in der Wagnon Road 1105, Sebastopol 2020. (Mit freundlicher Genehmigung von Dawn Heumann)

Außerdem hinterließ Francis seine weit gereiste Bagdad-Truhe, gefüllt mit Fotos aus mehreren Huxley-Generationen. Loren Eugen White nahm die Krummhaue, die er Francis 1984 geschenkt hatte, zurück, schmolz sie ein und schmiedete ein schönes Schild daraus, das nun den Grabstein auf der Wiese zwischen den beiden Hütten in der Wagnon Road schmückt (Abb. 17.4).

David Napiers großherziger, bewegender Nachruf im *Guardian*, der Zeitung, die über mehr als 20 Jahre Francis' Rezensionen veröffentlicht hatte, schloss mit den Worten: „Was uns jedoch vor allem in Erinnerung bleiben wird, ist sein unstillbarer Wissensdrang und sein herzhaftes, kraftvolles Lachen" (Napier 21.12.2016, S. 37). Eine längere Fassung dieses Nachrufs, in der Francis' innovativer, reflektierter ethnografischer Ansatz gebührend gewürdigt wurde, erschien in *Anthropology Today* (Napier 2017). Francis war „niemand, der sich seiner intellektuellen Privilegien gerühmt hätte; die Erkenntnis, dass er sie im Überfluss besaß, kam stets unerwartet" (Napier 2017). Humor und gute Laune waren seine Medizin, um mit all dem fertig zu werden, was das Leben ihm vorsetzte, seien es die Zutaten für einen Witz und/oder eine Herausforderung, die es als Geschenk Fortunas anzunehmen galt. Wie

---

beständig/fest/von Dauer" und wird im mündlichen Sprachgebrauch im Sinne von „Es geht mir gut", „Ich bin okay" verwendet.

der Dichter Wordsworth, den Francis für seinen Arbeitseifer bewunderte, sehnte er sich oft danach, ein wenig abseits zu stehen und doch dazuzugehören, „the odd one in" zu sein, ein akzeptierter Außenseiter, scherzend, herumalbernd, spottend; jemand, der Humor als Sprungbrett nutzte, um Saltos schlagend die luftigen Gefilde der Imagination zu durchmessen. Vergnügen und Liebe erschienen ihm unerlässlich – im Leben ebenso wie in der Forschung. So sehr er ein Mann seiner Zeit war, lässt sich doch mit demselben Recht behaupten, dass er zugleich außerhalb seiner Zeit stand, als jemand, der immer wieder unkonventionellen Ideen nachging und abseits der ausgetretenen Pfade forschte. „Das ganz Neue sieht auf merkwürdige Weise wie das ganz Alte aus", hatte er geschrieben (F. Huxley 1974b). Vielleicht kann man Francis Huxley als den ersten „Off-modern"-Anthropologen betrachten, bestens bewandert in der Kunst des Lebens und wissend um die Notwendigkeit, das Herz zu nähren. Seine Arbeit und der Ansatz, den er dafür wählte, verdienen Wertschätzung und enthalten Lehren, die über die Spanne seines Lebens hinauswirken. Wir verabschieden uns hier mit Francis' letzten Worten: „Danke, danke! Lasst uns gehen, lasst uns gehen."

Literatur

Ani, M. S. (2017). *The ghost dance. An untold story of the Americas.* San Bernadino: Penoaks.
Hofmann, A. (1979). *LSD – mein Sorgenkind.* Stuttgart: Klett-Cotta.
Huxley, F. (1974a). *The way of the sacred.* London: Aldus Books.
Huxley, F. (1974b). Where the map is the territory. *Theoria to Theory, 8,* 298.
Huxley, F. (1979). *The dragon – nature of spirit, spirit of nature.* London: Thames & Hudson.
Huxley, F. (1985). Psychoanalysis and anthropology. In P. Horden (Hrsg.), *Freud and the humanities* (S. 130–151). London: Duckworth.
Huxley, F. (1990). *The eye – the seer and the seen.* London: Thames & Hudson.
Napier, A. D. (2004). *The righting of passage: perceptions of change after modernity.* Philadelphia: University of Pennsylvania Press.
Napier, A. D. (2013). *Making things better: a workbook on ritual, cultural values, and environmental behavior.* Oxford: Oxford University Press.
Napier, A. D. (21.12.2016). Francis Huxley – anthropologist and writer fascinated by myth and shamanism. Obituary. *The Guardian,* 37.
Napier, A. D. (2017). Francis Huxley (1923–2016). Obituary. *Anthropology Today, 33*(1), 28f.
Narby, J., & Huxley, F. (Hrsg.). (2001). *Shamans through time – 500 years on the path to knowledge.* Los Angeles: J. P. Tarcher/Putnam. London: Thames & Hudson.
Ranke-Graves, R. von (1981). *Die weiße Göttin. Sprache des Mythos.* Berlin: Medusa.
Watkins, C. (Hrsg.). (2011). *The American heritage dictionary of Indo-European roots.* Houghton: Mifflin Harcourt.
Wilson, R. (2009). *Lewis Carroll in numberland.* London: Penguin Books.

Feld und Feder: Francis Huxley als Schriftsteller

18

> *„Die Schwierigkeit ist, daß die Seltsamkeit des Konstruierens von vorgeblich wissenschaftlichen Texten aus Erfahrungen, die im weitesten Sinne biographisch sind ... völlig verschleiert wird."*
>
> *(Geertz 1993, S. 18).*
>
> *„Das Merkwürdige am Schreiben ist, dass man sein eigenes Buch direkt nach dem Erscheinen fabelhaft findet, und dann offenbart es einem langsam, aber sicher sämtliche Schwachstellen. Aber wäre dies nicht so, würde man sich wohl kaum die Mühe machen, das nächste Buch in Angriff zu nehmen."*
>
> *(F. Huxley, Brief an T. Itten, 21.9.1977).*

18.1 Autorschaft und Agency

Die von Clifford Geertz so prägnant zusammengefasste zentrale Herausforderung für Ethnologinnen und Ethnologen, Anthropologinnen und Anthropologen könnte man mit Fug und Recht für die Geisteswissenschaften als Ganze geltend machen. In seinem Bestreben, unser Verständnis der menschlichen Natur zu vertiefen und zu erweitern, sah sich auch Francis immer wieder diesem Dilemma gegenüber. Für uns ist es hier deshalb von Interesse, weil die Schwierigkeit, auf die Geertz anspielt, seiner Ansicht nach durch das Bedürfnis nach professioneller Reputation „völlig verschleiert" (Geertz 1993, S. 18) wird – ein Problem, das nicht nur das universitäre Leben prägt, sondern auch in der Familie Huxley von Generation zu Generation weitergereicht wurde. Diese Form der Reputation ist sowohl von dem intellektuellen oder künstlerischen Wert des jeweiligen Werks als auch von dem gesellschaftlichen Prestige zu trennen, das der Autor oder die Künstlerin außerhalb seines bzw. ihres Tätigkeitsfelds genießt. Hier können sich bis zu einem gewissen Grad Überschneidungen ergeben, wenn das Ansehen, das einem Autor oder einer Autorin zuteilwird, der Qualität, dem Umfang und der Tiefe der Erkenntnisse entspricht, die das betreffende Werk den Leserinnen und Lesern vermittelt, und wenn die Mainstream-Medien, die für die Vermittlung intellektueller und wissenschaftlicher Entwicklungen an die breite Öffentlichkeit zuständig sind, dem Arbeitsgebiet des Autors oder der Autorin eine Bedeutung beimessen, die über die akademische Welt hinausreicht.

Ohne den Einfluss der Medien oder die allgegenwärtige Mundpropaganda gäbe es keine zwangsläufige Relation zwischen intellektuellem Scharfsinn und einem prominenten Platz in der Hierarchie des gesellschaftlichen Prestiges. So wird gelegentlich vergessen, dass beispielsweise Albert Einstein seinen Ruhm nicht zuletzt der medialen Aufmerksamkeit für Eddingtons experimentelle Bestätigung der aus der allgemeinen Relativitätstheorie abgeleiteten Vorhersagen während der Sonnenfinsternis im Mai 1919 verdankte.

Während in den Naturwissenschaften Fragen des literarischen Stils, der Biografie und der persönlichen Geschichte häufig bedenkenlos – wenngleich nicht gefahrlos – ignoriert werden,[1] was ihre Rolle bei der Genese der epistemologischen Wahrheit betrifft, ist das Dilemma in der Anthropologie deutlich komplizierter. Dort müssen subjektive „Fakten", die durch persönliche Erfahrungen inmitten der Wirbelstürme des kulturellen Schicksals gewonnen wurden, mit Forderungen nach institutionell anerkannten, objektiv überprüfbaren Wahrheiten ringen. Es stimmt, dass die Biografie ihren Platz in der Wissenschaftsgeschichte und -philosophie hat, aber dort, wo es um das Zelebrieren und Überliefern der kanonischen Wahrheit in einer Disziplin geht, wird sie weitgehend vernachlässigt. Zwischen beiden besteht jedoch ein Zusammenhang, wenn auch nur mittelbar. Unabhängig davon, wer Wissenschaft praktiziert, wo und wann sie praktiziert wird und welche Art von Problemen in den Vordergrund gestellt werden, ist die Art und Weise, in der Probleme angegangen werden, immer von der Kultur geprägt, innerhalb deren diese Wissenschaft praktiziert wird – und das schließt die Art und Weise ein, in der Klassen-, Gender- oder Rassenvorurteile in ihr

---

[1] Problematisch wird es, wenn Geisteswissenschaften mit Naturwissenschaften verwechselt werden. Viele Publikationen auf dem Gebiet der biologischen Psychiatrie lassen dieses Problem erkennen (s. Bentall 2009).

zirkulieren. Die Biografien von Michael Faraday, Marie Curie und Rosalind Franklin beispielsweise zeugen von dieser Problematik, die jedoch nach wie vor nicht hinreichend verstanden wird.[2]

Vollkommen anders stellt sich die Situation natürlich in der Literatur dar, wo moderne und postmoderne Proklamationen vom Tod des Autors und dem Vormarsch kollektiver Diskurse die Beziehungen zwischen Leben, Text und Kultur problematisiert haben. Roland Barthes verkündete als Erster den Untergang des Autors, als er sich von der Praxis einer engen kausalen Interpretation verabschiedete, die den Ursprung eines Textes in der Lebensgeschichte und den Intentionen seines nominellen Autors verortete. Für Barthes (2003, S. 187) war es „die Sprache, die spricht". Michel Foucault bestätigte diesen Tod, indem er das individuelle Handeln des Subjekts durch die amorphe Herrschaft des Diskurses ersetzte. „Ich müsste annehmen", schrieb er, „daß ich beim Sprechen nicht meinen Tod banne, sondern daß ich ihn herstelle; oder vielmehr, daß ich jede Innerlichkeit in diesem Außen beseitige, das für mein Leben so indifferent und so neutral ist, daß es zwischen meinem Tod und meinem Leben keinen Unterschied läßt" (Foucault 1981, S. 300) Foucault ersetzte die Vorstellung von individueller Autorschaft durch das Konzept der „diskursiven Felder", die Sprache, gesellschaftliche Institutionen, Macht und Formen der Subjektivität über Zeiten und Orte hinweg zu einer komplexen organischen Einheit verbinden. Das diskursive Feld definierte gewissermaßen die möglichen Positionen sprechender Subjekte (Foucault 1981, S. 201 ff.) und beschnitt das Subjekt als Quelle freien und schöpferischen Denkens weiter.

Dieses Herausschneiden von individueller Autorschaft, Ich-Identität, individueller Handlungsmacht und Selbst-Bewusstsein aus der Literaturkritik bedeutet, dass wir uns nicht länger auf ein unhinterfragtes Konzept von Kunst als einer „Offenbarung der Persönlichkeit" (Boym 1991, S. 3) stützen können. Svetlana Boym war der Meinung, dass diese zeitgenössische Sicht des künstlerischen Schaffens lediglich der jüngste Wiederholungsschritt in einer Abfolge bevorzugter Interpretationsansätze ist. Bevor die Romantik die Doktrin des „Genies" einführte, wurde die Biografie von Dichtern und großen Künstlern nicht als schicksalhafte oder zufällige Entfaltung einer individuellen Lebensgeschichte gesehen, sondern als etwas „Mythisches, Gemeinschaftliches, fast Archetypisches" (Boym 1991,

---

[2] Die Frau von Sir Humphry Davy, Chemiker und Professor der Royal Institution in London, weigerte sich, mit Faraday (dem Sohn eines Schmieds) am selben Tisch zu essen, und verlangte von Davy, es ihr gleichzutun (s. Schwartz und McGuiness 1979). Franklins Beitrag zur Aufklärung der Doppelhelixstruktur der DNA schützte sie nicht vor James Watsons krudem Sexismus (s. Watson 1969; Cobb 2015). Zu Marie Curies Behandlung durch die französische Akademie s. Grady (16.11.2017) und Quinn (1999).

S. 3). Auch unsere Neigung, Autorschaft durch eine entpersonalisierende kulturelle und textuelle Linse zu betrachten, ist gewiss nicht das letzte Wort in dieser Angelegenheit. Boym wies auf einen unerforschten Raum hin, in dem „ästhetische Erfahrung" vom „Tod des Subjekts" entkoppelt ist (Boym 1991, S. 247). Sie machte uns auf die Ironie aufmerksam, die darin liegt, dass wir Barthes und Foucault endlosen biografischen Spekulationen unterwerfen, und forderte die Wiederherstellung einer „nicht totalisierbaren, antiautoritären Ethik" (Boym 1991, S. 248), in der das Erschaffen (und Beseitigen) von Poesie, Liebe, Kritik und Selbst in ein und denselben Schmelztiegel geworfen wird. Tatsächlich hielt sie es für notwendig, die Subjekt-Objekt-Dichotomie in den Sozial- und Geisteswissenschaften zu transzendieren und sich nicht länger auf eine Seite zu schlagen, wenn es um die uralte Frage geht, welche Entität vorrangig zur Erklärung herangezogen werden sollte – das Individuum oder das soziale Umfeld, dessen Teil es ist.

18.2 Die Viererbande der Anthropologie

Die Herausforderung für Anthropologinnen und Anthropologen ist beträchtlich, und die Möglichkeiten, sich ihr zu stellen, sind ungeheuer vielfältig. Geertz hat jedoch ein Quartett bedeutender Persönlichkeiten aus der Geschichte des Fachs herausgegriffen, die dank ihres unverwechselbaren literarischen Stils als Maßstab dienen können – nicht nur, um über die Bedeutung anthropologischen Schreibens als Schreiben zu reflektieren, sondern auch, um Francis' Werk vor diesem Hintergrund zu betrachten: Lévi-Strauss, Evans-Pritchard, Malinowski und Benedict. Francis wurde von allen vieren beeinflusst, in erster Linie aber von Evans-Pritchard, der einer seiner Professoren in Oxford gewesen war. Francis schätzte auch Ruth Benedicts *Patterns of culture* (1934/2019; dt. 1955: *Urformen der Kultur*), ein bedeutendes Werk der Zwischenkriegszeit, nicht nur wegen seiner Einblicke in die japanische Kultur, sondern auch, weil es die Diversität und Plastizität menschlicher Existenz feierte (vgl. das von M. C. Bateson verfasste Vorwort zur englischen Ausgabe). Benedicts wichtigste Botschaft hat bis in unsere problembelastete Gegenwart hinein nichts von ihrer Eindringlichkeit verloren.

Alle drei Autoren und die Autorin dieses anthropologischen Quartetts stellen auf je eigene Weise die Ansicht infrage, dass das Eintauchen in eine bestimmte Kultur eine idealisierte Beschreibung dieser Kultur erlaubt, als handelte es sich um eine „ontologisch gegebene … Außenwelt", die unabhängig von der Lebensgeschichte, der Kultur und den vorausgehenden Überzeugungen des oder der

18.2 Die Viererbande der Anthropologie

anthropologisch Forschenden „mehr oder weniger korrekt wahrgenommen"[3] werden könne (Edwards und Potter 1992, S. 20). Die vier unterstreichen ihre Kritik an dieser Sichtweise, indem sie sich selbst (als Autor bzw. Autorin) in ihre eigenen Narrative einsetzen. Geertz bezeichnete Lévi-Strauss' *Traurige Tropen* (1991) als das am stärksten selbstreferentielle Werk der gesamten Anthropologie: ein Buch, „dessen Thema zum großen Teil es selbst ist" (Geertz 1993, S. 36).

Die Bedeutung des Quartetts beruht auf der Existenz eines, wie Geertz es nannte, „sehr genau umschriebenen und sehr sorgfältig beachteten narrativen Vertrages zwischen Schreiber und Leser" (S. 62 f.). Man darf vermuten, dass es sich dabei um eine projektive Identifikation der Leserinnen und Leser mit dem Autor bzw. der Autorin handelt – eine Identifikation, die abhängig ist von einem gemeinsamen Verständnis der eigenen kulturellen Codes, die weitere Konzepte hinsichtlich Geschlecht, Klasse, Nationalität und Rasse umfassen können. Nirgends war dies offensichtlicher als bei Evans-Pritchard, dessen Leserschaft dazu eingeladen wurde, seinen Status (und über die Verbindung mit ihm auch ihren eigenen) als kluge, kompetente und hoch angesehene Persönlichkeit zu feiern – gründend in seiner aus dem Stegreif artikulierten „berühmten ‚mittleren Tonlage' des gebildeten England" und gepaart mit einem intensiven, visuell-deskriptiven Stil, der es seinen Leserinnen und Lesern leicht machte, sich vorzustellen, dass auch sie dort hätten gewesen sein *können* (Geertz 1993, S. 64). Malinowski hingegen, so Geertz, habe durch einen diskursiven Kunstgriff die größere existenzielle Illusion perfektioniert: die Kunst, den Leserinnen und Lesern das Gefühl zu geben, sie seien tatsächlich „dort" – als „Zeugen" in einem Ritus reiner Beobachtung (S. 81). Bei der Lektüre entstehe der Eindruck, Malinowski sei so tief in die jeweilige Kultur eingetaucht, dass er nicht länger ein Außenstehender war. Er wirke in seinen Schriften wie ein Einheimischer; jeder Anschein einer eigenen Kultur – der des Beobachters – werde getilgt, sodass nur die Leserinnen und Leser Zeugen dessen würden, was Malinowski selbst als intime Wahrheit schildere.

Ruth Benedict, das vierte Mitglied in Geertz' anthropologischer Viererbande, bildet eine Klasse für sich. Sie pflegte einen ganz eigenen literarischen Stil, der das Ziel hatte, den Geist ihrer Leserinnen und Leser dazu zu bringen, seine bisherigen ungeprüften anthropologischen Einstellungen infrage zu stellen und die Dinge mit den Augen der „Anderen" zu betrachten. Dieser Stil wurde Anfang

---

[3] D. Edwards und J. Potter (1992) haben mit ihren Streifzügen durch die diskursive Psychologie unser Verständnis von Sprache als Vermittlungsinstanz in unserem Realitätsverständnis revolutioniert. Bezogen auf den adversatorischen Charakter des englischen Rechtssystems warfen sie die Frage auf, welchen Anteil die Ermittler an der von ihnen vertretenen Version der Realität haben.

des 20. Jahrhunderts von Viktor Šklovskij (1966, 2005) entwickelt. Šklovskij bezeichnete seinen Ansatz als „Verfremdung". Angesichts der Abschaffung des Privatlebens und des Ungehorsams durch das Sowjetsystem verstand Šklovskij Kunst als eine politische Praxis, mit der sich eine radikale Verschiebung der gewohnten Perspektive erreichen ließ – eine Verschiebung, die die Wahrnehmung neu beleben und das Vertraute zu etwas Fremdem machen sollte, so wie sie das Fremde zu etwas Vertrautem machte (s. dazu auch Boym 2005). Benedict verfolgte exakt dasselbe Ziel durch ihre rhetorische Strategie:

> *Sie besteht in der Nebeneinanderstellung des nur allzu Vertrauten und des abenteuerlich Exotischen derart, daß beide die Plätze tauschen. ... Unsere eigenen Lebensformen werden zu merkwürdigen Bräuchen eines merkwürdigen Volkes: die eines fernen Landes, ob real oder der Phantasie entsprungen, werden zu einem vorhersehbaren, wenn man die Umstände berücksichtigt* (Geertz 1993, S. 106 f.).

Verfremdung fördert ein Reframing, eine Neukontextualisierung der Realität. Angesichts der dahinterstehenden Absichten wie auch der Ergebnisse ist es erstaunlich, dass diese Strategie in der Anthropologie so selten zum Einsatz gekommen ist – in einer Disziplin, die darauf basiert, dem „Anderen" in anderen Lebensräumen als dem eigenen zu begegnen und unsere Perspektive auf das menschliche Sein zu erweitern. Doch vielleicht ist genau darin der Grund für die mangelnde Anwendung dieser Strategie zu suchen, denn sie macht nicht nur den Anderen verständlicher für uns, sondern verwandelt uns zugleich in einen „Anderen". Das Ergebnis ist, dass wir den Posten des privilegierten Beobachters aufgeben – und damit auch die Ausstaffierung mit Klugheit und absolutem Wissen.

Was Geertz mit seiner Neubewertung von Lévi-Strauss, Evans-Pritchard, Malinowski und Benedict nahelegt – auch wenn er es nicht so formuliert –, ist, dass der effektivste Weg, herauszufinden, worin der anthropologische Beitrag zum Wissen besteht, eine anthropologische Studie über Anthropologen ist. Das ist gleichbedeutend mit einer völligen Abkehr vom gesunden Menschenverstand und der professionellen Weltsicht, die in einem idealen archimedischen Punkt gründet, von dem aus die Welt in ihrer Gesamtheit angeblich wahrgenommen werden kann, „wie sie ist". Diese traditionelle Sichtweise, die als Markenzeichen der Naturwissenschaften betrachtet wird, hält sich hartnäckig in der Vorstellung der allgemeinen Öffentlichkeit wie auch in den Köpfen vieler Wissenschaftlerinnen und Wissenschaftler, auch wenn sie selbst in diesem Kreis an Boden verliert und die theoretischen Festungen der Sozial- und Geisteswissenschaften geradezu fluchtartig verlässt. In deren Lagern gilt sie schon länger als irreführend.

18.2 Die Viererbande der Anthropologie

„Die ‚Unbefangenheit', der ‚freie' Blick sind Lüge", so Walter Benjamin (1988, S. 95) – eine Lüge, die es uns schwer gemacht hat, die Tatsache unserer Einzigartigkeit ebenso zu akzeptieren wie unsere Gemeinsamkeiten mit anderen. Was uns geblieben ist, ist eine eher begrenzte und beunruhigende Sicht auf unseren Platz in der Welt und auf das, was wir wahrheitsgemäß darüber aussagen können. Wir sind immer mit den Grenzen der menschlichen Vorstellungskraft konfrontiert. Die Realität, so, wie sie ist, nicht.

Geertz lockt uns, ja, er lädt uns ein, die Welt des Menschen zu betreten, indem er Anthropologinnen und Anthropologen rekursiv in eine Studie über Anthropologie einbindet und parallel dazu auch die Leserinnen und Leser, projiziert in die imaginierte geschilderte Realität. Wir können also sagen, dass das Diskursive in der Anthropologie zugleich rekursiv ist. Von Rekursion spricht man – am häufigsten in der Mathematik, der Philosophie und der Logik –, wenn etwas mithilfe einer Version seiner selbst definierbar ist. Rekursion lässt Geschichten innerhalb von Geschichten entstehen. Ein bekanntes literarisches Beispiel ist Italo Calvinos *Wenn ein Reisender in einer Winternacht* (1983), ein Roman über Romane.[4] Rekursive Muster treten auch in der Natur auf, wie die fraktalen Strukturen von Schneeflocken, Blitzen, Perlbooten und Küstenlinien zeigen, um nur einige zu nennen. Douglas Hofstadter (1985) verwendete das Konzept bei seiner spielerischen Erforschung rekursiver Strukturen in Musik, Kunst und Mathematik – unterstützt durch einige fiktive Dialoge zwischen Figuren aus Lewis Carrolls Büchern –, um menschliche Denkprozesse und die informationstechnologische Grundlage der Selbstidentität auf neue Weise zu beleuchten. Rekursive Strukturen finden sich auch in Laings Beschreibung der formalen Knoten (Laing 1972), in die wir Menschen uns allzu oft einschnüren. Auch Francis' Werk lässt hin und wieder seinen Flirt mit Gedanken und Argumenten erkennen, die die Keimzellen anthropologischer Rekursion enthalten. Darüber hinaus ist diese Beschwörung einer gemeinsamen sozialen Wirklichkeit im anthropologischen Schreiben in unseren Augen entscheidend, wenn man die Rezeption seines Werks innerhalb der anthropologischen Community verstehen will.

---

[4] Ein Beispiel, dem die Leserinnen und Leser vermutlich schon in der Schulzeit begegnet sind, stammt aus der natürlichen Sprache und ihrer Codierung durch die formale Grammatik. Die Grammatik einiger Schriftsprachen definiert einen Satz rekursiv als ein Gebilde, das eine Nominalphrase, eine Verbalphrase und optional einen weiteren Satz enthält – formal ausgedrückt: $S = NP + VP \ldots + S'$.

18.3 Der Buchautor Francis Huxley

Anthropologische Monografien
Was seine eigenen Publikationen betrifft, trat Francis eher bescheiden auf – zweifellos eine Folge des einschüchternden Rufs seiner angesehenen Verwandtschaft. *Affable savages,* der Bericht über seinen Forschungsaufenthalt bei den Ka'apor im Amazonasgebiet, den er im Alter von 32 Jahren niederschrieb (F. Huxley 1956)[5], war seiner eigenen Einschätzung zufolge „nicht so gut wie die Arbeit von Darcy Ribeiro" (R. Fuerst, persönl. Kommunikation, Oktober 2017), dem brasilianischen Ethnologen, der ihn 1951 mit den Ka'apor bekannt machte. Ribeiro, der für den Serviço de Proteção aos Indios (SPI), die brasilianische Organisation zum Schutz der Indigenen, arbeitete, hatte viel Erfahrung mit dem Leben in indigenen Gemeinschaften im Süden von Mato Grosso und im Amazonasurwald. Francis war Ribeiro zu Dank verpflichtet, zum einen natürlich für den Kontakt zu den Ka'apor, aber auch für seine „große Freundlichkeit" und seine Unterstützung bei der Organisation der „praktischen Details der Reise" (F. Huxley 1956, S. 11). Francis, der als Doktorand mit einem Stipendium der brasilianischen Regierung einreiste, war für ein tieferes Verständnis der Kultur und der sozialen Systeme der Ka'apor augenscheinlich auf Ribeiros Führung und Anleitung angewiesen. Verständlicherweise hielt er Ribeiro für deutlich „besser informiert" (R. Fuerst, persönl. Kommunikation, Oktober 2017). Ribeiro wiederum lobte Francis' Auftreten gegenüber den Indigenen und stellte fest, dass Francis mit ihnen „sehr gut auskam" und auch ihre Spötteleien über seine Körpergröße bereitwillig über sich ergehen ließ (Ribeiro 1996)[6]. Doch Francis' Hochachtung für Ribeiros intellektuelles Format sollte uns nicht dazu verleiten, die vielen kreativen Aspekte seiner eigenen nuancierten Publikation geringzuschätzen, die von etlichen Seiten großen Beifall erhielt. Für die damalige Zeit waren seine Ziele eindeutig radikal. Francis betrachtete dieses Buch als „einen Versuch, zu zeigen, wie Indianer leben und sich amüsieren: sie tatsächlich als Subjekte zu zeigen, nicht nur als die Objekte einer anthropologischen Untersuchung ... Darum ... lasse ich die Indianer für sich selbst sprechen" (F. Huxley 1956, S. 12).

Die Entstehung dieses Respekts gegenüber der Subjektivität des „Anderen" in den Jahren nach dem Zweiten Weltkrieg kann vor dem Hintergrund seiner totalen Negation in der Vorkriegs- und Kriegszeit gesehen werden und lässt auf eine

---

[5] Zu dieser Zeit wurden die Ka'apor noch Urubu genannt. Ka'apor, die Selbstbezeichnung, bedeutet in der Sprache der Tupi „Bewohner des Waldes".

[6] William Balée, Professor für Anthropologie an der Tulane University, berichtete: „Ich kannte (inzwischen verstorbene) Menschen, die sich liebevoll an ihn als den Karai-puku (den großen Weißen) erinnerten" (persönl. Kommunikation).

18.3 Der Buchautor Francis Huxley

neue Offenheit für Veränderungen schließen, die mit der Bereitschaft einherging, auch andernorts nach Erfahrungen und Erkenntnissen zu suchen. *Affable savages* war zwar Francis' erstes veröffentlichtes Buch, aber nicht seine erste Arbeit über indigene Stämme im Amazonasbecken. Mit 27 hatte er seine Bachelorarbeit über „The social mechanisms of a South American Tribe" geschrieben (der Untertitel lautete: „An account of marriage, war and exchange among the Tupi-Guarani of Brazil with comparisons from other South American Tribes") (Skype-Interview mit A. Butt Colson, 9.5.2018). Wie der lange Titel vermuten lässt, handelte es sich um eine eher formelle anthropologische Arbeit, untergliedert in 20 Kapitel, mit vielen Zitaten, einer Zusammenfassung und Schlussfolgerungen, was den akademischen Konventionen entsprach. In theoretischer Hinsicht Lévi-Strauss verpflichtet, insbesondere im Hinblick auf die Analyse von Verwandtschaftsbeziehungen, lässt diese Arbeit noch kaum etwas von der radikalen, reflexiven Anthropologie erahnen, die Francis mit *Affable savages* präsentieren sollte, auch wenn sein flüssiger, sicherer Stil und eine für eine Bachelorarbeit erstaunliche Reife zweifellos zu erkennen sind. Im Jahr nach der Einreichung dieser Arbeit brach er zusammen mit Ribeiro zu der Forschungsreise auf, aus der später sein Buch entstand – eine überarbeitete Version seiner rund 240.000 Wörter umfassenden Feldnotizen.[7]

Schon die Eingangspassagen von *Affable savages* zeigen, dass Francis sich zwischen dem Abschluss seines Studiums und dem Beginn seiner Forschungsreisen eingehend mit den Beziehungen zwischen anthropologisch Forschenden und den von ihnen Beforschten beschäftigt hatte. So schrieb er:

> *Es ist kein Zufall, dass in Brasilien das Verb „explorar", erforschen, auch „ausbeuten" bedeutet. Für diesen Typ Forscher sind Indianer hauptsächlich ein lästiges Ärgernis, und da er sie ohnedies fürchtet, erschießt er sie, sobald er ihrer ansichtig wird. Die Indianer schießen natürlich zurück, und ein neuer Dschungelkrieg beginnt* (F. Huxley 1956, S. 11).

Francis befürwortete ausdrücklich den vom SPI geförderten Ansatz, der auf „Liebe statt Kugeln" setzte. Sein Bekenntnis zu diesem Credo prägt das gesamte Buch. Rezipiert wurde es als „außergewöhnlich" (*The New Yorker* 1957), als „solide Ethnografie für die damalige Zeit und ein gutes Porträt der Ka'apor-Gesellschaft" (W. Balée, persönl. Kommunikation), als „eine großartige Reise in unbekannte

---

[7] In einem Brief an Rupert Hart-Davis vom 1.5.1953 erläuterte Francis ausführlich, wie schwierig es war, diese Notizen in eine angemessene erzählerische Form zu bringen, die zugleich die Zensur zu umgehen vermochte, da die Ka'apor dazu neigten, „eine Geschichte nach der anderen zu erzählen, in der sie die Größe und Kapazität von *rankwais* (oder *nimbus*) (= Penis), *carapua* (= Vagina), *suruk* (= Kopulation) schildern" (FHA).

Gegenden, vor allem jedoch in die Geschichte von Menschenseelen, in die Geschichte des Menschen, der um sein Schicksal bangt" (*Dernière heure d'Alger* 1961), als Reisebericht, der „eine Fülle merkwürdiger Beobachtungen" enthalte (Haedens 1961). Einer der aufschlussreichsten Kommentare bezog sich auf die französische Ausgabe des Buchs, das Monique Lévi-Strauss auf Anregung ihres Mannes übersetzt hatte. „Mein Mann schätzte FH sehr", schrieb sie, „und hielt dessen Arbeit für äußerst wertvoll."[8] Nach seiner Veröffentlichung auf der anderen Seite des Atlantiks wurde es dort als „ein außergewöhnliches ethnografisches Werk" und „Lesevergnügen" gelobt (Holmberg 1958, S. 388). Dass Lévi-Strauss Francis sehr schätzte, wurde auch von David Napier bestätigt. Rückblickend bezeichnete Napier *Affable savages* als ein Werk, das seiner Zeit um „Jahrzehnte voraus" gewesen sei und seinen Verfasser als den ersten „‚reflexiven' Ethnografen der Anthropologie" zeige, in dessen Ausdrucksform „die Auseinandersetzung mit echter Differenz zu einer sehr persönlichen Reaktion auf Erstaunliches und Unerwartetes geführt" habe (Interview mit D. Napier, 14.8.2018, Ascona).

Was damals noch nicht klar erkannt wurde, war, dass *Affable savages* einen entschlossenen Versuch darstellte, sich sowohl des Szientismus als auch des Ethnozentrismus zu entledigen, die die Anthropologie jener Zeit prägten. Der Ethnologe Pascal Dibie, der das Nachwort für die Neuauflage von 2010 schrieb, lobte die narrative Methode, mit der Francis innerhalb der Anthropologie „einen sehr zeitgemäßen Weg" beschritten habe (Dibie 2010). Das Werk erschien ein Jahr nach Lévi-Strauss' Meisterwerk *Traurige Tropen* (1955/1991), mit dem es einiges gemeinsam hat, wie die folgenden Auszüge zeigen. Zunächst eine Passage aus *Affable savages*:

> *„Wie viele Kinder hast du?", fragte Pari. Ich antwortete bedauernd, dass ich keine Kinder hätte; ich hätte nicht einmal eine Frau. Das schockierte ihn etwas, denn kein Indianer hält sich für einen Mann, bevor er nicht verheiratet ist. „Panem!", spottete er, doch sein Ton klang freundlich. „Panem" zu sein bedeutet, dass man versagt, dass man kein Glück hat. Dann ging er wieder zum Angriff über: Hatte ich in einem Krieg gekämpft? Wie viele Menschen hatte ich getötet? War ich ein Häuptling? War mein Vater ein Häuptling? Wie viele Macheten hatte ich zu Hause in meinen vier Wänden, wie viele Perlen, Kleider, Gewehre? War ich mit dem Flugzeug hergekommen? Hatte Papai-hu, Großer Vater, mich geschickt, um sie zu besuchen? Wie lange würde ich bleiben?* (F. Huxley 1956, S. 54 f.)

---

[8] Monique Lévi-Strauss, persönl. Korrespondenz, November 2018. Dass die französische Ausgabe 2010 neu aufgelegt wurde, erfüllte Francis mit Stolz. Die Neuauflage erschien mit seinem Einverständnis unter dem von Monique Lévi-Strauss ursprünglich vorgeschlagenen Titel *Affables sauvages*.

18.3 Der Buchautor Francis Huxley

In diesem Textausschnitt wendet Francis den anthropologischen Blick und richtet ihn auf uns – nur dass es jetzt die Ka'apor sind, die den Platz des Anthropologen eingenommen haben und zu ergründen versuchen, welche Macht und welche Sichtweisen Francis von „zu Hause" mit- und in die Begegnung einbringt. Seine Befragung durch die Ka'apor ist Anthropologie als Selbstbefragung, ist reflexive Anthropologie par excellence – und das nicht in erster Linie, weil Francis selbst in der Erzählung vorkommt oder weil er die Ka'apor mit ihrer eigenen Stimme sprechen lässt, sondern weil er ihnen ihre Stimme gibt, damit sie den Spieß der konventionellen Anthropologie umdrehen und uns befragen können.

Nun eine Passage von Lévi-Strauss:

Da waren nun die Wilden, bereit, mir ihre Bräuche und Vorstellungen zu erklären, aber ich kannte ihre Sprache nicht. Sie waren mir so nahe wie das Bild in einem Spiegel; ich konnte sie berühren, aber nicht verstehen. So erhielt ich im selben Augenblick meinen Lohn und meine Strafe. Denn war es nicht meine Schuld und die meines Berufs, zu glauben, daß Menschen nicht immer Menschen sind? Daß einige mehr Interesse und Aufmerksamkeit verdienen, weil ihre Hautfarbe und ihre Sitten uns in Erstaunen setzen? Wenn es mir nur gelingt, sie zu erahnen und damit ihrer Fremdheit zu entkleiden, hätte ich ebensogut zu Hause bleiben können. Oder wenn sie diese Fremdheit, wie hier, bewahren, kann ich nichts mit ihr anfangen, da ich nicht einmal in der Lage bin, zu erfassen, worin sie besteht. Zwischen diesen beiden Extremen gefangen, frage ich mich: welche zweideutigen Fälle liefern uns die Ausreden, von denen wir leben? (Lévi-Strauss 1991, S. 328).

Erwähnenswert ist, dass beide Werke mit nur einem Jahr Abstand erschienen. Lévi-Strauss' Buch ist sprachgewaltig, selbstkritisch und stellt immer wieder tiefgründige Fragen über das Wesen der Anthropologie, doch am Ende bleiben die Indigenen Gefangene des westlichen Blicks, werden nicht vollständig zu Subjekten eigenen Rechts.

Um die Bedeutung dessen, was Francis mit *Affable savages* versucht hatte, besser einschätzen zu können, sind die Überlegungen von George Levine, einem ausgewiesenen Kenner der viktorianischen Literatur und Wissenschaft, hilfreich. Bei seiner Untersuchung von Darwins Einfluss auf die englische Literatur lenkt Levine unsere Aufmerksamkeit auf das, was er als „Wendung nach innen" beschreibt (Levine 2011). Er beleuchtet, wie Darwins Enthüllungen über die Gleichgültigkeit der Natur im Hinblick auf Moral, Absicht und Ziel Schriftstellerinnen und Schriftsteller wie Hardy, Wilde und Woolf auf jeweils eigene Weise zu der Erkenntnis kommen ließen, dass es das Handeln mit Bewusstsein ausgestatteter menschlicher Subjekte ist, das der Welt de facto Ordnung und Sinn verleiht, und nicht eine allwissende Gottheit. Diese „Modernisierungstendenz" – der Rückzug aus dem Gebiet der Theologie in das der Psychologie, um Sinn und Bedeutung auch im Angesicht dessen, was

Nietzsche nach Darwin als den Tod Gottes bezeichnet hatte, aufrechterhalten zu können – hat das gesamte 20. Jahrhundert geprägt. Francis' Forschungsbericht über seine Arbeit im Amazonasgebiet kann als erstes Anzeichen dieser „Wendung nach innen" in der Anthropologie und den Sozialwissenschaften gelesen werden – ein erster, noch subtiler Versuch, die Privilegien der Anthropologie zu kippen.

Die Monate, die Francis bei den Ka'apor verbrachte, zählten zu den wichtigsten in seinem langen Leben, weil sie seine Ansichten über das Selbst, die westliche Lebensweise und die Bedeutung menschlicher Diversität tiefgreifend beeinflussten. *Affable savages* schließt mit den folgenden vielsagenden Sätzen:

> *Kuashi-puru und ein paar andere Männer aus seinem Dorf waren gekommen, um mich zu verabschieden: Sie und die Tembés halfen mir, mein Gepäck zum Fluss zu tragen und es in die Barkasse zu laden … „Sind das die Caboclos, bei denen du gewohnt hast?", fragte Dona Benedita. Sie benutzte die leicht abwertende Bezeichnung der Brasilianer für die Indianer. Ich stand an Deck, als wir ablegten und flussabwärts trieben, betrachtete die Männer voller Zuneigung und hob winkend die Hand. Ach, sie wirkten alles andere als respektabel, verglichen mit Dorico in seinem frisch gebügelten Hemd und den gebügelten Hosen, doch ich tröstete mich damit, dass dies auch für mich galt* (F. Huxley 1956, S. 282).

Francis, der in einer angesehenen englischen Upper-Middleclass-Familie von tadellosem Leumund aufgewachsen war, hatte sich, was sein Selbstverständnis betraf, dazu entschlossen, sein Los mit jenen zu teilen, die am anderen Ende der Respektabilitätsskala lebten. Den Fehler der anthropologischen Profession, auf den Lévi-Strauss aufmerksam gemacht hatte, würde Francis nicht begehen.

Wie erwähnt, wusste Lévi-Strauss, dem der Sprung, den Francis im Hinblick auf Stil und Ausrichtung gewagt hatte, wohl – wenn nicht gar schmerzlich – bewusst gewesen sein muss, diese Arbeit gebührend zu würdigen. Dessen ungeachtet wurde Francis nicht in den Schoß der anthropologischen Gemeinschaft aufgenommen. Die Zugänglichkeit des Werks und zweifellos auch seine Popularität[9] führten in gewissen Kreisen zu Problemen – wie so oft in der akademischen Welt. Als Wissenschaftler ein für die breitere Öffentlichkeit verständliches Werk zu publizieren gilt, weil irgendwie unterhalb des als angemessen betrachteten Niveaus, schon seit Langem als verpönt. Doch es gab noch eine Reihe anderer Gründe für Francis' Entfremdung von der akademischen Welt. Die damalige britische Anthropologen-Community war klein, rekrutierte sich größtenteils aus dem englischen Bildungsbürgertum und war, was ihre geistigen und geografischen Grenzen

---

[9] „In London haben die Leute darüber geredet. Ich glaube, das Wort ‚suruk', das ‚herumhuren' bedeutet, ist sogar zeitweilig in den Volksmund eingegangen" (Skype-Interview mit P. Rivière, 8.3.2019).

18.3 Der Buchautor Francis Huxley

betraf, noch stark ihrer kolonialen Vergangenheit verhaftet. Entsprechend gering war ihr Interesse an Südamerika: Zwischen 1920 und 1980 hatten sich ganze 13 britische Anthropologen nach Lateinamerika gewagt (Skype-Interview mit A. Kuper, 31.1.2019). Manche hielten *Affable savages* schlicht nicht für ernsthafte Anthropologie, sondern eher für ein Werk aus der Kategorie Reiseliteratur, auf die sie keine Zeit verschwenden mochten. Die Herausforderung, die dieses Buch für die Autorität der traditionellen Anthropologie bedeutete, war zu groß. Es gab keine Debatte. Hinzu kam, dass Francis und die akademische Community nie sonderlich gut zueinander gepasst hatten.

Die Menschen, die Francis kannten, beschrieben ihn als „antiakademischen Akademiker der Gegenkultur" (Skype-Interview mit J. Narby, 7.2.2019), als „Nonkonformisten" und „wilden Intellektuellen" (Interview mit R. Sheldrake, 13.3.2018, London) und als „ein wenig reserviert und exzentrisch" (W. Balée, E-Mail vom 17.11.2017). Sein professioneller Ansatz wurde als „eher psychologisch" geschildert[10] (Interview mit R. Fuerst, 1.11.2017, Genf), als eine Sichtweise, die „die Beschränkungen der akademischen Anthropologie hinter sich ließ, um ihr Potenzial zur Neubestimmung unseres Selbstverständnisses zu nutzen" (Napier 2017). Sein Interesse an den psychologischen und spirituellen Dimensionen des menschlichen Lebens in ihrem globalen Kontext (Interview mit R. Fuerst, 1.11.2017, Genf) positionierte ihn klar außerhalb des Mainstreams. Solche Qualitäten – breit gefächerte Interessen, die Weigerung, sich auf eine einzige Forschungsrichtung festlegen zu lassen, Skepsis gegenüber allumfassenden Theorien und eine kaum verhohlene Verachtung für die Bürokratie – bildeten Hindernisse für eine Universitätskarriere, und zwar für beide Seiten. Heute, in einer Zeit, in der neoliberales und betriebswirtschaftliches Denken die Universitäten weitgehend regiert, würde dies wohl das sichere Aus bedeuten, doch in freundlicheren Zeiten stand die Tür für Freidenker und Rebellen stets einen Spalt offen. Francis' Auflehnung gegen die engen Grenzen einer konventionellen Universitätslaufbahn hatte jedoch zur Folge, dass er in der akademischen Welt nie seine Heimat fand. Sein eigenes Verhalten – nicht zuletzt sein ausgewiesenes Talent zur Selbstsabotage – sorgte dafür, dass sich die Türen schlossen.[11] Er war bereits seit fünf Jahren (1963–1968) Research Fellow

---

[10] Auch Francis' Beobachtungen zur Rolle des Sündenbocks in den Opferriten der Ka'apor ernteten Anerkennung (s. Girard 1992).

[11] Der Anthropologe Stephen Hugh-Jones kommentierte: „Es gab da eine Seite in ihm, die es begrüßt hätte, wenn ein bedeutender Wissenschaftler aus ihm geworden wäre. Aber die andere Seite sagte: Ich hasse die Vorstellung, ein bedeutender Wissenschaftler zu sein, und ich werde auch nie einer werden. Ich glaube, das war eine der Spannungen in seinem Leben" (Skype-Interview, 24.7.2018).

am St. Catherine's College in Oxford, als er eine große Chance vergab und damit letztlich jede Aussicht auf eine traditionelle Universitätsstelle verlor.

Zum Ende seines Forschungsstipendiums wurde am Institut für Ethnologie eine Stelle frei, die nicht an ein bestimmtes Forschungsgebiet gebunden war. Bernard Fagg, Leiter des Instituts für Ethnologie und Vor- und Frühgeschichte und Kurator am Pitt Rivers Museum, hielt Francis für einen geeigneten Kandidaten, weil er über die nötige Erfahrung verfügte und zudem das Prestige des Namens Huxley mitbrachte. Also lud Fagg Francis ein, einen Vortrag vor den Studierenden und Lehrenden im Fachbereich Sozialanthropologie zu halten. Wie an früherer Stelle geschildert (Kap. 13), endete dies in einem Desaster.

Auch aus dem späteren Angebot eines Lehrauftrags in Oxford, das auf den Einsatz von Rodney Needham, den damaligen Inhaber des Lehrstuhls für Sozialanthropologie (1976–1990), zurückging, wurde letztlich nichts (Interview mit D. Napier, 14.8.2018, Ascona). Der Wikipedia-Eintrag über Needham[12] betont dessen Interesse an „vernachlässigten Persönlichkeiten in der Geschichte seines Fachs". Needham sah in Francis eine herausragende, aber vernachlässigte Persönlichkeit innerhalb seiner Disziplin – eine Persönlichkeit, deren Ansichten ihm „von Ferne zusagten" (Interview mit D. Napier, 14.8.2018, Ascona) und die eine Atempause gebrauchen konnte. Dass Francis sich zuvor mit dem Historiker Alan Bullock, dem damaligen Master von St. Catherine's, gestritten hatte, war allerdings nicht sehr hilfreich. Erschwerend kam hinzu, dass Needham innerhalb des anthropologischen Instituts auf den erbitterten Widerstand der Evans-Pritchard-Gefolgschaft stieß, die nicht damit einverstanden war, dass Needham die Leitung innehatte.

Die Hochschulpolitik siegte, und Francis wurde übergangen – bedauerlicherweise, auch wenn Freunde und ehemalige Kollegen bezweifelten, dass er sich geduldig mit den Mühlen der Bürokratie abgefunden hätte, die mit diesem Posten verbunden gewesen wären. Vielleicht war ihm das bewusst. Später, 1977, prüfte er die Bachelorarbeit von David Napier an diesem Institut und war so beeindruckt von deren Qualität, dass er fand, die Arbeit hätte eher einen Doktortitel verdient. Natürlich stand die Administration diesem Vorschlag zur Umgehung des Protokolls alles andere als aufgeschlossen gegenüber. Napier erwarb seinen Doktortitel schließlich drei Jahre später auf herkömmliche Weise. Francis' letzter bedeutender Auftritt auf dem Grund und Boden der Universität Oxford fand 1984 statt, als er am All Souls College im Rahmen der Chichele Lectures einen Vortrag über „Psychoanalyse und Anthropologie" hielt. Vor ihm hatten bereits Koryphäen wie C. S. Lewis, Arnold Toynbee, Feldmarschall Montgomery und Clement Attlee die Einladung zu einem

---

[12] Siehe https://en.wikipedia.org/wiki/Rodney_Needham (zugegriffen: 4.4.2022).

18.3 Der Buchautor Francis Huxley

Vortrag innerhalb dieser renommierten Vorlesungsreihe angenommen.[13] Francis erntete stehende Ovationen. Engen Freunden gegenüber bezeichnete er diese Vorlesung immer als seine herausragendste akademische Leistung, auf die er zu Recht stolz war.

Francis' literarische Produktion auf dem Gebiet der Anthropologie setzte sich mit seinem nächsten größeren Buch, *The invisibles* (1966), fort. Zwischen *Affable savages* und diesem Buch hatte er noch einen schmalen Band mit dem Titel *Peoples of the world in colour* (1964) veröffentlicht, einen illustrierten Führer durch die vielfältige Menschheitsfamilie, der die Geschichte, die Ursprünge und die Wanderungsbewegungen von Menschen aus verschiedenen Erdteilen nachzeichnete. Bemerkenswert – insbesondere, wenn man sich das Interesse seines Vaters Julian und seines Onkels Aldous an Fragen der Eugenik vor Augen hält – ist, dass Francis am Schluss des Buchs die Vorstellung, Rassenunterschiede würden mit Intelligenzunterschieden einhergehen, ausdrücklich anzweifelt. Angesichts des damals an den Universitäten allenthalben vorherrschenden Rassismus – besonders ausgeprägt in der Psychologie, wo das Thema „Rasse und IQ" häufig diskutiert wurde – gilt es festzustellen, dass Francis kein Mitläufer in der Intellektuellenherde war. Sein Urteil ist seitdem vielfach bestätigt worden. Dem Verlagsvertrag lässt sich entnehmen, dass er bei Ablieferung des Manuskripts 150 Guineas erhielt. Die Absatzbeteiligung wurde auf einen mickrigen Penny pro verkauftem Exemplar festgesetzt – das entspricht nicht einmal 0,5 %. Bei einem Verkaufspreis von 15 Shilling (das wären heute 75 Pence) war das kein Weg zum Reichtum. Juristen hätten zu einem solchen Vertrag heute zweifellos ein paar Dinge zu sagen.

Auch *The invisibles,* zwei Jahre nach *Peoples of the world* erschienen, wurde positiv aufgenommen. „Anthropologie als Kunst", urteilte die *Times* (14.7.1966); das Buch sei „herrlich unterhaltsam" (Huxley's tape recorder approach, 1.2.1968), ohne die Leserschaft „mit Jargon zu erschlagen" (Voodoo 1966). *The invisibles* festigte Francis' Ruf als versierter Erzähler, der sich nicht scheute, die anthropologischen Trampelpfade zu verlassen – sowohl in fachlicher als auch in geografischer Hinsicht –, und erneut gezeigt hatte, dass er in der Lage war, die Beforschten für sich selbst sprechen zu lassen.[14] Sein doppeltes Forschungsanliegen – zum einen die Rolle der Magie bei der Heilung seelischer Leiden aufzudecken und zum anderen

---

[13] Offiziell wurden die Chichele Lectures 1912 ins Leben gerufen, doch die Idee einer unabhängigen akademischen Vortragsreihe, finanziert durch das All Souls College, reicht mindestens bis zum Jahr 1873 zurück.

[14] Auf die Scharfsinnigkeit mancher seiner Beobachtungen wurde ebenfalls hingewiesen, wie etwa Mary Douglas' Kommentare zum Ausdruck von Trauer und Freude bei Haitianern zeigen (Douglas 1975).

Beweise für die Existenz echter übernatürlicher Phänomene zu finden – präsentiert sich als eine farbenprächtige Erzählung über Zombies, Zauberinnen, geheime Grotten und Lokalpolitik vor dem Hintergrund wirtschaftlichen Elends. Makabre Geschichten von Toten, die wiederauferstehen, von Menschen, die unsichtbar gemacht und Seelen, die in Glasgefäße umgesiedelt werden, überfluten die Sinne bei dieser Reise durch die Hinterhöfe der haitianischen Voodoo-Kultur. Während eine haarsträubende Episode der anderen folgt, werden die Leserinnen und Leser auf geschickte Weise animiert, Skepsis und Zweifel zunächst – wenn auch nur teilweise – beiseitezuschieben und das unvermeidliche Rendezvous mit der eigenen Rationalität so lange wie möglich hinauszuzögern. Stets offen für die Möglichkeit der Existenz paranormaler Fähigkeiten, ob wohlwollender oder bösartiger Natur, fand Francis für keines von beidem überzeugende Beweise. Seine Enttäuschung wird bei allem Humor deutlich spürbar. „Geld und Macht", schreibt er, „sind in Haiti, wie in vielen anderen Ländern, die eigentlichen Dämonen" (F. Huxley 1966, S. 94). Diese Bemerkung bildet den Auftakt zu anthropologiepädagogischen Ausführungen über den „haitianischen Glauben an vergrabene Schätze" und darüber, wie dieser die „dämonischen Eigenschaften des Geldes" sichtbar werden lässt.

In gewisser Weise kann *The invisibles* als unvollendete Geschichte ohne wirkliche Klimax und befriedigende Auflösung gelesen werden, und leider war es auch eine Geschichte, die Francis' Ruf innerhalb der Mainstream-Anthropologie nicht sonderlich zuträglich war. So bemängelten manche, dass das Buch wissenschaftliche Formalitäten außer Acht lasse (z. B. Bourguignon 1970), auch wenn das *Times Literary Supplement* (Voodoo 1966) es mit Evans-Pritchards Klassiker *Witchcraft, oracles and magic among the Azande* verglichen hatte. Die Ablehnung durch die akademische Nachhut sollte einen jedoch nicht dazu verleiten, die literarischen Qualitäten des Buches zu übersehen. Im Hinblick auf den Plot, die eigenwilligen Protagonistinnen und Protagonisten und die wiederholte Beschäftigung mit mysteriösen Vorgängen liest es sich tatsächlich wie ein Roman, in dem Momente hoher Dramatik mit solchen der theoretischen Reflexion wechseln.[15] Man fühlt sich gelegentlich an die lateinamerikanische Literatur erinnert, die Eduardo Galeano (1992) einmal mit dem schönen Wort „sentipensante" („fühlend-denkend") charakterisierte. Dass sein „romanhafter Schreibstil", wie David Napier (2017, S. 28 f.) schrieb, „von seinen Zeitgenossen noch größtenteils gemieden, schließlich ... alltäglich wurde", ist auf traurige Weise ironisch.

---

[15] Erika Bourguignon (1970, S. 416), verblüfft und verärgert über Huxleys nonkonformistischen Ansatz, fragte sich: „Was für ein Buch ist das nun? Kein Feldforschungsbericht, aber auch kein gewöhnliches Reisebuch. Ein Roman, vielleicht ein nichtfiktionaler Roman?"

18.3 Der Buchautor Francis Huxley

Anders als *Affable savages*, das mit der positiven Identifikation mit seinen „Forschungsobjekten" schloss, endet *The invisibles* gewissermaßen im Nebel der Resignation, hervorgerufen durch die Unverdaulichkeit nicht allein des Essens, sondern auch der gnadenlosen haitianischen Kultur, die die Bevölkerung unbarmherzig niederdrückte und damit auch lange nach Francis' Abreise nicht aufhörte.

Am nächsten Morgen kehrten wir zurück. Jamswurzeln und Fisch waren gekocht, auf Teller gehäuft, mit Öl übergossen und an alle verteilt worden, die gekommen waren. Gerard verschmähte seinen Anteil, doch ich nahm meinen dem Ogoun[16] des Hauses zu Ehren entgegen. Ich aß vielleicht ein Drittel von dem großen, unförmigen Jams-Klumpen, den man mir zugeteilt hatte, und brach einige Stücke von der Fischscheibe ab, aber mein Magen vertrug die Schwere der Speisen nicht und meine Zunge nicht das Übermaß an Salz.

„Gerard", sagte ich, „ich schaffe das nicht. Was sollen wir jetzt damit machen? Werden sie mich nicht für unhöflich halten?"

„Gib es den Kindern", sagte er. Also gab ich meinen Teller einem Kind, das sich im Hof auf die Wurzel eines Kapokbaums setzte und ihn leeraß (F. Huxley 1966, S. 236).

Die Haiti-Reise war eine bittere Erfahrung. Auch wenn Francis in seinem Buch das Diktum von Lévi-Strauss befolgte, dass eine Kultur nicht über eine andere urteilen und sie insbesondere nicht den moralischen Prädikaten der eigenen Gesellschaft unterwerfen solle, verrät seine umfangreiche private Korrespondenz aus dieser Zeit – die ihm, wie an früherer Stelle geschildert (Kap. 12), die Feldnotizen ersetzte –, dass er seine Erlebnisse dort „entmutigend" fand (Brief an J. und J. Huxley, 21.6., o. J.). „Jeder versucht den anderen zu übertrumpfen, versucht unbemerkt ein bisschen Blut zu saugen" (Brief an E. Garrett, 22.3.1959). Er lehnte die Vorstellung von Hexerei und Voodoo ab und war doch so fasziniert davon, dass er sich eingehend damit beschäftigen musste. Außerdem musste er einräumen, dass „die Haitianer bezaubernd sein können, wenn sie nicht gerade damit beschäftigt sind, dich in den Wahnsinn zu treiben" (Brief an E. Hovde, 15.6.1959). Etwas von seinen Haiti-Erfahrungen blieb zurück – die verlorenen Seelen, die körperlosen Gestalten, die die Landschaften der einstigen französischen Kolonie durchstreiften, lieferten Freunden, die ihn gut kannten, schließlich eine Metapher für seine eigenen entfremdeten intellektuellen Reisen und den Mangel an Wertschätzung, unter dem er litt. Michael Schwab, ein alter Freund aus Londoner Tagen, sagte einmal, dass Francis,

---

[16] Ein Ogoun (auch Ogun) ist ein mächtiges Geistwesen, das oft mit der Eisenverarbeitung und der Rumherstellung assoziiert wird.

so vertraut mit den Rhythmen der Geister, sich schließlich selbst in die Schar der „Unsichtbaren" eingereiht habe.

Affable savages und *The invisibles* zeigen Francis von seiner pragmatischsten und reflexivsten Seite und verweisen auf eine Form der Anthropologie, die nach seinen außergewöhnlichen Beiträgen in einen viele Jahre währenden Dornröschenschlaf fiel. Die Tatsache, dass diese beiden Bücher Francis nie die Reputation verschafften, die er sich erhofft hatte, stellte die Weichen für die weitere Entwicklung seines Schreibens.

Kunst, Symbolik und Mythos
Zwischen 1974 und 1990 veröffentlichte Francis mit *The way of the sacred* (1974), *The dragon* (1979) und *The eye* (1990) drei Bücher, die sich am ehesten als eigenständige Meditationen über die Ikonografie des Heiligen lesen lassen. Der erste und bei Weitem umfangreichste dieser drei Texte ist eine ebenso maßgebliche wie eindringliche Studie über die Vorstellungen, die Menschen in allen Teilen der Welt von möglichen anderen Wirklichkeitsdomänen haben, während die beiden anderen Publikationen im Grunde Ergänzungs- und Begleittexte sind, die sich mit zwei sehr spezifischen Klassen von Symbolen befassen.[17] Man könnte *The way of the sacred* mit einigem Recht Francis' ambitioniertestes Buch nennen – ein thematisch geordnetes Kompendium der Mythen, Riten und heiligen Symbole der Welt. Was Aufbau und Struktur betraf, war Francis dem sri-lankischen Philosophen und Metaphysiker Ananda Kentish Coomaraswamy und dessen komparativem Ansatz verpflichtet. Coomaraswamy analysierte Kunstwerke, Texte und Symbole aus sehr unterschiedlichen Kulturen und Perioden, um nach Verbindungen und Traditionen zu suchen, die sich unter der Oberfläche verbargen und leicht übersehen werden konnten. Ohne Coomaraswamys Arbeiten hätte sich die Aufgabe, Ordnung in die enorme Materialfülle zu bringen, deutlich schwieriger gestaltet, wie Francis einräumte.

So ambitioniert das Ergebnis war: Eigentlich hatte Francis damit etwas anderes beabsichtigt. Er hatte einen sogenannten „Potboiler" schreiben wollen – ein Buch, das in erster Linie den Geschmack einer breiten Leserschaft ansprechen und ihm ein zusätzliches Einkommen sichern sollte. Tatsächlich erreichte es eine gewisse Popularität, und Francis freute sich, als 2008, viele Jahre später, in einem Artikel des *New Yorker* über Arianna Huffington, Autorin und Gründerin der *Huffington Post*, ein Foto abgedruckt war, das einen Bücherstapel auf Huffingtons Schreibtisch zeigte – mittendrin eine Ausgabe von *The way of the sacred* (Collins 2008).

---

[17] *The dragon* und *The eye* wurden beide in der Reihe *Art and imagination* von Thames & Hudson veröffentlicht.

Obwohl sich Zehntausende von Exemplaren verkauften und zahlreiche Nachdrucke erschienen, machte Francis kein Vermögen damit. Er hatte mit dem Verlag ein Pauschalhonorar ausgehandelt, keine Absatzbeteiligung. „Ich brauchte das Geld!", sagte er. Das war nicht das erste Mal, dass er einen für ihn nachteiligen Vertrag unterzeichnete – was nicht nur seinen Mangel an finanziellem Instinkt zeigt, sondern auch darauf schließen lässt, dass Blutsauger zuweilen an Orten zu finden sind, an denen Anthropologen sie nicht erwarten, nämlich überall dort, wo das Streben nach Geld, „der gar nicht so heimlichen Herrin über unser aller Leben" (Lewis 1975), als Selbstzweck verehrt wird.

The way of the sacred ist ein Buch über die Welt jenseits des äußeren Scheins – die verzauberte, unsichtbare Welt, die noch immer außerhalb der Reichweite unserer eigenen, entzauberten Welt liegt. Es zeigt den großartigen Einfallsreichtum und die Kreativität von Menschen überall auf der Welt bei dem paradoxen Versuch, etwas zu erfassen und zu begreifen, was jenseits der Grenzen unseres Vorstellungsvermögens zu liegen scheint. Der Streifzug durch die Religionen und großen Mythen der Welt – griechische, römische, ägyptische, christliche, buddhistische, islamische, aztekische, hinduistische – führt uns nicht nur den hohen Verflechtungsgrad und die wunderbare Exzentrik all dieser weltweiten Mythologien vor Augen, sondern auch die unendliche menschliche Torheit und die Gewalt, mit der die Nichtbefolgung religiöser Regeln und Vorschriften sanktioniert wird. Wie nicht anders zu erwarten, existiert eine Verbindung zwischen den regelmäßigen Ausbrüchen von Tötungs- und Vernichtungswut, mit denen die göttlichen Mächte gestärkt und besänftigt werden sollten, und den irdischen Freuden, die neues Leben hervorbringen. Diese Dialektik sorgt dafür, dass der Name Freud auf der Liste der Assistenten zu finden ist, die uns bei der Deutung helfen. Auch Jung, Lévi-Strauss und Bertrand Russell sind mit von der Partie, wenn wir uns dem logischen Paradox und der Selbstreferenzialität stellen, die im Herzen des Schöpfungsmysteriums pulsieren. Allerdings wird uns die Interpretation nicht eben leicht gemacht, wie auch die Rezensenten betonten, denn uns wird hier kein simpler reduktionistischer Rationalismus angeboten. Was wir stattdessen bekommen, liest sich stellenweise wie ein Frontalangriff auf die Rationalität, während wir auf eine „neuartige und zum Nachdenken anregende" (Lewis 14.2.1975) visuelle und semantische Pilgerreise mitgenommen und durch eine überreiche Bildsprache und die rohe Kraft der Assoziation betört werden – gelegentlich durchaus fragwürdig. Gegen Ende des Buches beruft Francis sich auf den Mystiker Jakob Böhme und seine weder kantianische noch freudianische Offenbarung: „Die ganze äußere sichtbare Welt mit all ihrem Wesen ist eine Bezeichnung oder Figur der inneren geistigen Welt" (*De signatura rerum,* 9, 1.4). Am Schluss werden wir, wie es sich gehört, an den Anfang zurückgeführt, wo die Einheit und die Vielheit der

Welt, das Ewige und das Vergängliche, Selbst und Nichtselbst wieder zusammengeführt werden, wobei das Mysterium all dessen beruhigenderweise unbegreiflich bleibt.

Was wir als bleibende Lehre aus *The way of the sacred* ziehen können, ist, dass wir das letzte Rätsel, vor dem alle Völker dieser Welt stehen, in Ehrfurcht akzeptieren müssen: „dass das, was ist in dieser Welt, einfach das ist, was es ist" (F. Huxley 1974, S. 298). Ob dies Francis' Intention war, bleibt jedoch unklar. So gern er sich mit Rätseln beschäftigte und die mathematischen Strukturen dahinter aufzudecken versuchte: Dem tiefen Geheimnis des Bewusstseins und des Seins widmete er nicht die gebührende Aufmerksamkeit. Nur wenige Jahre später sollte Douglas Hofstadter (1979/dt. 1985) dieses Ziel mit denselben Mitteln verfolgen.

Die Trilogie von *The way of the sacred* über *The dragon* bis *The eye* bildet einen Kontrapunkt zu den fesselnden, nüchtern-lebensnahen Dialogen und Feldnotizen, die Francis zuvor veröffentlicht hatte. Stand dort die gelebte Materialität menschlichen Seins, ob im Amazonasbecken oder in Haiti, im Zentrum, sind es hier die symbolischen Referenzen des Göttlichen. Für diesen starken Kontrast gibt es mehrere mögliche Lesarten – eine davon lautet, dass diese Trilogie Francis' Reaktion auf das Ausbleiben von irdischem Erfolg und Anerkennung für seine dezidiert „professionellen" anthropologischen Werke war. Seine Bücher oszillierten zwischen einer Dokumentation der faktischen Dimensionen des Lebens von Stammes- und indigenen Völkern und den obskuren, symbolisch codierten Dimensionen dessen, was die einen als Aberglaube und die anderen als das himmlische Leben bezeichnen würden, ausgedrückt in Bildern, Zahlen und Logik. Die Apotheose der Obskurität wird mit *The eye* erreicht – einer freien, assoziativen Meditation über die Naturgeschichte, die Wissenschaft und die Mythologie des Sehorgans, die von der Poetik und Politik des Blicks[18] über Metaphern des Monströsen bis hin zum Mythos der Medusa reicht und zwischendurch noch einen Blick auf das Naturphänomen Mimikry wirft. Alles in allem ist *The eye* eine illustrierte Hymne auf die Spannung zwischen der poetischen Imagination und der rationalen Perspektive, die Künstler und Künstlerinnen, Philosophen und Philosophinnen seit der Antike beschäftigt.[19]

Die mäandernden, hypnotisch wirkenden Ausführungen in *The dragon* und *The eye* spiegeln in vielerlei Hinsicht Francis' Abneigung gegen die vereinnahmende Umarmung der großen Theorie und seine Vorliebe für spielerische antitheoretische Betrachtungen. Seine Texte liefern nicht nur eine einzigartige Version reflexiver

---

[18] Hier wäre etwa Jeremy Benthams Vision des panoptischen Gefängnisses zu nennen, die auch in Foucaults Essays über zeitgenössische Überwachungsmethoden eine zentrale Rolle spielte.

[19] Ein modernes Beispiel ist Svetlana Boyms *Another freedom* (2010).

18.3 Der Buchautor Francis Huxley

Anthropologie, sondern weisen auch einige Merkmale auf, die man für gewöhnlich mit postmodernen Autoren wie Foucault, Derrida und Lacan verbindet – auch wenn Francis sich wohl andere intellektuelle Bettgenossen ausgesucht hätte. Vermutlich wurzelte sein Unbehagen gegenüber großen Theorien in dem Wunsch, die Begrenzungen des westlichen psychologischen (und anthropologischen) Denkens hinter sich zu lassen – und mit ihnen zugleich die intellektuellen Grenzen, die seine eigenen darwinistischen Vorfahren errichtet hatten. Als Mitglied der Familie Huxley stand Francis selbst im Fokus der Öffentlichkeit, und da er die Erwartungen seiner Familie internalisiert hatte, war er dem eigenen kritischen Blick ebenso ausgesetzt wie dem der anderen. Laut Adele Getty war er sich „sehr klar darüber, dass er ein Teil der Familie Huxley war, was ein großer Fluch und ein großer Segen zugleich war, und er fühlte sich ständig hin- und hergerissen zwischen dem Fluch und dem Segen, ein Huxley zu sein" (Interview mit A. Getty, 10.4.2018, Sebastopol).

Vor diesem Hintergrund lässt sich die anhaltende Faszination, die das Terrain des Nonsense in Lewis Carrolls halluzinatorischem Wunderland auf Francis ausübte, womöglich leichter nachvollziehen.

Vom Sinn des Nonsense: The raven and the writing desk
Kurz vor seinem glücklosen Versuch, sich eine Dozentenstelle am Institut für Ethnologie zu sichern, hielt Francis am selben Ort einen Vortrag über *The raven and the writing desk*. Weil die anthropologische und, damit einhergehend, die psychologische Bedeutung dessen, worauf er mit diesem Buch hinauswollte, nicht annähernd klar zum Ausdruck kam, wollen wir hier zur Erhellung beizutragen versuchen. Francis verglich das Schreiben an diesem Buch mit einer jährlich wiederkehrenden Grippe. Tatsächlich kann man von einer zehn Jahre währenden Obsession sprechen. Die einzige Möglichkeit, sich von dieser Besessenheit zu befreien, bestand darin, das Buch zu publizieren. Seine Fertigstellung und seine Rezeption waren laut Napier ein „bittersüßer Erfolg" für Francis (Interview mit D. Napier, 14.8.2018, Ascona). *The raven and the writing desk* erschien 1976, ein Jahr nach dem Tod seines Vaters Julian, und war neben *Affable savages* das Buch, das ihn mit dem größten Stolz erfüllte. Seine Hoffnung, damit eine andere Art von Diskussion über Lewis Carroll anzustoßen, wurde allerdings enttäuscht.

Vordergründig ist der Text eine Antwort auf die in Carrolls *Alices Abenteuer im Wunderland* gestellte Rätselfrage, was ein Rabe und ein Schreibtisch gemeinsam haben – von Francis geschickt und ausführlich und mit viktorianischem Witz dekonstruiert –, doch aufgrund seiner Mission, einen Überblick über die Regeln des Nonsense zu geben, wird das Buch zu einer philosophischen Untersuchung im

Geiste Wittgensteins über die Sprachspiele des Nonsense.[20] Francis definierte Nonsense als „logisches Spiel, das von mindestens zwei Personen mit Gefühl und im Geiste des Selbstwiderspruchs so gespielt wird, dass eins zum anderen führt – zur fortwährenden Überraschung und wechselseitigen Begeisterung beider Parteien" (F. Huxley 1976, S. 10). Für das Spiel, das sich auf den Seiten des Buches entfaltet, ist die Vertrautheit mit den Werken Carrolls Voraussetzung. Von Carroll-Kennerinnen und -Kennern wurde es größtenteils positiv aufgenommen, denn Francis' Geschick im Umgang mit Carrolls logisch-mathematischen Wortspielen war offensichtlich. Dennoch wurde das Buch gelegentlich in einem Moment als „brillant" und „witzig" gelobt und im nächsten als „ermüdend" und „selbstverliebt" bespöttelt (vgl. Kincaid 1978). Jeremy Narby, Co-Autor und Mitherausgeber von *Shamans through time* (Narby und Huxley 2001), fand einiges zu loben – etwa den Geist der „Kompromisslosigkeit", in dem das Buch geschrieben sei –, räumte jedoch ein, er könne nachvollziehen, dass manche es als „prätentiös" empfänden, so „herrlich obskur" es auch sei (Skype-Interview mit J. Narby, 7.2.2019). Der Pakt mit den Leserinnen und Lesern – das Versprechen, *gemeinsam mit ihnen* Türen zur Welt zu öffnen –, den Francis in seinen ersten Büchern so sorgfältig geschmiedet hatte, wurde hier gebrochen. An seine Stelle war der Drang getreten, sich die Macht der Klugheit zunutze zu machen. Und zweifellos war sich Francis dessen auch bewusst. Als er die Arbeit an diesem Buch beendet hatte, sagte er zu seiner Frau – zu jener Zeit Meloma Balaskas –, er wäre schon glücklich, „wenn auch nur ein einziger Mensch dieses Buch versteht" (E-Mail-Interview mit M. Balaskas, 16.10.2018). Das Buch verkaufte sich nicht gut. Laut Narby hätte Francis einen Manager gebraucht, jemand, der ihm geholfen hätte, es „für den Mainstream passend" zu machen (Skype-Interview mit J. Narby, 7.2.2019).

The raven and the writing desk sollte eine launige Auseinandersetzung mit Carroll und seinen Verschrobenheiten sein, aber auch eine sorgfältige Relektüre von *Alices Abenteuer im Wunderland* als ein „aus dem Stegreif erzähltes ... romantisches Märchen für ein junges Mädchen" (F. Huxley 1976, S. 12). Es heißt, Carroll habe die Geschichte während eines Bootsausflugs für die junge Alice Liddell – eins der vielen jungen Mädchen, die er fotografierte – spontan ersonnen und anschließend zu Papier gebracht. Zu der Zeit, als Francis mit dem Schreiben begann und den Schatten in Carrolls Leben nachspürte, war der Versuch, menschliche Verstrickungen mit komplexen logischen, mathematischen und poetischen Strukturen zu beschreiben, bereits einmal unternommen worden: R. D. Laings Buch *Knots* war 1970 erschienen (dt. 1972: *Knoten*). Weniger bekannt ist, dass die beiden Protagonisten Jack

---

[20] Auf Brian Alderson, den Rezensenten der *Times*, wirkte das Buch „eher wie der *Tractatus Logico-Philosophicus*, neu geschrieben von Tristram Shandy" (Alderson, 17.2.1977).

18.3 Der Buchautor Francis Huxley

und Jill, die in einigen von Laings poetisch-psychologischen Spielen auftreten, von der Beziehung zwischen Francis und Joan Westcott inspiriert waren (Interview mit P. Zeal, 12.3.2018, London). Hier ein Auszug aus einem dieser Duette:

> *Jack: Das Schlimme an dir ist, daß du eifersüchtig auf mich bist.*
> *Jill: Das Schlimme an dir ist, daß du das glaubst.*
> *Jack: Du mußt immer an mir herumnörgeln. Du kannst nicht ertragen, daß ich's hab.*
> *Jill: Genau da liegst du falsch. Du kannst nicht ertragen, daß ich mir nichts draus mache.* (Laing 1972, S. 31).

Laing war so klug, auf Spekulationen über das, was sich hinter diesen Verwicklungen verbergen mochte, zu verzichten, und begnügte sich damit, die formalen Strukturen offenzulegen, die dabei im Spiel waren. Leserinnen und Leser, Analytikerinnen und Analytiker konnten hineinlesen, was sie wollten. Francis seinerseits äußerte sich mit beißendem Spott: Während „die Psychoanalyse im Nonsense enthalten" sei, sei dies umgekehrt nicht der Fall (F. Huxley 1976, S. 50). Er entschied sich dafür, ein anderes Blatt zu spielen als Laing. Der Fairness halber sei angemerkt: Während Laing Spielarten menschlicher Dysfunktionalität vor seinen Leserinnen und Lesern ausbreitete, musste sich Francis, der auf bestimmte Erscheinungsformen von Lewis Carrolls mutmaßlicher Dysfunktionalität anspielen wollte – die sexuellen Andeutungen in *Alices Abenteuer im Wunderland* und Carrolls Vorliebe für junge Mädchen –, mit der Frage auseinandersetzen, was man sagen durfte und was nicht. Carroll hatte und hat immer noch einen „Ruf". Francis wollte, dass sein Buch „eine andere Art von Diskussion über Lewis Carroll anstieß, als es tatsächlich der Fall war" (Interview mit D. Napier, 14.8.2018, Ascona). Wahrscheinlich meinte er all das, was er in seinem Buch sagte, aber legt man seine erklärten Absichten zugrunde, sagte er nicht alles, was er zu sagen meinte. Indem er hinter seinen Absichten zurückblieb, bestätigte er Carrolls Standpunkt, den der Märzhase im Streit mit Alice zum Ausdruck bringt: dass Meinen und Sagen nicht dasselbe sind. Anspielungen auf ein mögliches Fehlverhalten Carrolls – ein Thema, das in jüngerer Zeit häufiger diskutiert worden ist – gibt es durchaus, doch sie gehen in einem Meer von mathematischen Formeln, Nonsense-Regeln, Codes, phonetischen Transkriptionen und Transliterationen unter, die auch einem Alan Turing etwas zu tun gegeben hätten. Auf diese Weise gewinnt man zwar ein besseres Verständnis von Carrolls Eigentümlichkeiten, doch die Summe der Teile ist in diesem Fall entschieden weniger als das, was das Ganze hätte sein können.

Zwischen diversen Exkursen über Kauderwelsch und Kokolores finden sich Fragmente von etwas Greifbarerem – beunruhigende Hinweise darauf, dass die Dinge hinter den Spiegeln dunklerer Natur sein könnten.

> *Isa Bowman sagt ebenfalls, dass er „einen Horror davor hatte, fotografiert zu werden ", obwohl er selbst begeistert fotografierte, insbesondere junge Mädchen, die letztendlich unbekleidet für ihn posierten* (F. Huxley 1976, S. 114).

Isa Bowman war die Verfasserin einer Carroll-Biografie. Mit 15 hatte sie in einer Bühnenversion von *Alices Abenteuer im Wunderland* eine kleine Rolle gespielt, und Lewis Carroll (der eigentlich Charles Lutwidge Dodgson hieß) hatte sich mit ihr angefreundet. Später trat er als ihr angeblicher Onkel auf. Francis schreibt:

> *Carroll war nur eine Art Nenn-Onkel und bediente sich dieser Bezeichnung nur deshalb, weil die Beziehung zwischen Onkel und Nichte keine direkte, sondern eine Abwärts-seitwärts-Beziehung ist. Dieses Äquivalent zum Spielzug des Springers*[21] *im Schach ... gibt einem Mann das Recht, einem Mädchen nach Belieben seine Zuneigung zu zeigen, ohne dass seine Motive in Zweifel gezogen werden; natürlich nur so lange, wie er nicht in Bereiche vordringt, die sich für diese Art der Beziehung verbieten* (F. Huxley 1976, S. 79 f.).

Und da wird die Spur kalt. In jüngerer Zeit haben einige Autorinnen und Autoren erfolgreich versucht, sie wieder aufzunehmen und die möglicherweise dunkleren Anteile in Carrolls Beziehungen zu jungen Mädchen offen zu thematisieren. Mehr als ein Vierteljahrhundert später konnte Katie Roiphe dies so formulieren:

> *Es ist also klar, dass für Dodgson von der nackten weiblichen Körperform eine unterschwellige erotische Faszination ausging. Aber was heißt das? Was, wenn er Kinder liebte und diese Liebe ein sexuelles Element enthielt? Was, wenn er die Körper kleiner Mädchen bewunderte, aber nie eines von ihnen berührte? Zweifellos quälte ihn, was er „die Neigungen meines sündigen Herzens" nannte. Selbst seine mathematischen Schriften waren von diesem Kampf geprägt. In der Einleitung zum zweiten Band der „Curiosa Mathematica" schrieb er, dass die Konzentration auf die Mathematik, wenn man im Bett liege, „unheilige Gedanken" abwehren könne, „die mit ihrer verhassten Anwesenheit die Fantasie quälen, die so gerne rein wäre". Starke Worte für ein Buch über Trigonometrie* (Roiphe 29.10.2001).

---

[21] Anm. d. Übers.: Im Englischen heißt die Figur des Springers „knight" (Ritter). Der Weiße und der Schwarze Ritter (in einigen Übersetzungen auch Weißer und Schwarzer Springer) sind in *Alice hinter den Spiegeln* (auch: *Durch den Spiegel und was Alice dort fand*) Figuren des Schachspiels, in dem sich Alice wiederfindet.

18.3 Der Buchautor Francis Huxley

Es gab Spekulationen, dass Carroll die junge Alice habe heiraten wollen – eine Ansicht, die auch etliche Nachfahren von Alice Liddell teilen (Cohen 1995). Was wir sicher wissen, ist, dass die Beziehung zwischen Carroll und der Familie Liddell irgendwann im Juni 1863 abrupt endete und dass keiner der Beteiligten je offen über die Gründe für diesen Bruch sprach. Eine zufriedenstellende Erklärung fehlt bis heute. Die erwachsene, verheiratete Alice nannte, so berichtet Francis, ihr erstes Kind „Caryl" und bat Carroll brieflich, die Patenschaft zu übernehmen (F. Huxley 1976, S. 128). Carroll antwortete ihr nicht einmal. Man fragt sich unwillkürlich, was Laing von all dem gehalten hätte, auch wenn selbst er, der innerfamiliäre Störungen und emotionale Turbulenzen bis in bis dahin unerforschte Tiefen auslotete, wenig über das sexuelle Interesse Erwachsener an Kindern zu sagen hatte.

Zurück zu den Ursprüngen: Shamans through time

Mit *Shamans through time*, seinem achten, 2001 erschienenen Buch kehrte Francis zu den Grundlagen der Anthropologie zurück, die ihn seit Langem faszinierten, und knüpfte an seine Kritik des westlichen Hegemoniedenkens an. Zum ersten und einzigen Mal arbeitete er aktiv mit einem anderen Autor zusammen – in diesem Fall mit seinem Mitherausgeber Jeremy Narby. Francis hatte Narbys 1995 zunächst in französischer Sprache erschienenes Buch *Le serpent cosmique* (dt. 2001: *Die kosmische Schlange*) gelesen und lange Briefe über „Mythologie, Schamanismus, den Amazonas, kosmische Schlangen, Voodoo und so weiter" (Skype-Interview mit J. Narby, 7.2.2019) mit dem Autor gewechselt, bevor die beiden sich auf etwas einließen, das Narby als intensive „intellektuelle Freundschaft und auch ein Abenteuer" schilderte. Ihre erste persönliche Begegnung fand, wie in Kap. 17 ausführlicher dargestellt, 1998 nach der Präsentation der englischsprachigen Ausgabe von Narbys Buch *Le serpent cosmique* (1995; engl. 1998; dt. 2001: *Die kosmische Schlange*), in einer kleinen Buchhandlung in Santa Fe statt, wo Francis zu diesem Zeitpunkt lebte. Am nächsten Tag saßen sie stundenlang in Francis' Küche beisammen und tauschten ihre Gedanken und Ideen aus. Als Narby nach dem Erfolg von *The cosmic serpent* (dt.: *Die kosmische Schlange*) von seinem Verleger ermuntert wurde, ein weiteres Buch zu schreiben, zögerte er nicht lange und bat Francis um dessen Mitwirkung an einem umfangreichen Reader über Schamanismus. Angesichts ihrer unterschiedlichen Fähigkeiten und Hintergründe sah Narby seine Hauptaufgabe darin, Francis' enzyklopädisches Wissen anzuzapfen. „Er war eine wandelnde Bibliothek", sagte Narby.

Francis war begeistert, als ich mit einem Tonbandgerät ankam, es einschaltete und stundenlang redete und ihm Fragen stellte, weil er tatsächlich jemanden brauchte, der die Ideen aus seinem Kopf herausholte. Da war einfach zu viel drin. Er wusste nicht, wie man Ordnung in die Dinge bringt, darin war er nicht besonders gut. Er war extrem gut darin, alles Mögliche an interessantem Material zu sammeln, aber all das zu einem kohärenten Produkt zu destillieren, das war meine Stärke. Wir waren von Anfang an ein hervorragendes Team (Skype-Interview mit J. Narby, 7.2.2019).

Narby beschrieb die Früchte ihrer Arbeit als „eine Kombination aus seinem breiten und tiefen Wissen und meiner Fähigkeit zur Synthese" (Skype-Interview mit J. Narby, 7.2.2019) und fand, dass jeder, der sich auch nur entfernt für das Thema Schamanismus interessierte, dieses Buch lesen sollte. Es besteht aus 64 Kapiteln, die auf akribischer Recherche beruhen und über 400 Jahre westliches Wissen und Denken über Schamanen und Schamanismus umfassen. Insofern verrät das Buch mehr über den Westen als über Schamanismus an sich. Alle, die auf diesem Gebiet Rang und Namen hatten, kamen zu Wort: Entdeckungsreisende, Priester und Missionare, Autorinnen und Autoren aus der Naturgeschichte und der Naturwissenschaft, aus Psychologie und Anthropologie. Außerdem enthält das Buch Interviews mit und Schilderungen von Schamanen. Dazu gehört auch ein Auszug aus *Affable savages* mit dem Titel „Smoking huge cigars" (Narby und Huxley 2001, S. 137–140). Damit schloss sich ein Kreis: Francis kehrte zurück zu seinen Anfängen als Anthropologe. Der in den Reader aufgenommene Auszug zeigt ihn in intensiver Auseinandersetzung mit den Traditionen der Anthropologie, während er ihren Angeboten zugleich diskret widersteht – eine wunderschön gestaltete, mit dem Gespür des erfahrenen Raconteurs erzählte Anekdote, in der Francis' gescheiterte Versuche, sich in den Rauchwettkämpfen der Amazonasindianer mit diesen zu messen, mühelos in klare und überzeugende Ausführungen über die Bedeutung des Rauchens in der schamanischen Praxis übergehen. Dabei werden auch die Risiken, die mit der „gefährlichen und anstrengenden Kunst der Beherrschung der Geister" einhergehen, gebührend berücksichtigt (Narby und Huxley 2001, S. 140).

Shamans through time war Francis' letzte Buchveröffentlichung. Sie erschien sieben Jahre nach dem Tod seiner Mutter Juliette. Da seine beiden Eltern nicht mehr lebten, ließ sich nicht mehr korrigieren, was für all seine Publikationen gegolten hatte: „Meine Eltern haben nie ein Buch von mir gelesen", sagte er. In diesem Schmerz liegt zumindest einer der Gründe für seine Selbstzweifel, seinen Durst nach Anerkennung, seine Bereitschaft, die ausgetretenen Pfade zu verlassen, und für das gelegentliche Fehlen eines klaren Fokus – Merkmale, die sein Werk und bis zu einem gewissen Grad auch sein Leben prägten. Für seine Brillanz, für das immense Wissen und den kreativen, spielerischen Umgang mit der Conditio humana, die in seinen Büchern zum Ausdruck kommen, zeichnet jedoch allein er selbst verantwortlich. Weil diese Bücher allein kein vollständiges Bild von der Bandbreite seiner intellektuellen Interessen und Anliegen vermitteln können, beschließen wir dieses Kapitel mit einem kurzen Überblick über seine zahlreichen Essays und Rezensionen, seine Übersetzungen sowie einige unveröffentlichte Werke.

18.4 Essays, Rezensionen und Übersetzungen

Neben seinen Büchern verfasste Francis eine große Zahl von Beiträgen zu Fragen, die entweder in direktem oder indirektem Zusammenhang mit der Anthropologie, der Psychologie oder der Parapsychologie standen oder aber Themen berührten, die Kennerinnen und Kennern der schreibenden Mitglieder des Huxley-Clans vertraut sind: Evolution, Zivilisation und das Weltgeschehen. Da wir an dieser Stelle notgedrungen nur eine kleine Auswahl dieser Beiträge behandeln können, haben wir uns für solche entschieden, die exemplarisch für wesentliche Themen seines Lebens und Schreibens stehen können.

Rezensionen anthropologischer Werke
Erwartungsgemäß ist das Feld der Anthropologie in Francis' Rezensionen gut vertreten. Seine metaphernreiche Besprechung von Lévi-Strauss' *Tristes tropiques* (F. Huxley 1962a) führt die Leserinnen und Leser durch den poetischen, philosophischen und anthropologischen Reichtum dieses Werks wie durch einen Traum und lebt von den unzähligen Assoziationen, die in Lévi-Strauss' literarisches Abenteuer eingeflossen sind und aus ihm entstehen. Ein Abschnitt der Rezension ist der Motivation von Anthropologen und den Arten und Weisen gewidmet, in denen sie ihre Erfahrungen der Nachwelt überliefern. In Anbetracht von Francis' eigenem hybriden Prosastil ist es interessant und zugleich auch befremdlich, zu erfahren, dass Malinowski sich Joseph Conrad zum Vorbild gewählt hatte, einen Autor, dessen von einer eigentümlich europäischen Spielart des Rassismus durchdrungener Roman *Das Herz der Finsternis* das Leitmotiv einer vermeintlichen intellektuellen und moralischen Überlegenheit enthält. Schon diese kleine Beobachtung lädt förmlich zu einer gesonderten Studie über das Zusammenspiel der Genres Anthropologie und Literatur ein. „Jedenfalls", schrieb Francis, „kann man nicht auf Dauer danach streben, ein Romancier der Anthropologie zu sein" (F. Huxley 1962a, S. 151). Sicherlich nicht auf Dauer – aber vielleicht doch eine Zeit lang?

Die Kunst, spannend zu erzählen, ist eine Voraussetzung für gute Anthropologie, doch ihre Nähe zum romanhaften, also fiktionalen Schreiben bedeutet zugleich, dass die Gefahr, die Grenze zum Reich der Fantasie zu überschreiten, nur allzu real ist. Francis lieferte eine prägnante Rezension (31.3.1983) von Derek Freemans *Margaret Mead and Samoa*, die einen Rest an Sympathie für Mead erkennen lässt. Meads Mentor Franz Boas hatte ihr die Aufgabe hinterlassen, in einer Studie mit Mädchen und jungen Frauen in Samoa den Einfluss der Kultur von dem der Vererbung zu unterscheiden, und dies vor dem Hintergrund eines (von Boas favorisierten) kulturellen Determinismus, der ständig mit einer giftigen Ausprägung des Sozialdarwinismus rang. Die Untersuchung erbrachte keine eindeutigen und realistischen Resultate. Mead sah, was sie sehen wollte. Sie rühmte die liberalen sexuellen Sitten der Samoaner, und diese taten nichts anderes, als bereitwillig mitzuspielen. Die „konzeptionellen und methodischen Mängel" ihrer Studie seien durch Meads erzählerische Fähigkeiten noch verstärkt worden. Dass es so lange dauerte, bis Meads Irrtümer aufgedeckt wurden, ist eine heilsame Lektion.

Humorvolle Anmerkungen unter der Rubrik „Fantastisches in der Anthropologie" – Francis hatte offenbar eine Vorliebe für solche Fundstücke – finden sich in seiner Rezension zu John Allegros *The sacred mushroom and the cross* (F. Huxley 1970). Allegros These laute, so Francis, dass „Jesus Christus ein Deckname für den Fliegenpilz Amanita muscaria ist, dessen Verzehr körperliche Raserei und geistige Erleuchtung bewirkt; und dass das Neue Testament als Ganzes ein Schwindel ist, erdacht, um diese Tatsache vor der Obrigkeit zu verbergen und es den Eingeweihten zu erlauben, in dessen Bedeutung zu schwelgen" (F. Huxley 1970, S. 17 f.).

Francis nutzt die Gelegenheit, um für seine Weise der anthropologischen Korrektur zu werben. Um zu verhindern, dass unser Verstand bei der Lektüre von Allegros Werk die weiße Fahne hisst, durchstreift er in seiner ebenso energischen wie gelehrten Widerlegung die Geschichte der Verwendung halluzinogener Pflanzen zu rituellen Zwecken und räumt ein, dass „die Erlebnisse, die sie hervorrufen, durchaus in traditionelle Schilderungen von Himmel und Hölle eingeschrieben sein könnten". Allegro jedoch zeige einen derart „ausgeprägten Mangel an Höflichkeit gegenüber den Fakten", dass die Leserinnen und Leser „mehr Interesse an seiner Psyche entwickeln als an seiner These" (F. Huxley 1970, S. 18). Ein bissiges Resümee.

Anthropologische Übersetzungen
Der New Yorker Verlag Walker & Company startete 1962 eine Reihe mit dem Namen „Sun Books", deren Motto lautete: „Alles unter der Sonne". Francis übersetzte den zweiten Band dieser Reihe – *L'Afrique précoloniale* von Henri Labouret – aus dem Französischen ins Englische. Da Französisch die Muttersprache seiner Mutter Juliette war, fühlte er sich in dieser Sprache ebenso zu Hause wie in der englischen. Viele, die ihn kannten, können bezeugen, dass er freudig jede sich bietende Gelegenheit nutzte, Französisch zu sprechen, zudem war seine generelle Leidenschaft für Sprache hinlänglich bekannt. Als er den ersten Übersetzungsauftrag erhielt, war

18.4 Essays, Rezensionen und Übersetzungen

er 38 und ein lebhafter, freiberuflich tätiger Anthropologe. Die nächste Übersetzung für Walker & Company – Jules Carles' 1950 erschienenes Buch *Les origines de la vie*[22] – folgte ein Jahr später. Die Sun-Books-Reihe wuchs auf insgesamt fast 50 Bände an. Zum Team der beratenden Herausgeber, die dem Verlag Autoren und Autorinnen für die Reihe empfahlen, gehörten so illustre Persönlichkeiten wie André Cournand, Medizin-Nobelpreisträger von 1956, der Physiker Gerald Holton, der Psychologieprofessor Otto Klineberg und Julian Huxley. Womöglich war es nicht zuletzt Julian zu verdanken, dass Francis die Chance bekam, für den Verlag zu übersetzen – Aufträge, die ihm nicht nur Ansehen, sondern auch dringend benötigte Einkünfte einbrachten.

Henri Labouret, Verfasser des ersten von Francis ins Englische übersetzten Buchs, *Afrique précoloniale* aus dem Jahr 1946, war Professor für sudanesische Sprachen an der École des langues orientales vivantes sowie Professor für afrikanische Zivilisation an der École de la France de l'Outre-Mer gewesen, wo das Führungspersonal für den französischen Kolonialdienst ausgebildet wurde. Francis' Übersetzung erschien 1962 unter dem Titel *Africa before the white man* gleichzeitig in New York und bei George J. McLeod in Toronto. Das war das einzige Mal, dass Francis sich intensiver mit afrikanischer Anthropologie beschäftigte, auch wenn er Marcel Griaules Buch *Conversation with Ogotemmêli* (1948) über die religiösen Vorstellungen der Dogon sehr schätzte.

Rezensionen zur Psychologie und Psychoanalyse
Francis rezensierte zwei Werke von Michel Foucault für den *Guardian* (F. Huxley, 24.11.1977 und 29.3.1979): die englischsprachigen Ausgaben von *Surveiller et punier* (1975; dt. 1976: *Überwachen und Strafen: Die Geburt des Gefängnisses*) und den ersten Band der *Histoire de la sexualité* (1976 f.; dt. 1977 f.: *Sexualität und Wahrheit*). Die erste Rezension konzentrierte sich, wenig überraschend, auf Foucaults maßgebliche Untersuchung von Jeremy Benthams Panoptikum – der allsehenden, allwissenden architektonischen Verkörperung des Prinzips der Überwachung. Mit der Feststellung, dass Foucault „die Entstehung der Geisteswissenschaften auf den panoptischen Moment datiert" und dann die „Normalitätsrichter ... überall" entdeckt – in Gestalt von Polizisten, Lehrern, Ärzten, Sozialarbeitern, Psychiatern und verinnerlicht in unseren „Denkgewohnheiten" –, fasst Francis im Grunde nur die Kernaussagen des Buches zusammen. In Foucaults Liste der Beobachter

---

[22] Dass er sich an Jules Carles' *Les origines de la vie* versuchte, könnte man als pflichtbewusste Hommage an seinen Urgroßvater T. H. Huxley und dessen enge Verbindung zu Charles Darwin deuten. Die Übersetzung erschien 1963 unter dem Titel *The origins of life* zeitgleich in den USA und in Kanada.

fehlen die Anthropologen – Absicht oder Versehen? Darüber lässt sich nur spekulieren. Leider stellte Francis sich nie explizit die Aufgabe, dies zu untersuchen, auch wenn er in seinen Feldnotizen und Briefen nicht nur häufig über die „destruktive" Natur der Anthropologie reflektierte, sondern auch über ihr Vermögen, „euro-amerikanische" Einstellungen und Annahmen zu überprüfen. Man kann vermuten, dass er bereit gewesen wäre, seine Profession – mit Einschränkungen – in Foucaults Liste der furchteinflößenden und unehrenhaften Berufe aufzunehmen, die für die Überwachung benötigt werden.

In Foucaults Auftakt zu seiner *Histoire de la sexualité* sah Francis den Startschuss für einen „großen Sturmangriff auf unsere nervliche Ökonomie". Schnell wird klar, dass er auch für seine eigene Konstitution bereit war, auf die Barrikaden zu gehen. Der Sturmangriff richtete sich natürlich gegen unsere Konstruktionen von Sex und Sexualität oder, wie Foucault es ausgedrückt hätte, gegen die Art und Weise, wie wir darüber sprechen – die diskursiven Regime, die „sexuelles" Sprechen an verschiedenen Orten, zu verschiedenen Zeiten und auf unterschiedliche Weise situieren, begrenzen und ermöglichen. Francis hatte seinen Anteil an solchem Sprechen über Sex, wie etwa sein Bericht über seine Zeit bei den Ka'apor zeigt. Was Foucault dazu zu sagen hatte, war eindeutig nicht nach Francis' Geschmack. Er lobte den französischen Philosophen flüchtig für seine „höchst virtuose Predigt", bevor er ihm „Sophisterei" und das „vorsätzliche" Ignorieren dessen vorwarf, „was Freud über Repression zu sagen hatte". In Francis Augen hatte Foucault nichts weiter geleistet, als Freud in eine „soziologische, sang- und klanglose Tonart" zu transponieren.

Wie andere Huxleys vor ihm bezog sich Francis nur selten auf die europäische Mainstream-Philosophie, deshalb ist sein Widerstand gegen Foucault im Kontext seiner Familiengeschichte interessant. So kurz die Rezension ist – sie verrät eine sehr englische Empfindlichkeit und folgt einem unglücklichen Muster, das darin bestand, dass die intellektuellen Universen des Vereinigten Königreichs auf der einen und Kontinentaleuropas auf der anderen Seite einander so weit wie möglich höflich ignorierten. Francis' Urgroßvater T. H. Huxley zählte zu jener „alten Garde des englischen Agnostizismus", die „nie von Freud gehört und Marx und Kierkegaard und Nietzsche, die Schöpfer der Welt, wie wir sie kennen, ignoriert hatten" (Clark 1968, S. 118). Was genau Francis an einer soziologischen Formulierung von Repression störte, wird nicht so deutlich, wie es vielleicht angebracht gewesen wäre. Foucaults Waffen waren auf die sozialen und politischen Operationen gerichtet, die den Zugang zu Denkwegen in der öffentlichen Sphäre erlauben, fördern, verweigern oder beseitigen, und nicht auf die Zensurprozesse, die in den Köpfen der Individuen unbemerkt am Werke sind. Auch wenn sich das eine (Unterdrückung) nicht gänzlich vom anderen (Verdrängung) trennen lässt, handelt es sich doch keineswegs um

18.4 Essays, Rezensionen und Übersetzungen

Synonyme. Francis hatte Foucault seinen Zorn in Form einer energischen Verteidigung freudianischer Weisheit entgegengeschleudert, doch an anderer Stelle – in der Rezension einer Biografie von Vincent Brome über den Psychoanalytiker und Freud-Biografen Ernest Jones (F. Huxley 3.2.1983) – fühlte er sich zu der Frage veranlasst, wie es dazu gekommen sei, dass der psychoanalytische Kanon Teil „unseres allgemeinen Bestands" von Ideen und Vorstellungen geworden sei. Vielleicht liegt die Lösung des Rätsels darin, dass Francis, wie Rupert Sheldrake glaubt, in Fragen von Geist und Psyche ein Nonkonformist war.

Eine seiner vielen Rezensionen galt dem Buch *Psycho politics* (1982) des Psychologen und revolutionären Sozialisten Peter Sedgwick (F. Huxley 28.1.1982). Sedgwick nahm die Hauptakteure – die „Guerillabosse", wie Huxley sie nennt – Laing, Szasz, Foucault und Goffman aufs Korn, die den intellektuellen Kampf gegen die Dominanz der biologischen Psychiatrie in den 1960er- und 1970er-Jahren anführten. Dass Francis viele Jahre lang mit Laing verbunden und befreundet war, merkt man seiner Rezension, in der er wahrhaftig den „beträchtlichen Scharfsinn und die Kraft" von Sedgwicks Kritik lobt, nicht an. Um der Wahrheit die Ehre zu geben: Sedgwicks Einschätzung ist nicht gut gealtert. Laing wurde, traurig, aber wahr, für irrelevant erklärt, weil er nicht soziologisch genug argumentiere, Szasz, weil er sich zu sehr am freien Markt orientiere, Goffman, weil er nicht verstanden habe, warum es überhaupt psychiatrische Kliniken gibt, und Foucault, weil er wie die anderen mangelhaft dekonstruiert habe, „was Krankheit überhaupt ist" (F. Huxley 1982, S. 19). Sedgwicks „linke" Tour de force basierte merkwürdigerweise auf der Beibehaltung des Konzepts der „Geisteskrankheit", das er als eine bedingte Notwendigkeit ansah, um Forderungen an das Gesundheitssystem stellen zu können. „Die Zukunft gehört der Krankheit", so glaubte er (F. Huxley 1982, S. 19). Mittlerweile haben radikale Strömungen innerhalb der Mental-Health-Bewegung das Konzept offen abgelehnt, weil sie darin einen Stützpfeiler des umstrittenen Systems der psychischen Gesundheitsversorgung sehen. Viele klinische Psychologinnen und Psychologen, Psychotherapeutinnen und -therapeuten haben sich dieser Linie angeschlossen. Sedgwicks Position war voller Widersprüche, und sein Ziel – eine „totale Alternative zur Unmenschlichkeit des Kapitalismus" – wurde behindert durch seine Billigung desselben Systems zum Umgang mit Abweichungen, das in voller Übereinstimmung mit den Forderungen und Bedürfnissen des industriellen Kapitals erschaffen und gepflegt wurde.[23]

Die Rezensionen zu den Büchern von Sedgwick und Foucault lassen auf einen beunruhigenden blinden Fleck bei Francis schließen, wenn es um Klassenpolitik

---

[23] Weiterführende Überlegungen zum Verhältnis von Kapitalismus und Mental-Health-System finden sich bei Roberts (2015) und Vos et al. (2019).

und ihre Verankerung in der Wirtschaft ging. Dies wurde auch von einer Rezensentin von *The invisibles* angemerkt, die das Fehlen des Klassenbegriffs als „deskriptive Variable" in Francis' Schilderung beklagte (Bourguignon 1970, S. 416). Vielleicht verdankte Francis dem herrschenden Privilegiensystem und der damit verbundenen Vorstellung von gesellschaftlicher Respektabilität zu viel, um es wirklich analysieren, auseinandernehmen und als das erkennen zu können, was es war. Doch er war diesem System nicht gänzlich verhaftet. Als Mitgründer von Survival International (Kap. 14) fühlte er sich der Vorstellung von Gerechtigkeit in gewissem Maße verbunden. Für Laing hingegen lagen die Dinge anders. Laing hatte sich nie von der marxistischen Analyse der Klassengesellschaft und des damit verbundenen Systems der Unterdrückung und Ausbeutung losgesagt und lehnte das Etikett des „Antipsychiaters", das Sedgwick und andere ihm verpassten, rundweg ab. Sedgwicks ideologisches Mantra, Laing sei von der „korrekten" marxistischen Linie abgewichen, strafte er mit Verachtung: „Meine Haltung dazu ist: Fuck yourself." Laut Laing wusste Sedgwick „nicht, wovon er sprach" (s. Mullan 1995).

Menschheit und Weltgeschehen

Zum Thema Macht und Politik finden sich erste von Francis schriftlich ausformulierte Gedanken in einem Essay mit dem Titel „Who and why?", der in einem von Naomi Mitchison herausgegebenen Sammelband enthalten ist (F. Huxley 1962b). Das Buch, kurz nach dem Start des Wettlaufs ins All und kurz vor der Kuba-Krise erschienen, versuchte, die vielversprechendsten wissenschaftlichen Überlegungen zur Organisation der Gesellschaft zusammenzutragen. Francis' Beitrag wurde dem Teil des Buches zugeordnet, in dem es um die Interpretation menschlichen Verhaltens ging. In ihrer Einleitung zu seinem Essay weist Mitchison darauf hin, dass sich Francis' Machtbegriff von dem anderer Autorinnen und Autoren unterscheide. In einer geradezu nietzscheanisch klingenden Randbemerkung erklärte Francis: „Der Mensch ist immer auf der Jagd nach Macht" (1962b, S. 279). Er betrachtete die Macht „von innen", d. h. hinsichtlich ihrer Wirkung auf die Person, die sie ausübt. Der primäre Effekt von Macht sei, so Francis, dass sie ein Opfer erzwinge, fordere oder durch ein solches kompensiert werde – wenn nicht vom Inhaber der Macht, dann von jenen, die ihr unterworfen seien. Ihr Zweck sei es, Sinn zu generieren – ein mythologisches Bindemittel, um die Gruppe zu einen und mit den Zielen und Aufgaben der Führung in Übereinstimmung zu bringen.

Das ist eine reizvolle These, die Francis mit Beispielen aus Shakespeares Tragödien, dem Aufstieg der Nazis, dem haitianischen Voodoo und einer Reihe von schamanischen Praktiken – wie der sogenannten Visionssuche der indigenen Prärievölker – untermauerte. Francis war immer willens, seine anthropologischen Erfahrungen und sein Wissen zu nutzen, um die Gemeinsamkeiten der Notlagen von

18.4 Essays, Rezensionen und Übersetzungen

Menschen überall auf der Welt herauszuarbeiten. In dem rituellen Drama von Opfer und Macht identifizierte er Imagination und Gewissen als die wichtigsten dem Narrativ zugrunde liegenden psychischen Ressourcen. Von dieser Schlussfolgerung rückte Francis viele Jahre später ab. Er war zu der Ansicht gekommen, dass der allgemeine Charakter dieser Vorschläge durch den Siegeszug der Industriezivilisation westlicher Prägung problematisch geworden war. Die großen Modernisierungseinflüsse des Handels- und Industriekapitalismus haben die Gesellschaften so verändert, dass wir inzwischen von der mythologischen Tradition abgeschnitten sind. Warum das so ist, ist eine wichtige Frage, auch wenn sie voraussetzt, dass die weltweite Verehrung und „Anbetung" von Wissenschaft und Technik nicht als Mythos gelten kann, obwohl sie Bestandteil unserer zentralen Glaubenssätze ist. Unter den Fittichen des Fortschrittsgottes sind Wissenschaft und Technik zu den Fahnenträgern einer besseren Zukunft geworden und auf gespenstische Weise präsent in allen Regierungsformen, ob demokratisch oder totalitär.

Es liegt auf der Hand, dass die Arbeitsteilung (und die Teilung der Interessen), die mit der Entwicklung des Kapitalismus in der Moderne einhergingen, soziale Spaltung, kulturelle Fragmentierung und einen ideologischen Kampf um die Imagination angeheizt haben. Bis zu diesem Punkt stimmt die Argumentationslinie mit der Marx'schen These überein, dass die ökonomischen Bedingungen das Bewusstsein bestimmen – und Francis' ursprüngliche Position wird beinahe, wenn auch nicht ganz von der Ironie des sowjetischen Künstlers Viktor Šklovskij gerettet: Ja, die materielle Existenz bestimme das Bewusstsein, räumte Šklovskij ein, doch das Gewissen bleibe „unsettled"[24] (zit. nach Boym 2010, S. 201). Das Gewissen bleibt das Gegengift gegen den politischen „Willen zur Macht", der alle politischen Systeme kennzeichnet, und doch lag das Gewissen der Wissenschaft im 20. Jahrhundert allzu oft im Dämmerschlaf und übersah die nicht eben heiligen Beiträge dieser Wissenschaft zur Entwicklung nuklearer, biologischer und chemischer Waffen, zum Wachstum von Big Pharma und zur technologiegestützten Massenüberwachung, um nur einige Bereiche zu nennen – alles im Namen des Überlebens und des Fortschritts. Wir brauchen nicht daran zu erinnern, dass das 20. Jahrhundert, in dem Francis den größten Teil seines Lebens lebte, unter einem Mangel an, wenn nicht gar unter der Abwesenheit von Gewissen über das gesamte politische Spektrum hinweg gelitten hat. Unser eigenes Jahrhundert zeigt keine große Abweichung von diesem Trend. Doch Francis' These, die Fragen hinsichtlich der veränderlichen Natur des sozialen Gewissens und seiner Anfälligkeit aufwirft, verdient weiterhin Beachtung.

---

[24] Anm. d. Übers.: Ein unübersetzbares Wortspiel mit der Doppelbedeutung von „unsettled" in diesem Kontext (unbestimmt/unruhig).

Zur Klärung der Frage, ob Francis optimistisch oder pessimistisch war, was den Fortschritt der Zivilisation und die Form, die sie annehmen könnte, betrifft, lassen sich verschiedenste Belege anführen, doch in einem 1992 veröffentlichten Beitrag zur „Weltkultur" berief er sich zustimmend auf die Gedanken von Margaret Mead, die unsere ideellen und praktischen Probleme prägnant zusammenfassen:

> *Wir wissen nicht, wie wir die Führungspersönlichkeiten finden können, die wir benötigen; wir wissen nicht, wie wir die Art von gesellschaftlicher Organisation aufbauen können, die wir benötigen; wir wissen nicht, wie wir eine ausreichend große Zahl von Menschen davon überzeugen können, einer bestimmten Vorgehensweise zu folgen, ohne zugleich Widerstand gegen eben diese Vorgehensweise zu erzeugen. Wir wissen nicht, wie wir eine weltweite Ideologie so institutionalisieren können, dass ihre Strukturen nicht ihre erklärten Ziele konterkarieren. Am wichtigsten ist vielleicht, dass wir noch nicht einmal versuchsweise eine Form der gesellschaftlichen Organisation geschaffen haben, die in der Lage wäre, die innovative Intelligenz, die wir brauchen, zu finden, zu rekrutieren, auszubilden und bereitzustellen* (Mead 1964, zit. nach F. Huxley 1992, S. 5).

Ob Mead und damit auch Francis mit dieser Einschätzung richtig lagen, bleibt offen für Spekulationen, doch heute, mehrere Jahrzehnte später, wissen wir deutlich mehr über die strukturellen Kräfte, die dem im Wege stehen, was Paul Mason (2019) die „klare, lichte Zukunft" nannte. Francis' Einschätzung der Situation der Menschheit in der Moderne leidet unter denselben Schwächen, die schon in den Zukunftsrezepten wie in den Zukunftsängsten seines Vaters und seines Onkels zutage traten. Auch wenn Francis' Ansichten in einer gesunden Skepsis gegenüber der Wissenschaft gründeten: Keiner der drei Huxleys setzte sich jemals mit der Entfremdung auseinander, die das Fundament der Moderne prägt. Die Abneigung gegen Marx und seine Ideen war groß, entsprechend war weder Julian noch Aldous noch Francis in der Lage, unsere Malaise zutreffend zu diagnostizieren und die in der politischen Sphäre notwendigen radikalen Gesichtspunkte der Entfremdung zu entwickeln, wie es Šklovskij in Sowjetrussland und Brecht im Deutschland der Weimarer Republik taten, um die breite Bevölkerung wieder mit der Rückbesinnung auf die menschliche Bestimmung zu verbinden.

18.5 Unveröffentlichtes und Unvollendetes

Francis hinterließ mehrere unveröffentlichte und unvollendete Werke. Einige bieten weitere Hinweise darauf, dass er sich offenbar gelegentlich gern in intellektuellen Hinterhöfen aufhielt, andere eröffnen die verlockende Möglichkeit,

18.5 Unveröffentlichtes und Unvollendetes

einem großen Geist bei der Arbeit über die Schulter zu sehen. Zur ersten Kategorie gehört Francis' Buchprojekt über die Zahl 42. In Douglas Adams' komisch-satirischer Science-Fiction-Hörspielserie *The hitchhikers guide to the galaxy* (1978) – später auch in Buchform publiziert (dt. 1981: *Per Anhalter durch die Galaxis*) und auch verfilmt – werkelt ein Supercomputer namens „Deep Thought" seit 7,5 Mio. Jahren vor sich hin, um eine Antwort auf die Frage nach dem Sinn des Lebens, des Universums und des ganzen Rests zu finden. Das Endergebnis seiner Berechnungen ist die Zahl 42. Adams wählte diese Zahl, der faszinierende mathematische Eigenschaften nachgesagt werden, wohl auch deshalb, weil Lewis Carroll sie in seinen Romanen häufig direkt oder indirekt (so gab es in *Alice in Wonderland* beispielsweise 42 Illustrationen) verwendete. Francis' Projekt war somit eine Rückkehr auf Carroll'sches Terrain. Sein Manuskript listet die vielen Fundstellen der Zahl sowie ihre sämtlichen Transformationen, Transpositionen und Ableitungen in Carrolls Leben und Werk auf. Gerechtigkeitshalber sollte angemerkt werden, dass sich dieser Text im Vergleich zu *The raven and the writing desk* insgesamt leichter lesen lässt – zumindest für mathematisch gebildete Menschen –, auch wenn er stellenweise ebenso ermüdend ist und den Pakt mit den Leserinnen und Lesern genauso vernachlässigt wie das frühere Buch. Das Manuskript beginnt mit der Aussage, dass die Zahl 42 „einen merkwürdigen Zauber auf die Vorstellungskraft ausübt, so als wüsste sie, was sie bedeutet, auch wenn wir es nicht wissen" (F. Huxley 1978/2003, S. 1). Die formalen Regeln der Aussagenlogik besagen: Wenn die Axiome, auf denen ein bestimmtes Theorem beruht, wahr sind, müssen die durch logisches Schließen aus ihnen abgeleiteten Aussagen ebenfalls wahr sein. Leider scheitert Francis' Spieleröffnung bereits an dieser ersten Hürde, denn die Zahl 42 übt im Allgemeinen keinen „merkwürdigen Zauber auf die Vorstellungskraft" aus – jedenfalls nicht für die überwältigende Mehrheit der Weltbevölkerung, ob die Erde nun de facto ein organischer Supercomputer ist oder nicht. Das Manuskript belegt lediglich, dass Francis ein Leben lang von Carroll besessen, mathematisch begabt und in der Lage war, auch Protokollen ein gewisses Flair zu verleihen.

Bedauerlicher ist, dass einige von Francis' anderen Projekten unvollendet geblieben sind, darunter vor allem *The mutual self*. Geplant war ursprünglich eine 14 Kapitel umfassende Untersuchung über das „Wesen der Partizipation und das, was sie von uns verlangt, wenn wir mit anderen und mit der Welt, in der wir leben, in Beziehung treten" (F. Huxley o. J., S. 3). Das Manuskript liest sich wie eine poetische, philosophische und wissenschaftliche Meditation über die Entmystifizierung unserer wechselseitigen Verbundenheit mit allen Objekten und Wesen, die uns umgeben. Sein Ziel war, wie er weiter ausführte, „dieses Phantomgebilde (manchmal als Geist in der Maschine bezeichnet) in den Mittelpunkt zu stellen und die verschiedenen Argumente für und gegen seine Existenz zu nutzen, um sowohl seine natürliche als auch seine übernatürliche Geschichte zu erzählen". Wie *Forty-two* war auch das eine Art Rückkehr – diesmal allerdings zur „ewigen Philosophie" von Leibniz und Aldous Huxley –, um die Grenzen der Rationalität, der Mystik und des magischen Denkens im ewigen Streben nach dem Verständnis unserer universellen Beziehungen zu hinterfragen – durch den Geist, durch den Körper und in der sich entfaltenden Erfahrung der Zeit. Wir sehen einen Francis, der sich neu auf seine ureigenen, lebenslangen Interessen und Beziehungen besinnt und sich öffnet, um ererbte Zweifel, Verleugnungen und Intuitionen durchzulüften,[25] und einen Francis, der einen heideggerianischen Geist beschwört, um die Menschheit mit all ihrem Wissen und ihrer Erfahrung in eine vollständig relationale, bedeutungsvolle Welt einzubinden. Der Entwurf versprach einen angemessenen Gipfelpunkt seines Schaffens: kühn, fantasievoll und intellektuell anregend. Es war Francis gelungen, den Verlag Thames & Hudson für sein schon Anfang der 1990er-Jahre begonnenes Projekt – zu diesem Zeitpunkt lebte er noch in Santa Fe – zu interessieren. Über die Frage, warum er das Buch nie vollendete, können wir nur spekulieren. Seine Abneigung gegen allumfassende theoretische Entwürfe war wohlbekannt und kommt in vielen seiner Werke zum Ausdruck. Vielleicht weckte die Erkenntnis, dass sich auch *The mutual self* zu einem imposanten theoretischen Rahmen entwickeln könnte, Bedenken und schließlich seinen Widerstand – wer weiß?

Francis' zahlreiche Versuche, sich schreibend aus den Fesseln seines Umfelds zu lösen, waren nur teilweise erfolgreich – wie bei allen Schreibenden. Sie zeigen, dass die Gesellschaft ihre „wilden" Intellektuellen braucht und dass das ganze große Bild im Auge behalten werden sollte – insbesondere von denjenigen, die gewohnheitsmäßig, fachwissenschaftlich und beruflich, oft unter Zwang, mit der Produktion kleinerer Bilder beschäftigt sind. Francis' Leben und Werk hinterfragen unsere Vorstellungen davon, wie und mit welchen Zielen, mit welchen Freiheiten und für wen unsere Bildungs- und Wissenschaftsinstitutionen arbeiten sollten. Immer wieder hat sich gezeigt, dass unsere universitären Strukturen zu konservativ sind und gelegentlich auch antidemokratischen Bestrebungen bereitwillig Vorschub leisten (s. Roberts 2019). Heute, unter dem Schatten eines seelenlosen und technokratischen Neoliberalismus, ist ihr Zustand alles andere als gut. Sein Ausschluss aus der akademischen Welt forderte einen Preis von Francis,

---

[25] Das Buch sollte, wie er auf S. 7 schrieb, „mit Material aus meiner beruflichen und persönlichen Erfahrung auf den Gebieten der Anthropologie, der Ethnopsychiatrie, der Psychologie und der Literatur" illustriert werden, das er „sowohl im Lichte der traditionellen Lehre als auch im Lichte moderner Theorie" betrachten wollte. Unveröffentl. Manuskript, FHA.

doch er hatte auch seine Vorteile. Am Ende dieses kritischen Werküberblicks ist es vielleicht angemessen, David Napier das Schlusswort zu überlassen:

> *Auf dem Gebiet der Psyche war Francis der eigentliche Pionier der Familie ... Auch wenn Francis Huxley vielleicht noch nicht den Bekanntheitsgrad seiner Vorfahren erreicht hat, verfügte er doch mit Sicherheit über den kühnsten und breitgefächertsten Intellekt in diesem Clan* (Interview mit D. Napier, 14.8.2018, Ascona).

Literatur

Alderson, B. (17.2.1977). Lewis Carroll. Various fits. *The Times*.
Barthes, R. (2003). Der Tod des Autors (1968). In F. Jannidis, G. Lauer, M. Martinez & S. Winko (Hrsg.), *Texte zur Theorie der Autorschaft* (S. 185–198). Stuttgart: Reclam.
Benedict, R. (1934/2019). *Patterns of culture*. London: Routledge.
Benjamin, W. (1988). *Einbahnstraße*. Frankfurt a. M.: Suhrkamp.
Bentall, R. (2009). *Doctoring the mind: Is our current treatment of mental illness really any good?* London: Allan Lane.
Bourguignon, E. (1970). Voodoo Gods in Haiti. Francis Huxley, The invisibles. Review. *American Anthropologist, 79*(2), 415–417.
Boym, S. (1991). *Death in quotation marks*. Cambridge: Harvard University Press.
Boym, S. (2005). Poetics and politics of estrangement: Victor Shklovsky and Hannah Ahrendt. *Poetics Today, 26*(4), 581–612.
Boym, S. (2010). *Another freedom*. Chicago: University of Chicago.
Calvino, I. (1983). *Wenn ein Reisender in einer Winternacht*. München: Hanser.
Clark, R. W. (1968). *The Huxleys*. London: Heinemann.
Cobb, M. (2015). *Life's greatest secret. The race to crack the genetic code*. London: Profile Books.
Cohen, M. N. (1995). *Lewis Carroll. A biography*. London: McMillan.
Collins, L. (13.10.2008). The oracle. The many lives of Arianna Huffington. *The New Yorker*.
Dibie, P. (2010). Lire Francis Huxley aujourd'hui. In F. Huxley, *Affable souvages* (S. 327–330). Paris: Plon.
Douglas, M. (1975). *Implicit meanings. Essays in anthropology*. London: Routledge & Kegan.
Edwards, D., & Potter, J. (1992). *Discursive psychology*. London. Sage.
Foucault, M. (1981). *Archäologie des Wissens*. Frankfurt a. M.: Suhrkamp.
Galeano, E. (1992). *The book of embraces*. New York & London: Norton.
Geertz, C. (1993). *Die künstlichen Wilden: Der Anthropologe als Schriftsteller*. Frankfurt a. M.: Fischer.
Girard, R. (1992). *Das Heilige und die Gewalt*. Frankfurt a. M.: Fischer.
Grady, M. (16.11.2017). Is Marie Sklodowska Curie still a good role model for female scientists at 150? *The Independent*.
Haedens, K. (11.1.1961). I have just returned from El Dorado. Review of *Affable savages* by F. Huxley. *L'Intransigeant*.

Hofstadter, D. (1985). Gödel, Escher, Bach: Ein endloses geflochtenes Band. Stuttgart: Klett-Cotta.
Holmberg, A. R. (1958). An extraordinary work of ethnography. Review of *Affable savages* by F. Huxley. *American Anthropologist, 60*(2), 388–389.
Huxley, F. (o. J.). The mutual self. Unveröffentl. Projektexposé. FHA.
Huxley, F. (1956). *Affable savages – an anthropologist among the Urubu indians of Brazil.* London: Rupert Hart-Davis.
Huxley, F. (1962a). Reviews. Which may never have existed. *The Kenyon Review, XXIV*(1), 150–156.
Huxley, F. (1962b). Who and why? In N. Mitchinson (Hrsg.), *What is the human race up to?* (S. 273–288) London: Victor Gollancz.
Huxley, F. (1964). *Peoples of the world in colour.* London: Blandford Press.
Huxley, F. (1966). *The invisibles.* London: Rupert Hart-Davis.
Huxley, F. (1970). Phallic fungus. *New Society,* 17–18.
Huxley, F. (1974). *The way of the sacred.* London: Aldus Books.
Huxley, F. (1976). *The raven and the writing desk.* London: Thames & Hudson/New York: Harper & Row.
Huxley, F. (24.11.1977). Prison of thought. Review of *Discipline and Punish* by Michel Foucault. *The Guardian.*
Huxley, F. (1978/2003). *Forty-two.* Unveröffentl. Manuskript. FHA.
Huxley, F. (1979). *The dragon – nature of spirit, spirit of nature.* London: Thames & Hudson.
Huxley, F. (29.3.1979). This holy terror. The history of sexuality. Michel Foucault. *The Guardian.*
Huxley, F. (28.1.1982). Anti-psychiatry and other disorders. Review of *Psycho politics* by Peter Sedgwick. *The Guardian,* 19.
Huxley, F. (3.2.1983). Defender of the faith. Review of *Ernest Jones: Freuds alter ego* by Vincent Brome. *The Guardian.*
Huxley, F. (31.3.1983). Story telling in Samoa. *The Guardian.*
Huxley, F. (1990). *The eye – the seer and the seen.* London: Thames & Hudson.
Huxley, F. (1992). World culture. *International Synergy Journal, 12,* 5–10.
Huxley's tape-recorder approach. (1.2.1968). *Kirkus Review.*
Kincaid, J. R. (1978). Reviews. *Nineteenth Century Fiction, 33,* 272–276.
Laing, R. D. (1972). *Knoten.* Reinbek: Rowohlt.
Levi-Strauss, C. (1991). *Traurige Tropen* (8. Aufl.). Frankfurt a. M.: Suhrkamp.
Levine, G. (2011). *Darwin the writer.* Oxford: Oxford University Press.
Lewis, I. M. (14.2.1975). Rites for reassembling God. *Times Literary Supplement.*
Mason, P. (2019). *Klare, lichte Zukunft: Eine radikale Verteidigung des Humanismus.* Berlin: Suhrkamp.
Mead, M. (1964). *Continuities in cultural evolution.* New Haven: Yale University Press.
Mullan, B. (1995). *Mad to be normal. Conversations with R. D. Laing.* London: Free Association Books.
Napier, A. D. (2017). Francis Huxley (1923–2016). Obituary. *Anthropology Today, 33*(1), 28f.
Narby, J. (2001). *Die kosmische Schlange. Auf den Pfaden der Schamanen zu den Ursprüngen modernen Wissens.* Stuttgart: Klett-Cotta.

Narby, J., & Huxley, F. (2001). *Shamans through time – 500 years on the path to knowledge*. Los Angeles: J. P. Tarcher/Putnam.
Quinn, S. (1999). *Marie Curie: eine Biographie*. Frankfurt a. M.: Insel.
Ribeiro, D. (1996). *Diários índios. Os Urubus-Kaapor*. São Paulo: Companhia das Letras.
Roberts, R. (2015). *Psychology and capitalism*. Winchester: Zero Books.
Roberts, R. (2019). *Capitalism on campus. Sex work, academic freedom and the market*. Winchester: Zero Books.
Roiphe, K. (29.10.2001). Just good friends? *The Guardian*.
Schwartz, J., & McGuiness, M. (1979). *Einstein für Anfänger*. Reinbek: Rowohlt.
Šklovskij, V. (1966). *Theorie der Prosa*. Frankfurt a. M.: Fischer.
Šklovskij (Shklovsky), V. (2005). *Knight's move*. London: Dalkey Archive Press.
Voodoo. (18.8.1966). *Times Literary Supplement*.
Vos, R., Roberts, R., & Davies, J. (2019). *Mental health in crisis*. London: Sage.
Watson, J. (1969). *Die Doppel-Helix. Ein persönlicher Bericht über die Entdeckung der DNS-Struktur*. Reinbek: Rowohlt.

Francis Huxley und die Conditio humana

> *„Francis Huxley war der kühnste Intellektuelle, der mir je begegnet ist."*
> *(David Napier, 14.8.2018, Ascona)*

Als Francis Huxley im Oktober 2016 starb, hinterließen sein Leben und sein Werk eine Reihe unbeantworteter Fragen. Wie also lässt sich seine Lebensleistung bzw. wie lassen sich die Leistungen eines solchen Lebens am besten zusammenfassen? Francis – der „wilde Intellektuelle", wie er zuweilen genannt wurde – stellte sich viele Fragen über die Situation und Verfassung des Menschen. Dass keine Disziplin für sich allein der Auseinandersetzung mit der Conditio humana gewachsen war, war ihm wie vielen anderen vor ihm bewusst. Viele Menschen nehmen – zu Unrecht – an, dass die Psychologie die dafür am besten geeignete Wissenschaft ist. Diejenigen unter uns, die in dieser Disziplin tätig sind, kennen ihre Unzulänglichkeiten jedoch nur allzu gut. Die größte dieser Unzulänglichkeiten ist, wie Svetlana Boym feststellte, dass der Psychologie die Zeit und der Raum fehlen, um differenzierte individuelle Geschichten zu erzählen. Beide, Zeit und Raum, sind durch die Notwendigkeit, sowohl durch und durch wissenschaftlich zu sein als auch dem Diktat des akademischen und damit auch unternehmerischen Marktes zu genügen, unterminiert worden. Natürlich gibt es immer noch Geschichtenerzählerinnen und -erzähler in der Wissenschaft – häufig sind sie unter den Marginalisierten zu finden, die darum kämpfen, dass ihre Stimme gehört und ihre Existenz anerkannt wird –, doch hier stellen sich weitere Fragen: die Frage nach der Art der Geschichten, die erzählt werden wollen, und die Frage nach den Kontexten, in denen sie untergebracht werden. Je weiter man die Grenzen ausdehnt, innerhalb deren Geschichten erzählt werden, desto mehr ähnelt die psychologische Forschung der Sozialanthropologie, und die von ihr bevorzugte Strategie des Reduktionismus wird immer weniger erfolgreich.

Auch die Sozialanthropologie selbst benötigte, wie Francis intuitiv erkannte, eine narrative psychologische Dimension mehr als eine mathematische, und er versuchte diese Dimension wo immer möglich zu liefern. „Gott", so schrieb er, „ist, wie William Blake bemerkte, kein mathematisches Diagramm" (F. Huxley 1974, S. 6). In gewisser Hinsicht wurde die Psychoanalyse, gefangen in den intellektuellen Moden der Zeit, als diese Dimension in Betracht gezogen, die in der Lage wäre, das unbewusste Bindemittel für Heilungsrituale, Religion, die Symbolik des Heiligen, die Familienstruktur, die Sexualpolitik verschiedener Gruppen und schließlich den Körper als Mediator der gedanklichen Reise aus den trüben Tiefen des Unbewussten in das blühende soziale Leben bereitzustellen. Die Figur des Schamanen verkörperte vielleicht besser als jede andere diese Verbindung zwischen dem unterirdischen Chaos des Geistes und dem irdischen Wohlergehen der sozialen Gruppe. Eine Schlüsselfunktion des Schamanen, die nicht weniger wichtig ist als die rituell begleitete mystische Reise in geistige Welten, für die die westliche Wissenschaft keine Landkarten besitzt, besteht darin, sich um die sozialen und individuellen Wunden der Gemeinschaftsmitglieder zu kümmern, sie zu transformieren und zu heilen, was mit einem gewissen Risiko für den Schamanen verbunden ist. Die kosmischen Elemente, die im Verlauf des Rituals ins Spiel gebracht werden, sind zugleich symbolisch und real, Triebkräfte der Transformation, die die kartesianische Trennung überwinden und die Lücken und Spalten – wie wir sie wahrnehmen – zwischen Geist und Körper, Gegenwart und Vergangenheit, materieller und geistiger Welt überbrücken. Aufgrund dieser Fähigkeit, zu vereinen, was in unseren Augen nicht vereint werden kann, war der Schamanismus für Francis von grundlegendem Interesse. Er erkannte nicht nur, dass sich die Sozialanthropologie auf systematische Weise mit mentalen Störungen und alternativen Geisteszuständen befassen musste, sondern auch, dass dabei etwas für uns Wertvolles zu gewinnen ist, mit dem wir in unseren eigenen, an persönlicher und sozialer Fragmentierung krankenden Gesellschaften rechnen können.

Francis hatte – ungewöhnlich für damalige Anthropologen – kein Interesse daran, sich westlich-kolonialistischer Denkkategorien zu bedienen, um die Bräuche, Gewohnheiten und Praktiken anderer Kulturen in eine Form zu bringen, die sich zur Assimilation an die bevorzugten zerebralen Bequemlichkeiten unserer eigenen Welt eignete. Er sah es vielmehr als seine Aufgabe an, sich an die mentalen Schablonen anderer anzupassen und die Welt mit ihren Augen zu sehen. Laing bezeichnete die Angst der Menschen vor dem, was ihre Psyche und die der anderen hervorbringen kann, als „Psychophobie" – etwas, unter dem seiner Meinung nach die meisten Psychiater litten. Francis sah das Heilmittel gegen diese Psychophobie nicht allein darin, sich auf die Sichtweisen anderer einzulassen, sondern auch in Reisen durch veränderte Bewusstseinszustände, zu denen in seinen Augen auch der Wahnsinn zählte. Er begab sich selbst auf solche Reisen und begleitete auch andere dabei – in therapeutischen wie in informellen Kontexten und stets mit der gebotenen Vorsicht. Sich auf die Sichtweise anderer einzulassen bedeutet jedoch mehr als nur einen Perspektivenwechsel. Es ist ein politischer Akt, der in zwei Richtungen wirkt: Er stellt die Gültigkeit des Gegensatzes zwischen dem Ich/Wir und dem/den Anderen infrage, denn indem man die Position des zum „Anderen" Erklärten einnimmt, hört dieses „Andere" auf, „anders" zu sein, während sich zugleich die Annehmlichkeiten des Gewohnten und Vertrauten auflösen.

Mit Blick auf psychische Krisen, Zusammenbrüche und Durchbrüche ist das schamanische Ritual ein Versprechen, das richtigzustellen, was innerhalb der gegebenen kosmischen Ordnung nicht auf andere Weise richtiggestellt werden kann. Das Versprechen der Heilung, und nicht die bloße Hoffnung darauf, fehlt in der psychotherapeutischen Kultur beinahe ganz – was nicht nur erklärt, weshalb die traditionelle Psychiatrie „giftig" ist, wie Peter Breggin (1996/1997) erläutert, sondern auch der Grund dafür ist, dass es in der westlichen Kultur fast keine Schamaninnen und Schamanen mehr gibt, abgesehen natürlich von dem florierenden Geschäft mit neoschamanischen Kulten ohne feste Kosmologie und ohne jeglichen Stammeskontext. Auch das Festhalten an einer extremen Form des Materialismus spielt hier eine Rolle. Nichtsdestotrotz sind Medizin und Psychoanalyse/Psychotherapie die einzigen uns gebliebenen kulturellen Cousinen des Schamanismus, verfügen sie doch über eine rituelle/soziologische Struktur, die einen Übergangsritus skizziert, in den der mögliche Weg aus Chaos und Verzweiflung zu Ordnung und Hoffnung eingezeichnet ist. Allerdings beginnt das Versagen dieser Professionen nicht erst mit den „rituellen" Beleidigungen, aus denen die Behandlungen in der biologisch orientierten Psychiatrie bestehen: Sie scheitern vielmehr bereits an der ersten Hürde, indem sie regelmäßig verkünden, dass bestimmte Erkrankungen „lebenslang" bestehen, „unheilbar" oder „behandlungsresistent" sind und dass Menschen, die schwer traumatisiert wurden, unweigerlich „für ihr Leben gezeichnet" seien. Schlägt der Heilungsversuch fehl, werden die Gründe durchweg im uneinsichtigen Anderen gesucht, niemals bei dem vermeintlichen Heiler des Geistes. Das ist weder der Weg des Schamanen noch der des Kriegers. Im Schamanismus kann ein Heilungsversagen bedeuten, dass der Schamane mit seinem Leben bezahlt.

Der Schamanismus spricht auch die Zerbrechlichkeit des menschlichen Daseins an, unsere Anfälligkeit für Entwurzelung, Kummer, Bedrohung, Krankheit, Schmerz, Wahnsinn und Tod. Dass die schamanische Stimme ihr Netz so weit auswerfen kann, liegt nicht nur daran, dass Schamanen mit einem ganzen „Ensemble von Techniken zur Erlangung von Wissen" arbeiten, sondern auch daran, dass sie kluge und erfahrene „Sinnproduzenten" sind (Narby und Huxley 2001, S. 6). Der Rationalismus und sein dogmatischer Spießgeselle, der Individualismus, die unter dem Deckmantel des Strebens nach Autarkie, Entscheidungsmacht und Kontrolle auftreten, leugnen dies nicht nur, sie haben es auch versäumt, eine befriedigende Weltanschauung anzubieten, die dem Leben Sinn und Ziel gibt. Dass wir Menschen in der symbolischen ebenso wie in der realen Welt jede Hilfe benötigen, die wir bekommen können, war etwas, das Francis sofort verstand. Rückblickend betrachtet, erscheint seine Begegnung mit dem schottischen Psychoanalytiker R. D. Laing fast unvermeidlich – die Wege dieser beiden Männer schienen dazu bestimmt, sich zu kreuzen. Es gibt jedoch noch andere Gründe, warum dieses Zusammentreffen wie vorbestimmt wirkt. Dazu werden wir noch kommen.

Doch so kühn Francis' Verknüpfung der „Anthropologisierten" und zu „Anderen" Erklärten mit dem Wahnsinn war: In einem sehr realen und wenig überraschenden Sinne ging sie nicht weit genug. Francis kritisierte zwar die unübersehbaren Folgen des Kolonialismus im Ausland, doch dessen inländische Variante, der Rassismus im eigenen Land, wurde von der gesamten radikalen Protestbewegung gegen die institutionelle Psychiatrie nicht erkannt, nicht theoretisiert und nicht angefochten. Das Bewusstsein für die schädlichen Wirkungen des Rassismus beschränkte sich in den 1960er-Jahren noch weitgehend auf dessen Opfer, und doch wurde auch eine ganz reale Chance vertan: Auf dem „Dialectics of Liberation"-Kongress 1967, auf dem Francis, Laing und David Cooper sehr präsent waren, sprach Stokely Carmichael, Bürgerrechtler und Protagonist der Black-Power-Bewegung, von „physischer" und „psychischer Gewalt" (Carmichael 1969, S. 38), die der weiße Westen nicht nur den Völkern Afrikas, sondern auch den schwarzen Amerikanerinnen und Amerikanern in den USA angetan habe, und von der sich daraus ergebenden Notwendigkeit, ein „revolutionäres Bewußtsein", ein „Widerstandsbewußtsein" zu entwickeln, um sich sowohl der äußeren als auch der inneren Unterdrückung entgegenzustellen (Carmichael 1969, S. 39). Carmichael stellte klar, dass er unter Widerstand gegen die Gewalt des weißen Westens nicht die Anpassung an diese Gewalt verstand. Trotzdem wurden die Ursachen „psychiatrischer" Störungen vor allem bezogen auf existenziell-phänomenologische und familiäre Einflüsse diskutiert, was sich in Laings Fall bis zu der Erkenntnis erstreckte, dass die größeren Systeme, in die das Familienleben eingebettet war, einschließlich des globalen kapitalistischen Systems, integrale Bestandteile des Kontextes waren. Carmichael beharrte darauf, dass es sich um „ein System der internationalen weißen Vorherrschaft, die mit dem internationalen Kapitalismus verbunden ist" handelte (Carmichael 1969, S. 27).

Der Rassismus blieb somit für diejenigen, die gegen psychische Verzweiflung und psychiatrische Tyrannei kämpften, „jenseits der Worte" und alles andere als „evident" – um die Titel der Vorträge von Cooper und Laing zu zitieren.[1] Laings zentrale Einsicht, dass er Situationen untersuchte und nicht Individuen, und Francis' Erkenntnis, dass in anderen Weltgegenden Bedeutungen des Wahnsinns existierten, die zu importieren hilfreich sein könnte, fanden aus irgendeinem Grund nicht zusammen – vielleicht, weil beide schon genug damit zu tun hatten, gegen ihre eigene Marginalisierung durch ihre jeweiligen Disziplinen, die Psychiatrie und die Anthropologie, zu kämpfen. Vor diesem Hintergrund wird vielleicht auch verständlich, warum Francis' Beitrag zur Philadelphia Association bis zu einem gewissen Grad unbemerkt blieb. Ansonsten verfügte er über alle nötigen Voraussetzungen, um den Sprung wagen zu können, und war sich der in den 1960er-Jahren aufgekommenen Zweifel und Bedenken durchaus bewusst. Er schätzte Talal Asads *Anthropology and the colonial encounter* (1973) und vertrat eine starke, unabhängige, in einem demokratischen Ethos wurzelnde Argumentationslinie, die später Früchte tragen sollte. Toni Morrison brachte einige Jahre später auf den Punkt, was damals übersehen worden war: „Das Trauma des Rassismus ist, für den Rassisten wie für sein Opfer, die schwere Fragmentierung des Ichs", schrieb sie, „und diese ist, wie mir schon immer schien, eine Ursache (nicht ein Symptom) von Psychosen" (Morrison 2020, S. 284).

Selbst mit den zusätzlichen Parametern, die Freud und seine Nachfolger und Nachfolgerinnen der Anthropologie zur Verfügung gestellt hatten, fehlte etwas ganz Wesentliches, denn das Versäumnis, Rassismus explizit zu erfassen, war nicht das einzige Problem. Der Vortrag über Anthropologie und Psychoanalyse, den Francis in Oxford hielt (F. Huxley 1985), beleuchtete einige Auswüchse innerhalb des psychoanalytischen Universums, die zwischen den beiden Bereichen zu Problemen führten, darunter vor allem Freuds Beharren auf der Universalität des Ödipuskomplexes. Ungeachtet seiner Sympathien für die Psychoanalyse zögerte Francis nicht, sie als die „Karikatur eines philosophischen

---

[1] Der Vortrag von Laing hieß „Undurchschaubarkeit und Evidenz in modernen Sozialsystemen", der von Cooper trug die Überschrift „Jenseits der Worte" (Cooper 1969, S. 12–26, 144–150).

Systems" (F. Huxley 1985, S. 146) zu bezeichnen, aus der sich logische Widersprüche zur Anthropologie ergaben. Ein entscheidender Punkt sowohl für ihn als auch für Laing war die Notwendigkeit, ihre Kritik durch ein praktisch-politisches Element zu ergänzen. Diese Frage des praktischen Engagements sollte sie beide über Jahre beschäftigen.

Laing und Francis waren auch in der Lage, intuitiv zu verstehen, dass die Tatsachen des Lebens aus der Ferne zwar ziemlich klar erscheinen – wir werden geboren, wachsen heran, lieben, paaren uns, arbeiten, spielen, kämpfen, erschaffen etwas, altern und sterben schließlich –, uns aber nicht in erster Linie als Spezies definieren, sondern vielmehr die biologischen, sozialen, emotionalen und kreativen Imperative hervorheben, die für das „Feintuning" unserer Existenz verantwortlich sind. Einige dieser Tatsachen – Liebe, Sex, Geburt und Tod – verweisen in ihrer unbegreiflichen Größe auf einen zwangsläufig spirituellen Aspekt des Menschseins und bilden wohl auch das ontologische Fundament, auf dem die Psychoanalyse errichtet wurde. Das unaussprechliche Mysterium, die Politik sowie die Ontologie des unaufhörlichen Wandels ersetzte die Psychoanalyse jedoch durch die gescheiterte Ästhetik einer vorhersehbaren, auf der Newton'schen Mechanik basierenden Uhrwerkbiologie. Dies geschah aus einem Motiv heraus, das das universitäre Forschen und Lehren noch heute heimsucht: aus dem Verlangen nach Akzeptanz in den heiligen Hallen des Establishment-Denkens. Vielleicht war Francis mehr als vielen anderen bewusst, dass der Schamanismus in einer grundlegend anderen Realitätsauffassung ankert als westliche Erkenntnistheorien. Es ist ihm hoch anzurechnen, dass er bereit war, mit den Ambiguitäten zu arbeiten, die sich unvermeidlich ergeben, wenn man in zwei scheinbar unvereinbaren Systemen lebt und praktiziert.

Wenn wir all diesen Tatsachen, Zufällen und Wundern begegnen, so tun wir dies als Organismen mit einer entwickelten, hochkomplexen Sensibilität, mit Neugier und der Fähigkeit, infrage zu stellen, was wir um uns herum sehen – unabdingbar, um die Lebensqualität zu erreichen, die möglich ist. Ausgestattet mit diesen Fähigkeiten, haben wir zwangsläufig die Aufgabe, der sich wandelnden Welt, den Landschaften, Menschen und Beziehungen, die unsere Reise durch dieses Leben ausmachen, eine Bedeutung zu geben, eine Ordnung des Sinns aufzuerlegen. Unsere zaghaften individuellen Versuche, aus all dem einen Sinn zu fertigen, gehen einher mit den intellektuellen, psychologischen und künstlerischen Herausforderungen, dem menschlichen Dasein als Ganzes einen Sinn abzugewinnen – wo die Bemühungen der Einzelnen zu einem kollektiven Ganzen verschmelzen, ein Puzzle ergeben, das von geografischen, kulturellen und historischen Variationen zusammengehalten wird; nichts Geringeres als die ganze

Bandbreite der Situationen, in denen wir leben und diese Welt sowohl formen als auch von ihr geformt werden.

Francis erkannte ebenso wie Laing, dass solche disziplinierten Versuche, so wichtig sie sein mögen, notwendigerweise zu kurz greifen angesichts der unerklärlichen – materiellen wie existenziellen – Gegebenheiten unserer Existenz; in Rebecca Solnits Worten „das, was ohnehin schon die ganze Zeit existiert hat, das Rätsel in der Mitte des Raumes, das Geheimnis im Spiegel" (Solnit 2020, S. 192). Wir müssen uns mit der Tatsache auseinandersetzen, dass diese Welt und unser Dasein in ihr letztendlich ein Mysterium sind und dass das Gewahrwerden dieses erhabenen Mysteriums eine der Bedingungen des Seins ist. Viele Schriftstellerinnen und Schriftstellen haben darauf hingewiesen, dass die Feier dieses Geheimnisses dem zugrunde liegt, was Abraham Maslow „Gipfelerfahrungen" nannte. Für Baudelaire (1990, S. 303) war es „die tatsächliche Phantastik des Lebens", für Boym (2005, S. 583) „das gewöhnliche Wunderbare", für Arendt das „Wunder" der Freiheit und für Benjamin (1988, S. 171) „die Erneuerung des Daseins als … eine hundertfältige, nie verlegene Praxis". Die rätselhafte Natur des Seins steht womöglich auch hinter Freuds Begriff des Unheimlichen – ein Erkennen der fundamentalen Befremdlichkeit unserer Existenz in dieser Welt.

Innerhalb des großen Geheimnisses der Existenz gibt es weitere Mysterien: die Erfahrung unseres Ein- und Austretens in diese bzw. aus dieser Welt mit der Geburt und dem mutmaßlichen Tod des Bewusstseins, unser Zeiterleben und der Ort der Liebe im Gefüge der Welt. All diese Rätsel sind für unsere Erfahrung und unser Verständnis des Lebens von zentraler Bedeutung und können nicht allein mit den Mitteln des Verstandes gelöst werden. Sie laden uns vielmehr ein, uns auf unser ganzes Sein einzulassen, das, wie Francis es formulierte, „ausgelebt werden muss, um erlebt werden zu können, und erlebt werden muss, um es sich zu eigen zu machen" (F. Huxley 1974, S. 31). Francis selbst sprang mehrfach kopfüber in diese Gewässer, indem er die symbolischen Straßenkarten der Weltkultur kartografierte und ihre Vielfalt und ihren Reichtum dokumentierte, ohne jemals zu versuchen, diese Karte auf grobe Linien zu reduzieren. Das Mysteriöse ist verwoben mit der Welt der Erscheinungen, aber nicht gleichbedeutend mit ihr. Francis' Kartierung der Ikonografie des Göttlichen und der mythischen Symbolik ist seine Antwort auf die Frage, was diese Welt ist. Es ist die Welt, bereits fertig, mit ihrer eigenen Geschichte und ihren Menschen, die uns erwartet, wenn wir neugeboren in sie hineingeworfen werden; eine Phänomenologie der heiligen Symbole der Menschheit.

Hinter einem Großteil von Francis Huxleys Werk steht somit eine Haltung der Ehrfurcht vor dem Unbekannten – eine Haltung, die den Erkenntnis- und Wissenschaftstheorien, die derzeit in den universitären Kathedralen ordiniert und verehrt werden, als Antithese gegenübertritt. Aus seiner Achtung vor indigenen Völkern, vor ihrem Recht, selbst über ihre Lebensweise zu bestimmen, ihrem Recht, gehört zu werden und ihre Stimmen in die wissenschaftlichen und politischen Diskurse des Westens einzubringen, spricht die Überzeugung, dass Wissen sich mit Gerechtigkeit verbünden muss. Außerdem sprach Francis Menschen das Recht zu, die Welt auf eine Weise zu erfahren, die ihren eigenen Sitten und Gewohnheiten entspricht. Auch wenn dies heute als postmoderne Vorstellung gilt, sah Francis schon früh genügend Raum für die Koexistenz unterschiedlicher Kosmologien. Aufgewachsen mit den Privilegien des Huxley-Clans, ausgebildet in der Internatsschule Gordonstoun und an der Universität Oxford, ist die Wegstrecke nicht zu unterschätzen, die er in intellektueller wie in emotionaler Hinsicht zurücklegen musste, um zu einer Ablehnung der ideologiebasierten Normen zu kommen, die das Trugbild westlicher Überlegenheit stützen. Ein wesentlicher Teil dieses Buches war der Aufgabe gewidmet, die Matrix intellektueller, emotionaler und sozialer Möglichkeiten aufzuschlüsseln, die von einer Generation an die nächste weitergegeben werden. Wie für uns alle, war es auch für Francis unmöglich, sich aus diesem Geflecht zu befreien, aber es ist möglich, dessen Auswirkungen in mancher Richtung zu begrenzen und abzumildern. Wir können uns darin üben, innerhalb der Grenzen des Gegebenen zu leben, und bis zu einem gewissen Grad darüber entscheiden, welche äußeren Einflüsse wir zu uns hineinlassen, indem wir unsere angeborenen und erworbenen Ressourcen nutzen. Francis lehnte eugenische Vorstellungen ab, die sein Onkel und sein Vater befürwortet hatten; er stellte in seiner narrativen Anthropologie wie auch mit der Gründung von Survival International die kulturelle Ausstaffierung des Kolonialismus und der weißen Vorherrschaft infrage, lehnte das monotheistische Herzstück der respektablen englischen Gesellschaft ab, distanzierte sich vom Szientismus seines angesehenen Vaters und den literarischen Schlupfwinkeln seines Onkels und versuchte seinen eigenen Weg zu finden.

Darüber hinaus stellte Francis die instrumentelle Ausrichtung von Wissen und Erkenntnis auf eine weitere, entscheidende Weise infrage. Seine LSD-Erfahrungen wiesen der Liebe eine zentrale Bedeutung für den Ort des Menschen im Kosmos zu. Wie Chagall (zit. in *Newsweek*, 8.4.1985) glaubte er, dass „der Sinn des Lebens und der Kunst" durch „die Farbe der Liebe" verkörpert wird. Es mag naheliegend erscheinen, diese Überzeugung, wie es derzeit modern ist, als Relikt der Pop-Philosophie abzutun, die in den Adern der 1960er-Jahre kreiste, doch damit macht man es sich zu leicht. Francis Huxley war ein Experte auf den Gebieten der Kulturanthropologie und der vergleichenden Religionswissenschaft, kannte die gesamte damals existierende Literatur über Psychedelika und äußerte sich nicht leichtfertig. Er machte vielmehr auf eine Erfahrungswahrheit aufmerksam, die das Denken der Welt seit Jahrtausenden durchzieht und für das Überleben der Menschheit und das Wohl der Biosphäre ebenso entscheidend sein könnte wie die materielle Logistik des Eigennutzes, die unter den Bedingungen des Extremkapitalismus als Eckpfeiler neodarwinistischen Denkens propagiert wird. Was Darwin bei aller Genialität der Natur unterstellte, entsprang, wie Francis intuitiv erkannte, seiner höchsteigenen, männlich geprägten Weltsicht. Unter dem Eindruck des Leids, das seiner Mutter in ihrer Ehe widerfahren war, entwickelte Francis einen scharfen Blick für die Ungerechtigkeiten, mit denen sich Frauen überall auf der Welt konfrontiert sahen. Anders als viele seiner männlichen Zeitgenossen war er auch in häuslichen Dingen geschickt, erledigte die anfallenden Haushaltstätigkeiten selbst und befürwortete eine weibliche Ästhetik. Für ihn hieß dies, dass eine künstlerische, ja existenzielle Wertschätzung des Natürlichen notwendig war, um ein Gegengewicht zu den Auswüchsen einer unpersönlichen Sicht auf die Natur zu bilden. Weil das intellektuelle Vermächtnis seines Urgroßvaters schwer auf seinen Schultern lastete, nutzte Francis seine anthropologische Erfahrung und seine Erkenntnis des oft persönlichen Charakters nichtwestlicher Kosmologien, um dem prägenden Huxley-Image ein paar ausgleichende Züge hinzuzufügen. Sein Essay über Darwin (F. Huxley 1959/1960) ist auch heute noch kühn, originell und absolut zeitgemäß.

Vielleicht am wichtigsten, um den Menschen Francis Huxley aus einer anthropologischen Perspektive zu verstehen, ist das Bewusstsein, dass sich sein eigenes Leben aus einem zentralen Punkt innerhalb einer mythischen Struktur entfaltete. Dieser Mythos, die allumfassende große Erzählung, ist das unhinterfragte Postulat, die gesamte Familie Huxley als einen Hort erblicher Genialität zu betrachten. Zu den machtvollen Symbolen dieses Mythos, so lässt sich vermuten, zählen die gesammelten Werke von Thomas Henry, Julian, Aldous und Andrew Huxley, aber noch wichtiger als diese ist die Kraft des verbreiteten Glaubens an diese Familiengenialität, der von einer ganzen Reihe mächtiger gesellschaftlicher Institutionen und Artefakte untermauert wurde. Unsere Recherchen für dieses Buch legen die Schlussfolgerung nahe, dass die Mitglieder der Familie Huxley über Generationen hinweg dem Druck dieses mythischen Kanons ausgesetzt waren.

Francis war sein Leben lang zutiefst fasziniert von Masken, sowohl von denen, die er von seinen Feldforschungsreisen mitgebracht und an seine Wände gehängt hatte, als auch von denen, die er selbst anfertigte. Bei verschiedenen Gelegenheiten versuchte er, andere Familienmitglieder von den unirdischen Reizen dieser Artefakte zu überzeugen – nicht immer mit Erfolg. Seine Nichte Victoria erinnerte sich, dass Francis seine Masken bei Scharaden verwendete, was ihr „Angst eingejagt" habe (Interview mit V. Huxley, 15.3.2018, Oxford). David Napier allerdings, dessen Dissertation über *The interpretation of masks* Francis begutachtete, teilte seine Leidenschaft. Eine Maske erfüllt mehrere Funktionen: Erstens repräsentiert sie etwas „Anderes" oder einen „Anderen", das oder den zwar man nicht direkt sehen kann, dessen (realer oder imaginärer) Einfluss aber eine Gemeinschaft durchdringt, häufig über die Erzeugung von Angst. Zweitens verbergen Masken das, was man eigentlich sehen könnte: Sie verdecken das Gesicht der Person, die sie trägt. In beiden Fällen markiert die Maske eine Grenze zwischen dem, was bekannt und gewusst ist, und dem, was nur erahnt werden kann. Eine Maske aufzusetzen bedeutet, sich einer Transformation zu unterziehen, durch die man der oder das unbekannte/gefürchtete Andere wird. Vermutlich entwickelte sich aus der Verwendung ritueller Masken bei solchen Rollenspielen das antike Theater (vgl. Napier 1986). In der Theaterarena kennzeichnen und kommentieren Masken nicht nur das Wesen der Identität, sondern bieten auch ein Forum für das Verbergen von Identitäten und Absichten. Das liegt vor allem daran, dass die Gesichtszüge bei einer Maske anders als im lebendigen menschlichen Gesicht praktisch eingefroren sind, fest und unveränderlich im „Angesicht" der dynamischen Wirklichkeit, die sie bewohnen.

In ihrer langen Geschichte wurden und werden solcherart maskierte Absichten und Identitäten von den herrschenden Eliten häufig als Bedrohung empfunden. Im späten 18. Jahrhundert wurde der venezianische Karneval verboten und das Tragen von Masken bei Strafe untersagt. In unserer Zeit tragen Teilnehmerinnen und Teilnehmer politischer Demonstrationen oft Masken, um sich der Identifizierung durch technische Massenüberwachungsmethoden zu entziehen, während die von ihnen verachteten Politiker ihre eigene, von ihren PR-Beratern empfohlene Methode der Tarnung nutzen. Darüber hinaus liefert die Maskerade eine Art Kommentar zu der philosophischen Frage, was tatsächlich real ist und was das Reale lediglich repräsentiert oder verdeckt. Die Frage, welche Masken ein Mensch trägt, taucht in der Psychotherapie immer wieder auf und ist untrennbar mit der Frage nach Authentizität verbunden. Eine Psychotherapie, wenn sie wirksam ist und genügend Sicherheit zu bieten vermag, ermöglicht die allmähliche Enttarnung oder „Demaskierung" der Abwehrmechanismen einer Klientin oder eines Klienten, bis das nackte, „ursprüngliche" Gesicht offen gezeigt werden kann. Der Wegfall dieser Schutzmechanismen kann als eine Art Tod empfunden werden, deshalb kann die Totenmaske symbolisch für die Version des Selbst stehen, der man sich am engsten verbunden fühlt.[2] Interessant in diesem Zusammenhang ist auch, dass der Joker/Clown, eine ikonische Figur der amerikanischen

---

[2] Wilhelm Reich vertrat die Ansicht, dass psychische und körperliche Formen der Abwehr im Grunde dasselbe sind. Laut Reich hat die Psychotherapie die Aufgabe, den Körperpanzer aufzubrechen, in dem emotionaler Schmerz in Form chronischer Muskelverspannungen gespeichert ist.

Popkultur, so oft mit Chaos, Tod und Zerstörung assoziiert ist. Seit ihren Anfängen im Theater der Antike hat sich die Kunst der Maskerade – das menschliche Spiel mit Illusion, Täuschung und Wirklichkeit – so weit entwickelt, dass sie im 21. Jahrhundert schließlich ihre beunruhigendste und stabilitätsgefährdendste Form angenommen hat: die Simulation der Realität – oder sogar, wie Baudrillard (1996) meinte, ihre Ermordung.

In dem Kontext, in dem diese Biografie angesiedelt ist, hat die Maske oder „Persona"[3] des Huxley-„Stammes" die Funktion, einen intellektuellen Rang anzuzeigen, der des Familiennamens würdig ist. Im Falle der Familie Huxley wird die der Identifikation dienende Maske von der Gesellschaft zur Verfügung gestellt: Der Familienname selbst gilt als ausreichender Nachweis für das, was sich dahinter verbirgt, darüber hinausgehende Beweise sind nicht zwingend erforderlich. Und doch steht der Maskenträger, wie Napier erläutert, im Zentrum eines Paradoxons: Man trägt das Zeichen/die Maske der Auszeichnung – in diesem Fall den Namen Huxley –, lebt jedoch in der Furcht, dass früher oder später ein Berechtigungsnachweis verlangt werden könnte. Francis' zwiespältiges Verhältnis zur akademischen Welt, sein Ausweichen vor dem, was Rupert Sheldrake als die zentralen theoretischen und metaphysischen Dilemmata bezeichnete, könnte aus heutiger Sicht als eine Form von schützender Selbstsabotage gedeutet werden, die das Ziel hatte, einem Urteil zu entgehen.

Masken können also wie Icons repräsentative und protektive Funktionen haben, ihre Träger aber auch verfolgen. Kein Wunder, dass Francis seine Familienzugehörigkeit als eine Art Fluch empfand, auch wenn sie ihm manche Tür öffnete. Vielleicht liegt im Mythos der Huxleys ein Traum, eine tiefe Sehnsucht nach einer Rückkehr zum normalen Leben begraben – die „Gier nach einem gewöhnlichen Alltagsleben" (Tschechow 1976, S. 169), nach einem Leben, das nicht der öffentlichen Kategorisierung unterliegt, einem Leben, das auch ihr Leben gewesen war, bevor T. H. Huxleys Traumzeit dies alles gesprengt hatte. Wie schwer – oder unmöglich – muss es sein, wahrhaftig man selbst zu sein, eine andere Art Mensch zu sein als der, dessen Leben bereits von anderen geträumt wurde, als man in einem Beziehungsgeflecht anderer geträumter Menschen und ihrer Überzeugungen zum Leben erwachte.

Francis wurde bisweilen bewusst, dass er in einer Falle saß, und er versuchte auf verschiedene Weisen, ihr zu entkommen. In vielerlei Hinsicht ist sein Leben

---

[3] Im griechischen Theater der Antike war die „Persona" eine Maske, die zur Darstellung eines Figurentypus benutzt wurde. Unser heutiger Begriff von „Persönlichkeit" – das wahre Wesen einer Person –, entspricht also einer Umkehrung der ursprünglichen Wortbedeutung.

eine Aufforderung, die traditionellen Prämissen aufzugeben, auf denen die Beurteilung geistiger Leistungen ebenso beruht wie die gesamte Hochschulbildung. An anderer Stelle habe ich (R. Roberts) dazu aufgerufen, die Psychologie als eine Form der Erforschung des menschlichen Daseins neu zu begreifen.[4] Man kann sich einen vergleichbaren Aufruf zu einer Anthropologie der Zukunft vorstellen, in der die Forschungstätigkeit der Wissenschaftlerinnen und Wissenschaftler in ihre eigenen Lebensbedingungen integriert ist. Rückblickend können wir Francis Huxleys Leben und Werk als eine voll und ganz gelebte Untersuchung der familiären, kulturellen, symbolischen und religiösen Bedingungen seiner eigenen Existenz betrachten – ein selbst entworfenes anthropologisches Forschungsprogramm, dem er überwiegend außerhalb der akademischen Institutionen nachging. Das Ergebnis dieses Programms ist eine Antwort auf die beiden miteinander verwandten Fragen: „Was ist das Wesen der Welt?" und „Wie will ich in ihr wahrgenommen werden?". Man kann diese Erkundung als die persönliche Erklärung auffassen, dass die Welt ohne einen selbst unvollständig wäre.

Seine eigene Deprogrammierung im Hinblick auf Bildung und Wissenschaft wurde zum Teil durch die psychedelischen Experimente seines Onkels Aldous gefördert, auch wenn Francis diese Experimente wesentlich weiter trieb und den Welten, die sich in dem auf pharmakologischem Wege zu entdeckenden Hinterland des Geistes offenbaren können, eine größere Bedeutung zumaß. Francis nutzte seine Neuprogrammierung als Ressource auch für andere, indem er Lehre durch Ausbildung praktizierte und seiner Erfahrung volle Aufmerksamkeit schenkte. All das wirft wichtige Fragen auf: Welche Art von Wissen, welche Art von Forschung, welche Lernprogramme, welche Art von Akademikern und Forscherinnen wollen wir, und auf welche Werte sollen sie sich berufen? Muss alles Forschen und Lehren immer abgesichert, gehorsam und vorsichtig sein, festgelegten Prozeduren folgen und vorab definierte Ergebnisse innerhalb eines exakt umrissenen Zeitraums garantieren? Wenn ja, werden die existenziellen und metaphysischen Dimensionen unserer Existenz, ganz zu schweigen von tatsächlich befreienden Reflexionen und Kunstwerken, für die Wissenschaft weiterhin tabu sein. Dann wird es keinen Platz für die Francis Huxleys dieser Welt geben, und jede Vorstellung von dem, was geistiges Leben bedeuten und bewirken könnte, wird kümmerlicher ausfallen.

---

[4] Laing bemühte sich ein Jahr lang beherzt, die Geisteswissenschaften etwas kunstvoller zu gestalten. Eins seiner beliebten Wortspiele war die Frage, ob der Versuch, den Menschen zu verstehen, nicht einen Kurswechsel von „truthful" (wahrheitsgemäß) zu „trothful" (voller Treue), d. h. von einer faktenbasierten zu einer menschenfreundlichen Sichtweise, vornehmen könne.

Literatur

Asad, T. (Hrsg.). (1973). *Anthropology and the colonial encounter*. New York: Humanities Press.
Baudelaire, C. (1990). *Der Künstler und das moderne Leben. Essays, „Salons", intime Tagebücher.* Leipzig: Reclam.
Baudrillard, J. (1996). *Das perfekte Verbrechen*. München: Matthes & Seitz.
Benjamin, W. (1988). *Ausgewählte Schriften*. Bd. 2. Frankfurt a. M.: Suhrkamp.
Boym, S. (2005). Poetics and politics of estrangement: Viktor Shklovsky and Hannah Arendt. *Poetics Today, 26*(4), 581–612.
Breggin, P. R. (1996/1997). *Giftige Psychiatrie*. 2 Bde. Heidelberg: Carl-Auer-Systeme.
Carmichael, S. (1969). Black Power. In D. Cooper (Hrsg.), *Dialektik der Befreiung* (S. 27–43). Reinbek: Rowohlt.
Cooper, D. (Hrsg.). (1969). *Dialektik der Befreiung*. Reinbek: Rowohlt.
Huxley, F. (1959/1960). Charles Darwin – life and habit. *American Scholar, 29*(1), 85–93.
Huxley, F. (1974). *The way of the sacred*. London: Aldus Books.
Huxley, F. (1985). Psychoanalysis and anthropology. In P. Horden (Hrsg.), *Freud and the humanities* (S. 130–151). London: Duckworth.
Morrison, T. (2020). *Selbstachtung. Ausgewählte Essays, Reden und Betrachtungen*. Hamburg: Rowohlt.
Napier, A. D. (1986). *Masks, transformation and paradox*. London: University of California Press.
Narby, J., & Huxley, F. (2001). *Shamans through time. 500 years on the path to knowledge*. London: Thames & Hudson.
Solnit, R. (2020). *Die Kunst, sich zu verlieren. Ein Wegweiser*. Berlin: Matthes & Seitz.
Tschechow, A. (1976). *Krankenzimmer Nr. 6. Erzählung eines Unbekannten*. Zürich: Diogenes.

Anhang 1: Werkbibliografie

Bücher (Ausgaben und Übersetzungen)

1956	*Affable savages – an anthropologist among the Urubu indians of Brazil.* London: Rupert Hart-Davis.
1957	London: Scientific Book Club (Hardcover).
1957	London: The Travel Book Club (Hardcover).
1957	New York: The Viking Press.
1958	*Prijazni divljaci* (Übers.: Konstantin Milles). Zagreb: Epoha.
1960	*Aimables sauvages* (Übers.: Monique Lévi-Strauss). Paris: Plon.
1960	London: The Travel Book Club (Hardcover).
1961	*Prijazni divljaci – Il izdanje* (2. Aufl.). Zagreb: Epoha.
1963	London: A Harvest Book (Paperback).
1963	*Selvagens amávei. Um antropologista entre os indios Urubus do Brasil* (Übers.: Japi Freire). São Paulo: Companhia Editora Nacional.
1966	New York: Capricorn Books Edition.
1973	*Aimables sauvages* (Hardcover). Bibliotheque Terre Humaine. Paris: Plon.
1980	*Aimables sauvages* (Hardcover, 2. Aufl.). Bibliotheque Terre Humaine. Paris: Plon.
1985	*Aimables sauvages* (Paperback). Paris: Plon.
1995	Salem/WI: Sheffield Publications.
2010	*Affable savages. Lire F. Huxley aujourd'hui.* Par Pascal Dibi. Bibliotheque Terre Humaine. Paris: Plon.
1964	**Peoples of the world.** London: Blandford Press (Nachdrucke 1971, 1975).
1964	Chester Springs/PA: Littlehampton Book Services.
1965	*Les peuples de la terre.* Paris: Fernand Nathan.
1966	**The invisibles.** London: Rupert Hart-Davies.

1969	*The invisibles – Voodoo gods in Haiti.* New York: McGraw-Hill.
1973	**Tribes of the Amazon basin in Brazil 1972** (mit E. Brooks, R. Fuerst & J. Hemming). (Hardcover & Paperback). London: Charles Knight & Co.
1974	London: Transatlantic Arts (Hardcover).
1974	**The way of the sacred.** London: Aldus Books.
1974	New York: Doubleday
1976	New York: Dell (Paperback). A Laurel Edition.
1977	*Sagrado e o profano. Duas faces da mesma moeda* (Übers.: Raul José de Sá Barbosa). Rio de Janeiro: Editora Primo.
1978	*Symbolen van het mysterie.* Amsterdam: Amsterdam Boek.
1980	London: W. H. Allen & Co (A Star Book, Paperback).
1989	London: Bloomsbury Books (Hardcover).
1976	**The raven and the writing desk.** London: Thames & Hudson.
1976	New York: Harper & Row.
1979	**The dragon – nature of spirit, spirit of nature.** London: Thames & Hudson.
1979	New York & Canada: Collier Books, Macmillan.
1982	Tokio: Heibonsha (japanische Ausgabe).
1989	*El dragón. Naturaleza del espíritu, espíritu de la naturaleza.* Madrid: Debate (Nachdrucke 1992, 1994).
1989	*Mitos dioses misterios – el dragon* (Hardcover). Argentinien & Mexiko: Mercado Libre, ediciones del prado.
1997	*Dragão – natureza do espírito, espírito da natureza.* Rio de Janeiro: Del Prado.
1990	**The eye – the seer and the seen.** London: Thames & Hudson.
1992	*L'oeil – mythes et metamorphoses.* Paris: Seuil.
1992	*Me no sekai gekijō. Seisei o utsusu kagami* (japanische Ausgabe, Übers.: Hiroshi Takayama). Tokio: Heibonsha.
2001	**Shamans through time – 500 years on the path to knowledge** (hrsg. mit J. Narby). Los Angeles: J. P. Tarcher/Putnam. London: Thames & Hudson.
2002	*Chamanes – cinq cents ans sur la piste du savoir.* Paris: Editions Albin Michel.
2005	*Chamanes a través de los tiempos. Quinientos años en la senda del conocimiento.* Barcelona: Biblioteca de la Nueva Conciencia.
2005	*Samanok* (ungarische Ausgabe). Budapest: General Press Kiado.
2009	*Anthologie du chamanisme. Cinq cents ans sur la piste du savoir.* Paris: Editions Albin Michel.
2017	*Chuan yue shi guang de saman. Tong wang zhi shi de wu bai nian zhi lü* (chinesische Ausgabe, Übers.: Jie Yuan). Peking.
2018	Anthologie du chamanisme. Reissue. A.M. ESP.LIBRE.

2021 *Anthologie du chamanisme. Cinq cents ans sur la piste du savoir* (Nachdruck). Paris: Editions Albin Michel.

Eigene Übersetzungen

1962 *Africa before the white man* (Orig.: Henri Labouret, *L'Afrique precoloniale*, 1946). Aus dem Französischen von F. Huxley. New York: Walker/Toronto: George J. McLeod.
1963 Nachdruck (Hardcover).
1963 *The origins of life.* (Orig.: Jules Carles, *Les origines de la vie*, 1950). Aus dem Französischen von F. Huxley. New York: Walker/Toronto: George J. McLeod.
1964 New York: Walker (A Sun Book, Paperback).

Unveröffentliche Buchmanuskripte (Francis Huxley Archive/FHA)

1957 *Darwin Film.* Geplant mit Ellen Huxley (für National Educational TV).
1965 *Body and mind in anthropology.*
1977 *Embryos and ancestors.*
1978/2003 *Forty two.*
1988 *Aldous – a film about the life of Aldous Huxley* (mit Mary Pjerrou).
1997 *The mutual self.*
1998 *A Huxley family album.*

Buchkapitel

1961 Marginal lands of the mind. In J. Huxley (Hrsg.), *The humanist frame* (S. 169–179). London: George Allen & Unwin.
1961 States of suggestibility. In *Conference on Parapsychology and Psychedelics* (Nov. 1958, New York), Parapsychology Foundation (S. 19–21). Clinton/MA: Colonial Press.
1961 Increases in awareness and suggestibility. In *Conference on Parapsychology and Psychedelics* (Juli 1959, St. Paul de Vence, Frankreich), Parapsychology Foundation (S. 72–73). Clinton/MA: Colonial Press.
1962 Who and why? In N. Mitchinson (Hrsg.), *What is the human race up to?* (S. 273–288). London: Victor Gollancz.

1963 The moral, religious and social significance of experience under hallucinogenic drugs. In R. Crocket et al. (Hrsg.), *Hallucinogenic drugs and their psychotherapeutic use* (S. 174–178). Springfield: Charles C. Thomas.

1967 Anthropology and ESP. In J. R. Smythies (Hrsg.), *Science and ESP* (S. 281–302). London: Routledge & Kegan Paul.

1970 Which may never have existed. In E. N. Hayes (Hrsg.), *Claude Lévi-Strauss – the anthropologist as hero* (S. 61–69). Cambridge/MA: MIT Press.

1971 Anthropologe und Psychologe im Kreuzverhör – Francis Huxley und Max Lüscher. In *Rauschmittel und Süchtigkeit*. Gottlieb-Duttweiler-Institut (S. 133–139). Bern: Lang.

1971 Experimente mit Halluzinogenen. In Gottlieb-Duttweiler-Institut (Hrsg.), *Rauschmittel und Süchtigkeit* (S. 89–94). Bern: Lang.

1972 How do we feel about primitive people? In G. E. King (Hrsg.), *Conflict and harmony: a source-book of man in his environment* (S. 250–251). London: G. Philip.

1972 The question of human conservation. In E. E. Evans-Pritchard (Hrsg.), *Peoples of the earth* (Bd. 2, S. 10–13). Danbury, Conn.: Danbury Press.

1972 Voodoo cultists – Haiti. In F. Henriques (Hrsg.), *Peoples of the earth* (Bd. 5, S. 56–63). Danbury, Conn.: Danbury Press.

1974 Die Frage der Erhaltung der menschlichen Kulturen. In P. Rivière (Hrsg.), *Südamerika*. (Reihe Atlantis – Die Völker der Welt, S. 9–10). Zürich: Europa Verlag.

1977 The body and the play within the play. In J. Blacking (Hrsg.), *The anthropology of the body* (S. 29–38). London: Academic Press.

1982 Beschouwingen bij de werking van de P.A. London. In E. Pennen (Hrsg.), *Strategie van de kleinschaligheid* (S. 148–153). Flanders: K. U. Leven.

1985 Psychoanalysis and anthropology. In P. Horden (Hrsg.), *Freud and the humanities* (S. 130–151). London: Duckworth.

1988 Der Wodu-Kult auf Haiti. In E. Evans-Pritchard (Hrsg.), *Westindien, Atlantische Inseln und Arktis* (Reihe Atlantis – Die Völker der Welt, S. 56–63). Zürich: Atlantis-Verlag.

2005 Shamanism, healing and R. D. Laing. In S. Raschid (Hrsg.), *R. D. Laing – contemporary perspectives* (S. 179–198). London: Free Association Books.

2007 Shamans through time. Tricksters, healers, voodoo priests and anthropologists (mit J. Narby and J. Mohawk). In J. P. Harpignies (Hrsg.), *Visionary plant consciousness. The Shamanic teachings of the plant world* (S. 24–38). Rochester: Park Street Press.

2012   The liberating shaman of Kingsley Hall. In T. Itten & C. Young (Hrsg.), *R. D. Laing – 50 years since 'The divided self'* (S. 283–285). Ross-on-Wye: PCCS Books.

Zeitschriftenartikel (Auswahl)

1947   Nesting and breeding habits. Birds of Jan Mayen. Oxford Goes Exploring. *The Times*, 15. Dezember, 5.
1949   The Oxford Viewpoint Journal, von Francis Huxley, Peter Heyworth, Bernard Smith.
1949   Exploration in Gambia. *The Geographical Magazine*, 22(7), 270–277.
1951   Os indios do Maranhao e do Pará. Palavras de um etnologo – Historias de um indio loiro e um ataque nao realizado. *A Gazeta* (São Paulo), 21. Dezember.
1951   Resenha de „A Organização Social dos Tupinambá". *Sociologia*, 13(3), 289–297.
1952   The affaire Guajaja. *World Review*, August, 35–47.
1953   In the Brazilian jungle. *The Geographical Magazine*, 1. März, 553–563.
1955   The rawdon syrinx. *Liverpool Bulletin*, 5(1/2), 17.
1959/1960   Charles Darwin – life and habit. *American Scholar*, 29(1), 85–93.
1959   The miraculous virgin of Guadalupe. *International Journal of Parapsychology*, 1, 19–29.
1960   Substance and method in Zen practice. *International Journal of Parapsychology*, II(2)
1963   Haiti Chérie. *The Geographical Magazine*, 36(2), 69–83.
1966   The body and the mind. *R. D. Laing Collection, Special Collections Department, University of Glasgow Library*, MS Laing L 226.
1966   The ritual of voodoo and the symbolism of the body. *Philosophical Transactions of the Royal Society of London*, 251(772), 423–427.
1967   Stop/go with LSD – behind every work of art lies the human body. *The Geographical Magazine*, 40, 17–18.
1969   Francis Huxley and Nicholas Guppy: A wild life fund for humans is needed. Letter. *The Sunday Times*, 9. Juni.
1970   An antidote to Lévi-Strauss. *Encounter*, 34(5), 71–77.
1972   Madness and mysticism – comments. *Contact, 38*, 12–14, University of Edinburgh.
1972   Horoscope. *Planete*, 3(April/Mai).
1974   Where the map is the territory. *Theoria to Theory*, 8(1), 289–301.

1980	Charles Darwin – life and habit. Part I & II. *Theoria to Theory, 14*, 27–42, 107–124.
1992	World culture. *International Synergy Journal, 6*(2), 5–10.
1993	Und redet wie ein Drache. *Manuskripte – Zeitschrift für Literatur, 33*(121), 50–58.
2017	Zwischen den Welten: 500 Jahre Schamanismus und Schamanismusforschung. In: Lucys Rausch, Das Magazin für psychoaktive Kultur. 15. Juni, S. 20–25.

Bachelor-Thesis

1949	The social mechanism of a South American tribe. An account of marriage, war and exchange among the Tupi-Guarani of Brazil, with comparisons drawn from South American tribes. Thesis presented for the degree of Bachelor of Science at the University of Oxford. Unveröffentlicht. FHA.

Gedichte (Auswahl)

1950	„Marco Polo". *World Review,* Oktober, 50.
1950	„Poem". *World Review,* Oktober, 30.

Vorworte

1993	Foreword. In *Star warrior. The story of Swiftdeer.* Rochester: Bear & Company.
1997	Foreword. In A. Getty, *A sense of the sacred* (S. VI–VIII). Dallas/TX: Taylor.
1998	Praise for J. Narby, *The cosmic serpent.* New York: J. P. Tarcher/Putnam.
1999	Aldous. In D. K. Dunaway, *Aldous Huxley recollected* (S. v–xiii). Walnut Creek: AltaMira Press.
1999	Foreword. In S. Sherman (Hrsg.), *„Dear Juliette". Letters of May Sarton to Juliette Huxley* (S. 13–16). New York: Norton.

Beratung

1983–1997	Cavendish, R., & Burland, C. A. (Hrsg.). *Man, myth and magic. The illustrated encyclopaedia of mythology, religion, and the unknown* (Bd. 1–20). New York: Marshall Cavendish.

Rezensionen (Auswahl)

1955 The taming of the demons. *African folktales and Sculpture* by Paul Radin, Elinore Marvel and James Johnson Sweeney. *Encounter,* April, 83–84. The endless worm. *The return of the king* by J. R. R. Tolkien. *The New Statesman and Nation, 50,* 5. November, 587–588.

1960 Frazer within the bloody wood. *The golden bough* by James George Frazer. *The New Statesman,* 16. April, 561. Eton by Christopher Hollis. *Times Literary Supplement,* 18. November, 745.

1961 *Clinical theology* by Frank Lake. DLT. *Contact, 19,* 30–32.

1963 All done with mirrors. *The ambidextrous universe* by Martin Gardner. *The New Statesman, 40. Light through darkness* by Henry Michaux. *The New Statesman, 31.* Phallic fungus. *The sacred mushroom and the cross* by John Allegro. *New Society,* 17–18.

1964 Destroyer of the mind. *Light through darkness* by Henri Michaux. *The Observer,* 9. Februar, 27.

1976 Ay, there's the rub. *Life after death* by Arnold Toynbee & Arthur Koestler. *The New Statesman,* 6. August, 183. 1976 The gene machine. *Who do you think you are?* by Oliver Gillie. *The New Statesman,* 19. November, 716–717.

1977 Prison of thought. *Discipline and punish* by Michel Foucault. *Guardian Weekly, 117*(25), 16.

1978 The autonomy of nonsense. *Lewis Carroll observed* by Edward Guiliano (Ed.). *Times Literary Supplement, 13,* 26. A shaman and his circus. *The origin of table manners* by Claude Lévi-Strauss. *The Guardian,* 2. November, 9. Jung and some Freuds. *Jung. Man and myth* by Vincent Brome. *Sigmund Freud. His life in pictures and words,* complied by Ernst Freud, Luci Freud and Ilse Grubrich-Simitis. *The Guardian,* 30. November, 17.

1979 This holy terror. *The history of sexuality* by Michael Foucault. *The Sadeian woman* by Angela Carter. *The Guardian,* 29. März, 10. Dr. Dodgson and Mr. Carroll. *The letters of Lewis Carroll,* edited by Morton Cohen. *The Guardian,* 13. September, 10. Dod(g)son in love. Commentary. *Times Literary Supplement,* 30. November, 64. On the fringe. *Natural medicine* by Brian Inglis. *The Guardian,* 1. November. Married to the sphinx. *Freud, Biologist of the mind* by Frank J. Sulloway. *Psychoanalytic Politics* by Sherry Turkle. *The Guardian,* Dezember, 7.

1980 A view of dark places. *The return of Eva Peron* by V. S. Naipaul. *The Guardian,* 26. Juni, 9. Beastly welfare. *Great zoos and the world, their origin and significance,* ed. by Lord Zuckermann. *Sunday Times,* 1. Juni.

Thirsting for the absolute. *Bricks to Babel* by Arthur Koestler. *The Guardian,* 30. November.

1981 One myth only. *The naked man. Introduction to a science of mythology,* Volume 4, by Claude Lévi-Strauss. *The Guardian,* 24. September, 16. Our own disease. *The diseases of civilisation* by Brian Inglis. *The Guardian,* 5. November, 18. A wonderland of books. *Lewis Carroll. An annotated international bibliography 1960–1977* by Edward Giuliano. *Times Literary Supplement,* November, 1334.

1982 Anti-psychiatry and other disorders. *Psycho politics* by Peter Sedgwick. *The Guardian,* 28. Januar, 19. No such thing. *The sexual fix* by Stephen Heath. *The Guardian,* 17. Juni, 8.

1983 Raining cats and dogs. *Living wonders* by John Michell & Robert J. M. Rickard. *The Spectator,* 8. Januar, 20. Defender of the faith. *Ernest Jones. Freud's Alter Ego* by Vincent Brome. *The Guardian,* 3. Februar, 10. Story telling in Samoa. *Margret Mead and Samoa* by Derek Freeman. *The Guardian,* 3. März, 10. *In two minds. A biography of Jonathan Miller* by Kate Bassett. *The Guardian,* 14. April.

1984 Anthropology of joy and woe. *The human cycle* by Colin M. Turnbull. *The Guardian,* 22. März, 19. Black blood legacy. *The haunted mind* by Hallam Tennyson. *The Guardian,* 17. Mai, 18. Good for the soul. *The way of the animal powers. Vol. 1 of the Historical atlas of world mythology* by Joseph Campbell. *The Guardian,* 5. Juli, 19.

Nachruf

1989 The liberating shaman of Kingsley Hall. R. D. Laing Obituary, *The Guardian,* 25. August.

CD

1967 *Esmeralda Fufluns.* A story for children and grown-ups only. Written and told by Francis Huxley. Music by Julian Hayter. A Dragon Record. (Zugegriffen: 4.4.2022).

Radio- und Fernsehbeiträge und -auftritte (Auswahl)

1948 *Rocks and birds of Jan Mayen. Science Survey.* BBC Home Service, 29. Januar.

1948 *Oxford University Gambia Expedition.* Amateurfilm (45 Min., ohne Ton).

1952	*A game of hide and seek. Three talks.* BBC Home Service, 22. April, 29. April, 6. Mai.
1954	*Ghosts, gods and tortoises.* BBC North of England Home Services. 14. Dezember.
1955	*Snakes, spells and dolphins.* BBC North of England Home Services, 17. Oktober.
1955	*Jaguars in Brazilian jungle.* BBC Home Service, 16. November.
1960	Recording by Francis Huxley on visit to Bank Street Unitarian Church, 9. Juli: „Summary of Sunday morning church observations, 1960 compared ..."
1962	*Perspective – Francis Huxley, anthropologist discusses some taboos of death.* BBC, 15. Februar.
1963	*Voodoo and illness.* BBC European English Services, 6. Mai.
1976	*English, sound, other sound edition. Other worlds.* Sound recording, compiled and presented by Peter Fry and Malcolm Long for ABC Special Projects. 6 Other World. Sydney. Australian Broadcasting Commission. *Myth, magic and mystery.* Compiled and presented by Peter Fry and Malcolm Long for ABC Special Projects. Eliade, Mircea, 1907–1986. Francis Huxley and Nevill Drury.
1981	*Conversation with an anthropologist.* BBC Woman's hour, 15. Februar.
1985	*Tantra of Gyüto. Sacred rituals of Tibet.* A film by Sheldon Rochlin and Mark Elliott. Narrated by Francis Huxley and the Dalai Lama (Video recording). First issued by Allied Artists and Snow Lion Communications as motion picture 1974.

Interviews mit und Presseartikel über Francis Huxley

1948	Oxford University Expedition to Jan Mayen, 1947. *Polar Record,* 5(35–36), 199.
1951	Estuado os indios brasileiros. Estudo social e anthropologico – Claracoes do Sr. Francis Huxley. *Gazeta* (São Paulo), 1. März. Misterio no paradeiro do cientista Huxley. Belem–Pará. *Folha Vespertina,* 14. November. Os indios do Maranhao e do Para – Falanos Francis Huxley. *Gazeta* (São Paulo), 21. Dezember.
1956	The Surucucu and other snake stories. *The New Zealand War Cry* (Toronto), 7. Juli, 14.
1985	Anthropologist speaks of Lewis Carroll. Von L. Greensberg. Lecture on anthropology and psychoanalsis. Von J. Brown. *Winter Term Lecture Series: The Campus* (Middlebury College, Vermont), *80(11),* 3.

1987	Töten wir Mutter Erde? Francis Huxley in St. Gallen. Von R. G. Sutter. *Ostschweizer AZ,* 30. Juni. Das falsche Selbst. Zur Anthropologie von Francis Huxley. Von T. Itten. *St. Galler Tagblatt,* 4. Der Natur entfremdeter Mensch. Francis Huxley, ein Wissenschaftler und Mystiker gegen die Umweltzerstörung. Von R. G. Sutter. *Ostschweizer AZ,* 10. Juli.
1989	Was ist Wahnsinn? Ronald-Laing-Gedenkveranstaltung mit Francis Huxley. Von P. Surber. *St. Galler Tagblatt,* III/3, 22. September.
1991	Profile. Faces behind ideas. Francis Huxley & Adele Getty. *International Synergy Institute,* 2(2), 3–7.
1994	Francis Huxley. In *The New Encyclopaedia Britannica* (S. 178). Chicago: Encyclopaedia Britannica.

Rezensionen der Werke von Francis Huxley
Affable savages

1956	In the jungle. Von H. Nicolson. *Observer,* 23. Dezember.
1957	Other new books. *Affable savages.* Von R. Mortimer. *Sunday Times.* „Savages" fine tale. *L.A. Mirror News,* 18. Februar. Affable savages. Von C. Wagley. *Natural History Magazine,* Februar. Affable savages. *The New Yorker,* 16. Februar. Under the blue derby. *Time,* 18. Februar. The Urubus, tireless jungle gossips. Von E. A. Bloom. *Providence Sunday Journal,* 17. Februar. Lessons in civilization. Von W. M. Krogman. *Chicago Sunday Tribune* (Magazine of Books, Part 4), 3. Amorous cannibals. Von B. Singer. *Encounter* (Books), April, 77–78. Noble savages. Von A. V. Coton. *The Spectator,* 22. Februar, 36. The world in books. Von I. Davison. *Geographical Magazine,* XXIX(10), xii.
1958	Affable savages. Von G. B. Barrett. *Pacific Discovery,* XI(1), 31–32. Affable savages: an anthropologist among the Urubu indians of Brazil. Von A. R. Holmberg. *American Anthropologist,* 60, 388–389.
1961	(nach Erscheinen der ersten französischen Ausgabe 1960) L'homme face à sa raison d'être. *Dernière heure d'Alger,* 2. Januar. Je reviens d'Eldorado. Von K. Haedens. *L'Intransigeant,* 11. Januar. Séjour parmi les primitifs. *Progrès Égyptien,* 17. Januar. Libertinage Urubu. Von R. Jaulin. *Lettres Nouvelles,* April. Naguère encore ils étaient cruels. Von R. Teneze. *Voix du Nord,* Mai. Un indien sait être un sauvage, sans pour autant manquer de principes. Von J. Petitot. *Le Génie Medical,* Mai.

The invisibles

1966 Gods and drums. Von P. Dickinson. *Punch,* 10. August, 235. Close-up of voodoo priests seen by a scientist. *The Times,* 14. Juli. Voodoo. *Times Literary Supplement,* 18. August.
1968 Mr. Huxley's tape-recorder approach. *Kirkus Review,* 1. Februar.
1969 The Invisibles. Von S. Rodman. *New York Times,* 29. Juni
1970 Voodoo gods in Haiti. Francis Huxley. Von E. Bourguignon. *American Anthropologist, 72*(2), 415–417.

Esmeralda Fufluns

1967 Games that dragons play. *Sunday Times,* 12. Dezember.

The way of the sacred

1974 Multi-faith. *Church Times,* 3. November. Rites of man. Von P. Toynbee. *Observer,* 22. Dezember. For seekers. Von M. Richardson. *New Statesman,* 27. Dezember, 938. Rites for a reassembling god. Von I. M. Lewis. *Times Literary Supplement,* 14. Februar, 173.
1977 The oldest most ancient truths of humanity. Von A. Feldmar. *What's On,* 13. Januar, 37.

The raven and the writing desk

1976 Flamingos and mustard. Von G. Grigson. *The Guardian,* 25. November, 13. The liddell riddle. Von E. Korn. *The New Statesman,* 3. Dezember, 802–803.
1977 Only connect. Von E. de Bono. *The Spectator,* 8. Januar 23. Review. *The New Yorker,* 14. Februar, 125. A ceremony of carrolls. Von P. Heath. *Virginia Quarterly Review, 53*(3), 534–540. Lewis Carroll. Various fits. Von B. Alderson. *The Times,* 17. Februar. The nonsense game. Von J. S. Atherton. *Times Literary Supplement,* 25. Februar, 217.
1978 Review. Von J. Bump, Univ. of Texas, Austin. *Victorian Studies, 21*(4), 521–523. Review. Von J. R. Kincaid, Univ. of Colorado. *Nineteenth-Century Fiction, 33,* 272–276.

The dragon

1979 The dragon. Von G. Wedmore. *Journal of Geomancy, 4*(1), Oktober.

1979 Dragon power. Von P. Redgrove. *The Guardian*, 23. Oktober.

The eye
Bedauerlicherweise konnten wir keine Rezensionen zu diesem Werk finden.

Shamans through time

2001 Review. Von I. S. MacIntosh. Review. *Cultural Survival Quarterly Magazine*, September.
2001 Review. Von L. Russel. *Evergreen Monthly*, Oktober.
2002 Sur la piste du savoir chamanique. Von P. Dasen. *Le Courrier*, 6. April, 20.
2004 Black mass observation. Von S. Stadlen. *Times Literary Supplement*, 30. Juli, 27.

Anhang 2: Anmerkungen zu Francis Huxleys Verlagen

Dieser Anhang enthält Hintergrundinformationen über die Verlage, die für Francis Huxley besonders wichtig waren, sowie über seine Kontakte zu seinen Verlegern und listet abschließend sämtliche Verlage auf, in denen seine Monografien und Buchbeiträge erschienen sind.

Francis Huxley und seine Verlage
Rupert Hart-Davis

Wie gelang es Francis Huxley, einen angesehenen Verlag für sein erstes Buch zu finden? In einem Brief, den er noch während seines Feldforschungsaufenthalts im Amazonas-Regenwald an Rupert Hart-Davis schrieb, schilderte er seine Studie über die Ka'apor. Zu dieser Zeit besaß Rupert Hart-Davis einen Verlag, der seinen Namen trug.

Rupert Hart-Davis (1907–1999), der 1967 für seine Verdienste um die Literatur in den Ritterstand erhoben wurde, hatte seine Laufbahn im Verlagswesen als Lektoratsassistent bei William Heinemann begonnen. Durch Vermittlung seines einzigen Freundes aus der Branche, Jamie Hamilton (dem späteren Gründer von Hamish Hamilton), wechselte er zur Book Society und bekam – wiederum auf Hamiltons Anregung hin – schließlich eine Stelle bei Jonathan Cape angeboten. Hart-Davis' Talent, Beziehungen zu knüpfen, und sein gutes Gespür für Manuskripte zeigten, dass Jonathan Cape die richtige Wahl getroffen hatte. Das Verlagshaus unterstützte seine Entscheidung, dem damals noch unbekannten Schriftsteller Peter Fleming 300 Pfund für ein Manuskript über die Erkundung Brasiliens anzubieten, noch bevor die Expedition überhaupt begonnen hatte. Das Buch wurde ein großer Erfolg.

Als Hart-Davis 1946 um eine Beförderung bat, lehnte Jonathan Cape diese ab. David Garnett, der Sohn des Cheflektors von Cape, schlug ihm vor, mit finanzieller Unterstützung befreundeter Autoren einen eigenen Verlag zu gründen. Die literarische Qualität, die der junge Verlag Rupert Hart-Davis (RHD) lieferte, wurde, so heißt es, sehr geschätzt. RHD publizierte Leon Edels mehrbändige Henry-James-Biografie und Romane von Ray Bradbury und Maurice Druon. Doch es galt auch auf die Einnahmenseite zu achten. Kommerzieller Erfolg ist eine Voraussetzung für ein gutes und ausgewogenen Verlagsprogramm. Als Hart-Davis 1952 Heinrich Harrers *Seven years in Tibet* herausbrachte, landete er den größten Bestseller in der Geschichte seines Verlags. Im selben Jahr dachte T. S. Eliot, der bei Faber & Faber unter Vertrag stand, darüber nach, dass es gut wäre, jemanden an seiner Seite zu haben, der ihm Arbeit abnehmen könnte. Am 26.10.1952 schrieb Eliot an Geoffrey Faber: „Mir würde da jemand wie Rupert Hart-Davis vorschweben, nur dass ich diese Duff-Cooper-Welt nicht mag, an R.H.D.s Geschäftssinn zweifle und vermute, dass er ein schwieriges Temperament hat. Was nicht viel von Rupert übrig lässt" (Faber 2019, S. 213).

In der Hoffnung, einen Hinweis auf Francis zu finden, durchforsteten wir den Briefwechsel zwischen Rupert Hart-Davis und George Lyttelton in den Jahren von 1955 bis 1975 – ohne Erfolg. Nur Aldous Huxley, der in Eton dieselbe Klasse besucht hatte wie Lyttelton und später Rupert Hart-Davis, taucht dort auf, und Julian Huxley wird dreimal erwähnt. Eine abfällige Bemerkung bezog sich auf Julian Huxleys und A. L. Rowses jugendlichen Dogmatismus (Hart-Davis 1985, S. 60).

Im Dezember 1955, noch bevor *Affable savages* (1956) erschien, übernahm Heinemann RHD und kaufte sämtliche Anteile. David Garnett, gemeinsam mit seiner Familie der bisherige Hauptanteilseigner, wurde „schwer bestraft", weil der Wert der Anteile auf die Hälfte des ursprünglichen Werts festgesetzt wurde. Garnett beschuldigte seinen alten Freund, „das Unternehmen für eigene Zwecke auszubeuten und sich über die Wünsche der anderen Aktionäre hinwegzusetzen" (Ziegler 2005, S. 165). Dieser hässliche *fait accompli* ließ sich nicht mehr aus der Welt schaffen. Die ursprünglich geplante Fusion mit Penguin Books kam nicht zustande, da RHD dringenden Kapitalbedarf hatte, der durch Heinemann besser abgedeckt wurde (Ziegler 2005, S. 178). In den sechs Jahren, in denen RHD unter dem Dach von Heinemann publizierte, wurde mit 286 Titeln ein kleiner Gewinn erzielt. Ob *Affable savages* dazugehörte, ließ sich nicht eruieren, da alle Archive geschlossen wurden, nachdem der letzte Käufer, der Verlag Collins, aufgelöst worden war. Aufgrund dieser Entwicklungen hatte Francis nicht mehr das Glück, ein Penguin-Autor zu werden wie sein späterer Freund R. D. Laing.

Im selben Jahr, in dem *Affable savages* (1956) erschien, publizierte RHD 44 Bücher, darunter das von Keynes herausgegebene *The letters of William Blake* (Hart-Davis 1998, S. 50). Im Laufe der Jahre verlor Heinemann Geld mit seiner Tochter RHD[1] und verkaufte sie schließlich im Januar 1962 an Bill Jovanovich, der den Verlag Harcourt Brace führte und Hart-Davis sehr schätzte. Ein Jahr später

---

[1] 1961 belief sich der Verlust auf rund 15.000 Pfund, 1962 waren es 22.000 Pfund (Ziegler 2005, S. 197).

konnte Jovanovich seine Aktionäre nicht mehr davon überzeugen, dass eine Londoner Tochtergesellschaft eine gute Idee war, da es an Kapital mangelte und die Zahl der rentablen Titel nicht ausreichte. Granada Television kaufte das angeschlagene Unternehmen – für Rupert Hart-Davis eine Erlösung von allen Verlagsaufgaben, da sein Interesse an diesem Unternehmen inzwischen „verdunstet" war (Hart-Davis 1998, S. 62). Als Francis 1966 mit *The invisibles* das zweite Buch unter dem RHD-Imprint veröffentlichte, war sein Verleger bereits der Granada-Konzern. 1988 wurde Granada Publishing Ltd. offiziell zu Collins, bis das Unternehmen 1999 aufgelöst wurde.[2]

Philip Ziegler kam zu einem kritischen Urteil über Francis' ersten Verleger. Seiner Biografie entnehmen wir, dass Rupert „kaum je einer Gelegenheit widerstehen konnte, irgendwo mitzumischen oder sich mit Dingen zu beschäftigen, die nicht unbedingt seine Angelegenheit waren". Er habe selbst eingeräumt: „Im Grunde bin ich eigentlich gar kein Verleger" (Ziegler 2005, S. 149, 212). Bei der Wahl seines ersten Verlegers bewies Francis also keine glückliche Hand.

Blandford Press

Als der in London ansässige Verlag Blandford Press Francis für seine beliebte *Colour*-Reihe unter Vertrag nahm, versprach er ihm satte Einnahmen. Francis schrieb ein Buch für sie: *Peoples of the world in colour* (1964), das 1971 und 1975 mit neuem Cover wiederaufgelegt wurde. Es wurde von Robert Déaux ins Französische übersetzt und erschien 1965 bei Ferdinand Nathan, Paris, in der Reihe *Nouveaux guides du naturaliste*. Francis' Bruder Anthony schloss sich an und veröffentlichte bei diesen beiden Verlagen mehrere botanische Bücher. Die versprochenen Reichtümer allerdings blieben aus, und in den Klappentexten von Francis' späteren Büchern wird dieses Werk meist nicht erwähnt. Wir vermuten, dass er es als eine Art Tabu-Buch betrachtete.

Aldus Books

Am 16. September 1969 unterzeichnete Francis einen Vertrag mit Aldus Books für ein Werk mit dem Arbeitstitel „The sacred". Es erschien 1974 unter dem Titel *The way of the sacred*. Roy Gasson, Francis' Lektor bei diesem Buch, lektorierte später *The illustrated Lewis Carroll*[3] (1978), was Francis sicherlich amüsiert hätte, schließlich interessierte er sich selbst sehr für Carroll. Als ich (T. Itten) *The way of*

---

[2] Aufzeichnung der Granada Publishing Ltd, St Albans, Hertfordshire, England: https://archiveshub.jisc.ac.uk/search/archives/76cdfec7-3db2-38f8-a8de-29401f6269c4 (zugegriffen: 20.6.2022).

[3] Das Buch erschien 1978 bei New Orchard Editions in Poole.

the sacred zum ersten Mal gelesen hatte, schrieb ich Francis, um ihm von meiner Leseerfahrung zu berichten. Francis antwortete mir am 21.09.1977:

> *Dass du solche Freude an meinem Buch hast, rührt mich sehr. Das Merkwürdige am Schreiben ist, dass man sein eigenes Buch direkt nach dem Erscheinen fabelhaft findet, und dann offenbart es einem langsam, aber sicher sämtliche Schwachstellen. Aber wäre dies nicht so, würde man sich wohl kaum die Mühe machen, das nächste Buch in Angriff zu nehmen. Doch es freut mich sehr, dass es dir gefallen hat.*

Aldus Books, geführt von Wolfgang Foges (1910–1986)[4], war der zweite wichtige Verlag für Francis. Der 1960 gegründete Verlag war eine hundertprozentige Tochter von Doubleday and Co. Inc. in New York und anfangs in der Oxford Street zu Hause. Zu der Zeit, als Francis die Bühne betrat, hatte der Verlag bereits ein eigens erbautes Bürogebäude am Fitzroy Square bezogen und verlegte so berühmte Persönlichkeiten wie Marc Chagall und Carl Gustav Jung. Jungs 1964 erschienener Bildband *Man and his symbols* (dt.: *Der Mensch und seine Symbole*) wurde einer der erfolgreichsten Titel. *The way of the sacred* war ganz ähnlich konzipiert: als hochwertiger Bildband, der die Fantasie eines denkfreudigen Lesepublikums anregen sollte.

Foges, ein gebürtiger Österreicher, war 1936 nach Großbritannien gekommen und hatte dort geheiratet. Zuvor hatte er in Wien eine Modezeitschrift herausgegeben. Einer seiner Freunde war Frederick Ullstein vom gleichnamigen Verlag, einem der größten Verlagshäuser Europas. Die Verlegerfamilie Ullstein war, wie alle jüdischen Familien, unter den Nationalsozialisten aus dem Geschäft vertrieben und zum Verkauf gezwungen worden. Frederick Ullstein landete später bei Aldus Books.

„Foges hatte ein vulkanisches Temperament – ein Orson-Welles-Typ, dem nichts zu ehrgeizig oder zu verschwenderisch war"[5]. Zuvor hatte Foges Adprint gegründet und geleitet, ein Book-Packaging-Unternehmen mit rund 70 Mitarbeitenden, das Buchprojekte konzipierte, in Auftrag gab, realisierte und an Verlage verkaufte. Adprint plante und produzierte viele aufwendig gestaltete Bildbände, darunter die bekannte, 120 Bände umfassende Reihe *Britain in Pictures*. Bertrand Russel, David Ben Gurion, J. B. Priestly und Julian Huxley zählten zu den Autoren, mit denen Adprint zusammenarbeitete.

---

[4] 1941 erhielt Foges aufgrund seines Beitrags zu den Kriegsanstrengungen die britische Staatsbürgerschaft und wurde kurz nach seiner Einbürgerung zum ehrenamtlichen Berater des Colonial Office für Buch- und andere Publikationen ernannt.

[5] Jeremy Robson von Robson Books, der sieben Jahre lang für Aldus Books gearbeitet hatte. http://www.bookbrunch.co.uk/page/free-article/the-publisher-and-the-poet/ (zugegriffen: 20.6.2022).

Anhang 2: Anmerkungen zu Francis Huxleys Verlagen

Foges stand bei Aldus Books ein Redaktionsbeirat zur Seite, zu dessen Mitgliedern Jacob Bronowski und seit Juli 1958 auch Julian Huxley gehörten. Julian Huxley übernahm wichtige beratende Aufgaben und erhielt ein Honorar von 150 Guineen pro Band. Mit Foges führte er einen regen Briefwechsel. Das folgende Beispiel zeigt, wie er sich als Beiratsmitglied für seinen damals 39-jährigen Sohn Francis einsetzte. Am 13.6.1962 schrieb er an die Sekretärin Frame Smith, weil Francis ihm erzählt hatte, dass Donald Berwick, der Herausgeber des Soziologiebuchs, für das Francis ein Kapitel verfassen sollte, Francis' gesamten Text über die sozialen Funktionen und den sozialen Hintergrund von Kunst, ja, tatsächlich alles außer der „Rolle" des Künstlers, mit der Begründung herausschneiden wollte, dass „Kunst" in einem anderen Band behandelt werden sollte. Julian schrieb:

Das erscheint mir gänzlich ungerechtfertigt. Ein Band über Soziologie muss etwas über die Soziologie der Kunst enthalten. Da es Spilling war, der Francis dazu aufgefordert hatte, dieses Kapitel zu schreiben, rief ich ihn an, und er stimmte mir zu. Er ging aber noch weiter und berichtete mir, dass Berwick anscheinend daran denkt, anstelle von Francis' Text ein ganz neues Kapitel schreiben zu lassen, obwohl er, Spilling, ihm gesagt habe, dass man das Kapitel ohne Weiteres überarbeiten könne, um es an den Rest des Buches anzupassen (JHP, Folder Aldus Books).

Als Francis an *The way of the sacred* schrieb, sagte er oft, er brauche das Geld. Einmal ging er, weil er sich nicht fair behandelt fühlte, zu Foges und kündigte an, kein Wort mehr zu schreiben, „bis ich mehr Geld bekomme". Sein konfrontativer Ansatz hatte Erfolg. Doch als ihm später klar wurde, wie viele Auflagen sein Buch erlebt hatte (die letzte im Jahr 1989, 15 Jahre nach der Erstauflage) und wie oft es übersetzt worden war (u. a. ins Portugiesische und ins Niederländische), hinterließ diese Erkenntnis einen bitteren Nachgeschmack.

Thames & Hudson
Francis Huxley publizierte vier Bücher bei Thames & Hudson. Er war mit Thomas Neurath befreundet, dem Sohn der Verlagsgründer Eva und Walther Neurath, die wie Sigmund Freud 1938 ihr geliebtes Wien verlassen mussten, wo sie eine Kunstgalerie betrieben hatten. Walther Neurath hatte zunächst als Herstellungsleiter bei Adprint gearbeitet und führte das innovative Konzept des Book Packagings, mit dem sich große Auflagen in mehreren Ländern gleichzeitig erzielen ließen (was die Stückkosten erheblich senkte), als erste von vielen Innovationen via Thames & Hudson in die Verlagswelt ein.

1949 gründeten Walther und Eva Neurath ihren eigenen Verlag mit Niederlassungen in London und New York. Ihre Titelliste zeigte von Anfang an die ganze Breite des Programms von Thames & Hudson.

Im Jahr 1958 brachte Thames & Hudson mit *World of Art* (später *Art and Imagination*) eine seiner bekanntesten Reihen auf den Markt. Francis veröffentlichte im Rahmen dieser Reihe *The dragon* (1979) und *The eye* (1990). Außer Francis publizierten so angesehene Wissenschaftlerinnen und Wissenschaftler wie Asa Briggs, Hugh Trevor-Roper und John Julius Norwich in diesem Verlag, der bis heute zu den bedeutendsten europäischen Verlagen zählt. Thomas Neurath arbeitete ab 1961 als Geschäftsführer im Verlag seiner Eltern, unterstützt von seiner Schwester Constance, die als Art Director in die Geschäftsleitung einstieg. Als wir Thomas Neurath kontaktierten, schrieb er zurück: „Herzlichen Dank! Und ja, ich fühlte mich Francis in der Tat freundschaftlich verbunden und hatte große Hochachtung vor der bemerkenswerten Schnelligkeit seines Denkens, um nur eine seiner außergewöhnlichen Eigenschaften zu nennen" (E-Mail vom 25.6.2018).

Jill Purce betreute die Reihe *Art and Imagination* als Projektleiterin. Sie berichtete uns, wie alles begann:

> *Thomas Neurath besuchte mich oft. Wir redeten dann bis spät in die Nacht, und er erzählte mir von dieser Reihe und fragte mich, ob ich irgendwelche Ideen dazu hätte. Ich schickte ihm eine Liste mit meinen Ideen, und er sagte: Prima, warum übernimmst du nicht die Projektleitung? Das war 1972. So fing es an. Ich beauftragte Francis damit, „The dragon" zu schreiben. Meine Aufgabe bestand darin, mir Titel auszudenken und Autorinnen und Autoren für diese Titel zu gewinnen. Drachen schienen mir ein vergnügliches Thema zu sein. Gemeinsam mit den Autoren habe ich die Illustrationen ausgesucht. Ich fragte Francis, ob er das zusammen mit mir machen wollte. Ja, er wollte. Wir sammelten alle möglichen Illustrationen, gingen dafür die gesamte Bibliothek von Thames & Hudson durch und legten alles auf dem Boden aus. Ich legte Bilder nebeneinander, die in ihrer Kombination mehr aussagten als die Einzelbilder. Ich weihte ihn in diesen Prozess ein. Es war eine Art Tanz, der immer Spaß machte, und manche Autoren waren darin besser als andere* (Interview mit J. Purce, 13.3.2018, London).

Jill hatte zwei von Francis' früheren Büchern gelesen, *Affable savages* und *The way of the sacred* – Letzteres hätte auch gut in die Reihe *Art and Imagination* gepasst. Als sein zweites für diese Reihe geschriebene Buch, *The eye*, 1990 erschien, war Jill nicht mehr zuständig. Sie selbst hatte für die Reihe *The mystic spiral* (1974) geschrieben – ein Buch, das Francis natürlich kannte. Laut ihm besaß Jill die erstaunlichste Sammlung esoterischer Bücher, die er je gesehen hatte. In späteren Jahren erkundigte sich Thomas Neurath häufig bei Jill, wie es Francis gehe. „Ich dachte, er wollte wissen, wie Francis mit dem Schreiben an The mutual self vorankam, denn dafür hatte er ja bereits einen Vorschuss von 2000 Pfund erhalten. Thomas fragte sich, ob er das Manuskript jemals bekommen würde" (Interview mit J. Purce, 13.3.2018, London).

Auf unsere Frage nach den Verkaufszahlen von Francis' Büchern schrieb uns Neurath, diese lägen „für bestimmte Titel, für *The dragon* vermutlich eher als für *The eye*, bei bis zu 50.000 Exemplaren – mit vielen Lizenzausgaben in anderen Sprachen" (E-Mail vom 10.5.2019).

Im Jahr 2000 publizierte Thames & Hudson Francis' letztes Werk: *Shamans through time – 500 years on the path to knowledge,* das er zusammen mit Jeremy Narby herausgeben hatte. Das Buchprojekt *The mutual self,* für das er den erwähnten Vorschuss erhalten hatte, blieb unvollendet.

Epoha

Die erste Übersetzung von *Affable savages* wurde von Konstantin Milles für das Verlagshaus Epoha in Zagreb angefertigt, einer Stadt, die zu jener Zeit Teil der Sozialistischen Föderativen Volksrepublik Jugoslawien war, die rund 21 Mio. Einwohner hatte. 1958 erschien *Prijazni divljaci* in einer Erstauflage von 3000 Exemplaren. Konstantin Milles (1922–1989) war Journalist und Übersetzer. Er hatte Jura studiert und im Zweiten Weltkrieg als Kriegsberichterstatter gearbeitet. Ab 1946 war er als Redakteur für Radio Zagreb (1946) und für den Epoha-Verlag tätig und übersetzte insgesamt 35 Bücher.

Prijazni divljaci erschien 1961 in einer zweiten Auflage. Die Sozialanthropologie in Jugoslawien war sehr aktiv und schätzte Francis' narrative Anthropologie – etwas, worauf Francis sehr stolz war.

Plon

Dank der von Monique Lévi-Strauss besorgten Übersetzung von *Affable savages,* die 1960 zunächst unter dem Titel *Amiables sauvages* erschien, erlebte Francis' Buch mehrere Auflagen, sowohl als Hardcover als auch als Taschenbuch (Anhang 1). Als wir uns bei seinem Verlag Plon in Paris nach der Zahl der verkauften Exemplare erkundigten, schrieb uns Marguerite Mignon-Quibel, verantwortlich für Vertrieb und Marketing, dass „Plon von diesem Buch über alle Auflagen hinweg etwa 13.000 Exemplare verkauft hat" (März 2018). Dankenswerterweise gab Monique Lévi-Strauss uns bereitwillig Auskunft, als wir Näheres erfahren wollten (E-Mail vom 29.11.2018):

> *Francis und ich korrespondierten miteinander, während ich sein Buch übersetzte, aber das ist nun sechzig Jahre her, und ich habe unsere Briefe nicht aufbewahrt. Von einem Briefwechsel zwischen FH [Francis Huxley] und CLS [Claude Lévi-Strauss] ist mir nichts bekannt. Mein Mann schätzte FH sehr und hielt dessen Arbeit für äußerst wertvoll. Wäre er anderer Meinung gewesen, hätte er mir nicht vorgeschlagen, dieses Buch zu übersetzen. Ob FH unter den Gästen war, als mein Mann 1964 die Ehrendoktorwürde der Universität Oxford erhielt, weiß ich nicht mehr. Wir haben Sir Julian und*

Lady Huxley nie in London besucht, aber ich erinnere mich an eine Begegnung mit Sir Julian bei einem offiziellen Empfang der UNESCO in Paris. Francis hat uns in unserer Wohnung in Paris besucht. Ich weiß nicht mehr genau, worüber wir gesprochen haben, bin mir aber ziemlich sicher, dass es um die Übersetzung seines Buches ging.

Eine Anmerkung, die ich noch machen möchte, ist, dass Francis gegen den Titel „Aimables Sauvages" war. Genau wie ich, genau wie Claude. Doch Malaurie, der bei Plon für uns zuständig war, sagte, wir müssten uns an die Empfehlung der kaufmännischen Leitung halten. Claude versuchte vergeblich, ihn davon zu überzeugen, dass das ein schlechter Titel war. Francis hat mir nie geglaubt, dass ich mein Bestes getan habe, um diesen Titel zu verhindern, und den englischen Titel vorgezogen hätte, der sich auch im Französischen gut liest. Er hat mir nie wieder geschrieben und sich auch nicht für die Übersetzung bedankt. Das hat mich verletzt, und ich habe Malaurie nie verziehen. Sie können sich vorstellen, wie überrascht ich war, als vor zwei Jahren die jüngste Neuauflage der französischen Übersetzung erschien – mit dem von mir gewünschten Titel.

Ich hoffe, ich habe Sie nicht enttäuscht

Mit freundlichen Grüßen,

Monique Lévi-Strauss

Die 2010 in der Reihe *Bibliotheque Terre Humains* erschienene Ausgabe von *Affable souvages* wurde um einen Beitrag mit dem Titel „Débats et critiques" (S. 331–345) ergänzt.

Geographical Magazine

Francis schrieb mehrere Artikel für die von Julians Cousin Michael Huxley (Bruder von Gervas und Ehemann von Elspeth Huxley) gegründete und herausgegebene Zeitschrift – eine echte Familienunternehmung also. Auch Elspeth hatte eine journalistische Ader und schrieb gelegentlich ebenfalls für die Zeitschrift. Ihr Mann Gervas hatte seinen berühmten Cousin Julian gebeten, ein Zitat für den Umschlagtext ihres ersten Buches zu schreiben, das von Harold Raymond vom Verlag Chatto & Windus betreut wurde, demselben Verlag, in dem auch Aldous publizierte. Dieses kleine Beispiel zeigt, wie nützlich die Kontakte der Familie Huxley waren. Die Huxleys und die Raymonds wurden gute Freunde. 1947 wurde Elspeth in den Beirat der BBC berufen, was den Bekanntheitsgrad ihres Ehenamens weiter steigerte.

Liste der Verlage

Nachfolgend eine nach Ländern untergliederte Auflistung der Verlage, in denen die Werke von Francis Huxley erschienen sind. Seine Bücher wurden ins

Chinesische, Niederländische, Französische, Deutsche, Ungarische, Japanische, Portugiesische, Serbokroatische (Bosnisch/Serbisch/Kroatisch) und Spanische übersetzt.

England

- Aldus & Jupiter Books
- Blandford Press
- Bloomsbury Books
- Collier
- Littlehampton Book Services Ltd
- Rupert Hart-Davis
- Thames & Hudson
- Transatlantic Arts Publishing
- W. H. Allen & Co. Ltd

Frankreich

- Albin Michel
- Fernand Nathan
- Plon Le Seuil

USA

- Albin Michel United States
- Dell Publishing
- Doubleday & Company
- Harper & Row
- HarperCollins
- J.P. Tarcher/Putnam
- Knopf Doubleday Publishing Group
- McGraw-Hill
- Sheffield Publications
- Walker & Company

Andere Länder

- Amsterdam Boek
- Biblioteca de la Nueva Conciencia, Barcelona

- Debate, Madrid
- Del Prado, Rio de Janeiro
- Ediciones del prado, Argentina & Mexico
- Editora Primo, Rio de Janeiro
- Epoha, Zagreb
- General Press Kiado, Budapest
- Heibonsha, Tokio
- Jie Yuan, Bejing

Verlage der Bücher, in denen Einzelkapitel von Francis Huxley erschienen

- Academic Press London
- Duckworth
- Free Association Books
- George Allen & Unwin
- Herbert Lang
- M.I.T. Press
- PCCS Books
- Routledge & Kegan Paul
- The Colonial Press

Literatur

Faber, F. (2019). *Faber & Faber: the untold story*. London: Faber.
Hart-Davis, R. (Hrsg.). (1985). *The Lyttelton Hart-Davis letters: correspondence of George Lyttelton and Rupert Hart-Davis*. London: John Murray.
Hart-Davis, R. (1998). *Halfway to heaven – concluding memoirs of a literary life*. Stroud: Sutton.
Ziegler, P. (2005). *Rupert Hart-Davis: man of letters*. London: Pimlico.

Anhang 3: Allgemeine Bibliografie

Es gibt inzwischen zahllose Publikationen über die Familie Huxley und ihre einzelnen Mitglieder, deshalb ist diese Bibliografie notwendigerweise selektiv. Dennoch bietet sie nützliche Hintergrundinformationen für alle Leserinnen und Leser, die etwas tiefer einsteigen möchten. Die unter „Anthropologie" und „Psychiatrie, Psychoanalyse …" aufgeführten Titel spiegeln die Bandbreite des Materials, das wir bei der Beurteilung des Kontextes, in dem Francis Huxley lebte und arbeitete, und bei der Interpretation der Gedanken und Vorstellungen, mit denen er arbeitete, als hilfreich empfanden.

Die Familie Huxley

Baker, J. R. (1976). *Julian Huxley. Scientist and world citizen.* Paris: UNESCO.

Bashford, A. (2022). An intimate history of evolution. The story of the Huxley family. London: Allen Lane.

Bates, S., & Winkler, M. G. (1984). *The papers of Julian Sorell Huxley. A guide.* Woodson Research Centre Fondren Library. Houston/TX: Rice University.

Bedford, S. (1973). *Aldous Huxley. A biography. Bd. 1: 1994–1939.* London: Chatto & Windus.

Bedford, S. (1979). *Aldous Huxley. A biography. Bd. 2: The turning points.* London: Quartet Books.

Bibby, C. (1960). *T. H. Huxley – scientist, humanist and educator (with forewords by Sir Julian Huxley and Aldous Huxley).* New York: Horizon Press.

Bisbee, C., Bisbee, P., Dyck, E., Farrell, P., Sexton, J., & Spisak, J. W. (Hrsg.). (2018). *Psychedelic prophets. The letters of Aldous Huxley and Humphry Osmond.* Montréal: Gill Queens University Press.

Bradshaw, D. (1995). *The hidden Huxley.* London: Faber & Faber.

Clark, R. W. (1968). *The Huxleys.* London: Heinemann.

Collie, M. (1991). *Huxley at work: with the scientific correspondence of T. H. Huxley and the Rev. Dr. George Gordon of Birnie, near Elgin.* London: Palgrave.

Deese, R. S. (2015). *We are amphibians. Julian and Aldous Huxley on the future of our species.* Oakland: University of California Press.

Desmond, A. J. (1997). *Huxley: Evolution's high priest.* London: Michael Joseph.

Dronamraju, K. R. (1993). *If I am to be remembered: correspondence of Julian Huxley.* London: World Scientific.

Dunaway, D. K. (1999). *Aldous Huxley recollected.* Walnut Creek/CA: Altamira Press.

Getty, A. (1993). *Göttin – Mutter des Lebens.* München: Kösel.

Hoban, M. (2019). *An unconventional wife – the life of Julia Sorell Arnold.* Melbourne: Scribe.

Huxley, A. (1927). *Proper studies.* London: Chatto & Windus.

Huxley, A. (1959/2004). *Brave new world revisited.* London: Vintage.

Huxley, A. (1981). *Die Pforten der Wahrnehmung – Himmel und Hölle. Erfahrungen mit Drogen* (10. Aufl.). München: Piper.

Huxley, A. (1989). Julian Huxley – a family view. The Galton lecture for 1987. In M. Keynes & G. Ainsworth Harrison (Hrsg.). (1998). *Evolutionary studies. A centenary celebration of the life of Julian Huxley* (S. 9–25). London: MacMillan.

Huxley, A. (1949). *Die ewige Philosophie.* Zürich: Steinberg.

Huxley, J. (1935). *T. H. Huxley's diary of the voyage of HMS Rattlesnake. Edited from the unpublished MS.* London: Chatto & Windus.

Huxley, J. (Hrsg.). (1961). *The humanist frame.* London: George Allen & Unwin.

Huxley, J. (Hrsg.). (1969). *Aldous Huxley zum Gedächtnis.* München: Piper.

Huxley, J. (1974). *Ein Leben für die Zukunft. Erinnerungen.* München: List.

Huxley, J. (1986). *Leaves of the tulip tree.* London: John Murray.

Huxley-Archera, L. (1975). *This timeless moment. A personal view of Aldous Huxley.* Milbrae: Celestial Arts.

Huxley, L. (1908). *Life and letters of Thomas Henry Huxley.* Bd. I–III. London: Macmillan.

Morrell, O. (1975). *Ottoline at Garsington. Memoirs of Lady Ottoline Morrell 1915–1918.* Hrsg. v. R. G. Gathorne-Hardy. New York: A. A. Knopf.

Nicholls, C. S. (2003). *Elisabeth Huxley. A biography.* London: Harper Collins.

Rosenbaum, S. P. (Hrsg.). (1975). *The Bloomsbury Group.* Toronto. University of Toronto Press.

Sherman, S. (Hrsg.). (1999). *Letters of May Sarton to Juliette Huxley.* New York: W. W. Norton.

Smith, G. (Hrsg.). (1969). *Letters of Aldous Huxley.* London: Chatto & Windus.

Thody, P. (1973). *Aldous Huxley. A biographical introduction.* London: Studio Vista.

Trevor, M. (1973). *The Arnolds – Thomas Arnold and his family.* London: Bodley Head.
UNESCO (1975). *Julian Huxley in memoriam.* London: UNESCO.
Waters, C. K., & van Helden, A. (Hrsg.). (1992). *Julian Huxley. Biologist and statesman of science.* Houston/TX: Rice University Press.
Watt, D. (Hrsg.). (1975). *Aldous Huxley – the critical heritage.* London: Routledge & Kegan Paul.
Weindling, P. (2012). Julian Huxley and the continuity of eugenics in twentieth-century Britain. *Journal of Modern European History, 10*(4), 480–499.
White, P. (2003). *Thomas Huxley – making the „man of science".* Cambridge: Cambridge University Press.

Anthropologie

Assad, T. (1973). *Anthropology and the colonial encounter.* New York: Prometheus Books.
Ballée, W. (1994). *Footprints of the forest. Ka'apor ethnobotany – the historical ecology of plant utilization by an Amazonian people.* New York: Columbia University Press.
Bateson, G. (1980). *Naven.* London: Wildwood House.
Benedict, R. (1971). *Patterns of culture.* London: Routledge & Keagan Paul.
Blacking, J. (Hrsg.). (1975). *The anthropology of the body.* London: Academic Press.
Brooks, E., Fuerst, R., Hemming, J., & Huxley, F. (1972). *Tribes of the Amazon basin. Report for the Aborigines Protection Society.* London & Tonbridge: Charles Knight.
Corry, S. (2011). *Tribal peoples for tomorrow's world.* London: Freeman Press.
Douglas, M. (1980). *Evans-Pritchard.* London: Fontana Modern Masters.
Evans-Pritchard, E. E. (1951). *Social anthropology.* London: Cohen & West.
Faradon, R. (1999). *Mary Douglas.* London: Routledge.
Fortes, M. (1966). *Ödipus und Hiob in westafrikanischen Religionen.* Frankfurt a. M.: Suhrkamp.
Gardner, K. and Lewis, D. (2015). *Anthropology and development.* London: Pluto Press.
Geertz, C. (1993). *Die künstlichen Wilden. Der Anthropologe als Schriftsteller.* Frankfurt a. M.: Fischer.
Guppy, N. (1961). *Wai-Wai – through the forest north of the Amazon.* Harmondsworth: Penguin.

Hanbury-Tenison, R. (1973). *A question of survival – for the Indians in Brazil*. London: Angus & Robertson.

Hemming, J. (2003). *Die if you must. Brazilian Indians in the twentieth century*. London: Pan.

Hemming, J. (2019). *People of the rainforest: the Villas Boas brothers, explorers and humanitarians of the Amazon*. London: Hurst & Company.

Ingold, T. (2019). *Anthropologie – was sie bedeutet und warum sie wichtig ist*. Wuppertal: Peter Hammer.

Itten, T., Roberts, R., Davis, P. (2022). Huxley in Haiti: An Album. Montréal: Les Éditions du CIDIHCA.

Keynes, M., & Ainsworth Harrison, G. (Hrsg.). (1998). *Evolutionary studies. A centenary celebration of the life of Julian Huxley*. London: Macmillan.

Kuper, A. (1997). *Anthropology and anthropologists. The modern British school* (3. Aufl.). London: Routledge.

Kuper, A. (2003). The return of the native. *Current Anthropology, 44*(3), 389–402.

Kuper, A. (2016). Meyer Fortes. The person, the role, the theory. *Cambridge Journal of Anthropology, 34*(2), 127–139.

Leach, E. R. (1984). Glimpses of the unmentionable in the history of British social anthropology. *Annual Review of Anthropology,* 13, 1–23.

Levi-Strauss, C. (2020). *Traurige Tropen*. Berlin: Suhrkamp.

Lévi-Strauss, C. (2012). *Anthropologie in der modernen Welt*. Berlin: Suhrkamp.

Lévi-Strauss, C. (2014). *Wir sind alle Kannibalen*. Berlin: Suhrkamp.

Loyer, W. (2015). *Lévi-Strauss*. Paris: Flammarion.

Mair, L. (1969). *Witchcraft*. London: Weidenfeld & Nicolson.

Narby, J. (2001). *Die kosmische Schlange: Auf den Pfaden der Schamanen zu den Ursprüngen modernen Wissens*. Stuttgart: Klett-Cotta.

Ribeiro, D. (1996). *Diarios indios – os Urubus-Kaapor*. Sao Paulo: Companiha Das Letras.

Rivière, P. (Hrsg.). (2007). *A history of Oxford anthropology*. New York & Oxford: Berghahn.

Tambiah, S. J. (2002). *Edmund Leach – an anthropological life*. Cambridge: Cambridge University Press.

Wescott, J. A. (1962). The sculpture and myths of Eshu-Elegba, the Yoruba Trickster: definition and interpretation in Yoruba iconography. *Africa, 32*(4), 336–353.

Psychiatrie, Psychoanalyse, Philadelphia Association, Wissenschaftstheorie und Philosophie

Boym, S. (2005). Poetics and politics of estrangement: Viktor Shklovsky and Hannah Arendt. *Poetics Today, 26*(4), 581–612.
Clay, J. (1996). *R. D. Laing – a divided self.* London: Hodder & Stoughton.
Cooper, D. (Hrsg.). (1969). *Dialektik der Befreiung.* Reinbek: Rowohlt.
Cromby, J., Harper, D., & Reavey, P. (2013). *Psychology, mental health and distress.* Houndmills: Palgrave Macmillan.
Davies, J. (2011). *Cracked. Why psychiatry is doing more harm than good.* London: Icon Books.
Dyck, E. (2010). Spaced-out in Saskatchewan. Modernism, anti-psychiatry, and deinstitutionalization, 1950–1968. *Bulletin of the History of Medicine, 84*(4), 640–666.
Feuerbach, L. (1851/2019). *Das Wesen der Religion.* Große Texte der Christenheit. Leipzig: Evangelische Verlagsanstalt.
Frosch, S. (2013). *Hauntings: psychoanalysis and ghostly transmissions.* New York: Palgrave Macmillan.
Griffin, J. (1997). *The origin of dreams.* Chalvington: The Therapist.
Holt, N. J., Simmonds-Moore, C., Luke, D., & French, C. J. (2012). *Anomalistic psychology.* New York: Palgrave Macmillan.
Itten, T., & Young, C. (Hrsg.). (2012). *R. D. Laing 50 years since ‚The divided self'.* Monmouth: PCCS Books.
Itten, T., & Roberts, R. (2014). *The new politics of experience and the bitter herbs.* Monmouth: PCCS Books.
Laing, R. D. (1966). Ritualisation and abnormal behaviour. *Philosophical Transactions of the Royal Society London, 251*(772), 331–335.
Laing, R. D. (1972). *Knoten.* Reinbek: Rowohlt.
Laing, R. D. (1974). *Die Politik der Familie.* Köln: Kiepenheuer & Witsch.
Laing, R. D. (1987). Laing's understanding of interpersonal experience. In R. L. Gregory (Hrsg.), *The Oxford companion to the mind* (S. 417–418). Oxford: Oxford University Press.
Levine, G. (2011). *Darwin the writer.* Oxford: Oxford University Press.
Medawar, P. (1969/2008). *Induction and intuition in scientific thought.* London: Routledge.
Mullan, B. (1995). *Mad to be normal. Conversations with R. D. Laing.* London: Free Association Books.

Osmond, H. (1952). On being mad. Saskatchewan. *Psychiatric Service Journal, 1*(2), 63–70.

Raschid, S. (Hrsg.). (2005). *R. D. Laing. Contemporary perspectives.* London: Free Association Books.

Voss, J., Roberts, R., & Davies, J. (2019). *Mental health in crisis.* London: Sage.

Sachwort und Personenverzeichnis

A
Abinger Hill School, 4
Aboriginal Protection Society, 239
Adaptation, 178–180
Affable savages, 90, 184, 221, 226, 251, 325, 340–345
Affäre, 30, 31, 53, 55, 145, 147
Agnostizismus, 362
Aldous Huxley
    LSD, 50
Angst, 17, 33, 35, 74, 77, 78, 82, 83, 258, 259, 374
    Psychophobie, 375
Ani, Michael Stuart, 326
Anthropologie, 186, 192, 211, 243, 250, 334, 337–339, 341, 342, 344, 345, 348, 350, 357–359
    Beitrag von LSD, 190
    Bewältigung familiärer Probleme, 190
    Brasilien, 180
    der Zukunft, 384
    narrative, 132, 183, 380
    persönliche, 302, 305
    praktisch-politisch ergänzte, 378
    Psychoanalyse, 346
    reflexive, 343
Anthropology and the body, 6
Antic hay, 40, 56
Antipsychiatrie, 201, 283, 292
Anti-Universität, 7, 234, 294, 295
Arendt, Hannah, 379
Aristokratie
    intellektuelle, 39, 81, 82, 133
Arnold, Julia, 23, 45, 98
Arnold, Thomas, 21, 23, 87
asklepische Methode der Inkubation, 288
Attributionsbias
    kulturspezifischer, 85
Autounfall, 10

B
Baillot, Alphonse, 16
Baillot, Juliette. *See* Huxley, Juliette
Bair, Deirdre, 47
Baker, J. R., 69
Balaskas, Meloma, 7, 29, 160, 162, 163, 165, 354
Balée, William, 340
Balliol College, Oxford, 5, 41, 67, 98, 114, 117, 118, 121, 129
Bateson, Gregory, 102, 189, 201, 228, 297
Baudelaire, Charles, 379
BBC, 124, 220, 231, 233, 234
    Brains-Trust-Episode, 113
Bedford, Sybille, 55
Befreiung
    sexuelle, 19
Belsize Park Gardens, 6, 160, 229
Benedict, Ruth, 336–338
Benjamin, Walter, 339, 379
Bergson, Henri, 88
Berkeley Hills, 169
Besessenheit

dämonische, 263
Bewusstsein, 60, 211, 246, 255, 279
Bewusstseinserweiterung, 51
Biografie, 334, 335
biologische Theorie, 79
Blake, William, 374
Blick
    anthropologischer, 343
    westlicher, 343
Bloomsbury Group, 18, 19, 42, 43, 54, 76
Blume, Bettina, 185, 307
Blume, Norbert, 307
Body and mind in anthropology, 222, 228, 230
Bourguignon, Erika, 348
Boym, Svetlana, 248, 251, 336, 379
Brains-Trust-Episode, 113
Brasilien, 5, 6, 9, 49, 135, 139, 178
    Feldforschung, 180, 184
    Hilfe, 239
    indigene Völker, 239
    Regierung, 239
Brave new world, 39, 81, 82
Brave new world revisited, 83, 85
Bruce, Rosalind, 56, 57
Butt Colson, Audrey, 119, 130, 221, 223, 224, 229, 230, 232, 233, 237
Byron House, Vorschule, 4, 98

C
Calvino, Italo, 339
Cannabis, 206, 223, 326
Carles, Jules, 6, 361
Carroll, Lewis, 23, 45, 231, 273, 304, 320, 353–355, 357, 367
Charles Darwin, 6
Chemotherapie, 10, 319
Chichele Lectures, 8, 346
Chrome yellow, 42
City of Liverpool Public Museum, 141
Clark, Ronald W., 69
Clay, John, 275, 294
Code
    kultureller, 355
Colchester, Marcus, 303, 310

Conrad, Joseph, 359
Coomaraswamy, Ananda Kentish, 350
Cooper, David, 283
Cosmic serpent, The, 311
Cumae, 28
Cunard, Nancy, 55

D
Darling, Diana Conn, 325
Darwin, Charles, 88, 145, 219, 381
Darwinismus, 88
Depression, 28, 33, 89
Diagnose
    haitianische, 213
Dialectics of Liberation-Kongress, 7, 91, 290, 294, 376
Dibie, Pascal, 342
Divided self, The, 286
Dodgson, Charles L.. *See* Carroll, Lewis
Doors of perception, The, 50
Doppelaffäre, 31
Douglas, Mary, 130, 233, 347
Drache, 177, 231, 254–256
Dragon, The, 8, 249, 303, 304, 350, 352
Druck
    familiärer, 74
Dunaway, David King, 53, 70, 74
Dynastie, 70, 71, 77
    Etymologie, 71

E
Eamonn Andrews Show, 7, 234
Eiland, 52
Elitedenken, 80, 83
embryonale Entwicklung, 279, 281
Energie im Menschen, 227
Erbe, 69, 85
    gesellschaftliches, 79
Erbschaft, 57
Erfahrung
    psychedelische, 187
Erinnerung, 69
Erkenntnistheorie, 130, 211, 378
Ernährungspsychiatrie, 201

Erscheinung, 245, 265
Erwartung, 37, 70
Esmeralda Fufluns, 231, 325
ESP (extrasensory perception), 207, 216, 228, 257
Etymologie, 252, 253, 316
Eugenik, 78–81
  Aldous Huxley, 84
  alte, 80
  Julian Huxley, 81
Eugenikpolitik, 81
Evans, Brian, 151
Evans-Pritchard, Edward, 5, 129–132, 222, 223, 280, 336, 337
Evolution
  selbstgesteuerte, 60
Evolutionsbiologie, 60, 87
Experiment
  psychedelisches, 85
Eye – the seer and the seen, The, 9, 249, 350, 352
Eyeless in Gaza, 56

F
Fagg, Bernard, 223, 346
Familie
  Politik, 26
  transgenerationale Einheit, 15
  transgenerationale Muster, 54
Familiendynamik, 77, 78, 285
Familienname, 74, 76, 79, 86, 383
Feldforschung, 211
  Gambia, 126, 177
  Haiti, 212, 214, 256
  Ka'apor, 178, 180, 183
  Saskatchewan, 189, 197, 201
Feldmar, Andrew, 167, 306, 324
Feldnotizen, 211, 352
  Haiti, 257
Fordham, Kathleen, 33
Forschungsstipendium, 122, 132
Fortes, Meyer, 5, 130, 131, 180, 183, 223
Forty-two, 368
Foucault, Michel, 335, 361–363
Freitas, Lourival de, 153, 303

Frensham Heights School, 4
Freud, Sigmund, 26, 220, 227, 253, 377
Fuerst, René, 159, 239

G
Gambia, 5
  Feldforschung, 126, 177
Gambia-Expedition, 125, 129, 177
Gaona, Francisco, 316
Garrett, Eileen, 52, 87, 209, 210, 216, 257
Garsington Manor, 3, 18, 19, 41, 42
Gedächtnis
  kollektives, 254
  kommunikatives, 77
Geertz, Clifford, 333, 336–338
Gehorsam, 290
Geistheilungen, 263
Geld, 56, 57, 158, 170, 209, 215, 216, 238, 258, 306, 309
Genie
  soziale Konstruktion, 70
Genius, 254
Gerechtigkeit, 244, 364
  soziale, 237
Gesellschaftsplanung, 80
Gesundheit
  seelische, 76, 241, 283, 284
Getty, Adele, 8, 10, 34, 165–171, 301, 302, 307, 309, 315, 318, 319, 322, 323, 329, 353
Gheerbrant, Alain, 230
Gordonstoun, 4, 100, 102, 108, 138
  Evakuierung, 107, 108
  Kritik, 99
  Leitgedanken, 98
  Rassismus, 99
  Religionsunterricht, 100
  Schulleben, 99
  Schultheater, 107
Graves, Robert, 39, 203, 302, 303
Griaule, Marcel, 361
Guppy, Nicholas, 237

H

Hahn, Kurt, 97, 98, 100, 101
Haiti, 6, 147, 192, 230, 256, 348, 349
   Feldforschung, 211, 215, 256
   Religion, 213
Haiti Chérie, 220
Halluzination, 51, 207
Hampstead, 9, 29
Hanbury-Tenison, Robin, 158, 233, 237, 306
Hart-Davis, Rupert, 341
häusliche Pflege, 325
Heathorn, Henrietta Anne, 64
heilende Umgebung, 198
Heiliges, 219, 246–248, 252
   Ikonografie, 350
   Symbol, 249
Heilung, 152, 196, 198, 296, 298, 347, 375
   Haiti, 215
   Philadelphia Association, 275
   Rituale, 261, 374
   Voodoo, 213
Heilverfahren
   alternatives, 228, 272
Heimsuchung
   intellektuelle, 78, 86
Hemming, John, 239, 306
Herdenmentalität, 83
Heywood, Rosalind, 153, 227
Hitler, Adolf, 81, 83, 98
HMS Ramillies, 5, 112–114
HMS Rattlesnake, 64
Hoffer, Abram, 200
Hofmann, Albert, 52, 190, 303–305
Holberton, Kate, 242
Hollywood Heights, Brand, 58
Hovde, Ellen, 57, 58, 144, 147, 148, 189, 190, 194, 214, 221
Howard, Ernst, 136
Howard, Ferelyth, 5, 17, 73, 111, 135–139, 172
Howard, Jean, 135
Hugh-Jones, Stephen, 345
Huxley, Aldous, 7, 25, 69, 75, 118, 144
   Affäre, 53
   als Drehbuchautor, 70

Augeninfektion, 41
Brand in Hollywood Heights, 58
Einfluss auf Francis, 39
Ellen Hovde, 57
Eugenikpolitik, 81
ewige Philosophie, 50
Garsington Manor, 41, 42
Krebs, 59
Meskalin, 50
Ottoline Morrell, 43
Psychedelika, 51
Religion, 45
Tod, 60
Wissenschaft, 45, 46
Huxley, Andrew Fielding, 10, 69
Huxley, Ann, 10, 139
Huxley, Anthony, 4, 9, 19, 28, 35, 36, 75, 104, 139
Huxley-Dynastie, 68, 69, 77, 86
Huxley, Ellen. *See* Hovde, Ellen
Huxley, Francis, 103, 104, 240, 305, 322
   60. Geburtstag, 8
   70. Geburtstag, 9
   90. Geburtstag, 172
   Adele Getty, 165, 168, 302
   Adriana Santa Cruz, 157
   Aldous' Einfluss, 39
   als Autor, 340
   als Raconteur, 358
   am Balliol College, 119, 121
   Brasilien, 180
   City of Liverpool Museum, 141
   das Heilige, 44
   Drachenmythos, 177
   Ellen Hovde, 57
   Ellen Huxley, 145, 195
   Ferelyth Howard, 136
   Freundschaft mit R. D. Laing, 272
   Gambia, 127
   Geburt, 28
   Gesundheit, 29, 216, 319, 321, 326
   Haiti, 212, 214
   Hamlet-Aufführung, 108
   Joan Wescott, 149
   Ka'apor, 185, 186
   Kriegsdienst, 112

Lappland-Expedition, 105
letztes Farewell, 328
LSD, 191, 193, 195
Meloma Balaskas, 160
narrative Anthropologie, 132, 183
Ornithologie, 121
Oxford, 118–120, 124, 346
paranormale Phänomene, 87, 210, 260
Philadelphia Association, 272, 377
Religion, 248
Research Fellowship, 220, 222, 224
Sheila, 142
Sozialanthropologie, 119, 121
Survival International, 237
Tod, 329
Weyburn Mental Hospital, 192, 197, 200
wissenschaftliche Mentoren, 121
Huxley, Gervas, 119
Huxley, Julian, 3, 4, 6, 7, 23, 25, 39, 69, 71, 75, 101, 104, 118, 123, 361
   Affäre, 30, 31
   Depression, 33, 89
   Eugenik, 80
   Fellowship Oxford, 28
   Hochzeit, 27
   LSD, 192
   Nervenzusammenbruch, 5, 33, 192, 275
   Professur für Zoologie, 28
   psychische Probleme, 33
   UNESCO, 32
   Verhältnis zu Francis, 108, 113, 171
   Zoological Society of London, 30
Huxley, Juliette, 19, 29, 31, 104, 108, 139, 307, 322, 360
   90. Geburtstag, 55
   Adele Getty, 168
   Ehe mit Julian, 20
   Geschichte über Captain Middleton, 113
   Hochzeit, 27
Huxley, Laura Archera, 49, 54, 56, 309
Huxley, Leonard, 24, 57, 72, 118
Huxley, Margaret, 25, 53, 73, 98
Huxley, Matthew, 144, 147, 196
Huxley-Mythos, 67, 191, 381, 383
Huxley, Susan Ray, 20, 73, 139, 327
Huxley, Tessa, 57, 144
Huxley, Thomas Henry, 5, 24–26, 64–71, 77–79, 85
   Arbeiterklasse, 66
   Balliol College, 118
   der "schwarze Hund", 33
   Evolutionsbiologie, 87
Huxley, Trevenen, 3, 25, 57, 58, 72, 144–146, 327
Huxley, Victoria, 20, 35, 36, 74, 139, 158, 307, 326

I
Ikonografie
   des Göttlichen, 379
   des Heiligen, 350
Ilma, Viola, 30
indigene Völker, 87, 179, 183, 186, 237, 239, 242, 243
   Gesundheit, 231
   Hilfe, 239
   Krankheit, 231
   Notlage, 241
   Rechte, 241
Individualismus, 277, 283, 310, 376
Inkubation
   asklepische Methode, 288
Intellektuelle, 347
Intelligenz, 49
International Philadelphia Association Conference, 281
Invisibles, The, 214, 220, 256, 347–349, 364
Isherwood, Christopher, 71
Island, 52
Itten, Anatol, 114
Itten, Dimitrij, 327
Itten, Raphael, 328
Izumi, Kiyoshi, 198, 199
Izumi-Osmond-Sommer-Design, 201

J
Jan-Mayen-Expedition, 124
Jenner, Alec, 8

Joos, Dorothea, 319
Jung, C. G., 252, 253, 274, 351

K
Ka'apor, 5, 6, 90, 132, 179, 222, 340, 341, 343, 362
   Feldforschung, 178, 183
   Sprache, 180
Kapitalismus, 67, 292, 363, 365, 377, 381
Katarakt-Operation, 10
King's College, London, 4, 29
Kingsley Hall
   therapeutische Wohngemeinschaft, 285, 290, 294
King, Truby, 28
Klasse, 337
Klassengesellschaft, 364
Klassenpolitik, 363
Knots, 150, 354
kollektives Gedächtnis, 254, 259
Kolonialismus, 90, 380
kommunikatives Gedächtnis, 77
Kosmische Schlange, Die, 311, 357
Kosmologie, 86, 211, 220, 246, 259, 262, 265, 281, 375, 380, 381
Kosmos, 210, 211, 283, 298
Krebs, 10, 23, 59, 156, 319, 321
Kuper, Adam, 178, 242, 251

L
L'Afrique précoloniale, 360
Labouret, Henri, 360
Laing, Ronald D., 7, 166, 201, 224, 265, 363, 364, 376
   asklepische Methode, 288
   Das geteilte Selbst, 286
   Dialectics of Liberation-Kongress, 290
   Ehe mit Jutta Werner, 279
   Freundschaft mit Francis Huxley, 272, 277
   Kingsley Hall, 285
   Machtposition in der PA, 291
   Nachruf, 286
   Philadelphia Association, 271, 291

Psychophobie, 375
   schottische Schule, 293
   therapeutischer Ansatz, 293
   Tod, 273
Lappland-Expedition, 105, 106
Lawrence, D. H., 42, 172
Leach, Edmund, 132, 133, 221
Leben
   unbewusstes, 45
Le Bon, Gustave, 83
Lennon, John, 191
Les origines de la vie, 361
Leuven, IPA Conference, 281
Levine, George, 343
Lévi-Strauss, Claude, 186, 243, 245, 246, 249, 254, 336–338, 341–344, 349, 351, 359
Lévi-Strauss, Monique, 342
Lévy, Jacques, 319
Linguistik, 246
Literatur, 343, 348, 359
Liverpool, 141
LSD, 52, 59, 149, 189–192, 201, 206, 216, 229, 292, 304, 316
   Aldous Huxley, 196
   als Modellpsychose, 205
   Francis Huxley, 52, 191, 193, 195
   Haiti, 214
   in der anthropologischen Praxis, 190, 206

M
Macht, 335, 343, 364, 365
Magie, 216, 347
Malinowski, Bronislaw, 336–338
Marihuana. *See* Cannabis
Masken, 163, 303, 312, 314, 381–383
Maslow, Abraham, 379
Materialismus, 87, 88, 247, 261, 375
Mathematik, 245, 249, 303
Mead, Margaret, 359, 366
Medawar, Peter, 123, 209
Medialität, 209
Medizin
   psychosomatische, 34

Medizinanthropologie, 192
medizinisches Modell, 275
ménage à trois, 31
Meskalin, 50, 189, 206
Middleton, Captain Gervase Boswell, 113, 114
Mitchison, Naomi, 364
Modell
    psychosoziales, 274
Modellpsychose, 205
Modernisierungstendenz, 343
Moralvorstellung, 1960er-Jahre, 219
Morrell, Ottoline, 18, 41, 42
Mutual self, The, 9, 86, 283, 301, 320, 367, 368
Mysterium, 255, 378
    existenzielles, 250, 379
    ontologisches, 250
Mystifikation, 276
Mystik, 87, 303
Mythologie, 8, 186, 222, 250, 254, 255, 294, 296, 316, 351
    Haiti, 214
Mythos, 252, 303, 352, 365
    der ererbten Genialität, 71, 381
    der Meritokratie, 71
    Drache, 177

N

Napier, David, 304–306, 308, 309, 330, 342, 346, 381, 383
Narby, Jeremy, 251, 261, 302, 311, 323, 354, 357, 358
narrative Anthropologie, 132, 183, 380
Naturwissenschaft, 334
Needham, Rodney, 346
Neodarwinismus, 381
Neofaschismus, 82
Neuchâtel, 15, 17, 104
New College, Oxford, 4, 28
Nietzsche, Friedrich, 248, 253
Noumena, Welt, 245
Numerologie, 21, 316, 325

O

Ogston, A. G. (Sandy), 118, 119, 121, 122
Ojai Foundation, 167
Ontologie, 378
Ornithologie, 121
Ortlieb, Mélanie Antonia, 16
Osmond, Humphry, 50, 144, 189, 193, 200, 202

P

PA. *See* Philadelphia Association
paranormales Phänomen, 87, 151, 153, 210, 211, 227, 260
Parapsychologie, 52, 87, 153, 215, 227
Peacock, Caroline, 314, 324
Peoples of the world, 220, 347
Perennial philosophy, The, 50
persönliche Anthropologie (v. F. Huxley), 305
Persönlichkeitsmerkmal, 72
Pflege
    häusliche, 325
Pforten der Wahrnehmung, Die, 50, 85, 202
Phänomenologie, 245, 291
    der Erfahrung, 293
Phänomen, paranormales, 87
Philadelphia Association, 7, 160, 201, 234, 271, 282, 291, 377
    Individualismus, 277
    Our approach to psychiatry, 281
    psychische Gesundheit, 271
Philosophia perennis, 50
Philosophie
    ewige, 50
Pitt Rivers Museum, 223, 346
Pojoaque, 9, 169, 171, 301, 307, 309
Politik
    der Erfahrung, 301
    der Familie, 26
Pond Street, 9, 111, 168, 221, 230, 307
Popularität, 344
Populismus, 82
Prestige
    gesellschaftliches, 334
Privatschulbildung, 100

Psychedelika, 51, 52, 194, 380
psychedelische Erfahrung, 187
psychedelisches Experiment, 85, 189, 191
Psychiatrie, 304
    anthropologische Perspektive, 189
    existenzielle, 273
    institutionelle, 376
    medizinische, 275
    moderne, 198
    nichtmedikalisierte, 292
    orthodoxe, 200, 375
    psychodynamische, 293
    schottische Schule, 293
    westliche, 287
Psychoanalyse, 252, 374, 375
    Anthropologie, 346, 377
    Laings Bruch der Vertraulichkeit, 274
Psychoanthropologie, 229
Psychophobie, 375
Psychose, 205, 321, 377
psychosomatische Medizin, 34
psychosoziales Modell, 274
Psychotherapie, 52, 230, 375, 382
    Philadelphia Association, 271
    radikale, 286
Purce, Jill, 166, 285, 322

R
Ramillies, HMS, 112–114
Rassenlehre, 249
Rassismus, 80, 347, 359, 377
    1960er-Jahre, 376
Rationalismus, 89, 376
Rattlesnake, HMS, 64
Raven and the writing desk, The, 7, 44
Redler, Leon, 271, 284, 289, 290
Reformeugenik, 80
Reich, Wilhelm, 46, 259, 382
Religion, 23, 88, 247, 374
    Aldous Huxley, 45, 50
    Voodoo, 213
Religion without revelation, 101
Reputation, 333
Research Fellowship, 122, 132
Ribeiro, Darcy, 5, 185, 311, 340

Ritual, 126, 131, 152, 166, 168, 169, 214, 220, 223, 228, 261, 296, 350, 374
    heilendes, 198
    inneres, 220
    magisches, 214
    psychische Störung, 202
    Voodoo, 259
Ritualisierung, 224, 276
Rivière, Peter, 221–226
Rock, magischer (auf der Ramillies), 114
Roiphe, Katie, 356
Royal Navy, 5, 36, 111, 139
Royal Society, 7, 64, 68
Ruhm
    Phänomenologie, 76

S
San Francisco, 169
Santa Cruz, Adriana, 7, 157–161
Santa Fe, 9, 169, 172, 301, 307, 311, 312, 315
Sarton, May, 30, 111
Saskatchewan
    Feldforschung, 6, 189
    Weyburn Mental Hospital, 192
Schamanismus, 202, 211, 212, 259, 261, 265, 281, 312, 357, 374–376, 378
schottische Schule, 293
Schreiben, 333, 336, 368
Schwab, Michael, 35, 142, 318
Sedgwick, Peter, 363, 364
Semyon, Mina, 279, 292, 320
Sexualität, 57
Sexualmoral, 140
Sexualpolitik, 46, 374
sexuelle Befreiung, 19, 60
sexuelle Neukonfiguration, 191
sexuelle Untreue, 27
Shamans through time, 9, 171, 251, 302, 312, 354, 357, 358
Sheffield University Mental Hospital, 275
Sheila, 142, 143, 172

Sachwort und Personenverzeichnis

Sheldrake, Rupert, 74, 76, 80, 166, 171, 251, 285, 322, 324, 327, 363, 383
Simpson, Avice, 8, 167
Šklovskij, Viktor, 365, 366
Sommer, Robert, 198, 200
Sozialanthropologie, 5, 6, 8, 119, 121, 132, 180, 198, 220, 374
   Oxford, 223
Sozialdarwinismus, 79, 249
soziale Gerechtigkeit, 237
soziale Kontrolle, 265
soziale Organisation, 243
Sozialpsychologie der Architektur, 198
Spiritualismus, 60, 87
Spiritualität, 250, 303
Stammesvölker, 239, 243
St. Catherine's College, Oxford, 6, 119, 122, 132, 220, 346
Stimme der Erfahrung, Die, 279
St. John Society, 105
Strukturalismus, 132, 245
subjektive Fakten, 334
Suggestibilität, 263
Sündenbock, 345
Survival International, 7, 87, 186, 237, 310, 364
survival of the fittest, 78
Symbolik, 210, 216
   mythische, 379
   rituelle, 211

T

Tante Juliette, 16, 17, 27
therapeutische Wohngemeinschaft, 271, 293
Therapieverfahren
   unorthodoxes, 230
transgenerationales Muster, 54, 146
Traum, 214, 253
Traurige Tropen, 337, 342
Tribes of the Amazon Basin in Brazil, 7
Trinity College, Cambridge, 4
Tupi, 180, 310

U

Überlegenheit
   westliche, Trugbild, 380
Umgebung
   heilende, 198
unbewusstes Leben, 45, 77, 151, 191, 253, 374
UNESCO, 5, 32, 39, 87
Universität Oxford
   siehe auch Balliol College, New College, St. Catherine's College, 117
Urformen der Kultur, 336

V

Verantwortung, 278
Verwandtschaftssystem, 132, 246
Villas Bôas, Claudio, 239
Voodoo, 212, 213, 228, 259, 277, 349, 357, 364
   Heilungspotenzial, 214
Vorherrschaft
   weiße, 380

W

Wagnon Road, 9, 10, 172, 302, 314, 315, 319, 326, 330
Wahnsinn
   Umgang, 290, 296
Wahrnehmung
   außersinnliche, 207, 216, 228, 257
Ward, Mary, 25
Way of the sacred, The, 7, 40, 310, 311, 350–352
Way of the warrior, The (Workshop), 8, 166, 293, 312
Wedderburn Road, Brand, 168
Welt
   der Erscheinungen, 245
   der Noumena, 245
Weltkrieg
   zweiter, 340
Weltkultur, 366
Wescott, Joan, 6, 156, 172, 231, 232, 302, 317, 320

Forschungsarbeit, 150
westliche Psychiatrie, 287
Weyburn Mental Hospital, Saskatchewan, 6, 192, 201
   Feldforschung, 197
White, Loren, 312, 315
Wiedersehen mit der schönen neuen Welt, 83
Williams, Michael, 10, 28, 160, 315, 319, 321, 323
Wiseman, Richard, 263
Witchcraft, oracles and magic among the Azande, 348

Wohngemeinschaft
   therapeutische, 271
Woolf, Virginia, 18, 19, 31, 42, 88

Z

Zeal, Paul, 150, 291, 292
Zeitlin, Jacob, 70
Zoological Society of London, 4, 30, 69, 111
Zoologie, 4, 5
   Professur Julian Huxley, 29
Zoo, London, 36, 87, 111

GPSR Compliance
The European Union's (EU) General Product Safety Regulation (GPSR) is a set of rules that requires consumer products to be safe and our obligations to ensure this.

If you have any concerns about our products, you can contact us on

ProductSafety@springernature.com

In case Publisher is established outside the EU, the EU authorized representative is:

Springer Nature Customer Service Center GmbH
Europaplatz 3
69115 Heidelberg, Germany

www.ingramcontent.com/pod-product-compliance
Lightning Source LLC
LaVergne TN
LVHW011005250326
834688LV00004B/78